KB060104

* 이 도서의 국립중앙도서관 출판예정도서목록(CIP)은 서지정보유통지원시스템 홈페이지
(http://seoji.nl.go.kr)와 국가자료공동목록시스템(http://www.nl.go.kr/kolisnet)에서
이용하실 수 있습니다.(CIP 제어번호 : CIP2017020101)

콜럼바인

비극에 대한 가장 완벽한 보고서

COLUMBINE

데이브 컬런 지음 | 장호연 옮김

문학동네

레이철, 대니, 데이브, 캐시, 스티븐, 코리, 켈리, 매슈,
대니얼, 아이제이어, 존, 로런, 카일에게,
그리고 나에게 희망을 준 패트릭에게 이 책을 바칩니다.

자료 출처에 대해

    이 책에 담긴 내용의 상당 부분은 살인자들이 사건 전에 남긴 테이프와 일지 등의 자료와 조사관, 언론인, 학자 들이 사건 이후에 신문, 잡지 등 매체에 발표한 자료를 바탕으로 했다. 여기에 생존자들이 기억을 통해 재구성한 이야기를 더했다. 큰따옴표로 인용한 부분은 당시에 나를 포함한 언론인과 경찰 조사관들이 테이프에 담거나 공식 문서로 남긴 것이다. 나와 대화를 나눈 사람들이 상당히 정확하게 회상한 문장도 큰따옴표로 처리했고, 다소 불확실한 부분은 고딕으로 처리했다. 생략부호 없이 문장을 짧게 줄이거나 문법상의 오류를 정정한 부분도 있다. 하지만 내가 멋대로 지어낸 문장은 **없다**.

    살인자들에 대해서도 같은 원칙을 적용했다. 그들은 상당히 많은 글과 테이프를 남겼는데, 이 책에 그대로 인용하여 그들의 말투와 특성이 온전히 전달되도록 애썼다.

그들의 생각을 나타내는 구절들도 대부분 스스로 남긴 일지와 영상에서 가져왔다. 학교 과제물, 친구, 가족, 교사와 나눈 대화, 핵심적인 인물들이 남긴 일지, 이들이 살인하기 전에 작성된 다량의 경찰기록과 낱낱이 요약한 상담 기록 등 이를 확인해주는 증거 자료들도 많다. 나는 종종 살인자들의 생각을 큰따옴표 없이 일지에서 그대로 인용하기도 했다. 요약과 윤문을 거친 감정도 온전히 그들의 것이다. 살인자들은 종종 사고의 비약을 보여주었는데, 나는 다년간 이 사건을 연구해온 전문가들의 도움으로 이 간극을 메우고자 노력했다. 살인자들의 생각은 모두 그렇게 추측한 것이다.

책에 실린 이름들은 모두 실명이나, 딜런이 강박적으로 집착했던 소녀를 가리키는 '해리엇'이라는 이름만은 예외다. 간결한 서술을 위해 중요하지 않은 인물들은 굳이 이름을 밝히지 않았다. 내 홈페이지에서는 모든 이름을 확인할 수 있다.

대학살의 시간은 제퍼슨 카운티 보안관의 보고서를 토대로 서술했다. 희생자 가족 중에는 공격이 이보다 몇 분 늦게 시작되었다고 믿는 사람도 있다. 아무튼 이 책에 적힌 시간은 실제와 흡사하며, 사건의 순서를 비교적 정확하게 서술하고자 노력했다.

사건이 발생했던 날 오후 이래, 나는 언론인으로서 이 사건을 폭넓게 취재했다. 이 이야기는 9년간의 조사 내용을 집대성한 최신의 보고서다. 주요 인물들과 수많은 인터뷰를 했고, 경찰이 증거로 내놓은 2만 5000쪽이 넘는 문서와 관련 영상, 음성 자료를 수없이 검토했으며 내가 중요하게 생각하는 다른 언론인들의 작업도 참고했다.

나는 사건에 사적인 감정과 의견을 개입시키지 않으려고 대개 언론을 제3자로 언급했다. 하지만 이 사건이 처음 보도될 때만 해도 거

의 모든 취재진이 핵심적인 요소들을 오해했으며 나도 예외가 아니었
다. 부디 이 책이 사건의 오해를 바로잡는 데 도움이 되기를 바란다.

나는 심술궂은 인간이다. (……) 그나저나 여러분은 내 심술의 요점이 무엇인지 알겠는가? 그러니까 가장 형편없는 것이 뭐냐 하면, 나란 놈은 수치스러움을 느끼는 매 순간에도, 울화통으로 미쳐버릴 것 같은 순간에도, 심술궂은 인간도 아니고 분노한 인간도 아니면서 괜히 애꿎은 참새들이나 놀래면서 그걸 위안거리로 삼는다는 사실이다.

—표도르 도스토옙스키, 『지하로부터의 수기』

세상이 모든 이를 무너뜨리면, 무너진 그곳에서 많은 이들이 강해진다.

—어니스트 헤밍웨이, 『무기여 잘 있거라』

1부

여자 부상자 발생

1

프랭크 교장

그는 그들에게 사랑한다고 말했다. 한 명 한 명 모두 다 사랑한다고 했다. 미리 작성한 원고는 없었지만 신중하게 단어를 골라가며 말했다. 프랭크 디앤젤리스는 치어리더 응원과 장학생 시상 순서가 끝나고 학생들이 제작한 비디오가 상영되는 동안 가만히 기다렸다. 떠들썩했던 한 시간이 지나자, 작은 중년 남자가 학생들에게 연설하기 위해 번들거리는 농구코트를 성큼성큼 가로질렀다. 그는 서두르지 않았다. 교내 악대와 치어리더 옆을 지난 그는 최근 열린 경기에서의 승리를 알리며 너풀거리는 플래카드 아래쪽에 그려진 레벨스 로고를 보며 슬며시 웃었다. 그가 목제 관객석에 앉은 2000명의 들뜬 고등학생들을 바라보자, 그들은 모두 주목했다. 이어 그는 그들이 자기한테 너무도 소중한 존재라고, 그중 한 명만 잃어도 가슴이 무너질 거라고 말했다.

학교 행정가가 학생들에게 표현하는 감정치고는 묘했다. 그러나 프랭크 디앤젤리스는 교장이 되기 전에 더 긴 시간 동안 코치로 일했고, 솔직함이 동기를 부여한다는 것을 진심으로 믿었다. 그는 16년 동안 미식축구와 야구 코치로 일했는데, 겉모습만 보면 레슬러에 가까웠다. 해병을 연상시키는 단단한 체격이었고 그럼에도 거들먹거리지 않았다. 코치생활을 했던 과거를 티내지 않으려 했지만 어쩔 수 없이 드러났다.

누군가는 그의 목소리에서 두려움이 느껴질지도 모르겠다. 그는 굳이 감추려 하지 않았고, 고이는 눈물을 참으려 애쓰지 않았다. 그저 태연하게 굴었다. 아이들은 위선의 냄새를 맡으면 대개 낄낄대거나 꿈지럭대거나 수군거리며 불평하기 마련이다. 하지만 그들은 교장을 존경했다. 프랭크는 학생들에게 못 할 말이 없었고 실제로도 무슨 말이든 다 했다. 그는 주저하거나 그럴듯하게 얼버무리거나 꿍하게 속에 담아두는 사람이 아니었다. 1999년 4월 16일 금요일 아침, 프랭크 디앤젤리스 교장은 속에 있는 말을 다 털어놓았다.

체육관에 모인 학생들 모두 교장의 말을 이해했다. 앞으로 36시간 뒤면 기다리고 기다리던 졸업 기념 댄스파티가 열린다. 많은 아이들이 술을 마시고 운전을 할 것이다. 잔소리를 해봤자 반감만 키운다는 것을 알기에, 교장은 자기가 살면서 겪었던 세 가지 비극을 소개했다. 그의 대학친구 한 명은 오토바이사고로 죽었다. "대기실에 앉아서 그의 피를 보았던 기억이 납니다. 설마 이런 일이 또 일어나는 건 아니겠죠." 이어 자신의 10대 딸의 친구가 사고를 당해 화염 속에서 죽었을 때 딸을 껴안아주었던 일에 대해 말했다. 그에게 가장 힘들었던 순간은 콜럼바인 야구팀을 불러 모아놓고 그들의 친구 중 한 명이 교통사고를 냈다는 소식을 전했던 때였다. 그는 또다시 목이 메어왔다. "이제 추도식에 다시는 가고 싶지 않습니다."

"자, 이제 왼쪽을 봐요." 그가 말했다. "오른쪽을 봐요." 교장은 아이들에게 옆사람의 웃는 모습을 들여다본 다음 눈을 감고 그들 가운데 한 명이 없어졌다고 상상해보라고 했다. 그리고 자신의 말을 따라하게 했다. "나는 콜럼바인 고등학교의 소중한 구성원이다. 우리는 혼자가 아니다." 그러면서 늘 그랬듯이 그들에게 사랑한다고 말했다.

"이제 눈을 떠요. 월요일 아침에 여러분 모두가 밝게 웃는 모습을 다시 보고 싶습니다."

그는 잠시 말을 멈췄다. "여러분이 혹시라도 곤란에 처하게 될 일을 꾸미고 있다면 이 말을 기억하세요. 내가 여러분을 염려한다는 것을. 다들 사랑합니다. 하지만 나는 우리 모두가 함께하기를 원해요. 우리는 한 가족, 우리는……"

그가 선창했다. 학생들이 대답할 차례였다. 다들 자리에서 일어나 외쳤다. "콜–럼–바인!"

정력적이고 목소리가 우렁찬 아이보리 무어 선생이 뛰쳐나오며 소리쳤다. "우리는……"

"콜–럼–바인!"

아까보다 소리가 더 커졌다. 다들 주먹을 공중에 치켜들었다.

"우리는……"

"콜–럼–바인!"

"우리는……"

"콜-럼-바인!"

더 크게, 더 빨리, 더 힘차게, 더 빨리. 무어 선생이 아이들을 흥분의 도가니로 몰아넣었다. 그렇게 조회가 끝났다.

학생들은 마지막 수업을 듣기 위해 복도로 흩어졌다. 이제 몇 시간 뒤면 황금 주말이었다.

———

월요일 아침이면 2000명의 아이들 모두 댄스파티를 끝내고 무사히 학교로 돌아올 터였다. 하지만 다음날인 1999년 4월 20일 화요일 정오에는 학생과 교직원 24명이 구급차에 실려 병원으로 가게 될 것이다. 13구의 시신은 여전히 교내 건물에 남아 있고, 두 구는 바깥에 쓰러져 있을 것이다. 이는 미국 역사상 최악의 교내 총기사건이 될 것이다. 당시 계획을 마무리하고 있던 두 소년도 아마 이런 광경을 떠올렸다면 오싹했을 것이다.

2

"레벨스"

에릭 해리스는 댄스파티에 데려갈 여자애가 필요했다. 에릭은 4학년생으로 콜럼바인 고등학교 졸업을 앞두고 있었다. 그는 자기 인생의 중요한 사교 행사에 빠지고 싶지 않았다. 정말로 데이트 상대가 필요했다.

보통은 데이트 때문에 골치를 앓은 적이 없었다. 에릭은 똑똑했다. 게다가 쿨하기까지 했다. 그는 담배를 피웠고 술을 마셨고 여자를 만나고 다녔다. 늘 파티에 초대받았으며 마리화나도 피웠다. 그는 외모 가꾸기에 열을 올려 군인처럼 짧게 친 머리카락을 온갖 제품을 발라가며 삐죽삐죽 세웠고, 검은색 티셔츠에 헐렁한 카고바지를 입었다. 혼다를 몰며 독일 하드코어 인더스트리얼 록(하드 록에 각종 기계음과 날카로운 보컬을 결합한 스타일의 장르 ─ 옮긴이)을 요란하게 틀었다. 페트병으로 만든 물로켓을 즐겨 날리는가 하면, 마리화나를 사러 와이오밍까지 달렸다. 규칙 따위는 무시했고 스스로 '반항아(Reb)'라는 별명을 붙였지만, 숙제를 꼬박꼬박 했고 학업 성적도 우수했다. 그는 근사한 비디오를 찍어 학교방송에 내보내기도 했다. 여자애들이 그를 따랐다. 그것도 정말 많은 여자애들이.

인기투표를 한다면, 에릭은 학교 미식축구팀보다도 많은 표를 얻을 것이었다. 그에게는 사람을 홀리는 매력이 있었다. 쇼핑몰에서 멋진 여자애를 마주치면 곧장 다가가 민첩한 위트, 눈부신 보조개, 붙임성 있는 미소로 매료시켰다. 그가 일했던 블랙잭 피자가게는 여자애를 꾀기에 좋은 미끼가 되었다. 가게에 온 애들에게 피자 조각을 슬쩍 나눠줄 수 있었는데, 그래서 여자애들이 자주 들렀다. 블랙잭은 도미노보다 한 단계 낮은 싸구려 피자 체인이었다. 에릭의 집에서 조금만 내려가면 나오는 쇼핑몰에 작은 점포가 있었다. 포장과 배달을 주로 했지만, 갈 데 없는 가련한 이들을 위해 카운터 옆에 바테이블과 간이의자를 몇 개 갖다놓았다. 배달을 빼고는 무슨 일이든 했기에, 에릭과 딜런은 내부자로 불렸다. 주로 피자를 만들고 카운터를 지키고 청소를 했다. 무더운 부엌에서 땀을 뻘뻘 흘리는 고된 일인데다가 끔찍하게 지루했다.

에릭의 앞모습은 인상적이었다. 툭 튀어나온 광대뼈와 움푹 들어간 볼, 반듯하고 균형 잡힌 이목구비가 미국인다웠다. 그에 비해 옆모습은 조금 불만이었다. 뾰족하고 긴 코 때문에 경사진 이마와 빈약한 턱이 도드라졌던 것이다. 삐죽삐죽한 머리카락도 잘 어울리지 않았다. 안 그래도 각진 옆모습이 더 길어 보였다. 대신 날카로운 인상을 주었기 때문에 으스대기 좋아하는 그의 태도와 잘 어울렸다. 에릭의 미소는 비장의 카드였다. 그는 수줍고 진실하면서도 장난기 어린 미소를 지을 줄 알았다. 여자애들이 껌뻑 죽었다. 신입생 시절 그는 동창회 댄스파티에서 그 미소를 제대로 써먹었는데, 덕택에 열일곱 살에 스물세 살의 여자랑 사귈 수 있었다. 그의 커다란 자랑거리 중 하나다.

하지만 이번 댄스파티는 문제였다. 운이 나쁜 건지 타이밍이 안 좋은 건지 아무튼 일이 꼬였다. 그는 미친듯이 파트너를 찾아다녔다. 한 여자애한테 데이트 신청을 했는데 남자친구가 있다고 했다. 당혹스러웠다. 다른 여자애한테 작업을 걸었지만 또 퇴짜맞았다. 그는 부끄러움도 없이 도움을 청했다. 친구들에게 부탁해도, 전에 사귀었던 여자친구에게 부탁해도 하나도 얻어걸리지 않았다.

에릭과 절친한 딜런은 파트너를 구했다. 미칠 노릇이었다. 딜런 클레볼드는 숫기 없고 남을 의식했으며 수줍음이 많은 성격이었다. 낯선 사람 앞에서는 말도 제대로 못했고 특히 여자 앞에서는 벙어리가 되었다. 에릭이 쇼핑몰에서 여자애를 낚을 때에도 조용히 뒤따라다니며 가급적 눈에 안 띄려 했다. 에릭은 여자애들을 후하게 칭찬해 환심을 샀다. 딜런은 수업시간에 초코칩쿠키를 건네 자신의 호의를 알리는 게 고작이었다. 딜런의 친구들은 그가 한 번도 데이트를 못 해봤을 거라고 했다. 아마 데이트 신청도 해본 적이 없을지 모른다고 했다. 댄스파티에 데려간 여자도 포함해서 말이다.

딜런 클레볼드 역시 똑똑했지만 쿨하지는 못했다. 적어도 스스로는 그렇게 생각했다. 그는 에릭처럼 되려고 무척 노력했다. 그들이 찍은 비디오를 보면 딜런이 거드름을 피우면서 터프가이처럼 굴다가 에릭을 슬쩍 보며 눈치를 살피는 장면이 나온다. 딜런은 에릭보다 키가 더 크고 머리도 좋았지만 외모가 많이 달렸다. 그는 한쪽으로 살짝 치우친 얼굴, 특히 커다란 덩어리처럼 보이는 큰 코를 죽도록 싫어했다. 자신의 외모 가운데 최악이라 여겼다.

면도를 하면 조금 나아 보였을 것이다. 막 자라기 시작한 턱수염이 아직 드문드문해서 지저분해 보였다. 남들이 어떻게 생각하든, 그는 수염을 자랑스러워하는 듯했다.

둘 중에서 더 반항아답게 생긴 것은 딜런이었다. 길고 푸석한 곱슬머리가 어깨 위까지 내려왔다. 친구들과 같이 서 있으면 그의 머리통만 삐죽 솟았다. 사춘기에 들어섰을 때 키가 이미 191센티미터였고 몸무게는 65킬로그램까지 나갔다. 그는 자신의 키를 자랑스럽게 여겨 꼿꼿한 자세로 상대방을 기죽일 수도 있었지만, 오히려 몹시 위축되어 구부정하게 하고 다녔다. 대부분의 친구들이 183센티미터를 넘었다. 에릭만 175센티미터 정도로, 딜런 옆에 서면 눈이 그의 목젖 높이에 왔다.

에릭도 외모에 자신이 없기는 마찬가지였지만 잘 드러내지 않았다. 그는 태어났을 때부터 흉골이 비정상적으로 옴폭 들어간 오목가슴이었다. 그래서 중학교 때 이를 치료하는 수술을 받았다. 어릴 때는 오목가슴 때문에 자신감을 잃고 위축되었지만 일부러 터프하게 행동하며 이를 극복했다.

아무튼 댄스파티에 데려갈 여자애를 구한 것은 딜런이었다. 이미 턱시도도 빌렸고, 가슴에 달 코르사주도 사두었으며, 다섯 커플과 함께 쓰려고 리무진도 빌렸다. 딜런의 파트너는 친절하고 똑똑한 기독교인으로, 그애 덕분에 네 자루 중 세 자루의 총을 얻을 수 있었다. 딜런에게 어찌나 푹 빠졌던지 사냥을 가려고 총을 구한다는 에릭의 거짓말을 믿을 정도였다. 자그마한 몸집에 금발이었던 귀여운 로빈 앤더슨은 긴 생머리가 예쁜 얼굴을 가릴 때가 종종 있었다. 교회 청년부 활동에 열심이어서 당시에 그들과 함께 일주일간 워싱턴 D.C.로 여행을 갔었는데, 댄스파티에 맞춰 돌아올 예정이었다. 로빈은 학업 성적도 우수해서 한 달 앞둔 졸업식에서 고별사를 읽을 예정이었다. 그녀는 매일 미적분수업에서 딜런을 마주쳤고 시간이 날 때마다 함께 복도를 걸으며 어울렸다. 딜런도 로빈을 좋아했고 그녀가 해주는 달콤한 말을 즐겼지만, 그녀에게 푹 빠진 것은 아니었다.

딜런은 학교활동에 열심이었다. 에릭도 마찬가지였다. 두 아이 모두 미식축구 시합과 댄스 공연, 장기자랑에 참가했고, '레벨 뉴스 네트워크'라는 방송을 위해 비디오를 찍었다. 학교 연극반 활동은 딜런에게 중요했다. 무대 위에서 관객과 마주하고 싶어하진 않았지만, 무대 뒤 사운드보드에서는 대단한 능력을 발휘했다. 연초에는 학예회 도중 사랑스러운 졸업반 친구 레이철 스콧의 음악 테이프가 물리자 그녀를 위기에서 구해준 적도 있었다. 며칠 뒤에 레이철은 에릭에 의해 죽게 된다.

에릭과 딜런 모두 운동에는 재능이 없었지만 엄청난 팬이었다. 소년야구 리그에서 활동했고 축구에도 열심이었다. 에릭은 여전히 축구를 했으나 딜런은 이제 구경거리로 보고 즐겼다. 에릭은 콜로라도 로키스의 팬이어서 그들의 봄 훈련을 흥미롭게 참관하기도 했다. 반면 딜런은 보스턴 레드삭스를 응원했고 어디를 가든 레드삭스 모자를 쓰고 다녔다. 그는 모든 경기를 보고 박스 스코어를 연구했으며 나름대로 통계를 수집했다. 한 친구가 만든 온라인 판타지 리그(실제 선수들을 반영하여 진행하는 온라인 야구 매니지먼트 게임—옮긴이)에서도 늘 1위였다. 분석에는 누구도 딜런 클레볼드를 당해내지 못했다.

그는 3월의 시범경기부터 미리 챙겼다. 친구들은 첫번째 메이저 라운드가 끝나면 지루해했지만, 딜런은 강한 벤치 멤버를 확보하기 위해 열심이었다. 마지막 주에 그는 신인 투수 한 명을 명단에 추가하겠다고 리그 감독관에게 통보했다. 그리고 주말 내내, 그의 생애 마지막 월요일 밤까지도 작업을 계속했다. "그는 온통 야구 생각밖에 안 했어요." 한 친구의 말이다.

에릭은 스스로를 비순응적인 반항아로 여겼지만, 남들로부터 인정을 받으려고 애썼고 조금만 무시당해도 미친듯이 화를 냈다. 수업시간에 선생이 질문하면 항상 손을 들었고 항상 정답을 댔다. 에릭은 일주일에 한 번 있는 작문시간에 증오를 종식하고 세상을 사랑하자는 시를 쓰기도 했다. 그는 니체와 셰익스피어를 즐겨 인용했지만 자신의 별명 '반항아'가 가진 아이러니는 미처 깨닫지 못했다. 너무도 반항적이어서 지은 그 별명이 실은 학교 마스코트를 본뜬 것이었으니 말이다.

딜런은 '보드카'로 통했는데, 그 술을 좋아해서다. 때로는 이니셜을 대문자로 넣어 'VoDKa'라고 스스로 표기할 정도였다. 그는 술고래였고 이 사실을 자랑스러워했다. 아마도 한 병을 혼자 다 비운 뒤로 그런 별명을 얻었을 것이다. 에릭은 잭 대니얼스를 선호했지만 부모 모르게 숨겨놓고 마셨다. 어른들 눈에 에릭은 고분고분한 소년이었다. 제멋대로 하면 보통 아버지가 나서서 그의 자유를 박탈했기 때문이다. 에릭은 모든 것을 자기가 통제해야 직성이 풀렸다. 이리저리 계산해서 책임을 면할 수 있는 한도까지 나아갔다. 상황을 자신의 뜻대로 만들려고 별짓을 다했다.

블랙잭 피자가게 주인 로버트 커기스는 에릭을 직원으로 고용하면서 그의 거친 면을 잘 알게 되었다. 가끔 가게 문을 닫은 뒤에 에릭과 딜런을 데리고 건물 옥상으로 올라가, 그들이 쇼핑몰 너머로 물로켓을 날리는 동안 맥주를 마셨다. 커기스는 스물아홉 살이었지만 두 녀석과 자주 어울렸다. 아이들은 똑똑했고 가끔은 아주 어른스럽게 말했다. 에릭은 장난칠 때와 진지해져야 할 때를 구분할 줄 알았다. 경찰이 옥상에 나타나면, 모두들 에릭을 쳐다보며 그가 말하기를 기다렸다. 고객들이 카운터 앞에 늘어서고 운전자들이 피자를 포장해가려 몰려들 때 통제할 수 있는 사람은 에릭뿐이었다. 그는 어떤 상황에서도 로봇처럼 일했다. 결과에 대해 신경쓸 땐 더욱 그랬다. 게다가 그는 아르바이트가 필요했다. 취미생활에 돈이 많이 들었고, 당장 편하자고 취미를 버릴 수는 없었다. 커기스는 자리를 비울 때면 에릭에게 가게를 맡겼다.

딜런에게 뭔가를 맡기는 사람은 아무도 없었다. 그는 믿음직하지 못했다. 지난 한 해 동안 일을 그만두었다가 다시 구하기를 반복했다. 한번은 컴퓨터 매장에 좋은 일자리가 나서 그가 전문 이력서를 제출했다. 주인이 그를 좋게 봐서 고용하려 했는데도 딜런은 코빼기도 보이지 않았다.

그러나 권위에 반항한다는 점에서 둘은 다르지 않았다. 딜런은 걸핏하면 흥분했고 에릭은 차분하고 빈틈없었다. 에릭의 이성적인 대처로 둘은 대부분의 곤란을 잘 피해갔지만, 학교에서 꽤나 싸워댔다. 그들은 어린 학생들을 괴롭히는 것도 좋아했다. 언젠가 딜런이 한 신입생의 사물함에 음탕한 말을 새기다가 붙잡혔다. 학생주임 피터 호배스가 딜런을 나무라자 그는 폭발하고 말았다. 학생주임에게 욕을 퍼부으며 몹시 흥분해서 미친 사람처럼 행동했다. 에릭이라면 상황에 따라 사과하거나 발뺌하거나 순진한 척하면서 위기를 벗어났을 것이다. 그는 상대방의 마음을 재빨리 읽고 원하는 대로 반응했으며, 어떤 상황에서도 침착함을 잃지 않았다. 하지만 딜런은 성격이 불같았다. 학생주임이 어떻게 반응할지 전혀 몰랐고, 이를 신경쓰지도 않았다. 오직 감정밖에 없었다. 아버지가 사물함 문제를 추궁하려 할 때에도 자기 입장만 내세웠다. 논리는 아무 소용이 없었다.

두 소년 모두 분석력이 뛰어났다. 수학의 귀재였고 테크놀로지에 열광해서 기기, 컴퓨터, 비디오게임 등의 신기술이 등장할 때마다 넋을 놓고 빠져들었다. 그들은 웹사이트를 만들고, 게임에 자신들의 캐릭터와 모험심을 더해 개작했다. 각본, 감독, 출연까지 한 짧은 단편 비디오도 많이 찍었다. 의외로 호리호리하고 내성적인 딜런이 더 매력적인 배우에 가까웠다. 에릭은 차분하고 냉정해서 좀처럼 강렬하게 연기하지 못했다. 실제로 만나면 매력적이고 자신만만한 그가 감성적인 청년 역을 맡자 감정을 제대로 드러내지 못해 따분하고 설득력 없었다. 딜런은 전류가 통하는 전선 같았다. 실제 생활에서 그는 소심하고 수줍었지만 항상 조용한 것은 아니어서 가끔 화를 내고 폭발했다. 그러나 카메라 앞에만 서면 분노를 마음껏 분출했고 말 그대로 미친 사람처럼 굴었다. 툭 튀어나온 눈과 팽팽하게 당겨진 뺨이 거대한 코 주위에 깊은 골을 만들었다.

겉보기에는 에릭과 딜런도 졸업을 앞둔 평범한 젊은이였다. 그들은 권위에 반항했고 자신의 성적 능력을 시험했다. 멍청이들을 상대하다 좌절하기도 했고, 거만하게 굴기도 했다. 고등학생이라면 다 그렇듯이.

레벨 힐은 콜럼바인 고등학교 옆으로 완만한 경사를 이루며 약 12미터 높이로 솟은 암석 대지다. 그 정도 높이로도 주위를 위압하기에는 충분했지만, 언덕 중턱에 오르면 갑자기 로키 산맥의 위용이 눈에 들어오기 시작한다. 한 발 한 발 오를 때마다 평평한 고지가 눈높이에 가까워지고, 저 멀리 대평원 뒤로 울퉁불퉁한 갈색 벽이 불쑥 나타난다. 600~900미터 높이로 솟아오른 산맥은 단단한 성채 같은 위용을 보이며 북쪽 지평선 너머로, 그리고 저 남쪽으로 끝없이 이어진다. 지역 사람들은 이를 '작은 언덕'이라 부른다. 콜럼바인을 내려다보며 우뚝 솟은 거대한 프론트 산맥은 애팔래치아 산맥의 최고봉보다도 높다. 도로와 거주지가 작은 언덕 밑에서 갑자기 뚝 끊어진다. 이곳은 식물도 살아남으려고 안간힘을 쓰는 곳이다. 5킬로미터만 더 가도 세상의 끝처럼 느껴진다.

레벨 힐의 암석 대지에서는 어떤 식물도 제대로 자라지 못한다. 온통 여기저기 갈라지고 불그레한 갈색 점토뿐이며, 제대로 뿌리내리지 못한 잡초가 드문드문 보인다. 고개를 들어 중앙을 바라보면 비로소 인간의 존재를 알리는 주택단지가 보인다. 굽이지고 너른 골목과 막다른 길 위로, 2층 주택들이 소나무들 사이에 쾌적하게 들어서 있다. 그 뒤로 쇼핑몰과 축구장과 교회, 교회, 교회가 이어진다.

콜럼바인 고등학교는 로키 산맥 언저리부터 널리 펼쳐진 공원 가장자리의 완만한 초원에 위치해 있다. 약 2만 3000제곱미터의 거대한 현대식 시설로 불필요한 장식이 없다. 베이지색 콘크리트 외관에 창문이 거의 없어서 어느 쪽에서 보든 공장 같다. 실용적인 모습이 남부 제퍼슨 카운티 주민들과 닮았다. 건물에 이런저런 장식을 하는 대신 화학실험실, 컴퓨터, 비디오제작실, 그리고 우수한 교직원 유치에 넉넉히 투자했다.

금요일 아침, 조회가 끝나자 들뜬 10대들의 활기로 복도가 부산스러웠다. 체육관에서 쏟아져나온 아이들이 깔깔거리고 장난치고 서로 떼밀며 쫓아갔다. 하지만 로키 산맥 봉우리들이 레벨 힐 가장자리 너머로 고개를 내밀고 있는 북쪽 입구 바깥에서는 2000명의 아이들이 왁자지껄 떠드는 소리가 들리지 않았다. 2층짜리 학교 건물과 양쪽을 둘러싸고 있는 체육시설만 없었다면 누구도 그곳이 미국에서 스무번째로 큰 대도시인 줄 몰랐을 것이다. 덴버 시내는 북동쪽으로 16킬로미터 정도 떨어져 있었는데, 무성한 숲이 도시의 스카이라인을 가려 보이지 않았다. 날이 따뜻하면 목공실습실의 미닫이문이 열릴 터였다. 아이들이 절단공구를 회전하는 나무토막에 갖다대면, 선반기계의 윙윙거리는 소리가 엔진 소음에 못지않다. 하지만 수요일에 한랭전선이 고지대 평원에 밀려온 터라 프랭크 교장이 아이들에게 사랑한다고 말했을 때는 공기가 제법 쌀쌀했다.

추위도 담배를 피우고 싶은 욕구를 말리지는 못했다. 근처에서 어슬렁거리는 흡연자들의 모습은 언제라도 볼 수 있었지만, 학교 부지 바로 너머 주차장 옆에 전신주용 나무기둥으로 막아둔, 10:8 비율 직사각형 풀밭에 마련된 공식적인 흡연구역에 아이들이 몰려 있는 일은 드물었다. 그곳은 평화로웠다. 교사도 규칙도 소동도 스트레스도 없었다.

에릭과 딜런은 흡연구역의 붙박이였다. 두 아이 모두 카멜 필터담배를 피웠다. 에릭이 먼저 그 담배를 골랐고, 딜런이 따라 골랐다.

최근 들어 그들은 수업을 빼먹거나 숙제를 안 하는 일이 부쩍 잦았다. 딜런은 수업시간에 계속 졸아서 문제를 일으켰다. 에릭은 좌절과 분노를 겪었지만 용케 감정을 드러내지 않았다. 그해 어느 날 한 친구가 식당에서 친구들과 어울리고 있는 에릭의 모습을 비디오로 촬영했다. 아이들은 캠과 밸브에 대해 떠들었고 중고 마쓰다의 적당한 시세를 이야기했다. 에릭은 넋이 빠진 모습으로 휴대전화를 의미 없이 빙글빙글 돌리고 있었다. 아무것도 듣고 있지 않은 것처럼 보였지만, 사실은 모든 것을 듣고 있었다.

그때 한 녀석이 북적이는 학생식당에 들어왔다. "꺼져!" 에릭의 한 친구가 침을 뱉으며 크게 소리쳤다. "나는 저 더러운 새끼가 싫어!" 그러자 또다른 녀석이 맞장구쳤다. 에릭은 천천히 몸을 돌려 고개를 들더니 초연한 표정으로 그를 쳐다보았다. 녀석을 찬찬히 훑어본 후 다시 돌아서서는 별 관심 없다는 투로 말했다. "나는 전부 다 싫어." 그가 멍하니 덧붙였다. "아, 그래. 저 녀석 머리나 쪼개서 먹으면 좋겠네."

에릭의 목소리에는 활기가 없었다. 적의도 분노도 드러내지 않았고 거의 무심한 투였다. 그가 아, 그래 하고 말할 때 눈썹이 올라갔다. 곧 내뱉을 재치 있는 말에 대한 가벼운 자축이었다. 그런 다음 또다시 멍한 상태로 돌아갔다.

아무도 그 반응을 눈여겨보지 않았다. 다들 그런 에릭에게 익숙했던 것이다.

그들은 괴롭히던 1학년생 이야기로 돌아갔다. 에릭은 장애아동이 말하려는 모습을 흉내냈다. 가슴이 풍만한 여자애가 걸어왔다. 에릭이 그녀를 향해 손을 흔들자 친구들도 그녀에게 수작을 걸었다.

3

봄

　프론트 산맥에 봄이 불쑥 찾아왔다. 나무에 잎이 돋아나고, 개밋둑이 여기저기 올라오고, 잔디가 푸릇푸릇 싹트기 시작했다. 만물이 잠든 겨울의 갈색이 바싹 마른 여름의 갈색으로 바뀌는 짧은 과도기였다. 수많은 단풍나무 씨앗주머니가 프로펠러처럼 빙글빙글 돌더니 땅으로 떨어졌다. 봄의 열기는 교실에도 전해졌다. 교사들은 남은 진도를 재빠르게 마쳤다. 아이들은 기말시험을 걱정하면서 여름에 대한 꿈에 젖었다. 졸업반 아이들은 이미 가을을 생각했다. 콜럼바인 고등학교는 콜로라도 주에서 학업 성취도가 가장 높은 학교 가운데 하나로 졸업생의 80퍼센트가 상위학교에 진학했다. 이제 대화의 주제는 온통 대학이었다. 두툼한 합격통지서와 얇은 거부통지서들이 날아왔다. 마지막 순간 어디로 진학할지 정하기 위해 캠퍼스를 방문하기도 했다. 대학에 온통 정신을 쏟고, 보증금 수표를 보내고, 첫 학기 수강신청을 시작해야 할 시간이었다. 고등학교 시절은 이제 사실상 끝났다.

로키 산맥은 아직도 겨울이었다. 경사면이 드러났지만 여기저기 눈이 남아 있었다. 아이들은 마지막으로 한번 더 스노보드를 타려고 부모에게 하루만 수업을 빠지게 해달라고 졸랐다. 복음주의 기독교도인 3학년 여학생 한 명이 교장의 조회가 열리기 전날에 부모를 설득하는 데 성공했다. 캐시 버넬은 남동생 크리스와 함께 차를 타고 브레킨리지로 갔다. 두 아이 모두 아직 에릭과 딜런을 만난 적이 없다.

점심시간은 중요한 일과였다. 남쪽 모퉁이의 건물 입구와 열 명 이상이 한꺼번에 올라갈 수 있는 넓은 석조계단 사이에 널찍한 복도가 있는데, 그곳에서 튀어나온 둥근 돔 모양의 공간이 학생식당이었다. 아이들은 그곳을 '공동마당'이라 불렀다. 공간의 정면은 흰색 강철 대들보가 격자무늬를 이루었고, 햇빛을 가리는 차양과 장식적으로 교차된 강철 케이블도 보였다. 안쪽은 점심시간을 맞아 와글거리는 아이들로 가득했다. A 메뉴 배급이 시작되자 600명이 넘는 아이들이 밀어닥쳤다. 몇몇은 들어왔다가 재빨리 나갔다. 그곳을 주된 모임 장소로 활용하거나 감자튀김 봉지를 들고 나가 밖에서 먹으려는 아이들로 5분 동안 북새통을 이루었다가 금세 텅 비었다. 300~400명의 아이들은 여섯에서 여덟 명이 이용할 수 있는 테이블을 둘러싼 플라스틱 의자에 앉아 오랫동안 자리를 지켰다.

조회가 끝나고 두 시간 뒤에 교장은 점심 일과를 수행했다. 그가 가장 좋아하는 일이었다. 대부분의 관리자는 다른 사람에게 이 일을 맡겼지만 프랭크는 더 하고 싶어 안달이었다. "친구들이 저를 보고

웃습니다. 점심 일과라니! 어허! 하지만 나는 이 일이 좋아요. 아이들을 직접 만나 얘기할 수 있거든요."

교장은 공동마당을 돌아다니며 테이블을 일일이 둘러보고 아이들과 담소를 나누었고, 그와 이야기하고 싶어하는 아이들이 달려오면 말을 멈추었다. 그는 거의 매일 A 메뉴가 배급될 무렵에 맞춰 이곳에 왔다. 격의 없이 활달하게 이야기를 주고받았다. 그는 학생들 말에 귀기울였고 문제 해결을 도왔지만 잔소리는 하지 않았다. 그런 그도 아무렇게나 버려둔 식판과 음식물 쓰레기를 보면 참지 못했다. 프랭크가 교장을 맡고 나서부터 콜럼바인은 깨끗해졌지만, 그는 늘 그 상태를 유지하고 싶어했다.

그는 지저분한 것을 아주 싫어해서 학생식당에 감시카메라 네 대를 설치했다. 관리인이 매일 오전 11시 5분에 테이프를 새로 갈았고, 카메라들이 계속 돌아가면서 15초마다 자동적으로 학생식당의 이곳저곳을 찍었다. 그보다 더 따분할 수 없는 장면들이 매일매일 테이프에 담겼다. 카메라를 설치하고 불과 네 달 뒤에 여기에 어떤 장면이 담길지는 누구도 상상하지 못했다.

—

끔찍한 불행이 미국의 작은 마을과 교외를 휩쓸었다. 다들 텔레비전에서 보고 신문으로 읽어서 잘 알고 있는 교내 총기사건이다. 사건이 구체적인 모습을 드러낸 것은 2년 전이다. 1997년 2월, 알래스카주의 베델이라는 외딴 동네에서 16세 소년이 산탄총을 고등학교에 들고 와서 쐈다. 교장과 학생 한 명이 죽었고 두 명이 부상을 당했다.

10월에는 또다른 소년이 총을 쐈다. 이번에는 미시시피 주의 펄에 있는 고등학교였는데, 학생 두 명이 죽고 일곱 명이 다쳤다. 12월에는 멀리 떨어져 있는 두 장소인 켄터키 주 웨스트퍼듀카와 아칸소 주 스탬프스에서 두 차례 사고가 터졌다. 그해 말까지 학교 총기사건으로 죽은 사람은 총 일곱 명이었고 부상자는 16명이었다.

이듬해는 더 끔찍했다. 다섯 곳에서 사고가 일어나 열 명의 사망자와 35명의 부상자가 생겼다. 사고는 학기가 거의 끝나가는 봄에 집중적으로 발생했다. 그래서 '총격 시즌'이라는 말이 생겼다. 항상 백인 10대 소년이 외부에 거의 알려지지 않은 조용한 동네에서 저지른 일이었다. 대개는 혼자서 일을 저질렀다. 느닷없이 총질을 하고는 급작스럽게 멈춰 텔레비전이 채 혼란을 담을 수 없었다. 온 나라가 그저 총격의 여파를 지켜볼 뿐이었다. 사고현장을 구급차가 둘러싸고, 경찰이 쫙 깔리고, 피를 흘리며 겁에 질린 아이들의 모습만 끊임없이 보도되었다.

1998년 졸업 시즌 무렵에는 교내 총기사건이 마치 유행병처럼 번져갔다. 사건이 연이어 터지자 교외의 작은 마을들에 점차 긴장감이 돌았다. 도시의 학교는 무장한 경찰력이 오랫동안 상주했지만 교외는 안전하다고 여겨졌던 터였다.

사람들의 이목이 쏠렸다. 공포는 이제 현실이었다. 그런데 이렇게 한다고 안전이 보장될까? '어디서든 일어날 수 있다'는 말이 상투어가 되었다. 그러자 사법정책연구소 소장 빈센트 쉬랄디는 워싱턴포스트에서 이렇게 말했다. "하지만 어디서든 다 일어나는 것은 아니다. 이런 일은 좀처럼 일어나지 않는다." 뉴욕타임스의 사설도 이와 비슷한 주장을 했다. 질병통제예방센터의 통계에 따르면 아이가 학교에서 죽을 확률은 100만분의 1이라고 했다. 그 상태가 계속 유지되었다. 실은 꾸준히 하락하는 추세였다. 예전과 비교해보면 학교는 갈수록 안전한 곳이 되고 있었다.

그러나 중산층 백인 학부모에게는 충격이 아닐 수 없었다. 충격적인 사고가 일어날 때마다 머리를 절레절레 흔들며 언제 다음 녀석이 사고를 칠지 두려워하는 사람이 수백만 명이었다.

그러고 나서는 아무 일도…… 정말 아무 일도 없었다. 1998~1999학년도에는 교내 총기사건이 단 한 건도 일어나지 않았다. 위협은 사라졌고 저 멀리서 벌어진 전쟁 소식이 뉴스를 장악했다. 서서히 해체되고 있던 유고슬라비아가 또다시 전쟁의 포화에 휘말린 것이다. 1999년 3월, 에릭과 딜런이 자신들의 계획을 마무리하고 있을 때, NATO는 세르비아의 코소보 침략에 대처하기로 했다. 미국은 베트남전 이후 최대 규모의 항공작전을 개시했다. F-15 비행대대가 출격해서 베오그라드를 폭격했다. 중유럽은 아수라장이 되었다. 미국은 전쟁 태세에 돌입했다. 교외를 위협하던 학교 총기사건은 어느덧 옛말이 되었다.

4

록 앤 볼

에릭과 딜런은 A 메뉴를 먹었지만 교장이 방문할 때까지 남아 있었던 적이 거의 없다. 콜럼바인은 캠퍼스가 개방되어 있어서 면허증과 차가 있는 상급생들은 대부분 서브웨이나 웬디스에 가거나 주택단지에 흩어져 있는 드라이브스루 매장에 갔다. 콜럼바인의 학부모들은 대부분 자녀들에게 차를 사줄 수 있을 만큼 경제적으로 풍족했다. 에릭의 차는 검은색 혼다 프렐류드였다. 딜런은 아버지가 다시 손을 본 구형 BMW를 몰았다. 두 대는 늘 4학년생 구역의 지정된 곳에 나란히 주차되어 있었다. 그들은 점심시간마다 허기를 채우고 담배를 피우려고 친구들 몇 명과 그중 한 대에 올라탔다.

프랭크 교장은 금요일에 중요한 일이 하나 있었다. 에릭 해리스는 적어도 두 가지 할 일이 있었다. 교장은 아이들에게 현명한 결정의 중요성을 가르쳐주고 싶었다. 그래서 모든 아이들이 댄스파티를 마치고 월요일에 무사히 등교하기를 바랐다. 에릭은 탄약을 마련해야 했고, 댄스파티에 데려갈 파트너도 구해야 했다.

—

에릭과 딜런은 주말이 끝나면 바로 죽을 계획이었지만, 금요일 밤에는 할 일이 남아 있었다. 블랙잭 피자에서 마지막 근무를 해야 했다. 에릭이 가게 아르바이트를 해서 번 돈은 폭탄을 제조하고 무기를 사모으고 네이팜폭탄을 실험하는 데 들어갔다. 블랙잭은 최저임금보다 조금 더 쳐주었다. 딜런은 시간당 6.50달러를 받았고 에릭은 선임자여서 그보다 많은 7.65달러였다. 에릭은 더 많이 받을 수 있다고 믿었다. "졸업만 하면 나도 여기를 그만둘 거야." 그는 지난주에 그만둔 친구에게 그렇게 말했다. "하지만 지금은 아니야. 졸업하면 미래를 위한 더 좋은 일자리를 얻어야지." 거짓말이었다. 그는 졸업할 의지가 없었다.

에릭은 아무 계획도 세우지 않았다. 그처럼 앞날이 창창한 아이치고는 이상한 일이었다. 그의 재능이라면 대학에 갈 수 있었다. 그런데도 앞으로 무엇을 하고 살지 뚜렷한 목표가 없었다. 그것이 그의 부모를 미치게 만들었다.

딜런의 미래도 창창했다. 대학에도 물론 진학할 생각이었다. 그는 컴퓨터 엔지니어가 되고 싶었다. 몇몇 학교에서 입학 허가를 받았고 아버지와 함께 나흘 일정으로 투손에 다녀오기도 했다. 그는 애리조나 대학의 기숙사에 방을 얻었다. 사막이 마음에 들었다. 거의 마음을 굳혔다. 어머니가 월요일에 애리조나 대학에 보증금 수표를 보내기로 했다.

에릭은 해병대에 지원하겠다고 둘러대서 지난 몇 주 동안 아버지의 노여움을 가라앉힌 터였다. 사실은 별 관심이 없었지만 그럭저럭 괜찮은 구실이었다. 에릭의 아버지 웨인은 훈장까지 받은 공군 시험비행 조종사로 23년의 복무를 마치고 소령으로 은퇴했다.

당장은 블랙잭에 붙어 있으면서 돈도 그럭저럭 벌고 사람들 사귈 기회도 얻었다. 크리스, 네이트, 잭을 비롯한 몇몇 친구들이 거기서 일했었다. 에릭은 퀸카에 정신이 팔렸다. 당시 몇 달째 한 여자에게 작업중이었다. 수전은 같은 쇼핑몰에 있는 그레이트 클립스 미용실에서 카운터를 맡고 있었는데, 미용사들이 주문한 피자를 대신 가지러 오는 일은 매번 그녀 몫이었다. 에릭은 학교에서도 그녀를 보았는데, 주로 담배를 피울 때였다. 그는 어느 날 학교에서 그녀의 이름을 불러보았다. 수전은 그가 자기 이름을 어떻게 알았는지 궁금해했다. 에릭은 이따금 가게에 들러 그녀와 잡담을 나누기도 했었다. 수전이 그를 좋아하는 눈치였다. 에릭은 난처해하면서도 그녀의 친구들을 통해 자신이 그녀와 엮일 가능성이 있는지 알아보았다. 그녀가 그를 좋아하는 게 확실했다. 늦봄에 밀어닥친 눈보라로 금요일 밤에는 손님이 뜸했다. 그래서 그녀가 피자를 가지러 왔을 때 둘은 잡담을 나눌 시간이 있었다. 에릭이 전화번호를 묻자 그녀가 가르쳐주었다.

수전은 꽤 괜찮아 보였고, 에릭의 새로운 사장에 관한 소식도 마찬가지로 좋았다. 6주 전, 커기스가 가게를 처분한 후 새로운 사장이 오면서 상황이 달라졌다. 에릭의 새 주인은 직원 몇 명을 잘랐다. 에릭과 딜런은 남게 되었지만 옥상이 폐쇄되었다. 이제 옥상에서 맥주를 마시며 물로켓을 날리는 일은 끝이었다. 하지만 에릭은 주인에게 잘 보였다. 커기스는 에릭을 신뢰해서 가게를 자주 그에게 맡겼었는데, 새로운 사장이 금요일에 그를 승진시켰다. 대학살이 벌어지기 나흘 전, 에릭은 매장 관리자가 되었다. 그는 흡족해하는 것 같았다.

그날 밤 두 소년은 봉급을 미리 달라고 했다. 이미 일한 시간까지 쳐서 에릭은 200달러를, 딜런은 100달러를 요구했다. 새로운 사장은 현금으로 지급했다.

아르바이트가 끝나자 둘은 벨뷰 레인스 볼링장으로 갔다. 금요일 밤마다 그곳에서 '록 앤 볼(Rock 'n' Bowl)'이라는 거대한 행사가 열렸다. 보통 16명 정도 모였는데 블랙잭 패거리들도 있고 다른 데서 온 아이들도 있었다. 네 개의 레인을 연달아 차지하고 천장에 매달린 모니터로 점수를 체크했다. 에릭과 딜런은 매주 금요일 밤마다 여기서 놀았다. 실력이 좋은 것은 아니어서 애버리지가 딜런은 115점, 에릭은 108점이었다. 하지만 둘은 볼링을 좋아했다. 체육시간에도 볼링을 쳤다. 딜런은 아침에 일어나는 것을 싫어했지만, 월요일부터 수요일까지 날이 밝기도 전에 벨뷰로 차를 몰고 갔다. 수업이 아침 6시에 시작했음에도 그들은 거의 늦지 않았고 한 번도 결석하지 않았다. 그렇게 볼링을 치고도 금요일 밤이 오기를 고대했다. 같은 장소였지만, 금요일에는 감독하는 어른이 없었기 때문이다. 이때가 되면 그들은 마음대로 행동할 수 있었다. 에릭은 얼마 전부터 독일에 푹 빠져 니체, 프로이트, 히틀러를 읽었고, KMFDM, 람슈타인 같은 독일 인더스트리얼 밴드 음악을 들었으며, 독일어가 적힌 티셔츠를 입었다. 가끔은 하이파이브를 하며 "지크 하일" 혹은 "하일 히틀러"라고 외치기도 했다. 딜런이 이런 그에게 호응했는지는 보고서마다 엇갈린다. 딜런과 댄스파티에 가기로 한 소녀 로빈 앤더슨이 대개 이들을 블랙잭에서 차에 태워서 볼링장까지 데려갔다. 하지만 그녀는 이 주에 교회 사람들과 함께 워싱턴에 가 있었다.

그들은 이날 밤 집에 일찍 돌아갔다. 에릭이 해야 할 전화가 있었던 것이다. 그는 약속한 대로 밤 9시가 넘어 수전에게 전화를 했고 그의 어머니가 받았다. 그녀는 에릭이 아주 친절하다고 생각했다. 그런데 수전이 친구 집에 자러 갔다고 말하는 순간 에릭이 벌컥 화를 냈다. 어머니는 수전이 나갔다는 말을 듣자마자 에릭이 갑자기 화를 내는 것을 이상하게 여겼다. 에릭이 유일하게 평정심을 잃는 때가 거절을 당할 때였다. 특히 여자로부터 거절을 당하면 폭발했다. 딜런만큼은 아니었지만, 가면이 벗겨지면서 분노가 터졌다. 말 그대로 격노였다. 그의 컴퓨터에는 자신을 차버린 야비한 여자애들을 적어놓은 "빌어먹을 리스트"가 있었다. 수전은 거기에 들어 있지 않았다. 어머니가 에릭에게 수전의 호출기 번호를 알려주었고 그는 문자를 보냈다.

수전에게서 전화가 오자 에릭은 갑자기 다시 상냥해졌다. 그들은 학교와 컴퓨터와 에릭을 배신한 아이들 얘기를 했다. 에릭은 자신을 배신한 한 녀석에 대해 계속 떠들어댔다. 그렇게 30분 정도 잡담을 나누었고, 에릭이 마침내 그녀에게 토요일 밤 데이트를 신청했다. 그날 바빠? 아니. 잘됐군! 에릭이 오후 일찍 그녀에게 전화하기로 했다. 드디어 댄스파티에 데리고 갈 여자애를 구했다!

5

콜럼바인의 두 모습

　금요일 밤에 콜럼바인 라운지에 가면 샌더스 코치를 볼 수 있었다. 그곳은 올먼 브라더스가 공연할 법한, 1970년대 미국 남부 메이컨의 허름한 클럽을 연상시키는 화끈한 술집으로 모든 연령대의 손님이 왔다. 가난한 백인 노동자들이 많았지만 흑인과 라틴계도 스스럼없이 어울렸고, 펑크족과 스케이트보드족도 눈에 띄었다. 모두가 잘 지냈다. 대머리이거나 긴 머리카락을 가지런히 뒤로 묶은 폭주족들이 꽃무늬 카디건을 입은 나이든 여자들과 다정스레 이야기를 나눴다. 매일 밤 자유무대 시간이 되면 취객이 무대에 올라가 〈천국으로 가는 계단〉을 서투르게 치다가 〈길리건의 섬〉 주제곡으로 슬쩍 넘어가고 이내 가사를 까먹는 광경을 볼 수 있었다. 밴드 연주가 시작되면 바텐더가 당구대를 베니어판으로 덮어 무도회 공간을 만들었다. 앰프와 믹싱보드를 쌓아 임시무대를 만들고, 타일로 된 천장에 달아놓은 알루미늄 전등으로 비췄다. 비좁은 카펫이 댄스플로어 역할을 했다. 도러시 해밀 스타일의 단발머리를 한 40대 여자들이 많았다. 남편을 플로어로 데려가려고 노력했지만 성공하는 사람은 많지 않았다. 데이브 샌더스는 예외였다. 그는 춤추기를 좋아했다. 일렉트릭 슬라이드라고 하는 라인댄스에 한창 빠져 있었다. 솜씨가 대단했다. 30년 전 그를 농구코트로 이끌었던 우아한 몸놀림은 지금도 여전했다. 그는 뛰어난 포인트가드였다.

샌더스 코치는 대부분의 손님들보다 춤을 잘 췄지만 수준을 따지지 않았다. 그에게는 오로지 친절, 정직한 노력, 성실성만이 중요했다. 라운지에는 그런 사람들이 많았다. 그리고 데이브는 이렇게 쉬면서 즐기는 것을 좋아했다. 그는 마음에서 우러나오는 웃음을 지었는데, 라운지에 오면 특히 잘 웃었다.

샌더스 코치가 1974년에 이곳에 처음 왔을 때만 해도 그는 전형적인 이 지역 사람이었다. 그는 인디애나 주 비더즈버그에서 자랐는데, 그가 대학을 졸업하고 자리잡은 제퍼슨 카운티처럼 조용한 농촌 마을이었다. 25년이 지나자 그곳의 아늑했던 분위기도 많이 바뀌었다. 콜럼바인 라운지는 고등학교에서 남쪽으로 몇 블록 떨어진 곳에 있었는데, 초기에는 교직원들이 학교 수업이나 운동을 끝내고 자주 찾았다. 선생들은 이곳에서 졸업생과 학부모, 현재 학생들의 형제자매와 어울렸다. 한때는 일주일에 마을 주민의 절반이 라운지를 찾을 정도였다. 새로 온 선생들은 라운지의 그런 분위기를 좋아하지 않았고, 그 공간에 어울리는 부류도 아니었다. 1970년대 말에 제퍼슨 카운티로 밀려들기 시작한 고소득층 교외 거주자들도 마찬가지였다. 이들의 자녀들이 곧 콜럼바인 학생 중 다수가 되었다. '새로운 콜럼바인'

들은 깔끔한 고급 술집과 베니건스를 찾거나, 짧은 계단으로 층을 나눈 "랜치하우스"나 대성당처럼 천장이 높은 맥맨션(미국 교외에서 흔히 볼 수 있는 넓은 정원이 딸린 2층 주택—옮긴이)에서 열리는 사교파티에 참석했다. 캐시 버넬의 가족도 에릭과 딜런의 가족도 모두 '새로운 콜럼바인'이었다. 프랭크 교장은 부임 초기에 '오래된 콜럼바인'이었지만 많은 사람들처럼 '새로운 콜럼바인'이 되었다. '오래된 콜럼바인'도 여전히 남아 있었다. 이들은 새로 온 이들보다 적었지만 개의치 않았다. 콜럼바인 고등학교가 세워질 당시만 해도 많은 옛 가족들이 반세기 전 소규모 말 방목장에 지어진 진짜 랜치하우스에서 살고 있었다.

콜럼바인 고등학교는 1973년에 방목 지역과 연결된 비포장도로에서 갈라져나온 작은 도로변에 지어졌다. 학교 이름은 로키 산맥 근방을 뒤덮은 꽃에서 따왔다. 새 건물 주위를 둘러싸고 있는 빈약한 목초지에서 소나무 냄새와 말 분뇨 냄새가 났다. 아직 사람이 살지는 않았지만 제퍼슨 카운티에도 곧 새로운 거주자들이 밀어닥칠 참이었다. 법원 명령으로 학군이 분리되면서 백인들이 덴버를 빠져나와 교외로 몰려들었고, 산기슭의 언덕이 개발되면서 주택단지들이 속속 들어섰다.

제퍼슨 카운티 관료들은 새로운 주거단지를 어디로 정할지 논의했다. 몰려드는 사람들을 수용하려고 공터에 임시구조물 세 채를 설치했다. 고등학교는 인구가 충분히 확보되지 않을 경우 언제든지 산업적 용도로 바꿀 수 있도록 모두 똑같은 외양으로, 텅 빈 구조로 지어졌다. 콜럼바인은 밖에서 보면 꼭 공장시설 같았으며, 안에는 접었다 펼 수 있는 칸막이로 벽을 나누어 교실을 구분했다. 소리가 다른 방으로 흘러들어갔지만 학생들에게는 아무런 문제가 되지 않았다.

새로운 주택단지가 서둘러 계속 개발되었고 가격은 갈수록 비싸졌다. 제퍼슨 카운티는 세 개의 임시학교로 버티고 있었다. 에릭과 딜런이 이곳에 오기 바로 전인 1995년에 콜럼바인 고등학교가 대대적인 수리에 들어갔다. 내부에 제대로 된 벽이 설치되었고 동쪽에 있던 학생식당은 교실들로 바뀌었다. 그리고 서쪽에 거대한 날개건물이 추가되어 규모가 두 배로 늘었다. 곡선의 녹색 유리로 된 공동마당과 그 위에 들어선 도서관 덕택에 콜럼바인은 이제 자신만의 독특한 건축적 외양을 갖추게 되었다.

1999년 4월에 이미 평원은 사람들로 거의 다 들어차고 산기슭까지 개발된 상태였다. 하지만 독자노선을 고집하는 주민들이 협조를 거부했다. 마을이 새로 만들어지면 새 규정과 과세가 부과되어야 했다. 새로 도착한 10만 명이 교외를 계속해서 채워갔지만, 마을에는 중심지도 주요 거리도 시청도 도서관도 없었다. 심지어 이름조차 없어서 그곳을 어떻게 불러야 할지 몰랐다. 대학살과 관련하여 리틀턴이라는 이름이 자주 오르내렸는데, 사실 그곳은 덴버 남쪽에 있는 교외지역으로 비극이 일어난 곳이 아니었다. 콜럼바인은 거기서 사우스플랫 강을 건너 서쪽으로 몇 킬로미터 정도 더 가야 했다. 학군도 다르고 법 집행도 다른 별개의 군이었다. 다만 산기슭까지 뻗은 1800제곱킬로미터의 넓은 구역을 우편 체제상 '리틀턴'이라고 통칭했다. 평원에 사는 사람들은 사교적 삶의 중심인, 가장 가까운 고등학교 이름을 선호했다. 그래서 새 고등학교 주위에 모여 사는 3만 명의 주민에게는 콜럼바인이 그들의 마을 이름이 되었다.

데이브 샌더스는 타이핑과 경영, 경제 과목을 가르쳤다. 그런데 어떤 과목에도 특별히 흥미를 못 느껴 코치를 맡았다. 데이브는 콜럼바인에서 일곱 가지 종목을 가르쳤다. 처음에는 남학생들을 가르쳤는데 점차 여자애들이 그를 더 필요로 했다. "그와 함께 있으면 누구든 편안함을 느꼈죠." 그의 친구의 말이다. 그는 아이들에게 자긍심을 주었다.

데이브는 소녀들에게 소리치거나 꾸짖는 법이 없었지만 연습할 때는 엄격하고 집요했다. 다시, 다시 해봐. 그가 사이드라인에서 잠자코 지켜보다가 경기 분석을 하거나 용기를 북돋아주면 믿음이 갔다. 데이브는 첫 학기에 여자농구팀 코치를 맡았다. 열두 시즌 내내 지기만 했던 팀이었다. 첫 경기가 열리기 전에 그는 등에 '13의 기적'이라고 적힌 티셔츠를 사서 아이들에게 나눠주었다. 그해 봄에 농구팀은 주 챔피언을 가리는 토너먼트에 진출했다.

누군가가 데이브 샌더스를 방해할 때면, 그는 냉담한 눈초리가 되었다. 수업 때 딱 한 번 그 표정을 써먹은 적이 있었다. 경영수업시간에 여자애 둘이 잡담을 하자 그런 눈초리로 쳐다보았는데, 잠시 입을 다무는가 싶더니 그가 돌아서자 다시 떠들기 시작했다. 그래서 그는 의자를 끌어다가 그들 앞에 놓고 앉아 남은 수업을 진행했다. 수업 종이 울릴 때까지 두 아이를 번갈아 쳐다보면서 말이다.

데이브는 거의 매일 밤을 체육관이나 운동장에서 보냈다. 주말에도 갔고, 여름엔 와이오밍 대학에서 트레이닝캠프도 열었다. 그는 실리적인 사람이었다. 늘 효율성을 중시했던 그는 딸을 방과후 수업에 데려가 애도 돌보고 수업도 하는 이중의 효과를 노렸다. 농구팀 소녀들은 앤절라를 걸음마 시절부터 알았다. 아이는 체육관을 돌아다니며 아빠가 아이들에게 드리블, 팁 기술, 일대일 돌파를 가르치는 것을 지켜보았다. 앤절라는 자기 키만한 가방에 장난감을 잔뜩 넣어 가지고 왔다. 연습이 끝날 무렵이면 관람석 여기저기부터 코트 한구석까지 장난감이 흩어져 있었다. 데이브가 앤절라에게 장난감을 챙기라고 외치면 그제야 여자애들은 안도의 한숨을 내쉬었다. 연습이 거의 끝났다는 신호였던 것이다. 그만큼 아이들을 혹독하게 가르쳤다.

앤절라는 당시의 늦은 오후를 소중한 추억으로 간직했다. "콜럼바인은 내가 자란 곳이죠." 데이브는 갈수록 곰처럼 몸집이 커져서, 그가 안아줄 때면 앤절라는 푸근함을 느꼈다.

그녀의 엄마는 그렇지 못했던 모양이다. 캐시 샌더스는 앤절라가 세 살일 때 데이브와 이혼했다. 데이브는 몇 블록 떨어진 곳에 집을 얻어 이들과 가까이서 지냈다. 훗날 앤절라가 그의 집에 들어와 살았다. 캐시는 데이브의 두번째 부인 린다 루와 친구가 되었으니 나름 행복한 이혼이었다.

"캐시는 정말 사랑스러운 여자예요. 데이브와도 잘 지냈고요." 린다가 말했다. "어느 날 그녀에게 두 사람이 왜 이혼하게 되었느냐고 물어봤어요. 이렇게 대답하더군요. '그이는 집에 거의 없었어요. 나 자신과 결혼한 기분이었죠.'"

린다는 새 삶에 잘 적응했다. 데이브와 결혼했을 때 앤절라는 열일곱 살이었고 린다의 두 딸도 거의 다 자랐다. 오랫동안 싱글맘으로 일했기 때문에 혼자 있는 시간에 익숙했다. 그런 그녀도 데이브에 점차 의지하기 시작했다. 여지껏 강인하게 버텨왔지만 의지할 수 있는 남자가 생기자 더 좋았던 것이다. 여태까지 독립적인 삶을 살았지만 이제 그런 시절은 끝났다.

린다 루는 연습을 끝낸 데이브를 주로 라운지에서 만나 저녁을 함께 보냈다. 그녀도 데이브만큼이나 그곳을 좋아했다. 두 사람은 1991년에 라운지에서 처음 만났고, 2년 뒤에 그곳에서 결혼식 피로연을 열었다. 집 같은 곳이었다. 데이브도 린다에게 집처럼 푸근했다.

데이브는 린다가 평생 기다려왔던 남자였다. 자상하고 여자를 보호할 줄 알고 엉뚱한 장난을 즐기는 로맨틱한 남자. 그는 라스베이거스 여행을 가서 청혼을 했다. 엑스칼리버 카지노로 연결되는 다리 위를 건널 때 그는 린다에게 이혼 후에도 약지에 끼고 있던 "이혼반지"를 보여달라고 했다. 그녀가 손을 내밀자 데이브는 반지를 빼서 호수에 던져버리고는 청혼했다. 그녀는 기뻐하며 승낙했다.

린다와 두 딸 신디와 코니가 집으로 들어왔고, 두 사람은 린다의 아이들과 앤절라를 끝까지 키웠다. 데이브는 린다의 작은 딸 코니를 양녀로 맞았다. 세 딸 모두 자기 딸처럼 여겼고 아이들도 데이브를 아빠라고 불렀다.

데이브의 호리호리한 몸에 살이 붙기 시작했다. 거뭇거뭇하게 기른 턱수염에 희끗희끗 줄무늬가 생겼다. 그는 항상 미소지었고 푸른 눈은 반짝였다. 외모가 점차 젊은 산타클로스 같아졌다. 그것 말고는 예전과 달라진 게 없었다. 코치로 일했고 잘 웃었고 손자녀석들을 자주 보지는 못했지만 좋아했다. 그는 낡은 포드 에스코트를 몰았고, 칙칙한 색의 폴리에스테르 소재 바지와 민무늬 버튼다운 셔츠를 입었다. 점점 줄어드는 머리숱은 말끔하게 왼쪽으로 빗어넘겼다. 커다란 안경알 때문에 구닥다리처럼 보였다. 매일 밤 그는 안락의자에 앉아 다이어트콜라와 잭 대니얼스를 마시며 〈조니 카슨 쇼〉를 보고 웃었다. 조니가 은퇴하자 위성접시를 달았고, 데이브는 늘 스포츠 경기를 즐겼다. 린다는 위층에서 그를 기다렸다.

댄스파티를 몇 주 앞둔 어느 날, 그는 갑자기 자신의 이미지를 새롭게 바꾸기로 결심했다. 마흔일곱 살. 이제 변화를 해야 할 때였다. 그가 손수 고른 금속테 안경이 린다를 놀라게 했다. 그가 난생처음으로 과감하게 자신의 패션을 드러낸 순간이었다. "우와!" 린다는 소리를 질렀다. 데이브의 이런 모습은 처음이었다!

그는 안경에 자부심을 가졌다. "이제야 나도 1999년 사람이 된 것 같아."

데이브가 사람들에게 안경 쓴 모습을 처음으로 선보인 날은 부활절 일요일이었다. 아이들을 데리고 떠들썩한 가족모임에 나갔는데, 아무도 그의 변화를 알아차리지 못했다.

그날 저녁 그는 린다에게 자신이 큰 상처를 받았다고 털어놓았다.

데이브는 더 많은 변화를 계획하고 있었다. 이번 여름에는 농구 캠프를 열지 않을 참이었다. 일을 줄이고 가족과 더 많은 시간을 보내기로 했다. 이제부터라도 제대로 살 생각이었다.

자기 전에 마실 음료도 다이어트콜라와 럼주로 바꿨다.

댄스파티를 앞둔 일요일에 가족과 함께 앤절라의 네 살배기 아들 오스틴의 생일파티를 열었다. 데이브는 손자들을 위해 땅콩버터 젤리 샌드위치를 곧잘 만들어주었다. 아이들이 폭신폭신한 부분을 좋아했으므로 빵의 가장자리를 잘라내고 안에는 벌레 모양의 젤리를 숨겼다. 아이들은 젤리를 볼 때마다 놀랐다.

오스틴은 댄스파티가 열리는 주말에 할아버지에게 전화를 걸었는데, 때마침 그는 집에 없었다. 데이브가 나중에 전화를 걸어 자동응답기에 메시지를 남겨놓았지만 앤절라가 지워버렸다. 그녀는 주중에 다시 연락할 생각이었다.

—

댄스파티는 4월 17일이었지만 대부분의 아이들은 한겨울부터 이날을 위해 많은 공을 들였다. 패트릭 아일랜드는 밤마다 양손에 전화기와 공을 들고 침대에 누워 공을 던지고 받으며 가장 친한 친구 로라가 자신의 의도를 알아채길 바랐다. 그는 댄스파티에 누구랑 같이 가는지 계속 귀찮게 캐물었다. 좋은 계획이라도 있어? 같이 가자는 사람 있어? 그러면 그녀는 이렇게 되물었다. 너는 누구랑 가자고 했는데? 언제? 왜 그렇게 꾸물거려?

패트릭은 전혀 우유부단하지 않았다. 콜럼바인 농구팀과 야구팀에서 활약했고 수상스키 종목에서 금메달을 딸 정도로 운동실력이 좋은데다가 공부도 아주 잘했다. 그는 공에서 눈을 떼지 않았다. 농구 시합에서 마지막 몇 분을 남겨두고 5점 차로 뒤져 있을 때 쉬운 레이업숏을 놓치거나 발이 미끄러져 드리블 실수를 해서 기분이 나쁠 땐 그냥 털어버려! 하고 넘어갔다. 이기고 싶다면 다음 플레이에 집중해야 한다. 그런데 로라 생각만 하면 그는 아무것도 눈에 들어오지 않았다.

패트릭은 대부분의 문제에 적당한 선을 지켰지만 자기확신이 강했다. 이 일은 그에게 정말 중요했다. 초등학교 4학년 때의 실수를 반복할 수는 없었다. 그는 3학년 때 첫사랑이자 첫 여자친구인 로라를 만났다. 열렬하게 타올랐지만 안 좋게 끝나서 그녀는 이듬해부터 그와 말도 하지 않았다. 둘은 고등학교에 가서야 다시 친구가 되었다. 한동안 친구로만 지내는가 싶더니 그의 가슴이 다시 뛰기 시작했다. 이번엔 내 마음을 제대로 전하고 있는걸까? 물론 그녀도 그렇게 느꼈을 것이다. 그만 그렇게 생각하는 건 아닐까? 아냐, 그녀도 완전 들이대고 있잖아. 근데, 이게 들이대는 게 맞긴 한가?

로라는 점점 조급해졌다. 문제는 댄스파티만이 아니었다. 계획을 세우고 드레스를 사고 액세서리를 정하고 파티에서 제외될지도 모른다는 불안감을 안은 채 끝없는 대화를 이어가면서 몇 주를 보냈다. 그녀는 슬프고 가여워 보였다. 학기 내내 어색한 관계가 이어졌다.

그 와중에 그녀에게 데이트 신청이 들어왔다. 로라는 시간을 질질 끌다가 결국은 받아들였다. 남자애는 그녀에게 푹 빠져 있었다.

그러자 패트릭은 그저 친구일 뿐인 코라에게 파티에 같이 가자고 했다. 그와 어울리는 친구들 전체가 함께 참석할 예정이었다. 부담 없이 즐겁게 놀기만 하면 되었다.

파티의 밤이 왔다. 대부분의 아이들이 한나절 내내 사진을 찍고 멋진 저녁을 먹고 파트너와 춤추고 뒤풀이를 즐겼다. 패트릭의 친구들은 옛 빅토리아 양식의 저택을 스테이크와 해산물을 파는 우아한 레스토랑으로 개조한 '게이브리얼스'에서 시작했다. 다들 리무진에서 내려 왕족처럼 먹었다. 이어 덴버까지 먼 길을 달리며 이날을 축하했다. 댄스파티 준비위원회는 "괴상한 노란색 구조물이 딸린 건물"로 알려진 지역의 명물 덴버 디자인센터를 행사장으로 골랐다. 여기서 '괴상한 노란색 구조물'이란 낡은 창고를 개조한 가게들과 식당들 위로 우뚝 솟은, DNA 사슬처럼 생긴 25미터 높이의 강철 조각물 〈연결된 벽〉을 뜻한다.

　도시의 랜드마크를 장소로 고른 건 좋았지만, 대신 공간이 협소했다. 좁은 댄스플로어에서는 몸을 움직이기가 어려웠다. 패트릭 아일랜드에겐 〈아이스 아이스 베이비(Ice Ice Baby)〉에 맞춰 춤춘 것이 삶에서 두번째로 기억할 만한 순간이었다. 3학년 때 학예회에서 이 노래에 맞춰 립싱크를 한 적이 있었는데 이후 10년 동안은 이 노래가 들릴 때마다 친구들을 붙잡고 그때의 우스운 춤을 춰 보였다. 이번에는 로라가 없어서 허전했다. 한 곡만 췄다. 느린 곡으로 〈헤븐(Heaven)〉이었다.

—

　캐시 버넬은 댄스파티에 초대받지 못했다. 예쁘긴 했지만 스스로를 패배자라 여겼다. 교회 청년부 아이들은 그녀를 눈여겨보지 않았다. 학교에서는 주목받았지만 사실 성적인 관심일 뿐이었다. 친구를 사귀기가 어려웠다. 그래서 그녀는 친구 어맨다와 옷을 차려입고 머리를 만지고는 어맨다의 엄마가 매리엇 호텔에 마련한 연회에 가서 매력을 뽐냈다. 그런 뒤에 뒤풀이에 갔다. 거기는 파트너가 없어도 갈 수 있었고 새벽까지 파티가 벌어졌다.

6

그의 미래

딜런의 친구들도 댄스파티에 타고 갈 리무진을 준비했다. 토요일 오후에 로빈 앤더슨이 딜런을 데리러 왔다. 두 아이는 다른 다섯 커플과 만나 시내로 가기 전에 딜런의 부모와 사진을 찍었다. 로빈은 짙은 청색의 반소매 새턴드레스를 입었고 팔꿈치까지 올라오는 장갑을 꼈다. 걸음을 옮길 때마다 곱슬곱슬하게 말아올린 금발이 깊게 파인 사각 네크라인 위로 찰랑거렸다. 고전적인 라파엘전파 스타일(라파엘로 이전의 소박한 자연 묘사로 돌아가자고 주장했던 19세기 영국의 미술운동 —옮긴이)을 교외 분위기에 맞춘 모습이었다.

딜런은 파티를 준비하는 내내 들뜬 모습이었다. 이번만은 모든 게 완벽해 보여야 했다. 그는 셔츠 소매 끝을 잡아당겨 내렸고 턱시도 재킷을 단정히 여몄다. 전통적인 검은색 턱시도에 보타이를 약간 비스듬히 맸다. 살짝 밝은 색의 라펠로 포인트를 주었다. 봉오리 끝이 분홍빛을 띠는 장미에 로빈의 드레스와 같은 색의 리본을 묶어 거기에 달았다. 말끔하게 뒤로 넘겨 묶은 머리가 계속 거슬렸다. 면도도 했다. 아버지가 캠코더를 들고 따라다니며 그의 일거수일투족을 카메라에 담았다. 딜런은 렌즈를 들여다보며 말했다. "아빠, 20년 뒤에 이 비디오를 보면 웃기겠죠."

그들은 차창이 선팅되고 천장에는 거울이 달린 리무진에 올라탔다. 경적을 힘차게 울리며 시내로 달렸다. 우와! 딜런은 로빈의 손을 잡고 드레스가 잘 어울린다고 칭찬했다. 먼저 트렌디한 로어 다운타운의 벨라 리스토란테에 가서 저녁을 먹었다. 즐거운 시간이었다. 서로 농담을 나누며 그들이 불에 타고 있는 양 나이프와 성냥으로 장난을 쳤다. 딜런은 샐러드를 접시에 가득 담아 먹고 해산물 요리와 디저트까지 싹 비웠다. 그는 초등학교 영재반 동창회가 곧 열린다며 잘난 척했다. 초등학교 시절 똑똑했던 애들과 다시 만날 생각을 하니 즐거웠다. 딜런은 블랙잭에 연락해서 피자 몇 판을 돌렸다.

저녁식사를 일찍 마쳤다. 딜런은 담배를 피우고 싶었다. 그래서 네이트 다이크먼에게 같이 나가자고 했다. 밖은 쌀쌀했지만 그저 좋았다. 소란에서 벗어나자 조용해졌다. 멋진 음식과 멋진 친구, 그리고 난생처음 타본 리무진까지. "모든 게 계획대로 잘되고 있었어요." 네이트가 회상했다.

네이트는 키가 딜런보다도 커서 193센티미터였고 꽤나 매력적이었다. 짙고 어둡고 두꺼운 눈썹 때문에 날카로운 눈이 돋보이는 고전적인 용모였다. 그들은 동창회에 대해 계속 이야기했다. 대학에 진학하면 다들 뿔뿔이 흩어질 터였다. 딜런은 애리조나로 가고 네이트는 저 멀리 플로리다로 갈 예정이었다. 네이트는 마이크로소프트에서 일하는 것이 꿈이었다. 나중에 나이가 들어 동창회가 열릴 즈음에는 다들 무엇이 되어 있을까? 그들은 이런저런 가능성을 이야기했다. "뭔가 잘못되리라는 조짐은 전혀 없었어요." 네이트의 말이다. "멋진 시간을 보내고 있었어요. 댄스파티잖아요. 당연히 즐겁게 보냈죠."

디자인센터까지 가는 짧은 길은 요란했다. 하드 록을 시끌벅적하게 틀어놓고 노래를 따라부르며 흥분했다. 그들은 보행자를 무시했고 멋대로 핸들을 꺾어 사람들을 위협했다. 밖에서는 차 안이 보이지 않았지만 안에서는 밖이 다 보였다. 완전히 난장판이었다.

딜런은 기분이 좋았다. 우리 계속 연락하고 지내자, 그가 말했다. 함께 어울리며 놀기에 더없이 좋은 친구였다.

—

에릭은 자신의 운을 믿었다. 누구보다 댄스파티 데이트를 기대한 그였지만 초저녁까지 기다렸다가 수전에게 전화를 했다. 그는 자신만만했다. 여자애들에게 인기가 많은 그였다. 수전에게 영화를 보러 집에 오라고 했다. 그녀가 오후 7시경에 에릭의 집에 왔다. 그의 부모는 결혼기념일을 자축하려고 막 외출한 터였다. 에릭은 수전에게 〈이벤트 호라이즌〉을 보여주고 싶었다. 공간이동으로 지옥에서 온 우주선이 나오는 저예산 고어물로 그가 가장 좋아하는 영화였다. 둘은 영화를 끝까지 다 보았고, 이어 그의 지하실 침대에 앉아 이야기를 나누었다.

에릭의 부모가 집에 돌아와서 그녀를 만났다. 에릭의 아버지는 그레이트 클립스에서 머리를 잘랐다고 했다. 대화는 대부분 두서없는 잡담으로 흘렀다. 수전은 에릭의 부모가 친절하다고 생각했다. 다들 사이 좋아 보였다. 엄마, 아빠가 방에서 나가자 에릭은 기타를 들고 자신이 좋아하는 곡들을 연주했다. 그녀의 귀에는 요란한 소음으로 들렸는데, 그때 그가 에냐가 부를 법한 뉴에이지 노래를 부르기 시작했다. 그는 딱 한 번 그녀를 끌어안았고 키스는 하지 않았다. 이런저런 생각을 했다. 이를테면 그녀가 돌아갈 때 미리 차의 시동을 걸어 둘까 하는 생각. 수전은 11시까지 있다가 돌아갔는데 예정된 시각보다 이미 30분이나 늦었다. 에릭은 그녀의 뺨에 입맞추고 작별인사를 했다.

—

댄스파티는 격식이 갖춰진 행사였다. 여왕과 왕을 뽑아 왕관을 씌웠고, 교장은 다들 무사한 것을 보고는 안도의 한숨을 내쉬었다. 딜런과 로빈은 즐거운 시간을 보냈지만, 사실 즐거우라고 파티를 하는 건 아니었다. 댄스파티는 어른들을 괴상하게 흉내내는 쇼였다. 옛날 결혼식처럼 옷을 차려입고, 한 번도 데이트를 안 해본 사람도 '커플'처럼 손잡고 행동하며, 대호황시대(gilded age) 사교계 에티켓을 이어받은 할리우드 스타들처럼 리무진과 레드카펫에 부모, 선생, 사진사가 파파라치처럼 따라붙는다.

진짜 재미는 뒤풀이였다. 턱시도 장식띠를 풀고 5센티미터도 넘는 하이힐을 벗고 바보 같은 포즈들도 잊고 편안하게 즐기는 자리니까 말이다. 도박판이 벌어졌다. 콜럼바인 체육관에는 블랙잭, 포커, 크랩스 테이블이 일렬로 쫙 늘어섰다. 라스베이거스 복장을 한 학부모들이 딜러 역을 맡았다. 공 던지기 콘테스트가 열렸고 점프 캐슬과 번지 점프대도 있었다. 뒤풀이는 새벽까지 쭉 이어졌다. 올해의 주제는 '뉴욕, 뉴욕'이었다. 몇몇 학부모들이 실물 크기의 미로를 만들어 학교에 들어오려면 이를 통과해야 했고 판지로 제작한 엠파이어스테이트 빌딩과 자유의여신상을 입구에 세워두었다. 파트너는 내팽개치고 도박에 열을 올리는 남자애들이 있었다. 파트너가 없는 애들도 있었다. 에릭이 거기서 딜런을 만나 '리무진 그룹'에 합류했다. 그들은 카지노에서 몇 시간을 보내며 가짜 돈을 썼다. 패트릭 아일랜드가 근처에서 어슬렁거렸는데 그들과 마주치지는 않았다. 딜런은 계속해서 대학 진학과 자신의 미래에 대해 이야기했다. 그만하면 충분히 기다렸다고 했다.

7

복음의 열기

교회의 열기가 뜨겁다. 이곳은 복음주의 지역의 중심이다. 콜럼바인에서 800미터 정도 떨어진 옛 케이마트 건물을 개조한 트리니티 크리스천 교회에서 황홀경에 빠진 신도들이 울부짖으며 예수를 찾고 있었다. 학교 체육관에 마련된 카지노가 문을 닫을 즈음, 신도들은 프론트 산맥 맞은편에 집결했다. 이들은 트리니티 크리스천 교회 측랑으로 몰려가 예전에 유행하던 천막 부흥회에서처럼 신음소리를 내며 중얼거렸다. 광란에 들떠 하늘을 향해 양팔을 쳐들고는 자신들의 영혼이 담아두지 못하는 방언을 쏟아냈다. 합창단이 여기에 가세했다. 찬송가 소리가 울려퍼지자 군중의 목소리가 높아졌다.

이곳은 성령으로 뜨거운 교회……
우리의 열렬한 소망은……

그들 중에서 구릿빛 피부의 고등학교 여학생 한 명이 자신의 드레스에 그려진 난초 무늬처럼 눈에 확 띄었다. 여기 모인 그 누구도 그녀만큼 열광적이지 않았다. 그녀는 머리를 뒤로 젖히고 눈을 꼭 감고 계속 노래했고, 기악 반주가 나갈 때는 입술로만 따라갔다.

개척자 시대와 제2차 대각성운동(1790년 뉴잉글랜드 지방에서 시작된 기독교 신앙부흥운동 — 옮긴이) 이후로 콜로라도는 순회 사역의 거점이 되었다. 1990년대에 이르면, 콜로라도스프링스는 복음주의 개신교도들에게 바티칸과 같은 곳이었다. 덴버 시내는 그나마 종교 열기로부터 차분해 보였지만 서쪽 교외에서는 열광적이었다. 그중에서도 성령의 열기가 가장 뜨거운 곳이 트리니티 크리스천 교회였다. 이들에게는 손을 내밀어 맞이해야 할 구세주와 물리쳐야 할 적이 있었다.

성경교회(bible church) 목사들은 사탄이 제퍼슨 카운티에 돌아다닌다고 말한다. 에릭과 딜런이 이곳을 공격하기 오래전부터 수만 명의 콜럼바인 복음주의 신도들은 어둠의 왕자에 대처하고 있었다. 그들이 '적'이라고 부른 그는 항상 먹잇감을 찾아다녔다.

콜럼바인은 풋힐스 언덕에서 동쪽으로 5킬로미터쯤 떨어진 곳에 있다. 언덕 쪽에 가까울수록 집값이 조금씩 비싸졌고 주민들도 그만큼 예의바르고 협조적이었다. 트리니티 크리스천 교회에 다니는 이들과 달리, 풋힐스 성경교회에 다니는 고소득 신도들은 브로드웨이에서 연출한 듯한 고급한 집회를 선호한다. 풋힐스 목사 빌 오드몰런이 무대에 선 모습을 보면, 영락없이 TV에 나오는 복음 전도사 같다. 말끔하게 빗어넘긴 머리, 빳빳한 타이, 몸에 딱 맞춘 아르마니 흙색 정장. 하지만 그가 입을 여는 순간 편견은 사라진다. 그는 진실하고 날카롭고 지적이었다. 그는 돈만 밝히는 목사들이 금방 구원받게 해주겠다고 말하는 술책을 비난했다.

웨스트볼스 커뮤니티 교회는 지리적으로, 사회경제적으로, 지성적으로 다른 대형교회들과 다르지 않다. 오드몰런처럼 이곳의 담임목사 조지 커스틴도 성경을 곧이곧대로 믿는 직역주의자였다. 그는 사랑의 구세주를 외치는 동료 목사들을 경멸했다. 그가 믿는 그리스도는 복수의 화신이었다. 사랑은 팔아먹기 좋을 뿐 반쪽짜리라고 했다. "그런 것을 보고 있자니 화가 납니다." 커스틴의 말이다. 그는 흑백 윤리를 엄격하게 설교했다. "사람들은 세상을 모호한 회색으로 칠하기 좋아하지만 성경은 그렇지 않아요."

신도들에게 종교생활은 매주 일요일마다 보는 한 시간짜리 예배 이상을 의미했다. 성경연구모임, 청년부 활동, 친교, 묵상기도가 마련되어 있었다. 신도들은 "오늘의 말씀"으로 하루를 시작하고 성경 낭독으로 하루를 끝냈다. 웨스트볼스의 아이들은 WWJD — 예수라면 어떻게 했을까(What Would Jesus Do) — 라고 쓰인 팔찌를 차고 다녔고 크리스천 록 CD를 서로 교환해가며 들었다. 때로는 비신자들에게 전도하거나 주류 개신교도들과 성경 논쟁을 벌이기도 했다. 콜럼바인 성경연구모임이 일주일에 한 번씩 학교에서 열렸는데, 유혹을 물리치고 더 높은 뜻을 향하며 그리스도의 충실한 종으로 살아가는 것이 이들의 목표였다. 이들은 감시의 눈을 부릅뜨고 적을 찾아다녔다.

커스틴과 오드몰런 목사는 사탄에 대해 자주 언급했다. 오드몰런은 사탄이라고 불렀고 커스틴은 적이라는 단어를 선호했다. 어떻게 부르든 이들에게 사탄은 단순한 악의 상징이 아니라 순종적인 영혼을 노리는 엄연한 물리적 실체였다.

사탄은 가장 넘어오지 않을 것 같은 목표물을 낚아챘다. 캐시 버넬이 타락하리라 누가 상상이나 했을까? 그녀는 천사 같은 금발의 3학년생으로 댄스파티 대신 매리엇 호텔에서 열리는 행사에 가려고 옷을 차려입었다. 그녀는 화요일에 교회 청년부에서 연설하기로 했었다. 콜럼바인 부지 바로 옆에 집이 있었고, 여기로 이사 온 지는 2년째였다. 크리스천 펠로십 학교에서 전학 왔다. 부모에게 전학을 시켜 달라고 자청했는데, 하느님의 뜻이라고 했다. 하느님이 캐시가 콜럼바인의 비신자들에게 믿음을 전하길 원했다는 것이다.

———

월요일 아침은 별일 없이 지나갔다. 일요일 새벽까지 노느라 눈이 벌게진 아이들이 누구랑 무엇을 했는지 떠들어댔다. 다들 무사히 학교로 돌아왔다. 아이들 몇몇이 교장의 집무실 앞에 서서 활짝 웃으며 안을 들여다보았다. "우리가 활짝 웃는 모습이 보고 싶으실 것 같아서요." 그들이 말했다.

그날 FBI 부서장 드웨인 퓨질리어는 신경이 예민했다. 그는 덴버에서 연방테러대책을 맡고 있었는데, 4월 19일은 이 지역에서 위험한 날로 통했다. 6년 전 이날 FBI 역사상 최악의 재난이 있었고 그로부터 정확히 2년 후에 보복사건이 일어났던 것이다. 1993년 4월 19일, 연방수사국은 텍사스 주 웨이코 근처의 다윗파 사교집단 본부를 습격하여 51일간 이어진 인질 대치극을 끝냈다. 그 순간 거대한 폭발이 일어났고 어린이를 포함하여 80명의 신도들 대부분이 불에 타 죽었다. 퓨질리어 요원은 미국 최고의 인질 협상가 가운데 한 명이었다.

그는 다윗파를 밖으로 유인하려고 6주 동안 공을 들였다. 본부 공격에 반대했지만 그의 의견은 무시되었다. 습격 직전에 FBI가 퓨질리어에게 마지막 기회를 주었다. 결국 그는 다윗파 지도자 데이비드 코레시와 마지막으로 이야기를 나눈 사람이 되었다. 그는 본부가 불타는 광경을 지켜보았다.

사고에 대한 FBI의 책임을 둘러싸고 한바탕 논란이 일었다. 결국 법무장관 재닛 리노가 자리에서 물러날 지경에 이르렀다. 웨이코 지역은 과격한 반정부 태세에 돌입해 시민군운동을 벌였고, 4월 19일을 사악한 공권력을 상징하는 날로 삼았다. 2년 후인 1995년 4월 19일, 티머시 맥베이가 이에 대한 복수로 오클라호마시티에 있는 뮤러 연방정부 청사에 폭탄 테러를 가했다. 이 사고로 168명이 목숨을 잃었는데 당시로서는 미국 역사상 최악의 테러공격이었다.

8

사람이 가장 많이 몰리는
시각과 장소

에릭과 딜런은 미국 전역으로 방송된 웨이코와 오클라호마시티 참사를 텔레비전으로 지켜본 게 분명했다. 특히 이 지역에서 더 화제였는데, 두 아이가 콜럼바인에 다닐 때 맥베이가 덴버 시내 연방법원에서 재판을 받고 사형 선고를 받았기 때문이다. 참혹한 광경이 반복적으로 텔레비전에 나왔다. 에릭은 자신의 일지에서 맥베이를 능가하겠다고 큰소리를 쳤다. 오클라호마시티 참사는 별 볼 일 없는 수준이었다. 맥베이는 타이머를 설치한 후 밖으로 나왔고 자신이 저지른 장관을 보지도 않았다. 에릭은 그보다 훨씬 거대한 것을 꿈꾸었다.

아이들은 '심판의 날'이 오리라 생각했다. 콜럼바인 역시 그렇게 날려버릴 생각이었다. 에릭은 웹에서 찾은 『무정부주의자의 요리책』(윌리엄 파웰이 미국의 베트남전 참전에 항의하는 뜻으로 1971년에 발표한 책—옮긴이)을 보고 최소한 일곱 개의 대형 폭탄을 설계했다. 그는 높이 45센티미터, 직경 30센티미터의 불룩한 흰색 프로판탱크를 골랐다. 이 정도면 고성능 폭발가스를 7.5킬로그램이나 담을 수 있었다. 1번 폭탄은 기폭장치로 에어로졸 캔을 사용했고, 둥근 금속 벨이 위에 달린 구식 알람시계와 선으로 연결했다. 첫 단계는 이 폭탄을 학교에서 5킬로미터 떨어진 에릭의 집 근처 공원에 설치하는 것이었다. 이것만으로도 수백 명이 능히 죽겠지만, 실은 돌과 나무를 날려버리기 위함이었다. 진짜 공격은 그 이후였다. 미끼용 폭탄으로 이웃을 놀라게 하고 경찰을 교란시킨 다음에 말이다. 시간이 지날수록 사망자 수가 계속 늘어날 것이다. 이들은 맥베이의 기록을 두 배, 세 배 경신할 생각이었다. 피해 규모를 "수백 명" "500~600명" "최소 400명" 등 다양하게 추정했다. 이들이 준비하고 있던 무기의 위력을 생각하면 사실 이 정도도 적게 잡은 수치였다.

아마도 에릭에게는 유인 계획을 세워야 할 또다른 이유가 있었을 것이다. 사람들 속을 예리하게 꿰뚫어볼 줄 알았던 그는 딜런이 망설이고 있다는 것을 알아챘다. 유인 계획은 과묵한 딜런을 진정시키는 데 도움이 될 터였다. 아무도 다치지 않을 테니까 말이다. 하지만 일단 공격이 시작되면 딜런도 완전히 전념할 것이다.

본격적인 공격은 마치 영화처럼 3부로 계획했다. 학생식당에서 대규모 폭발이 일어나는 것으로 테러가 시작된다. 600명이 넘는 학생들이 A 메뉴를 먹으러 몰려들겠지만, 종이 울리고 2분 뒤면 거의 다 죽을 것이다. 1부의 주인공은 미끼용 폭탄처럼 프로판탱크를 사용한 폭탄 두 개다. 못과 BB탄을 묶어 산탄을 만들고 가솔린 캔과 소형 프로판탱크에 동여매어 아까처럼 구식 알람시계와 연결한다. 이렇게 만든 폭탄을 각각 더플백에 넣은 다음 학생들이 이동하는 혼란스러운 틈을 타서 에릭과 딜런이 갖다놓기로 했다. 이번에도 딜런은 살인에 친숙해질 수 있다. 알람시계를 누르는 건 피를 볼 일이 없고 괴로워할 필요도 없다. 순식간에 벌어지므로 살인 같지도 않을 것이다. 딜런은 자기도 모르는 사이 대부분의 살인을 끝낼 것이었다.

거대한 화염이 점심을 먹으러 온 아이들을 집어삼키고 학교 건물은 활활 타오른다. 에릭은 상세한 도표를 그려 계획을 세웠다. 폭탄 사이에 간격을 두되 반경 내에 최대한 많은 사람을 두려고 중앙에 설치했다. 2층을 지지하는 거대한 두 기둥 옆이었다. 나중에 컴퓨터 시뮬레이션과 현장조사를 한 결과, 만약 이 폭탄이 터졌다면 2층도 상당 부분 무너져내렸을 가능성이 아주 높았다. 에릭은 도서관과 거기서 공부하던 학생들이 점심을 먹으려다 불타고 있는 아이들 위로 무너져내리는 광경을 보고 싶었던 모양이다.

시한폭탄이 째깍째깍 돌아가는 동안 살인자들은 현장을 유유히 빠져나와, 서로 수직을 이루는 방향으로 갈라져 전략적으로 90미터가량 떨어지게 주차해놓은 각자의 차로 간다. 차는 기동성 있는 베이스캠프로 여기서 2부 공격을 준비한다. 사전준비를 통해 최적의 발포구역을 이미 확인해놓았다. 그들은 반복적으로 연습해서 신속하게 장비를 나르고 대열을 정비하도록 했다. 11시 17분으로 맞춰놓은 폭탄이 터지면 사람들로 들어찬 날개건물은 산산조각 날 터였다. 화염이 솟구치면, 에릭과 딜런은 출구에서 반자동소총을 들고 생존자들이 튀어나오기를 기다린다.

2부는 총격시간이다. 재밌는 시간이 될 것이다. 딜런은 인트라텍 TEC-DC9(9밀리미터 반자동권총)과 산탄총으로 사냥하기로 했다. 에릭은 하이포인트 9밀리미터 카빈 라이플과 산탄총을 골랐다. 그들은 옷자락 안에 숨기기 좋게 산탄총의 총신을 잘랐다. 그리고 그 사이에 휴대용 폭발물인 파이프폭탄과 이산화탄소폭탄 ─ 일명 "크리켓" ─ 을 넣었고, 일대일 격투가 벌어질 것에 대비해서 화염병과 소름끼치게 생긴 칼도 여러 자루 챙겼다. 탄약과 폭발물 대부분을 끈으로 묶어 몸에 부착할 수 있도록 보병용 멜빵을 맸다. 그리고 배낭과 더플백에 더 많은 무기들을 담아 가져갔다. 파이프폭탄 공격을 신속하게 실행하려고 화약을 바른 띠를 팔뚝에 테이프로 붙였다. 마지막으로 무기도 감추고 멋지게 보이려고 검은색 더스터코트를 걸쳤다(나중에 더스터코트는 트렌치코트로 널리 알려졌다).

그들은 폭탄이 터지자마자 건물 앞에 가 있을 계획이었다. 폭발을 가까스로 피할 만큼 건물에서 가까운 모퉁이 근처에 있되 서로의 모습은 보여야 했다. 의사 전달을 위해 몇 가지 수신호를 정했다. 세세한 부분까지 꼼꼼히 계획했다. 특히 중요한 게 전투 위치였다. 약 2만 3000제곱미터의 학교 건물에 살아남은 사람들이 도망칠 수 있는 출구는 25개였다. 그들은 서로의 위치를 계속 확인하면서 건물의 양 측면과 세 개 중 두 개의 주요 출구를 커버할 수 있는 곳으로 정했다. 가장 중요한, 두 아이의 발포 라인이 교차하는 지점은 대형 폭탄에서 불과 10미터가량 떨어진 학생식당 바로 옆 출입구였다.

목표물에서 적절한 각도에 위치를 잡도록 하는 것은 보병 훈련의 기본으로, 조지아 주 포트베닝의 육군 보병학교에서 모든 미군에게 가르치는 기술이다. 이를 '십자포격'이라 부르는데, 양쪽 방향에 자리를 잡고 목표물을 계속해서 사정거리 내에 두되 무기는 절대 같은 편을 향하지 않는다. 총격자가 날카롭게 방향을 틀어 달아나는 적을 향해 발사하더라도 같은 부대원들은 안전하다. 에릭과 딜런은 90도

반경 내에 탄약을 쏟아부어도 서로가 다치지 않도록 자리를 잡을 터였다. 설사 한 명이 더 빨리 진격해도 파트너의 발포구역을 절대 침해하는 일이 없도록 했다. 이는 현대 소규모 전투에서 가장 안전하고 효율적인 공격 패턴이다.

이 단계가 에릭과 딜런이 한창 신날 때다. 아울러 이들이 죽음을 맞게 될 가능성이 가장 높은 때이기도 하다. 따라서 이들이 살아서 3부를 지켜볼 가능성은 거의 없다. 최초의 폭발로부터 45분 뒤에 경찰이 끝났다고 선언하면, 이제 구급요원들이 부상자를 병원으로 이송하기 시작하고 기자들이 도착해서 끔찍한 현장을 전국에 방송한다. 그때 에릭의 혼다와 딜런의 BMW가 촬영진과 구급요원들을 향해 폭발한다. 각각의 차량에는 두 개의 프로판폭탄과 75리터의 석유를 오렌지색 플라스틱 물통에 담아 싣는다. 차량의 위치는 2부와 3부의 살육을 극대화 할 수 있도록 건물 현관 근처로 정했다. 경찰 인력과 구급요원, 뉴스 보도차량이 몰리기 딱 좋은 곳으로 여기서 적당히 떨어진 곳에 각자의 차량을 주차해두면 이들과 함께 주차장 대부분이 날아갈 것이다. 최대로 잡으면 2000명의 학생과 150명의 교직원, 수많은 경찰, 의료진, 기자 들까지 다 날려버릴 수 있다.

에릭과 딜런이 살상극을 준비해온 것은 적어도 1년 반 전부터였다. 그들은 1년 전쯤에 4월 학생식당으로 시간과 장소를 잠정 합의했다. 그리고 심판의 날이 가까워지자 4월 19일 월요일로 확정했다. 아주 적절한 날짜로 보였다. 그들이 마지막 열흘 동안 남긴 테이프를 보면 무미건조하게 날짜를 두 번 언급하고 있다. 이유는 설명하지 않았지만, 에릭이 오클라호마시티를 능가해야 한다고 말한 것으로 볼 때, 티머시 맥베이가 웨이코 참사에 대한 복수를 결행한 날을 기념하기 위한 것으로 보인다.

공격 시점을 정하는 것이 가장 중요했다. 학생들은 늘 점심을 일찍 먹으려고 했기 때문에 A 메뉴가 가장 인기였다. 학교에서 사람이 가장 많이 몰리는 시각과 장소는 11시 17분 학생식당이었다. 에릭이 목표대상을 찬찬히 관찰해서 정확한 시간을 알아냈다. 10시 30분에서 50분 사이에는 고작 60명에서 80명의 아이들이 식당 여기저기 흩어져 있을 뿐이다. 10시 56분에서 58분 사이에 "점심 담당자가 거지같은 음식을 올린다". 그러면 문이 열리고 "사람들이 꾸준히 조금씩" 들어온다. 그는 각각의 문이 열리는 시각과 시시각각 증가하는 사람의 수를 정확히 기록했다. 11시 10분, 벨이 울리고 4교시가 끝나면 학생들이 복도로 쏟아진다. 잠시 후 줄을 서려고 몰려드는데, 1분마다 50명씩 늘어 11시 15분에는 500명 이상이 된다. 에릭과 딜런이 손으로 쓴 시간표를 보면 폭탄이 11시 16분에서 18분 사이에 터지도록 계획했다. 그 아래에는 빈정거리는 말을 적어놓았다. "재밌게들 놀아! 하하하."

에릭과 딜런은 왜 이런 공격을 했는지 사람들이 의아해할 것을 예상해서 자신들의 동기를 설명하는 특별한 자료를 남겨두기로 했다. 스케줄, 장부, 지도, 도표, 물품 조달표를 모아두었고 아울러 노트와 일지, 웹사이트에 자신의 의견을 남겼다. 자신들의 공격을 설명하기 위해 특별히 촬영한 비디오도 있었다. 이는 에릭의 지하실에서 대부분 촬영되었으므로 훗날 '지하실 테이프'로 알려지게 된다. 에릭의 20쪽짜리 일지에 특히 자세한 설명이 나온다. 두 자료 모두 많은 것을 알려주지만 완전히 모순되는 내용도 있다. 일지에 담긴 충격적인 내용 때문에 보안관 부서는 이를 공개하기를 꺼렸고, '지하실 테이프'

의 존재도 몇 달 동안 부인했다. 에릭과 딜런의 진짜 의도는 수년 동안 미스터리로 남았다.

—

에릭의 계획에서 가장 먼저 뒤틀린 것은 날짜였다. 아마도 총알 수급 문제 때문이었을 것이다. 월요일에 그는 네 자루의 총에 쓸 총알을 700발가량 확보했지만 아직 부족하다고 느꼈다. 이제 막 열여덟 살이 되었기에 원하면 얼마든지 구할 수 있었지만 이 사실을 몰랐던 것 같다. 계속 다른 사람한테 부탁했던 터라 이번에는 마크 메인스가 도와주리라 생각했다. 메인스는 마약 딜러였고 부업으로 총기류와 탄약을 팔았다. 1월에 그를 통해 TEC-9을 구하기도 했다. 에릭이 탄약을 구해달라고 하자 그는 어물쩍댔다. 목요일 밤부터 재촉하기 시작했는데 나흘 뒤에도 여전히 빈손이었다.

총알이 더 없어도 일을 진행할 수 있었지만, 그러면 화력이 좀 떨어질 터였다. 산탄총은 속사포 공격용 무기가 아니었다. TEC-9에 끼우는 탄창에는 20발이나 30발이 들어가는데, 탄창이 다할 때마다 단추를 눌러서 빼고 새로 끼워넣어야 한다. 진정한 총기 애호가라면 이 총을 싫어할 것이다. 너무 커서 다루기 거북하고 명중률도 높지 않다. 고성능 우지 기관총을 살 여유가 안 되는 가난한 자들이나 쓰는 총이다. 총기상들은 디자인이 촌스럽고 총알이 제대로 장전되지 않을 때가 많은데다가 조준 메커니즘이 조잡해서 제대로 겨냥하기 어렵다며 불평한다. "싸게 싸게 만들었지만 그럭저럭 과녁에 맞음." 러시아의 한 주요 총기업자 웹사이트에 올라온 평가다. 하지만 저렴했다.

—

에릭과 딜런은 월요일을 대체로 평온하게 보냈다. 해 뜨기 전에 일어나 오전 6시에 시작하는 볼링수업을 들었다. 4교시를 빼먹고 블랙잭에 죽치고 앉아서 점심을 먹은 것을 제외하면 나머지 수업은 평소와 다름없이 들었다. 그날 저녁, 메인스가 탄약을 구했다며 갑자기 연락해왔다. 케이마트에서 50발씩 들어 있는 탄약 두 상자를 구했다고 했다. 다해서 25달러였다.

에릭이 탄약을 가지러 메인스의 집에 갔다. 그는 흥분한 기색이 역력했다. 메인스가 에릭에게 오늘밤 사냥을 가느냐고 물었다.

어쩌면 내일쯤, 에릭의 대답이었다.

9

두 친구

데이브 샌더스는 이제껏 후회에 대해 말한 적이 한 번도 없다. 프 랭크 교장에게도 마찬가지였다. 두 사람은 매일같이 대화했고 20년 간 절친한 사이였지만 한 번도 그런 주제로 이야기를 나누지 않았다.

그러다가 월요일 오후에 갑자기 후회에 대한 얘기가 나왔다. 프랭 크는 콜럼바인 야구팀과 최대 라이벌인 채트필드와의 시합을 보려고 내야로 천천히 걸어갔다. 교장이 되기 전에 그는 오랜 친구 데이브 샌 더스와 함께 야구팀 코치로 일했었다. 데이브가 외야석 꼭대기에 앉 아 시합을 지켜보고 있었다. 그는 여학생들이 농구 연습을 하러 올 때까지 몇 시간을 때워야 했다. 시즌은 끝났지만 다음 시즌을 위해 기초훈련을 해야 했다. 그는 시험지의 점수를 매기며 시간을 보낼 수 도 있었지만 야구장에서 벌어지는 시합이 궁금해서 나온 참이었다.

프랭크 교장은 자신을 보며 환호하는 아이들에게 인사한 뒤 데이브 옆에 가서 앉았다. 두 사람은 두 시간 동안 많은 이야기를 나누었다. 살아온 인생, 코치생활은 물론 1979년에 프랭크가 콜럼바인에 와서 둘이 처음 만났던 얘기까지. 그는 교사 가운데서 키가 가장 작았는데, 당시 교장이 그에게 농구팀 코치를 권했다. "1학년 코치를 원하더라고. 나는 1년 계약직이었고." 프랭크가 말했다. "교장이 그러더군. '프랭크, 자네가 이 부탁을 들어준다면 은혜는 꼭 갚지.' 뭐라고 하겠어? '원하시는 대로 다 하겠습니다.' 그렇게 말했지. 그래서 농구팀 코치를 맡게 된 거야."

대화는 한참 동안 가벼운 주제로 흘렀다. 그러다가 평소처럼 장난스럽게 이야기하던 데이브가 갑자기 진지하게 물었다. "자네, 코치생활이 그립지 않아?"

"그다지 뭐." 프랭크의 대답에 데이브는 조금 의외라는 표정이었다. 프랭크가 설명하기를 코치생활은 자신의 삶이며 자기는 코치를 그만둔 적이 없다고 했다. 그저 상대하는 사람이 늘었을 뿐이라고 했다.

"정말 그렇게 생각해?" 데이브가 의아해했다.

물론이지, 프랭크가 대답했다. 아이들에게 뭔가를 실제로 가르쳐줄 수는 없다. 그들에게 어떻게 해야 할지 알려주고 혼자 터득하도록 동기를 부여할 뿐. 유격수가 더블플레이를 배우는 것도, 아이들이 미국 정부에서 권력이 어떻게 분할되는지 이해하는 것도 마찬가지다. 근본은 다 똑같다. 이제 그는 선생들을 대상으로 아이들에게 배움의 동기를 부여하도록 가르치는 일을 하고 있다.

"자네는 어떤데?" 프랭크가 물었다. "후회라도 해?"

"후회하지. 코치생활을 너무 많이 한 거."

그들은 함께 웃었다.

"나 지금 진지해." 데이브가 말했다. "가족이 코치생활에 밀려 2등이야. 세상에, 가족이 2등으로 밀려나다니."

프랭크는 또다시 웃음이 나오려는 것을 참았다. 아들 브라이언이 열아홉 살이었다. 그는 자신이 좋은 아버지였다고 확신했지만 아버지 역할을 제대로 못했다. 부임 첫날부터 그 문제로 부인이 섭섭해했고 결국 최근에 그녀가 이렇게 불만을 터뜨렸다. "이제 다른 사람 자식들 키우는 거 그만두고 자기 자식도 좀 챙겨요."

충격이었다. 쉽게 꺼내기 어려운 이야기였지만 이제 때가 된 듯했다. 보아하니 데이브도 같은 처지였다. 두 사람 모두에게 씁쓸하면서도 즐거운 일이었다. 행복하게 중년에 이른 것이다. 그들은 스스로를 위해 변화를 한사코 거부했지만 그 때문에 자식들에게 소홀히 대하지 않았던가? 프랭크의 아들은 이제 다 자랐고 데이브의 딸들도 마찬가지였다. 너무 늦었다. 하지만 데이브는 딸들이 어린 나이에 시집을 가는 바람에 다섯 명의 손자, 손녀를 둔 할아버지가 되었다. 그는 다른 코치에게는 아직 코치 일을 줄일 거라는 말을 하지 않았다. 처음으로 여름캠프를 쉴 거라는 소식도 아직 전하지 않았다. 프랭크에게 처음 털어놓는 것이었다.

멋진 친구야, 프랭크는 생각했다. 그는 데이브를 꼭 안아주고 싶었지만 그러지 않았다.

시합이 계속 진행중이었지만 데이브가 먼저 일어났다. "애들이 기다리고 있어서. 자유체육 시간이거든."

프랭크는 그가 천천히 멀어져가는 모습을 지켜보았다.

—

데이브 샌더스 코치는 다른 일이 마음에 걸렸다. 지난 금요일에 이번 시즌 농구팀 첫 미팅이 있었는데 새로 주장이 된 리즈 칼스턴이 나타나지 않았다. 오늘밤에는 연습에 나오리라 생각했다. 아마 불편한 대화가 이어질 터였다.

샌더스는 아이들을 모두 코트에 앉히고 헌신에 대해 이야기했다. 팀 주장이 당당하게 큰소리쳐놓고 나타나지 않으면 신입생들이 과연 어떻게 볼까? 그는 100퍼센트의 성실을 기대했다. 모든 연습, 모든 미팅에 성실히 참여할 것. 그러지 못하면 팀에서 나가라고 했다.

그는 아이들에게 연습경기를 하라고 했다. 저녁 내내 연습경기를 시켰고 자기는 의자에 앉아서 이를 지켜보고 분석하고 준비했다.

저녁 훈련이 끝날 즈음 리즈는 코치에게 용기를 내어 말하려고 했다. 그저 미팅을 깜빡했을 뿐 다른 뜻은 없었다. 그녀는 죄책감과 두려움과 분노를 느꼈다. 설마 자르지는 않겠지, 정말 자를까? 그는 왜 해명할 기회를 주지 않았을까?

신발을 갈아신으려고 베이스라인에서 발걸음을 멈췄다. 샌더스 코치가 바로 거기에 있었다. 지금 말해야 한다.

그녀는 조용히 그냥 걸어나갔다. 한마디 인사도 없이.

—

그날 밤 데이브가 집에 돌아왔을 때 린다 루는 잠들어 있었다. 그가 그녀의 뺨에 부드럽게 입맞춤하자 그녀가 눈을 뜨고 살포시 웃었다.

데이브의 손에 현금 뭉치가 들려 있었다. 비상금으로 숨겨두었던 1달러짜리 지폐 70장. 그녀에게 툭 건네주고 이불 속으로 들어갔다. 그녀는 기분이 좋았다. 그는 이런 깜짝 선물을 좋아했는데, 무슨 꿍꿍이속인지는 알 수 없었다. 데이브는 한동안 가만히 누워 그녀가 좋아하는 모습을 지켜보더니 이렇게 말했다. "바보, 당신 어머니한테 주는 거야." 린다의 어머니가 4월 20일로 일흔 살이 되었다. 어머니는 도박을 좋아했다. 용돈을 받으면 좋아할 것이다.

그들은 밤새 히죽거리며 웃었다. 그녀는 그날 저녁에 남편이 얼마나 힘들었는지 나중에 알고는 깜짝 놀랐다.

"그 사람은 그렇게 변한다니까요. 집에 들어오는 순간 농구 일은 싹 다 잊죠. 그러고는 내 엄마를 생각했다니."

그는 다이어트콜라와 럼주를 한잔하려고 내려갔다. 그리고 스포츠 채널을 틀었다. 린다는 웃으며 도로 잠들었다.

———

아침은 그리 유쾌할 게 없었다. 6시 반에 알람이 울렸다. 두 사람 모두 서둘렀다. 린다는 어머니 생일 파티를 위해 풍선을 사러 가야 했고, 데이브는 린다가 키우는 푸들을 헤어숍에 데려다줘야 했다.

데이브는 아침을 먹을 시간이 없어서 에너지바와 바나나를 챙겨 들고 차로 갔다. 쓰레기 수거일이었다. 오늘은 그가 쓰레기 당번이었지만 지각할 것 같았다. 그래서 린다에게 대신 해달라고 부탁했다.

그녀는 화가 많이 났다. "오늘은 나도 바빠."

"정말 늦을 것 같아서 그래." 그가 나직하게 말했다.

두 사람은 서둘러 각자의 차로 가느라 작별 키스도 잊었다. 그들은 헤어질 때면 항상 키스를 했다.

데이브는 차도로 나서면서 그녀에게 손으로 키스를 날렸다.

10

심판

화요일 아침에 두 아이는 평소처럼 일찍 일어났다. 밖이 어두웠지만 벌써 따뜻했다. 27도를 넘는 기온에 화창한 하늘, 총을 쏘기에 더없이 좋은 날이었다. 멋진 하루가 될 것 같았다.

딜런은 5시 반에 집을 나왔다. 부모는 아직 침대에 있었다. 그는 먼저 나간다는 인사를 하고 문을 쾅 닫았다.

둘은 볼링수업도 빼먹고 곧장 일에 착수했다. 딜런은 에릭의 플래너를 펴고는 "오늘을 보람 있게"라는 항목 밑에 오늘의 일정을 적었다. 에릭은 그 옆에 불타는 총열을 그렸다.

먼저 마트에 가서 마지막 프로판탱크를 확보했다. 학생식당용 두 개, 차량용 두 개, 미끼용 두 개였다. 대형 폭탄은 공격의 핵심이었다. 에릭은 이미 몇 달 전에 폭탄 설계를 마쳤지만 마지막 부품은 당일 아침에서야 손에 넣었다. 에릭의 침실 벽장에 대부분의 무기를 숨겨놓았었는데 이미 몇 번이나 부모에게 들킬 뻔했다. 7.5킬로그램짜리 탱크 여러 개를 벽장에 숨기는 것은 말할 것도 없이 불가능한 일이었다.

그들은 7시에 에릭의 집으로 돌아왔다가 다시 헤어졌다. 에릭이 프로판탱크를 채우는 동안 딜런은 석유를 구하러 갔다. 이어 둘은 30분간 대형 폭탄을 조립한 후 각자의 차에 실었고, 한 시간 정도 마지막으로 예행연습을 하고 맥주를 한잔했다. 두 아이는 요기를 했다. 딜런은 포테이토스킨(삶은 감자 속을 파내고 치즈, 양파, 베이컨을 넣고 구워 소스를 곁들인 요리—옮긴이)을 먹은 것으로 추정된다.

—

몇몇 친구들이 이상한 낌새를 알아챘다. 로빈 앤더슨은 딜런이 미적분수업에 나오지 않아서 놀랐다. 어젯밤 통화했을 때는 괜찮아 보였는데 말이다. 그때 한 친구가 에릭이 3교시 수업에 들어가지 않았다고 그녀에게 말해주었다. 둘이서 가끔 수업을 하나 정도 빼먹은 적은 있었지만, 오전수업에 모조리 들어가지 않았던 적은 여태껏 없었다. 혹시 딜런이 아픈 게 아닐까. 집에 가면 전화부터 해보리라 생각했다.

브룩스 브라운은 더 강한 반응을 보였다. 에릭이 심리학수업을 빼먹고 시험을 치지 않은 것이다. 대체 무슨 일을 벌이고 있는 거지?

—

휴식시간이 끝났다. 너무 오래 쉬어서 일정이 위태로웠다. 11시 직전에 에릭과 딜런은 화기를 챙겼다. 딜런은 카고바지와 '분노'라고 쓰인 검은색 티셔츠를 입었고 평소처럼 레드삭스 모자를 뒤로 돌려썼다. 바지 주머니가 깊어서 더스터코트를 걸쳐 가리지 않아도 총신을 잘라낸 산탄총이 거의 쏙 들어갔다. 에릭은 '자연선택'이라고 쓰인 티셔츠를 걸쳤다. 두 아이 모두 검은색 전투화를 신었고 검은색 장갑을 한 짝씩 나눠 꼈다. 에릭은 오른손에 딜런은 왼손에. 파이프폭탄 두 개는 에릭의 집에, 여섯 개는 딜런의 집에 각각 남겨놓았다. 에릭은 마지막 생각을 담은 마이크로카세트를 부엌 조리대에 두고 왔다. 그날 아침에 촬영한, 마지막 작별인사를 담은 지하실의 테이프도 집에 남겨놓았다.

아이들은 각자 차를 타고 에릭의 집 근처 공원에 가서 미끼용 폭탄을 던지고 시간을 11시 14분으로 맞췄다. 바야흐로 전투에 돌입했다.

이어 다시 차에 올라타고 학교로 향했다. 서둘러야 했다. 마지막 몇 분이 가장 중요했다. 이들은 A 메뉴가 시작될 때까지 대형 폭탄을 식당에 가져다두는 데 실패했다. 11시 10분에 4교시가 끝났다. 일단 종이 울리면 7분 안에 폭탄을 들고 소란스러운 군중을 뚫고 들어가 미리 정해둔 기둥 옆에 숨기고, 다시 차로 돌아와 장비를 챙겨 몸을 숨기고 공격을 준비해야 했다.

에릭이 주차장에 들어선 시각은 11시 10분이었다. 계획보다 몇 분 지체되었다. 여자애 둘이 점심을 먹으러 가면서 그의 차를 보았다. 그들은 경적을 울리며 손을 흔들었다. 그를 좋아하는 아이들이었다. 에릭도 손을 흔들고 미소를 보냈다. 딜런이 그를 따라 안으로 들어갔다. 그는 손을 흔들지 않았다.

딜런은 4학년생 구역의 늘 주차하던 자리에 BMW를 두었다. 학생식당 바로 앞이었다. 공격이 시작되면 그는 여기서 건물의 남서쪽을 완전히 쓸어버릴 수 있다. 1층에 있는 학생식당과 그 위의 도서관을 빙 둘러싸고 있는 녹색 창문들을 말이다.

에릭은 딜런의 오른편으로 90미터가량 떨어진 좁은 3학년생 구역에 차를 세웠다. 그가 특별히 고른 장소로, 출입구를 마주하고 있어서 생존자들이 아마 이쪽으로 달려나올 터였다. 건물의 남동쪽 전체를 커버할 수 있고 왼편에 있는 딜런과 협공을 가할 수도 있다.

브룩스 브라운이 담배를 피우러 나왔다가 에릭이 평소와 다른 곳에 차를 댄 것을 보았다. 브룩스는 시험에 대해 말해주려고 그에게 다가갔다. 에릭은 차에서 막 내려 불룩한 더플백을 끌어내는 중이었다.

"무슨 일 있어?" 브룩스가 소리쳤다. "오늘 심리학시간에 시험 봤어!"

에릭의 목소리는 차분하면서도 고집스러웠다. "상관없어. 브룩스, 나 너 좋아하거든. 그러니까 여기서 나가. 어서 집으로 가."

브룩스는 뭔가 이상하다고 생각했지만 머리를 절레절레 흔들며 학교에서 벗어났다.

네이트 다이크먼 역시 에릭이 학교에 도착하는 광경을 보고 이상하다고 느꼈다.

에릭은 더플백을 들고 학교 안으로 들어갔다. 계획대로라면 11시 12분까지 다시 차로 돌아가 무장을 해야 했다. 그런데 감시카메라 테이프에 찍힌 시간을 보면, 그들은 11시 14분에도 아직 식당에 들어가지 않았다. 타이머가 17분에 맞춰져 있었으니까 3분이 채 남지 않은 상황이었다. 그들이 무사히 제시간에 일을 성공시킬 가능성은 거의 없었다. 그리고 폭탄이 터질 때에 맞춰 사격 준비를 끝낼 수도 없다.

타이머를 다시 맞추고 몇 명의 사상자를 포기하는 방법도 있었다. 그러려면 주차장 맞은편에 차를 둔 두 사람의 손발이 맞아야 했는데, 식당 안에서 폭탄이 발각될 위험이 있었다. 이미 미끼용 폭탄을 설치했기에 계획을 포기할 수도 없었다.

11시 14분 직후에야 그들은 식당에 들어갔다. 남들 눈에 띄지 않는 데 성공했다. 500여 명의 학생들 중 누구도 그들을 주목하거나 그들이 든 불룩한 더플백을 보지 못했다. 가방 하나는 남은 음식으로 지저분한 두 테이블에서 불과 몇 센티미터 떨어진 곳에 두었다.

그들은 성공했고 차로 돌아와 재빨리 무장했다. 연습할 때와 마찬가지였지만 이번에는 각자 혼자서 해야 했다. 서로의 소리가 들리지 않고 수신호만 겨우 볼 수 있는 정도의 거리였다. 두 아이는 무기를 끈으로 멜빵에 묶고 더스터코트를 걸쳤다. 시간이 촉박했다. 결국 산탄총은 연습했던 것과 달리 더플백에 두었다. 각자 몸에 반자동소총을 차고 산탄총 하나는 가방에, 파이프폭탄과 크리켓은 배낭에 넣어 멨다. 자동차에 설치한 폭탄에 타이머를 맞춘 게 아마 이 무렵이었을 것이다. 이제 눈 깜짝할 사이에 일이 벌어질 것이다. 수백 명의 아이들이 죽을 터였다. 대량 학살은 이미 시작되었다. 타이머가 째깍째깍 돌아갔다. 기다리기만 하면 된다.

살인자들이 폭탄을 설치하는 장면이 감시카메라에 포착되었어야 했지만, 그렇지 못했다. 폭파범이나 관리인 둘 중 하나가 시간을 제대로 지켰다면 분명 그랬을 것이다. 관리인은 매일 아침 똑같은 일정을 따랐다. A메뉴가 시작되기 몇 분 전에 오전 테이프를 꺼내 나중에 확인하려고 옆에 치워두고, 썼던 테이프를 꺼내 기계에 넣고 뒤로 감아 다시 녹화 버튼을 누른다. 뒤로 감는 데 5분이 걸리므로 테이프 녹화에는 그만큼 공백이 생기게 된다. 원한다면 그 시간대에 맞춰 쓰레기를 마구 버려둘 수도 있겠지만 굳이 그렇게까지 하는 아이는 없었다.

그날 관리인은 늦장을 부렸다. 11시 14분에 정지 버튼을 눌렀는데 아직 폭탄이 화면에 보이지 않았고 에릭이나 딜런의 모습도 잡히지 않았다. 관리인은 테이프를 뒤로 돌리면서 통화를 했다. 통화가 길어져서 테이프가 몇 분 더 멈춰 있었다. 그는 11시 22분에야 테이프를 새로 넣고 녹화 버튼을 눌렀다. 결국 8분의 공백이 생겼다. 첫 프레임에 폭탄의 모습이 잡혔고 창문 근처 아이들이 반응을 보이기 시작했다. 바깥에서 무슨 일이 터져서 아이들의 주목을 끈 모양이었다.

—

콜럼바인 고등학교는 종을 쳐서 일정을 알렸고, 대부분의 아이들이 일정대로 움직였다. 그런데 화요일 아침에 몇 명이 이를 무시했다. 로라에게 거절당할까봐 댄스파티에 같이 가자고 말하지 못했던 3학년생 패트릭 아일랜드는 변화를 좋아했다. 그는 A 메뉴를 며칠은 도서관에 가져가 먹었고 며칠은 식당에서 먹었다. 어젯밤 로라와 늦게까지 통화하느라 아직 통계학 숙제를 마치지 못했다. 그래서 에릭과 딜런이 식당에 더플백을 갖다놓는 동안 친구 네 명과 함께 도서관에 갔다. 그가 앉은 자리는 폭탄 하나가 설치된 곳 바로 위였다.

비신자들에게 믿음을 전하려고 콜럼바인으로 전학 온 3학년생 캐시 버넬은 창문 가까운 곳에 자리를 잡았다. 이 시간에 그녀가 도서관에 있는 것은 이례적인 일이었다. 그녀는 아직 문학수업 숙제를 마치지 못해서 『맥베스』에 관한 리포트를 마무리하고 있었다. 그러나 그날 밤 교회 청년부 모임에서 맡기로 한 발표는 이미 준비를 마친 상태라 기분이 좋았다.

웬일인지 교장이 식당에 보이지 않았다. 비서가 잡아놓은 면접 때문에 점심 일과가 늦어지고 있었다. 그는 중앙복도 반대편 끝에 있는 집무실에서 신입 교사를 기다리고 있었다. 교장은 그에게 정규직을 제안할 참이었다.

지역경찰인 닐 가드너 보안관보는 보안관서 소속이었지만 콜럼바인에 전담으로 상주했다. 평소에 그는 아이들과 함께 식사하는 것을 좋아했다. A 메뉴는 그의 업무 중에서 가장 중요하다고 할 수 있는 아이들과의 유대감을 키우는 데에 최고의 기회였다. 매일 환한 노란색 셔츠에 경호원 제복을 입는 그는 눈에 잘 띄었다. 그날 가드너는 일상적인 일과를 건너뛰기로 했다. 점심 메뉴로 나온 데리야키를 좋아하지 않아서 캠퍼스에서 같이 일하고 있는 상사인 비무장 민간 경비요원과 함께 서브웨이에 갔다. 날씨가 좋아서 밖에 나와 있는 아이들이 많았다. 그는 담배 피우는 녀석들을 단속하기로 했다. 두 사람은 학교 맞은편에 마련된 흡연구역 옆의 교직원 주차장에 순찰차를 대고 그 안에서 샌드위치를 먹었다.

로빈 앤더슨은 근처에 세워둔 자신의 차 안에 있었다. 에릭과 딜런이 폭탄을 들고 안으로 가져갈 때 4학년생 주차구역에서 나왔는데 그들을 보지는 못했다. 그녀는 두 명의 친구를 기다리며 학교 주위를 돌아다녔다. 점심시간이 자꾸 흐르자 안절부절못했다. 5분, 어쩌면 10분이 지났다. 마침내 아이들의 모습이 보였다. 화가 잔뜩 난 로빈이 소리를 질러 그들을 불렀고 곧 학교를 빠져나갔다. 학교 반대편에서는 이미 총격이 시작되고 있었다.

1학년생 대니 로버는 친구 두 명을 만나러 식당에 갔다. 몇 분 뒤 그들은 담배를 피우러 밖에 나갔다. 만약 폭탄이 제때 터졌다면 완벽한 타이밍으로 목숨을 구했을지도 모른다. 하지만 그들은 최악의 순간에 4학년생 주차구역으로 연결된 측면 출구로 나왔다.

폭파범들은 차 안에서 1~2분을 기다렸다. 그들은 남쪽으로 5킬로미터 떨어진 곳에 설치해둔 미끼용 폭탄이 터질 때가 지났다는 것을 알았다. 사실 불이 붙기는 했는데 제대로 터지지 않았다. 그 지역의 관리인이 폭탄을 옆으로 치우자 파이프폭탄과 스프레이 캔 하나가 터져 거대한 폭발음을 내며 불꽃이 일었다. 하지만 정작 주 폭발물인 프로판탱크는 터지지 않고 그대로 있었다. 미끼용 폭탄은 에릭이 설치해놓은 대형 폭탄 가운데 유일하게 터진 것이었지만 의도대로 되진 않았다. 경찰은 학교에서 첫번째 연락이 오기 4분 전, 총격이 시작될 즈음 이 폭탄에 대해 알았다. 원래는 그곳에 뭔가 안 좋은 일이 일어나고 있음을 당국에 알리고 긴장시키기 위함이었는데 전혀 뜻대로 되지 않았다.

에릭과 딜런은 신념대로 밀어붙여야 했다.

이들은 경찰이 이미 남쪽으로 출동했다고 생각했다. 곧 학생식당이 무너져내릴 것이다. 두 아이의 차는 이 광경을 보기에 완벽한 장소에 있었다. 식당이 폭발하면, 친구들이 갈가리 찢기고 화염에 불타고 학교 건물이 잿더미로 내려앉는 광경을 보게 될 것이다.

11

여자 부상자 발생

11시 18분, 학교 건물은 아직 말짱했다. 점심을 먹고 벌써 밖으로 나와 잔디밭을 거닐거나 소풍 삼아 자리를 잡고 앉은 아이들이 보였다. 혼란의 기미는 보이지 않았다. 타이머가 정확하지 않았던 모양이다. 카운트다운을 빨간색 숫자로 표시하는 디지털시계가 아니라 다이얼의 3과 4 사이 5분의 2 지점에 초침을 맞춰놓은 낡은 아날로그시계였다. 그것을 감안하더라도 지금쯤이면 폭탄이 터졌어야 했다.

수백 명의 목표대상이 출입구를 통해 밖으로 쏟아져나왔다. 각자의 차에 올라타고 휙 사라졌다. 준비해둔 제2의 계획을 시행해야 할 때였다. 하지만 그런 건 없었다. 에릭은 점차 자신감을 잃어갔다. 이런 우발적인 상황에 전혀 대비를 못한 듯했다. 딜런 역시 아무런 대책이 없었다.

곧장 2부를 실행할 수도 있었다. 대본대로 출구 앞에 대기하면서 밖으로 나가는 아이들을 향해 교차사격을 가하는 것이다. 그렇게만 해도 맥베이를 충분히 능가할 수 있었다. 하지만 그러지 못했다. 폭탄이 불발로 끝나자 이들은 당황한 티가 역력했다.

누구도 그다음에 무슨 일이 일어났는지 보지 못했다. 둘 다 패닉 상태에 빠졌는지도 모른다. 하지만 에릭은 침착했고 파트너는 그렇지 않았다. 물리적 증거를 봐도 당황한 쪽은 딜런이었다. 에릭은 감정적인 파트너를 달래기 위해 재빨리 행동에 나섰다.

그들이 수신호를 주고받았는지, 어떻게 행동을 함께했는지 알 수 없다. 에릭은 상황을 파악하기 가장 좋은 장소에 있었음에도 그곳을 포기하고 딜런에게 갔다. 그는 재빨리 움직였다. 폭탄이 실패했다는 것을 2분 만에 파악한 그는 짐을 챙긴 후 주차장을 가로질러 딜런의 차로 갔고, 이어 딜런과 함께 건물로 다가가 서쪽 출구로 이어지는 외부계단을 올랐다. 여기가 11시 19분에 두 사람이 처음 목격된 장소였다.

이들이 새로 자리잡은 곳은 캠퍼스에서 가장 높은 장소였다. 여기에 서면 두 주차장과 건물 한쪽 방향의 모든 출구가 보였다. 대신 원래 이들이 표적으로 삼았던, 학생들이 계속해서 나오고 있는 출입구는 보이지 않았다. 그곳을 협공하거나 공세를 펴려면 흩어지는 수밖에 없었다.

11시 19분, 이들은 계단 맨 위에서 더플백을 열고 산탄총을 꺼내 몸에 밀착시켰다. 이어 반자동소총의 안전장치를 풀고 장전했다. 둘 중 하나가 "움직여! 시작해!" 하고 소리쳤다. 총을 쏘기 시작한 건 에릭이 거의 확실하다.

에릭은 총구를 좌우로 겨누며 보이는 사람은 다 쐈다. 딜런은 옆에서 그를 격려하면서도 본인은 거의 쏘지 않았다. 그들은 나무 사이를 걷는 사람, 남쪽을 향해 산책하는 사람, 동쪽 계단을 오르는 아이들을 맞췄다. 파이프폭탄을 계단 아래로, 잔디밭으로, 옥상 위로 던졌다. 둘은 총을 쏘며 야유하고 악을 써대고 깔깔 웃었다. 미치도록 신이 났다.

레이철 스콧과 그녀의 친구 리처드 카스탈도가 제일 먼저 쓰러졌다. 그들은 잔디밭에 앉아서 점심을 먹고 있다. 에릭이 리처드의 팔과 몸통을 쐈다. 레이철은 가슴과 머리에 맞았다. 레이철은 즉사했고 리처드는 죽은 척했는데 에릭은 속아넘어갔다.

대니는 함께 담배 피우는 패거리인 랜스 커클린, 숀 그레이브스와 함께 흙길을 지나 계단으로 가고 있었다. 총을 쏘는 모습을 보았지만 서바이벌 게임을 하거나 선배들이 장난치는 것으로 생각했다. 재미있어 보여서 자세히 보려고 사격자들에게 곧장 달려갔다. 대니가 앞장서서 계단을 반 정도 올랐을 때 에릭이 방향을 돌려 그에게 카빈 라이플을 쏘았다. 총알이 대니의 왼쪽 무릎을 관통했다. 그가 비틀거리며 무너져내렸다. 에릭이 재차 쏘았고 대니는 바닥에 풀썩 쓰러졌다. 두번째 총알이 가슴에, 세번째 총알이 복부에 맞았다. 가슴 정면을 관통한 총알은 심장에 치명상을 입혀 박동이 즉시 멎었다. 세번째 총알은 간과 위를 찢어 심각한 장기 손상을 일으키고 안쪽에 박혔다.

랜스가 대니를 붙잡으려고 했지만 곧 자기도 총에 맞았다는 것을 깨달았다. 가슴, 다리, 무릎, 발에 연이어 총상을 입었다.

대니의 얼굴이 콘크리트 보도에 박혔다. 죽음이 그를 덮쳤다.

랜스는 잔디밭에 쓰러졌다. 의식을 잃었지만 숨은 계속 쉬었다.

숀은 웃음을 터뜨렸다. 페인트총이 틀림없다고 생각했던 그는 친구들이 게임에 동참하고 있다고 여겼다.

그때 뭔가 아주 빠른 것이 목을 휙 스치고 지나가는 것을 느꼈다. 서늘한 바람이 목을 감쌌다. 주삿바늘을 뽑을 때와 같은 따끔함이 몇 차례 느껴졌다. 그는 자신이 총에 맞았다는 것을 아직 몰랐다. 주위를 둘러보니 두 친구가 쓰러져 있었다. 이윽고 고통의 신호가 숀의 뇌에 도달했다. 누군가가 등을 발로 찬 것 같았다. 그는 자신의 차로 돌아가려 했다. 거의 다 도착했을 때 고통이 그를 무너뜨렸다. 다리가 풀리면서 바닥에 쓰러졌다. 더이상 다리에 감각이 없었다. 무슨 일이 벌어지고 있는지 알 수 없었다. 마취총에 맞은 거라 생각했다.

에릭은 다시 몸을 돌려 잔디밭의 소나무 아래에 있는 다섯 명을 쳐다보았다. 그가 총을 쏘자 아이들이 달아났다. 한 명이 쓰러졌다. 그도 죽은 척했다. 또 한 명은 총을 맞고도 계속 달아났다. 나머지 세 명은 무사히 빠져나갔다.

사냥꾼들은 계속해서 움직였다. 랜스는 의식을 되찾았다. 누군가가 자기 위에 있는 것이 느껴졌다. 그래서 그를 향해 팔을 뻗어 다리를 잡아당기며 도움을 청했다.

"물론 도와줘야지." 총잡이가 말했다.

그 기다림은 랜스에게 지루하리만치 길었다. 그는 이어 거대한 폭발음이 들리면서 얼굴이 옆으로 뒤틀렸다고 했다. 살점이 떨어져나가는 것이 보였다. 숨이 가빠졌다. 공기가 들어오고 피가 났다. 그는 또다시 기절했다.

딜런은 언덕을 내려가 숀에게로 향했다. 식당에 있던 아이들이 그가 다가오는 것을 보았다. 누군가가 밖으로 뛰어가 숀을 움켜쥐고는 안으로 끌고 가기 시작했다. 어른 한 명이 그를 말렸다. 그렇게 심하게 다친 사람을 움직이는 것은 위험하다고 했다. 결국 그는 숀을 입구 옆에 기대어놓았다. 누군가가 밖으로 나가다가 숀의 등을 밟았다. "아, 미안해, 친구."

수위가 다가가 숀을 위로했다. 그의 손을 잡고 자기가 옆에 있겠다고 했지만, 수위는 아이들을 먼저 대피시켜야 했다. 숀에게 죽은 척하라고 말했다. 그는 그렇게 했다.

딜런은 이번에도 그냥 넘어갔다. 아니면 속은 척했는지도 모른다. 그는 숀의 구부정한 몸을 밟고 식당 안으로 들어갔다.

다들 놀라서 달아나느라 정신이 없었다. 점심을 먹던 아이들은 공포에 질렸다. 대부분이 테이블 밑에 숨었고 계단을 향해 뛰는 아이도 있었다. 교직원 휴게실에 있던 데이브 샌더스 코치가 소란스러운 소리를 듣고 현장으로 달려갔다.

"아버지는 미처 생각할 틈도 없었을 거예요." 그의 딸 앤절라가 회고했다. "아이들을 구하는 것이 아버지의 본능이었으니까요."

데이브는 식당에 들어가 상황을 통제하려 했다. 두 명의 관리인이 그를 도우려고 따라갔다. 그는 학생들에게 엎드리라고 했는데 잠깐 생각하다가 이렇게 소리쳤다. "그냥 뛰어!"

데이브는 주위를 둘러보았다. 세 방향에 출구가 있었는데 다 적절해 보이지 않았다. 그나마 가장 괜찮은 방법은 학생식당을 가로질러 넓은 콘크리트 계단을 올라 2층으로 달아나는 것이었다. 거기 뭐가 있는지는 모르겠지만 아무튼 여기보다는 나으리라 짐작했다. 데이브가 앞장섰다. 훤히 트인 방을 가로질러 달리며 팔을 흔들고 소리쳐 아이들에게 자기를 따라오라고 했다. 테이블은 사실 별 도움이 안 되었지만 트인 공간보다는 안전해 보였다. 아이들은 코치를 믿고 따랐다.

수많은 아이들이 데이브 뒤를 계속해서 따라갔다. 식당에 있던 488명의 아이들 대부분이 그를 따라 계단을 올랐다. 데이브는 계단 맨 위로 올라가 돌아서서는 아이들에게 방향을 지시했다. **왼쪽으로! 왼쪽으로!** 그는 아이들을 복도로 내보내 4학년생 주차장 반대편인 동쪽 출구로 이끌었다.

"코치님은 한시도 쉬지 않고 사람들을 구했어요." 한 학생이 말했다. "저를 잡아끌고는 방으로 밀어넣었습니다."

몇몇 아이들이 다른 친구에게 경고하려고 발걸음을 멈추었다. 몇몇은 무작정 뛰었다. 한 아이가 합창연습실로 들어가 소리쳤다. "누가 총을 쏘고 있어!"

아이들 가운데 반은 숨고 반은 도망쳤다. 거기서 멀지 않은 3번 과학실에서 학생들이 화학시험을 보고 있었다. 그들은 창문에 돌이 박히는 것 같은 소리를 들었지만 교사는 아이들 장난이라고 생각했다. 그래서 계속 시험에 집중하라고 했다.

—

데이브 샌더스는 아이들이 무사히 빠져나갈 때까지 뒤에 남아 있었다. 딜런이 학생식당 안으로 들어섰을 때는 꼬리를 문 대피 행렬 맨 끝자락이 계단을 막 오르려던 차였다.

계단은 모두 24개였다. 계단에 있던 100명이 넘는 아이들은 딜런을 발견하자 몸을 피할 곳을 찾아 2층으로 달렸다. 그 과정에서 서로를 철제 난간 쪽으로 밀어 오도 가도 못하게 되었다. 그곳엔 몸을 숨길 데가 없었다. 각자 위치한 계단의 높이가 달라서 공격받기 딱 좋았다. 웅크릴 수도 없었다. 걸음을 멈추었다가는 짓밟힐 터였다. 학생 식당은 폭이 30미터 정도였다. 딜런은 사격하기 좋은 곳에 자리잡았다. 파이프폭탄을 한두 개 던지거나 TEC-9을 들어서 쏘면 앞에 있는 사람들을 전부 날려버릴 수 있었다. 딜런은 몇 발짝 앞으로 나가더니 무기를 들고 자세를 잡았다.

타이머를 설치한 이후로 딜런이 에릭과 떨어진 것은 이번이 두번째였다. 딜런은 기가 많이 꺾여 보였다. 그는 총을 들고 교실 이쪽저쪽으로 겨눴다. 아이들이 계단 쪽으로 사라지는 것을 지켜보았다. 그런데도 쏘지 않았다. 몇 차례 자신의 무기를 점검하기만 했다. 딜런은 주위를 둘러보다가 뒤로 돌아 문간에 기대어 있는 숀 쪽으로 갔다. 숀이 또 한번 무거운 문 사이에 끼어 고통을 받았다. 딜런은 밖으로 나가 계단 맨 위에 있던 에릭과 다시 합세했다.

딜런이 왜 식당에 들어갔다가 그냥 나왔는지는 분명치 않다. 폭탄의 어디가 잘못되었는지 알아보려고 그곳에 갔다고 추측한 이들이 많았다. 하지만 그는 폭탄 근처에도 가지 않았다. 폭탄을 터뜨리려는 시도를 아예 안 했다. 오히려 기회를 봐서 사상자를 늘리라고 에릭이 그를 들여보냈을 가능성이 더 높다.

딜런은 혼자서는 아무것도 하지 않았다. 반면 에릭은 계단 위에서 총을 쏘고 깔깔 웃고 파이프폭탄을 던지며 진심으로 즐거워했다. 그는 앤 마리 호크할터라는 3학년생이 보도 가장자리에서 달아나려고 일어나는 것을 발견했다. 에릭은 총으로 그녀를 쏘았다. 그녀는 계속 달렸고, 그가 재차 총을 쏴 쓰러뜨렸다. 친구 한 명이 그녀를 끌고 건물 안으로 들어가 에릭의 시야에서 사라졌다. 그는 순순히 그녀를 보내주었다. 그리고는 4학년생 주차장에 세워둔 차 뒤로 달려가 몸을 숙였다. 앤 마리가 처음 쓰러졌던 곳에서 파이프폭탄이 터졌다.

"와, 이거 죽이는데!" 두 살인자 중 누군가가 외쳤다.

딜런이 에릭과 합세했을 때는 눈에 띄는 사냥감을 다 처리한 뒤였다. 밖에 있던 사람들은 이미 미친 듯이 달아났거나 몸을 숨겼다. 훤히 트인 공터에 있던 마지막 무리가 4학년생 주차장을 가로질러 달아나 철조망을 기어올랐고, 이어 레벨 힐 기슭 근처에 있는 축구장을 달리고 있었다. 에릭이 그들을 향해 총을 쐈지만 너무 멀었다. 사거리 밖은 아니었지만 맞추기 힘든 거리였다. 딜런도 먼 표적을 향해 총을 쐈는데, 이제 겨우 다섯 발째였다. 11시 23분. 살인자들은 4분간 살육을 마음껏 즐겼다.

—

제일 먼저 연락을 받은 경관은 가드너 보안관보였다. 관리인이 감시카메라의 새 테이프를 넣고 나서 창문 근처에서 아이들을 보고는 가드너에게 무전으로 연락했다. 겁에 질린 목소리였다. 같은 시각에 위급 상황을 알리는 첫 911 신고전화가 제퍼슨 카운티에 접수됐다. 4학년생 주차장에서 여자애가 다쳤다는 신고였다. "아무래도 움직이지 못하는 것 같아요." 신고자가 말했다. 11시 23분에 급보가 전 경찰에게 전달되었다. "여자 부상자 발생." 이 무렵 가드너는 건물을 돌아 식당으로 가고 있었고, 딜런은 계단 위의 에릭과 합세했다.

가드너는 연기가 피어오르고 아이들이 달아나는 광경을 보았다. 총소리와 폭발음이 들렸고 무전기로 급보가 연이어 들어왔다. 그런데도 대체 어디서 소란이 벌어지고 있는지 알 방법이 없었다.

—

　아수라장이 벌어진 지 4분이 지났지만 대부분의 아이들은 아무것도 몰랐다. 수백 명이 목숨을 구하려고 달아났지만 더 많은 아이들이 교실에서 조용히 수업을 받고 있었다. 소란스러운 소리를 듣고도 다들 위험을 눈치채지 못했다. 그냥 성가셔 할 뿐이었다. 불과 몇 미터를 사이에 두고 한쪽은 대혼란, 한쪽은 정숙이었다. 데이브 샌더스가 아이들을 이끌고 중앙계단으로 갈 때, 미술강사 패티 닐슨은 위층에서 복도를 둘러보고 있었다. 데이브는 아이들을 그녀가 있는 계단통으로 데려갔고 이어 옆의 복도로 내려갔다. 500명에 달하는 아이들이 온 복도에 늘어서 있었다. 닐슨으로서는 보지도 듣지도 못한 애들이었다. 밖에서 소란한 소리가 들리기는 했다. 몇몇 아이들이 달려와 총소리를 들었다고 했다. 닐슨은 짜증이 났다. 누가 장난을 치거나 비디오 촬영을 하는 거라고 생각했던 것이다. 너무 오랫동안 시끄러웠다. 그녀는 서쪽 출구로 이어지는 복도를 보았다. 등을 돌리고 서 있는 남자애 한 명이 문가의 거대한 창유리를 통해 보였다. 그는 총을 가지고 있었다. 4학년생 주차장을 향해 총을 쏘고 있었다. 그녀는 그럴듯하지만 형편없고 부적절한 소품이라 생각했다. 당장 집어 치우라고 말하려고 복도로 사납게 달려갔다. 3학년생 브라이언이 무슨 일인지 알아보려고 뒤를 따라갔다.

　두 사람이 출구에 다가갔을 때 사냥꾼은 마침 목표물이 떨어진 터였다. 그곳에는 공기를 차단하기 위해 나뉜 문이 두 개 있었다. 닐슨과 브라이언은 첫번째 문을 지나 두번째 문의 손잡이를 향해 손을 뻗었다. 그때 에릭이 그들을 발견했다. 그는 돌아서서 라이플을 어깨에 대고 닐슨을 겨냥하고는 웃었다. 이어 총을 쐈다. 유리가 산산조각 났지만 총알은 빗나갔다. 닐슨은 그때까지도 그게 BB탄총이라고 생각했다. 그때 유리에 뚫린 커다란 구멍이 눈에 들어왔다.

"맙소사!" 그녀가 소리를 질렀다. "오, 하느님! 오, 하느님!"

그녀는 뒤로 돌아 달아났다. 에릭이 다시 총을 쏘았다. 이번에도 빗나갔지만 유리와 금속 파편이 그녀의 어깨 뒤로 떨어졌다. 어쩌면 총알이 스치고 지나갔는지도 모른다. 뒤쪽이 화끈거렸다. 브라이언도 뒤로 돌았다. 닐슨은 그가 끙끙거리며 비틀비틀 앞으로 나아가는 모습을 보았다. 브라이언은 등이 쑤시고 팔이 화끈거려 바닥에 풀썩 쓰러졌다. 상태가 안 좋아 보였지만 브라이언은 손과 무릎에 힘을 주고 몸을 일으켜 첫번째 문을 향해 기어갔다. 그 역시 닐슨처럼 파편에 맞았다.

닐슨도 주저앉은 채로 첫번째 문까지 짧은 거리를 기어갔다. 살짝 열린 문 틈으로 몸을 밀어 겨우 통과했다. 그렇게 문을 빠져나간 두 사람은 일어서서 달아나기 시작했다.

닐슨은 필사적으로 전화기를 찾았다. 일단 도서관이 목표였다. 모퉁이를 돌면 남쪽 복도를 따라 통유리문 뒤로 도서관이 이어졌다. 열 명 남짓한 아이들이 안에서 우왕좌왕하고 있는 것이 보였다. 그녀 뒤를 바짝 따라올 것으로 짐작되는 총격자들에게 훤히 보이도록 말이다. 그녀는 한 번도 뒤돌아보지 않았다.

닐슨은 도서관으로 뛰어들어가 아이들에게 경고했다. "밖에 총을 가진 녀석이 있어!"

어른이 아무도 보이지 않자 닐슨은 놀랐다. 교사인 리치 롱은 몇 분 전에 들어와 모두에게 나가라고 소리친 다음 다른 아이들에게도 위험을 알리러 나갔다. 패티 닐슨은 반대되는 직감을 하고 아이들에게 엎드리라고 했다.

이어 카운터에 놓인 전화기를 잡고 911 번호를 마구 눌렀다. 온 정신을 집중한 그녀는 외부통화를 하기 위해 9를 먼저 누르는 것도 잊지 않았다. 시간을 낭비하지 않기 위해!

그녀는 총을 든 녀석이 지금쯤이면 들어올 때가 되었다고 생각했다. 그러나 에릭은 따라오지 않았다. 그의 주의가 흩어졌다. 가드너 보안관보가 경광등을 켜고 사이렌을 울리며 학교 주차장에 도착한 것이다. 가드너는 순찰차에서 내리는 순간까지도 무슨 일인지 감을 잡지 못하고 있었다.

에릭이 총을 쏘았다. 열 발을 날렸는데 모두 빗나갔다. 딜런은 그냥 가만히 있었다.

가드너는 순찰차 뒤에 몸을 숨겼다. 에릭은 차도 맞추지 못했다. 그때 라이플이 말썽을 부렸다. 그는 약실을 청소하려 애를 썼다. 딜런은 학교 안으로 달아났다.

가드너는 에릭을 처음 발견했다. 그래서 권총을 순찰차 지붕에 대고 침착하게 방아쇠를 당겨 네 발을 쏘았다. 에릭이 총에 맞은 것처럼 몸을 돌렸다. 제압했어, 다행이야. 가드너가 생각했다.

몇 초 뒤에 에릭이 다시 총을 쏘아댔다. 한 차례의 짧은 사격이 끝났다. 그러더니 그 역시 건물 안으로 몸을 숨겼다.

11시 24분, 실외에서의 총격은 5분간 지속되었다. 사격은 에릭이 거의 다했다. 9밀리미터 라이플을 47발 쏘았고 산탄총은 사용하지 않았다. 딜런은 TEC-9 권총 세 발, 산탄총 두 발을 쐈을 뿐이다.

그들은 이제 복도를 지나 도서관으로 향했다.

—

데이브 코치는 에릭이 패티 닐슨을 향해 총을 쏠 때 총소리를 들었다. 그는 소리가 난 곳을 향해 달렸다. 닐슨이 도서관에 들어가고 몇 분 뒤에 그도 입구를 지났다. 복도 반대편에 살인자들이 보였다. 그는 이쪽저쪽 둘러보면서 모퉁이로 달렸다.

그때 한 소년이 합창연습실 밖으로 머리를 내밀고 그가 뛰어가는 것을 보았다. 데이브는 그냥 달아나는 것이 아니라 아이들이 총에 맞지 않도록 조치를 취하는 중이었다. "엎드려!" 그가 소리쳤다.

12

경계선

사건 발생 28분 만에 지역 텔레비전에서 사건을 보도했다. 네트워크 방송이 곧바로 뒤따랐다. 끔찍한 일이 덴버 근처의 한 고등학교에서 일어나고 있었다. 교외에서 벌어진 총격사건에 대해 엇갈린 보도들이 나오기 시작했다. 사상자는 아직 확인되지 않았지만 많은 사람, 적어도 아홉 명이 총에 맞았고 폭발도 일어난 것으로 보였다. 자동화기, 심지어 수류탄도 있을지 모른다. 화재 신고가 접수되었다. 특수기동대가 출동했다.

CNN은 아직 코소보 사태 보도에 매여 있었다. 그곳에서 벌어지는 종족학살에 대해 NATO가 전쟁을 선언했다. 베오그라드에 밤이 찾아오자 미국 전투기 대대가 지평선으로 몰려가 세르비아 수도 너머 새 목표물에 폭격을 가할 준비를 마쳤다. 덴버 시각으로 오전 11시 54분, CNN은 코소보 보도를 중단하고 제퍼슨 카운티를 연결해서 그곳에서 벌어지는 상황을 오후 내내 보도했다. 방송국들이 드라마 방영을 중단하기 시작했다. 콜럼바인은 금세 전쟁 소식을 덮어버렸다. 실제로 무슨 일이 일어났는지 아무도 모르는 듯했다. 사건이 계속 진행되고 있는 것일까? 분명 그래 보였다. 네트워크 방송이 사건을 보도하는 동안 교내 어딘가에서 총격과 폭발이 벌어졌다. 밖은 난장판이었다. 헬기가 상공을 선회하고 있었고 경찰, 소방관, 학부모, 기자 들이 캠퍼스로 몰려들었다. 아무도 안에 들어가지는 못했다. 지원 부대가 속속 도착했지만 그들 역시 건물 주위를 둘러싸기만 했다. 가끔씩 학생들이 허둥지둥 달려나왔다.

지역 방송국은 계속해서 그 지역 병원들을 살폈다. "아직 환자는 없는 것으로 보입니다." 한 방송국 기자가 보도했다. "하지만 발목을 다친 환자가 후송되고 있다고 합니다."

제퍼슨 카운티 911 교환원은 정신이 없었다. 수백 명의 학생들이 아직 건물 안에 있었다. 휴대전화를 가진 아이들이 전화를 걸어와 엇갈리는 이야기를 전했다. 지역 각지의 학부모 수천 명 역시 전화를 걸어와 어떻게 된 상황인지 물었다. 많은 학생들은 911 전화가 연결되지 않자 텔레비전 방송국에 전화를 걸었다. 지역방송 앵커가 이들을 생방송으로 인터뷰하기 시작했고 케이블 방송이 이를 받아서 보도했다.

목격자들은 사상자를 확인했다. 한 여자애가 "세 명 정도" 총에 맞은 것을 보았다고 했다.

"특정한 사람을 향해 총을 쏘는 것 같았나요?" 리포터가 물었다.

"그냥 쐈어요. 그들은 누구든 가리지 않고 쐈어요. 그냥 총질을 해댔고 이어 수류탄을 던지거나 폭발물을 던졌어요."

이런 "증언"은 끝없이 이어졌는데, 대부분은 혼란스러운 상황에 대한 목격일 뿐 누가 사건을 일으켰는지는 밝혀지지 않았다. 한 4학년생이 뭔가 일이 벌어지고 있음을 깨달은 첫 순간을 이렇게 묘사했다. "수학수업이었는데 갑자기 밖을 내다보니 사람들이 복도를 뛰어와서 우리가 문을 열어봤어요. 총소리와 거대한 폭발음이 들렸고, 누군가가 이렇게 소리쳤습니다. '맙소사, 총을 가진 녀석이 있어!' 그러자 모두들 기겁했죠. 내 친구 하나가 문으로 가더니 저기 한 녀석이 서 있어, 이랬어요. 우리는 교실 구석으로 물러났습니다. 수학 선생님도 어쩔 줄 몰라했어요. 우리랑 마찬가지로 겁에 질려 있었거든요."

총격자가 여러 명인 듯 했다. 모두 백인 남자애였고 콜럼바인 학생이었다. 주차장에서 총 쏘는 녀석, 식당에서 총 쏘는 녀석, 위층 복도를 걸으며 총 쏘는 녀석도 있었다. 옥상에서 보았다는 목격자도 있었다. 티셔츠를 입은 애도 있었고 검은색 긴 트렌치코트를 입은 애도 있었다. 이 둘이 한 조를 이루기도 했다. 누군가는 모자를 썼고 한 명 혹은 두 명이 마스크를 썼다.

이처럼 보고가 혼선을 빚는 상황은 범죄현장에서 흔히 일어난다. 대중의 통념과 달리 목격자의 증언은 거의 믿을 수 없으며, 특히 목격자가 협박을 당하거나 위협을 느꼈을 때는 더욱 그렇다. 기억이 뒤죽박죽 뒤섞여 목격자는 빠진 부분을 자기도 모르게 상상으로 채운다. 그러나 이 같은 오해의 상당 부분은 사실 그럴 만했다. 에릭은 사격을 시작한 직후에 계단 위에 트렌치코트를 벗어놓았다. 딜런은 도서관으로 갈 때까지 코트를 그대로 입고 있었다. 그러니까 의상이 바뀌면서 새로운 총격자가 만들어진 것이다. 언덕지대에 위치한 학교 특성상 아래층 입구와 위층 입구가 가까이 붙어 있어서 에릭과 딜런의 모습은 거의 동시에 아래층에서도 보였고 위층에서도 보였다. 게다가 장거리 무기는 사거리가 반경 수백 미터에 달해, 멀리 떨어진 목격자는 총을 든 사람이 어디 있는지 알 수 없었다. 그들은 그저 자신이 공격받고 있다는 사실밖에는 몰랐다. 몇몇 목격자들은 소리를 주의깊게 듣고 소란이 벌어지는 장소를 정확하게 알아냈다. 하지만 폭탄이 자주 터져서 그들을 헷갈리게 했다. 특히 옥상에서 폭탄이 터지면 방향을 알기 어려웠다. 몇몇 아이들은 위에서 뭔가가 떨어진 거라고 확신했고, 겁에 질린 에어컨 수리공을 보자 그가 바로 옥상 위의 총잡이라고 단정했다.

—

사고 소식이 순식간에 콜럼바인 지역사회로 퍼졌다. 아이들은 안전하다고 생각되는 곳에 도착하자마자 휴대전화로 집에 연락했다. 500명가량의 학생들이 캠퍼스 바깥에 있었다. 점심을 먹으러 나갔거나 몸이 아파서 조퇴했거나 수업을 빼먹은 아이들이었다. 이들은 학교에 돌아와 경찰이 쳐놓은 바리케이드를 보고 나서야 뭔가 문제가 생겼음을 알아차렸다. 사방에 경찰이 쫙 깔려 있다. 그렇게 많은 경찰은 난생처음이었다.

네이트 다이크먼도 학교로 돌아온 학생 가운데 하나였다. 그는 상황을 전해듣고 경악을 금치 못했다. 항상 그랬듯 점심을 먹으러 집에 가고 있었는데 가는 길에 평소와 다른 광경이 보였다. 에릭이 평소와 다른 시간에 평소와 다른 곳에 주차한 차에서 나와 건물로 들어갔던 것이다. 계속 밖을 돌아다닌 모양이었다. 그리고 보니 에릭과 딜런 둘

다 그날 아침에 보이지 않았다. 뭔가를 꾸미고 있는 게 분명했다. 그는 자신을 끼워주지 않은 것이 이상하다고 생각했다. 에릭이야 그렇게 사려 깊은 친구가 아니라지만 딜런이라면 그에게 연락 정도는 했을 텐데 말이다.

최근에 두 녀석이 뭔가 괴상한 것들을 모으고 있었다. 파이프폭탄과 총이었다. 총격 소식을 듣자 네이트는 불안해졌다. 누군가가 트렌치코트를 언급하자 대충 짐작이 갔다.

그럴 리 없어, 네이트가 생각했다. 그런 일은 일어날 수가 없어.

그는 교차로에 서 있던 여자친구에게 달려갔다. 그녀도 에릭과 친한 사이였다. 그녀는 네이트를 따라 집으로 갔다. 이어 그는 거의 모든 아이들이 그랬듯이 친구들에게 전화를 걸어 무사한지 확인하기 시작했다. 딜런의 집에 전화를 걸고 싶었지만 겁이 덜컥 났다. 나중에 하기로 하고 다른 친구들 안부부터 먼저 확인했다.

—

가드너 보안관보는 에릭과 교전하면서 지원병력이 오고 있다는 것을 알았다. 고등학교에서 "여자 부상자 발생"이라는 메시지가 경찰 무전망에 신속하게 전달되었다. 제퍼슨 카운티가 광역권에 도움을 청하는 공문을 보냈고 주변 도시의 경찰, 소방관, 의료대원들이 사건 현장으로 몰려들기 시작했다. 무전 주파수대가 갑자기 혼잡해져서 가드너는 자신이 도착했다는 소식을 제때 알리지 못했다. 에릭과 교전한 뒤 다시 순찰차에 올라타 무전으로 지원을 요청했다. 이번에는 성공했다. 가드너는 규정된 절차를 따라서 안으로 들어가 에릭을 추적하지 않았다.

폴 스모커 보안관보는 오토바이 경찰이었다. 첫번째 급보가 왔을 때 그는 클레멘트 공원 옆에서 속도위반 딱지를 떼고 있었다. 그는 출동한다고 무전을 보낸 후 재빨리 오토바이를 몰았다. 이어 축구장과 야구장을 쏜살같이 가로질러 건물 북쪽에 도착했다. 가드너가 교전을 마친 직후였다. 그는 한 소년이 피를 흘리며 몸을 피하고 있는 비품창고 뒤에 오토바이를 세웠다. 다른 순찰차가 연이어 도착해서 그의 뒤에 정차했다. 모두 모퉁이 근처에 자리를 잡아 가드너는 그들을 볼 수 없었다. 소년은 "네드 해리스"가 자신을 쐈다고 말했다. 종이를 갖고 있는 사람이 없어서 한 보안관보가 자기 순찰차 지붕에 이름을 적었다.

그들은 잔디밭에 누워 피를 흘리고 있는 또다른 학생을 도우러 갔다. 모퉁이를 돌아 그에게 다가가자 비로소 가드너가 그들을 볼 수 있었다. 에릭과 총격전을 벌이고 2분쯤 지났을 때로 그는 권총을 꺼내들고 차 밖에 있었다. 스모커와 가드너가 서로를 발견했을 때 에릭이 서쪽 출구 안쪽에서 다시 모습을 드러냈다.

"저기 있다!" 가드너가 소리쳤다. 그러고는 총을 다시 쐈다.

에릭은 문틀 뒤로 몸을 숙였다. 깨진 유리창 사이로 라이플을 내밀고 대응사격을 했다. 학생 두 명이 또다시 움직이자 에릭이 그들을 겨냥했다. 스모커는 이제 가드너가 어디를 향해 총을 쏘는지 볼 수 있었지만, 문 때문에 시야가 막혀 에릭이 보이는 곳으로 조심조심 이동하여 세 발을 쐈다. 에릭이 뒤로 물러났다. 안에서 총소리가 들렸다. 더 많은 아이들이 건물 밖으로 쏟아져나왔다. 그는 추적하지 못했다.

보안관보들이 계속해서 도착했다. 두려움에 떨고 있는 학생들과 부상자들을 보살피면서 상황을 파악하려고 분주했다. 목격자들이 그들에게 다가왔다. 아이들은 언덕 꼭대기에서 경찰차를 보고 달려온 것이다. 몇 명은 피를 흘리고 있었다. 다들 필사적이었다. 그들은 차 뒤에 일렬로 서서 경찰관 옆에 몸을 웅크리며 공격을 피하려 했다.

아이들은 정확한 정보를 많이 제공했다. 경찰 무전으로 들어온 내용과 상당히 달랐지만 같은 지역에 있던 아이들은 상당히 일관된 진술을 했다. 이들의 정보에 따르면 검은색 트렌치코트를 입은 두 명의 총잡이가 우지 기관단총이나 산탄총을 쏘았고 수류탄을 던졌다고 했다. 적어도 한 명은 고등학생 나이로 보였고 몇몇 희생자들이 아는 아이였다. 아이들이 속속 도착했다. 순찰차는 이들을 보호하기에 미력했고 군중이 많아지면 이목을 끌 우려가 있었다. 그래서 보안관보들은 아이들을 다른 데로 대피시키기로 했다. 아이들에게 셔츠를 찢어서 가느다란 끈으로 만들어 서로의 상처를 묶어주라고 하면서 탈출 계획을 세웠다. 일단 순찰차 몇 대를 일렬로 세워 방어막을 만들고는 그 뒤에서 아이들을 더 안전한 장소로 데려가기로 했다.

모든 경찰은 이런 일에 대비하게끔 훈련을 받았다. 규정된 절차는 봉쇄를 강조했다. 보안관보들은 감시팀을 나눠 25개의 출구를 맡으며 이미 밖으로 나온 아이들을 보호했다. 그들은 이를 "경계선 구축"이라고 불렀다. 그날 오후 내내 "경계선"이라는 말이 입에 수없이 오르내렸다. 의료대원들은 학교에서 떨어진 곳에 부상자 치료센터를 마련해놓고, 보안관보들은 아이들을 그곳으로 데려갔다. 보통의 경우 아이들을 안전하게 대피시키고 혹시나 있을 공격을 사전에 봉쇄하기 위해 제압사격을 편다. 그런데 총잡이가 지금도 그곳에서 여기를 노리는지 불분명했다. 한동안 총잡이의 모습이 보이지 않았다.

새로 도착한 경관들은 또다른 출구를 맡았다. 경관들이 처음 도착했을 때부터 총소리가 들리더니 수백 명이 더 오는 동안 계속 이어졌다. 귀를 찢는 폭발음이 교내에서 수시로 발생했다. 학생식당과 도서관을 따라 바깥으로 난 벽의 일부가 무너져내렸다. 스모커 보안관보는 녹색 창문이 휘어진 것을 보았다. 대여섯 명의 학생들이 첫번째 폭발 이후 식당 문 밖으로 뛰쳐나왔다. 그들은 남쪽 출구를 지키고 있는 또다른 보안관보에게 무사히 갔다.

"우리는 죽는 건가요?" 한 소녀가 보안관보에게 물었다. 아니. 그녀는 같은 질문을 또 했다. 아니. 그런데도 계속 물었다.

보안관보는 총격자들이 어쩌면 이미 건물을 빠져나가 들판을 달려 학교 부지와 주택단지를 가르는 철조망을 넘었을지도 모르겠다고 생각했다.

"우리는 나쁜 놈들이 누구인지 몰랐지만 그들의 무기가 장난감이 아니라는 것은 금방 알았습니다." 스모커 보안관보가 회상했다. "대형 폭탄과 거대한 총이었습니다. '그들'의 정체를 도무지 짐작하지 못했지만 녀석들 때문에 아이들이 다쳤어요."

네트워크 방송이 정오에 생방송을 하고 있을 때 제복을 입은 수백 명의 대응 병력이 출동해 있었다. 곧 35개의 관련기관이 모습을 보였다. 각종 차량이 모였는데, 그중에는 그 지역에서 일하고 있던 루미스파고 무장트럭도 있었다. 한 학생은 학교에서 1.6킬로미터 떨어진 자기 집까지 가는 동안 35대의 경찰차가 옆을 지나갔다고 했다. "구급차와 경찰차가 도로 중앙을 달렸고 오토바이 경찰은 거의 목숨을 내놓고 반대편 차선을 헤집으며 달렸어요."

경찰들이 대여섯 명씩 매 분마다 도착했다. 그런데도 현장책임자는 보이지 않았다. 건물로 진격하자는 경찰도 있었지만 그것은 계획에 없는 일이었다. 누구의 계획이야? 어느 부서가 그런 말을 해?

그들은 경계선을 강화했다.

에릭은 11시 24분과 26분에 두 보안관보와 교전을 벌였다. 공격을 개시한 지 5분과 7분 뒤에 벌어진 일이었다. 경찰은 이후 정오가 조금 지나서야 살인자들을 향해 다시 총을 쏘거나 건물로 진격하게 된다.

13

"1명 과다출혈로 사망 위기"

노란색 경찰 테이프가 경계선에 둘러졌다. 누구도 그곳을 벗어나면 안 되었다. 어떻게 하면 안으로 들어갈지가 관건이었다. 경찰들 못지않게 구경꾼과 기자, 학부모 들이 속속 몰려들었다. 보안관보들을 크게 방해하지는 않았지만 이들의 안전이 우려되는 상황이었다. 미스티 버넬 역시 일찌감치 현장에 와 있었다. 자기 딸이 도서관에 있다는 것을 아직 모르고 있어서 어떤 끔찍한 상황이 닥칠지 짐작도 못했다. 그저 캐시가 실종되었고 1학년생 아들 크리스도 보이지 않는다는 것만 알았다.

미스티의 집 마당은 에릭이 학생들을 향해 총을 쏘았던 축구장 바로 뒤에 있었다. 하지만 그녀는 집에서 온 것이 아니었다. 직장에 나가서 일하느라 집 쪽으로 쏘아대는 에릭의 총소리를 듣지 못했다. 총소리를 들은 것은 그녀의 남편 브래드였다. 몸이 안 좋아서 집에서 쉬

고 있다가 몇 차례 펑 하는 소리를 들었는데 대수롭지 않게 생각했
다. 폭죽놀이나 아이들 장난으로 여겼다. 옆에 고등학교가 있어서 이
런 소동에 익숙했다. 그래서 무슨 일인지 밖에 나가볼 생각도 하지
않았다.

30분 뒤에 미스티는 회사 동료와 함께 점심을 먹다가 심란한 전화
를 받았다. 아마 별일 아니겠지만, 혹시 모를 일이니 브래드에게 전화
를 걸어 확인해보라고 했다. 브래드는 신을 신고 밖으로 나가 담장 너
머를 내다보았다. 아수라장이었다. 교정에 경찰이 쫙 깔려 있었다.

미스티 버넬은 키가 크고 매력적인 40대 중반으로 우렁찬 목소리
에 당당한 용모였다. 캐시처럼 이목구비가 뚜렷했고 금발의 곱슬머리
였다. 헤어스타일마저 닮았는데 그녀는 조금 짧아서 머리카락이 어깨
를 살짝 덮었다. 캐시의 큰언니로 오해받을 만큼 서로 닮았다. 브래
드는 키가 훨씬 큰 검은 머리의 미남으로 목소리가 부드러웠고 겸
손했다. 두 사람 모두 열렬한 신자였기에 자기 아이들을 지켜달라
고 기도했다.

무슨 사정인지 각자 더 알아보기로 했다. 미스티는 고등학교로 향
했다. 브래드는 전화를 끊었다.

경관들은 경계선으로 몰려드는 학부모들을 제지하느라 어쩔 줄
몰랐다. TV 앵커들이 그들의 간곡한 사정을 알렸다. "어려운 일이겠
지만 뒤로 좀 물러나주세요." 하지만 자녀들이 무사한지 걱정스러운
부모들이 계속해서 언덕 너머로 몰려들었다.

미스티는 포기했다. 아이들을 찾아 헤매는 부모를 위한 집결지가
두 군데 마련되어 있었는데, 그녀는 클레멘트 공원 맞은편에 있는 공
공도서관으로 갔다. 학생들이 거의 보이지 않았다. 다들 어디에 있

지?

학교에서 쏟아져나온 아이들에게는 피어스 가를 지나 주택단지로 가거나 클레멘트 공원의 넓은 들판으로 가는 두 가지 방법이 있었다. 공원 쪽을 선택한 아이는 거의 없었다. 다들 주택가로 몰려가 집 뒤에 웅크리거나 관목 밑에 숨거나 차 밑으로 기어들어갔다. 안전하겠다 싶은 곳이라면 어디든 상관없었다. 아무 집이나 들어가 현관을 미친 듯이 두드려대는 아이도 있었는데 대개는 잠겨 있었다. 집에 있던 엄마들은 낯선 아이를 보고 물러나라며 손을 내저었다. "아이들이 집으로 몰려들었어요." 한 학생이 말했다. "아마 이 집으로 몰려든 아이들만 150명에서 200명은 되었을 겁니다."

또다른 집결지인 리우드 초등학교는 주택가 중심에 위치해 있어서 살아남은 아이들 대부분이 그쪽으로 몰려갔다. 학부모들은 아이들이 있는 강당으로 갔다. 소리를 지르며 아이를 껴안았고, 호명받지 못한 아이는 무대 뒤에서 조용히 흐느꼈다. 아이들은 한곳에 머물기 어려웠으므로 서명용지를 마련해 벽에 붙여놓고 사인을 받아 부모들이 자기 아이의 생사를 확인하도록 했다.

공공도서관에는 생존자들이 없었다. 미스티는 속으로 갈등했다. 지금 리우드로 가는 것은 위험했다. 도로가 폐쇄되어 걸어가야 했는데 혹시 아이들이 이리로 오고 있다면 엇갈릴 수도 있었다. 지역담당자가 의자에 올라서서 소리쳤다. "그냥 여기 계십시오!" 어차피 리우드에서 서명용지가 팩스로 곧 올 것이라며 학부모를 안심시켰다. 여기서 기다리는 게 훨씬 나아 보였다. 미스티는 참을성을 갖고 기다리기로 했다.

긴장된 분위기였지만 다들 자제하려고 애썼다. 가끔씩 작은 소동이 일어났다. "폴이 무사하대!" 한 여성이 소리를 지르며 휴대전화를 꺼내들었다. "폴이 리우드에 있어!" 남편이 달려왔다. 두 사람은 껴안고 흐느껴 울었다. 우는 사람은 찾아보기 어려웠다. 너무 두려우면 눈물도 안 나오는 법이라서 이렇게 재회할 때만 눈물이 나왔다. 한 무리의 아이들이 이따금씩 언덕 위에 모습을 나타내곤 했다. 바로 호명되지 않은 아이들에게 엄마들이 몰려가서 이런저런 질문을 했다. 항상 똑같은 질문이었다. "어떻게 빠져나왔니?"

그들은 빠져나올 방법이 있었다는 말을 들어야 마음을 놓을 수 있었다.

"어떻게 했는지 모르겠어요." 한 여자애가 말했다. "총소리가 나서 우두커니 서 있었는데 선생님이 울면서 강당을 가리켰고, 모두가 달리며 소리를 질렀고, 폭발음이 들렸어요. 아마 폭탄이었을 거예요. 보지는 못했지만 다들 무슨 일인지 알아내려 했는데, 아마 그들이 다시 총을 쏘기 시작했고 모두가 도망쳤고 나는 대체 무슨 일이 일어난 거야! 하는 심정이었어요. 다시 총소리가 들리자 공황 상태에 빠졌어요. 사람들이 서로 밀치고, 엘리베이터에 오르고, 서로 밖으로 밀어내고, 그냥 달리다보니……"

대부분의 이야기가 이렇게 정신없이 튀어나왔다. 혼란의 순간이 뒤죽박죽 뒤얽혀 후다닥 쏟아졌다. 목격자는 숨 돌릴 틈도 없이 단어를 토해냈다. 그런데 1학년생 한 명은 달랐다. 여전히 콜럼바인 체육복 차림을 한 그녀는 자신이 어떻게 그곳을 빠져나왔는지 차분하게 설명했다. 복도에서 총잡이를 만났는데 분명 한 명이 자기 옆을 뛰어가며 총을 쏘았다고 했다. 하지만 연기가 많고 혼란스러운 상황이어서 뭐가 어떻게 된 건지 확실히는 모르겠다고 했다. 총알이 복도 바닥에 맞아 튀어올랐다. 유리가 깨지고 쉿소리가 나고 석고 덩어리가 바닥에 떨어져서 박살났다.

엄마들은 충격을 받아 말문이 막혔다. 누군가가 아이에게 두렵지 않았느냐고 물었다. "별로요. 왜냐하면 교장 선생님이 옆에 계셨으니까요." 아이는 당연하다는 듯 말했는데 진심 어린 확신이 담겨 있었다. 마치 어린 여자아이가 아빠랑 같이 있으면서 느낀 안전함을 설명할 때 쓸 법한 말투였다.

비참한 사연이었지만 그래도 이런 말이라도 들으니 마음이 놓였다. 다들 빠져나온 사연은 달랐지만 결국은 빠져나오지 않았는가. 계속 들으니 위로가 되었다.

미스티는 모든 아이들을 붙잡고 질문했다. "캐시!" 그녀가 소리쳤다. "크리스!" 그녀는 군중을 밀치고 왔다갔다했다. 아이들은 보이지 않았다.

—

사건을 담당하게 된 사람은 제퍼슨 카운티의 신출내기 보안관 존 스톤이었다. 그는 아직 살인사건을 맡아본 적이 없었다. 광역권 소속 경찰들은 카운티 보안관이 사건을 맡게 되었다는 사실을 깨닫고 경악했다. 많은 이들이 불편한 감정을 노골적으로 드러냈다. 도시 경찰은 물론 교외 경찰도 보안관보는 그저 안전관리를 담당하는 직책이라 여겼다. 피고를 감옥에서 법정까지 데려가는 것이 이들의 일이었다. 진짜 경찰이 법정에서 자신이 조사한 범죄에 대해 증언하는 동안 이들은 밖에서 경계를 하는 것이다.

누가 담당자인지 알게 되자 불평의 목소리는 더욱 커졌다. 존 스톤은 옛날 서부개척시대의 보안관처럼 배가 불룩 나온 체형에 회색 콧수염을 길렀고 거친 피부와 부리부리한 눈매였다. 제복을 입고 배지를 달고 권총을 들었지만 실은 정치꾼이었다. 지난 12년 동안 카운티 감독관으로 일했고 지난 11월 보안관에 출마해서 1월에 취임했다. 그는 존 더너웨이를 자신의 보안관보로 지명했다. 그 역시 무사안일한 관료였다.

보안관과 그의 팀은 경계선을 지켰다. 총소리가 계속해서 났다. 특수기동대는 부글부글 끓었다. 작전 허가는 대체 언제 내릴 생각이지?

더너웨이는 데이비드 월처 경위를 현장지휘관으로 임명했다. 이로써 작전 지휘는 더너웨이와 스톤의 감독하에 평생 현장에서 밥벌이를 해온 남자가 맡게 되었다. 세 사람은 학교에서 북쪽으로 800미터 떨어진 클레멘트 공원에 세워둔 트레일러에 작전본부를 마련했다.

정오 직후에 마침내 특수기동대가 학교 진입을 시도했다. 이들은 소방차를 한 대 빌려 엄호용으로 활용했다. 한 명이 소방차를 건물 쪽으로 천천히 몰았고 12명이 그뒤를 따라 이동했다. 입구 근처에서 여섯 명씩 갈라졌다. 테리 맨워링 경위 팀은 뒤에 남아서 제압사격을 맡다가 나중에 다른 입구로 진입하기로 했다. 대략 12시 6분에 여섯 명이 먼저 안으로 들어갔다. 다른 특수기동대 멤버들도 조금 뒤에 도착해서 안으로 들어갔다.

이들은 건물의 반대편 끝으로 들어갔는데, 학생식당이 타격 가능한 거리에 있다고 생각했다. 맨워링 경위는 예전에 학교 안에 여러 차례 들어가본 적이 있었는데, 리모델링을 하면서 식당의 위치가 바뀐 것은 알지 못했던 것이다. 그는 당황했다.

화재경보기가 계속 요란하게 울려서 수신호를 활용했다. 찬장이나 청소도구함은 위험구역이므로 조심해야 했다. 잠긴 문이 많아서 총을 쏴서 열었다. 교실에 갇혀 있던 아이들은 총소리가 점점 가까워지자 죽음이 임박한 듯 공포에 떨었다. 학부모와 기자는 물론 밖에 있던 경찰들도 총소리를 듣고 같은 생각을 했다. 한 번에 방을 하나씩 체크하며 살인자들을 향해 차근차근 다가갔다. 이들이 살인자들을 발견하는 데는 꼬박 세 시간이 걸렸다.

살인자들이 돌아다니고 있는 서쪽에서는 소방대원들이 더 위험한 작전을 진행하고 있었다. 여섯 명이 식당 바깥의 잔디밭과 근처에 아직 쓰러져 있었다. 몇 명은 살아 있는 것 같았다. 앤 마리, 랜스, 숀은 40분째 피를 흘리고 있었다. 세 명의 의료대원과 한 명의 구급요원이 이들에게 급히 다가가는 동안 보안관보들이 경계선을 따라가며 이들의 뒤를 엄호해주었다.

에릭이 2층 도서관 창문에 나타나 이들에게 총을 쐈다. 보안관보 두 명이 응사했고 다른 이들은 바닥에 엎드려 제압사격을 했다. 의료대원들이 학생 세 명을 데려왔다. 대니는 사망이 확실한 터라 그냥 남겨놓았다.

에릭이 사라졌다.

맨워링 경위가 이끄는 특수기동대는 소방차를 엄폐물 삼아 건물 외부를 가깝게 둘러쌌다. 그런 식으로 30분 뒤에 반대편에 도착했다. 12시 35분, 잔디밭에 쓰러져 있는 리처드 카스탈도를 총상을 입은 지 1시간 15분 만에 구출했다. 이어 레이철 스콧을 구하는 일에 돌입했다. 그녀를 소방차까지 데려와보니 이미 사망한 후라서 땅에 눕혀놓았다. 마지막으로 대니 로버를 구하러 갔다. 죽은 것을 이미 확인했다는 것을 모르고 말이다. 그들은 그를 보도에 두었다.

1시 15분, 두번째 특수기동대가 4학년생 주차장에서 건물로 들어 갔다. 교직원 휴게실의 창문을 부수고 안으로 뛰어들어 재빨리 옆의 식당에 들어갔지만 거의 텅 비어 있었다. 먹다 남은 음식이 테이블 여기저기 놓여 있었다. 책, 배낭, 이런저런 쓰레기가 스프링클러가 터져 물이 흥건한 바닥 위를 떠다녔다. 물은 이미 10센티미터쯤 차올랐고 수위가 계속 높아지고 있었다. 화재로 천장 타일이 검게 그을었고 의자 몇 개가 녹아내렸다. 그들은 무거운 폭탄 때문에 축 처진 더플백을 미처 보지 못했다. 가방 하나가 완전히 타버렸다. 프로판탱크가 거의 수면 위에 노출되어 있었지만 다른 파편들과 뒤섞여 눈에 띄지 않았다. 공포의 흔적이 도처에 있었지만 부상자도 시체도 피도 없었다.

멀쩡한 사람들은 많았다. 겁에 질린 몇십 명의 학생과 교직원을 보자 특수기동대는 놀랐다. 다들 천장 타일 근처의 찬장에 웅크리고 있거나 테이블 밑에 다 보이게 숨어 있었다. 교사 한 명은 경찰에 상황을 알리려고 천장 위로 올라가 덕트를 타고 기어가다가 떨어져서 응급처치를 받아야 했다. 냉장고에도 두 명이 벌벌 떨며 숨어 있었다. 이들은 몸이 얼어붙는 바람에 팔을 들어올리지도 못했다.

특수기동대는 자신들이 들어온 창문을 통해 이들을 밖으로 대피시켰다. 처음에는 쉬웠지만 움직이는 거리가 점차 길어지자 통로를 확보하기 위해 경관이 더 많이 필요했다. 그래서 추가 병력을 더 요청했다.

머리 위로 헬리콥터 회전날개가 돌아가는 소리가 **쉭쉭쉭** 계속해서 들렸다.

로빈 앤더슨은 주차장에서 이 모든 것을 지켜보았다. 그녀는 친구들과 데어리 퀸 아이스크림가게에 갔다가 드라이브스루 매장에 들른 뒤 학교로 돌아왔다. 경찰이 사방에 깔려 있었다. 경관들이 경계선을 통제했는데 4학년생 주차장 입구는 아직 제지하는 사람이 없었다. 로빈은 평소 주차하는 곳으로 차를 몰고 갔다. 그때 경찰 한 명이 총을 뽑아들고 다가왔다. 그냥 그대로 있으라고 경고했다. 안전한 곳으로 물러나기에는 너무 늦었다는 것이다. 그래서 로빈과 친구들은 그렇게 차 안에서 두 시간 반을 기다렸다. 로빈은 에릭이 도서관 창문에 나타나자 머리를 숙였다. 너무 멀어서 누구인지 알아볼 수 없었다. 다만 흰색 티셔츠를 입은 사내가 자기 쪽으로 총을 쏘고 있는 것이 보였다.

누가 이런 일을 벌였지? 로빈이 친구들에게 물었다. 이런 덜떨어진 짓을 하는 녀석이 대체 누구야?

로빈은 친구들의 주차구역을 둘러보았다. 에릭과 딜런과 잭에게는 지정된 주차구역이 있었는데, 일렬로 붙어 있었다. 잭의 차는 거기 있었다. 에릭과 딜런의 차는 보이지 않았다.

———

네이트 다이크먼은 이 일을 누가 벌였는지 대충 짐작이 갔기에 겁에 질렸다. 친한 친구 대부분에게 전화를 걸어 안부를 확인했지만 에릭과 딜런에게는 망설였다. 그들이 먼저 연락해오기를 기다렸다. 하지만 바람일 뿐 그럴 가능성은 없었다. 딜런을 생각하니 그의 마음이 찢어지는 것 같았다. 오랫동안 속을 다 터놓고 지낸 친구로 그의 집에서 많은 시간을 보냈고, 딜런의 부모 톰과 수 클레볼드가 그를 자상하게 보살펴주었다. 네이트는 집에 문제가 많아서 클레볼드 부부가 엄마, 아빠나 마찬가지였다.

딜런한테서 전화가 오지 않자 정오 무렵에 그의 집으로 전화했다. 그의 아버지가 집에서 일하니까 아마 집에 있을 것이다. 어쩌면 딜런도 옆에 있을지 모른다.

톰이 전화를 받았다. 아니, 딜런은 여기 없는데, 학교에 있어. 톰이 말했다.

실은 딜런이 학교에 없어서요. 네이트가 말했다. 수업에 안 들어왔거든요. 네이트는 톰을 걱정시키고 싶지 않았다. 하지만 총격이 있었고, 인상착의도 확인되었다. 총격자들이 트렌치코트를 입었다고 했다. 네이트는 트렌치코트를 입고 다니는 아이들을 몇 명 알아서 그들 모두의 행방을 확인하려 했다. 짐작하는 바를 털어놓고 싶지 않았지만 말해야 했다. 딜런이 관여된 것 같다고 톰에게 말했다.

톰은 곧장 딜런의 방에 올라가 옷장에 코트가 있는지 확인했다. "맙소사, 여기 없어."

톰은 충격을 받았다. 후에 네이트는 말했다. "아마 전화기를 떨어뜨렸을 겁니다. 이런 일이 일어날 수 있다는 것을, 게다가 자기 아들이 관여했다는 것을 도저히 믿을 수 없었을 거예요."

"더 얘기해다오. 무슨 말이든지 전부 다." 톰이 말했다.

그러고는 전화를 끊고 텔레비전을 틀었다. 도처에서 그 얘기였다.

톰은 수에게 연락했다. 그녀가 집에 왔다. 큰아들 바이런도 연락해서 불렀다. 마약 때문에 집에서 내쫓은 아들이었지만 이번 일은 너무도 중요했다.

톰은 딜런에 대한 걱정을 내색하지 않았다. 바이런은 동료들에게 자기 동생이 갇혀 있어서 무섭다고 말했다. 그리고 어린 친구들도 아직 학교에 있다며 걱정했다. "다들 무사한지 확인해봐야겠어." 그가 말했다.

바이런의 직장 동료 중에는 학교와 이래저래 연결된 이들이 많았다. 그들은 모두 집에 가 있었다.

톰 클레볼드가 911에 전화를 걸어 자기 아들이 관련된 것 같다고 말했다. 변호사에게도 바로 연락했다.

—

재난방송은 경찰이 파악한 상황보다 30분 내지 한 시간쯤 지체되고 있었다. 앵커들은 경계선이라는 개념을 충실하게 되풀이했다. 경찰이 "경계선을 통제했다"고 했다. 그런데 저 많은 병력은 대체 무엇을 하는 걸까? 수백 명은 되어 보였는데 다들 우왕좌왕했다. 앵커들은 의구심을 제기하기 시작했다. 다행히도 심각하게 다친 사람은 없어 보였다.

12시 30분쯤, 불길한 상황이 처음으로 보도되었다. 지역 텔레비전 기자들이 부상자 치료센터에 들어갔다. 끔찍했다. 피가 어찌나 많이 났던지 부상자 신분을 확인하기도 어려웠다. 많은 아이들이 구급차에 가득 실려 갔고 지역병원들은 일제히 비상이 걸렸다.

뉴스 취재차 헬기 여섯 대가 공중을 돌고 있었지만 이들이 촬영한 필름은 아직 방송에 나가지 않았다. 몇 분 동안 방송국이 현장에서 생방송을 진행했지만 보안관팀이 방송 중지를 요청했다. 콜럼바인의 모든 교실에 텔레비전이 설치되어 있었는데, 총잡이들이 방송을 보고 유용한 정보를 얻을 수도 있었다. 가령 특수기동대 작전이라든가 구조를 기다리는 부상자 영상 같은 것 말이다. 방송국은 사망자 소식도 보류했다. 헬기에 탄 보도진들은 의료대원이 대니를 살펴보더니 그냥 내버려두는 것을 보았다. 대중은 어떻게 된 상황인지 여전히 몰랐다.

헬기카메라는 도서관에서 먼 또다른 날개건물 2층 3번 과학실에서 벌어지고 있는 소란스러운 광경도 언뜻 포착했다. 정확히 무슨 일이 벌어지고 있는지 알아보기 어려웠지만, 분주한 소동이 있었고 충격적인 단서도 보였다. 누군가가 검은색 펜으로 커다랗게 적은 흰색 보드를 창문에 끌어다놓은 것이다. 첫 글자가 대문자 I처럼 보였는데 나중에 숫자 1로 밝혀졌다. "1명 과다출혈로 사망 위기."

14

인질극

오후 1시경에 아이들이 건물 안에 갇혀 있다는 소식이 기자들에게 전해졌다. 상황은 인질극으로 굳어져갔다. 대외적으로 공격의 성격이 달라졌다. 공격자들이 무엇을 노리는지 아무도 몰랐다. 그들은 어디 있을까? 인질들은 식당에 억류되어 있는 듯했지만 기자마다 설명이 엇갈렸다.

구급차가 계속 오가고 인질이 있다는 소문이 재빠르게 리우드와 공공도서관으로 퍼졌다. 학부모들은 갈수록 긴장했지만 함께 모여 정보를 나누고 휴대전화를 공유했다. 통화 연결이 쉽지 않았다. 1999년에는 휴대전화가 아주 흔한 물품은 아니었지만, 그래도 여유 있는 이 지역 사람들은 하나씩 갖고 있었다. 사납게 번호를 눌러대며 이웃을 귀찮게 하고, 친척들에게 소식을 전하고, 가능한 모든 응답기에 아이들에게 전할 메시지를 남겼다. 어떤 사람은 옆사람과 정보를 주고받는 동안에도 다시 걸기 버튼을 무심결에 계속 눌러 집으로 전화를 걸며 이번에는 부디 자동응답기가 받지 않기를 기도했다. 미스티는 브래드와 계속 통화했다. 크리스나 캐시에 관한 소식은 여전히 없었다.

그때 새로운 소식이 전해졌다. 20명, 혹은 30~40명의 학생들이 아직 학교 안에 있다는 소식이었다. 인질로 잡힌 것은 아니었다. 합창연습실 문 뒤에 장비들을 높게 쌓아 바리케이드를 만들고 그 안에 숨어 있다고 했다. 학부모들은 숨이 멎었다. 이게 좋은 소식일까, 나쁜 소식일까? 수십 명이 위험한 상황이었지만 그 말이 사실이라면 적어도 아직 살아 있다는 뜻이었다. 말도 안 되는 소문들이 이미 무성한 상황이었다.

적어도 200~300명의 아이들이 아직 건물 안에 있었다. 교실과 찬장에 숨어 있거나 탁자와 의자 밑에 웅크린 채로. 나름대로 보호책을 강구한 이들도 있었고 그냥 훤히 트인 곳에 있는 이들도 있었다. 다들 움직이기를 두려워했다. 많은 이들이 휴대전화에 대고 조심스럽게 속삭였다. 대부분은 교실 텔레비전 주위에 모여 있었다. 총소리와 물건 부딪히는 소리, 귀를 찢는 화재경보기 소리가 들렸다. CNN은 지역방송 앵커와 책상 밑에 몸을 피하고 있는 학생이 나누는 통화 내용을 생방송으로 내보냈다. "무슨 소리가 들려요?" "당신 소리요." 학생이 대답했다. "작은 텔레비전이 있는데 지금 당신 모습이 화면에 보여요." 네 시간 동안 온갖 소문과 확인과 윤색 작업이 벌어졌다.

경찰은 화가 많이 났다. 기자들은 수백 명의 아이들이 지금 안에 갇혀 있다는 것을 몰랐고, 반향실 효과(닫힌 공간에서 같은 정보나 아이디어가 돌고 돌며 강화되는 현상 — 옮긴이)라는 개념을 전혀 이해하지 못했다. 경찰들은 이를 잘 알고 있었다. 형사들이 지금 생존자들과 접촉하려고 팀을 꾸리고 있었고, 그들은 안에 있는 수백 명의 최고의 목격자들이 시시각각 위태로운 상황에 처해 있음을 알았다. 그런데도 경찰은 이를 말릴 방법이 없었다. 휴대전화 시대에 처음으로 일어난 대규모 인질극 상황이어서 이런 일은 겪어본 적이 없었던 것이다. 이 순간에도 많은 정보가 총격자들에게 흘러가고 있을까봐 걱정이었다. 때로는 아이들이 알려주는 사실에 기자들이 놀라는 일도 있었다. 생방송 중에 한 남자애가 총잡이가 내는 것으로 추정되는 소리를 들었다고 했다. "뭔가를 바닥에 던지는 소리가 났어요. 지금 의자 밑에 숨어 있는데 내가 여기 있다는 것을 그들이 알까요? 여기는 2층인데 그들이 내가……"

앵커가 급히 말을 중단시켰다. "위치를 말하지 말아요!"

아이는 소동을 자세히 전했다. "밖에서 몇 명이 울고 있어요. 아래층에서 나는 소리예요." 그때 뭔가 쿵하는 소리가 났다. "워어어!"

앵커가 놀랐다. "방금 그게 뭐죠?"

"모르겠어요."

앵커는 그 정도면 충분했다. 옆에 있던 진행자가 학생에게 전화를 끊고 조용히 911에 연락하라고 했다. "계속 그들에게 연락해요, 알았죠?"

경찰은 방송을 제발 그만하라고 부탁했다. 아이들에게 더이상 언론매체에 전화하지 말라고 해요, 경찰이 말했다. 텔레비전을 끄라고 해주세요.

방송국은 부탁받은 내용을 그대로 전달하면서 전화 방송을 계속했다. "지금 이 방송을 보고 있으면 텔레비전을 꺼주세요." 앵커가 간곡히 말했다. "아니면 볼륨을 줄이든가요."

—

미국 전역이 인질극 상황을 지켜보고 있었다. 이전에는 학교 총기 사건이 텔레비전으로 방송된 적이 없었다. 다른 비극적 사건들도 마찬가지였다. 그런데 콜럼바인의 상황은 카메라가 돌아가는 가운데 서서히 진행되었다. 적어도 겉으로 보기에는 그랬다. 카메라는 우리가 사건을 지켜보는 목격자라는 착각을 만들어냈다. 하지만 카메라는 너무 늦게 도착했다. 에릭과 딜런은 사건 시작 5분 만에 건물 안으로 숨어버렸고 카메라는 밖에서 벌어진 살인을 담지 못했다. 에릭과 딜런을 따라 안으로 들어갈 수도 없었다. 대부분의 미국인은 이 사건을 텔레비전으로 지켜보며 자기가 대량학살을 사실상 목격하고 있다는 느낌을 받았다. 알지 못하는 데서 오는 공황 상태와 좌절감, 바로 앞에서 공포가 곧 밀어닥칠 것 같은 두려움이 일었다. 우리는 콜럼바인에 대한 진실을 결국 알게 되겠지만 이날은 아니었다.

우리가 본 것은 단편적인 것들이었다. 카메라는 우리를 오해로 이끌었다. 궁지에 몰린 경찰 대대를 보여주자 우리는 안에도 비슷한 병력이 있다고 생각했다. 흥분한 목격자들의 증언이 이를 확인해주었다. 서로 다른 공격 이야기에 살인자들이 도처에 있는 듯했다. 휴대전화는 살인자가 활발하게 활동하고 있음을 알렸고, 공격지대에서 들리는 총소리를 생생하게 들려주었다. 자료는 맞았다. 결론이 틀렸을 뿐. 이는 작전중인 특수기동대가 내는 소리였다.

텔레비전에 비친 상황의 전개는 살인자들의 계획과 전혀 달랐다.

실제로 일어나고 있는 상황을 아주 대략적으로 반영할 뿐이었다. 조사관들이 안에서 벌어진 상황을 밝혀내는 데 수개월이 걸렸다. 살인 동기를 밝히는 데는 그보다 더 오랜 시간이 걸렸다. 그리고 형사팀이 사건을 설명하기까지는 몇 년이 걸릴 터였다.

대중은 그렇게 오래 기다릴 수 없었다. 언론매체도 그럴 생각이 없었다. 그들은 추측 보도를 하기 시작했다.

15

공모론

정오가 되기 전에 조사팀이 꾸려졌고 케이트 배틴이 수석조사관으로 임명되었다. 배틴은 유력한 용의자가 누구인지 이미 알았다. 대부분의 학생들은 누가 자신들을 공격하는지 몰라 허둥지둥했지만 총잡이의 정체를 알아본 아이들도 있었다. 두 명의 이름이 계속해서 거론되었다. 배틴은 클레멘트 공원에 마련된 작전본부 트레일러에서 에릭과 딜런에 관한 자료를 서둘러 모았다. 그리고 사람을 보내 두 아이의 집을 지키게 했다. 형사들이 1시 15분에 에릭의 집에 도착했다. 세번째 특수기동대가 콜럼바인 교직원 휴게실을 급습할 무렵이었다. 에릭의 부모는 이미 소식을 듣고 집에 와 있었다. 그들은 경찰에 협조하지 않았다. 문을 열어주지 않으려 했다. 경찰은 뜻을 굽히지 않았다. 그들이 지하실로 향하자 캐시 해리스는 겁이 났다. "그쪽으로 내려가지 말아요!" 그녀가 말했다. 경찰은 건물을 확보하고 사람들을 밖으로 내보내야 한다고 말했다. 웨인은 에릭이 정말 관여했을까 의심이 들었지만 상황이 위급하면 도와주겠다고 했다. 캐시의 쌍둥이 동생도 와 있었다. 웨인과 캐시는 혹시 사건의 불똥이 자신들에게 튀지 않을까 걱정했다. 희생자들의 부모가 보복할 수도 있었다.

가스 냄새가 났다. 경찰은 가스회사에 연락해서 공급을 꺼달라고 한 다음 수색을 재개했다. 에릭의 지하실 방에 들어간 경찰은 책장에서 산탄총의 잘라낸 총신을, 침대에서 사용하지 않은 탄약을, 바닥에서 장갑 끝을 잘라낸 조각을 발견했고, 책상, 서랍장, 창틱, 벽에서는 화약과 폭탄 재료를 찾았다. 그 밖에 『무정부주의자의 요리책』의 한 쪽과 가스캔의 포장비닐이 나왔고 뒷마당에서 유리 파편을 발견했다. 그날 밤 증거물 전문가가 도착해서 네 시간을 머물며 필름 일곱 통을 찍었다. 그는 새벽 1시에 돌아갔다.

클레볼드 부부는 순순히 협조했다. 경찰 보고서에 톰은 "대단히 활달한" 사람으로 기록되었다. 그는 딜런이 살아온 삶을 상세히 설명했고 교우관계도 다 말했다. 딜런이 늘 유쾌했다고 그는 말했다. 수는 딜런이 대단히 행복한 아이였다고 설명했다. 톰은 총기에 반대했고 딜런도 같은 생각이었다고 했다. 집안에서 어떤 총기나 폭발물도 찾지 못할 거라고 톰이 말했다. 경찰이 파이프폭탄을 찾아냈다. 톰은 충격을 받았다. 그래도 딜런이 그럴 리 없다고 우겼다. 아들과 가까운 사이였으므로 뭔가 일을 꾸미고 있었다면 자신도 알았을 거라고 했다.

콜럼바인 현장에 제일 먼저 도착한 FBI 요원은 드웨인 퓨질리어 부서장이었다. 그는 케이준 억양을 버렸지만 자기 이름만은 '퓨즈-어-레이'라고 발음했다. 다들 못 알아들었다. 그는 베테랑 요원이자 임상심리학자, 테러리즘 전문가였고, 무엇보다 미국 최고의 인질 협상가 가운데 한 명이었다. 하지만 그는 이런 능력 때문에 콜럼바인 고등학교에 온 게 아니었다. 아내가 그에게 연락했다. 아들이 그 학교에 다니고 있었던 것이다.

퓨질리어는 학교에서 30분 거리에 있는 덴버 로저스 연방본부 식당에서 아내의 전화를 받았다. 고혈압 때문에 소금이 적게 들어간 맛없는 수프를 먹던 중이었다. 그는 접시를 테이블에 그대로 두고 자신의 차로 달려가서는 좌석 밑을 팔로 훑어 수년 동안 한 번도 사용하지 않았던 경찰 비상등을 찾았다.

퓨질리어는 산기슭을 향해 닷지 인트레피드를 몰았다. 인질 협상사로서 그들을 도울 생각이었다. 그게 아니더라도 뭐든 도울 수 있는 일이 있으리라 믿었다. 그는 현장의 경찰들이 자신을 받아줄지 확신하지 못했다.

위기에 처한 경찰은 훈련받은 협상가가 옆에 있으면 대환영이겠지만, 연방요원에는 경계심을 보였다. 사실 FBI를 좋아하는 사람은 거의 없다. 퓨질리어도 잘 알았다. FBI는 일반적으로 자부심이 대단할 뿐더러 그걸 노골적으로 드러내기까지 하니까 말이다. 퓨질리어는 목소리나 외모가 연방요원 같지 않았다. 그는 정신과 의사로 일하다가 인질 협상가가 되었고 다시 조사관이 된 인물이다. 자동차 뒷좌석에는 셰익스피어 전집 요약본을 둘 만큼 문학을 좋아했다. 그는 지역경찰과 말이 잘 통했다. 눈을 부라리거나 그들의 비위를 맞추지 않았다. 어깨에 힘이 들어가거나 거만한 말투를 내뱉지도 않았다. 그는 냉철한 편이었다. 어색해서 아들을 잘 안아주지 않았지만 필요하다면 생존자들을 기꺼이 안아주었다. 웃는 것은 쉬웠다. 가끔은 자신을 깎아내리는 농담도 했다. 지역경찰을 진심으로 좋아했고 그들에게 고마움을 느꼈다. 그들도 그를 좋아했다.

그 지역 국내테러대책 부서에서 일했던 경험 덕분에 일이 잘 풀렸다. 지역기관과 FBI가 공동으로 수사하기로 했다. 퓨질리어가 연방기관을 맡고 제퍼슨 카운티의 한 형사가 자기 팀을 이끌었다. 형사는 퓨질리어가 가장 먼저 연락한 사람으로 그가 오고 있다는 말을 듣자 마음이 놓였고, 도착하는 즉시 지휘관에게 소개해주겠다고 했다.

형사는 퓨질리어가 학교에 도착하기 전에 그에게 현재 상황에 대해 대충 설명했다. 검은 복면을 쓴 예닐곱 명의 총잡이가 무기를 갖추고 아무에게나 총질을 하고 있다고 했다. 형사는 테러리스트의 공격이라고 추정했다.

총잡이를 설득하려면 특정한 대화기술이 필요했다. 퓨질리어는 항상 온화한 말투로 사람을 안심시켰다. 상대방이 아무리 변덕스럽게 행동해도 침착하게 대응했다. 평온함을 잃지 않았고 해결책을 제시할 줄 알았다. 그는 협상가들에게 상대방의 마음을 재빨리 읽고 그의 동기를 파악하라고 가르쳤다. 총잡이를 선동한 것은 분노나 두려움일까, 원한일까? 권력에 관심이 있나? 자기만족을 위해 공격을 벌였을까, 아니면 자기도 어쩔 수 없는 사건에 휘말린 걸까? 총을 내려놓게 하려면 일단 상대방의 말을 잘 들어봐야 했다. 퓨질리어는 무엇보다 상황이 인질극인지 아닌지를 가장 먼저 파악하라고 가르쳤다. 일반인이 보기에는 총구가 겨누어진 사람은 다 인질로 보인다. 하지만 그렇지 않다.

FBI 교본에서 퓨질리어의 연구를 인용하고 있는 대목을 보면 결정적인 구별법이 나온다. 인질은 요구사항을 이루기 위한 도구라는 것이다. "일차적인 목적은 인질에게 해를 주는 것이 아니다. 사실 인질범은 자신이 목적을 이루려면 인질이 살아 있어야 한다는 것을 누구보다 잘 안다." 따라서 그는 이성적으로 행동한다. 인질을 잡아두지 않은 총잡이는 그렇지 않다. 그들에게 인간은 아무것도 아니다. "이런 자들은 감정적이고 어리석게 행동하고 때로는 자신을 망가뜨리기도 한다." 그들은 대개 요구조건을 내걸지 않는다. "그들은 원하는 것을 이미 갖고 있다. 희생자들 말이다. 이런 경우 살인하고 나서 자살할 확률이 대단히 높다."

제퍼슨 카운티 경관들은 콜럼바인 사태를 인질극으로 보았다. 모든 언론매체도 그런 식으로 보도했다. 퓨질리어는 그 가능성을 낮게 보았다. 그는 훨씬 암울한 상황을 염두에 두었다.

인질이 있느냐 없느냐는 FBI에게 대단히 중요하다. 연방수사국은 각각의 경우 완전히 다른, 사실상 정반대인 전략을 구사하도록 가르친다. 인질이 있으면 협상가는 최대한 모습을 드러내 총잡이로 하여금 모든 것을 잘 따르도록 만들고, 경찰이 주도권을 쥐고 있음을 확실히 해야 한다. 인질이 없으면 협상가는 가급적 앞에 나서지 않는다. "받는 것 없이 조금만 주고"(예컨대 친밀감을 쌓으려고 담배를 제공한다든가 하는) 총잡이가 아닌 다른 누가 주도권을 쥐고 있음을 절대 비밀로 해야 한다. 인질극에서 노력해야 할 목표는 상대의 기대치를 점차 낮추는 것이다. 인질극이 아닌 경우에는 감정을 가라앉히는 것이 제일 중요하다.

퓨질리어는 현장에 도착하자마자 협상팀을 꾸렸다. 자신이 훈련시켰던 지역경관들이 그곳에 있었고 동료 FBI 협상가들도 함께했다. 이웃 카운티에서 이동식 기지를 빌려줘서 이미 현장에 설치되어 있었다. 911 교환원들에게는 건물 안에서 아이들이 거는 전화는 모두 협상팀에 연결하라는 지시를 내렸다. 총잡이에 대한 어떤 정보든 도움이 될 터였다. 실행 계획에 관한 정보는 전략팀에게 전달했다. 그들은 총잡이를 진정시킬 수 있다고 확신했다. 이제 이들이 상대할 사람을 협상 테이블에 앉히는 게 문제였다.

퓨질리어는 협상센터와 제퍼슨 카운티 본부를 오가며 연방수사국의 반응을 조율했다. 상황이 일시적으로 차분해졌을 때 그는 학교에서 방금 빠져나온 학생들에 대해 알아보기로 했다. 일단 부상자 치료센터에 가서 일지를 훑어보았다. 수백 명의 아이들이 진찰받은 기록이 나와 있었다. 그는 자기가 아는 이웃집 아이나 아들의 축구팀 동료가 없는지 살펴보았다. 그가 아는 모든 아이들은 진찰을 받고 퇴원한 것으로 되어 있었다. 그는 시간이 날 때마다 부모들에게 연락했다.

아들 소식은 어디서도 들을 수 없었다. 퓨질리어는 자신이 이렇게 바쁜 것이 감사했다. "해야 할 일이 많았습니다. 이 일 저 일 맡다보니 브라이언에 대한 걱정은 잊게 되더군요." 아내 미미가 아들의 생사를 계속해서 알아보았으므로 그마저 그럴 필요는 없었다. 그녀는 리우드에 가서 많은 아이들을 만나보았다. 아무도 브라이언을 보지 못했다고 했다. 소식을 들은 아이도 없었다.

—

이런 대규모 공격은 배후에 공모자가 있다는 의혹을 부추기기 마련이다. 형사들을 포함한 모든 이가, 상당히 많은 사람이 범죄에 관여했으리라 가정했다. 공모론이 처음으로 제기된 것은 꽤 빠른 시점이었다. 살인자들과 친한 친구인 크리스 모리스가 911에 신고전화를 했다. 그는 집에서 다른 친구와 닌텐도 게임을 하다가 텔레비전으로 뉴스를 보고 있었다. 처음에는 자기 여자친구가 걱정되었다. 그리고 함께 있던 친구의 아버지는 과학 교사였다.

두 아이는 크리스의 여자친구를 찾기 위해 차에 올라타고 달렸다. 곳곳에 경찰 바리케이드가 보였고 거기서 이런저런 정보들을 얻었다. 트렌치코트라는 말을 듣는 순간 경악했다. 크리스는 에릭과 딜런에게 총이 있다는 것을 알았다. 그들이 파이프폭탄을 만들고 있었다는 것도 알았다. 이런 일을 벌이려고 그랬나?

크리스는 911에 연락했다. 연결이 잘 되지 않았다. 몇 번의 시도 끝에 통화했고 그의 집 근처에 있던 순찰차에게 급보가 전달되었다. 경찰이 그에게 간단히 질문한 다음 클레멘트 공원에 있는 본부로 데려갔다. 그곳 상황은 아주 혼란스러웠다. 이 아이는 누구지? "크리스 해리스야?" 한 형사가 물었다. 형사들이 곧 그의 주위에 몰려들었다. 카메라맨이 이를 보았다. 기자들이 냄새를 맡고 달려왔다.

크리스의 모호한 이목구비하며 촌스럽고 기죽은 태도가 그들과 한 패거리로 보이게 했다. 불그레한 뺨에 금속테 안경을 꼈고 부스스한 연갈색 머리가 귀를 살짝 덮었다. 경찰이 그에게 재빨리 수갑을 채워 순찰차 뒷좌석으로 데려갔다.

이 무렵 에릭과 딜런의 많은 친구들은 그들을 의심하고 있었다. 두 아이의 친구라는 사실이 두려웠다.

애초에 총잡이들의 이름이나 정체가 밝혀지기 전부터 텔레비전 보도기자들은 이들을 하나의 부류로 단정했다. "이들은 외톨이였나요?" 기자들은 목격자를 만날 때마다 이렇게 물었다. "이들은 부적응자였나요?" 항상 이들이라고 했다. 그리고 항상 교내 총격자에게 어울린다고 생각하는 가공의 성격을 물었다. 하지만 이는 그릇된 통념이다. 목격자들의 의견은 거의 항상 일치했다. 몇몇은 살인자들을 알았지만 자발적으로 정보를 내놓지 않았고 그렇게 해달라고 요청받지도 않았다. 맞아요, 부적응자. 잘 어울리지 못했다고 들었어요.

퓨질리어는 콜럼바인에 도착했을 때 한 가지 가정을 했다. 총잡이가 여럿이면 전술도 여럿이라는 것이다. 퓨질리어는 자신의 상대가 팀으로 활동한다고 생각하지 않았다. 한 명을 무력화시키는 전략은 다른 하나를 극도로 화나게 할 가능성이 높았다. 대량학살은 대개 혼자서 진행하지만 짝을 이룬다면 다른 성향의 파트너를 고르기 마련이다. 퓨질리어는 저 건물에 숨어 있는 녀석들의 성격이 반대일 가능성이 아주 높다고 생각했다. 단 하나의 살해 이유는 없을 터였다. 그러므로 에릭의 동기와 딜런의 동기를 각각 따로 파헤치는 것이 훨씬 타당해 보였다.

기자들은 공격의 배후로 알려진 어둠의 세력으로 눈을 돌렸다. 이름도 무시무시한 트렌치코트 마피아가 거론되었다. 이들은 시시각각 기괴한 모습으로 부풀려졌다. 처음 두 시간 동안에 CNN에 출연한 목격자들은 이들을 고스족, 게이, 사회부적응자, 거리의 깡패로 묘사했다. "화장을 하고 매니큐어를 칠하는 것을 좋아했어요." 콜럼바인의 한 4학년생의 말이다. "그들은, 잘은 모르겠지만 고스족 같았어요. 왜 있잖아요, 죽음과 폭력을 숭상하는 애들 말이에요."

전부 사실무근이었다. 실은 그 학생도 자기가 묘사하고 있는 사람들을 잘 몰랐다. 소문은 그런 식으로 부풀려졌다.

16

창문가의 소년

두번째로 죽은 아이는 대니 로버였다. 에릭이 보도에서 그를 겨냥했을 때 그의 이복누이 니콜 페트론은 건물 안에서 그가 있는 쪽으로 가고 있었다. 니콜은 폭탄이 설치되고 있을 때 체육복으로 갈아입었다. 날씨가 좋아서 밖에서 소프트볼을 진행하기로 했다. 에릭이 가드너 보안관보와 교전을 마칠 즈음, 앞서 걷던 니콜과 같은 수업을 듣던 여학생들은 그들을 향해 모퉁이를 돌아나가려던 참이었다.

같은 시각에 교장이 복도에 도착했다. 살인자들로부터 반대 방향 끝 쪽이었다. 그는 총소리를 듣고 놀라 무슨 일인지 알아보기 위해 달리고 있었다. 여학생들은 아직 아무것도 몰랐다. 교장은 딜런과 에릭이 서쪽 입구로 들어오는 것을 보았는데, 아이들은 어처구니없게도 그들 쪽으로 가고 있었다.

"다들 웃고 키득거리며 그리로 가고 있었습니다." 교장이 말했다.

살인자들이 총을 쏘았다. 총알은 아이들을 지나 교장 바로 뒤에 있던 트로피 진열대를 박살냈다.

"그때 죽는가보다 생각했죠."

교장은 총소리가 난 곳으로 달려가며 아이들에게 당장 돌아가라고 소리쳤다. 그는 다른 쪽 복도로 아이들을 몰아 체육관으로 데려갔다. 문이 잠겨 있었다.

교장은 열쇠를 갖고 있었다. 주머니 속에서 열쇠 꾸러미를 꺼냈는데 비슷비슷하게 생긴 열쇠가 여러 개여서 어떤 건지 알 수 없었다. "녀석이 모퉁이로 오고 있는데 우리는 여기 갇혔구나. 이런 생각이 들더군요. 내가 문을 열지 못하면 꼼짝없이 잡힐 판이었습니다." 그 순간 나치 포로수용소에서 경비가 도망자들의 등을 향해 총격을 가하는 영화 장면이 그의 머릿속을 스쳐지나갔다. 녀석이 모퉁이를 돌면 우리는 처참하게 쓰러지겠지. 교장은 아무 열쇠나 잡았다. 딱 맞았다.

그는 아이들을 체육관으로 들여보내고 숨을 곳을 찾기 시작했다. 폭탄 소리와 총소리가 들렸다. 바깥은 지옥이었다. 저 멀리 벽에 눈에 잘 띄지 않는 문이 하나 보였다. 체육장비를 보관하는 창고로 이어지는 문이었다. 그는 문을 열고 아이들을 그리로 들여보냈다.

"괜찮을 거다. 내가 너희들을 꼭 지켜주마. 하지만 여기서 나가는 게 제일 중요하지. 이제 문 닫자. 아무한테도 문 열어주면 안 된다!" 그때 좋은 생각이 떠올랐다. 암호를 쓰면 어떨까? 오렌지, 누가 그렇게 말했다. 아니야, 레벨스는 어때, 그것도 아니야. 몇몇이 암호를 갖고 다투기 시작했다. 교장은 어처구니가 없었다. 웃음이 터져나왔다. 아이들도 낄낄거리며 웃었다. 잠시나마 긴장이 풀렸다.

교장은 아이들을 창고에 넣고 문을 잠갔다. 이어 체육관 마루를 지나 바깥문을 삐걱 열고 내다보았다. "다른 아이들이 나오고 있었고 교사들도 보이더군요. 그때 제퍼슨 카운티 보안관이 나타났습니다. 그의 차가 경사면을 넘어 쏜살같이 달려오는 게 보였습니다. 내가 교사들한테 말했어요. '저 안에 다시 들어가야 해요! 아이들이 있어요.' 차 밖으로 나온 경찰한테도 상황을 설명했습니다. 그가 들어가도 좋다고 했습니다."

교장은 경찰과 함께 니콜의 반 아이들을 밖으로 데리고 나왔다. 하지만 학교 안에는 아직도 수백 명의 아이들이 남아 있었다.

"나는 다시⋯⋯" 교장이 다시 입을 열자 보안관보가 말을 잘랐다.

"누구도 안에 들어갈 수 없습니다."

그래서 교장은 아이들을 학교 밖으로 데려가기로 했다. 들판을 지나 사소한 장애물을 넘은 그는 철조망 위로 아이들을 밀어올렸다. 반대편에 도달한 아이들이 함께 거들었다. "자, 힘내자, 담장을 넘어야지."

마지막 학생까지 철조망을 다 넘었고 이들은 안전한 장소까지 달렸다. 교장은 작전본부에 가서 특수기동대를 위해 교내 배치도를 그려주었다. 그리고 자신이 본 것을 설명했다. 야구모자를 뒤로 돌려 쓴 녀석이 기억났다. "경찰은 녀석들이 트렌치코트를 입었다고 계속 말하더군요." 교장이 나중에 회상했다. "그래서 내가 말했죠. '그 녀석들은 트렌치코트를 입지 않았어요! 한 녀석은 야구모자를 뒤로 돌려 썼다니까요.'"

마침내 교장은 리우드로 가서 자녀들을 만났다. 아내와 형, 친한 친구도 거기 와 있었다. 모든 사람들이 눈물을 주르르 흘렸는데 프랭크만은 웬일인지 눈물이 나지 않았다. 항상 다정다감했던 그로서는 이상한 일이었다. 외상후스트레스장애(PTSD)의 첫 징후가 벌써 나타나기 시작한 것이다. 그는 아무런 느낌도 없었다.

"좀비가 된 것 같았어요." 나중에 그가 말했다.

—

존과 캐시 아일랜드는 패트릭이 A 메뉴를 먹는다는 것을 알았다. 하지만 그는 항상 밖에 가지고 가서 먹었다. 그래서 존은 패트릭의 차를 찾아보기로 했다. 아들이 차를 어디에 두는지 알았다. 만약 차가 없다면 아들은 무사한 것이다. 한 보안관보가 경계선에서 그를 막았다. "제발요!" 존은 사정했다. 학교에는 절대 들어가지 않겠다며 사정했다. "그냥 주차장까지만 가면 되는데……" 아무리 사정해도 소용없었다. 근처 지리를 잘 아는 존은 다른 쪽으로 접근했다. 그곳에서도 제지당했다. 어쩔 수 없이 리우드로 돌아왔다.

아이들이 계속 몰려들고 있었다. 강당에는 아이를 찾으려는 부모들이 많았고 부모를 만나지 못한 아이들도 있었다. 존은 울고 있는 아이들에게 다가가 이야기를 나누며 기운을 북돋워주었다.

존과 캐시는 아이가 부모를 만나는 광경을 보며 흐뭇했다. 하지만 그럴 때마다 자신의 아이가 곤경에 처했을 가능성은 그만큼 높아졌다. 누군가의 아이들이 저 구급차에 있었다. 존과 캐시는 부정적인 생각을 하지 않으려고 애썼다. "패트릭이 다쳐서 와 있을 수도 있는 곳은 피해 다녔어요." 캐시가 나중에 말했다. "그 아이는 괜찮으리라고 철석같이 믿었습니다. 이런저런 추측을 하며 진을 빼고 싶지 않았습니다. 그저 아이를 찾기만을 바랐죠."

존은 패트릭의 친구들을 많이 만나봤지만 아무도 그를 보지 못했다고 했다. 대체 누구랑 같이 있는 거지? 왜 아직도 연락이 없을까?

패트릭은 통계학 숙제를 끝내려고 도서관에 갔다. 친구 넷이 그와 함께 있었지만 누구도 그의 집으로 연락하지 못했다. 모두가 총에 맞았기 때문이다.

—

드웨인 퓨질리어 역시 아들의 소식을 듣지 못했다. 미미는 공공도서관을 포기하고 리우드로 갔다. 더 많은 아이들이 그곳에 있었지만 브라이언을 봤다는 친구는 아무도 없었다.

드웨인은 점점 늘어나고 있는 경찰 본부로 갔지만 도움이 되지 않았다. 경찰들도 브라이언을 열심히 찾았지만 아무 소득이 없었다. 그래도 건물 안에 아직 많은 아이들이 무사히 살아 있다는 것을 알았고 여기에 희망을 걸었다. 많은 사람들을 만나보면서 살인자에 대해 그들이 알고 있는 것을 계속해서 수집했다. 그는 모든 위험을 인식하고 있는 몇 안 되는 학부모였다. 두 명이 몇 시간째 식당 밖에 쓰러진 채로 있었다. 드웨인은 그들이 대니 로버와 레이철 스콧이라는 것을 몰랐지만 그들이 꼼짝도 하지 않고 있다는 것은 알았고, 이어 죽었다는 급보를 받았다. 3번 과학실에서 "1명 과다출혈로 사망 위기"라는 팻말이 발견되었다는 소식도 무전으로 들어왔다.

미미는 리우드에서 무대를 지켜보았다. 여기서 죽음과 살인에 대한 말은 금기였다. 그녀는 서명용지를 살펴보고 군중을 훑어보았다. 남편도 15분마다 휴대전화로 연락했는데 그 역시 살인이라는 말은 꺼내지 않았다. 그녀도 묻지 않았다.

—

혼란의 90분 동안, 총잡이들은 교내 여기저기에 동시다발적으로 출몰한 듯했다. 그러더니 곧 잠잠해졌다. 계속해서 돌아다니며 내키는 대로 총을 쏘는 것 같았지만, 이제 총소리는 뜸했고 부상을 당해 절뚝거리며 나오는 사람도 없었다. 부상자들은 모두 병원으로 이송됐다. 한 시간이 지나자 대부분의 사람들이 건물을 빠져나와 치료센터를 거쳐 구급차에 실렸다. 오후 1시에서 2시 빈 사이에 부상자 수는 8명에서 18명 사이를 오르내렸다. 방송국에 따라 조금씩 차이는 있었지만 계속해서 숫자가 늘어났다. 보안관 대변인은 특수기동대가 건물 안에 갇혀 있는 더 많은 아이들을 발견했다고 발표했다. 대부분이 부상을 당한 것으로 보이며 바닥에 쓰러져 있다고 했다.

오후 1시 44분, 경찰이 마침내 누군가를 체포했다. "세 명(학생)을 잡았습니다. 손을 머리 위로 올리게 하고 두 대의 경찰차가 포위하고 있습니다." CNN 기자가 말했다. 경찰은 총구를 들이대고 이들을 붙잡아두었다.

소문은 순식간에 도서관으로 퍼졌다. "그들이 항복했대!" 한 여자가 소리쳤다. "이제 끝났어!"

사람들은 잠시나마 그곳에서 기뻐했다. 진상은 조금씩 서서히 전해졌다.

2시 30분이 되기 직전, 뉴스 헬기에 탄 한 경관이 도서관 안에서 누군가 움직이는 것을 보았다. 그는 폭파된 창문 바로 안쪽에서 피를 뒤집어쓴 채 기묘한 행동을 보였다. 창틀에 몸을 기대고 유리 파편을 하나하나 치우는 게 뛰어내리려는 것 같았다!

경관은 특수기동대에 무전을 쳤다. 루미스 파고 트럭이 속도를 높여 건물로 달렸다.

"조금만 참으렴! 우리가 구하러 가마!"

패트릭 아일랜드는 혼란스러웠다. 누군가가 외치는 소리를 들었지만 모습이 보이지 않았고 어느 방향에서 소리가 나는지도 분명치 않았다. 어지러웠다. 시야가 흐릿한데다 한쪽은 커다란 구멍이 난 것처럼 보이지 않았다. 그는 피가 눈으로 흘러내리고 있는 것을 몰랐다. 자신의 머릿속에서 외치는 소리가 더 중요했다. 나가야 해! 나가야 해!

그러나 바깥에서 들리는 혼란스러운 외침이 자꾸 신경쓰였다. 왜 저렇게 느리게 말하는 거지? 머리통이 물속에 잠기기라도 한 듯 모든 소리가 낮게 웅웅대며 들렸다. 여기가 어디지? 모르겠다. 아무튼 무슨 일이 일어났다, 그것도 끔찍한 일이. 총에 맞았나? 나가야 해! 나가야 해!

몇 시간 전에 패트릭 아일랜드는 친구들과 함께 도서관 테이블 밑에 몸을 숨겼다. 마카이와 댄, 그리고 그가 모르는 여자애 하나가 함께 있었다. 코리와 오스틴은 무슨 일인지 알아보러 나간 뒤 소식이 없었다. 패트릭은 머리를 숙이고 눈을 감았다. 총격이 거의 멎었을 때 마카이가 신음하는 소리가 들렸다. 눈을 떴다. 마카이의 무릎에서 피가 흐르고 있었다. 패트릭은 몸을 숙여 꽉 눌렀다. 딜런이 책상 가장자리 위로 튀어나온 그의 머리를 보고 산탄총을 다시 발사했다. 패트릭은 정신을 잃었다.

총알 파편이 패트릭의 두개골에 박혔다. 게다가 총알을 맞고 떨어져나온 목제 테이블 조각이 두피에 파고들었다. 작은 총알 하나는 관통했다. 물컹물컹한 뇌 사이로 15센티미터 길이의 터널이 생겼다. 왼쪽 헤어라인 바로 위로 들어가 두부 뒤쪽의 중앙 근처에 박혔다. 그 결과 시각 중추의 일부가 파괴되고 언어능력도 거의 다 잃었다. 그는 의식을 되찾았지만 말이 제대로 안 나왔고 해석하는 것도 힘들었다. 그런 기능을 담당하는 신경경로가 잘려나간 것이다. 지각에도 문제가 생겨서 자신이 횡설수설 말하고 있는지 귀에 들어오는 소리가 뒤죽박죽 섞인 것인지 분간하지 못했다. 왼쪽 뇌는 오른쪽 몸을 통제하는데 총알이 바로 그 연결을 잘라버렸다. 그래서 신체 오른쪽을 못 쓰게 되었다. 오른쪽 발에 총알을 맞아 뼈가 부러지고 피가 철철 흘렀는데도 이를 알지 못했다. 오른쪽이 완전히 마비된 것이다.

패트릭은 정신이 오락가락했다. 살인자들이 방을 떠났을 때 그는 아직 의식이 남아 있었다. 모든 아이들이 뒤쪽 출구로 달아났다. 마카이와 댄이 그를 정신 차리게 하려고 했는데 그는 멍하니 쳐다볼 뿐이었다.

"자, 일어나. 나가야지!"

그는 알아듣지 못했다. 아이들이 그를 끌고 가려 했지만 둘 다 다리에 총을 맞았고 패트릭은 몸을 가누지 못했다. 도저히 방법이 없었다. 살인자가 언제 돌아올지 몰랐다. 결국 아이들은 패트릭을 포기하고 도망쳤다.

얼마의 시간이 흐른 뒤, 패트릭은 다시 바닥에서 몸을 일으켰다. 나가야 해! 그는 나가려고 했다. 몸의 한쪽이 말을 안 들었다. 일어서는 것은 고사하고 제대로 기는 것조차 버거웠다. 그는 왼쪽 손을 뻗어 뭔가를 잡은 다음 몸을 앞으로 끌었다. 마비된 쪽이 질질 끌려왔다. 그렇게 조금 앞으로 나가는가 싶더니 기력이 다했다.

패트릭은 이 과정을 반복했다. 얼마나 오래 그랬는지 모른다. 울퉁불퉁한 경로를 따라 핏자국이 났다. 그는 창문에서 고작 테이블 두 개만큼도 떨어져 있지 않은데 방향을 잘못 잡았다. 게다가 시체, 책상 다리, 의자 같은 장애물도 있었다. 힘으로 밀 수 있으면 밀고 안 되면 요령 있게 옆으로 피해야 했다. 그는 빛이 있는 쪽으로 계속 나아갔다. 그렇게 해서 창문까지 간다면 누군가가 그를 볼 터였다. 뛰어내려야 한다면 그럴 참이었다.

창문까지 가는 데 세 시간이 걸렸다. 무너진 창문 옆에 안락의자가 하나 있었다. 쓰러지지 않을 만큼 튼튼했고 혹시나 살인자가 돌아온다면 엄폐물로 사용할 수 있을 것 같았다. 그는 낮은 담에 몸을 기대고 일어선 다음 마지막 힘을 모으기 위해 의자를 잡았다. 거대한 두 유리창 사이에 있는 들보에 몸을 기대고 잠시 쉬었다. 그렇게 힘을 비축한 다음 몸을 돌렸다. 이제 몸을 던지기까지 한 가지 과제가 남았다.

그런데 문제가 생겼다. 창턱이 허리 높이여서 패트릭이 뛰어넘을 수 없었다. 기껏해야 몸을 앞으로 숙이고 앞구르기 하듯 머리가 먼저 보도에 떨어지게 하는 것이었다. 창턱을 넘으려니 배가 눌릴 터였다. 뾰족뾰족했다. 충격으로 유리가 거의 다 날아갔지만 파편이 아직 창틀에 조금 남아 있었다. 패트릭은 한 다리로 일어서서 어깨를 들보에 딱 붙이고 같은 쪽 손으로 조각들을 하나하나 치웠다. 이제 더는 다치고 싶지 않았다.

그때 분명치 않은 목소리가 들렸다.

"거기 그대로 있어! 우리가 구해줄게!"

무장트럭이 창문 아래에 멈춰 섰다. 특수기동대원들이 차에서 나왔다. 근처에 있던 팀이 양쪽에서 이들을 엄호했고 한 그룹은 소방차 뒤에서 총구를 겨냥했다. 저격수들이 건물 옥상 위에 몸을 엎드린 채 조준경에 눈을 붙였다. 구출작전이 격해지면 언제라도 발사할 태세였다.

패트릭은 기다리지 않았다. 자기는 기다렸다고 생각했지만 말이다. 그는 사람들이 이렇게 소리쳤던 것으로 기억했다. "괜찮아, 안전해! 뛰어내려. 우리가 잡아줄게." 구출팀은 다르게 회상했고 비디오를 보면 여전히 우왕좌왕하고 있었다.

패트릭이 앞으로 풀썩 몸을 던졌다. 그의 허리가 창틀에 걸렸고 몸이 반으로 접혀 머리를 아래로 향한 채 공중에 매달렸다. 특수기동대가 미처 준비하기도 전이었지만 겁에 질렸고 말을 알아들을 수도 없었던 것이다. 그는 몸을 뒤틀어 앞으로 나아가려 했지만 발이 이미 바닥에서 떨어져서 추진력이 모자랐다.

특수기동대 경관 한 명이 트럭 옆으로 올라가서 무기를 아래로 던졌다. 또 한 명이 그의 뒤를 바짝 따랐다. 첫번째 경관이 트럭 지붕에 도착했을 때 패트릭은 천장 쪽으로 성한 다리를 차올리고 보도를 향해 팔을 뻗었다. 거의 다 되었다. 이제 한 번만 더 힘을 쓰면 빠져나갈 수 있었다.

경관들이 그에게 달려가 양쪽에서 그의 손을 잡았다. 패트릭이 다리를 다시 수직으로 차올렸고, 그러자 창틀에 끼여 있던 엉덩이가 풀렸다. 경관들이 꽉 잡았는데도 그의 손은 거의 움직이지 않았다. 나머지 몸이 철봉에 매달린 체조 선수처럼 빙그르 돌더니 트럭 옆으로 털썩 내려왔다. 경관들은 그를 꼭 붙잡고 트럭의 후드 쪽으로 내렸다. 패트릭은 여전히 달아나려고 발버둥쳤다. 경관들이 그를 밑에 있는 다른 동료에게 넘길 때에도 그는 다리를 세게 차올리며 땅을 쾅쾅 내리쳤다.

그들이 그를 똑바로 일으켜세우자 그는 앞좌석으로 기어들어가려 했다. 특수기동대는 혼란스러웠다. 뭘 하려는 거지? 그들은 그가 자신의 상태를 이해하고 있는 줄 알았지만 실은 그렇지 않았다. 그는 그곳을 빠져나가려 했다. 여기 트럭이 있어, 이곳에서 나가자.

경관들은 패트릭을 부상자 치료센터에 데려갔고 즉시 구급차에 실었다. 세인트앤서니 종합병원으로 가는 길에 의료대원들이 패트릭의 피 묻은 옷을 잘라냈다. 속옷만 남겼다. 수상스키 장식물이 달린 금목걸이를 벗겼다. 그의 지갑에 6달러가 들어 있었다. 신발은 보이지 않았다. 왼쪽 이마와 오른발에서 총상을 확인했고 그 외에도 머리에 자잘한 상처가 많았다. 팔꿈치는 찢어져 있었다. 의료대원들은 패트릭의 정신 상태를 확인하면서 그를 깨어 있게 하려고 노력했다. 여기가 어딘지 알겠어? 이름은? 생일은 언제야? 패트릭은 이런 질문에 제대로 답할 수 있었다. 애를 써가며 천천히. 정말 쉬운 단어였지만 단어로 만들어 발음하는 것이 어려웠다. 뇌조직은 대부분 말짱했다. 각 부분은 원활히 기능했지만 연결회로가 엉망이었다. 패트릭의 뇌는 새로운 기억 형성을 제대로 못했다. 자신이 총에 맞았고 긴 총을 든 검은 옷의 남자가 총을 쐈다는 것을 알았다. 사실이었다. 하지만 살인자가 얼굴에 가면을 썼다는 설명은 사실이 아니었다. 그는 자기가 병원 응급실에서 총에 맞았다고 주장했다.

말하기가 특히 문제였다. 한쪽 입만 겨우 움직였고 뇌에서 정보를 제대로 불러오지 못했다. 가끔 입이 딱 들러붙었다. 그는 전화번호 열 자리를 모두 댔지만 자기 이름은 도저히 발음할 수 없었다. 패애애애애……패애애애애…… 두번째 음절을 말하지 못했다. 무의미한 음을 질질 끌다가 갑자기 두번째 음절을 뱉어냈다. 맑고 분명하게 릭이라고 했다. 좋아, 릭 아일랜드란 말이지. 이 때문에 나중에 상당한 혼란이 벌어졌다.

—

패트릭이 구조되기 직전에 클린턴 대통령이 대국민담화를 했다. 그는 모든 미국인들에게 콜럼바인 학교의 학생과 교사를 위해 기도해달라고 했다. CNN이 백악관 장면에서 화면을 전환하자마자 한 앵커가 패트릭을 발견했다. "저기 봐요! 창가에 피를 흘리는 학생이 보이네요!" 흥분한 그녀의 목소리가 떨렸다.

이 광경이 생방송으로 나갔다. 패트릭의 여동생 매기가 이를 보았다. 하지만 그가 피를 너무 많이 흘려서 매기는 오빠를 알아보지 못했다.

시청자들은 방송을 보고 경악했지만 집결지에서는 큰 반향을 일으키지 못했다. 한 아이가 창문에서 떨어졌다는 뉴스를 존과 캐시를 비롯한 대부분의 학부모들이 몰랐다. 캐시가 한 이웃에게 자기 집에 가서 자동응답기를 확인해달라고 부탁하지 않았다면, 이들 부부는 아마 몇 시간이고 계속 찾아다녔을지도 모른다. 그 이웃은 이들의 집에서 패트릭을 찾는 캐시의 끝없는 메시지에 더해, 세인트앤서니 병원에서 방금 온 메시지를 확인했다. 당신 아들이 여기 있어요, 연락 주세요.

내 아들이 살아 있어! 그가 다쳤어! 캐시는 혼란스러웠다. "무서웠어요." 캐시가 회상했다. "하지만 뭔가 할 일이 생기자 마음이 놓이더군요."

간호사와 통화를 하고 나자 캐시는 기분이 한결 나아졌다. 패트릭은 머리에 부상을 입었지만 그래도 정신을 잃지 않고 주위를 경계하며 자기 이름과 전화번호를 댔다고 했다. 잘됐어. 그냥 찰과상이구나. 캐시는 생각했다. "난 그저 두피가 살짝 긁힌 부상이라고만 철석같이 믿었어요." 그녀가 나중에 말했다. "말을 할 수 있다고 했으니까 겉만 다친 줄 알았죠."

하지만 존은 심하게 걱정되어 마음을 놓지 못했다. "머리에 총상을 입었다면 괜찮을 리가 없다고 생각했어요."

두 사람은 차를 타고 병원으로 향했다. 존은 컴퓨터 프로그래머였고 방향감각이 탁월하다고 자부했다. 그런데 이날은 너무 당황한 나머지 병원을 찾지 못했다. 그는 세인트앤서니에 어떻게 가야 하는지 정확히 알고 있었다고 했다. "워즈워스를 달리고 있었는데 대체 거기가 어디인지 기억이 안 나는 겁니다!"

그들은 나란히 앉아 둘 다 같은 생각을 하고 있으려니 했다. 그런데 회상해보니 지금과 완전히 다른 심리 상태로 세인트앤서니에 갔을 때가 7년 전이었다.

존은 죄의식에 괴로워했다. "아이를 지켜줬어야 했는데 그러지 못해 괴롭습니다." 존은 자기가 어떻게 할 수 있는 일이 아니었음을 알지만 수년 동안 그 생각을 떨칠 수 없었다.

캐시는 현재의 일에 집중했다. 이제 패트릭을 어떻게 도와야 할까? 하지만 뭐가 잘못되었는지 정확히 아는 사람이 아무도 없었다. 병원 직원들이 계속 와서 상태를 확인하고 수술에 관해 이야기해주었고 예상되는 결과를 논의했다. 죽은 뇌세포는 살아나지 않지만 가끔 뇌가 이를 우회해서 작동하는 경우가 있다고 했다. 뇌가 이렇게 우회하는 신경경로를 어떻게 만드는지 정확히 이해하는 사람이 없으므로 이를 도울 수 있는 방안을 마련하지 못했다.

뇌에 총을 맞았을 때 일어나는 손상은 두 가지로 볼 수 있다. 먼저 뇌조직이 찢겨나가는 경우인데 이는 절대 회복되지 않는다. 그래서 눈이 멀거나 논리력이 손상된다. 두번째 손상은 어쩌면 이보다 더 나쁠 수도 있다. 뇌에는 피가 꽉 들어차 있는데, 총알이 뇌혈관을 파괴하면 피가 흘러내린다. 혈액이 고이면 산소가 고갈되고 신선한 혈액 공급이 차단된다. 뇌조직에 영양분을 공급하는 기능을 하는 바로 그 세포 때문에 뇌조직이 질식하는 것이다. 의사들이 걱정한 것은 패트릭이 도서관 바닥에 쓰러져 있었을 때 그의 뇌가 스스로의 혈액에 잠겼을 가능성이었다.

패트릭 아일랜드는 뇌손상을 입었다. 그건 분명한 사실이었다. 그의 증후로 보아 여러 가지 손상이 일어난 게 분명했다. 문제는 그 기능들이 회복될 수 있는지 여부였다.

원래 한 시간으로 예정된 수술이 세 시간을 넘겼다. 오후 7시가 넘어서야 의사가 수술실에서 나와 존과 캐시에게 결과를 보고했다. 두피에 박힌 총탄 파편은 다 제거했다고 했다. 하지만 아주 작은 총알

하나가 패트릭의 두개골에 너무 깊이 박혀 있어서 빼내지 못했다. 어쩌면 평생 머릿속에 남을 수도 있었다. 손상이 얼마나 심각한지 말하기 어려웠지만 잔뜩 부어오른 것으로 보아 예감이 좋지는 않았다.

—

한 팀이 패트릭 아일랜드를 구출하고 있을 때 또다른 팀이 합창연습실에 들어갔다. 소문대로 60명의 학생들이 바리케이드를 치고 숨어 있었다. 몇 분 뒤 60명이 넘는 학생들이 과학실에서 발견되었다. 특수기동대는 이들을 이끌고 복도를 거쳐 계단을 내려와 학생식당을 가로질렀다.

2시 47분, 그러니까 공격이 시작된 지 세 시간 반이 지났을 때, 이들 가운데 첫번째 무리가 식당 문 밖으로 뛰쳐나갔다. 뉴스 헬기가 즉시 이들을 포착했다. 앵커와 텔레비전 시청자들은 당혹스러웠다. 이 아이들이 대체 어디서 나온 거지?

더 많은 무리가 뒤를 이었다. 손을 머리 뒤에 대고 팔꿈치를 벌린 채 빠르게 언덕 중턱을 내려가는 아이들이 계속해서 이어졌다. 수십 명의 아이들은 무리를 지어 똑같은 길을 따라 학교를 벗어나 경찰차와 구급차로 둘러싸인 창문 없는 모퉁이로 갔다. 거기서 몇 분 동안 서로를 부둥켜안고 울며 대기했다. 경관들은 그들을 토닥이고 안아주었다. 마침내 경찰이 네다섯 명씩 묶어 순찰차에 태워 몇 블록 남쪽에 있는 부상자 치료센터로 데려갔다. 가는 길에 두 구의 시신을 지나야 했으므로 한 경관이 레이철을 보이지 않게 멀리 치웠다.

특수기동대는 과학실구역에서 아이들을 무사히 탈출시킬 때 3번

과학실에도 갔다. "1명 과다출혈로 사망 위기"라고 적힌 보드가 아직
도 창문에 걸려 있었다. 카펫은 온통 피범벅이었다. 교사는 겨우 목
숨이 붙어 있었다.

17

보안관

 콜럼바인 사태는 인질극이 아니었다. 에릭과 딜런은 어떤 요구조건도 내걸 생각이 없었다. 특수기동대가 세 시간 넘게 건물을 수색했는데 이들은 그 시간 내내 사망한 채였다. 12시 8분에 도서관에서 스스로 목숨을 끊었다. 공격 개시 49분 만의 일이다. 살인과 공포는 현실이었지만 대치 상태는 사람들이 만들어낸 상상이었다.
 특수기동대는 3시 15분경에야 어떻게 된 상황인지 파악했다. 도서관을 들여다보았더니 바닥에 여러 명이 쓰러져 있었다. 움직이는 기색이 전혀 보이지 않았다. 그들은 입구를 치우고 들어갈 준비를 했다. 구급대원 트로이 래먼이 옆에 있었다. 특수기동대는 래먼에게 조심하라고 경고했다. "가급적 아무것도 건드리지 말아요. 폭발물이 터질 수 있으니까. 특히 배낭은 절대 손대지 말아요."
 도서관은 끔찍했다. 살육의 난장판이었다. 가구는 피범벅이었고 카펫에도 피가 잔뜩 스며들어 커다란 웅덩이를 이루었다. 테이블 위는 의외로 어지럽지 않았다. 펼쳐진 책들과 풀다 만 미적분 문제집이 보였고 작성하다 만 대학 입학원서도 있었다. 연필을 쥔 채로 죽어 있는 남자애가 보였다. 바닥에 쓰러진 또 한 명의 옆에서는 컴퓨터가 아직도 작동하고 있었다.

래먼은 아직 숨이 붙어 있는 학생이 있는지 확인하는 임무를 맡았다. 생명의 기미가 보이지 않았다. 대부분의 아이들은 죽은 지 거의 네 시간이 지났다. 그냥 봐도 알 수 있었다. "아직 살아 있는지 확인하려고 얼굴을 들여다볼 용기가 나지 않으면 슬쩍 만져봤어요." 래먼이 말했다. 12명이 싸늘했다. 한 명은 그렇지 않았다. 한 여자애를 만지자 온기가 느껴져서 몸을 뒤집고 얼굴을 들여다보았다. 눈을 뜬 채 눈물을 흘리고 있었다.

리사 크로이츠는 즉시 덴버 헬스 메디컬센터로 후송되었다. 총상으로 왼쪽 어깨가 부러졌다. 한쪽 손과 양팔도 다쳤다. 다량의 피를 흘렸는데 용케도 살아남았다.

대부분의 시신은 테이블 밑에서 발견되었다. 몸을 숨기려고 그곳에 웅크리고 있었던 모양이다. 두 구의 시신은 달랐다. 훤히 트인 바닥에 누워 있었고 옆에 무기가 보였다. 자살이 분명했다. 특수기동대는 에릭과 딜런의 인상착의를 파악하고 있었다. 딱 맞아떨어졌다. 상황 종료였다.

경관들은 도서관 뒤에 딸린 안쪽 방에 네 명의 여자가 숨어 있는 것을 발견했다. 911에 신고전화를 한 미술 교사 패티 닐슨은 휴게실의 찬장으로 기어들어가 숨었다. 세 시간을 그렇게 쭈그리고 앉아 있느라 무릎이 쿡쿡 쑤셨고, 위험이 지나갔다는 것도 몰랐다. 다른 세 교직원은 더 뒤쪽에 숨어 있었다. 경관이 그들에게 자기 어깨에 손을 얹고 헬멧에 시선을 둔 채 한 사람씩 따라오라고 했다. 끔찍스러운 광경을 가급적 보지 않도록 하기 위해서였다.

상황이 끝난 지 얼마나 오래되었을까? 아무도 몰랐다. 화재경보기가 요란하게 울렸으므로 이들은 살인자들이 자살하는 소리를 듣지 못했다.

형사들이 조각들을 짜맞춘 끝에, 공격이 얼마나 오래 지속되었는지, 에릭과 딜런이 언제 죽었는지 밝혀냈다. 그 결과는 사람들의 생각과 완전히 달랐다. 공격을 개시한 지 17분 후쯤 뭔가 묘한 일이 일어났다.

—

조사팀의 행보는 훨씬 빨랐다. 형사들은 공원과 도서관, 리우드 초등학교, 근처 지역사회를 샅샅이 뒤졌다. 수백 명의 학생과 교사를 만나 탐문수사를 벌였다. 찾을 수 있는 사람은 다 만났다. 생존자들이 계속해서 몰려와 경관의 수보다 많아지자 30초 내지 60초 동안 간략한 인터뷰를 진행했다. 이름이 뭐야? 어디 있었어? 무엇을 보았어? 살인자의 친구들과 유혈현장에 있었던 목격자들의 신분이 신속하게 확인되었고, 인터뷰가 더 필요하다 싶으면 다른 형사를 불렀다.

수석조사관 케이트 배틴은 몇몇 인터뷰를 직접 맡았고 나머지는 브리핑을 받았다. 배틴은 모든 세부사항을 정확하게 파악하는 데 초점을 맞추었고, 나중에 계속 문제가 될 수 있는 뼈아픈 실수는 피하려고 했다. "모두가 O. J. 심슨 사건(1994년 미식축구선수 O. J. 심슨의 전처 니콜 심슨과 애인이 살해된 사건—옮긴이)과 존베넷 램지 사건 (1996년 '리틀 미스 콜로라도'로 뽑힌 여섯 살 여자아이가 성추행당하고 살해된 사건. O. J. 심슨 사건과 이 사건 모두 미국 사회에 엄청난 파장을 일으켰지만 범인은 잡히지 않았다—옮긴이)에서 많은 것을 배웠습니다." 그녀가 나중에 말했다. "이런 상황이 또다시 반복되는 것은 원치 않았어요."

그녀의 팀은 제퍼슨 카운티의 컴퓨터 파일을 잠깐 검색해서 놀라운 것을 찾아냈다. 총격자들이 이미 데이터베이스에 올라 있었던 것이다. 에릭과 딜런은 3학년 때 체포된 적이 있었다. 밴에 무단침입해서 전자장비를 훔치다가 붙잡혔다. 결국 12개월짜리 청소년 교화 프로그램에 참가해서 지역사회 봉사활동을 하고 상담을 받았다. 두 아이는 학살극을 벌이기 정확히 석 달 전에 좋은 평가를 받으며 프로그램을 마쳤다.

더욱 놀라운 것은 13개월 전에 총격자들의 친구 브룩스 브라운의 부모인 랜디와 주디 브라운이 두 아이에 대한 민원을 접수한 사실이었다. 에릭이 브룩스에게 살인 협박을 가했다는 것이다. 그의 웹사이트에서 인쇄해둔 살인 협박문 열 쪽이 서류로 남아 있었다. 결국 배턴의 부서의 누군가는 이 아이들을 알고 있었다.

이런 정보를 수집한 배턴은, 에릭과 딜런의 집에 대한 수색영장 신청서를 행간 없이 장장 여섯 쪽에 걸쳐 작성했다. 그녀는 전화로 내용을 불러주었다. 카운티 행정중심지 골든에서 영장서류를 만들어 판사의 서명을 받았고, 이어 살인자들의 집으로 담당자들을 보냈다. 첫 번째 총격이 발생한 지 네 시간 만의 일이었다. 이 모든 게 특수기동대가 도서관에 도착해서 공격이 끝났음을 확인하기 전에 이루어졌다.

영장에는 해리스와 클레볼드가 사건을 일으킨 살인자라고 확인해준 목격자 일곱 명의 이름이 들어 있었다.

—

퓨질리어는 3시 20분에 시신을 발견했다는 소식을 무선으로 전해 들었다. 아들 브라이언이 무사하다는 소식을 막 들은 터였다. 대량살인사건을 조사하려면 대규모 인력이 필요했다. "어떻게 도와줄까요?" 퓨질리어가 제퍼슨 카운티 지휘관에게 물었다. "연방요원이 필요해요?" 당연하죠, 그들이 말했다. 카운티에는 형사가 부족해서 이런 사건을 도저히 감당하지 못했다. 한 시간 뒤에 18명의 증거 전문가들이 도착하기 시작했다. 이어 12명의 특별요원이 여섯 명의 보조인력을 데리고 왔다.

오후 4시, 제퍼슨 카운티는 사망자 소식을 공식 발표했다. 수석대변인 스티브 데이비스가 스톤 보안관과 함께 클레멘트 공원에서 기자회견을 열었다. 두 사람은 오후 내내 기자들을 상대로 브리핑했다. 대부분의 언론매체가 이들을 전혀 몰랐지만, 금세 이들에 대한 평판이 형성되었다. 스톤 보안관은 고지식했다. 목소리는 걸걸했고 정통 서부식 기질을 지닌 사람이었다. 애매하게 발뺌하지 않고 허세 부리지 않고 헛소리하지 않았다. 옆에 앉은 말쑥한 대변인과는 완전히 대조적이었다. 스티브 데이비스는 떠도는 소문에 대한 경고를 반복하면서 기자회견을 시작했다. 무엇보다 두 가지에 신중해달라고 강조했다. 그것은 사상자 숫자와 용의자의 신분이었다.

데이비스는 질문을 받겠다고 했다. 기자가 첫번째 질문을 대변인에게 했는데 스톤 보안관이 데이비스를 무시하고 앞으로 나섰다. 그는 기자회견 내내 마이크를 거의 독점하다시피 했다. 나중에 드러난 증거를 보면, 많은 사항에 대해 거의 혹은 전혀 정보가 없었는데도 그는 거의 모든 질문에 직접 대답했다. 즉흥적으로 이리저리 둘러댔다. 사망자 수를 거의 두 배로 불렀다. "25명 정도 된다고 들었습니다." 그는 살인자가 확실히 죽었다고 말했다. 한편 제3의 총격자에 대한 오해도 부추겼다. "세 명이던가요. 두 명〔용의자〕은 도서관에서 죽은 채 발견되었습니다."

"그럼, 제3의 인물은 어디에 있습니까?"

"제3의 인물이 있는지 없는지, 얼마나 더 많은지는 아직 모릅니다. 특수기동대가 지금 그곳에서 작전을 수행하고 있습니다."

스톤은 잘못된 사망자 수를 몇 번이고 반복했고 이런 부정확한 정보가 그대로 전 세계 뉴스에 보도되었다. 다음날 아침 신문들은 일제히 '콜로라도에서 25명 사망'을 머리기사로 내걸었다.

스톤은 공원에 지금 세 아이가 억류되어 있는데 살인자와 "한패거나 친한 친구"로 보인다고 말했다. 잘못 알고 있었다. 이들은 살인자들을 만난 적도 없었고 금방 풀려났다.

그는 악명 높은 비난을 시작한 장본인이기도 했다. "부모들이 대체 무슨 일을 하기에 아이들이 자동화기를 갖고 놀도록 그냥 내버려뒀을까요?"

기자들은 자동화기에 대한 소문이 사실로 확인되자 경악했다. 후속 질문들을 쏟아냈다. "무기에 대해서는 잘 모릅니다." 스톤이 인정했다. "다만 대량 사상자를 볼 때 자동화기가 있지 않았을까 추측하고 있습니다."

한 기자가 살해 동기에 대해 질문했다. "미친 거죠." 스톤이 말했다. 또다시 잘못 짚었다.

—

많은 아이들이 친구들과 함께 학교를 빠져나갔다. 학교 관계자들은 아이들을 데리고 클레멘트 공원을 가로질러 스쿨버스에 태웠고, 버스는 경찰 바리케이드를 지나 리우드까지 이들을 데려갔다. 버스는 기자회견장 바로 옆에 섰다.

아이들은 취재 나온 사람들 쪽으로 터벅터벅 걸어갔다. 조용히 흐느끼는 사람이 많았고 괴로워하는 학생들을 위로하려고 손을 잡거나 팔로 어깨를 안아주는 사람도 있었다. 대부분의 아이들은 그냥 멍하니 땅만 내려다보았다. 기자들은 떠났다. 인터뷰할 상황이 아니라고 판단한 것이다.

하지만 아이들은 말하고 싶어 안달이었다. 교사들이 나서서 조용히 하라고 당부했지만, 아이들은 말을 듣지 않았다. 버스 창문이 열리기 시작하자 머리를 내밀고 자기가 겪었던 일을 이야기했다. 아이들이 버스에서 우르르 내렸다.

교사들은 아이들을 달래려고 애썼다. 소용없었다. 강인해 보이는 한 4학년생 아이는 합창연습실에서 겪었던 끔찍한 공포를 허세와 낭만을 섞어가며 묘사했다. 하지만 기자가 그때 심정이 어땠는지 묻자 목소리가 갈라졌다. "끔찍했죠. 맨바닥에 두 아이가 쓰러져 있었어요. 그냥, 나도 모르게 울음이 나왔어요. 몇 년 동안 울어본 적이 없었는데. 그냥, 모르겠어요. 뭘 해야 할지."

—

모든 관심이 학생들에게 쏠렸다. 이들이 부모와 재회하는 장면이 계속해서 텔레비전으로 나갔다. 한편 다른 곳에서도 조용히 위기를 헤쳐가는 사람들이 있었다. 콜럼바인에는 100명이 넘는 교사가 일했고 수십 명의 교직원이 있었다. 이들의 가족 150여 명도 남편과 아내와 부모를 걱정했다. 이들에게는 집결지가 없어서 대부분 집에 틀어박혀 전화를 기다렸다. 린다 루 샌더스도 집에서 혹시나 걸려올 연락을 기다렸다.

그녀는 가족과 함께 어머니의 70세 생일을 축하했고 이어 기분 전환을 하려고 로키 산맥 쪽으로 드라이브를 나갔다. 그때 린다의 시동생이 누이 멜로디에게 전화를 했다.

"데이브가 가르치는 학교가 어디지?"

"콜럼바인."

"빨리 여기로 와보는 게 좋겠어."

모두가 린다의 집에 모였다. 안 좋은 소식은 아직 없었다. 성인은 한 명만 부상당한 것으로 보도되었고 과학 선생이라고 했으니 데이브는 아니었다. 그렇다면 왜 아직 연락이 없는 거지?

보도는 거의 정확했다. 아직 성인 한 명만 총에 맞았고, 데이브는 그 시간에 피를 계속 흘리고 있었다. 다들 그날 오후에 총격이 도처에서 벌어졌다고 생각했다. 하지만 실은 도서관과 서쪽 외부계단에서 거의 모든 총격이 일어났다. 교사들은 시험에 대비하거나 야외에서 점심을 즐기려고 바깥으로 나가 산책하지 않았다. 만약 폭탄이 예정대로 터졌더라면 교직원 휴게실에 있던 직원의 4분의 1이 날아갔을 것이다. 우발적인 행운 덕분에 목숨을 건졌다. 한 명만 빼고 말이다.

데이브는 3번 과학실에서 몇 시간째 견디고 있었다. 이어 아이들과 교사들이 무사히 대피했는데 그도 무사히 나갔는지는 아무도 알지 못했다. 그 방에서 어떤 일이 있었는지 그의 가족이 완전히 이해하기까지는 며칠이 걸렸다. 그리고 그가 왜 세 시간 넘게 그곳에 누워 있었는지, 누구 때문인지 밝혀지기까지는 수년이 걸려야 했다.

데이브의 가족이 아는 것이라고는 그와 연락이 닿지 않는다는 사실이 전부였다. 아마 건물 안에 갇힌 모양이라고 생각했다. 예감이 좋지 않았다. 린다는 그가 인질이 아니기를 바랐다. 그가 숨어 있다고 생각했다. 그러면 안전할 터였다. 그는 일부러 위험을 감수하는 사람이 아니니 말이다.

가족은 텔레비전을 지켜보며 교대로 전화를 받았다. 끊임없이 전화벨이 울렸지만 데이브는 아니었다. 린다는 그의 직장 전화번호로 계속 연락했는데 아무도 받지 않았다.

린다는 체격이 건장한 40대 후반의 여자였지만 마음은 여렸다. 따뜻하면서도 모호한 미소를 지었지만, 험한 말을 듣거나 위협을 당하면 금세 무너져내릴 것 같았다. 데이브는 그런 그녀를 보호하고 싶어했다. 그가 없자 이제 그녀의 딸과 여동생이 그녀를 보호하고자 나섰다. 가족들이 대신 전화를 받기로 했다. 오후가 중반으로 넘어가자 린다는 자신이 직접 전화를 받아야겠다고 고집했다. "여자였어요." 그녀가 나중에 말했다. "덴버포스트라면서 남편이 총에 맞았다고 하더군요. 내가 무슨 말을 하겠어요? 그냥 소리치고 전화기를 집어던졌죠. 그 이후로 어떻게 되었는지 생각이 안 나네요."

─

로빈 앤더슨은 두려웠다. 댄스파티에 같이 갔던 파트너가 대량학살범이었다. 자신이 그를 무장시킨 셈이었다.

그녀가 알기로 총기 거래에 대해 아는 사람은 세 명뿐이었다. 그리고 그중 둘은 죽었다. 그들이 다른 사람에게 말했을까? 총기도 추적이 될까? 그녀는 어떤 서류에도 서명하지 않았다. 경찰이 알까? 계속 입을 다물고 있어야 하나?

경찰은 아직 몰랐다. 로빈은 클레멘트 공원에서 보고할 때 아주 태연하게 행동했다. 형사에게 자기가 어디 있었고 무엇을 보았는지 말했다. 사실을 말했지만 다 말하지는 않았다. 누가 총을 쏘았는지 확실히 알지 못했으므로 그들을 안다는 사실을 밝히지 않았다. 총도 당연히 언급하지 않았다. 언급해야 했을까? 그녀는 죄의식에 사로잡혔다.

로빈은 그날 오후 잭 헤클러한테 전화했다. 그녀는 무기에 대해 입을 꾹 다물었다. 그는 그러지 않았다. 다행히도 총에 대해서는 전혀 모르고 있었지만, 아이들이 파이프폭탄을 만들고 있었다고 그는 말했다. 폭탄? 정말로? 로빈은 깜짝 놀랐다. 그럼, 정말이지, 잭이 말했다. 그는 전혀 놀라지 않았다. 잭은 로빈처럼 딜런을 순수하게 보지 않았다. 녀석들이 복도를 뛰어다니며 사람들을 죽이면서 낄낄거렸나 보군, 그가 말했다.

잭은 자신이 에릭과 딜런을 도와 파이프폭탄을 함께 만들었다는 것을 로빈에게 말하지 않았다. 그녀는 궁금했다. 그가 정말로 그랬다고? 잭도 이 일에 휘말린 것일까? 나보다 더?

잭 역시 두려웠다. 그들은 살인자들과 누구보다도 가까운 사이였다. 잭은 정보를 자진해서 경찰에게 털어놓지 않았다. 인터뷰에서도 파이프폭탄에 대해서는 언급하지 않았다.

크리스 모리스는 그와 반대로 자기 친구들이 관련되었을지도 모른다는 의심이 들자마자, 사건 발생 한 시간 안에 경찰에 곧장 신고했다. 경찰이 클레멘트 공원에서 수갑을 채운 그를 데려가는 장면이 전국에 방영되었다. 그는 경찰서에 가서 계속 진술했다. 에릭이 나치를 좋아했고 운동선수들에 대해 비아냥댔고, 최근에는 오싹한 제안을 했다는 말도 털어놓았다. 학교 건물의 전기를 끊고 나사가 박힌 PVC 폭탄을 출구에 설치하자고 했다는 것이다.

크리스의 말이 사실이라면 살인자들은 자신의 계획에 대한 정보를 여기저기 흘리고 다녔다는 말이 된다. 젊은 공격자들의 전형적인 특징이다. 에릭과 딜런이 크리스에게 비밀을 말했다면 다른 아이들에게도 귀띔했을 가능성이 많았다.

크리스의 아버지는 출석을 통보받았다. 그는 변호사를 불렀다. 오후 7시 43분, 세 사람이 형사들과 정식 인터뷰 자리를 가졌다. 크리스와 아버지는 자신들의 권리를 포기하겠다는 각서에 서명했다. 크리스는 경찰에 무척 협조적이었다. 살인자들이 폭발물에 집착했다고 했고 온갖 얘기들을 자세히 다 털어놓았다. 언젠가 딜런이 일터에 파이프폭탄을 가져와 터뜨리려고 했는데 크리스가 당장 갖고 나가라고 했다. 그는 녀석들이 이미 총을 입수했다는 사실도 알았다. 에릭과 딜런이 무기를 구하러 다닌다는 소문이 몇 달 전부터 블랙잭 주위에 공공연하게 나돌았다. 그들이 크리스에게 직접 말한 적은 없었지만 여러 사람으로부터 들어서 알고 있었다.

크리스는 그들이 누구를 통해 무기를 구했는지 대충 짐작이 갔다. 필 듀런이었다. 듀런은 예전에 블랙잭에서 일했던 친구로 기술직 일자리를 얻어 시카고로 갔다. 떠나기 전에 듀런이 크리스에게 말하기를 에릭과 딜런과 함께 사냥을 갔다왔다고 했다. 볼링핀과 AK-47 소총에 관한 얘기도 했던 것 같다. 듀런은 자기가 총을 샀다는 말을 하지 않았지만 크리스의 짐작으로는 그가 분명했다.

크리스는 정말 많은 것을 알고 있는 듯했다. 그는 이런 일들을 전혀 심각하게 생각하지 않았다고 맹세했다. 형사들의 요구에 따라 입고 있는 옷을 뒤집어 보였고 자기 방을 수색하도록 허락했다. 모두 그의 집에서 다시 만나기로 했다. 크리스의 엄마가 정문에서 경찰을 맞아 그의 컴퓨터를 넘겨주며 위층으로 안내했다. 이어 그의 형이 크리스의 옷을 종이가방에 담아 가져왔다. 그는 크리스가 두려워서 집에 오지 않았다고 했다. 취재진들이 이미 거리에 진을 치고 있었다.

경찰은 결정적인 가치가 있는 것을 찾지 못했지만 자료들을 대거 모았다. 그들은 11시 15분에 그곳을 떠났다.

—

로빈은 옆에 누가 있어주기를 바랐다. 혼자서는 스트레스를 도저히 감당하지 못했다. 그래서 가장 친한 친구 켈리가 화요일 저녁 7시 반에 왔다. 두 아이는 로빈의 방으로 갔다. 켈리도 녀석들을 잘 알았고 특히 딜런과 친했다. 댄스파티에서 함께 어울려 논 친구였다. 그런 켈리가 모르는 게 하나 있었다. 로빈이 말해주었다. 내가 지난 11월에 에릭과 딜런에게 호의를 베풀어줬다는 얘기 기억나? 켈리는 기억했다. 일급비밀이라고 했었다. 로빈은 자기가 녀석들에게 대단한 호의를 베풀었다고 계속 말했지만 구체적으로 무엇인지는 밝히지 않았었다. 이제 말해야 했다. 그것은 총기전시회였다. 덴버에서 열린 태너 총기전시회. 그녀의 기억이 맞다면 에릭과 딜런이 연락한 것은 어느 일요일이었다. 토요일에 전시회에 갔다가 끝내주는 산탄총을 보았다고 했다. 하지만 신분증이 없어서 제지당했다. 미성년자였던 것이다. 열여덟 살 아이가 함께 있으면 들어갈 수 있었다. 로빈은 열여덟 살이었다. 그녀는 딜런을 정말 좋아했다. 그래서 같이 갔다.

돈은 그들이 냈다. 로빈은 어떤 서류에도 서명하지 않았다. 하지만 세 자루의 총을 구입한 사람은 그녀였다. 각자 하나씩 산탄총을 챙겼다. 하나는 펌프식이었다. 에릭은 라이플에도 관심을 보였다. 거대한 서바이벌 게임용 총처럼 생긴 반자동소총이었다. 로빈은 죄의식을 느꼈어요, 켈리가 회상했다. 하지만 이런 일을 누가 상상이나 했을까요?

로빈은 켈리에게 모든 것을 다 털어놓지는 않았다. 굵직한 비밀을 다 말했지만 하나는 보류했다. 그녀는 그날 밤 텔레비전으로 소식을 들을 때까지 살인자가 에릭과 딜런이라는 것을 몰랐다고 했다. 켈리는 그 말을 믿지 않았다. 머리가 좋은 로빈이라면 상황을 충분히 파악할 수 있었다. 트렌치코트라는 말을 들었을 때 로빈은 분명히 알고 있었을 것이다.

—

클레볼드 부부는 오후와 저녁 내내 현관 앞에 있었다. 계속 기다렸다. 더이상 집안에 들어갈 수 없는 처지였다. 오후 8시 10분, 보안관보가 지시사항을 갖고 집에 왔다. 이들의 집은 이제 범죄현장이 되었다. 그래서 그곳을 나가야 했다. 톰과 수 클레볼드는 친구들에게 허리케인을 맞은 기분이라고 말했다. 이 지역에서는 허리케인을 볼 수 없는데도 말이다.

"우리는 살려고 달아났어요." 수가 나중에 말했다. "무슨 일이 일어났는지도 몰랐어요. 우리 아이를 위해 슬퍼할 수 없었죠."

경관들이 톰을 안으로 데려가서는 며칠 동안 입을 옷가지를 챙기게 했다. 이어 수가 들어가서 애완동물을 꺼내왔다. 고양이 두 마리와 새 두 마리, 그리고 모이 담는 접시와 배변통들을 가지고 나왔다. 오후 9시에 이들은 떠났다.

그날 밤 이들은 변호사와 이야기를 나누었다. 그는 정신이 번쩍 드는 말을 했다. "딜런이 이제 여기 없으니 사람들은 당신들을 증오할 겁니다."

18

마지막 버스

버스들이 거듭 리우드 초등학교에 도착했고 그럴 때마다 한쪽에서는 기쁨이 다른 쪽에서는 실망이 일었다. 자기 아이가 버스에서 내리면 다행인 반면, 그렇지 않은 부모에게는 아이가 돌아올 가능성이 그만큼 멀어졌다. "아이를 찾아서 이름을 외치는 부모를 보니 어찌나 부럽던지요." 도린 톰린이 회상했다. 그녀는 점차 기운이 빠졌다. 남편은 희망을 잃지 않았지만 그녀의 믿음은 바닥을 드러냈다. 버스가 도착할 때마다 자리에 앉은 채 스스로를 조용히 다그쳤다. "혼자 이렇게 생각했어요. 왜 일어나서 둘러보지 않는 거야? 다른 부모들은 무대 근처를 떠나지 않는데 넌 그냥 여기 앉아 있겠다고?"

브라이언 로버는 그보다 일찍 희망을 접었다. 오후 2시, 많은 부모들이 여전히 희망에 차 있을 때 브라이언은 대니의 운명을 받아들였다. "대니가 죽었다는 것을 알았어요. 하느님이 내게 말하고 나를 준비시킨다고 생각했어요. 내 생각이 틀렸으면 얼마나 좋았을까요. 우리는 아이들을 신고 오는 버스를 기다렸지만 내 아이가 거기 타고 있지 않다는 것을 알았어요. 수에게도 그랬어요. '당신도 대니가 죽었다는 것을 알잖아.'"

하지만 그의 전부인은 희망을 잃지 않았다. 공공도서관에 있는 미스티 버넬도 마찬가지였다. 그녀는 아들 크리스를 찾았지만 캐시는 여전히 찾지 못했다. 그애는 살아 있어! 미스티는 스스로에게 다짐하듯 말했다. 어느 것도 미스티의 확고한 고집을 꺾지 못했다.

"캐시의 엄마는 거의 2분마다 내게 와서는 캐시를 보았느냐고 물었어요." 그녀의 친구가 말했다. "그래서 아직 파악되지 않은 아이들이 많이 있을 거라고 말했죠." 미스티가 듣고 싶어한 말은 그게 아니었다.

기도가 도움이 되었다. "하느님, 제발 제 딸을 돌려보내주세요. 아이가 지금 어디 있을까요?"

미스티는 공공도서관을 포기하고 클레멘트 공원으로 가서 아이들을 실은 버스를 봤다. 허둥지둥 달려가 버스를 하나하나 살펴보았다. 캐시의 친구 한 명이 그녀의 손을 잡았다.

"우리 캐시 봤니?" 미스티가 울부짖었다.

"아뇨."

미스티는 도서관으로 돌아갔다. 브래드와 크리스를 거기서 만났다. 그때 모든 사람에게 리우드로 가라는 조치가 내려졌다. 부모들은 안도했다. 아무래도 리우드에는 가족들이 더 많으니까 확률도 높았다.

버스가 계속 도착했다. 한동안은 10분 내지 20분마다 오더니 점차 뜸해졌고 4시경이 되자 버스 운행이 끊겼다. 한 대의 버스가 더 오기로 되어 있었다. 부모들은 주위를 둘러보았다. 과연 누구의 아이일까?

기다림은 끝없이 계속되었다. 5시가 되었는데도 오지 않았다. 형제자매들은 혹시 버스가 오나, 무슨 소식이라도 들을까 싶어서 계속 돌아다니며 살폈다. 도린 톰린은 오랫동안 자리에서 일어나지 않고 아이가 무사하기를 기도했다. "우리는 그 희망에만 매달려 있었어요."

저녁 때 클린턴 대통령이 백악관 웨스트윙에서 기자회견을 열고 사건에 대해 말문을 열었다. "힐러리와 저는 오늘 리틀턴에서 일어난 비극에 엄청난 충격과 슬픔을 느꼈습니다." 이어 방금 그에게 보고한 제퍼슨 카운티 경관의 희망을 전했다. "리틀턴 같은 곳에서도 이런 비극이 일어날 수 있다면, 이제 미국은 이런 도전에 어떻게 대처해야 하는지 깨달아야 할 것입니다."

클린턴은 연방 응급지원팀을 그곳에 보냈고 기자들에게 섣부른 결론을 내리지 말라고 부탁했다. "제가 당부하고 싶은 것은 며칠 기다려달라는 것입니다. 우리는 아직 이곳 상황을 알지 못합니다. 그리고 지금 지역사회가 큰 상처를 받고 있다는 것을 기억하십시오."

리우드의 상황이 좋지 않았다. 강단 있던 가족들도 동요하기 시작했다. 아무런 상황 변화가 없었다. 몇 시간째 버스도 오지 않고 소식도 발표도 없었다. 지방검사 데이브 토머스는 가족들을 위로하려 했다. 그는 어느 가족을 위로해야 할지 알았다. 양복 가슴주머니에 13명의 이름이 들어 있었던 것이다. 열 명은 도서관에서 확인되었고, 두 명은 밖에 쓰러져 있었는데 입고 있는 옷과 외양으로 신원을 파악했다. 그리고 3번 과학실에 교사 한 명이 쓰러져 있었다. 모두 사망했다. 믿을 만한 정보였지만 확정된 것은 아니었다. 토머스는 이를 혼자만 알고 있기로 했다. 부모들에게는 걱정하지 말라고 위로했다.

오후 8시에 학부모들은 다른 방으로 옮겨졌다. 스톤 보안관이 검시관을 소개했다. 그녀는 아이들의 옷과 신체 특징을 적어달라며 양식을 건넸다. 존 톰린이 진실을 깨달은 것이 이때였다. 검시관은 부모들에게 아이의 치과 기록을 가져오라고 부탁했다. 그러자 장내가 술렁거렸다. 많은 이들이 심각한 상황으로 받아들였고 기운을 차린 사람도 있었다. 아무튼 할 일을 하다보면 조만간 상황이 결정 날 터였다.

그때 한 여성이 자리에서 일어났다. "온다던 버스는 지금 어디 있죠?"

버스는 없었다. "다른 버스 같은 건 없었어요." 도린 톰린이 회상했다. "사람들에게 거짓 희망을 불어넣은 겁니다." 많은 부모들이 배신감을 느꼈다. 브라이언 로버는 나중에 학교 임원들을 사기 혐의로 고소했다. 미스터 버넬 역시 속았다는 생각에 씁쓸했다. "아마 고의는 아니었겠지만 그래도 속인 건 사실이죠. 우울해서 숨이 막히더라고요."

스톤 보안관은 죽은 아이들 대부분이 도서관에 있었다고 말했다. "존은 항상 도서관에 갔어요." 도린이 말했다. "정신을 잃을 것 같았습니다. 울화가 치밀었죠."

그녀는 슬프긴 했지만 놀라지 않았다. 복음주의 개신교도인 도린은 하느님이 오후 내내 자신에게 소식을 알려주려고 준비했다고 믿었다. 대개 복음주의 신도들의 반응은 다른 부모들과 달랐다. 취재진이 철수한 가운데 린 더프는 적십자 자원봉사자로서 가족들을 돕고 있었다. 샌프란시스코 출신의 이 자유주의 유대인은 자신이 목격한 상황에 놀랐다.

"이 가족들의 반응은 뚜렷이 달랐습니다. 다른 사람들과 180도 달랐죠. 그들은 노래하고 기도하고 다른 사람들을 위로했어요. 특히 아이제이어 숄스(유일한 흑인 사망자)의 가족을요. 다른 부모, 다른 가족을 많이 생각했고 다른 사람들이 필요한 것을 알아서 제공했습니다. 그들도 고통스러웠을 겁니다. 눈을 보면 알거든요. 하지만 자신의 아이가 어디 있는지 확신했고 마음을 편히 가졌습니다. 한마디로 신념대로 사는 사람들이었어요."

하지만 복음주의 신도들이라고 해서 모두 똑같이 반응한 것은 아니었다. 미스티 버넬은 딸의 운명을 받아들이지 못했다. 그녀는 캐시가 살아 있다고 확신했다.

—

교장은 희생자들의 가족과 함께 있었다. 최선을 다해 그들을 위로했고 친한 친구의 소식을 기다렸다. 그는 20년 동안 데이브 샌더스를 알고 지냈다. 그와 세 종목을 함께 가르쳤고 수많은 술자리를 같이했으며 그의 결혼식에도 참석한 사이였다. 그는 오후 내내 데이브에 대한 소문을 들었다.

검시관의 발표가 있고 얼마 뒤에 교사이자 둘의 친구인 리치 롱이 리우드에 왔다. 그는 프랭크를 보더니 다가와서 껴안았다. "그의 바지와 셔츠에 피가 잔뜩 묻어 있던 게 기억나네요." 프랭크가 나중에 말했다. "내가 말했습니다. '리치, 말해봐, 사실이야? 데이브가 정말 죽었어?' 그는 대답을 못하더군요."

프랭크는 리치에게 자신은 강해서 어떤 소식이든 감당할 수 있다며 안심시켰다. "말해봐! 난 알아야겠어."

리치는 그를 도울 수 없었다. 그 역시도 데이브의 생사가 너무나 궁금했다.

—

퓨질리어는 총잡이를 겨우 설득해서 무기를 내려놓게 했는데 그의 앞에 위험한 화기가 보였다. 웨이코에서 82명의 사람들을 구하려고 몇 주 동안 애써왔는데, 그때 가스탱크가 폭발했고 건물이 무너져내렸다. 그는 안에 갇힌 사람들이 모두 죽었다는 것을 알았다. 참기 어려운 경험이었다. 그런데 이번에는 더 참혹했다.

집에 돌아간 퓨질리어는 아들 브라이언을 안았다. 누군가를 껴안는 것은 정말 오랜만이었고 계속 그렇게 있고 싶었다. 이어 자리에 앉아 아내 미미와 함께 뉴스를 보았다. 그는 아내의 손을 꼭 잡고 눈물을 참았다. "당신 같으면 집에 가서 치과 기록을 가져올 수 있겠어?" 그가 물었다. "그러고 나서는? 아이들이 저기 죽어 있는 것을 뻔히 아는데 어떻게 잠을 잘 수 있겠어?"

19

청소

데이브 샌더스의 소재는 아직도 파악되지 않았다. 그는 여전히 3번 과학실에 있었다. 특수기동대가 다가갔을 때 그는 숨이 붙어 있었지만 가망이 없었다. 데이브 샌더스는 몇 분 뒤 사람들이 그를 밖으로 데려가기도 전에 과다출혈로 숨을 거두었다.

그의 가족은 아직 모르고 있었다. 오후 늦게 그가 부상을 입고 스웨디시 메디컬센터에 있다는 소문을 들었다.

"누가 나를 데려갔는지 모르겠어요." 린다 루가 말했다. "어떻게 거기 갔는지 모르겠어요. 차를 탄 기억이 안 나요. 어떻게 걸어들어갔는지도. 그곳에 들어갔을 때는 생각나네요. 사람들이 우리를 방에 데려갔는데 음식이 있었고 커피가 있었고 수녀님들이 있었어요." 마치 환영회 같은 분위기로 이들의 도착을 기다리고 있었고, 이상한 말이지만, 데이브도 기다리고 있었다. 수간호사가 린다를 안심시켰다. "그녀가 그랬어요. '그가 여기 도착하는 대로 만나게 해줄게요.' 그런데 그는 오지 않았어요."

결국은 포기하고 리우드로 갔다. 거기서 한동안 기다렸다가 다시 집으로 돌아갔다. 구호기관에서 피해자 변호인을 보냈다. 몇 명이 방문했는데 도움이 되기는 했지만 왠지 불길했다. 전화벨이 계속해서 울렸다. 커피 테이블에 올려둔 다섯 대의 휴대전화가 돌아가며 울렸지만 기다리던 전화는 오지 않았다.

린다는 자기 방으로 갔다. 누군가가 아래층 욕실을 사용할 때마다 환풍기 날개가 돌아갔는데, 그러면 그녀는 차고 문이 열린 것으로 착각하고 벌떡 일어났다.

"결국 10시 반이 되자 엄마와 나는 기다리는 데 지쳤어요." 앤지가 말했다. "우리는 아버지가 두 명의 교사와 가깝게 지냈다는 것을 알았습니다. 오랫동안 알고 지낸 사이였죠. 제가 태어나기 전부터요. 그래서 그들에게 연락해서 어떻게 된 일인지 알아봐달라고 했습니다. 그리고 그들이 우리에게 알려줬어요." 데이브는 피를 흘리며 죽어가고 있던 교사였다.

그런데 그가 피를 많이 흘렸던가? 특수기동대가 민간인들을 모두 밖으로 대피시켰을 때 데이브는 아직 살아 있었다. 그 이후 어떻게 되었는지는 아무도 모르는 듯했다. 오직 경찰만이 상황을 마지막까지 지켜봤는데, 그들은 아직 말할 준비가 안 되었다.

"우리는 아버지가 학교 밖으로 나왔는지 안 나왔는지조차 몰랐어요." 앤지가 말했다. "남들보다 안에서 벌어진 상황을 조금 더 알았을 뿐이죠."

린다는 잠을 자려고 했지만 잠이 오지 않았다. 그녀는 데이브의 양말을 껴안고 몸을 웅크렸다.

—

　린다는 저녁 내내 마음을 비우고자 노력했다. 이상한 생각이 계속 들었다. "가만히 생각해보니 거실에 사람이 그렇게 많은데 내가 청소기 한번 돌리지 않았더군요."

　이는 정상적인 반응이었다. 생존자들은 걱정을 잊으려고 평범한 일상에 집중했고 이런 작은 승리를 통해 위기를 헤쳐갔다. 그리고 많은 이들이 자기가 한 생각에 놀랐다.

　마조리 린드홀름은 그날 오후 내내 데이브 샌더스를 옆에서 지켜보았다. 그는 점차 핏기를 잃어갔다. 피는 계속 뿜어져나왔다. 특수기동대가 마침내 그녀를 무사히 밖으로 데려갔고, 그녀는 나가면서 두 구의 시신을 보았다. 문득 자신의 옷차림이 걱정되었다. 엄마, 아빠가 탱크탑 차림의 자신을 보면 단정치 못하다고 생각할 것 같았다. 그래서 친구의 셔츠를 빌려 몸을 가렸다. 경찰이 그녀를 클레멘트 공원까지 무사히 데려갔고 의료대원이 그녀를 진찰했다. 그녀는 와, 이 남자 정말 멋지군, 하고 생각했다. "부끄러웠어요." 그녀가 회상했다. "이 의료대원이 나를 어떻게 볼까 생각하고 있었거든요. 사람들이 죽었는데 말이에요."

　2학년생 한 명은 자신의 생존본능을 질책했다. 그녀는 살인자들을 보고 그냥 달아났다. 옆에 다른 여자애가 있었고 쓰러져 있는 아이도 보였다. "사방이 피였어요. 정말 끔찍했죠." 그녀는 계속 달렸다. 그날 늦게 그녀는 자신의 사연을 로키마운틴뉴스 기자에게 털어놓았다. "왜 나는 그 아이를 도우려고 멈추지 않았을까요?" 그녀의 목소리는 점차 가라앉았다. "너무 화가 나요. 난 너무 이기적이었어요."

—

브래드와 미스티 버널은 밤 10시경에 집에 돌아왔다. 브래드는 들판 너머를 보려고 쌍안경을 들고 정원 헛간 위로 올라갔다. 도서관 창문이 폭발로 날아가서 안에 돌아다니는 남자들이 보였다. 커다란 노란색 글자로 ATF(주류담배화기단속국)라 쓰인 파란색 재킷을 입고 있었다. 고개를 아래로 숙이고 있었는데 무엇을 하는지는 알 수 없었다. "아마 시체를 넘어다니며 폭발물이 있지 않은지 살펴보고 있었겠죠." 그가 말했다.

그들은 아직 터지지 않은 폭탄과 살아 있는 총잡이를 수색하는 중이었다. 특수기동대는 벽장을 샅샅이 다 살펴보았다. 제3, 제4, 제5의 총격자가 숨어 있다가 아침에 다시 일을 벌일지도 몰랐다.

브래드는 집으로 들어왔다. 10시 반에 폭발음이 동네를 뒤흔들었다. 브래드와 미스티는 급히 위층으로 올라갔다. 캐시의 방 창문 너머로 내다보았는데 아무것도 움직이는 게 없었다. 그게 뭐였든 그냥 지나간 모양이었다. 캐시의 빈 침대가 그들의 눈에 들어왔다. 미스티는 아이가 아직 학교에 있을지 몰라 두려웠다. 방금 폭발로 다친 건 아닐까?

폭탄제거반의 큰 실수였다. 폭탄을 안전하게 해체하려고 구역 밖으로 옮기던 중 트레일러에 실을 때, 에릭이 기폭장치로 활용했던 성냥이 트레일러 벽을 긁으면서 터진 것이다. 폭탄 기술자들은 훈련받은 대로 넘어지며 엎드렸고 폭탄은 곧장 위쪽으로 터졌다. 아무도 다치지 않았지만 다들 겁을 먹었다. 모두가 기진맥진했다. 작업은 갈수록 위험해졌다. 오늘은 이만하기로 했다. 지휘관이 내일 아침 6시 반에 다시 모이라고 했다.

브래드와 미스티는 계속 그곳을 바라보았다. "캐시가 저기 어딘가에 있었겠죠." 브래드가 말했다. "아이가 울타리 너머 저쪽에 있다는 것을 아는데 우리가 할 수 있는 일이 아무것도 없다니 정말 끔찍하더군요."

2부

사건 이전과 이후

20

넋 나간 표정

여기 사진 한 장이 있다. 금발의 여자애가 울부짖는 장면이다. 손바닥을 관자놀이에 대고 머리를 움켜잡으며 고개를 뒤로 젖혔다. 입은 완전히 벌리고 눈을 질끈 감았다. 이 사진은 콜럼바인을 대표하는 이미지가 되었다. 화요일 오후 클레멘트 공원 곳곳에서 이런 모습이 목격되었다. 현장의 상황을 포착한 사진들도 온통 이런 모습이 반복되었다. 남자애 여자애, 어른 아이 할 것 없이 거의 모든 이들이 뭔가를 꽉 쥐고 있었다. 손이든, 무릎이든, 머리든, 상대방이든.

이런 사진들이 뉴스 가판대에 등장하기 전, 생존자들의 모습은 이미 달라졌다. 수요일 아침 아이들이 손을 풀고 클레멘트 공원으로 하나둘 모여들었다. 눈가의 물기는 말랐고 얼굴은 푸석했으며 다들 넋나간 표정이었다.

대부분의 부모들은 계속 울고 있었지만 아이들은 이제 거의 울지 않았다. 너무 조용해서 불안할 정도였다. 수백 명의 10대들이 있었는데 특유의 활발한 에너지는 찾아볼 수 없었다. 가끔 흐느끼는 여자애가 있으면 남학생이 달려가서 안아주었다. 누가 가서 안아줄지를 두고 남자애들이 다투기도 했지만 이는 잠깐 벌어진 소동에 불과했다.

다들 멍한 분위기를 의식했다. 그것도 예리하게. 이들은 어떻게 된 일인지 이해하지는 못했지만 눈으로 본 것을 솔직하게 이야기했다. 대부분의 아이들이 영화를 본 것 같다고 심정을 말했다.

상황을 실감하지 못하는 데는 시신이 없는 것도 한 원인이었다. 사망자들은 아직도 경계선 안에 있었고 이름도 발표되지 않았다. 사람들이 학교에서 다 빠져나가 경찰만이 그곳에 접근할 수 있었다. 모두가 모여 있는 경찰통제선에서는 건물이 보이지도 않았다.

그래도 학생들은 누가 죽었는지 대충 알았다. 현장에서 살인을 목격한 이들이 많았고 소문은 금방 퍼졌다. 하지만 이런 소문은 대부분 거짓으로 밝혀졌다. 의심이 사라지지 않았다. 다들 적어도 행방이 파악되지 않은 한두 명 정도에 대해서는 알고 있는 듯했다. "우리가 누굴 위해 울어야 하는지도 모르는데 어떻게 울 수 있겠어요?" 한 여자애가 그렇게 말했다. 그래도 울었다. 밤새 울었다고 한다. 아침이 되자 눈물이 바닥났다.

—

보안관서에서는 브라이언 로버에게 아직 연락하지 않았다. 그의 집에 찾아가서 아들이 죽었다는 소식을 전한 경관도 아직 없었다. 수요일 아침에 브라이언은 전화벨 소리에 잠에서 깼다. 그의 친구가 마음을 굳게 먹으라고 건 전화였다. 로키마운틴뉴스를 집어들자 사진이 한 장 실려 있었다.

브라이언은 '비통'이라고 커다랗게 적힌 머리기사 지면을 넘겼다. 사건 보도기사와 도표와 뭔가를 붙들고 있는 생존자들의 사진을 훑어보았지만 어디에도 자기 아들은 없었다. 그는 13쪽에서 멈췄다. 뉴스 헬기에서 찍은 사진으로, 지면의 절반을 차지해 사람들 모습이 똑똑히 보였다. 대여섯 명의 학생들이 주차장에 세워둔 차 뒤에 몰려 있었고, 한 경찰이 그들 바로 옆에서 차바퀴 뒤에 웅크리고 앉아 라이플을 트렁크 위에 올려놓고 목표물에서 눈을 떼지 않은 채 손가락을 방아쇠에 대고 엄호 자세를 취하고 있었다. 한 남자애가 가까운 보도 위에 무방비 상태로 쓰러져 있었다. 휑히 트인 공터에 옆으로 누운 채 무릎 하나가 가슴 쪽으로 굽혀졌고 양팔을 벌린 자세였다. 캡션에는 "미동도 없다"라고 적혀 있었다. 거의 그의 몸만한 커다란 피 웅덩이가 콘크리트에 고여 사각형 보도블록 사이에 난 틈으로 흘러내렸다. 얼굴이 흐릿하고 찍힌 각도가 모호해서 희생자의 신원이 파악되지 않았다. 하지만 브라이언 로버는 누군지 금방 알았다. 그는 같은 지면을 계속 쳐다보았다.

브라이언은 키가 크고 건장한 체격이었다. 길쭉하고 살집 있는 얼굴에 늘어가는 백발로 짙은 눈썹이 두드러져 보였다. 이마에는 깊게 파인 주름들이 보였고 콧날 위에 수직으로 난 상처가 두 개 있었다. 대니는 아직 이목구비가 또렷하게 잡히거나 주름살이 생기지 않았지만 아버지와 많이 닮았다.

대니는 브라이언의 전부였다. 아들이 네 살 때 브라이언과 수가 이혼했다. 수는 재혼했고 브라이언은 혼자 살았다. 그는 맞춤형 오디오 제작 일을 했다. 사업이 잘되었고 그도 일을 좋아했지만 무엇보다도 큰 기쁨은 아들도 그 일을 좋아한다는 것이었다. 대니는 걸음마를 뗄 무렵부터 작업장을 돌아다녔다. 일곱 살에는 배선장치를 만들고 스피커 선을 연결했다. 중학교 때부터 방과후에 정식으로 일을 하기 시작했다. 브라이언과 수는 좋게 갈라섰고 몇 블록 떨어진 이웃에 살았지만, 대니는 늘 아버지 곁에 붙어 있으려고 했다.

작업장은 고등학교 애들이 어슬렁거리며 놀기 좋은 곳이었다. 전기공구들로 가득하고 수십만 달러짜리 빈티지 차량들이 골목에 세워진 널찍한 정비소에서, 대니는 부유한 친구들의 차보다 더 비싼 고급 오디오 조립을 도왔다. 일의 성격에 따라 고무 타는 냄새가 날 때도 있었고 목이 따끔따끔한 에폭시수지 접착제 연기가 나기도 했다. 브라이언이 둥근톱으로 작업할 때면 갓 잘라낸 체리나무의 향기가 거리에 가득했다.

대니는 타고난 일꾼이었다. 차를 사랑했고 오디오를 사랑했다. 컴퓨터를 잘 다룰 뿐만 아니라 선천적으로 음악적 감각이 있었다. 컴퓨터 프로그램을 만지기를 좋아했던 그는 사업을 새로운 방향으로 이끌어가리라 다짐했다. 그는 어떻게 해야 하는지 알았다. 브라이언은 콜로라도에서 가장 전통 있고 부유한 가족들을 상대로 사업을 했다. 대니는 이런 가족들을 보며 자랐다. 그래서 요령을 알았다. 사람을 끄는 매력이 있었고, 브라이언은 이런 아들을 여기저기 데리고 다녔다.

몇 달 전에 대니는 대학에 진학하지 않고 콜럼바인을 졸업하자마자 사업에 뛰어들어 경력을 쌓을 계획이라고 했다. 브라이언은 아주 기뻤다. 3년 안에 아들을 자신의 파트너로 만들 생각이었다. 4주 뒤,

대니는 작업장에서 풀타임으로 일하는 첫 여름을 맞이할 터였다.

수요일 아침, 브라이언은 사진을 보자마자 차에 올라타고 콜럼바인으로 향했다. 경계선까지 내달려 간 그는 아들의 시신을 넘겨달라고 요구했다. 경찰은 안 된다고 했다.

그들은 대니의 시신을 넘기기를 거부했을 뿐만 아니라 시신을 내부로 운반하지도 않았다. 대니는 아직도 차가운 보도에 쓰러진 채로 있었다. 밤새 그렇게 방치되었다. 담당자가 말하기를 폭탄이 아직 많고 시신에 부비트랩이 설치되어 있을지도 모른다고 했다.

브라이언은 명확한 대답을 듣지 못하리라는 것을 알고 있었다. 폭탄제거반이 화요일 오후부터 학교를 치우는 중이었다. 브라이언의 아들은 우선사항이 되지 못했다. 그는 희생자의 시신을 그렇게 무심하게 취급한다는 것이 믿기지 않았다.

그때 눈이 내리기 시작했다.

대니는 스물여덟 시간을 그렇게 보도에 누워 있었다.

—

미스터 버넬은 수요일 새벽 3시에 눈을 떴다. 몸을 뒤척이다 눈을 겨우 붙였는데 악몽에 놀라 깨어났다. 건물에 갇힌 캐시가 벽장 어두운 곳에 웅크리고 있거나 차가운 타일 바닥에 누워 있는 꿈이었다. 캐시는 나를 필요로 해. 저 멀리 담장 너머에 내 딸이 있어. 하지만 경찰은 우리를 딸에게 데려가지 않겠지.

그녀는 생각을 접고 샤워를 했다. 브래드도 일어나 샤워를 했다. 두 사람은 옷을 차려입고 뒤뜰을 지나 경계선까지 걸어갔다.

경찰 한 명이 보초를 서고 있었다. 브래드는 그에게 캐시가 안에 있다며 제발 사실대로 말해달라고 간청했다. "혹시라도 안에 누군가 살아 있는 사람이 없는지 알고 싶을 뿐이에요."

경찰은 잠시 말을 멈추었고 결국 입을 열었다. "생존자는 없습니다."

그들은 경찰에게 감사를 표했다. "솔직하게 말해줘서 고맙습니다." 미스티가 말했다.

하지만 미스티는 포기하지 않았다. 경찰이 잘못 알고 있을지도 몰랐다. 혹은 캐시가 지금 병원에 있는데 아직 신원이 파악되지 않은 것일 수도 있었다. 미스티는 아침 내내 경계선 주위를 오가며 들어가려고 했지만 매번 거부당했다.

그때 학부모들에게 리우드로 돌아가라는 조치가 내려졌다. 브래드와 미스티는 지시를 따라 그곳에 가서 몇 시간을 기다렸다.

지방검사 데이브 토머스가 1시 30분경에 그곳에 왔다. 그의 호주머니에는 여전히 사망자 명단이 들어 있었다. 바뀐 사항은 없지만 확인된 것도 없었다. 검시관이 신원 확인을 위해 24시간을 더 달라고 요구했다. 그래서 그는 위험을 감수하고 가족들에게 일일이 소식을 전했다. "어떻게 소식을 전해야할지 모르겠군요." 그가 밥 커노에게 말했다.

"말하지 않아도 돼요." 커노가 말했다. "얼굴에 다 씌어 있는걸요."

미스티는 너무나 괴로웠지만 그걸 확정된 사실로 여기지 않았다. 캐시가 죽었다고 했지만 공식적인 것은 아니라고 지방검사가 말했기 때문이다.

희망은 점차 분노로 바뀌었다. 캐시가 죽었다면 시신이라도 도서관에서 가져와서 돌보고 싶었다.

—

린다 샌더스의 가족은 집에서 소식을 기다렸다. 수요일 오후가 되자 집은 친구들과 친척들로 발 디딜 틈이 없었다. 어떤 상황이 닥칠지 모두가 알았다. 고통의 순간을 포착하려고 취재진들이 카메라를 설치했다. "준비하세요." 한 피해자 변호인이 멜로디에게 말했다. "언니를 위로할 준비를요."

순찰차 한 대가 오후 3시 직전에 집 앞에 섰다. 보안관보가 벨을 눌렀고 멜로디가 그를 안으로 들였다. 린다는 아직 소식을 들을 마음의 준비가 되지 않았다. "우리는 콜럼바인의 한 희생자가 당신의 남편임을 잠정적으로 확인했습니다." 보안관보가 말했다.

린다는 소리를 질렀다. 그러고는 토하기 시작했다.

—

프랭크 디앤젤리스는 데이브에 관한 소식을 아직 알지 못했다. 수요일에 동생 집에서 일어났다. 자기 집에 있지 말라는 충고를 듣고 동생 집에 갔던 것이다. 그의 차가 경계선 안에 있었으므로 교감이 새벽에 프랭크를 데리러 왔다. 앞으로의 대책을 논의하기 위해 회의에 참석해야 했다. 그들은 대체 무엇을 해야 할까?

그리고 그는 무슨 말을 할 수 있을까? 오전 10시에 사람들이 그의 말을 들으려고 왔다. 학생, 부모, 교사, 그리고 가슴 아파하는 모든 이들이 그 지역에서 가장 규모가 큰 장소인 '세상의 빛' 성당에 모여들었다. 그들은 답을 원할 텐데, 그는 할 말이 없었다.

프랭크는 전날 밤 내내 그 문제로 잠을 이루지 못했다. 하느님에게 가르침을 달라고 기도했다.

아침이 왔지만 그는 여전히 혼란스러웠다. 죄의식으로 야위었다. "제 일은 안전한 환경을 제공하는 것입니다." 그가 회상했다. "그런데 너무도 많은 사람들을 실망시켰어요."

세상의 빛 성당은 850명을 수용할 수 있는데, 좌석마다 사람들이 꽉 들어찼고 자리를 잡지 못한 100여 명의 학생과 부모들이 벽에 기대섰다. 지역관료들이 차례로 연단에 올라가서 슬픔에 빠진 아이들을 위로하고자 했지만 불가능했다. 학생들은 연사를 정중하게 박수로 맞이했다. 누구도 제대로 말을 잇지 못했다.

교장은 정중한 박수 소리를 듣자 마음이 놓였다. 구타를 당하지 않으면 다행이겠구나 생각하던 그였다. 과연 그의 잘못이었을까? 그는 연설이나 쪽지를 준비해가지 않았다. 그저 자신이 느끼는 바를 말할 생각이었다.

이름이 호명되자 그가 일어나 마이크를 향해 걸어갔고, 사람들이 자리에서 일어났다. 환호하고 격려하고 휘파람을 불고 박수를 쳤다. 몇 시간째 아무런 미소도 찡그림도 보이지 않던 아이들이 손뼉을 치거나 주먹을 위로 쳐들었고 눈물을 참거나 뺨에 흐르게 내버려두었다.

교장은 무너져내렸다. 배를 부여잡고 비틀거리며 청중을 등지고 돌아서서는 눈물을 줄줄 흘렸다. 몸을 숙인 채 어찌나 들썩이던지 맨 뒷줄에서도 보일 정도였다. 군중이 계속 환호하는 가운데 그는 한 참을 그렇게 서 있었다. 사람들의 얼굴을 볼 수도 없었고 똑바로 서지도 못했다. "참으로 이상했어요." 그가 나중에 말했다. "어떻게 할 수가 없었어요. 몸이 그냥 부르르 떨리더군요. 제가 등을 돌리고 섰던 것은 죄의식을 느꼈기 때문입니다. 부끄러웠습니다. 그들이 손뼉 치며 일어섰을 때, 나를 인정해주고 지지해준다는 것을 깨달은 순간, 나는 무너져내렸습니다."

그는 연단까지 겨우 걸어가 사과의 말로 연설을 시작했다. "이곳에서 일어난 사건과 여러분의 참혹한 심정에 대해 죄송한 마음밖에 들지 않습니다." 그는 사람들을 안심시켰고 기꺼이 도와주겠다고 약속했다. "저를 필요로 할 때면 항상 여러분 곁에 있겠습니다." 하지만 그들이 처한 상황을 보기 좋게 포장하려는 시도는 거부했다. "마법의 지팡이를 흔들어 여러분이 느끼는 감정과 혼란을 다 지울 수 있었으면 좋겠습니다. 하지만 그럴 수 없습니다. 상처는 언젠가 아물겠지만 감정은 그렇지 않습니다."

학생들은 교장의 솔직한 연설이 고마웠다. 그날 아침 클레멘트 공원에 모인 아이들은 모든 게 잘될 거라는 사람들의 위로가 슬슬 지겨워지던 참이었다. 그들은 현실을 알았다. 그저 솔직한 말이 듣고 싶었다.

교장은 그들에게 사랑한다는 말로 연설을 마쳤다. 한 명 한 명 모두 다 사랑한다고 했다. 이 역시 아이들이 듣고 싶어했던 말이었다.

—

아이들은 부모와 힘든 시간을 보냈다. 특히 엄마와 충돌이 잦았다. "집에 가만히 앉아 있으려니 힘들어 죽겠어요. 엄마가 집에 올 때면 가급적 밖에 나가 있으려고 해요." 한 소년이 말했다. 다른 많은 남자아이들이 고개를 끄덕였다. 다들 비슷한 이야기를 털어놓았다. 엄마들은 겁에 잔뜩 질려서, 아이를 찾았음에도 그들을 끌어안고 놓을 줄을 몰랐다. 화요일엔 온통 아이를 끌어안자는 말이 들렸다. 수요일에는 우리 엄마는 이해 못 해라는 말이 가장 자주 들렸다. 감정적으로 서로 어긋났다. 처음에 아이들은 엄마가 안아주기를 간절히 원했지만, 이제는 그만해주길 바랐다.

—

　많은 아이들이 공원을 서성거리며 자신의 이야기를 털어놓고 싶어 했다. 어른들이 자신의 말을 들어주지 않자 이들이 찾아낸 것은 언론이었다. 처음에는 기자들을 경계했지만 금방 경계심을 풀었다. 기자들은 이해심이 많아 보였다. 클레멘트 공원은 수요일에 거대한 고해성사장이 되었다. 아이들은 나중에 이를 후회할 것이었다.

　고해성사가 한창 진행중일 때 날카로운 비명소리가 울렸다. 애도자들은 영문을 몰라 멍하니 얼어붙었다. 더 많은 비명소리가 같은 방향에서 서로 다른 목소리로 들려왔다. 수백 명이 그리로 달려갔다. 소리를 들은 학생과 기자를 비롯한 모든 이들이 무슨 일인지 알아보러 갔다. 12명의 여학생들이 공원 가장자리에 주차된 위성방송 중계 트럭 옆의 한 자동차 근처에 모여 있었다. 제일 먼저 총에 맞아 죽은 소녀, 레이철 스콧의 차였다. 레이철은 지정된 주차구역이 없어서 화요일에 학교에서 800미터 떨어진 곳에 차를 세웠다. 아무도 찾으러 오지 않은 차였다. 이제 그 차는 앞에서 뒤까지 온통 꽃과 양초로 뒤덮였다. 하늘에 있는 레이철에게 보내는 메시지가 창문 가득 쓰였다. 그녀의 친구들이 손을 잡고 차 뒤에 둥글게 서서 흐느껴 울었다. 한 아이가 노래를 부르기 시작하자 나머지 애들이 따라했다.

—

해리스 가족과 클레볼드 가족 모두 변호사를 고용했다. 나름대로 이유가 있었다. 자신들이 사고와 관계가 없음을 하루빨리 밝히지 않으면 사람들이 손가락질할 게 분명했기 때문이다. 조사관들은 이들을 기소하지 않겠지만 대중은 그렇지 않았다. 공격 직후 행해진 여론 조사를 보면 사태에 원인이라고 생각되는 온갖 요소들이 거론되었다. 폭력적인 영화와 비디오게임, 고스 문화, 느슨한 총기 규제, 교내 괴롭힘, 사탄까지. 에릭은 여기에 해당하지 않았다. 딜런도 마찬가지였다. 그저 애들일 뿐이었다. 뭔가 혹은 누군가가 이들을 나쁜 길로 이끈 게 분명했다. 부모들인 웨인과 캐시, 톰과 수가 의심을 샀다. 이들은 다른 모든 요소들을 압도했다. 여론조사에서 무려 85퍼센트가 이들을 비난했다. 앞으로도 이들은 사람들의 따가운 눈초리를 받으며 살아갈 터였다.

변호사들은 일단 조용히 있으라고 충고했다. 어느 가족도 언론을 상대하지 않았다. 두 가족은 수요일에 성명서를 발표했다. "이 비극으로 충격받은 모든 사람들에게 우리가 느끼는 엄청난 슬픔을 어떻게 전해야 할지 모르겠습니다." 클레볼드 가족의 성명서였다. "우리의 생각과 기도와 진심 어린 사과를 희생자들과 그들의 가족, 친구, 지역사회에 보냅니다. 모든 사람들이 그렇듯이 우리도 이 일이 왜 일어났는지 이해하고자 노력하고 있습니다. 고통스럽고 비통한 이 기간 동안 우리의 사생활을 존중해주시기 바랍니다."

해리스 가족이 내보낸 성명서는 더 짧았다. "우리는 어처구니없는 이 비극에 대해 모든 희생자들의 가족과 지역사회에 진심 어린 위로를 건네고 싶습니다. 끔찍한 사건으로 상처받은 모든 사람들을 위해 기도해주세요."

딜런의 형 바이런은 며칠 동안 일을 나가지 않고 집에 머물렀다. 그는 딜런보다 세 살이 많았지만 딜런이 학교에 일찍 들어갔으므로 2년 전에 졸업했다. 자동차 거래소에서 세차하고 눈 치우고 물품을 정리하는 잡일을 맡아서 했다. "쉬운 일이었지만 잘했어요." 가게 주인이 로키마운틴뉴스에 이렇게 말했다.

그는 바이런에게 시간이 필요하다는 것을 이해했다. "누구에게나 충격이었죠. 우리는 한 가족으로 서로를 돌봅니다. 바이런에게 심심한 위로를 보냅니다. 멋진 친구예요."

———

수요일 아침, 퓨질리어 부서장의 관심사는 공모 여부였다. 경찰을 포함해서 모든 사람들이 콜럼바인 대학살에 공모자가 있다고 여겼다. 달랑 두 아이가 저질렀다고 보기에는 규모가 너무 크고 대담하고 복잡했다. 아이들 몇 명으로는 이런 범죄를 상상하기조차 어려웠다. 여덟에서 열 명 정도가 작당하여 벌인 일 같았다. 원래 이 정도 규모의 공격은 공모론을 부추기기 마련이었지만 이번에는 정말 그렇게 보였다. 이런 식의 공모론과 제퍼슨 카운티의 대응이 콜럼바인이 회복하는 내내 계속 따라다녔다.

이날 아침부터 퓨질리어는 오싹한 범죄현장에 갔다. 탄피와 쓰고 남은 파이프폭탄과 터지지 않은 화기들이 복도 여기저기에 널려 있었다. 총알 자국과 깨진 유릿조각이 사방에 보였다. 도서관은 피범벅이었다. 대부분의 시체들이 테이블 밑에 몰려 있었다. 퓨질리어는 수많은 살육의 현장을 보았지만 볼 때마다 끔찍했다. 그를 정말 오싹하게 만든 것은 바깥 보도와 잔디밭 풍경이었다. 대니 로버와 레이철 스콧이 아직도 그곳에 그대로 있었던 것이다. 아무도 이들을 천으로 덮어주지 않았다. 몇 년이 지나서도 그는 그 기억을 떠올릴 때면 몸을 부르르 떨었다.

퓨질리어는 콜럼바인에 FBI 요원으로 왔지만 임상심리학자로서 더 중요한 역할을 하게 된다. 어쨌든 그가 30년간 일해 온 분야였다. 그는 개인 의사로 개업했고 이어 공군에서 복무했다. 오키나와에서 인질협상 수업을 받으면서 그의 인생이 바뀌었다. 그는 사람들의 마음을 읽을 줄 알았고 사람들을 설득할 수 있었다. 1981년에 그는 FBI에 들어갔다. 연봉 5000달러에 형사 일을 했는데, 세계에서 손꼽히는 인질협상 연구팀인 특수업무연구부서(SOARU)에 들어가기 위해서였다.

퓨질리어는 보통 형사들처럼 사건을 해결해나가면서 자기가 형사 일을 좋아한다는 것을 깨달았다. 마침내 SOARU에서 업무를 맡아 총기사건을 협상하는 새 경력을 시작했다. 그는 미국 최악의 인질극 사건 가운데 몇몇을 맡았는데, 그 가운데는 1987년 애틀랜타 교도소 폭동과 1996년 몬태나 프리맨 대치극(몬태나 프리맨이라는 민병대가 연방정부의 지배권에 맞서 자치지구를 선언하고 FBI와 대치한 사건—옮긴이)이 있었다. 그는 웨이코에서 FBI의 마지막 희망이었고 탱크가 돌진하기 전에 데이비드 코레시와 마지막으로 이야기를 나눈 사람이었다. 퓨질리어는 SOARU에서 앞서 일어난 사건들을 검토하고 성공률을 분석하며 많은 시간을 보냈다. 그의 팀은 오늘날 인질 대치극에서 담당기관이 채택하는 기본전략을 개발했다. 퓨질리어는 어떤 위급한 상황에서도 흔들리지 않는 사람으로 알려졌지만, 이제 심장이 약해지고 머리가 희끗해진데다 평온한 삶을 원했다. 그래서 1991년 가족과 함께 콜로라도로 이사를 와서 조용한 리틀턴 인근에 정착했다.

퓨질리어는 콜럼바인 살인자들을 이해하는 데 중요한 역할을 하게 되지만 그가 이 사건을 맡게 된 것은 우연이었다. 만약 그의 아들 브라이언이 콜럼바인 고등학교에 다니지 않았다면 그는 조사를 맡지 않았을 것이다. 어쩌면 FBI가 주도하는 일도 없었을지 모른다. 하지만 퓨질리어가 현장에 도착해서 현장지휘관과 공조하며 연방기관의 도움을 제공하면서 FBI 요원들이 중요한 역할을 수행하게 되었다. 퓨질리어는 그 지역의 고참 부서장으로 지역지휘관과도 친분이 있었으므로 FBI 팀을 지휘하도록 배치되었다. 4월 20일 이전까지 퓨질리어는 덴버에서 FBI 국내테러대책 부서를 맡고 있었는데 이후 1년간 이 일의 대부분을 다른 사람에게 맡겼다. 그에게는 콜럼바인 일이 더 중요했다.

콜로라도 당국은 주 역사상 세기의 사건인 콜럼바인 사태의 해결을 위해 전례 없이 큰 규모의 팀을 꾸렸다. 거의 100명에 육박하는 형사들이 제퍼슨 카운티에 모였다. 그리고 12개가 넘는 기관에서 최고 인력들을 파견했다. FBI는 12명이 넘는 특수요원을 보냈는데 지역

사건에 이렇게 많은 조사원을 보내는 것은 이례적이었다. FBI 수석심리학자 가운데 한 명인 퓨질리어가 FBI 팀을 이끌었다. 다른 사람들은 제퍼슨 카운티의 조사관 케이트 배틴에게 보고했다. 그녀는 복잡한 화이트칼라 범죄를 해결하는 데 뛰어난 능력을 보인 형사였다. 그녀는 수석지휘관으로 막 승진한 떠오르는 스타 존 키크부시 부서장에게 보고했다. 키크부시와 퓨질리어는 매일 각자 맡은 바 역할을 의욕적으로 했고 정기적으로 만나 사건의 전체적인 경과를 논의했다.

수사팀은 공범으로 추정되는 11명을 확인했다. 브룩스 브라운의 행적이 가장 수상했고, 크리스 모리스는 폭탄에 대해 들었다고 시인했다. 다른 두 명은 제3, 제4의 총격자 인상착의와 일치했다. 이들 네 명이 목록 최상단에 놓였고 딜런의 댄스파티 파트너였던 로빈 앤더슨이 다음으로 유력했다.

이들을 법정에 세우려면 엄청난 작업이 필요했다. 형사들은 콜럼바인의 모든 학생과 교사를 만나 질문하고 아울러 살인자들의 현재 및 과거 친구들과 친척, 동료들도 빠짐없이 탐문하기로 계획했다. 이후 6개월 동안 이들은 5000건에 달하는 인터뷰를 진행했다. 수천 장의 사진을 찍고 3만 쪽이 넘는 증거 자료를 확보했다. 아주 세세한 부분까지 파고들었다. 모든 탄피와 총알 파편, 산탄총 탄알을 일일이 다 조사했다. 이를 하나하나 구별하기 위해 55쪽의 서류를 작성하고 998개의 증거확인번호를 매겼다.

제퍼슨 카운티 지휘팀은 퓨질리어가 일할 수 있는 공간을 콜럼바인 고등학교 밴드연습실에 서둘러 마련해주었다. 살인자들이 그 안에 발을 들여놓지 않았는데도 엉망이었다. 버려진 책과 배낭, 악보, 드럼세트, 악기들이 총알 파편 사이로 어수선하게 널려 있었다. 문이 보이지 않았는데, 특수기동대가 총잡이 수색 과정에서 날려버린 모양이었다.

학교 전체가 처참한 몰골이었다. 파이프폭탄과 화염병으로 카펫에 불이 붙어 스프링클러가 작동했다. 학생식당엔 물이 차올랐고 도서관은 형용할 수 없을 정도로 참혹했다. 이런 광경에 이골이 난 베테랑 경찰도 충격에 눈물이 고이며 비틀거렸다. "베트남전에 참전했던 특수기동대 사람들도 자신이 본 광경에 눈물을 감추지 못했습니다." 지방검사 데이브 토머스의 말이다.

형사팀이 안으로 들어갔다. 파괴현장에 널린 것 하나하나가 다 증거였다. 범죄현장, 그것도 내부만 2만 3000제곱미터에 달했다. 지문, 발자국, 머리카락, 발사 잔여물이 사방에 널려 있었다. 결정적인 DNA 증거가 식당 곳곳에 떠다니고 있었다. 그리고 아직 터지지 않은 폭발물이 남아 있을지도 몰랐다.

형사들은 이미 에릭과 딜런의 침실을 샅샅이 훑어 가구만 두고 나머지 것들을 대부분 가져갔다. 딜런의 집을 수색해서 졸업앨범과 약간의 메모를 입수했는데, 하드드라이브는 말끔히 지워져 있었다. 에릭의 집은 자료의 보고였다. 일지, 인터넷에 올린 폭언, 오디오테이프, 비디오테이프, 가계부, 도표, 시간표 등등. 에릭은 모든 것을 기록으로 남겼다. 그리고 모두가 이를 알기를 원했다.

—

더 많은 폭력이 일어날 수 있음을 암시하는 수수께끼 같은 메시지로 사건 조사가 다급해졌다. 이 때문에 공모론도 더욱 활개를 쳤다.

"우리는 며칠 동안 그 문제를 풀려고 골머리를 앓았습니다." 퓨질리어의 말이다. 폭발물을 더 찾아내려고 학교를 다시 수색했다. 그리고 공범자로 의심되는 이들을 압박했다.

형사들은 처음 72시간 동안 500건의 인터뷰를 진행했다. 대단한 성과였지만 상황은 더 혼란스러워졌다. 배턴은 신문을 읽고 텔레비전을 보면서 시시각각 혼란을 겪으며 증언을 수정할 목격자들이 걱정되었다. 우선순위를 정해서 총격자들을 본 학생부터 조사하기로 했다.

다른 형사들은 용의자들이 어린 시절을 보낸 고향으로 향했다.

21

초창기 기억

처음부터 살해 계획을 세운 것은 아니었다. 에릭은 대학살을 꾀하기 전에 사소한 범죄를 저질렀다. 사춘기 전부터 자신이 살인자라는 특정한 부류로 태어났음을 알리는 신호를 드러내고 다녔다. 돌이켜보면 왜 그때 그것을 몰랐나 싶지만 당시에는 징후가 미묘해서 훈련받지 않은 사람의 눈에는 잘 보이지 않았다.

에릭은 어린 시절에 대해 애정을 듬뿍 담아 글을 자주 남겼다. 초창기 기억은 잘 떠오르지 않았다. 불꽃놀이가 기억났다. 어느 날 그는 노트에 자신의 첫 기억을 적으려고 앉았는데 생각이 잘 나지 않았다. "생생하게 떠올리기가 힘들다." 그는 이렇게 적었다. "기억들이 하나로 뒤섞일 때가 많다. 열두 살 때 독립기념일이 생각난다." 폭발음과 천둥소리, 불꽃으로 휩싸인 온 하늘. "다른 많은 아이들과 함께 밖에서 뛰어다녔던 기억이 난다. 마치 침략과도 같았다."

에릭은 외계인 무리를 싹 쓸어버리는 멋진 상상을 자주 했다. 그의 꿈에는 총기류와 폭발물이 대거 등장했다. 기폭장치가 터지는 순간을 상상하며 즐거워했고 불을 보면 정신을 못 차렸다. 불꽃놀이 하고 남은 얼얼한 가루 냄새를 맡으며 기억을 되새김질하곤 했다. 열두 살 때 불꽃놀이가 끝나고 에릭은 이곳저곳을 돌아다니며 물건들을 태웠다.

불은 아름다웠다. 종이성냥에 불이 붙는 장면을 보고도 흥분했다. 도화선이 쉭쉭거리며 타오르면 에릭은 기대감에 들떠서 어쩔 줄을 몰랐다. 멍청이를 겁줘서 꽁무니 빼게 하는 일도 그보다는 재미가 덜했다.

처음에는 폭탄을 보고 흥분하면서 두려운 마음도 들었다. 그는 "초창기 기억"에서 불꽃놀이가 시작되면 몸을 피할 곳을 찾아 달아났다고 했다. "나는 벽장에 숨었다. 혼자 있고 싶을 때면 모두로부터 도망쳤다."

—

에릭은 군인의 아들이었다. 그의 가족은 아버지를 따라 15년 동안 다섯 개 주를 오가며 이사를 다녔다. 웨인과 캐시는 1981년 4월 9일, 캔자스 주 위치타에서 에릭 데이비드 해리스를 낳았다. 그로부터 열여덟 해 열하루 뒤에 에릭은 자신이 다니던 고등학교를 날려버리려고 했다. 위치타는 그가 중학교 상급반이 될 때까지 살았던 마을 가운데 가장 컸다. 오하이오 주 비버크리크에서 학교생활을 시작했고 미시간 주 오스코다, 뉴욕 주 플래츠버그 같은 공군기지가 있는 시골 마을에도 잠깐 있었다. 그 과정에서 학교를 다섯 번 옮겨다녔는데 대개 공군기지 외곽에 있는 학교들이어서 친구들도 그만큼이나 자주 전학했다.

웨인과 캐시는 잦은 이사로 인한 혼란을 줄이려고 많은 노력을 했다. 캐시는 아이들에게 집중하기 위해 집에 머물러 있기로 했다. 아울러 군인의 아내로서 임무를 성실히 수행했다. 캐시는 매력적이었지만 수수했다. 웨이브가 들어간 갈색 머리를 귀 뒤로 가지런히 넘기고 어깨 쪽으로 말아 마무리했다.

웨인은 건장한 체격의 소유자로 머리가 벗겨졌고 피부가 아주 하얬다. 야구를 지도했고 정찰대장을 맡았다. 저녁이면 에릭과 큰아들 케빈과 함께 현관 앞 차도에서 농구를 즐겼다.

"그들은 아이들을 평범한 동네에서 군사기지와 무관하게 평범하게 키우고 싶어했어요." 이웃에 살던 한 목사의 말이다. "괜찮은 이웃이었어요. 친절하고 싹싹하고 남을 배려할 줄 알았죠."

웨인 해리스 소령은 집에서 엄격했다. 신속하고 가혹하게 처벌을 했는데, 이건 가정사에만 해당되었다. 한편 바깥에서 가해지는 위협에는 군인 특유의 방식으로 대항했다. 서로 호위하며 보호하는 것이다. 그는 즉석에서 결정하는 것을 좋아하지 않았다. 아이들이 자신의 행동을 돌아보는 동안 어떤 처벌을 줄지 찬찬히 생각했다. 그래서 하루나 이틀 뒤에 결정을 내리고 밀어붙였다. 보통은 외출을 금지시키거나 아이가 소중하게 여기는 특권을 박탈했다. 에릭은 커가면서 컴퓨터를 압수당하는 일이 종종 있었는데 그러면 아주 고통스러워했다. 웨인은 에릭과 문제를 논의하고 두 사람이 사실과 처벌에 합의하면 갈등이 해결된 것으로 생각했다. 그러면 에릭은 자신의 행동에 대한 책임을 지고 처벌을 받아야 했다.

형사들은 언론에서 벌써 기정사실로 보도하고 있는 에릭의 급조된 프로필에 심각한 모순이 있음을 발견했다. 플래츠버그의 친구들은 그를 소수민족과 어울려 다니는 스포츠광이라고 했다. 에릭의 가장 친한 친구 두 명이 아시아인과 흑인이었다. 게다가 아시아 소년은 운동선수였다. 에릭은 축구를 하고 소년야구 리그에도 참가했다. 가족이 콜로라도로 이사하기 전부터 콜로라도 로키스의 팬이었고 이 팀의 야구모자를 자주 쓰고 다녔다. 중학교 때는 컴퓨터에 빠져들었고 비디오게임에 몰두했다.

어린 시절 사진을 보면 에릭은 건강하고 말쑥하고 자신감이 넘쳤다. 딜런보다 훨씬 더 안정적으로 보였다. 하지만 둘 다 애처로울 정도로 수줍음이 많았다. 에릭은 "다른 누구보다 수줍고 겁 많은 아이였어요." 플래츠버그의 소년야구팀에 있었던 한 친구의 말이다. 그는 말수가 적었고 다른 친구들의 설명에 따르면 소심하지만 인기가 많았다고 한다.

타석에서 이미 그의 핵심 성격 하나가 드러났다. "우리는 가끔 그에게 방망이를 휘두르라고, 공을 치라고 닦달해야 했습니다." 코치의 말이다. "공을 두려워했다기보다는 공을 맞추지 못하는 것이 싫었던 겁니다. 그는 실패를 두려워했어요."

에릭은 계속해서 꿈을 키웠다. 아버지가 공군에 대한 환상을 부추겼지만 에릭은 해병이 된 자신의 모습을 상상했다. "총! 나는 총싸움을 좋아했다." 그는 나중에 이렇게 적었다. 그가 자란 시골 마을에는 병정놀이를 할 수 있는 들판과 숲과 시내가 있었다. 에릭이 여덟 살이 되던 해에 가족이 오스코다로 이사를 갔는데 그곳은 경치 좋은

오세이블 강과 휴런 호가 만나는 미시간 주 북부의 바위투성이 지역
이다. 웨인과 캐시는 아이들이 민간인들과 어울리며 자라도록 마을
에 집을 샀다. 오스코다는 공군기지 중심으로 돌아가는 마을이었다.
인구는 1061명으로 점점 줄어들었다. 어른을 위한 일자리는 드물었
지만 아이들에게는 더없이 좋은 모험의 천국이었다.

에릭의 집은 휴런 국유림의 외곽에서 가까웠다. 어린 에릭의 눈에
그곳은 거대하고 아무것도 없는 고대의 숲 같았다. 스트로부스잣나
무의 퀴퀴한 냄새가 공기중에 떠다녔다. 초창기에 그곳은 벌채구역으
로 개발되었다. 미시간 주는 그곳이 폴 버니언(미국의 전래 이야기에 나
오는 거인 벌목꾼—옮긴이)의 고향이라고 선언했고 가까운 곳에는 청
동으로 만든 '벌목공 기념비'가 세워졌다. 에릭과 케빈은 친구 소냐와
함께 오후 내내 적의 부대를 추격하고 외계인의 침략을 막아내는 놀
이를 하며 놀았다. 나무토막과 가지들을 모아 작은 요새를 만들어 베
이스캠프로 활용했다.

"발사!" 에릭이 숲을 뛰어놀며 이렇게 소리치면 세 명의 어린 영웅
들은 장난감 총을 들고 드르르륵 기관총 소리를 냈다. 소냐는 언제
나 용감하게 앞장서서 가상의 총격을 가하기 시작했다. 케빈이 공중
지원을 요청하면 에릭은 나뭇가지로 만든 수류탄을 숲에다가 던졌
다. 세 명의 방어자들은 몸을 숨겼고 폭발로 땅이 들썩거리는 것을
느꼈다. 에릭이 수류탄을 연이어 던지자 적의 부대가 우르르 쓰러졌
다. 고등학생이 된 에릭이 이 시절을 떠올릴 때면 자신이 늘 주인공이
었다. 그것도 항상 악당에 맞서는 선한 주인공이었다.

에릭이 열한 살 때 이드 소프트웨어에서 〈둠〉이라는 비디오게임을
내놓았다. 에릭은 둠이 자신의 공상을 시험할 수 있는 완벽한 가상

의 놀이터임을 알아챘다. 그의 적들은 이제 얼굴과 몸과 신분을 갖춘 실체였다. 소리도 냈고 공격에 맞서 반격도 했다. 에릭은 자신의 솜씨를 측정하며 점수를 매겼다. 그는 자기가 아는 거의 모든 사람을 다 이겼다. 그리고 인터넷에서 한 번도 만난 적이 없는 수천 명의 낯선 사람들과 맞서 승리를 거두었다. 거의 모든 승리가 그의 몫이었다. 나중에 딜런이라는 호적수를 만날 때까지 말이다.

1993년에 웨인이 퇴역했다. 가족은 다시 이사했는데 이번에는 콜로라도의 제퍼슨 카운티에 영원히 정착했다. 에릭은 7학년에 올라갔고 케빈은 콜럼바인에 입학했다. 웨인은 전자 비행 시뮬레이터를 만드는 방위산업체에 일자리를 얻었다. 캐시는 출장요식업체에서 파트타임으로 일하기 시작했다.

3년 뒤에 해리스 가족은 아름다운 채트필드 저수지 바로 북쪽, 콜럼바인 고등학교에서는 남쪽으로 3킬로미터 떨어진 멋진 동네로 이사했다. 18만 달러를 주고 구입한 근사한 집이었다. 케빈은 콜로라도 대학에 가기 전까지 레벨스에서 타이트엔드 포지션을 맡으면서 키커로 활약했다. 해리스 소령의 머리카락이 갈수록 희끗해졌다. 짙은 흰색 콧수염을 기르고 체중도 불었지만, 그는 군인 같은 태도를 계속 유지했다.

22

섣부른 짐작

'치유가 시작되었다.' 이런 제목의 머리기사가 목요일 아침 덴버포스트의 1면을 가득 채웠다. 공격이 발생한 지 36시간이 지난 터였다. 목사, 정신과 의사, 심리상담사가 바쁘게 움직였다. 신문의 이런 판단은 말도 안 되게 서둘러 나온 것이었다. 도움이 되고 싶은 마음에서였겠지만, 지역사람들은 이를 잘 받아들이려 하지 않았다. 매주 제퍼슨 카운티 곳곳에서 이제 훌훌 털고 앞으로 나아가야 한다는 목소리가 나왔지만, 생존자들은 생각이 달랐다.

목요일에 마침내 희생자들의 시신이 가족에게 전달되었다. 대부분의 부모들은 어떻게든 제 자식이 어떻게 죽었는지 알아내려고 애썼다. 목격자들이 많았지만 과장해서 설명하려는 유혹이 일부 있었고, 그래서 더 극적으로 윤색된 이야기들이 떠돌기 시작했다.

대표적인 것이 대니 로버의 영웅적인 죽음이었다. 이는 금세 사람들 입에 오르내리더니 급기야 언론에까지 널리 소개되었다. "〔그는〕 다른 사람들이 도망가도록 문을 잡고 있었다. 친구들을 위해 자신의 목숨을 내건 것이다." 로키마운틴뉴스에 실린 보도였다.

"여러분도 아시겠지만 어쩌면 그는 살 수도 있었습니다." 대니 가족의 담임목사가 그의 장례식에 참석한 1500명의 조문객들에게 말했다. "그는 다른 사람들이 자기보다 먼저 나가서 무사히 도망칠 수 있도록 그곳에 남아서 문을 잡고 있었습니다. 그들은 도망쳤고 대니는 그러지 못했습니다."

이는 나중에 사실이 아니라고 밝혀졌다. 대니의 아버지 브라이언은 그 말을 절대 믿지 않았다고 했다. "내 생각엔 댄과 그 친구들은 자기가 위험하다고 생각하면 그냥 거기 남아 있을 애들이 아닙니다." 브라이언은 대니의 죽음을 더 비극적으로 만들거나 뜻있는 것으로 포장하려는 충동에 불쾌감을 보였다. 안 그래도 이미 너무나 비극적이니까요, 그가 말했다.

—

클레멘트 공원에 모인 100명의 학생들이 서로 몸을 부딪치며 들썩였다. 발끝으로 서서 하늘을 향해 손을 쳐들고 팔을 서로 맞잡아 거대한 인간첨탑을 만들었다. 열광적인 분위기였지만 표정은 차분했다. 이들은 찬송가를 부르며 몸을 양옆으로 흔들었고, 예수의 이름을 소리쳐 부르며 도움을 청했다. 그리고 적의 이름을 거론했다. "사탄의 존재가 우리 가운데 들어와 있음을 느낍니다!" 한 여학생이 이렇게 소리쳤다.

학교는 목요일 오후에 학생들을 위해 두번째 공식 모임을 마련했다. 이 지역에서 대규모 인원을 수용할 수 있는 장소는 대형교회밖에 없었으므로 웨스트볼스 커뮤니티 교회로 정했다. 원래는 그저 한 장소에서 서로를 만나고 싶어하는 학생들을 위해 마련한 비공식적인 자리였다. 프랭크 교장은 연설할 계획이 없었는데 한 상담사가 복도에서 교직원과 이야기하고 있는 그를 불렀다. "프랭크, 아이들이 당신을 필요로 해요. 앞에 나가서 몇 마디 해요."

프랭크는 교회 본당의 중앙을 걸어 연단으로 나아가면서 무슨 말을 할지 생각했다. 또다시 마이크 앞에서 어떻게 행동할지 고민에 빠졌다. 몇몇 친구들과 교직원들은 저번처럼 울지 말라고 당부했다. "맙소사, 전국의 텔레비전에 다 나온단 말이에요. 그러니 이런 모습을 보여서는 안 돼요. 그건 나약하다는 표시니까요." 한 번은 괜찮았지만 그가 몸을 숙이고 흐느끼는 광경을 언론이 다시 포착하면 여지없이 웃음거리가 될 터였다.

트라우마 전문가들은 생각이 달랐다. 이 아이들은 서부식 사고방식 속에서 자라났다. 진정한 남자는 혼자 힘으로 일어서야 한다, 눈물은 나약한 자들이나 흘리는 것이고 치료는 해봐야 소용없는 일이다, 이렇게 말이다. 한 상담사가 그에게 이렇게 말했다. "프랭크, 당신이 열쇠를 쥐고 있어요. 당신은 감정이 풍부한 사람이에요. 그러니 감정을 보여줘요. 당신이 감정을 안으로 삭이려고만 한다면 다른 사람들도 이를 따라하게 될 겁니다." 프랭크는 특히 남자애들이 그에게 더 주목하리라는 것을 잘 알았다. 아이들은 이미 위험할 정도로 감정을 억누르고 있었다. "프랭크, 아이들은 감정을 드러내도 괜찮다는 것을 알아야 해요. 그래도 된다는 것을 그들에게 보여줘요."

학생들은 교장의 등장을 기다리고 있었다. 그가 걸어오자 학교의 구호를 외치기 시작했다. 댄스파티 전날 조회에서 마지막으로 들었던 구호였다. "우리는 콜−럼−바인! 우리는 콜−럼−바인!" 우렁찬 구호 소리가 갈수록 공격적이고 대담해졌다. 교장은 그 소리를 듣고서야 자기도 아이들에게서 힘을 얻고 싶어했다는 것을 깨달았다. 그저 자신만 아이들에게 힘을 주는 것이 다가 아니었다. "나는 감정을 속일 수 없었어요. 무대에 올라가는데 아이들이 함성을 지르는 것을 보니 눈물이 나더군요."

이번에는 눈물에 대해 이야기하기로 했다. "여러분, 지금은 남자다움을 과시할 때가 아닙니다. 감정은 감정일 뿐, 속에 담아둔다고 해서 강한 사람이 되는 게 아닙니다."

교장은 더이상 사람들 앞에서 울음이 나올까봐 걱정하지 않았다.

—

학교의 가장 큰 걱정은 학기를 어떻게 마치느냐는 것이었다. 아이들은 하루 빨리 일상으로 돌아가야 했지만 경찰이 건물을 몇 달 동안 폐쇄하기로 했다. 행정 담당자들은 인근에 있는 전통의 라이벌 채트필드 고등학교에서 일주일 뒤에 수업을 재개하기로 결정했다. 콜럼바인이 오후에 수업을 하고 채트필드가 다음날 오전에 수업을 하는 것으로 합의했다. 학기가 끝날 때까지 두 학교 모두 단축수업을 하기로 했다.

장기적인 문제는 더 난감했다. 학교 건물을 완전히 파괴해야 한다고 주장하는 부모들이 있었다. 그들은 아이들이 살해현장에 다시는 발을 들여놓지 못하게 해야 한다고 했다. 하지만 어떤 사람은 자기가 다니던 고등학교를 영영 잃으면 심리적 타격이 더 커질 수 있다고 지적했다. 로키마운틴뉴스는 목요일자 신문에 이렇게 시작하는 사설을 게재했다. "만약 학생과 교사, 학부모 들이 콜럼바인의 교실로 돌아가는 것이 영 부담스럽다고 판단하면, 우리가 앞장서서 새 학교 건립에 필요한 기금을 마련하고 입법자들에게 도움을 청할 것이다. 학교를 계속 유지하고 싶어한다면 우리는 지역사회와 함께 캠퍼스의 재건에 도움을 줄 것이다."

—

빌 오드몰런 목사는 풋힐스 성경교회의 충실한 신도들이었던 존 톰린과 로런 타운센드의 장례식을 준비하기 시작했다. 목사는 클레멘트 공원을 거닐며 코를 킁킁거렸다. 사탄의 역한 냄새가 코를 찌를 듯했다. 적은 화요일에 광기의 살육을 벌이며 이곳을 휩쓸었지만, 진정한 전투는 이제 시작이었다.

"나는 사탄이 여기 있다는 걸 알 수 있습니다." 오드몰런 목사는 일요일 아침에 설교단에서 이렇게 우렁차게 외쳤다. "우리가 화요일에 본 것은 사탄의 사무실이었습니다. 사탄에게는 계획이 있습니다. 사탄은 우리가 리틀턴에서 공포에 떨며 살기를 원합니다. 우리가 검은색 트렌치코트를 보거나 고스족 복장과 화장을 한 사람들을 보면 과연 사탄은 정말 강하고 두려운 존재구나! 하고 느끼기를 원합니다."

그는 켄터키 주 웨스트퍼듀카에서 학교 총기사건이 벌어진 지 13개월 후에 ABC가 제작한 특집 프로그램을 본 적이 있었다. 웨스트퍼듀카는 그때까지도 여전히 적대감으로 분열되어 있었다. 오드몰런은 신도들에게 말했다. "나는 사탄이 13개월 후에 리틀턴이 어떻게 되어 있기를 바라는지 압니다. 사탄은 우리가 화내기를 원합니다. 우리가 주체할 수 없는 슬픔을 느끼며 계속 이 상태로 있기를 원합니다. 우리가 악으로서 악을 되갚기를 원합니다. 우리가 증오로서 증오를 되갚기를 원합니다. 사탄은 리틀턴에 대한 계획을 갖고 있습니다."

캐시 버넬의 담임목사 조지 커스틴도 같은 대상을 공격했다. 총과 폭탄까지 들었다지만 두 남자애가 벌인 짓이라고 하기에는 너무 엄청났다. 이것은 영적인 전쟁이었다. 적이 백주대낮에 제퍼슨 카운티에서 전쟁을 벌인 것이다. 조지 커스틴 목사는 그리스도가 재림해서 사탄을 벌하는 모습을 간절히 보고 싶었다. 커스틴은 웨스트볼스 커뮤니티 교회에서 신도들에게 연설하면서 캐시를 요한계시록에서 대재앙이 시작될 때 신의 이름을 외쳐부른 순교자들에 비유했다. "얼마나 오래 기다려야 합니까? 얼마나 오래 기다려야 우리가 흘린 피의 원수를 갚아주시겠습니까?"

커스틴 목사가 인용한 대목은 요한계시록에서 가장 중요한 장면이다. 네 명의 말 탄 기수가 등장한 직후에 다섯번째 봉인이 열리고, 태초 이래 죽임을 당한 모든 기독교 순교자들이 제단 아래 나타나 자신들이 흘린 피를 적들의 피로 되갚아달라고 하느님께 기도한다. 이어 진정한 신도들은 환희에 들뜨고 대재앙이 시작된다.

커스틴 목사는 우연하게도 웨스트볼스의 성경모임에서 요한계시록을 일주일에 한 장씩 가르치는 중이었다. 그는 심각한 대재앙의 신호가 이미 시작되었으며 조만간 그 순간이 닥치리라 믿었다.

—

돈 마르크스하우젠 목사는 사탄 운운하는 말이 영 못마땅했다. 그는 두 아이가 마음속에 증오를 품고 무기를 든 것으로 보았다. 그리고 그들이 그런 일을 어떻게 그리고 왜 했는지 사회가 서둘러 알아내야 한다고 생각했다. 사탄에게 책임을 전가하는 것은 쉽게 빠져나가려는 속셈이었다. 자신들이 책임지고 조사하지 않으려는 것이다. 그는 "세상의 종말" 운운하는 헛소리를 들으면 화가 치밀었다.

마르크스하우젠은 세상의 빛 성당에서 열린 집회에서 아이들에게 손을 내밀었다. 그는 콜럼바인 인근에서 거대한 루터교 신도들을 이끌었고 수년 동안 주류 개신교 성직자회의의 대표를 맡고 있는 인물이었다. 여기서 '주류'란 장로교, 성공회, 감리교, 침례교(미국 남부 침례교단 소속은 제외) 등 온건하고 규모가 큰 교단을 가리키는 일반 명칭이다. 이제 겨우 마흔다섯 살인 마르크스하우젠은 서부 교외 지역에서 지혜로운 어른으로 대접받았다. 제퍼슨 카운티 지역에서 주류 신도들은 복음주의 신도는 물론 어쩌면 가톨릭 신도보다도 수가 적지만 만만치 않은 세력을 과시하고 있었다. 마르크스하우젠의 교회는 일요일마다 1000석이 꽉꽉 들어찬다.

대부분의 주류 개신교 신도들과 가톨릭 신도들은 콜럼바인 사태를 사탄의 짓으로 몰아붙이려는 시도를 혐오했지만 굳이 거기에 맞서지 않기로 했다. 지역목사들은 교단 간의 알력을 잠시 제쳐놓고 서로 함께 힘을 모아야 한다는 데 일찌감치 뜻을 같이했다.

바브 로체는 대학살 이후 하루가 채 지나지 않아 첫번째 시련을 맞았다. 그녀는 자신이 청년부 목회자를 맡고 있는 세상의 빛 성당에서 수요일 저녁의 대형 기도회를 준비하고 있었다. 종교를 떠나 다양한 학생들이 초대받은 자리로 신도석은 발 디딜 틈이 없었다. 그녀는 모든 아이들을 편안하게 맞이하고 싶었다.

전례가 반쯤 지났을 때 복음주의 교단의 한 청년부 목사가 흥분해서는 로체에게 다가가 "강단 초청"을 하자고 했다. 이는 새로 온 신도나 회심한 신도를 앞으로 불러내서 다시 태어났음을 선언하는 의식으로 가톨릭과 무관할뿐더러 적절하지도 않아 보였다. 하지만 로체는 복음주의 교회와 갈등을 빚고 싶지 않았다.

그래서 마지못해 이를 허락했다.

청년부 목사는 마이크로 달려가 예수의 힘을 소리높여 외쳤다. 예수그리스도를 자신의 구세주로 영접할 사람은 앞으로 나오세요, 그가 소리쳤다.

자리에서 움직이는 사람이 아무도 없었다. 그는 깜짝 놀랐다.

"아무도 없어요?"

그는 자리에 앉았고 청중들은 하던 순서를 계속했다. "그들은 그저 안아주기를 원했을 뿐입니다." 로체가 말했다. "사랑받고 싶었고, 우리가 함께 이 위기를 잘 헤쳐갈 수 있다는 말을 듣고 싶어했어요."

—

아이들이 계속해서 교회로 몰려들었다. 화요일 밤에 부모에게서 벗어나 서로를 만나는 수단으로 시작된 일이 이제 습관처럼 되어버렸다. 밤마다 엄청난 수의 아이들이 교회로 왔다. 몇 년 동안 교회 문턱도 넘지 않았던 아이들도 많았다. 신을 간절하게 찾으려고 교회에 온 아이들도 있었지만 그저 갈 곳을 찾아 온 아이들이 대부분이었다.

교회는 밤마다 비공식적인 예배를 진행했다. 낮에는 그냥 문을 열어둬서 아이들이 마음대로 드나들도록 했다. 일부 사람들은 이를 전도의 기회로 보았다. 클레멘트 공원에 차를 몰고 와서 몇 시간 있다가 가는 사람들은 와이퍼에 끼워진 이런 전단지들을 발견했다. "당신의 말을 듣고 도와주고자 합니다." "원한다면 기도와 상담을 해주고 식사도 제공합니다." "핫초코, 커피, 쿠키 공짜! 캘버리 예배당에서 만나요." 포켓사이즈의 성경을 담은 상자를 트럭에 싣고 공원에 가져가서 지나가는 사람들에게 나눠주는 이들도 있었다. 사이언톨로지 신도들은 레이철 스콧의 차 옆을 지나는 애도객들에게 『행복으로 가는 길』 소책자를 나눠주었다. 그녀의 차는 아직도 주차장에 그대로 있었다.

—

조사관들은 수십 명의 목격자들을 학교로 다시 데려가 공격 상황을 재구성하기 시작했다. 교장이 첫번째였다. 대학살 며칠 뒤에 형사들이 그를 데리고 건물 중앙복도를 지났다. 퓨질리어 경관이 동행했다. 부서진 트로피 진열대를 지날 때 프랭크는 그것이 자기 뒤에서 폭발했다고 설명했다. 복도를 계속 걸으며 그는 자기가 여학생들의 체육수업을 막은 곳이 여기라고 했다.

그는 모든 상황을 재구성했다. 외침, 비명, 매캐한 연기 냄새까지. 이제 프랭크 디앤젤리스의 마음은 혼란스럽지 않았다. 감정이 메말라버려서 그가 마음을 터놓길 바랐던 남자아이들만큼이나 냉철했다.

모퉁이를 돌자 카펫에 묻은 핏자국이 보였다. 순간 데이브 샌더스가 그 자리에 쓰러져 있었다는 것을 알아차렸다. 얼룩을 보게 될 줄은 미처 몰랐다. "주먹 자국이 보이더군요. 팔다리로 기어다녔나봐요. 그러니 주먹 자국이 남았겠죠. 그 친구가 필사적으로 발버둥쳤을 모습을 떠올리니 가슴이 찢어지더군요."

핏자국은 데이브가 모퉁이를 돌아 복도에 갈 때까지 이어졌다. 형사들이 프랭크를 3번 과학실로 데려갔다. 모든 게 그대로였다.

"형사들이 나를 데이브가 죽은 곳으로 데려갔습니다. 피로 물든 운동복이 있었어요. 마음이 아팠습니다." 과학실에서 프랭크는 또다시 억장이 무너졌다. 그는 퓨질리어 쪽으로 돌아섰다. "그가 옆에 있어서 좋았습니다. 대부분의 FBI 요원들은 그냥 가만히 있었을 겁니다. 한데 드웨인은 나를 안아줬어요."

—

목격자를 제외하면 사건 해결의 희망을 걸어볼 최고의 물리적 증거는 단연 총이었다. 딜런은 미성년이었다. 에릭은 이제 막 열여덟 살이 되었다. 이들은 아마도 무기를 손에 넣기 위해 누군가의 도움을 받았을 것이다. 따라서 무기를 구해준 사람이 가장 유력한 공모자일 터였다.

조사관들은 여러 경로로 나뉘어 동시에 추적을 벌였다. ATF 요원들이 기술적인 부분을 맡았다. 그들은 반자동소총의 이력에 대해 조사했다. 에릭의 카빈 라이플은 제작된 지 1년이 안 되었다. 원래 앨라배마 주 셀마에서 팔렸고 콜로라도 주 롱몬트의 한 총포점으로 흘러

들어갔는데, 이곳은 덴버에서 한 시간도 걸리지 않는 곳이었다. 그들은 딜런의 TEC-9이 1997년에서 1998년 사이에 네 명의 주인을 거쳤다는 것을 알아냈다. 하지만 기록은 여기서 끝났다. 세번째 주인 말로는 태너 총기전시회에서 팔았다는데 당시에는 판매 기록을 갖고 있지 않아도 되었다고 했다. 산탄총은 문제가 더 심각했다. 이미 30년이나 된 총들이어서 일련번호를 추적하는 것이 불가능했다.

폭탄제거반은 대형 폭탄을 해체하여 살펴보았다. 에릭이 제작한 폭탄의 중심부는 완전히 엉망이었다. "그들은 폭발 반응을 이해하지 못했습니다." 소방감의 말이다. "전기회로에 대한 이해가 전혀 없었습니다."

경관들은 혹시나 이를 따라할 모방범들에게 힌트를 줄까 싶어서 더이상 세세한 내용을 공개하지 않았다. 소방감은 주요한 실패 요인을 "불완전한 도화선 설치"라고 요약했다.

용의자 수색에는 행운이 더 따랐다. 크리스 모리스가 첫날에 필 듀런의 이름을 댔다. 모리스의 말이 사실이라면 몇몇 총기의 출처가 밝혀질 수 있었다. 어쩌면 네 총기 모두 어떻게 손에 넣었는지 알 수 있을 것이다. 듀런은 아무것도 모르는 척했지만 곧 실토하게 할 수 있을 것 같았다. 이어 그들은 로빈 앤더슨에 대해 들었다.

로빈은 화요일 밤에 켈리에게 자신의 비밀을 털어놓았지만 양심의 가책을 덜지 못했다. 수요일 아침에 잭에게 다시 연락했다. 이번에는 그에게 말했다. 그리고 사소한 거짓말을 또 했다. 그에게 처음 털어놓는 것이라고 했다. 그런 다음 엄마에게 비밀을 말했다.

로빈의 엄마가 학교까지 아이를 데리고 갔다. 제퍼슨 카운티는 범죄현장인 밴드연습실에 본부를 세우고 콜럼바인 대책반을 설치했다. 형사들이 로빈을 인터뷰했고 엄마가 옆에서 지켜보았다. 두 명의 형사가 번갈아가며 질문했다. 한 명은 지방검사 사무실에서 왔고 다른 한 명은 가까운 교외 경찰서에서 파견한 형사였다. 비디오 촬영을 했고 호된 질의가 이어졌다. 그들이 총에 대해 처음 물었을 때 형사의 촬영 기록지에 보면 로빈은 "눈에 띄게 위축되었다". 그리고 엄마를 쳐다보며 도움을 청했다. 총을 구입한 게 너니? 아뇨, 제 딸이 사지 않았어요. 아이들과 총기전시회에 갔고 걔네들이 총을 샀어요. 그들이 왜 총을 원했을까? 딜런은 시골에 살아서 아마 사냥하려고 그러나보다 생각했대요. 사람을 사냥한다는 말은 절대로 하지 않았대요. 농담으로도요.

형사들은 로빈에게 댄스파티와 트렌치코트 마피아, 살인자들의 성격에 대해 물었고 다시 총 얘기로 돌아갔다. 로빈은 개인판매자였다고 말했다. 아이들은 현금을 냈다. 흥정하지도 않고 부르는 대로 값을 다 지불했다. 총 하나가 250달러 내지 300달러가량 했다. 아무도 서명을 요구하지 않았고 신분증을 보여줄 필요도 없었다. 산탄총은 총신이 아주 길었지만 판매자 말로는 잘라도 아무 문제가 없다고 했다.

형사들은 로빈을 더 심하게 몰아붙였다. 딜런과 에릭은 사냥꾼처럼 보이지 않던데. 딜런은 산 쪽에 살았어요, 거기에 사슴이 있어요. 그리고 제 남편도 총을 갖고 있어요. 한 번 사용한 적은 없지만 가지고 있긴 해요. 많은 사람들이 총을 수집해요. 에릭과 딜런도 그런 수집에 빠졌어요. 그러니 총을 구하려는 것도 이상한 일은 아니죠. 로빈은 실제로 아이들에게 총으로 멍청한 일을 벌일 참이냐고 물어보았다. 그랬더니 그들은 누구도 다치게 하는 일이 절대 없을 거라며 그녀를 안심시켰다.

에릭과 딜런이 총에 대해 비밀로 해달라고 했니? 네. 그것 때문에 의심이 들지는 않았어? 그들은 미성년자였으니까요. 불법이잖아요. 그래서 부모한테도 숨겨야 했어요. 그럼 그들이 총을 어디에 숨겼지? 에릭에 대해서는 잘 몰라요. 딜런이 그를 먼저 내려주었고 에릭은 총을 자신의 혼다 자동차 트렁크에 두었어요. 딸 생각으론 에릭이 나중에 집안에다 숨겼을 거래요. 딜런은 총을 옷장 아래 서랍에 두려고 했지만 너무 컸대요. 그래서 벽장에 넣었다고 했죠. 나중에 딸에게 말하기를 총신을 잘라서 결국 서랍에 두었다고 하더군요.

의심이 들지는 않았어? 아뇨, 총기 판매자가 그렇게 해도 된다고 했거든요.

로빈은 총을 다시는 보지 못했다고 했다. 형사들은 질의를 계속했다. 다양한 주제에 대해 물었고 결국 폭탄 문제로 넘어갔다. 폭탄을 보거나 만드는 것을 돕거나 아니면 에릭과 딜런의 친구들이 도왔니? 아뇨, 절대로…… 어쩌면 잭 헤클러는 도왔을지도 몰라요. 잭? 왜 잭이지? 상황이 어떻게 돌아가는지 더 많은 것을 알고 있다고 잭이 딸에게 말했거든요. 로빈은 잭과의 통화에 대해 형사들에게 말하면서 그가 파이프폭탄에 대해 알고 있었음을 시인했다고 했다.

참 이상하군, 형사들이 말했다. 에릭과 딜런은 매주 로빈과 볼링을 쳤다. 딜런은 하루가 멀다 하고 그녀에게 전화했고 총에 대한 비밀도 털어놓았다. 그런데 파이프폭탄에 대해서는 한마디도 안 했다니. 아마 내가 알아서는 안 된다고 생각했나봐요. 왜 이래, 거짓말 마! 형사들이 말했다. 계속해서 그들은 말이 안 된다며 그녀를 압박했다. 녀석들이 잭에게는 폭탄에 대해 말했는데 너한테는 한마디도 안 했다고? 정말이에요, 안 했다니까요. 원래 그런 애들이에요. 뭔가 알려주고 싶은 게 있으면 알려주지만 감추고 싶으면 절대로 말을 안 해요. 그런 면에서는 확실해요. 철저하다니까요.

형사들은 그녀를 계속 추궁했다. 총은 분리해서 봐야 하는 사건이에요. 그리고 잭도 많이는 몰랐어요. 아이들이 폭탄을 만들고 있다는 것은 알았지만 무슨 꿍꿍이속인지는 전혀 몰랐어요.

신문은 네 시간 동안 이어졌다. 로빈은 자기 입장을 굽히지 않았다.

—

폭탄제거반이 학교를 몇 차례 샅샅이 뒤져 크기와 성분이 다양한 100여 개의 폭탄을 찾아냈다. 대부분이 터졌지만 몇 개는 터지지 않았다. 거의가 다 파이프폭탄과 크리켓폭탄이었다. 그 가운데 눈에 띄는 폭탄 하나가 학생식당에서 발견되었다. 높이가 거의 60센티미터에 이르는 거대한 흰색 프로판탱크로 3.7리터 가솔린 캔 옆에 끼워져 있었다. 무엇보다 불길한 것은 알람시계가 맞춰져 있다는 점이었다. 거의 다 타버린 오렌지색 더플백의 잔해도 보였다. 자동차에 설치된 폭탄도 발견했는데 배선이 잘못되어 있었다. 들판에 설치된 미끼용 폭탄은 또다른 이유로 골칫거리였다. 옮겨지자마자 폭발했는데 아마 부비트랩인 모양이었다. 건드리면 폭발하도록 연결된 선이 도처에 있을 가능성이 있었다.

FBI가 대대적인 증거 수집을 위해 범죄수사 전문가들을 파견했다. 목요일 아침 8시 15분, 전문가 팀이 엉망이 된 학생식당을 힘겹게 걸어다녔다. 수백 개의 배낭과 식판, 먹다 남은 음식물이 여기저기 널려 있었는데 대개는 부서지거나 불에 타거나 폭발물에 날아갔고 몇 시간 동안 작동한 스프링클러 때문에 흠뻑 젖었다. 배낭 속에 든 호출기가 집에서 보낸 메시지 때문에 계속 삑삑 울려댔다.

한 요원이 대형 폭탄 옆의 다 타버린 오렌지색 가방으로부터 3미터쯤 떨어진 곳에서 파란색 더플백을 발견했다. 속이 불룩했고 기계가 들어가면 딱 맞는 크기였다. 그들은 옆으로 다가갔다. 한 요원이 가방 맨 위를 천천히 눌러보았다. 딱딱했다. 어쩌면 또다른 프로판탱크일지도 몰랐다. 그들은 도움을 청했다. 몇 명의 보안관보와 FBI 폭탄 전문가 한 명이 왔다. 그중 한 명은 1년 전에 에릭 해리스를 조사했던 마이크 게라 경관이었다. 가방을 잘라 조심스럽게 열었다. 프로판탱크의 끝이 보였고 다른 쪽 끝에 연결된 알람시계가 보였다. 어딘가에 아직 터지지 않은 폭탄이 더 있을 것이었다. 얼마나 더 있을까? 그들은 즉시 그 지역을 폐쇄했다.

만약 프로판폭탄이 제대로 폭발했다면 학생식당에 있던 대부분의 사람들은 흔적도 없이 타버렸을 것이다. 몇 초 만에 500명의 사람들이 날아갔을 것이다. 이는 오클라호마시티에서 죽은 희생자의 네 배다. 미국 역사상 가장 참혹했던 열 차례 국내 테러공격의 희생자를 다 합친 것보다도 많은 사람이 희생되는 셈이었다.

대형 폭탄의 존재로 상황은 이제 완전히 다른 방향으로 돌아갔다. 공격의 규모와 방법, 동기에 대해 새로 접근해야 했다. 이는 무차별적인 공격이었다. 모두를 죽이려는 시도였다. 콜럼바인 총기사건은 다른 학교에서 벌어진 사건과 근본적으로 달랐다. 사실 총기사건이 아니었다. 실패로 끝났지만 폭탄 테러사건이었다.

같은 날 경관들은 엄청난 파괴력을 가진 대형 폭탄을 발견했다고 발표했다. 언론매체에 새로운 충격파를 던졌다. 하지만 놀랍게도 기자들은 이 발견의 의미를 제대로 파악하지 못했다. 형사들은 목표대상 가설을 즉시 버렸다. 처음에는 누군가를 노리고 저지른 일이라 생각했는데 이제 완전히 잘못 짚었음이 드러났다. 그런데도 언론매체는 이를 고수했다. 그들은 콜럼바인에서 일어난 비극이 총격사건이며 살인자들은 운동선수(원어로는 jock. 프로 선수가 아닌 학교 소속의 운동선수를 말하는데 근육질에 남자다움을 과시하는 사람을 경멸하는 의미로도 사용된다. 여기서 운동선수가 표적으로 거론되는 이유는 이런 아이들이 학교에서 약한 애들을 괴롭히는 경우가 있기 때문이다—옮긴이)를 노린 부적응자들이었다는 주장을 굽히지 않았다. 이후 새로운 사실이 밝혀질 때마다 그들은 그런 관점에서 바라보았다.

23

영재 소년

딜런 베넷 클레볼드는 태어날 때부터 남달리 총명했다. 그는 1년 일찍 학교에 들어갔고 3학년 때 칩스(CHIPS)라고 하는 영재 지원 프로그램에 등록했다. 딜런은 특히 수학 신동이었다. 남들보다 일찍 시작했어도 지적 능력은 전혀 뒤떨어지지 않았고 대신 수줍음을 많이 탔다.

시를 좋아했던 클레볼드 부부는 딜런 토머스와 로드 바이런의 이름을 따서 두 사내아이의 이름을 지었다. 톰과 수는 오하이오 주립대학에서 만났다. 톰은 조각을, 수는 미술을 전공했다. 이어 이들은 위스콘신으로 학교를 옮겨 더 실용적인 분야로 석사 학위를 받았다. 톰은 지구물리학을 공부했고 수는 교육학을 전공해 독서지도사가 되었다. 톰이 석유회사에 취직하면서 가족은 제퍼슨 카운티로 이사했다. 당시는 아직 덴버 광역권이 이들이 사는 지역까지 미치기 전이었다.

딜런은 에릭보다 다섯 달 뒤인 1981년 9월 11일에 태어났다. 둘 다 소도시에서 자랐다. 딜런은 유소년 보이스카우트 프로그램에서 상패를 받았고 파인우드 더비(보이스카우트에서 주최하는 나무로 만든 자동차경주 대회—옮긴이)에서 우승도 했다. 스포츠는 항상 중요했다. 타고난 경쟁자로 승부욕이 강했다. 소년야구 리그에서 투수를 했을 때는 타자들을 삼진으로 돌려세우는 일이 워낙 많아 화가 난 타자가 방망이를 집어던지기도 했다. 그는 죽는 날까지 메이저리그 선수들을 우상으로 떠받들었다.

클레볼드 집 안은 늘 규칙적이고 지적인 분위기가 감돌았다. 수 클레볼드는 깔끔함에 대한 집착이 있었지만 딜런은 어지르는 것을 좋아했다. 한 이웃이 장난기 가득한 딜런을 어릴 때 잘 돌봐주었다. 그녀는 어쩌면 에릭이 대학살을 벌이기 전에 막을 수도 있었던 사람이다. 주디 브라운은 이웃집에 살던 친구의 엄마로 간식도 만들어주고 자기 집에서 재워주고 아이들에게 모험도 시켜주었다. 딜런은 그녀의 아들 브룩스를 칩스 프로그램에서 만났다. 브룩스는 딜런처럼 갸름한 달걀형의 얼굴이었고 턱이 좁았다. 하지만 딜런의 눈이 생기가 넘쳤다면 브룩스의 눈은 축 늘어져서 지치고 걱정이 많아 보이는 인상이었다. 두 아이 모두 또래들보다 빨리 자랐다. 브룩스는 결국 195센티미터까지 자랐다. 둘은 오후 내내 브라운의 집에서 놀았다. 소파에서 오레오 쿠키를 먹다가 예의바른 태도로 하나 더 달라고 보채기도 하면서. 딜런은 낯선 사람을 보면 낯을 많이 가렸지만 주디를 보면 달려가 무릎에 안길 정도로 잘 따랐다. 더없이 사랑스러운 아이였다. 그의 연약한 자아를 우연히 발견하기 전까지는 말이다. 그리 오래 걸리지는 않았다.

주디는 딜런이 화를 벌컥 내는 장면을 여덟 혹은 아홉 살 때 처음 보았다. 평소처럼 모험을 찾아 아이들을 차에 태우고 얕은 하천의 둑으로 갔다. 이번에는 수 클레볼드도 같이 갔는데 그녀는 지저분한 진흙이 정말 싫었지만 아들과 유대감을 키운다는 생각에 꾹 참았다. 공식적으로는 가재잡이였지만, 아이들은 늘 그랬듯이 개구리나 올챙이 같은 미끈거리는 녀석들을 뒤졌다. 수는 세균에 감염될까 걱정해서 아이들에게 깨끗하게 놀라고 소리를 질렀다.

가재를 잡아 담으려고 가져간 커다란 양동이는 언덕 위로 돌아올 때까지 비어 있었다. 그때 한 녀석이 다리에 거머리를 붙인 채 하천에서 터벅터벅 걸어나왔다. 아이들은 기뻐서 어쩔 줄 몰랐다. 거머리를 떼어내서 뚜껑에 구멍을 뚫은 마요네즈 병에 넣고 계속해서 지켜보았다. 다들 점심을 먹고 나서 하천으로 다시 놀러갔다. 수심이 30센티미터에 불과했지만 물이 흐려져서 바닥이 보이지 않았다. 딜런의 테니스화가 철썩 하고 진창에 파묻혔다. 다들 물장구를 치고 놀고 있었는데 딜런이 우스꽝스럽게 쭉 미끄러졌다. 넘어지지 않으려고 팔을 거칠게 휘둘렀지만 소용없었고 결국 엉덩방아를 찧었다. 반바지가 금세 푹 젖었고 축축한 진흙이 깨끗한 티셔츠에 튀었다. 브룩스와 그의 형 애런은 배를 움켜잡고 웃었다. 딜런은 화가 치밀었다.

"그만해!" 딜런이 소리쳤다. "비웃지 마! 그마아아아아아안!"

웃음소리가 뚝 그쳤다. 브룩스와 애런은 약간 겁이 났다. 그렇게 열을 내는 아이는 본 적이 없었던 것이다. 주디가 달려가 딜런을 달래려 했지만 그는 좀처럼 진정하지 못했다. 다들 조용해졌는데 딜런 혼자서 계속 그만하라고 소리를 질렀다.

수는 딜런의 손목을 잡고 휙 끌어당겨 데려갔다. 아들을 진정시키는 데 몇 분이 걸렸다.

　수 클레볼드는 언젠가 이런 일이 터지리라 예상했다. 시간이 흘러 주디도 그랬다.

　"딜런이 스스로에게 좌절해 화를 터뜨리는 모습을 보았어요." 그녀가 말했다. 그는 며칠 혹은 몇 달을 얌전하게 있다가 노여움이 끓어오르면 사소한 장난 때문에 폭발했다. 주디는 딜런이 커가면서 이를 극복할 줄 알았지만 결코 그러지 못했다.

　형사들이 수집한 두 살인자의 초상은 놀랄 정도로 닮았으면서도 평범하기 그지없었다. 조용하고 작은 동네에서 살았고 안정적인 환경에 양친이 있고 두 자녀 가운데 막내였다. 클레볼드 가족이 좀더 유복했고 해리스 가족은 여기저기 옮겨다녔다. 두 아이 모두 더 크고 덩치도 좋고 힘도 센 형의 그늘 아래서 자랐다. 에릭과 딜런은 결국 비슷한 취미, 수업, 일자리, 친구, 옷 취향, 동아리 활동을 공유하게 되었다. 그러나 둘의 내면을 살펴보면 완전히 달랐다. 딜런은 스스로를 열등하다고 여겼다. 분노와 혐오가 내면에 떠돌아다녔다. "그는 항상 스스로에게 화풀이했어요." 주디 브라운의 말이다.

—

　딜런의 어머니 수 클레볼드는 유대인이었다. 콜럼버스의 유명한 유대인 집안 출신으로 본명은 수 야세노프였다. 친할아버지 레오 야세노프는 박애주의자였고 지역의 거물이었다. 시내에 있는 레오 야세노프 유대인 커뮤니티센터는 그가 자금을 댄 재단에서 설립한 건물이었다. 친구들 말에 따르면 딜런은 에릭이 히틀러, 나치, 독일에 열광한 것에 결코 동조하지 않았으며 그 때문에 마음고생을 한 것 같다고 했다. 톰은 루터교 신도였고 그래서 가족은 유대교와 루터교 의식을 조금씩 행했다. 부활절과 유월절을 지켰고 전통적인 유월절 만찬을 즐겼다. 하지만 한 해의 대부분은 별다른 교회 나들이 없이 조용하게 신앙생활을 했다.

1990년대 중반에 이들은 전통적인 교회생활을 하기로 하고 세인트필립 루터교회에 나갔다. 아이들도 부모를 따라 예배를 보았다. 담임목사 돈 마르크스하우젠은 이들 부부를 "근면하고 대단히 지적이고 뭐랄까, 60년대 사람들 같다"라고 했다. "그들은 폭력이나 총, 인종차별을 지지하지 않았고 반유대주의자가 절대 아니었습니다." 그들은 마르크스하우젠 목사가 마음에 들었지만 정식 교회 예배는 그들에게 맞지 않았다. 결국 교회에 잠깐 다니다가 발길을 끊었다.

수는 고등교육 분야에서 일했다. 강사로 시작해서 실험실 조교가되었고 결국에는 장애아동을 돕는 일을 했다. 1997년에 그녀는 지역의 칼리지를 떠나 콜로라도 커뮤니티 칼리지 시스템에 자리를 잡았다. 거기서 직업/재활 학생들이 일자리를 잡고 교육을 받도록 돕는 프로그램을 마련했다.

톰의 석유사업은 꽤 잘되었지만 사실 아파트를 개조하고 임대하는일에 재능이 더 있었다. 수리와 리모델링을 잘했다. 결국 취미가 사업이 되었다. 톰과 수는 부지를 매각하고 관리하는 파운틴 부동산 매니지먼트를 설립했다. 톰은 파트타임으로 작은 석유회사들을 컨설팅하는 일을 계속했다.

클레볼드 부부는 재정적으로 여유가 있었지만 자식들을 망치게될까 걱정이었다. 도덕관념을 중시하는 집안이었으므로 아이들에게 절제하는 법을 가르쳐야 했다. 톰과 수는 아이들을 키우는 데 적당하다고 생각하는 예산만을 썼다. 언젠가 크리스마스 때 딜런이 비싼 야구카드를 사달라고 했는데 그러면 선물 예산을 다 쓰는 셈이어서 수는 갈등에 빠졌다. 아들이 원하는 대로 카드를 사주고 작은 선물도 사줄까? 돈을 조금 더 쓰면 되었다. 하지만 그녀는 그러지 않기로 했다. 간소함도 선물이라 생각했다. 딜런은 자기가 원하는 카드를 얻었지만 그게 다였다.

1990년에 덴버 광역권이 제퍼슨 카운티까지 파고들어오자 클레볼드 부부는 산등성이 너머로 집을 옮겼다. 산등성이는 수십 미터 높이 언덕의 첫번째 자락으로 공중에서 보면 돼지의 등을 따라 혹들이 난 것처럼 보여서 호그백(hog's back)이라 불렸다. 이곳은 덴버에 마치 해안선 같은 역할을 했다. 문명이 여기서 끝나는 듯했다. 도로는 드물었고 집들은 외따로 떨어져 있었다. 가게들도 여가활동을 위한 곳도 거의 보이지 않았다. 클레볼드 가족이 이사한 곳은 널찍한 암석 대지에 위치한 디어크리크 메사의 삼나무와 널찍한 창유리로 된 낡은 저택이었다. 디어크리크 메사는 이곳에서 몇 킬로미터 떨어진 레드록스 야외 원형극장(덴버 서쪽 로키 산맥 끝자락에 위치한 붉은 사암절벽지대에 자연지형을 살려 만든 극장—옮긴이)의 축소판 같은 곳이었다. 톰은 저택을 개조해서 점차 근사한 모습으로 만들어갔다. 딜런은 이제 공식적으로 오지 사람이었다. 시골에 살면서 아침마다 북적대는 곳을 지나 교외에 있는 학교까지 통학을 했다.

7학년 때 딜런은 두려운 변화를 맞이했다. 칩스에서 머리 좋은 괴짜들과 함께 지내며 보호를 받던 그는 이제 새 학교로 가야 했다. 켄 캐릴 중학교는 다섯 배나 컸고 영재 프로그램도 없었다. 톰은 딜런이 이제 "요람에서 나와 현실에" 발을 들여놓았다고 표현했다.

—

　딜런은 폭발물을 사랑하면서도 차분한 일상을 좋아했다. 그 가운데서도 최고는 아버지와 함께 낚시여행을 갈 때였다. 그는 "평범한 하루"라는 글에서 평온한 순간을 실감나게 포착했다. 전날 밤 일찍 잠자리에 들어야 했는데 평상시라면 "말다툼하고 토라지기 일쑤였겠지만" 이날만은 군소리 않고 일찍 잤다. 그는 어둑한 새벽에 방안에 밀려든 그윽한 커피 향기에 눈을 떴다. 커피 맛을 좋아하지 않았지만 냄새만은 질리지 않았다. "형은 벌써 일어나 있었다. 자기는 좋아하지도 않는 커피를 내려 아버지를 감동시키기 위해서였다. 형은 늘 모두를 감동시키기 위해 노력했다. 나는 속으로 시간낭비라고 생각했다."
　딜런은 서둘러 차고로 나가 낚시도구를 챙기고 아이스박스를 73년식 램 픽업트럭 뒤에 싣는 것을 도왔다. 이어 언덕을 향해 출발했다. "산악지대는 항상 평화로웠다. 키 큰 소나무들이 무리를 이룬 가운데 평온하게 틀어박혀 겨울잠을 자는 신화 속의 바닷새 같았다. 당시에는 세상이 다 바뀌어도 그곳만은 절대 변하지 않을 것 같았다." 그들은 인적이 드문 황야지대의 산악호수로 차를 몰았다. "불쾌한 몇몇 교외의 또라이들이 문제였는데 녀석들은 호수의 평온함을 파괴할 기세였다."
　딜런은 물을 좋아했다. 강둑에 서서 수면을 바라보며 독특한 패턴으로 춤추는 물결이 갑작스러운 흐름을 만나 예기치 못한 형태를 그리며 또다시 사라져가는 모습을 응시했다. 참으로 멋진 퇴장이었다.

딜런은 흥미로운 뭔가가 시선을 사로잡으면 물고기도 거기에 매료되었으리라 생각하고는 그쪽으로 낚싯줄을 던졌다.

그렇게 낚시여행이 끝났다. 이어 자동기계들로 가득한 멍청한 사회로 돌아왔다. "그래도 후회는 없다." 그는 글의 마지막을 이렇게 마무리했다. "자연은 예리한 관찰력으로 알아보는 사람에게만 은밀한 평온함을 허락한다. 모두에게 딱한 일이다."

24

도움이 필요할 때

마르크스하우젠 목사는 세인트필립 루터교회에서 수천 명의 신도들을 이끌었다. 상당수의 학생들이 콜럼바인에 다녔다. 그는 리우드에서 학생들을 찾고 부모를 위로하며 "인질 위기" 해결에 매달렸다. 그래서 교구활동에 소홀한 면도 있었을 것이다.

첫날 저녁 세인트필립에서 철야기도를 가졌다. 영성체 의식을 행했는데 이럴 때면 마음이 차분해졌다. 부드럽게 속삭이며 서로 주고받는 말이 주문처럼 그의 마음을 편하게 했다. 예수그리스도의 육신으로…… 아멘…… 예수그리스도의 육신으로…… 아멘…… 꾸준한 흐름을 타고 나지막한 그의 저음과 들릴락 말락 한 신도들의 짧은 응답이 계속 이어졌다. 떨리는 테너와 소프라노가 섞여들면서 그의 교향곡을 다채롭게 했지만 리듬은 한결같았다. 영성체 대기 줄이 거의 없어질 무렵 한 여성의 목소리가 마법을 깼다. "예수그리스도의 육신으로……"

"클레볼드."

뭐라고? 처음에는 놀랐지만 가끔 일어나는 일이었다. 통로 쪽으로 느린 흐름을 따라 천천히 걸어나오며 기도에 몰입해 있던 신도가 목사의 목소리에 놀라는 일 말이다.

마르크스하우젠 목사는 다시 시도했다. "예수그리스도의 육신으로……"

"클레볼드."

이번에는 그 말을 알아들었다. 텔레비전에서 들어본 말이었다. 하지만 클레볼드 가족과 잠깐 교제를 나누었던 사실은 잊고 있었다.

그는 고개를 들었다. 여자가 말을 계속했다. "도움이 필요한 그 가족을 저버리지 마세요."

그녀는 성체를 받아들고 옆으로 걸음을 옮겼다.

그날 밤 마르크스하우젠 목사는 교구 명단을 훑어보았다. 톰과 수와 두 아들 딜런과 바이런이 5년 전에 이곳에 등록한 것을 확인했다. 교회에 오래 다니지는 않았지만 그렇다고 그의 책임이 줄어드는 것은 아니었다. 그들이 영혼의 안식처를 찾지 못했다면 그가 보살펴주어야 했다.

그는 톰과 수와 가깝게 지내는 한 가족을 찾아 언제라도 자신을 찾아오라는 메시지를 전하게 했다.

며칠 뒤에 연락이 왔다. "목사님의 도움이 필요합니다." 톰이 말했다. 절박해 보였다. 그의 목소리는 떨리고 있었다. 톰은 아들의 장례식을 치러야 했다. 5년 동안 발걸음을 않다가 부탁하려는 그의 심정이 얼마나 난처했을까. 하지만 선택의 여지가 없었다.

그에게는 요구조건도 있었다. "비공개로 했으면 좋겠습니다."

물론이죠, 마르크스하우젠이 말했다. 양쪽 모두에게 그게 좋을 것 같았다. 그는 톰에게 어떻게 지냈는지 물었고 수의 안부도 물었다. "그는 '망연자실하다'는 단어를 썼습니다." 그가 나중에 회상했다. "더 이상 못 묻겠더군요."

톰과 수는 목요일에 아들의 시신을 받았다. 장례식은 토요일에 거행되었다. 친구와 가족, 목사를 포함해서 15명만 참석한 가운데 조용히 치렀다. 마르크스하우젠은 다른 목사를 데려왔고 그들의 부인들도 왔다. 딜런은 열린 관에 누워 있었는데 얼굴을 원상태로 복원해서 총상으로 갈라졌던 흔적은 찾아볼 수 없었다. 평화로워 보였다. 그의 머리 근처에는 그가 어릴 때 갖고 놀던 봉제인형들을 갖다놓았다.

마르크스하우젠이 도착했을 때 톰은 자제력을 보였지만 수는 심리적으로 무너졌다. 목사의 팔에 풀썩 쓰러지고 말았다. 마르크스하우젠은 그녀를 안았다. 가녀린 몸을 부들부들 떨고 있었다. 그녀는 1분 30초 동안 그렇게 안겨 흐느꼈다. "시간이 얼마나 흘렀는지 모르겠습니다." 그가 말했다.

톰은 이 어린 아들이 살인자라는 것이 믿기지 않았다. "이것은 내 아들이 아닙니다." 다음날 마르크스하우젠은 톰이 했던 말을 그대로 전했다. "당신들이 신문에서 본 것은 내 아들이 아니에요."

다른 조문객들이 도착했지만 상황만 더 어색해졌다. 지금 예배를 드려봤자 그들에게 도움이 되지 못할 듯했다. 마르크스하우젠은 예배를 잠시 제쳐놓고 각자 하고 싶은 말을 하는 시간을 갖는 게 좋겠다고 생각했다. "잠시 얘기나 나눌까요? 예배는 그런 다음 보도록 하죠."

그는 문을 닫고 누가 먼저 말을 하겠느냐고 물었다.

"한 부부가 심정을 털어놓더군요." 그가 회상했다. "아들이 어렸을 때 딜런과 자주 어울려 놀았다고 했어요. 그들은 딜런을 좋아했습니다."

총이 어디서 났을까요? 톰이 물었다. 그들은 BB탄총 말고는 가져본 적이 없었다. 폭력은 어디서 왔을까요? 나치라니 대체 뭐죠?

그리고 반유대주의는요? 수가 물었다. 그녀는 유대인이었으므로 딜런도 반은 유대인이었다. 이를 어떻게 이해해야 하죠?

한 친구는 그들이 좋은 부모였다고 했다. 딜런도 좋은 아이였다고 했다. "마치 우리 아들 같았어요!"

다들 계속 이야기를 털어놓았다. 열 명도 안 되었지만 45분 동안 분노와 혼란을, 그리고 가끔씩 감정을 터뜨렸던 까다로운 아이에 대한 사랑을 토로했다.

딜런의 형 바이런은 내내 듣고만 있었다. 톰과 수 사이에 조용히 앉아 있던 그는 모임이 끝날 무렵에야 말을 꺼냈다. "부모님과 저를 위해 여기 와주신 모든 분께 감사하다는 말씀을 드리고 싶습니다. 동생을 사랑합니다."

마르크스하우젠은 사람들에게 힘을 주고자 성경을 펼쳤다. "사실 신의 은총을 모르고 그저 판단만 내리려는 사람들이 있습니다." 하지만 도움은 필요할 때 뜻밖의 방식으로 손을 내민다. "여러분이 어떻게 마음의 상처를 치유할지 저는 모릅니다. 하지만 신은 여러분에게 손을 내밀고 싶어하시며 언제든 어떤 식으로든 여러분에게 손을 내미실 겁니다."

그는 구약성경 사무엘하에 나오는 다윗 왕과 사랑하는 아들 압살롬의 이야기를 소개했다. 압살롬은 능수능란하게 자신을 낮추고 아버지와 법정과 왕국의 비위를 맞추었지만, 뒤로는 몰래 왕위를 찬탈하려는 음모를 꾸몄다. 결국 이스라엘은 내란에 휩싸였다. 압살롬이 아버지를 이기는가 싶었지만 다윗의 전략가들이 승리했다. 왕은 승리의 소식을, 이어 자신의 아들이 죽었다는 소식을 보고받았다. "다윗이 아들의 죽음에 어찌나 슬퍼하던지 승리가 패배처럼 보였나니. 백성들은 조용히 성읍으로 들어가더라." 다윗은 목놓아 슬피 울었다. "내 아들 압살롬아, 내 아들 압살롬아! 차라리 내가 너를 대신하여 죽었더라면, 오 압살롬, 내 아들아!"

—

클레볼드 부부는 딜런을 땅에 묻기를 두려워했다. 그의 무덤이 훼손되고 더럽혀질 게 뻔했기 때문이다. 그래서 아들을 화장하고 유골을 집에 두기로 했다.

마르크스하우젠은 언론매체가 장례식 소식을 들었으리라 생각했다. 그래서 질문을 받으면 어떻게 대처하는 게 좋을지 클레볼드 가족의 변호사에게 물었다. "그냥 오늘밤 여기서 본 대로 말하세요." 변호사가 말했다.

그는 그렇게 했다. 마르크스하우젠은 1면에 실린 뉴욕타임스 기사에서, 톰과 수가 슬픔과 죄의식과 혼란으로 괴로워하고 있다고 말했다. "그들은 아들을 잃었는데 아들이 살인자란 말이죠." 그는 애정을 담아 톰과 수가 "세상에서 가장 외로운 사람"이라고 했다.

이런 점 때문에 교구 사람들 중 일부는 돈 마르크스하우젠을 대단히 자랑스러워했다. 그는 누구에게든 진심으로 연민을 느끼는 그들의 담임목사였다. 자기도 모르게 괴물을 만든 부부도 위로할 수 있는 사람. 사람들이 일요일마다 그의 설교를 들으려고 교회를 꽉꽉 채우는 이유가 바로 여기 있었다.

하지만 그의 신도들 가운데 일부와 지역사회의 대부분은 경악을 금치 못했다. 외롭다니? 클레볼드 가족이 외로워? 아직 매장하지 못한 희생자들이 많았다. 살아남은 자들은 수술을 받아야 했다. 누군가는 다시 걷거나 말하기까지 몇 달이 걸릴 터였다. 영영 회복할 수 없을지도 모르는 상태였다. 이들은 클레볼드 가족에게 연민을 느끼기 어려웠다. 그 가족의 외로움이야 어떻든 상관할 바 아니었다.

—

웨인과 캐시 해리스도 아마 에릭의 장례식을 치렀을 것이다. 하지만 언론에 이를 밝히지 않았다. 그에 관한 이야기는 끝내 알려지지 않았다.

25

삼총사

에릭과 딜런이 어떻게 만났는지 확실히 기억하는 사람은 없었다. 에릭은 7학년 때 켄 캐릴 중학교에 왔는데 딜런은 이미 그 학교에 다니고 있었다. 두 아이는 어느 시점엔가 만났지만 바로 친해지지는 않았다.

이들은 콜럼바인 고등학교에 나란히 진학했다. 그때 브룩스 브라운이 그 지역에 돌아왔다. 딜런과 친하게 지내다가 몇 년 전 사립학교로 전학하면서 연락이 끊어진 터였다. 하지만 그는 1학년 때 공립학교로 돌아왔고 버스에서 에릭을 만났다. 이후 세 명은 함께 붙어다니는 사이가 되었다.

이들은 몇 시간이고 비디오게임을 했다. 가끔은 혼자 하기도 했지만, 그러고도 늦게까지 함께 온라인게임을 했다. 그들은 1학년 때 콜럼바인 미식축구팀 레벨의 경기를 함께 보러 갔다. 에릭의 형이 그 팀의 선발 명단에 들었기 때문에 에릭을 알아보는 친구들이 많았다.

세 명은 지적 의욕이 넘쳤다. 고전 철학자와 르네상스 문학에 관심이 많았다. 당시에는 다들 수줍음이 많았는데 에릭이 먼저 껍질을 깨고 나왔다. 그는 가끔 폭발하기도 했다. 고등학교에 들어가고 두 달이 되었을 때 에릭이 한 친구를 동창회에 초대했다. 그녀는 에릭을 신경질적이고 조용하고 눈에 잘 띄지 않는 친구로 기억하고 있었다. 며칠 후 그가 자살소동을 벌이기 전까지만 해도 그런 줄로만 알았다.

"그는 친구를 시켜 나를 자기 집으로 데려가게 했어요." 그녀가 나중에 말했다. "거기 갔을 때 에릭은 머리를 바위에 대고 누워 있었고 주위에 가짜 피가 있었어요. 마치 죽은 것처럼 말이에요." 독창적인 장난은 아니었다. 아마도 1970년대 영화 〈해럴드와 모드〉에 나오는 장면을 흉내낸 것으로 보였다. 아무튼 그녀는 그 광경을 보고 기겁해서 다시는 에릭을 만나지 않았다.

—

1학년 첫 학기 작문시간에 에릭은 「나는」이라는 시를 제출했다. 자신이 어떤 사람인지 소개하고 있는 이 시는 18행으로 되어 있는데 자신이 얼마나 멋진 녀석인지 다섯 차례나 강조한다. 첫 행은 이렇게 시작한다. "나는 멋진 녀석. 사람들이 음료수 캔을 조금만 여는 것을 싫어하지." 에릭은 각 연의 마지막을 같은 행으로 마무리했다. 그는 자신이 다른 사람들보다 우월하다고 썼다. 성적이 좋다고 자랑했고 감정의 깊이가 남다르다고 했다. "나는 개가 죽는 광경을 보거나 들으면 울어."

그는 고등학교 때의 과제물을 거의 다 보관했다. 자랑스럽게 여겼던 모양이다. "나는 내가 지구상에 마지막으로 남은 사람이었으면 좋겠어." 그는 「나는」에서 이렇게 썼다.

에릭은 몽상가였지만 정작 몽상가를 보면 가련하고 침울하고 지루한 사람으로 여겼다. 그는 아무것도 없는 곳에서 아름다움을 보았다. 아무 일도 일어나지 않는 세상을 꿈꾸었다. 나머지 사람들이 모두 제거된 세상이 그의 희망이었다.

에릭은 이런 자신의 꿈을 인터넷 채팅방에서 말했다. 온라인에서 만난 여자애들에게 자신의 꿈을 생생하게 묘사했다. 선체의 내부처럼 좁고 축축한 방에 에릭이 갇혀 있다. 초현대적이지만 썩어가는 낡은 컴퓨터 화면들이 먼지와 곰팡이와 덩굴로 뒤덮인 채 벽을 따라 쭉 보인다. 둥근 창을 통해 희미하게 들어오는 달빛에 그림자가 기괴하게 늘어져 있다. 대양의 파도가 단조롭게 일었다 사라진다. 아무 일도 일어나지 않는다. 에릭은 한없이 기쁘다.

에릭의 창작물에 사람이 등장하는 경우는 드물었다. 소탕해야 할 전투원으로 나오거나 가끔씩 모순적인 명언을 주워섬기는 목소리로만 등장할 뿐이었다. 에릭이 만든 꿈세계에는 우리가 없었다. 그가 만든 세상은 정교하고 선명한 색상이었지만 무언가를 바라고 만든 것은 아니었다. 그가 이런 세상에서 할 일 없이 서성거릴 때면, 울적함을 즐기고 있는 것이었다. 그는 자신의 꿈세계 하나를 채팅방에서 만난 여자에게 설명했다.

"와우, 울적한데." 그녀가 말했다.

"그래도 멋지잖아. 사람도 없고. 마치 모두가 죽은 채로 몇 세기는 흐른 것 같지."

에릭에게 행복이란 우리 같은 사람이 다 사라지는 것이었다.

여자애는 그 말에 동의하면서도 몇 명은 있었으면 좋겠다고 했다. 에릭은 커플 한 쌍이면 족하다고 했다. 이어 자신이 온라인에서 즐겨 묻는 핵심적인 질문을 던졌다.

사람이 얼마 남지 않았다면 자손을 다시 만들 거야, 아니면 그냥 멸종시킬 거야?

아마 멸종이 좋겠지, 그녀가 말했다.

멋진 대답이야. 그것이 에릭이 바라던 대답이었다. 그리고 그가 대화를 나눈 요점이었다. "음, 말이지, 나는 **꿈**만 꿀 게 아니라 실제로 **실행**해보고 싶어." 그가 말했다.

인류가 멸종하는 공상은 에릭의 마지막 시기에 규칙적으로 떠올라 그를 사로잡았다. 하지만 온라인 채팅에서는 그가 행동을 실행에 옮기려는 의도를 전혀 읽을 수 없었다. 그는 세상에 대해 대담한 꿈을 가졌지만, 자신에 대해서는 그렇게 대담하지 못했다. 그리고 사람들이 자신의 도움 없이도 알아서 세상을 파괴하리라 확신했다.

—

잭 헤클러는 1학년 때 딜런과 수업 하나를 같이 들었다. 그게 다였지만, 딜런은 마침내 자신을 이해해주는 친구를 만났다. 브룩스와 에릭은 어울려 놀기 좋은 친구였지만 딜런을 이해하지 못했다. 잭은 달랐다. 그는 간식을 워낙 탐욕스럽게 밝혀서 아이들이 '건빵'이라고 놀려댔다. 잭은 그 별명에 별로 신경쓰지 않았지만 계속 자기한테 따라붙자 '간빵' '군빵' '찐빵' 이런 식으로 개작해서 현명하게 대처했다.

잭과 딜런이 들었던 수업에는 자습시간이 많았다. 그러면 에릭이 옆반에서 어슬렁어슬렁 왔는데, 처음에는 딜런과 잡담을 나누는 정도였지만 곧 세 명은 수업을 빼먹고 놀러 나갔다. 비디오게임 〈둠〉을 하거나 볼링을 치거나 친구 집에서 자거나 야구경기를 보러 갔고, 때로는 밴디미어 스피드웨이에서 드래그 레이스(두 대의 차량이 단거리 직선도로를 달리며 승부를 가리는 시합―옮긴이)를 구경했다. 이들은 멍청한 애들과 무식한 어른들을 놀려먹었다. 컴맹은 이들의 밥이었다. 특히나 멍청한 선생이 컴맹을 교실 앞에 앉혀놓으면 더했다. 영화를 굉장히 좋아해서 액션, 호러, SF 영화를 엄청나게 많이 봤다. 여자애를 꼬시려고 쇼핑몰을 돌아다니기도 했는데 에릭이 주로 말을 걸었고 잭과 딜런은 그의 뒤를 따라다녔다.

딜런은 연극반에 들었다. 수줍음이 많아서 무대에 서지는 않고 조명과 사운드를 맡았다. 에릭은 연극에 별 흥미가 없었다. 그들은 네이트 다이크먼, 크리스 모리스와도 친하게 지냈다. 대개는 딜런의 집에서 놀았다. "그의 부모님이 제게 잘해주셨어요." 네이트의 말이다. "도넛을 사주시거나 크레이프나 오믈렛을 만들어주셨죠." 딜런도 자기 집에 온 친구들이 재밌게 놀고 있는지 꽤 신경썼다.

에릭의 집에서도 어울렸다. 그의 엄한 아버지가 집에 오기 전까지 아이들은 에릭의 침실이 마련된 지하실에서 마음껏 놀았다. 여자애들을 데려와서는 BB탄총으로 귀뚜라미를 쏘아 맞추며 자랑했다.

우정은 피어오르기도 하고 식기도 했지만 잭과 딜런의 유대감은 갈수록 돈독해졌다. 그들은 무뚝뚝하고 영리했고, 10대 특유의 분노로 들끓었지만 소심해서 밖으로 드러내지 않았다.

딜런과 잭에게는 에릭이 필요했다. 말을 잘하는 사람이 있어야 했으니까. 에릭은 자기 말을 들어줄 사람이 필요했다. 그도 흥분에 목 말라 있었다. 에릭은 침착했고 좀처럼 들뜨지 않았다. 어떤 것에도 위축되거나 당혹스러워하지 않는 듯했다. 딜런은 언제 터질지 모르는 도화선이었다. 에릭은 리더였다. 완벽한 조합이었다.

이렇게 이들은 삼총사가 되었다.

─

에릭은 〈둠〉 솜씨가 나날이 늘었다. 이드 소프트웨어가 제공하는 이미지에 싫증이 나자 자기가 직접 이미지를 만들기로 했다. 메모지에 영웅과 악당 무리를 그린 다음 프로그램을 해킹해서 새로운 캐릭터와 자신만의 장애물을 만들고 난이도를 더욱 높여갔다. 왕방울만한 눈을 가진 근육질 돌연변이, 수소의 뿔과 날카로운 발톱을 가졌고 송곳니가 날카로운 헐크 악마를 만들었다. 그의 전사들은 대부분 중세 갑옷을 입고 기관단총으로 무장했다. 한 녀석은 팔뚝에 화염방사기를 장착했다. 적을 불에 태우거나 갈가리 찢어 죽였고 때로는 자신의 잘린 목을 손에 들고 있는 녀석도 있었다. 에릭은 자신의 창조물이 전대미문의 것이라고 자평했다. "오늘날 이런 시대에 어떤 하나의 기술을 완전히 숙달하기란 여간 어려운 게 아니다." 그는 한 과제물에 이렇게 썼다. "하지만 나는 〈둠〉 캐릭터 창조에 관한 한 내가 최고라고 자부한다."

에릭은 창작 행위를 즐겼다. "새로운 것을 만들어내는 것은 나의 기쁨이다." 그는 1학년 영어수업시간에 제출한 "제우스와 나의 공통점"이라는 과제물에서 이렇게 썼다. 그는 자기와 제우스 모두 사사로운 약점이나 악의가 없으며 공통의 성향을 가진 위대한 지도자라고 찬양했다. "제우스와 나에게는 공통점이 또 있다. 쉽게 화를 내며 특이한 방법으로 사람들을 심판한다."

26

사람들이 도와주러 오고 있어요

데이브 샌더스의 딸들은 화가 났다. 아버지의 죽음을 통보받기 전에 그가 마지막 순간을 어떻게 보냈는지에 관한 가슴 아픈 이야기를 들었던 것이다.

"아버지가 그렇게 방치된 채 돌아가셨다는 사실에 화가 나네요." 앤지 샌더스는 오스트레일리아의 한 신문과의 인터뷰에서 이렇게 말했다. "아버진 살아 있었는데도 도움을 받지 못했어요."

가족들이 여기저기서 들은 내용을 종합해보면, 12명은 총에 맞아 즉사했지만 데이브 샌더스는 세 시간 이상을 꿋꿋이 버텼다. 앤지는 아버지가 그렇게 허망하게 목숨을 잃지 않을 수도 있었다고 믿었다.

데이브의 딸들은 기사를 찾아서 읽었지만 어머니에게는 한마디도 하지 않았다. 어머니가 깨어 있을 때는 텔레비전도 틀지 않았다. 신문은 현관 계단에서, 잡지는 우편함에서 바로 치웠다. 이들은 린다를 보호해야 했다. 그녀는 이미 쇠약해질 대로 쇠약해져 있었다.

데이브 샌더스는 첫번째 총알을 맞았을 때 아슬아슬하게 목숨을 건졌다. 그는 살인자를 보자 뒤로 돌아 모퉁이를 향해 달려 그쪽에 있는 몇 명의 학생들을 구하려고 했다. 그 순간 총알이 그의 등에 꽂혔다. 흉곽을 지나 가슴을 뚫고 나왔다. 또 한 발은 목 옆으로 들어와 입으로 나갔다. 혀가 절단되고 치아 여러 개가 박살났고 뇌로 가는 주요 혈류인 경동맥이 터졌다. 등에 맞은 총상은 심장으로 가는 빗장밑동맥을 잘랐다. 피가 철철 흘렀다.

모두들 어느 방향으로 가는 게 안전한지 몰라 우왕좌왕했다. 과학기술 학과장이자 데이브의 친구인 리치 롱은 반대 방향을 선택했다. 도서관에서 나는 총소리를 처음 듣고 학생들을 밖으로 내보내면서 중앙계단을 내려가 학생식당으로 이끌었다. 수백 명의 아이들이 방금 그곳을 도망쳐나왔다는 것을 미처 알지 못했다. 계단 밑에 거의 다다랐을 때 창문 밖에서 총알이 날아다니는 것을 보고 방향을 반대로 틀었다. 계단 위에서 왼쪽으로 돌아 도서관 반대 방향, 그러니까 과학실이 있는 날개건물로 갔다. 그쪽에는 음악실도 있었다. 그곳에 도착했을 때 그는 데이브가 총에 맞는 광경을 보았다.

데이브는 사물함에 부딪혔고 이어 카펫에 쓰러졌다. 리치와 대부분의 아이들은 바닥으로 몸을 숙였다. 이제 데이브는 정말로 가망이 없었다.

"선생님은 팔꿈치로 몸을 지지하며 아이들에게 방향을 알려주려고 했어요." 한 4학년생의 말이다.

에릭과 딜런은 동시에 총을 쏘고 있었다. 그들은 복도를 오가며 파이프폭탄을 던졌다.

"데이브, 일어나!" 리치가 소리쳤다. "여기서 나가야 해."

데이브는 몸을 일으켜세우고 비틀거리며 모퉁이를 향해 몇 발짝 움직였다. 리치가 서둘러 달려갔다. 그는 사격 방향에서 벗어나자마자 어깨를 숙여 데이브의 팔 아래로 집어넣었다. 다른 교사가 반대쪽에서 데이브를 부축했다. 두 사람은 4미터 정도 떨어진 과학실까지 그를 끌고 갔다.

"리치, 이가 나갔어." 데이브가 말했다.

그들은 첫번째, 두번째 교실을 지나 3번 과학실로 들어갔다.

"문이 열리더니 샌더스 선생님이 들어오자마자 피를 토해내기 시작했어요." 2학년생 마조리 린드홀름의 말이다. "한쪽 턱이 없어진 것 같았어요. 피가 줄줄 흘러내렸습니다."

교실 안에는 아이들이 많았다. 무슨 일인지 알아보려고 복도로 나갔던 교사가 돌아와서는 시험은 잊고 모두들 벽에 딱 붙어 있으라고 했다. 교실 문은 투명한 창유리로 되어 있어서 모두가 안쪽 벽에 딱 붙어서면 사격자가 복도를 걸어다니며 안을 들여다보더라도 텅 비어 있는 것처럼 보였다.

데이브가 두 교사의 부축을 받으며 비틀거리며 들어온 게 그때였다. 그는 방 앞에서 얼굴을 바닥 쪽으로 하고 풀썩 쓰러졌다. "선생님이 넘어지면서 이가 두 개나 부러졌어요." 한 1학년생 여자애의 말이다.

그들은 데이브를 의자에 앉혔다. "리치, 예감이 좋지 않아."

"괜찮을 거야. 나가서 전화 걸고 올게."

옆에 있는 몇 명의 교사에게 데이브를 맡겨두고 리치는 다시 난투의 현장으로 돌아가 전화를 찾았다. 누군가가 벌써 전화를 걸어 구조요청을 했다고 했다. 그는 돌아왔다.

"도와줄 사람을 찾아야겠어." 리치가 말했다. 그는 연기가 자욱한 복도로 나가 다른 실험실을 돌아보려고 했다. 그때 살인자가 가까이 다가왔다. 이번에는 실험실 문 바로 밖이었다. 리치는 겨우 몸을 숨길 곳을 찾았다. 데이브 옆에 교사들이 많았고 신고전화도 여러 차례 걸었다고 했으니 그는 사람들이 도와주러 오고 있음을 전혀 의심하지 않았다.

데이브 옆에 있던 또다른 교사 켄트 프리센은 즉각적인 도움을 구하고자 했다. 가까운 실험실로 달려가 학생들에게 물었다. "응급처치할 줄 아는 사람 있어?"

3학년생이자 이글스카우트(보이스카우트의 최고 영예로 꼽히며 승급 과정 심사를 통해 선별된다―옮긴이)인 애런 핸시가 앞으로 나왔다.

"나랑 같이 가자." 그 순간 복도에 지옥의 문이 열린 것 같았다.

"벽을 통해서도 느낄 수 있었어요." 애런이 말했다. "폭발이 일어날 때마다 벽이 덜덜덜 떨렸거든요." 그는 밖으로 나가기가 두려웠다. 하지만 프리센은 살인자 위치를 확인하고 복도로 내달렸다. 애런이 뒤를 따랐다.

애런은 데이브의 상태를 재빨리 훑어보았다. 숨소리가 골랐고 기도는 열려 있었다. 피부는 따뜻했고 어깨가 부러졌고, 크게 벌어진 상처에서 피가 많이 났다. 애런은 자기가 입고 있던 흰색 아디다스 티셔츠를 찢어 지혈했다. 다른 아이들도 티셔츠를 찢었다. 그는 그것으로 붕대를 만들었고 지혈대를 몇 개 만들었다. 나머지는 끈으로 묶어 베개로 삼았다.

"가야 해, 가야 해," 데이브는 일어서려고 했지만 몸이 말을 듣지 않았다.

교사들은 아이들을 돌봤다. 테이블을 뒤집어 문 앞에 쌓아 바리케이드를 만들었다. 이어 옆 과학실험실로 이어지는 칸막이 방을 열고 문에서 가장 먼 중앙 쪽으로 몇 명의 아이들을 몰아넣었다. 총소리와 폭발음이 계속 들렸다. 가까운 방에서 불이 나자 누군가가 소화기를 들고 불을 껐다. 복도 너머 도서관 쪽에서 비명소리가 들려왔다. 마조리 린드홀름은 이런 소리를 예전에 들어보지 못했다. 마치 "사람들이 고문을 받을 때" 내지르는 비명 같았다고 했다.

"마치 처형을 집행하는 것 같았어요." 방에 있던 한 남학생의 말이다. "총소리가 들리면 한동안 조용했어요. 그러다가 다시 총소리가 들렸죠. 탕. 탕. 탕."

비명과 총성이 동시에 멎었다. 얼마간 조용하다가 더 많은 폭발음이 들렸다. 이 과정이 산발적으로 계속되었다. 화재경보기가 울려댔다. 어찌나 시끄럽던지 건물 안에 있는 사람들이 고통을 못 참고 밖으로 뛰쳐나오도록 일부러 만든 소리 같았다. 교사와 학생들은 귀를 찢는 경보음 때문에 거의 아무 소리도 듣지 못했다. 그 와중에도 밖의 상공을 정찰하는 헬리콥터의 회전날개가 돌아가는 소리는 들렸다.

누군가가 천장에 매달린 대형 텔레비전의 스위치를 켰다. 볼륨을 줄이고 자막을 확인했다. 밖에서 찍은 학교 모습이 나왔다. 처음에는 교실 안의 모든 이들이 화면에서 눈을 떼지 않았지만 곧 시들해졌다. 아무도 상황을 제대로 파악하지 못한 것 같았다.

애런이 아버지에게 전화하자 그의 아버지가 또다른 전화로 911에 연락해서, 의료진들이 애런에게 몇 가지 질문을 하고 지시사항을 내릴 수 있도록 했다. 다른 학생과 교사들도 경찰에 연락했다. 과학실은 오후 내내 다양한 방법을 통해 당국과 계속 연락이 닿았다.

2학년생이자 역시 이글스카우트인 케빈 스타키가 애런을 도왔다. "잘하고 있어요." 아이들이 데이브에게 속삭였다. "사람들이 오고 있으니까 조금만 더 버텨요. 할 수 있어요." 두 아이는 번갈아가며 손바닥으로 상처부위를 눌러 압박했다.

"도와줘. 여기서 나가야 해."

"사람들이 도와주러 오고 있어요." 애런은 그를 안심시켰다.

애런은 정말 그런 줄로 믿었다. 데이브가 곤경에 처했다는 소식이 처음 접수된 것은 11시 45분이었다. 사람들이 지금 "가고 있으며" "10분이면" 도착한다는 급보가 경관들에게 전해졌다. 걱정하지 말라는 소식이 세 시간 넘게 반복되었고, 그와 더불어 어떤 상황에서도 자리를 뜨지 말라는 명령이 내려졌다. 911 교환원은 3번 과학실에 있는 사람들에게 문을 잠깐 열고 특수기동대가 알아볼 수 있도록 복도쪽 손잡이에 빨간색 셔츠를 매어두라고 했다. 반대의 목소리가 많았다. 빨간색 표식이 오히려 살인자들의 눈길을 끌지 않을까? 누가 감히 복도로 나가려 할까? 사람들은 지시에 따르기로 했다. 누군가가 나서서 셔츠를 손잡이에 맸다. 정오경에 더그 존슨 교사가 흰색 보드에 '1명 과다출혈로 사망 위기'라고 쓰고는 창문에 잘 보이게 두었다.

가끔씩 사람들이 텔레비전 보도에 눈길을 주었다. 한번은 마조리 린드홀름이 화면에서 어마어마한 양의 피가 문 밑으로 새나가는 광경을 보았다고 생각했다. 착각이었다. 공포에 질려 헛것을 본 것이다.

애런과 케빈은 자리를 바꿀 때마다 데이브의 피부가 더 차가워지는 것을 느꼈다. 핏기를 잃어 파리해지고 있었다. 의료대원은 대체 어디 있는 거야? 10분이면 도착한다더니? 호흡이 느려지기 시작했다. 의식이 오락가락했다. 애런과 케빈은 그를 바닥에서 천천히 뒤집어 의식을 잃지 않고 기도가 계속 트이도록 했다. 등을 바닥에 댄 채 아주 오래 있으면 자신의 피에 질식할지도 몰랐다.

아이들은 구급용품을 담은 벽장에서 울 담요를 꺼내 그의 몸을 따뜻하게 감쌌다. 그리고 쇼크를 막기 위해 그에게 코치생활과 교직생활 등에 대해 물어 정신을 잃지 않도록 했다. 그의 지갑을 꺼내 사진을 보여주기도 했다.

"부인이시죠?"

"맞아."

"이름이 어떻게 되죠?"

"린다."

그의 지갑에 든 많은 사진을 하나하나 다 꺼내 누구인지 물었다. 딸과 손자, 손녀 얘기를 했다. "다들 당신을 사랑해요. 그러니까 꼭 살아야 해요."

하지만 애런과 케빈은 이제 가망이 없다고 판단했다. 스카우트에서 배운 응급처치로 나을 수 있는 상황이 아니었다. "팔다리가 부러졌을 때 대처하는 방법, 자상이나 찰과상을 치료하는 방법은 배웠어요. 이런 건 캠핑을 갔을 때 일어날 수 있는 사고거든요. 하지만 총상을 치료하는 법은 배우지 않았어요." 애런의 말이다.

결국 애런과 케빈은 데이브의 의식이 깨어 있게 하려는 노력을 포기했다. "이제 더는 못 버티겠다." 데이브가 말했다. "내 딸들에게 사랑한다고 전해주렴."

—

한동안 잠잠했다. 화재경보음과 헬기 소리는 여전히 계속되었고 총성과 폭발음도 이따금씩 복도 저 먼 곳에서 들렸지만 말이다. 가까운 곳에서 소리가 들리지 않자 아무래도 절박한 느낌이 덜했다. 데이브의 가슴이 오르락내리락했고 피가 줄줄 흘렀다. 애런과 케빈은 계속 애를 썼지만 그의 의식은 돌아오지 않았다.

몇몇 아이들은 경찰에 대한 희망을 접었다. 오후 2시경 이들은 911 교환원에게 연락해서 의자를 창문 밖으로 던지고 데이브를 밖으로 내보내겠다고 전했다. 그러자 교환원은 오히려 살인자들의 주목을 끌 수도 있다며 계획을 포기하라고 했다.

2시 38분, 과학실 안의 아이들이 일제히 텔레비전을 다시 쳐다보았다. 패트릭 아일랜드가 도서관 창문에 매달려 있는 장면이 보였다. "맙소사." 아이들은 탄식을 내뱉었다. 그들도 지금 몇 시간째 쥐 죽은 듯 숨어 있었지만 이것은 너무 심각해 보였다. 샌더스 코치만 이런 상황을 겪고 있는 게 아니었다. 복도 저편에서는 한 아이가 피를 철철 흘리고 있었던 것이다. 다른 곳 상황이 안 좋다고 짐작은 했지만 증거를 보고 나니 마음이 착잡했다. 몇몇 아이들은 눈을 감고 사랑하는 사람들을 머릿속에 떠올리며 작별인사를 고했다.

몇 분 뒤에 갑자기 위급한 상황이 다시 찾아왔다. 옆방에서 비명 소리가 나더니 1분 동안 잠잠해졌다. 이어 문이 쾅 열리고 검은 옷의 사람들이 밀어닥쳤다. 살인자들은 검은 옷을 입고 있다고 했다. 이들은 기관단총을 들고 학생들을 향해 흔들며 화재경보음보다 더 크게 소리질렀다. "저는 총잡이인 줄 알았어요. 이제 죽는구나 싶었죠." 마조리 린드홀름이 나중에 말했다.

몇몇 남자들이 뒤돌아서서 등에 적힌 **특수기동대**라는 커다란 글씨를 손으로 가리켰다.

"조용히 해요! 머리 위로 손 올리고 우리를 따라와요." 경관이 소리쳤다.

"샌더스 선생님 옆에 누가 있어야 해요."

"제가 있을게요." 애런이 자청했다.

"안 됩니다! 모두 나가야 해요!" 경관이 말했다.

그러자 케빈이 데이브를 끌고 함께 나가자고 했다. 접힌 탁자가 있어서 잘하면 들것으로 이용할 수 있을 것 같았다.

안 됩니다.

매정하게 보이겠지만 특수기동대는 실리적인 선택을 하도록 훈련받았다. 수백 명의 아이들이 갇혀 있었다. 총잡이가 언제 나타날지 모르는 상황이었다. 따라서 이들은 전투에서 그렇듯이 최소한의 시간에 최대한 많은 사람을 대피시켜야 했다. 부상자를 위해서는 나중에 의료진을 보내면 되는 일이었다.

특수기동대는 학생들을 일렬로 이끌고 계단을 지나 식당으로 데려갔다. 이들은 스프링클러에서 쏟아져 발목까지 찬 물 위를 첨벙첨벙 걸었다. 배낭과 피자 조각이 그 위로 떠다녔다. 건드리지 말아요, 아무것도 손대지 말아요. 경관이 주의를 줬다. 특수기동대 요원 한 명이 문을 잡았다. 학생 한 명씩 세워 2초 동안 붙잡아두었다가 어깨를 툭툭 두드리며 뛰라고 말했다. 이는 보병들의 표준 작전행동이었다. 파이프폭탄 하나만 터져도 아이들 모두가 폭격당할 수 있었다. 잘 조준된 기관단총도 마찬가지였다. 따라서 안전하게 거리를 두는 게 최선이었다.

밖으로 나간 아이들은 뛰면서 대니 로버와 레이철 스콧의 시체를 보았다. 마조리 린드홀름은 "얼굴 표정이 묘했고 피부 색깔도 묘했다"고 기억했다. 그녀 바로 앞을 달리던 여자애가 시체를 보더니 갑자기 걸음을 멈춰 마조리가 따라잡았다. 특수기동대 경관이 그들에게 계속 가라고 소리쳤다. 마조리는 그들의 총이 자신을 겨냥하고 있는 것을 보았다. 그녀는 여자애를 밀쳤고 둘 다 뛰었다.

경관 두 명이 데이브 옆에 남았고 다른 한 명은 도움을 청하러 갔다. 그는 건물 밖에 있는 덴버 특수기동대 요원에게 의료대원을 들여보내달라고 했다. 시내에서 파견되어 부상자 치료센터에서 일하고 있는 구급대원 트로이 래먼이 현장에 있었다. "트로이, 자네가 들어가야겠어." 특수기동대 요원이 말했다. "자, 가지."

래먼은 경관을 따라 온통 물바다가 된 식당을 지나 계단을 올랐고, 이어 깨진 조각들이 나뒹구는 복도를 거쳐 3번 과학실에 들어갔다. 데이브는 이미 숨을 거둔 뒤였다. 래먼은 응급치료 규약에 따라 사망 판정을 내렸다. "이 사내를 위해 내가 해줄 수 있는 게 아무것도 없다는 것을 알았어요." 장비도 챙겨가지 못한 래먼의 말이다. "하지만 15분 동안 그와 같이 있었기 때문에 어떻게든 돕고 싶었어요."

특수기동대 요원은 결국 래먼을 철수시켰다. "자네가 할 수 있는 일이 없네."

그래서 래먼은 도서관으로 갔다. 그가 도서관에 들어간 첫번째 의료대원이었다.

—

데이브 샌더스의 사연은 순식간에 퍼졌다. 지역의 양대 신문인 로키마운틴뉴스와 덴버포스트가 수요일자 신문에서 그의 시련을 소개했다. 목요일에는 로키가 '너무 느린 대응으로 경찰 책임 논란이 불거졌다'는 기사를 내보냈다. "많은 사람들이 분노했어요." 한 학생의 말이다. 경찰의 대응을 질타하는 목소리가 압도적으로 많았다.

"우리는 1800명이나 되는 아이들을 학교 밖으로 대피시켜야 했습니다." 제퍼슨 카운티의 보안관 대변인 스티브 데이비스의 말이다. "경관들은 누가 희생자이고 누가 잠재적인 용의자인지 몰랐습니다."

로키는 보안관서의 주장에 기초해서 특수기동대의 대응을 이렇게 요약했다. "공포에 질린 위급신고 전화를 받고 20분 만에 여섯 명의 특수기동대 요원이 팀을 이뤄 학교 건물로 들어갔고, 한 시간 뒤 열 명이 넘는 중무장한 경관들이 체계적인 수색에 돌입해 건물 안을 샅샅이 뒤졌다."

후에 보안관서는 제대로 된 다섯 명의 팀이 들어가기까지 두 배 이상 긴 47분이 걸렸음을 시인했다. 나머지 요원들은 잔디밭에서 부상당한 아이들을 돌봤고 안으로 진입하지 않았다. 두번째 팀은 거의 두 시간 뒤에야 들어갔다. 살인자들의 시체가 발견될 때까지 요원들의 출격은 그게 다였다.

—

금요일이 되자 상황은 달아올랐다. 베테랑 경찰 한 명이 클레멘트 공원에 장미 열세 송이를 내려놓으며 특수기동대의 대응을 "한심하다"고 말했다.

"정말 화가 나더군요." 그는 기자들을 만나 이렇게 말했다. "나라면 사람을 들여보냈을 겁니다. 우리는 그렇게 훈련받았어요. 안에 들어가도록 말입니다."

이 말이 널리 보도되면서 그는 금세 유명인사가 되었다. 그리고 그가 속한 부처는 어리석게도 그에게 휴가를 주고 "근무적합성" 평가를 시행하라고 해서 일을 키웠다. 이들은 며칠 뒤 계획을 철회했다.

특수기동대 요원들도 잠자코 있지 않았다. 언론에 적극적으로 반론을 제기했다. "악몽과도 같았습니다." 한 경사의 말이다. "우리 팀은 그곳에서 가능한 한 빨리 움직이러 노력했다는 것을 부모님들도 알아주시면 좋겠습니다. 아무것도 모르는 상황에서 그곳에 들어갔어요. 폭탄은 여기저기서 터졌죠. 테러리스트들이 많을 것이라 예상되는 상황이었습니다."

경관들은 텔레비전 시청자들만큼이나 혼란스러웠다. 밖에서는 폭발음이 들렸지만 안에 들어가니 서로의 소리를 들을 수 없었다. 화재경보기가 워낙 시끄러워서 수신호로만 소통이 가능했다. "총성과 외침을 들었다면 바로 그곳에 갔었겠죠." 한 요원이 그렇게 상황을 설명했다.

연속적인 소음과 섬광등이 신경전을 벌이기라도 하듯 이들의 혼을 빼놓았다. 이를 멈추게 하려면 암호를 알아야 했는데 아는 사람을 찾지 못했다. 보조책임자는 기진맥진한 상태여서 숫자를 기억하지 못했다. 자포자기한 경관들은 경보 스피커를 벽에서 떼어내려 했다.

라이플총 개머리판으로 유리 덮개를 내리쳐서 제어판을 망가뜨렸다. 화재경보기와 스프링클러는 4시 4분에야 작동을 멎었다. 하지만 경보음과 함께 번쩍거리던 섬광등은 이후 몇 주 동안이나 계속 돌아갔다.

샌더스 가족도 만만치 않은 장애물이 있었음을 인정했다. 그러나 그가 총에 맞고 세 시간 넘게 방치된 것은 어떻게 설명할까? 가족의 공식 대변인인 린다의 동생 멜로디는 며칠 뒤 뉴욕타임스에 이렇게 말했다. "조카들이 화가 많이 났습니다. 조금만 더 빨리 들어가서 형부를 데리고 나왔더라면 아마 살 수도 있었다고 생각해요."

그렇다고 특수기동대가 책임을 져야 한다고 생각하지는 않는다고 했다. 하지만 구조체계가 엉망인 건 사실이었다. "완전히 난장판이에요."

샌더스 가족은 그들의 노력을 고마워했다. 선의의 표시로 특수기동대 전체를 데이브의 장례식에 초대했다. 모든 경관이 장례식에 참석했다.

27

트렌치코트 마피아

에릭은 내적으로 발전하고 있었다. 2학년 즈음에 이 변화가 밖으로 드러나기 시작했다. 그때까지 에릭은 어떻게든 남들과 같아지려고 노력했다. 딜런도 비슷한 목적을 추구했지만 에릭만큼 성공하지는 못했다. 에릭은 여기저기 이사를 자주 다녔지만 친구를 쉽게 사귀었다. 그는 사회적 지위를 중시했다. "남들과 그렇게 다르지 않았어요." 같은 반 친구의 말이다. 한 이웃은 에릭이 친절하고 예의바르고 단정하고 촌스러웠다고 묘사했다. 고등학교에는 유행에 뒤떨어지는 애들이 많았다. 에릭도 그들과 다르지 않았다. 한동안은.

그러다가 2학년이 되면서 멋을 부리기 시작했다. 그는 군화에 검은색 옷을 맞춰 입고 그런지 패션을 따라했다. '핫토픽'이라는 상호의 잘 나가는 옷가게와 군용품가게를 들락거리기 시작했다. 그는 그 패션이 좋고, 그런 느낌도 좋아했다. 친구 크리스 모리스가 베레모를 쓰고 다니자 에릭은 좀 심하다고 생각했다. 다르게 보이고 싶었지 덜 떨어져 보이고 싶지는 않았기 때문이다. 에릭은 과감하게 기존의 틀을 탈피했다. 갈수록 거칠고 우울하고 공격적으로 굴었다. 가끔은 장난스럽고 괴상한 목소리로 말하며 여자애들과 시시덕거리기도 했다. 또 이런저런 아이디어를 과감하게 표현했다. 딜런은 결코 그러지 못했다.

에릭을 아는 많은 여자애들이 그를 귀엽다고 했다. 이런 사실을 그도 알았지만 여기에 동의하지 않았다. 그는 메일을 통해 공유되던 재미로 하는 설문조사에 솔직하게 대답했다. "외모" 항목에 이렇게 적었다. "178센티미터, 63.5킬로그램. 비쩍 말랐지만 잘생겼다는 말을 들음." 자신에 대해 가장 바꾸고 싶은 것은 체중이었다. 발육부진 같아 보였기 때문이다. 항상 자기 외모를 혐오했던 그였는데 이제 적어도 스타일은 갖춘 셈이었다.

그의 새로운 옷차림에 대해 혹평하는 애들도 있었다. 나이든 형들과 덩치 큰 녀석들이 가끔 에릭을 놀려댔는데 늘 있는 일이었다. 이제 그는 되받아치기도 하고 한번 해보자고 도발하기도 했다. 예전에 단정하게 차려입었을 때의 과묵함과는 거리가 멀었다.

딜런은 마지막까지 조용한 성격이었다. 좀처럼 소리를 지르지 않았고, 그래서 드물게 화를 터뜨리면 다들 놀랐다. 그는 에릭의 패션을 따라했지만 에릭만큼 과감하지는 않아서 놀림을 심하게 당하지 않았다. 에릭은 그냥 예전처럼 다시 돌아가서 조롱을 모면할 수도 있었겠지만 이제 남들과 다르다는 데서 기쁨을 느꼈다.

"제가 보기에는 그들은 항상 부적응자가 되고 싶어했어요." 또다른 급우의 말이다. "그런 식으로 취급되었다는 게 아니라 자발적으로 그렇게 되려 했다는 말입니다."

"부적응자"라는 판단은 사실 받아들이기 나름이었다. 에릭과 딜런에게 그런 꼬리표를 붙인 아이들은 이들이 단정한 옷차림을 거부했다는 뜻으로 한 말이었지만, 사실 학교에는 그런 애들이 수백 명이나 더 있었다. 에릭과 딜런은 아이들과 무척 적극적으로 어울렸고 평균적인 사춘기 소년보다 친구가 훨씬 많았다. 어떻게 보면 당시 번성하던 또래문화에 딱 들어맞았다고 볼 수 있다. 이들은 같은 성향의 친구끼리 존중했고 자기들을 깔보는 별 볼 일 없는 녀석들을 놀렸다. 운동하는 녀석들을 흉내낼 생각도 전혀 없었다. 그보다 더 따분한 일은 없다고 여겼다.

딜런에게는 남들과 다르다는 것이 어려운 일이었다. 에릭에게는 다르다는 것이 좋은 일이었다.

—

그해 할로윈 축제 때 3학년생 에릭 듀트로가 드라큘라 복장을 하고 왔다. 연극을 좋아했던 그 아이는 극적인 분위기를 더해줄 멋진 코트를 원해서 그의 부모가 샘스 클럽에서 긴 검은색 더스터코트를 사다주었다. 아이들은 이를 트렌치코트라 불렀다.

비록 예상했던 효과를 거두지는 못했지만 트렌치코트는 멋있었다. 에릭 듀트로는 코트가 마음에 쏙 들어 학교 갈 때도 입고 다니기 시작했다. 사람들의 눈에 확 띄었다. 트렌치코트를 입고 가면 다들 고개를 돌리고 쳐다보았다. 듀트로는 이것이 싫지 않았다.

그는 학교생활을 힘겨워했다. 아이들이 괴짜니 호모니 하며 가차

없이 놀려댔던 것이다. 마침내 듀트로는 자신이 아는 유일한 방법으로 맞섰다. 그것은 더 크게 갚아주는 것이다. 아이들이 자기를 괴짜라고 부를수록 그는 더 괴짜스럽게 행동했다. 트렌치코트는 여기에 걸맞은 근사한 옷이었다.

당연하게도, 듀트로는 역시 남들 눈에 띄기를 좋아하는 또래들과 어울려 다녔다. 얼마 뒤 이들 중 몇몇이 트렌치코트를 입기 시작했다. 검은색 옷으로 쫙 빼입었고 여름에도 긴 코트를 고집했다. 언제부턴가 이들에게 트렌치코트 마피아, 줄여서 'TCM'이라는 이름이 붙었다. 딱 어울리는 별명이었다.

에릭 듀트로와 크리스 모리스가 TCM의 핵심 멤버였고, 그 외에도 트렌치코트와 상관없이 TCM과 어울려 다니는 애들이 열댓 명 더 있었다.

에릭과 딜런은 이들 패거리는 아니었지만 TCM 아이들 중 몇 명과 아는 사이였고 에릭은 특히 크리스와 가깝게 지냈다.

에릭은 TCM의 유행이 시들해지고 나서야 트렌치코트를 입기 시작했다. 그러자 딜런이 그를 따라했다. 두 아이는 대학살 때 코트를 입었는데 어울리는 복장이기도 했고 기능적인 고려도 있었다. 결국 이로 인해 엄청난 혼란이 일어났다.

28

무책임한 언론

트렌치코트 마피아는 눈에 확 띄고 기억하기 좋아서 일종의 신화처럼 굳어졌다. 무엇보다도 살인자들이 학교에 적응하지 못한 외톨이라는 편견에 딱 들어맞았다. 콜럼바인에 관한 잘못된 오해는 모두 그런 식으로 생겼다. 그리고 믿을 수 없이 빠르게 번져갔다. 고약한 소문의 대부분은 살인자들의 시체가 발견되기도 전에 이미 뿌리를 내렸다.

보통 콜럼바인 사태를 떠올릴 때면, 트렌치코트 마피아 출신의 부적응자 고스족 두 명이 오랫동안 이어져온 반목 때문에 고등학교에 난입하여 운동선수를 공격한 사건으로 기억한다. 그런데 이런 일은 거의 일어나지 않았다. 고스족도 부적응자도 갑작스러운 감정의 폭발도 아니었다. 반목도 트렌치코트 마피아도 아니었다. 이런 요소들은 원래 콜럼바인에 있던 것들이다. 그래서 소문이 그토록 빠르게 퍼질 수 있었다. 그러나 살인자들과는 전혀 무관했다. 이보다 덜 알려진 뜬소문들도 허황되기는 마찬가지였다. 메릴린 맨슨, 히틀러 생일, 소수민족, 기독교와는 아무 관계가 없었다.

사건에 대해 알고 있는 사람들은 이런 소문을 더이상 믿지 않았다. 기자, 조사관, 희생자 가족, 그들의 변호사 들은 이런 소문을 흘려들었다. 하지만 대중은 대부분 이를 당연하게 받아들였다. 왜 그랬을까?

언론매체를 두둔하는 사람들은 혼란스러운 상황 탓으로 돌렸다. 목격자 2000명의 엇갈린 진술이 문제였다는 것이다. 누군들 사실을 정확히 파악할 수 있었을까? 하지만 사실관계는 문제가 아니었다. 시간이 흐른 뒤에도 제대로 바로잡히지 않았다. 로키마운틴뉴스의 호외에 처음으로 콜럼바인 기사가 실렸다. 도서관에서 시체가 발견되기도 전인 화요일 오후 3시에 나온 신문이었다. 여기에 실린 요약기사는 흥미롭고 통렬하면서도 놀랄 정도로 정확한 저널리즘의 걸작이었다. 세세한 사항을 포착했고 아울러 두 명의 냉정한 살인자가 학생들을 무차별적으로 쏘았다는 핵심도 간파했다. 공격의 본질을 정확하게 꿰뚫어본 최초의 보도였다. 그리고 마지막 보도이기도 했다.

재난 기사는 처음에는 뭐가 뭔지 혼란스럽다가 점차 명료하게 전모가 밝혀지는 것이 일반적인 이치다. 사실관계가 파악되고 모호한 면이 걷히면 정확한 그림이 잡힌다. 그리고 대중이 이를 받아들인다. 하지만 최종적으로 그려진 그림은 진실과 무관할 때도 많다.

콜럼바인에서 경악할 일이 벌어졌다는 소식이 전해지고 한 시간 뒤에 방송국들은 두 명 이상의 총잡이를 배후에 있는 주범으로 지목했다. 두 시간이 지나자 트렌치코트 마피아가 유력한 용의자로 떠올랐다. TCM은 화장을 하고 다니고 동성애자인 고스족 무리로 2000년에 다 함께 자결하기로 결심했다는 괴소문이 돌았다.

우스꽝스럽게 들리든 말든 TCM 괴담은 언론매체가 일삼은 실수 중에서 가장 그럴듯했다. 살인자들은 실제로 트렌치코트를 입고 있었다. 1년 전에 한 무리의 아이들이 코트 이름을 따서 자기들 모임을 지칭했다. 따라서 몇몇 아이들이 이 둘을 연관시켜서 그런 소문을 만들어냈다고 비난하기는 어려웠다. 충분히 일리 있는 설명으로 보였기 때문이다. 그런데 정작 화요일 오후에 클레멘트 공원에 모인 대부분의 아이들이 TCM을 입에 올리지도 않았다는 사실은 보도되지 않았다. 심지어 에릭과 딜런의 이름을 거론한 아이들도 거의 없었다. 2000명이 다니는 학교에서 대부분의 학생들은 두 아이를 알지도 못했다. 총격을 직접 본 아이들도 많지 않았다. 처음에는 다들 기자들에게 누가 자기를 공격했는지 도저히 모르겠다고 했다.

그러던 상황이 순식간에 달라졌다. 2000명의 학생들 대부분은 텔레비전을 지켜보거나 휴대전화로 목격자들과 연락을 주고받았다. 텔레비전에서 트렌치코트와의 관련성을 두어 번 언급하자 그것만으로도 효과가 나타났다. 과연 그럴듯하게 들렸던 것이다. 맞아, 트렌치코트, 트렌치코트 마피아가 벌인 짓이야!

텔레비전 기자들은 사실 신중하게 처신했다. 그들은 "추정하건대" "설명하기로" 같은 확실치 않은 표현을 사용했다. 일부 기자들은 살인자들의 정체에 강한 의문을 던진 다음 TCM에 대한 설명으로 넘어가서 시청자들이 둘을 연관짓도록 만들었다. 문제는 반복이었다. CNN 보도가 시작된 후 다섯 시간 동안 TCM을 언급한 학생은 소수였다. 사실상 모든 자료는 지역방송국이 제공한 것이었다. 하지만 기자들은 이 소식을 열렬히 전했다. 소문을 어떻게 전해야 할지에 대해서는 신중을 기했지만, 그것을 자주 전했을 때 어떤 결과가 일어나는지에 대해서는 외면하고 있었다.

아이들은 목격자와 앵커들이 텔레비전에서 TCM이 관련되었다고 말하는 것을 보고 그렇게 "알았다". 그리고 비슷한 보도를 본 친구들과 이야기를 나누며 이를 사실로 확인했다. 그렇게 소문은 빠르게 번졌다. 남부 제퍼슨 카운티에서 화요일 오후에 10대들이 할 일이라고는 친구들끼리 모여서 이야기하는 것밖에 없었다. 대부분의 학생들이 자기만의 경로를 통해 소문을 듣고 TCM이 공격 배후에 있다고 철석같이 믿었다. 오후 1시만 하더라도 클레멘트 공원에 모인 학생 가운데 TCM을 언급한 아이는 거의 없었지만, 8시가 되어서는 거의 모든 아이들이 이를 입에 올렸다. 물론 그들이 이야기를 지어낸 것이 아니라 남의 말을 되풀이했을 뿐이었다.

또다른 문제는 아무도 질문하지 않았다는 점이다. 첫 다섯 시간 동안 CNN 자료로 나간 화면에서 학생들에게 살인자들이 트렌치코트 마피아 일원이라는 것을 어떻게 알았는지 묻는 이는 아무도 없었다.

신문기자, 토크쇼 진행자, 기타 언론매체 종사자들은 똑같은 실수를 반복했다. "마을 전역의 모든 사람들이 '트렌치코트 마피아'라는 불길한 표현을 입에 올렸다." USA투데이가 수요일 아침에 이렇게 보도했다. 그건 사실이었다. 하지만 누가 누구에게 그렇게 말했을까? 기자들은 아이들이 언론매체에 이 정보를 제공했다고 믿었다. 사실은 반대였다.

—

해가 질 무렵에 이르러 대부분의 오해들이 널리 퍼졌고, 살인자들이 운동선수를 노렸다는 것이 기정사실처럼 받아들여졌다. 목표대상이 있었다는 설은 가장 끈질기게 남았다. 사건의 동기로 바로 이어졌기 때문이다. 대중은 콜럼바인 사태가 보복성 행위라고 믿었다. 운동선수들의 지독한 괴롭힘을 참다못해 저지른 앙갚음이라 여겼다. 다른 소문들이 그렇듯이 이것도 아주 허황된 얘기만은 아니었다.

처음 몇 시간이 지났을 때 비극의 생생한 목격자가 나타났다. 3학년생 브리 파스콸레였다. 그녀는 다행히도 부상을 입지 않고 도망쳐 나왔지만 여기저기 핏물이 묻어 초췌한 몰골이었다. 브리는 도서관에서 일어난 참사를 설득력 있게 자세히 설명했다. 그리고 라디오와 텔레비전 방송국이 그녀의 증언을 줄기차게 계속 내보냈다. "아이들은 유색인은 누구든 쏘아댔어요. 흰색 모자를 쓴 아이, 운동하는 애들도요. 상대가 누구인지 상관하지 않았어요. 근거리에 있는 사람은 모조리 쏘아댔죠. 내 주위에 있던 사람들 모두가 총에 맞았어요. 나는 제발 쏘지 말라고 그에게 10분 동안 애걸했습니다."

브리 파스콸레의 설명은 사실과 결론이 어긋난다는 게 문제였다. 극단적인 속박 상태에 있던 목격자에게서 흔히 나타나는 현상이었다. 살인자들이 상대를 가리지 않고 "모두" 다 쐈다면 거기에 운동선수, 소수민족, 모자를 쓴 사람도 포함되는 건 당연하지 않은가? 그녀는 짧은 설명에서 무차별적인 살인이었음을 네 차례 언급했다. 하지만 기자들은 그녀의 진술에서 특이한 점에만 초점을 맞추었다.

교내 괴롭힘과 인종차별? 이런 위협은 이미 흔한 것이었다. 따라서 그렇게 둘러대면 마음이 편했다.

저녁이 되자 목표대상이 있었다는 설이 대부분의 방송에서 정설로 보도되었다. 거의 모든 언론매체가 그런 식으로 보도를 내보냈다. 로키마운틴뉴스와 워싱턴포스트만이 그주 내내 이런 분위기에 휘둘리지 않고 외롭게 의견을 달리했다.

처음에는 대부분의 목격자들이 이런 암묵적 동의를 반박했다. 거의 모두가 무차별적인 살인이었다고 했다. 수요일 아침에 모든 신문과 통신사에 실린 기사를 통틀어 목표대상이 있었다는 설을 내놓은 목격자는 네 명뿐이었다. 그것도 다들 진술이 모순되었다. 대부분의 신문은 실제로 그 광경을 보았다는 단 한 명의 진술로 가설을 만들어나갔고, 아예 목격자를 거론하지 않은 신문도 있었다. 로이터는 "많은 목격자들"이 그렇게 주장했다고 했고 USA투데이는 "학생들"이라고 했다.

"학생"은 "목격자"와 동의어였다. 그날 일어났던 모든 일을 다 목격했고 살인자의 모든 것을 다 보았다는 것이다. 비약도 이런 비약이 없었다. 자동차사고 기사를 쓸 때는 이렇게 하지 않는다. 사고 광경을 보았나요? 아니라고 하면 다른 목격자를 찾으러 갔다. 하지만 기자들은 10대 문화에 대해 무지했다. 아이들은 어른한테는 무엇이든 숨길 수 있지만 자기들끼리는 다 통한다, 기자들은 이렇게 생각했다. 뭔가 충격적인 일이 여기서 일어났다. 우리는 뭐가 뭔지 모르지만 아이들은 알고 있다. 그렇게 해서 2000명 모두가 내막을 다 아는 내부자가 되었다. 학생들이 목표대상을 거론했다면 분명 그럴 터였다.

형사들은 모두가 목격자라는 개념을 받아들이지 않았다. 외상을 입은 목격자들의 말은 관찰로 받아들였지만 결론으로 단정하지 않았다. 목표대상이 있다는 설은 말도 안 된다고 여겼다. 그래서 언론매체가 합심해서 그렇게 주장하는 것을 보고 어리둥절했다.

―

기자들이 "학생들"에 전적으로 의존해서 모든 기사를 작성한 것은 아니었다. 모든 매체는 덴버포스트를 믿고 인용했다. 덴버포스트는 54명의 기자와 8명의 사진기자, 5명의 작가를 현장에 내보냈다. 이들에겐 자료도 충분했고 최고의 정보원도 있었다. 첫날에 이들은 다른 매체들보다 몇 시간 먼저 기사를 내보냈고 첫 주 내내 대부분의 상황을 다른 매체보다 하루 먼저 파악했다. 로키마운틴뉴스도 현장에 있었지만 인원이 적었기에 전국지들은 포스트를 신뢰했다. 덴버포스트 혼자서 모든 오해를 다 만들어내지는 않았겠지만, 이들이 잘못된 결론을 싣고 다른 매체들이 이를 인용하면서 오해가 널리 퍼진 것은 분명했다.

―

제퍼슨 카운티 공원휴양지관리국은 건초더미를 트럭에 실어 클레멘트 공원에 나르기 시작했다. 그곳은 엉망이었다. 수요일에만 수천 명이 공원 북동쪽 모퉁이에 모였고 목요일과 금요일이 되자 수만 명으로 불어났다. 수요일부터 눈이 펄펄 내리기 시작했는데, 사람들이 오가면서 잔디를 짓밟았고 목요일에는 거대한 진창으로 변했다. 아무도 개의치 않는 듯했지만, 그래도 카운티 직원들은 사람들이 추도의 의미로 갖다놓은 기념물 옆의 굽이진 보도에 건초를 깔았다.

생존자들 가운데 상당수가 이미 외상후스트레스장애의 초기 단계에 접어들었다. 많은 이들이 아직 인식하지 못했고 그런 증상을 지칭하는 이름이 있다는 것도 몰랐지만 말이다. 물론 그렇지 않은 사람들도 많았다. 폭력을 얼마나 가까이서 목격하거나 경험했는지의 문제는 아니었다. 폭력에 오래 노출되고 충격의 강도가 높을 때 정신적인 문제에 시달릴 확률이 높긴 했지만 장기적인 반응은 개인에 따라 천차만별이었다. 총격이 벌어졌을 때 도서관에 있었던 아이들 중에도 멀쩡한 아이들이 있는가 하면, 웬디스에 점심을 먹으러 나갔던 어떤 아이들이 오히려 수년 동안 정신적 외상에 시달리기도 했다.

미시간 주립대학의 정신의학과 교수이자 외상후스트레스장애의 최고 전문가인 프랭크 오크버그 박사는 몇 달 뒤에 FBI의 요청을 받아 이 사건을 맡은 정신보건 복지사들에게 이후 몇 년간 조언을 해주게 된다. 박사는 그의 연구집단과 함께 1970년대에 외상후스트레스장애라는 용어를 처음 만들어냈다. 이들은 정신적 외상 경험으로 야기된 스트레스 중에서 질적으로 아주 심각하고 충격적인 경험이 야기한 증세를 관찰했다. 이는 심각한 후유증을 남겼고 몇 년간 지속되는데 제대로 치료하지 않으면 평생 남을 수도 있었다.

—

그보다 덜 심각하면서 더 흔한 반응 또한 이미 진행되고 있었다. 생존자들의 죄의식이 그것이다. 부상자들이 치료를 받고 있는 여섯 개 지역병원의 복도에서 죄의식의 증후가 바로 나타났다. 첫 주에 패트릭 아일랜드를 보러 온 학생들이 세인트앤서니 병원 대기실을 가득 메웠다. 모든 대기실과 좌석들이 꽉 들어차서 수십 명의 학생들이 복도에 서서 기다렸다.

패트릭은 집중치료실에 있었다. 문병객을 받을 수 없는 상황이었는데도 아이들은 계속해서 병원으로 몰려들었다. 그냥 그곳에 있고 싶어했다.

"이것도 다 그들이 치유하는 과정의 일부라 생각해요." 캐시 아일랜드가 말했다.

하루 종일, 저녁까지 머무는 아이들도 있었다. 병원 직원들은 몇몇 아이들이 아무것도 먹지 않았음을 깨닫고 음식을 갖다주기 시작했다.

—

패트릭의 상황은 좋지 않았다. 의사들은 그가 목숨을 건지면 다행이라 여겼다. 그래서 존과 캐시에게 큰 기대를 걸지 말라고 당부했다. 처음 하루이틀 동안 그들이 관찰하게 되는 상황이 평생 이어질 수도 있다고 했다. 존과 캐시는 이를 받아들였다. 그들의 눈에 비친 패트릭은 온몸이 마비된 채 알아듣지도 못할 말을 하려고 딱하게 버둥거리는 아이였다.

의료진은 패트릭의 부러진 오른발을 수술하지 않고 그냥 상처를 소독하고 부목을 댔다. 왜 수술을 안 하죠? 그의 부모가 물었다. 그것 말고 더 시급한 문제가 많다고 했다. 그리고 어차피 패트릭은 오른발을 사용하지 못할 거라고 했다.

존과 캐시는 참담한 기분이었다. 하지만 이제 현실을 직시해야 했다. 그들은 일단 아이를 일으켜세우고 지금의 상태로 행복하게 살아가려면 어떻게 도와야 할지 생각했다.

패트릭은 이런 상황을 알지 못했다. 다시 걷지 못할 수도 있다는 생각을 결코 하지 않았다. 그저 뼈가 부러진 정도로 여겼다. 깁스를 하고 근육을 보강하고 다시 시작하면 된다고 생각했다. 물론 엄지손가락이 부러졌을 때보다는 힘겨울 터였다. 훨씬 더. 회복에 서너 배 더 긴 시간이 걸릴지도 몰랐다. 아무튼 자신이 회복하리라고 믿었다.

—

패트릭의 친구 마카이가 금요일에 세인트앤서니에서 퇴원했다. 그는 패트릭 옆에서 무릎에 총상을 입고 병원에 실려왔다. 병원 도서관에서 진행된 기자회견에 기자들이 왔고 CNN이 중계를 맡았다. 마카이는 휠체어를 탔다. 그 자리에서 그가 딜런과 아는 사이였음이 밝혀졌다.

"괜찮은 친구라고 생각했어요. 예의바르고 정말 똑똑한 친구였는데."

두 아이는 프랑스어수업을 같이 들었고 조별과제를 함께 맡기도 했다.

"한 번도 저를 섭섭하게 대하지 않았어요. 언론에 묘사된 그런 친구는 아니었습니다."

—

패트릭은 첫 주에 언어감각에 진전을 보였고 체온, 맥박, 호흡, 혈압이 정상으로 돌아오기 시작했다. 마침내 금요일에 집중치료실에서 나와 일반 병실로 옮겼다. 패트릭이 안정을 찾자 그의 부모는 이제 민감한 질문을 할 때가 되었다고 판단했다. '너, 도서관 창문으로 나왔어?'

그들은 사실을 알았다. 다만 그가 알고 있는지 알아야 했다. 자기가 그곳에 왜 있었는지 알고 있을까? 혹시 진실이 밝혀지면 그에게 상처가 되지 않을까?

"당연하죠!" 그가 더듬거리며 말을 흐렸다. 그걸 이제야 알았나요?

그는 의심스러운 눈길로 바라봤어요, 캐시가 나중에 말했다. "마치 어쩜 그것도 몰라요, 하는 표정이었죠." 그녀는 아무래도 좋았다. 원하는 대답을 들어서 마음이 놓였다.

—

같은 주에 크레이그 병원의 신경과 의사 앨런 웨인트럽이 패트릭을 보러 왔다. 크레이그 병원은 세계에서 가장 앞서가는 재활센터로 뇌와 척수 치료가 전문이었다. 아일랜드의 집에서도 그리 멀지 않은 어래퍼호에 있었다. 웨인트럽은 패트릭을 살펴보고 차트를 훑어본 다음 존과 캐시에게 자신의 의견을 말했다. "일단 희망이 있다는 것을 말씀드리고 싶네요."

그들은 이 말에 놀라워하며 안도했지만 한편으로는 당황했다. 왜 그렇게 다른 의견이 나왔는지 나중에야 이해했다. 병원마다 전문지식과 관점이 서로 달랐던 것이다. 세인트앤서니는 외상 전문이었다. "그들의 목표는 생명을 살리는 것입니다." 캐시가 말했다. "크레이그에서는 재활이 우선적인 목표죠."

그들은 패트릭을 크레이그 병원으로 옮기는 문제를 협의하기 시작했다.

—

목요일이 되자 클레멘트 공원에 모인 학생들은 분노로 들끓었다. 살인자들이 죽었으므로 이들에 대한 분노는 고스족, 메릴린 맨슨, TCM에게로 향했다. 살인자들처럼 옷을 입고 행동하는 사람이나 언론매체에서 묘사한 이들의 모습과 비슷한 사람들도 봉변을 당했다.

아이들은 살인자들을 부적응자, "호모"라고 단정했다.

"녀석들은 괴짜였어요." 한 2학년생 축구팀 선수가 화가 나서 이렇게 말했다. "아무도 그들을 좋아하지 않았어요. 왜냐하면⋯⋯" 그는 잠깐 멈추었다가 말했다. "그런 녀석들은 대개 게이거든요. 그래서 다들 놀렸어요."

살인자들이 친구들과 복도에서 서로 "만지고" 더듬고 손잡는 것을 보았다는 운동선수도 있었다. 한 미식축구선수는 단체로 샤워하는 이야기를 들려줘서 기자들을 매료시켰다.

게이 소문은 매체에서는 거의 찾아보기 어려웠지만 클레멘트 공원에 마구잡이로 퍼졌다. 이야기들이 확실치 않았다. 다들 제3자로부터 들었다고 했다. 이들은 심지어 살인자를 알지도 못했다. 클레멘트 공원의 모든 이들이 소문을 들었는데 학생들 대부분은 대충 사정을 짐작했다. 이들은 살인자들이 죽었는데도 살았을 때와 똑같이 비방하는 운동선수에게도 마찬가지로 혐오를 느꼈다. "게이"는 확실히 제퍼슨 카운티에서 서로를 욕할 때 쓸 수 있는 가장 모멸적인 말이었다.

에릭과 딜런의 친구들은 대개 그런 이야기를 들으면 무시하고 넘어갔다. 한 명은 그렇지 않았다. "언론이 내 친구들을 게이와 네오나치와 온갖 짜증나는 인간으로 만들었어요." 그는 격분했다. "내 친구들을 멍청이로 만들고 있다고요." 그는 위장무늬 바지를 입은 183센티미터의 건장한 4학년생이었다. 그는 몇 시간 동안 열변을 토했고 곧 전국지에 소개되었다. 가끔 어리석은 모습을 보이기도 했다. 그는 말을 삼갔다. 그의 아버지가 언론매체를 선별하기 시작했다.

몇몇 신문은 게이 소문을 지나가는 말로 언급했다. 제리 폴웰 목사는 〈리베라 라이브〉에서 살인자들을 게이로 묘사했다. 게이 장례식에서 피켓 시위를 하는 것으로 악명 높은 사람이 "추잡한 호모 두 녀석이 콜럼바인 고등학교에서 13명을 학살했다"고 주장하기도 했다. 그중에서도 눈에 띄는 것은 트렌치코트 마피아가 운동선수들을 죽이려는 게이들의 음모였다고 주장하는 인터넷 포스팅을 그대로 인용한 드러지리포트(선정적인 특종으로 유명한 미국 인터넷 신문—옮긴이)였다. 하지만 대부분의 주요 언론들은 이런 소문을 무시하고 넘어갔다.

하지만 이들도 고스족에 대해서는 예의를 차리지 않았다. 고스족은 가장 혹독한 공격을 받았다. 하얗게 분칠한 얼굴과 검은 옷, 검은 입술, 검은 손톱에 두꺼운 마스카라 화장을 하고 다니는 음울한 하위문화 친구들 말이다. 고스 문화를 잘 모르는 학생들 때문에 이들과 살인자들 사이에 연관성이 있는 것으로 잘못 알려졌다. 그리고 마찬가지로 무지한 기자들이 소문을 확장했다. 가장 터무니없는 보도는 공격이 발생한 다음날 ABC 시사 프로그램 〈20/20〉에서 방송된 내용이었다. 다이앤 소여는 신원이 공개되지 않은, 경관이라는 사람의 이런 말을 소개하는 것으로 방송을 시작했다. "아이들은 어쩌면 고스라는 이름으로 알려진 음울한 전국 언더그라운드 문화의 일원일지도 모릅니다. 고스족 가운데는 예전에 살인을 저질렀던 이도 있을 겁니다." 사실이었다. 고스족들 중에도 예전에 살인을 저지른 사람이 있을 것이다. 그런데 다른 하위문화 일원들도 다 그렇지 않은가?

브라이언 로스 통신원은 고스족들이 두 명을 살해한 사건과 오싹한 두 건의 살해 시도를 생생하게 소개했다. 그러면서 이런 사건들이 하나의 패턴을 보여준다고 했다. 고스족 범죄가 잇달아 일어나 교외를 휩쓸고 우리 모두를 위협하게 된다는 것이다. "이른바 고스운동은 새로운 10대 갱단, 그러니까 기괴한 것과 죽음에 매료된 백인 교외 갱단을 양성해왔습니다." 이어 가슴에 칼이 꽂힌 채 911 구조전화를 거는 희생자의 목소리를 담은 오싹한 테이프를 예로 거론했다. "빨리요. 저 오래 못 버틸 거 같아요." 로스는 그 살인자들이 "자부심 강하고 떳떳한 고스운동의 일원"이었다고 설명하면서 "어제 백인 극단주의와 증오로 똘똘 뭉쳐 총격을 벌인 학생들과 비슷하다"고 했다.

로스의 보도에서 문제점은 딱 하나였다. 고스족들은 대체로 유순하고 평화를 사랑한다는 사실이었다. 이들은 대개 살인은 고사하고 폭력과도 연루된 적이 없었다. 검은색 코트를 입는다는 것을 제외하면 이들은 에릭과 딜런과 아무런 공통점이 없었다.

섣부른 결론만 피한다면 대부분의 보도가 나무랄 데 없었다. 로키는 대부분의 괴담을 언급하지 않고 넘어갔고 워싱턴포스트, 뉴욕타임스와 더불어 살인자들에 관한 제대로 된 인물 소개를 실었다. 텔레비전에서는 특파원들이 생존자들을 도와 기품을 잃지 않고 통찰력 있게 자신의 사연을 전하도록 했다. 케이티 커릭은 그 가운데서도 돋보이는 특파원이었다. 한편 고스 문화에 대한 두려움을 가라앉히려고 노력한 신문도 있었다. "콜로라도에서 살인을 벌인 두 젊은이는 스스로를 어떻게 생각하든 간에 고스족이 아니었다." USA투데이의 기사는 이렇게 시작했다. "이 조용한 집단은 운동이라 불리기에는 구심점이 너무도 약하고 그 본질은 내향적이고 평화적이다…… 고스족은 대체로 부적응자들인데 이는 폭력적이거나 공격적이어서가 아니라 오히려 그런 기질과는 정반대이기 때문이다."

가까운 학교에 다니는 고스족 한 명이 목요일에 클레멘트 공원에 모습을 드러냈다. 앤드루 미첼이 눈밭에 혼자 서 있는 모습은 사람들 눈에 금방 띄었다. 흰색과 검은색이 극명하게 대조를 이루었다. 새까만 머리는 윗부분만 길렀고 옆은 짧게 쳐서 귀 위의 맨살이 드러나 보였다. 옷깃에는 은색과 파란색이 섞인 추모리본을 달았다. 그가 나타나자 군중이 옆으로 쫙 갈려져서 주위로 3미터 반경의 원이 만들어졌다. 기자들이 몰려들었다.

"여기는 왜 왔나요?" 한 기자가 물었다.

"예의를 표하려고요." 미첼은 그렇게 말하고는 한 가지 호소를 했다. "이 아이들을 생각해보세요. 오랫동안 제대로 보살핌을 받지 못하고 혹독하게 버려졌어요. 여러분도 그렇게 되면 참지 못할 겁니다. 물론 그들은 완전히 잘못했어요. 하지만 나름대로 그럴 만한 이유가 있었던 겁니다."

미첼은 살인자들의 삶과 의도를 완전히 잘못 알고 있었다. 하지만 많은 사람들이 그렇게 알고 있었다. 대학살은 따돌림의 문제를 공론화했다. 『살롱』은 "살인하지 않는 부적응자"라는 제목의 매혹적인 기사를 실었다. 비슷한 공상을 마음속으로 했지만 이를 행동으로 옮기지 않았던 이성적인 어른들의 일인칭 설명으로 기사가 구성되었다. 그중 일부를 소개하면 이렇다. "생물학 수업시간에 학교 건물을 완전히 날려버리려면 얼마나 많은 플라스틱 폭탄이 필요할까 계산했던 기억이 난다. 당시 나의 모든 두려움과 불안은 학교 때문이었다. 나를 놀려댔던 친구들을 노려보았다. 그들이 내게 자비를 구하는 광경을 마음속에 그려보았다. 아마 그들의 입에는 총구가 겨누어져 있겠지. 내가 고약한 인간이라서 그런 걸까? 아닐 것이다. 나와 비슷한 공상을 하는 아이들이 수천 명은 더 있을 터이다. 다만 실천하지 않을 뿐."

기자들이 곳곳에서 적의를 감지하면서 이 문제를 더 깊이 파고들었다. 콜럼바인 고등학교에서 부적응자가 된다는 것은 어떤 경험일까? 대부분의 아이들이 아주 힘들다고 털어놓았다. 고등학교는 거친 세계였다. 클레멘트 공원에 모인 대부분의 아이들은 고백하듯 이야기를 털어놓았고, 다들 잔인한 경험이 하나씩은 다 있었다. "교내 괴롭힘"이 살해 동기로 떠오르기 시작했다. 이것이 전국적으로 알려지면서 교내폭력 반대운동이 조직되기 시작했다. 고등학교에 다녔던 사람들은 그것이 얼마나 고약한 문제인지 잘 알았다. 이 문제만 잘 처리해도 비극에서 훌륭한 교훈을 얻은 셈이라고 많은 사람들이 믿었다.

교내 괴롭힘과 따돌림은 손쉬운 동기를 제공했다. 대학살이 일어나고 48시간이 지났을 때 USA투데이는 운동선수를 죽이려 했다는 소문과 괴롭힘에 대한 보복이었다는 소문, TCM이 저질렀다는 소문을 하나로 엮어 멋진 커버스토리를 실었다. "학생들은 패거리(TCM)를 이룬 음울한 아이들과 학교 운동선수들 사이의 해묵은 갈등이 끓어올라 마침내 치명적인 폭력사태로 터지게 된 것이라고 설명하기 시작했다." 봄부터 주먹다짐이 심심치 않게 일어나는 등 긴장이 불거졌다고 했다. 세세한 설명은 정확하지만 결론은 틀렸다. 그런데 대부분의 언론매체가 이런 방식을 따랐다. 그래서 사실로 받아들여졌다.

—

교내 괴롭힘이 살인으로 이어졌다는 증거는 없었지만 콜럼바인 고등학교에서 괴롭힘이 성행했다는 증거는 꽤 많았다. 비극이 끝나고 교장은 교내 괴롭힘이 이제까지 계속 벌어져왔다는 것을 몰랐다면서 앞으로 절대 용납하지 않겠다고 목소리를 높였다.

"제가 이곳의 행정책임자로 있는 한 상황을 파악하면 어떻게든 책임지고 처리하겠습니다. 저는 우리 교사들을 믿습니다. 코치들을 믿습니다. 제 아들도 여기 다녔습니다. 저는 규칙을 확고하게 믿습니다."

그것이 그의 발목을 잡았는지도 모른다. 교장은 규칙을 확고하게 믿었다. 교사들에게도 똑같은 기준을 요구했고 그들이 이를 제대로 해내리라 믿었던 것 같다. 이례적일 만큼 아이들과 스스럼없이 지낸 것도 사태를 제대로 보지 못하게 된 요인이었다. 교장이 복도를 걸어가면 다들 미소를 보냈다. 진심으로 환대하며 그를 기쁘게 해주려고 노력했다. 그래서 교장은 자신의 고등학교에 행복이 가득한 것으로 착각하곤 했다.

개인적인 애착도 문제를 흐리게 했다. 교장은 스포츠를 좋아했기 때문에 이와 균형을 맞추려고 토론대회, 연극 시연회, 미술 전시회에 열심히 다녔다. 학생회와는 정기적으로 만나 협의했다. 하지만 이런 것들은 모두 긍정적인 이야기였다. 교장은 운동선수와 학구파의 균형을 맞추는 과정에서 영재들과 부진한 학생들에게는 소홀히 대하고 말았다.

"교장 선생님이 의도적으로 편애했다고 생각하지는 않아요." 짧은 머리에 피어싱을 하고 빨간색 격자무늬 부츠를 신은 한 여자애의 말이다. "학교의 기상을 중시하는 분이셨죠. 제 생각에는 아마도 교내 스포츠와 학생회 같은 본인이 가장 편하게 생각하는 쪽으로 학교를 키우려고 하셨던 모양이에요." 그녀는 교장이 성실한 사람이었고 학생들과 교류하려고 많은 노력을 했다고 말했으며, 그가 잘 웃고 활기찬 학생들을 선호했기에 외톨이들을 챙기지 못한 건지 모르겠다고 했다. 그러면서 이렇게 말했다. "제 고스족 친구들은 학교를 싫어했어요."

—

클레멘트 공원에 모인 군중은 갈수록 늘어났지만 학생들은 많이 빠져나간 상태였다. 수요일 오후에 아이들은 기자들에게 속마음을 털어놓았다. 그리고 그날 저녁 자기 학교가 텔레비전에 이상하게 소개되는 것을 보았다. 처음에는 관대하게 그려지는가 싶더니 갈수록 불길한 모습이 되었다. 언론은 "유독한(toxic)"이라는 형용사를 즐겨 사용했다. 언론에 비친 콜럼바인은 끔찍한 곳이었다. 분별없는 운동선수들이 왕족처럼 무리를 지어 설치고, 깔끔한 캐주얼을 걸친 부잣집 백인 애들이 귀족층을 이루며 거들먹거리는 곳으로 비춰졌던 것이다.

맞는 말도 일부 있었다. 아무래도 고등학교였으니 말이다. 하지만 콜럼바인은 어느덧 미국에서 사춘기에 관련된 온갖 고약한 면을 모두 담고 있는 곳이 되어버렸다. 자신이 다니는 고등학교의 추악한 면이 폭로되어 행복하다는 학생도 없지 않았지만, 대부분의 아이들은 경악했다. 언론매체는 아이들의 시선과 생각을 훨씬 과장되게 묘사했다.

그래서 훗날 리틀턴에 온 사회과학자들과 언론인들은 지역사회를 심도 있게 연구하고 그곳에서 무슨 일이 벌어졌는지 제대로 보기가 어려웠다. 대상을 관찰하는 행위로 인해 대상 자체가 바뀌게 된다는 하이젠베르크의 불확정성의 원리가 작동한 것이다. 콜럼바인에서 교내 괴롭힘은 얼마나 심각했을까? 살인자들은 얼마나 끔찍한 취급을 당했을까? 사건이 일어난 지 사흘째부터 증언들은 이미 오염된 터였다. 하이젠베르크는 전자의 활동을 관찰하는 양자물리학자였다. 그런데 사회과학자들이 그의 이론을 인간에게 적용하기 시작했다. 우리의 행동도 전자의 활동과 놀랄 정도로 닮았기 때문이다. 4월 셋째 주에 리틀턴의 모습은 몰라볼 정도로 바뀌어버렸다.

다행히 처음 며칠 동안 엄청난 양의 자료가 수집되었다. 아직 어떤 의도도 없었고 학생들도 솔직하게 털어놓았다. 수백 명의 기자들이 현장에 있었고 역시 그 정도 되는 형사들이 자신이 알아낸 것을 경찰 보고서에 기록했다. 이 보고서는 19개월 동안 봉인된 채로 있게 된다. 사건 초기의 뉴스 보도를 보면 사실상 전부가 잘못된 가정과 어처구니없는 결론으로 얼룩진 추측성 기사라 해도 과언이 아니다. 하지만 자료는 남았다.

29

사명

콜럼바인 학생식당에 폭탄을 던지기 2년 전에 에릭은 결정적인 문턱을 넘어섰다. 그의 머릿속에는 항상 공상이 자리하고 있었다. 인류 멸종의 공상이 계속해서 자랐지만 현실이 굳건히 자리를 지키며 이를 딱 막아선 터였다. 그러던 중 2학년 생활이 중반에 접어든 어느 날, 에릭은 행동을 실천하기 시작했다. 화가 났거나 잔인해지거나 딱히 증오를 품은 것도 아니었다. 열등한 아이들을 괴롭히는 조직적 행동은 정말 대수롭지 않게 시작했다. 하지만 진짜였다.

삼총사가 하나로 뭉쳐 못된 짓을 시작했다. 딜런과 잭이 공모자이자 한 팀이었다. 에릭이 적어놓은 일지를 보면 그는 두 친구를 코드명 '보드카'와 '건빵'이라고 지칭했다. 2학년 2학기인 1997년 1월부터 주로 에릭의 집에서 만나 한밤중에 몰래 빠져나가서는 그가 싫어하는 아이들의 집을 훼손했다. 목표대상을 정한 것은 물론 에릭이었다.

그의 부모가 위층에서 자고 있었으므로 아이들은 조심조심 집을 빠져나갔다. 집 뒤뜰에 바위가 많았고 성가신 이웃집 개가 "고개가 떨어져나갈 정도로 계속 짖어댔다"고 에릭은 썼다. 이어 그들은 잔디가 높이 자란 들판을 지났다. 에릭은 이를 〈쥬라기 공원〉에 나오는 공룡공원에 비교하곤 했다. 그에겐 이 모든 게 끝내주게 재미있는 모험이었다. 그는 초등학생 시절 이후로 자신이 군사작전에 나선 해병대 영웅이라는 상상을 즐겨했는데, 마침내 들판에서 아이들을 지휘하게 된 것이다.

에릭은 자신의 못된 놀이를 "사명"이라고 불렀다. 사명을 진행하면서 에릭은 미국 사회에 적응하지 못했던 천재들에 대해 생각했다. 그는 세상이 마음에 들지 않았다. 책을 좋아했던 에릭은 방금 존 스타인벡의 『하늘의 목장』을 해치웠는데, 여기에는 백치 천재 툴라레치토의 우화가 실려 있었다. 그는 또래들이 상상도 못 하는 세상을 볼 줄 아는 비범한 재능을 타고난 인물이었다. 에릭은 자신도 그런 존재로 여겼다. 툴라레치토 같은 정신적 결함은 없지만 말이다. 친구들은 툴라레치토의 이런 재능을 보지 못하고 험하게 대했다. 그러자 툴라레치토는 폭력으로 응수해 적들 중 한 명을 죽였다. 결국 정신병원에 평생 갇히는 신세가 되고 말았다. 에릭은 납득이 가지 않았다. "툴라레치토를 왜 그렇게 다루는지 모르겠다. 그저 분노를 다스리는 법을 배우지 못한 것뿐인데. 사회는 툴라레치토처럼 대단한 인재를 제대로 대우해야 한다." 그가 독서록에 적은 내용이다. 그에게 필요한 것은 더 많은 시간뿐이라고 에릭은 주장했다. 재능 있는 부적응자는 무엇이 옳고 무엇이 그른지, 사회에서 용납되는 것이 무엇인지 배울 수 있다. "사랑과 보살핌만 주어진다면 말이다."

사랑과 보살핌. 에릭은 동료들을 공격하기 시작하던 무렵에 바로 이렇게 적었다. 가끔은 모욕을 되갚아주려고 친구의 집을 공격하기도 했지만 대개는 그들의 열등함에 화가 나서 공격할 때가 많았다.

사명을 실천하지 않을 때는 즉흥적인 말썽에 휘말렸다. 에릭은 브룩스 브라운에게 화가 나서 그에게 따지려다 말고 배수관에서 얼음덩어리를 하나 떼어내 브룩스의 친구 차에 던져 트렁크가 움푹 들어가게 했다. 또다른 얼음덩어리는 브룩스의 벤츠에 던져 앞유리에 금을 냈다.

"개자식! 언젠가 호된 대가를 치를 줄 알아!" 브룩스가 소리쳤다.

에릭은 웃었다. "멍청하긴. 그런 똥차에 대가는 무슨."

브룩스는 집으로 가서 엄마에게 말했다. 그런 다음 에릭의 집으로 차를 돌렸다. 브룩스가 화가 많이 나 보였지만 캐시 해리스는 침착함을 잃지 않았다. 그녀는 브룩스를 안으로 들이고 거실에 앉으라고 했다. 그는 에릭의 비밀을 많이 알고 있었는데 이를 다 털어놓았다. "아들이 밤에 몰래 빠져나가는 거 알고 계셨나요? 여기저기 돌아다니며 못된 짓을 하고 있어요." 캐시는 못 믿겠다는 표정이었다. 아이의 흥분을 가라앉히려고 노력했다. 브룩스는 계속 소리를 질렀다. "그의 방에 술이 있어요. 찾아보세요! 그래피티 래커도 있어요. 찾아보시라니까요!" 캐시는 그저 이야기를 듣고 있었을 뿐이지만, 브룩스는 에릭의 엄마가 꼭 학교 상담사처럼 군다고 생각했다. 녀석은 정신이 나갔어요, 그가 말했다. 브룩스는 에릭이 돌아오기 전에 그의 집에서 나왔다.

브룩스가 집에 돌아가자 그의 친구가 에릭의 배낭을 담보 삼아 가져왔다. 브룩스의 어머니 주디는 상황을 지켜보다가 자기가 나서기로 했다. 그녀는 모두에게 자기 차에 타라고 명령했고 이어 그들을 데리고 에릭에게 갔다.

에릭은 여전히 얼음덩어리를 던지며 놀고 있었다. "차문 잠가!" 주디가 말했다. 그녀는 자동차 창문을 내리고 에릭에게 소리쳤다. "네 배낭이 여기 있으니 너희 어머니 가져다드리고 얘기 좀 해야겠다. 네 집에서 보자꾸나!"

에릭은 차를 붙잡고 고래고래 소리를 질렀다. 그녀가 차를 옆으로 빼는 동안에도 그는 계속 차를 잡고 더 세게 소리를 높였다. 그런 에릭을 보고 있자니 야생동물 테마파크에서 도망쳐나와 차를 공격하는 동물이 생각났다. 브룩스의 친구가 뒷좌석의 다른 편으로 옮겨 앉았다. 주디는 겁에 질렸다. 에릭의 이런 면은 처음이었다. 딜런도 가끔 소리를 지르기는 했지만 그건 쇼였다. 에릭은 진심으로 그러는 것 같았다.

주디는 속도를 올렸고 그러자 에릭은 차를 놓아주었다. 에릭의 어머니가 집 앞 차도에서 이들을 맞았다. 주디는 그녀에게 배낭을 건네면서 어떻게 된 사연인지 설명했다. 캐시가 울기 시작했다. 항상 상냥하던 캐시가 울자 주디는 기분이 안 좋았다.

웨인이 저녁에 집에 돌아와서 에릭에게 신이 얼마나 무서운 존재인지 아느냐고 물었다. 그는 술에 대해 이것저것 캐물었지만 에릭은 이미 숨겨두었고 정말 아무것도 모르는 척했다. 쉽진 않겠지만, 나중에 때를 봐서 숨겨둔 술을 처분하면 되었다. "내가 가진 술병을 도랑에 다 쏟아야 했다. 그리고 빌어먹을 외판원처럼 엄마, 아빠에게 거짓말을 했다." 그는 이렇게 적었다.

그날 밤 에릭은 고백적인 자세로 나왔다. 아버지에게 심약한 면을 드러냈다. 사실 브라운 부인이 두려웠다고 했다. 말을 듣고 보니 이해가 되는군, 웨인이 생각했다.

캐시는 주디한테 더 많은 이야기를 듣고 싶었다. 웨인은 애들 일에 그녀가 간섭하는 게 못마땅했다. 이 신경질적인 여자는 누구지? 그녀가 감싸고도는 브룩스는 또 누구야? 웨인은 다른 사람들로부터 자식을 어떻게 키우라는 잔소리를 듣지 않도록 충분히 엄하게 자식들을 대했다.

그날 밤 캐시가 주디에게 전화를 했다. 주디는 그녀가 정말 이야기를 듣고 싶어한다고 느꼈지만, 웨인이 뒤에서 부정적인 태도로 불평했다. 애들 일 갖고 왜 그래, 그럴 것까지 없잖아. 다 과장된 얘기일 뿐이야. 결국 그가 수화기를 들더니 에릭이 사실을 털어놨다고 주디에게 말했다. 그녀가 두려웠다고 말이다.

"당신 아들은 나를 두려워하지 않아요!" 주디가 말했다. "차에 탄 나를 따라 달려왔다니까요!"

웨인은 통화 내용을 녹색 메모지에 급히 적었다. 그는 에릭의 잘못된 행동에 밑줄을 그었다. 주디 브라운에게 얼굴을 들이밀고 "폭력적으로 행동했다"는 구절도 물론. 그리고 맨 밑에 이렇게 요약했다. 에릭이 공격적으로 굴고, 불손하게 행동하고, 재산을 파괴하고, 심각하진 않지만 신체 위협을 가했다고 적었다. 하지만 브라운 가족도 좋게 보지는 않았다. "사소한 사건에 대해 과잉반응", 이렇게 적었다. 날짜는 1997년 2월 28일이었다.

다음날 학교에서 브룩스는 에릭이 자신을 노리고 있다는 소리를 들었다. 그날 밤 부모에게 이 사실을 말했다. 그들은 경찰을 불렀다. 보안관보가 와서 그들에게 이런저런 것을 물었고 이어 해리스 가족에게 갔다. 웨인이 몇 분 뒤에 전화를 했다. 에릭을 데리고 가서 사과하겠다고 했다.

주디는 브룩스와 그의 형 애런에게 숨어 있으라고 했다. "뒤쪽 침실에 들어가 있어. 그리고 절대로 나오지 마."

웨인은 차에서 기다렸다. 함께 들어가 좋은 말로 거들어줄 수도 있었지만 그러지 않았다. 그래서 에릭 혼자 정문으로 가서 브라운 부부를 만나야 했다.

에릭은 이미 평소의 침착함을 되찾았다. 깊이 뉘우치고 있었다. "브라운 부인, 해를 끼칠 생각은 없었어요. 브룩스를 괴롭히는 일은 앞으로 절대 없을 겁니다."

"네 아버지를 속일 수는 있겠지만 나를 속이지는 못한다."

에릭은 깜짝 놀랐다. "제가 지금 거짓말을 한다고 생각하세요?"

"그래, 네가 이 동네에 다시 오거나 브룩스에게 무슨 짓을 하면 그땐 경찰을 부를 거다."

에릭은 씩씩거리며 그 자리를 떠났다. 집에 돌아온 그는 어떻게 앙갚음을 할까 생각했다. 지금은 신중하게 행동했지만 결코 물러서지 않을 터였다. 다음 사명의 목표는 브라운의 집으로 정했다. 그리고 "아무 집"이나 습격했다. 주로 폭죽을 터뜨리거나 화장실 휴지로 집을 어지르거나 방범벨을 작동시켰다. 그들은 또 브룩스의 벤츠에 실리 퍼티(탄성이 뛰어난 고무찰흙으로 자유롭게 이런저런 모양을 만들 수 있다—옮긴이)를 쑤셔넣었다. 에릭은 자신의 웹사이트에서 사명에 대해 떠벌렸는데, 이제 브룩스의 이름과 주소, 전화번호를 올려놓으며 이 글을 읽는 사람들도 "멍청한 자식"을 괴롭히는 일에 동참하라고 했다.

브룩스가 배신했으므로 에릭은 그를 벌해야 했지만, 사실 에릭에게 중요한 건 그가 아니었다. 에릭에게는 더 큰 계획이 있었다. 그는 타이머로 실험을 하는 중이었는데, 그 덕에 할 게 많아졌다. 12개의 폭죽을 선으로 연결하고 긴 도화선을 달았다. 에릭은 세밀하게 분석하는 타입이었지만 이번에는 도화선에 불을 붙이자마자 도망쳐서 자신의 자료를 제대로 평가하지 못했다.

주디 브라운은 에릭을 완연한 범죄자로 보았다. 그녀와 랜디는 에릭의 아버지에게 이 얘기를 수차례 했다. 그리고 경찰을 계속 불렀다.

웨인은 이해할 수 없었다. 그는 아들의 장래를 위해서라면 무슨 일이든 하는 사람이었다. 기강을 잡는 것은 전혀 어렵지 않았지만 아이들이 밖에서 어떤 평판을 듣든 그건 자기도 어쩔 수 없는 일이었다. 애들이라면 누구든 가끔은 실수를 저지를 때가 있다. 중요한 것은 그것을 가족 내에 묻어두는 것이다. 빨간 줄 하나가 평생의 기회를 망칠 수도 있다. 어떤 미친 가족이 지금 에릭에게 평생 따라다니는 전과를 부여하려고 하는 마당에 기강을 잡는 게 무슨 의미가 있을까?

에릭을 한참 동안 유심히 관찰한 웨인은 결국 아들의 말을 믿기로 했다. 에릭은 아주 영악해서 때에 따라서는 나쁜 행동도 순순히 인정했다. 그렇게 차분하게 뉘우치는 모습이 브룩스 부부를 더 신경질적인 사람들로 보이게 했다.

얼음덩어리사건이 일어난 지 사흘 후 웨인은 더 많은 학부모들과 콜럼바인 학생주임과 씨름하며 지냈다. 웨인은 노트를 꺼내 표지에 "에릭"이라고 적었는데 이틀 동안 세 쪽을 더 채웠다. 브룩스가 사명에 대해 듣고 학생주임을 찾아갔다. 학생주임은 음주와 학교 기물 파괴가 걱정되었다. 필요하다면 경찰도 부를 생각이었다.

에릭은 아무것도 모르는 척했다. 웨인의 일지에서 "부정"이라는 단어가 커다란 글씨로 두 쪽에 연이어 나왔다. 동그라미가 쳐져 있었다. 첫번째 글은 갈겨써서 알아보기 어려웠고 두번째 글은 이러했다. "알코올 문제에 대해 그와 내가 아는 모든 것을 부정할 것." "〔학생주임〕 플레이스가 무슨 말을 하는지 모르겠다." 웨인은 그 문제를 이렇게 마무리했다. "완전히 끝났음. 친구들과 논의하지 말 것." 그는 계속해서 침묵이 가장 중요하다고 강조했다. "에릭에게 기본적으로 다 끝났다고 말할 것. 서로 건드리지 말고 아무 말도 하지 말 것. 모든 논의는 끝난 것으로 합의."

웨인 해리스는 한동안 마음이 홀가분해진 모양인지 한 달 반 동안 일지에 아무것도 쓰지 않았다. 그러다가 네 차례에 걸쳐 여러 전화통화를 기록한 글들이 연이어 보였다. 먼저, 웨인은 잭의 엄마와 통화했고 다른 아이의 부모와도 통화했다. 다음날, 그러니까 대학살이 일어나기 꼭 2년 하고 하루 전에 제퍼슨 카운티 보안관서에서 한 보안관보가 그에게 연락해왔다. 웨인은 잔뜩 긴장해서 방어자세를 취했다. "우리도 희생자가 된 기분이다. 무슨 사건이 터질 때마다 왜 우리가 비난을 받아야 한단 말인가. 에릭은 이미 반성했다." 그는 마지막 문장에 가위표를 그리고 이렇게 고쳤다. "잘못하지 않았다."

웨인은 진짜 문제는 브룩스에게 있다고 확신했다. "브룩스 브라운이 에릭을 공공연히 헐뜯고 있다. 브룩스는 다른 아이들과도 문제가 있다. 교묘하고 약은 녀석."

문제가 계속되었다면 아마 중재자를 고용해야 했을지도 모른다. 어쩌면 변호사도. 불화에 대해 웨인이 마지막으로 남긴 기록은 그로부터 일주일 뒤인 4월 27일, 주디 브라운의 전화를 받은 후에 작성되었다. "에릭은 플레이스 씨와의 약속을 어기지 않았다. 서로 건드리지 않기로 한 약속 말이다." 그리고 페이지 맨 밑에 앞서 했던 생각을 다시 적었다. "우리도 희생자가 된 기분이다. 교묘하고 약은 녀석."

—

에릭은 사명을 아주 신나게 즐겼다. 딜런도 좋아했다. 무엇보다 동지애를 느낄 수 있어서 좋았다. 적성에 맞았고 해야 할 역할이 있었고 거기서 소속감을 느꼈다. 하지만 사명은 잠깐 즐기는 놀이일 뿐 그를 행복하게 하지는 못했다. 사실 딜런은 비참했다.

30

우리에게 이유를 말하고 있어

제퍼슨 카운티 당국에 문제가 하나 생겼다. 에릭과 딜런이 자살하기 전에 경관들이 이들의 파일을 발견한 것이다. 에릭의 웹사이트에서 찾아낸 폭언과 살해 위협에 관한 글이 출력되어 있었다. 형사들 입장에서는 살인자들이 잡히기 전에 글로 적힌 자백을 찾아낸 것이 대단한 돌파구였다. 아무래도 수색영장을 쉽게 받아낼 수 있을 테니까 말이다. 하지만 1997년부터 공적인 파일이 있었다는 소식이 사람들에게 알려지면, 지휘관들을 향한 여론이 나빠질 우려가 있었다.

웹사이트에 대한 소식은 랜디와 주디 브라운이 알려준 것이었다. 이들 부부는 에릭을 주시하라며 1년 반도 넘게 보안관서에 계속 경고해온 터였다. 4월 20일 정오 무렵, 클레멘트 공원의 작전본부 트레일러에 이 파일이 전달되었다. 제퍼슨 카운티 경관들은 그날 오후 수색영장을 집행하며 에릭의 웹사이트를 폭넓게 인용했지만 그것을 보았다는 사실을 부인했다. (그들은 이후 몇 년 동안 이런 식이었다. 유죄를 입증하는 영장도 보여주지 않았다.) 그때 스톤 보안관이 〈투데이 쇼〉에 출연해서 브룩스를 용의자로 지목했다.

브라운 가족에게는 힘든 시간이었다. 대중은 두 가지 상반되는 이야기를 들었다. 하나는 랜디와 주디 브라운이 콜럼바인 비극을 막으려고 애썼다는 이야기였고, 또하나는 이들의 자식이 공모자 가운데 한 명이라는 이야기였다. 어쩌면 둘 다 맞을 수도 있었다.

브라운 부부는 이를 보복으로 보았다. 아들이 살인자들과 가깝게 지냈던 터라 언젠가는 이런 일이 일어날 줄 알았다. 브라운 부부는 1년 전부터 에릭 해리스를 조심하라고 경고했는데 경찰은 아무 조치도 취하지 않았다. 그리고 에릭이 위협을 실천에 옮기고 나자 이들은 영웅이 아니라 공모자로 손가락질 받았다. 믿기지 않는 일이었다. 그들은 뉴욕타임스를 만나 그간 보안관서에 열다섯 차례나 에릭에 대해 신고했다고 밝혔다. 그러자 제퍼슨 카운티 당국은 브라운 부부가 조사관과 접촉한 사실이 없다고 딱 잡아뗐다. 접촉했음을 보여주는 보고서가 뻔히 있었는데도 몇 년간 발뺌을 한 것이다.

경관들은 자신들에게 문제가 있음을 알았다. 그것도 브라운 부부가 생각했던 것보다 훨씬 심각한 문제였다. 대학살 13개월 전에 보안관서의 조사관 존 힉스와 마이크 게라는 브라운 부부의 고발사항 가운데 하나를 조사했다. 그래서 에릭이 파이프폭탄을 만들고 있다는 물질적 증거를 찾아냈다. 게라는 이를 심각하게 보고 에릭의 집에 대한 수색영장을 발부받으려고 신청서를 작성했다. 그런데 무슨 이유에서인지 영장은 발부되지 않았다. 신청서에서 동기, 수단, 기회 등 핵심요소를 차근차근 잘 설명했는데도 말이다.

대학살이 벌어진 지 며칠 뒤에 열댓 명의 지역경관들이 연방수사국의 감시에서 빠져나와 카운티의 공공용지 관리본부 건물의 한 사무실에 몰래 모였다. 이날 회동은 훗날 '공공용지 관리본부 모임'이라고 알려지게 되는데, 수색영장 신청서 문제에 관한 논의가 그 목적이었다. 상황이 얼마나 심각해? 대중에게는 뭐라고 말해야 하지?

　게라도 회의에 불려왔는데 아무한테도 말하지 말라는 당부를 들었다. 그는 그렇게 했다.

　회의 역시 비밀에 부쳐졌다. 5년간 누구에게도 알려지지 않았다. 2004년 3월 22일, 게라가 콜로라도 검찰총장의 조사관들에게 그런 모임이 있었다고 털어놓으면서 비로소 세상에 알려졌다. 그는 "어떻게 책임을 면할지 궁리하기 위한 모임"이었다고 했다.

　지방검사 데이브 토머스도 모임에 참석했다. 그 자리에서 그는 조사관들이 영장을 발부해야 할 그럴듯한 이유를 찾지 못했다고 했다. 영장이 발부되면 조롱만 당할 뿐이라고 했다. 이는 2004년 콜로라도 검찰총장이 공식적으로 발표한 내용과 모순되었다.

　사건 열흘 뒤에 가진 악명 높은 기자회견에서 제퍼슨 카운티 당국은 신청서의 존재를 숨겼고 자신들이 알고 있던 내용도 대담하게 거짓말했다. 에릭의 웹사이트를 찾지 못했고, 에릭이 설명한 파이프폭탄이 제작되었다는 증거가 없으며, 브라운 부부가 힉스를 만났다는 기록도 없다고 했다. 게라의 신청서를 보면 이 세 가지 주장은 모두 사실이 아니다. 경관들은 그의 신청서를 며칠 검토하고는 그냥 버려두었다. 이후 수년 동안 그들은 계속 거짓말을 했다.

　회의가 열린 지 며칠 뒤에 게라가 그동안 조사했던 에릭의 파일이 사라지는 일이 처음으로 발생했다.

—

어떻게 책임을 면할지 궁리하기 위한 모임은 엄격하게 말하면 제퍼슨 카운티의 선임경관들이 책임져야 할 사안이었다. 사건을 맡은 대부분의 형사들 — 연방조사관과 지역관할경찰을 포함하여 — 은 은폐 사실을 알지도 못했다. 사건 해결을 위해 노력했을 뿐이다.

형사들은 리틀턴 전역을 샅샅이 뒤지고 다녔다. 2000명의 학생들을 만나 인터뷰하며 진실을 찾으려고 노력했다. 그들은 콜럼바인 밴드연습실에 마련된 지휘팀에 보고했다. 쪽지를 들고 오는 사람, 종이성냥 포장지에 뭔가를 끼적거려 들고 오는 사람들로 혼잡했다.

첫 주가 지날 무렵 케이트 배턴이 상황을 정리했다. 사람들을 다 밴드연습실로 불러 네 시간에 걸쳐 보고를 듣고 정보를 교환했다. 세 가지 결정적인 질문이 남았다. 살인자들은 총기류를 어떻게 손에 넣었을까? 이들은 학교에 폭탄을 어떻게 갖고 갔을까? 이들을 배후에서 도운 공모자는 누구일까?

배턴과 수사팀은 공모자를 알아낼 좋은 방법을 알고 있었다. 주요 용의자들이 거의 열 명 정도 되었는데, 이들을 두 명씩 맞붙이기로 했다. 크리스 모리스는 죄가 없다고 주장했다. 증명해봐, 그들이 말했다. 우리가 듀런의 수상한 면을 밝혀내는 데 협조해.

그래서 크리스는 도청에 협조하기로 했다. 토요일 오후, 그는 덴버의 FBI 본부에서 필 듀런에게 전화를 걸었고 연방요원들이 통화내용을 엿들었다.

두 아이는 상황이 딱하게 흘러 안타까워했다. "완전 난리야." 필이 말했다.

"그러게, 언론매체가 미쳐 돌아가고 있어."

크리스는 너무 일찍 살인으로 화제를 돌렸다. 그는 듀런이 예전에 살인자들과 사냥을 하러 갔고 촬영한 영상도 있다는 얘기를 들었다. 그래서 테이프를 거론했더니 듀런은 은근슬쩍 넘어갔다. 그들은 14분간 통화했다. 크리스는 계속 그 얘기를 물고 늘어졌고 그럴 때마다 듀런은 교묘하게 비켜갔다. "야, 나는 아는 바가 없어."

마침내 크리스는 듀런이 에릭과 딜런과 사냥을 하러 갔다는 자백을 받아냈다. 이름도 알아냈다. 램파트 레인지라는 곳이었다.

그리 대단한 성과 같지 않았다. 하지만 중요한 실마리였다.

—

일요일에 ATF 요원 한 명이 듀런의 집으로 찾아갔다. 듀런은 그에게 모든 것을 다 말했다. 에릭과 딜런이 그에게 접근해서 총을 구해달라고 했다. 그가 마크 메인스와 연결시켜줘서 그들은 그로부터 TEC-9을 구했다. 듀런은 돈의 일부를 중간에서 전해주기는 했지만 그 거래로 한 푼도 챙기지 못했다고 했다. 그의 말은 모두가 사실이었다.

닷새 뒤에 형사들이 메인스를 덴버 시내에 있는 ATF 본부로 연행했고 변호와 기소를 위해 변호사도 불렀다. 메인스는 모든 것을 자백했다. 1월 23일 태너 총기전시회에서 듀런의 소개로 에릭과 딜런을 만났다고 했다. 살인자들은 바로 이곳에서 다른 총 세 자루도 구입했다. 듀런은 에릭이 총을 구입할 사람이라고 했고 이후 그가 대화를 이끌었다. 메인스가 일부 외상으로 총을 넘기기로 합의했다. 에릭은 지금 300달러를 주고 나중에 여유가 될 때 200달러를 더 주기로 했다.

그날 밤 딜런이 메인스의 집으로 갔다. 그가 계약금을 주고 총을 건네받았다. 나머지 200달러는 듀런이 2주 후에 메인스에게 전달했다.

형사들은 메인스에게 살인자들이 몇 살로 보였느냐고 계속 추궁했다. 결국 그는 아이들이 열여덟 살 이하로 보였다고 인정했다.

메인스가 TEC-9을 구입한 것은 여섯 달 전에 열린 같은 총기전시회에서였다. 직불카드로 구입했는데 나중에 은행 계좌 통지서를 보니 491달러를 주고 구입한 것으로 드러났다. 결국 그가 총을 에릭에게 넘겨주고 번 돈은 고작 9달러였다. 그 대가로 18년을 감옥에서 살아야 했다.

—

퓨질리어 부서장은 처음 며칠간은 살해 동기에 대해 별로 생각하지 않았다. 당장은 고려할 가치가 별로 없는 부분이기도 했고, 일단 공모자부터 잡아들여야 했다. 시시각각 증거가 소멸되고 알리바이가 만들어지고 은폐공작이 벌어질 수 있는 상황이었다. 하지만 호기심은 어느덧 머리를 불쑥 내밀고 좀처럼 사라지지 않았다. 그의 마음은 자꾸 왜?라는 결정적인 질문으로 되돌아갔다.

사건에 매달린 형사들의 수가 거의 100명에 육박했지만 핵심적인 질문은 한 명의 몫이었다. 원래는 퓨질리어의 일 가운데 작은 일부였을 뿐이다. 그의 주요업무는 FBI팀을 이끄는 것이었다. 매일 각 부문의 담당자들을 만나 보고를 듣고 질문하고, 이론에 허점이 있으면 지적해주고, 새로운 의문을 제시하면서 더 깊이 파고들도록 격려했다. 매일 여덟에서 열 시간씩 그는 그런 업무를 이끌었고 토요일에는 차를 몰고 덴버 FBI 본부에 가서 미결 서류함을 뒤졌다. 연방 사건들을 서둘러 처리해서 넘기고 가능하면 통찰력 있는 제안도 더했다.

저녁이면 없는 시간을 짜내어 살인자들에 대해 찬찬히 검토하기 시작했다. 자료를 수집할 사람은 그 말고도 많았지만 자료를 분석할 줄 아는 전문가는 그밖에 없었다. 팀에서 심리학자는 그가 유일했다. 그는 FBI에서 여러 해 동안 이런 부류의 살인자들을 연구해왔고 그래서 자신의 상대가 어떤 사람인지 알았다. 매일 밤 몇 시간만 더 일하면 이 아이들을 이해할 수 있을 것 같았다. 이들이 사람들을 작살내겠다고 떠벌리는 비디오를 보고 있자니 짜증이 났다. "썩을 놈들", 그는 혼잣말로 그렇게 중얼거렸다. 하지만 가끔은 안됐다는 생각이 들기도 했다. 그들의 관점은 어떤 면으로도 용납될 수 없었지만, 잠시 이들을 포용하고 감정을 이입할 필요가 있었다. 그들의 시선으로 세상을 보지 않는다면, 그들이 어떻게 그 엄청난 일을 벌였는지 어찌 이해하겠는가? 이제 겨우 고등학교에 다니는 학생들이었다. 대체 어쩌다가 이런 길로 빠졌을까? 특히 딜런의 경우는 안타까운 재능의 낭비였다.

퓨질리어의 동료와 부하들은 그가 심리학자의 역할을 비공식적으로 떠맡아줘서 반가웠다. 살인자들에 대해 궁금한 점이 있을 때마다 물어볼 사람이 필요했던 것이다. 범죄자의 마음을 진심으로 이해하는 사람. 퓨질리어는 금세 내부에서 두 아이에 대한 전문가로 통했다. 매일매일 조사를 이끄는 사람은 케이트 배틴이었고, 공격의 어떤 시점에서 누가 어느 쪽 복도를 달리고 있었는가 하는 따위의 현장 배치와 관련한 질문은 모두 그녀에게 맡겼다. 하지만 범죄자들을 이해하는 사람은 퓨질리어였다. 그는 에릭의 일지를 읽고 또 읽었고 그다음에는 딜런의 일지를 한 줄 한 줄 꼼꼼하게 검토했다.

사건이 일어나고 한 주가 지났을 때, 퓨질리어는 지하실의 테이프와 에릭과 딜런이 예전에 자신들의 모습을 찍어두었던 필름의 존재를 알게 되었다. 그는 테이프를 집에 가져가서 보고 또 봤다. 중지 버튼을 자주 눌러 프레임을 하나하나 분석했고, 정확히 어떤 뜻인지 파악하려고 앞으로 돌려 중요한 장면을 다시 보았다. 언뜻 봐서는 지루하고 진부한 장면들이 대부분이었다. 차 안에서 크리스 모리스와 고등학생 특유의 시시한 농담을 주고받거나 웬디스에서 무엇을 주문할까 다투는 등 단편적인 일상의 모습이 많았다. 살인과 약간이라도 연관되는 내용은 좀처럼 찾아보기 어려웠지만, 그래도 퓨질리어는 그들의 일상적인 모습을 파악하느라 여념이 없었다.

퓨질리어는 살인자에 관한 정보라면 열 번도 넘게 보고 읽었다. 커다란 돌파구는 살인이 일어난 지 며칠 뒤에 찾아왔다. 아직 지하실의 테이프를 보기 전이었다. 퓨질리어는 한 ATF 요원이 에릭 해리스가 썼다는 오싹한 구절을 인용하는 것을 들었다.

"그거 어디서 났어?" 퓨질리어가 물었다.

일지였다. 마지막 해에 에릭 해리스는 일지에 자신의 계획을 많이 기록해두었다.

퓨질리어는 일지를 휙 잡아채서 첫 문장을 읽었다. "역겨운 세상이 너무너무 싫다."

"첫 문장을 읽었을 때 밴드연습실에 일던 모든 소동이 멎었습니다." 그가 나중에 말했다. "멍했어요. 다른 모든 것은 다 희미해졌죠." 그제야 대형 폭탄이 어떤 의미였는지 이해되기 시작했다. 역겨운 세상. 바로 그거였다. "브룩스 브라운이 아니었어요. 운동선수도 아니었죠. 그건 세상 모두에 대한 증오였습니다."

퓨질리어는 일지를 좀더 읽어보더니 ATF 요원을 향해 돌아섰다. "이거 좀 복사할 수 있을까?"

스프링노트를 복사한 자료는 손으로 적은 16쪽과 열 쪽 남짓한 스케치, 차트, 도표로 구성되었다. 모두 19개의 항목으로 날짜가 표시되어 있었는데, 1998년 4월 10일부터 콜럼바인 학살 17일 전인 1999년 4월 3일까지였다. 처음에는 한두 쪽 분량이다가 내용이 확 줄더니 마지막 다섯 편의 글은 노트의 마지막 한 쪽 반 분량에 빼곡히 기록되었다. 복사 과정을 거치면서 어둡고 흐릿하게 보이는 대목이 많았다. 에릭이 손으로 갈겨쓴 글씨는 한 번에 알아보기 힘들었지만 퓨질리어는 서류가 복사기에서 돌아가는 동안 되풀이하여 읽었다. "한 대 얻어맞은 기분이었습니다." 그가 말했다.

일지는 에릭의 웹사이트보다 훨씬 많은 정보를 알려주었다. 웹사이트는 일지보다 최소한 1년 이상 더 오래되었지만 대부분이 분노의 표출이었다. 자신이 누구를 미워했고 세상에 무슨 짓을 하고 싶었고 이미 무슨 짓을 했는지 알려주었다. 이유에 대해서는 거의 말하지 않았다. 물론 일지에도 분노가 담겼지만, 여기에는 깊이 있는 성찰도 있었다. 에릭을 살인자로 만든 충동에 대해 아주 솔직하게 기록되어 있었다.

퓨질리어는 복사기가 돌아가는 동안 일지를 읽었고, ATF 요원의 자리로 돌아가는 길에도 읽었으며, 자기 자리로 가지 않고 그냥 거기서서 읽었다. 등이 뻣뻣하게 굳어 고통이 느껴질 때까지 얼마나 오래 서 있었는지 모른다. 그제야 그는 자리에 가서 앉았다. 그리고 또 읽었다. 젠장, 퓨질리어는 생각했다. 그는 우리에게 자기가 왜 그런 짓을 했는지 말하고 있어.

에릭은 비교적 이해하기 쉬운 살인자였다. 그는 자신이 무엇을 하고 있는지 항상 알고 있었다. 딜런은 그렇지 않았다.

3부

내리막 소용돌이

31

영혼의 탐색

딜런의 마음은 밤낮으로 뭔가를 분석하고 생각하고 지우느라 분주했다. 그는 열다섯 살이었고 에릭의 오른팔로 사명을 함께 수행했지만 이런 것은 중요하지 않았다. 그의 머릿속은 온갖 생각과 소리와 인상 들로 가득했다. 한시도 부산스러운 소음이 사라지지 않았다. 체육시간의 멍청한 녀석, 자기 가족, 좋아했던 여자애, 사랑했지만 가질 수 없는 여자애. 그런데 왜 가질 수 없다는 거지? 결코 갖지 못할 거야. 그래도 꿈을 꿀 순 있잖아, 안 그래?

딜런은 고통스러웠다. 누구도 겪어보지 못한 고통이었다. 보드카를 마시면 좀 나았다. 인터넷도 도움이 되었다. 여자들과 직접 말하기는 어려웠지만 메신저를 통하면 약간 수월했다. 딜런은 밤에 몇 시간이고 자기 방에 혼자 틀어박혀 메신저를 주고받았다. 보드카를 마시면 말이 술술 나오는 대신에 오타가 많아졌다. 상대방 여자애가 오타를 지적하면 그는 웃으며 술을 마셨다고 인정했다. 부모는 이 사실을 전혀 몰랐다. 그의 방에서 조용히 벌어지는 일이었으니까 들킬 염려가 없었다.

인터넷 메신저만으로는 고통이 해소되지 않았다. 숨겨야 할 비밀이 너무 많았다. 그리고 머릿속에서 너무 많은 생각들이 핑핑 돌아갔다. 자살충동마저 일었는데 이를 털어놓을 수는 없었다. 몇몇 다른 생각들도 설명해보려 했지만 사람들은 너무 멍청해서 이해하지 못했다.

사명이 시작되고 얼마 지나지 않은 1997년 3월 31일, 당시 2학년생이었던 딜런은 술에 취해 펜을 집어들고 자신을 이해해주는 단 한 명과 대화를 시작했다. 바로 자기 자신이었다. 그는 자신의 일지가 유서 깊은 고서라고 상상했다. 양피지에 널찍한 커버를 씌우고 질 좋은 새틴으로 가름끈을 달아 멋을 낸 성경 같은 책 말이다. 그런데 그의 앞에 놓인 것은 속지를 갈아끼울 수 있는 평범한 대학노트였다. 그래서 그는 표지에 상상의 그림을 그려넣었다. 그리고 "실존: 가상의 책"이라는 제목을 써넣었다.

첫날 기록에는 살인은 고사하고 폭력에 대한 단서조차 찾아볼 수 없었다. 그저 분노의 흔적, 그것도 주로 자기 자신을 향한 분노의 흔적이 슬쩍 보일 뿐이었다. 딜런은 영혼의 탐색을 추구했다. "나는 영적, 도덕적으로 나 자신을 **정화**한다는 명목으로 허튼짓을 하고 있다." 그는 컴퓨터에 깔린 〈둠〉 파일을 지우려고 했고, 술도 마시지 않고 아이들을 놀리는 짓도 그만두려 했다. 힘들었다. 아이들은 놀리기 쉬운 대상이었으니까.

영혼의 정화는 별 도움이 되지 않았다. "내 실존은 쓰레기다." 딜런은 자신이 무한히 펼쳐진 현실에서 사방팔방으로 영원한 고통을 겪고 있다고 적었다.

문제의 본질은 외로움이었지만 친구를 찾는다고 해서 해결될 문제가 아니었다. 딜런은 자신이 전 인류와 단절되었다고 느꼈다. 인간은 스스로가 만든 상자 안에 갇혔다. 정신의 감옥이 가능성의 세계를 딱 닫아버린 것이다. 세상에, 인간은 정말 짜증나는 존재다. 다들 무엇이 두려운 걸까? 딜런은 마음속에서 전 우주를 내다보았다. 그는 시간과 공간과 무수한 차원에 구애받지 않고 모든 가능성을 다 탐구하고자 했다. 가능성만으로도 숨이 멎을 지경이었다. 이런 경이를 알아보지 못하는 사람이 있을까? 불행히도 거의 모든 사람이 알아보지 못했다. 인간은 스스로가 만든 상자를 사랑했다. 그 안에 있으면 안전하고 따뜻하고 안락하고 **지루했으니까**! 인간은 자발적으로 좀비가 되었다.

딜런은 몇몇 생각은 말로 표현하기 어려웠는지 여백에 뭔가를 끼적이고는 "생각의 그림"이라고 이름을 달았다.

그는 신앙심이 깊은 젊은이였다. 가족이 신앙인으로서의 활동을 적극적으로 하지 않았는데도 딜런의 믿음은 굳건했다. 그는 한 번도 신을 의심하지 않았지만 신을 믿기로 한 자신의 선택에 대해 끊임없이 고통받았다. 자신에게 현대적 삶을 살게 만든 신을 저주했고, 신의 충실한 종이 왜 이렇게 끔찍하게 살아야 하는지 설명해달라고 요구하며 울부짖었다.

딜런은 도덕과 윤리, 사후세계를 믿었다. 그는 육체와 영혼의 분리에 대해 열심히 글을 썼다. 육체는 무의미하지만 영혼은 영생을 누릴 터이므로 천국에 들어가 고요한 평화를 맞이하거나 지옥의 참혹한 고통에 빠진다고 했다.

딜런의 분노는 활활 타올랐다가 금세 자기혐오로 사그라졌다. 그는 아무도 죽일 생각이 없었다. 다만 신이 허락한다면 자살하고 싶었다. 그는 최소 2년 동안 자살을 열망했다. 일지에 맨 처음 쓴 글에서부터 자살에 대한 언급이 나온다. "자살을 생각할 때마다 이 생애 다음으로 내가 가는 곳이 나의 안식처가 되리라는 희망이 든다. 마침내 내가 나 자신과 세상과 우주와 불화하지 않게 되는 것이다. 내 마음, 신체, 모든 것이 다 **평화롭고** 내 영혼(존재)도 마찬가지다."

그러나 자살은 문제가 되었다. 딜런은 천국과 지옥을 말 그대로 믿었다. 마지막까지도 믿음을 가졌을 것이다. 따라서 사람들을 살해하면 결과가 따른다는 것을 알았다. 그가 "심판의 날"이라 부른 아침에 찍은 마지막 비디오 메시지에서 그는 이 문제를 언급했다.

딜런은 독특한 아이였고 자신이 독특하다는 것을 누구보다 잘 알았다. 그는 학교에서 아이들을 유심히 살펴보았다. 좋은 애도 나쁜 애도 있었지만 다들 자기와는 너무도 달랐다. 자신의 독특함을 인식한다는 점에서는 에릭도 빠지지 않았지만 딜런은 그보다 더했다. 하지만 에릭은 "독특함"을 "우월함"과 같은 것으로 보았다. 딜런은 독특함을 대개 안 좋게 보았다. 외롭다는 뜻이기 때문이다. 특별한 재능을 타고난들 함께 나눌 사람이 없는데 무슨 소용일까?

그의 기분은 시시각각 변했다. 한순간 희망을 품었다가 금세 숙명론으로 돌아섰다. "나는 여기에 어울리지 않아." 그는 이렇게 불평했다. 하지만 사후세계로 가는 길 역시 만만치 않았다. "학교에 가고, 두려움과 불안에 시달리고, 혹시나 사람들이 날 받아줄까 희망해보지만."

—

에릭과 딜런 둘 다 일지를 남겼다. 퓨질리어는 몇 년 동안 이를 찬찬히 분석했다. 처음에는 딜런의 일지에 실마리가 더 많아 보였다. 자료에 굶주렸던 퓨질리어에게 딜런은 인상적인 자료를 대거 제공했다. 일단 에릭보다 1년 먼저 일지를 쓰기 시작했고, 분량도 거의 다섯 배나 더 많았으며, 마지막까지 열심히 기록했다. 그러나 에릭은 일지를 쓰기 시작했을 때 이미 살인자로서의 면모를 드러내고 있었다. 그는 상황이 어떻게 종결될지 벌써 알고 있었다. 모든 페이지가 같은 방향을 가리켰다. 에릭의 목적은 자기발견이 아니라 자기우상화였다. 그에 비해 딜런은 그저 실존의 문제로 고민했을 뿐 자신이 어디로 가고 있는지 몰랐다. 그의 생각은 온갖 곳으로 뻗어 있었다.

딜런은 질서를 좋아했다. 항상 오른쪽 여백에 세 줄짜리 표제를 적는 것으로 모든 글을 시작했다. 이름, 날짜, 제목을 작은 글씨로 적었다. 이어 제목을 글 위쪽 가운데에 큰 글씨로 한번 더 썼고 가끔은 제목을 약간 고치기도 했다. 대부분이 프린터로 출력한 글이었지만 가끔 손으로 쓴 것도 보였다. 한 달에 한 번, 거의 매달 글을 썼고 아주 드물게 한 달에 두 개의 글을 올릴 때도 있었다. 두 쪽을 다 채우면 글을 끝냈다. 아이디어가 떨어지거나 싫증나면 두번째 쪽은 글자를 크게 키우거나 그림을 그렸다.

딜런은 첫번째 글을 올리고 얼마 지나지 않은 2주 뒤에 또다른 글을 썼는데 여기서 그의 생각이 차츰 정리되기 시작했다. "선과 악의 싸움은 결코 끝나지 않는다." 딜런은 이후 2년 동안 이런 생각을 끝없이 반복했다. 선과 악, 사랑과 증오. 항상 맞붙어 싸우지만 결코 해결되지 않는 싸움이다. 어느 편을 택할지는 당신 마음이지만 그쪽에서 당신을 고르도록 기도하는 게 좋으리라. 사랑은 왜 그를 고르지 않았을까?

"내가 사람들에게 무엇을 잘못했는지 모르겠다. 다들 나를 증오(하고 모욕)하려고 작정한 거 같아. 그러니 내가 뭐라고 말하고 행동해야 할지 난들 어찌 알겠어?" 그는 노력했다. 사람들 환심을 사려고 쿠키도 사갔다. 대체 어떻게 해야 했을까?

"내 삶은 여전히 엿 같다. 당신이 관심을 보이기에 하는 말이지만." 그는 방금 45달러를 잃어버렸는데 그전에는 지포라이터와 칼도 잃어버렸었다. 다행히 45달러와 라이터는 도로 찾았지만 칼은 아직이었다. "대체 그 녀석은 왜 그렇게 **재수없을까**??? (병신 짓 잘하는 놈들이 다 그렇지.) 깝죽거리는데 아주 짜증난다. 젠장, 사는 게 **싫다**. 정말 죽어버리고 싶다, 지금 당장."

32

예수 예수 예수

4월 25일 일요일 아침, 콜럼바인 교회들은 인산인해를 이루었다. 예배가 끝나자 사람들은 클레멘트 공원 맞은편에 있는 볼스크로싱 쇼핑센터로 자리를 옮겼다. 장례식 주최자들은 그곳의 넓은 주차장에서 3만 명의 조문객을 맞이할 계획이었다. 총 7만 명이 운집했다. 부통령 앨 고어가 단상에 올랐고 옆에는 주지사와 대부분의 콜로라도 주의원들과 목사들이 자리했다. 장례식은 전국에 생방송으로 중계되었다.

"살아 계신 하느님의 아들 예수그리스도를 믿으시오." 빌리 그레이엄의 아들 프랭클린 그레이엄 목사가 말했다. "우리 주 예수그리스도를 마음속에 받아들여야 합니다."

지역의 목사 제리 넬슨은 이렇게 부르짖었다. "진정한 안식은 오직 예수그리스도를 통해서만 얻을 수 있습니다. 여러분께 간청합니다.

예수를 영접하세요!"

예수, 예수, 예수. 이날 사방에서 예수를 부르짖는 목소리가 들렸다. 그레이엄 목사는 기도의 응답이 공립학교에도 들리게 해달라는 뜨거운 연설로 장례식을 압도했다. 구세주의 이름을 숨가쁘게 몇 번이나 불렀는지 모른다. "우리 주 예수그리스도를 믿습니까?" 그는 연설을 하는 동안 하느님과 예수의 이름을 거의 50번이나 불렀다. 캐시는 준비된 자였습니다, 그가 말했다. 그래서 총잡이들 앞에서도 당당했고 총을 맞고는 곧바로 전지전능하신 하느님 품에 안겼다고 했다. "여러분도 준비가 되었습니까?"

기독교인 팝스타 에이미 그랜트가 노래 두 곡을 불렀고 이어 군악대가 〈어메이징 그레이스〉를 감동적으로 연주했다. 주지사 빌 오언스가 희생자들의 이름을 하나하나 부르는 가운데 13마리의 흰 비둘기가 하늘로 날아올랐다. 장례식이 끝날 무렵 비가 내리기 시작했다. 조금씩 계속해서 내렸다. 움직이는 사람이 없었다. 수천 개의 우산이 세워졌지만 수만 명의 조문객들은 그대로 비를 맞았다.

캐시 버넬은 많은 이들에게 콜럼바인의 영웅이었다. 살인자들이 그녀에게 총구를 겨누고 신을 믿느냐고 묻자 그녀가 믿는다고 대답했고, 그 순간 총알이 그녀의 머리에 박혔다는 소문이 재빨리 퍼졌다. 부통령 앨 고어는 군중과 카메라 앞에서 그녀의 이야기를 다시 꺼냈다. 연설하는 내내 성경 구절을 자유자재로 인용하면서 말이다.

"희생자들의 가족에게 그들과 함께 슬픔을 나누는 수억 명의 미국인들의 온기가 전해지기를 바랍니다. 우리는 기도할 때마다 여러분이 느끼는 고통을 잊지 않을 것입니다. 여러분은 혼자가 아닙니다."

온 나라가 충격으로 얼어붙었다. 사건이 일어나고 열흘 동안 주요 방송 네트워크 네 곳에서는 총 43개의 프로그램을 콜럼바인 총기사건에 할애했다. 이런 프로그램들은 일제히 높은 시청률을 기록했다. 특히 CNN과 폭스뉴스는 자사 역사상 최고의 시청률을 올렸다. 그다음주에도 USA투데이는 하루에 콜럼바인 관련 기사를 무려 열 개나 실었다. 뉴욕타임스의 1면에서 콜럼바인에 관한 언급이 사라진 것은 거의 2주가 지난 뒤였다.

그런 가운데 캐시 버넬의 순교는 사람들 입에 계속 오르내렸다. "수백만 명이 그녀의 순교에 큰 감동을 받았습니다." 커스틴 목사가 자신의 신도들에게 말했다. 그는 청년부 목사가 버넬 가족에게 목회하면서 보았다는 계시에 대해서도 이야기했다. "캐시를 보았습니다. 예수를 보았습니다. 둘은 함께 손잡고 있었습니다. 방금 결혼을 했고 결혼식과 축하행사를 열었다더군요. 캐시가 윙크를 보냈는데 마치 이런 표정이었다더군요. '하고 싶은 말이 많지만 지금 사랑에 푹 빠져서요.' 캐시의 가장 큰 기도는 좋은 사람을 만나는 것이었습니다. 그녀가 이 꿈을 이룬 것 같지 않습니까?"

커스틴 목사는 슬픔에 잠긴 신도들을 위로하면서도 비극을 더 많은 영혼을 구원하는 기회로 삼으려는 뻔뻔스러움을 보여주었다. "가급적 많은 사람을 방주에 태워야 합니다."

풋힐스 성경교회에서는 오드몰런 목사가 비슷한 열의를 보였다. "여러분 눈을 뜨세요! 아이들이 하느님을 찾고 있습니다! 교회로 돌아오고 있습니다!"

덴버의 대다수 목사들은 경악했다. 특히 주류 개신교 목사들이 장례식 주관에서 일어났던 기회주의적 행태에 강한 반발을 보였다. 딜런의 장례식을 주관했던 마르크스하우젠 목사는 장례식에서 "예수로 머리를 얻어맞은 듯한" 기분이었다고 덴버포스트에 말했다.

복음주의 교회는 도덕적 딜레마에 처했다. 다른 사람들의 믿음을 존중하느냐, 자신들의 방식으로 예수를 모시느냐 하는 문제로 매일 고민했다. 에릭과 딜런 때문에 미국 전체가 발칵 뒤집어졌지만 귀중한 기회가 열린 것도 사실이었다. 복음주의 목사들은 이 기회를 어떻게 이용할지 하느님에게 물었다. 한 목사가 진정 하느님을 위해 행해지기만 한다면, 대학살을 새로운 신도 모집에 이용해도 괜찮다고 말했다. 그러면서도 "그저 사람 수나 채우는 영혼의 사냥꾼"에는 불쾌감을 드러냈고, "교회는 절대 클럽 같은 곳이 아니다. 그것을 무기로 사용한다면 참으로 슬픈 일이다"라고 말했다.

―

2학년생 크레이그 스콧은 열여섯 살로 누나 레이철처럼 외모가 출중했다. 그는 매슈 케히터, 아이제이어 숄스와 함께 도서관 테이블 밑에 숨어 있었다. 그때 총잡이 한 명이 이렇게 소리쳤다. "흰색 모자 쓴 녀석 있으면 나와!" 마침 흰색 모자를 쓰고 있었던 그는 모자를 얼른 벗어 셔츠 밑에 집어넣었다. 살인자들은 그의 테이블 옆을 여러 차례 지나갔다. 그러다가 그곳에 서서 총을 쏴 매슈가 풀썩 쓰러졌다. 아이제이어도 바닥에 넘어졌다. 크레이그는 용케 총을 피했다. 총소리가 어찌나 컸던지 크레이그는 자신의 귀에서 피가 나는 줄 알았다. 오랫동안 머리를 숙이고 태아처럼 웅크린 자세로 용기와 힘을 달라고 기도했다. 그가 상황을 알아보려고 고개를 들었을 때 매슈와 아이제이어는 서로에게 몸을 기댄 채 신음하고 있었다. 이들이 흘린 피가 크레이그 주위에 고여 웅덩이를 이루고 있었다. 자기 바지에 흠뻑 젖은 피가 누구의 것인지 알 수 없었다. 매슈의 허리에 난 상처가 벌어지면서 연기나 증기 비슷한 것이 피어올라왔다.

살인자들은 이제 복도로 나갔다. "녀석들이 나간 것 같아." 크레이그가 말했다. "얼른 여기서 나가자." 다른 아이들도 천천히 일어나 옆쪽 출구로 향했다. 크레이그의 흰색 모자가 테이블 옆 바닥에 떨어졌다. 나가는 길에 컴퓨터 책상 밑에 숨어 있던 한 여자애가 도와달라고 했다. 오른쪽 어깨에 커다란 구멍이 나 있었다. 크레이그는 케이시 룩세거를 일으켜세워 그녀의 성한 팔을 자기 어깨에 올린 채 끌고 갔다.

밖으로 나간 그들은 언덕 옆에 주차된 경찰차를 향해 달렸다. 경찰들은 거기서 도서관 창문을 향해 총구를 겨누고 있었다. 크레이그는 계속해서 기도했다. 다른 아이들에게도 같이 기도하자고 했다. 그는 지금이야말로 마음속에 구세주로 영접한 예수가 절실히 필요했다. 그가 앞장서서 작은 기도 모임을 이끌었다.

경찰은 부상자부터 데려갔다. 크레이그 차례가 되자 뒤에서 더 많은 총성이 들렸다. "녀석들이 이쪽으로 총을 쏘고 있어." 경찰이 말했다.

경찰은 학교 부지 너머의 막다른 골목에 아이들을 내려놓았다. 크레이그는 다른 아이들과 손잡고 함께 기도를 올렸다. 그런 다음 엄마에게 전화했고 누나를 위해 기도해달라고 했다. 느낌이 안 좋았다. 레이철이 다치지 않았으면 좋겠는데. 하지만 한두 시간도 지나지 않아 그는 누나가 죽었을지도 모른다는 생각을 받아들이기 시작했다. 사실이 그랬다. 레이철은 첫번째 사망자로 바깥의 잔디밭에 쓰러져 있었다. 매슈와 아이제이어도 죽었다. 케이시는 목숨을 건졌다.

크레이그는 마음을 굳게 먹었다. 그가 본 참상은 끔찍했지만, 멋진 장면 또한 보았다. 도서관에 있던 한 여자애가 최악의 상황에서도 신앙을 고백했던 것이다. 놀라웠다. 크레이그는 그날 오후부터 이 얘기를 하고 다녔다. 이 소식은 들불처럼 번졌다. 복음주의 신도들 사이에서 이메일과 팩스, 전화기를 통해 전국에 퍼졌다.

금요일에는 주류 언론매체에도 알려졌다. 덴버의 두 신문이 이를 기사로 실었다. "신앙을 위한 순교"라는 제목의 로키마운틴뉴스 기사는 자세한 상황 보도로 시작했다.

콜럼바인의 살인자가 캐시 버넬에게 총구를 겨누며 생사가 걸린 질문을 했다. "신을 믿어?"
그녀는 잠시 생각했다. 총구가 여전히 그녀를 향하고 있었다. "그래, 믿어."
이것이 이 열일곱 살 크리스천 소녀의 마지막 말이었다.
총잡이는 그녀에게 "왜?"라고 물었다. 그녀는 미처 대답하기도 전에 총에 맞아 숨졌다.
버넬은 점심시간에 공부하려고 도서관에 들어갔었다. 그녀는 순교자로 남았다.

덴버포스트도 비슷한 기사를 실었다. 전국지도 재빠르게 편승했다. 위클리 스탠더드의 필자 J. 보텀에 따르면, 토요일에 미시간에서 열린 복음주의 청년신도 집회는 "캐시 버넬의 축제로 바뀌었다". 실버돔에 모인 7만 3000명의 10대들이 "그녀의 죽음에 대한 설교가 이어지는 동안 내내 흐느껴 울었다". 일요일 아침에 이르러 캐시의 죽음을 설교한 교회는 부지기수였다.

캐시의 어머니는 처음에 딸의 순교를 어떻게 이해해야 할지 몰라 당황했다. 하지만 이내 자부심을 느꼈고 남편 브래드도 딸의 죽음을 자랑스러워했다. "이 비극적인 사고가 사탄의 얼굴에 반격을 가한 겁니다." 브래드는 성명서에서 이렇게 말했다. 그는 10대들에게 적이 주춤하고 있는 동안 앞으로 나아가라고 호소했다. "이 말을 듣는 모든 젊은이들에게 전합니다. 딸의 죽음을 헛되게 하지 마세요. 싸우세요. 지역교회의 청년모임에 가입하세요. 여러분을 적극적으로 도와줄 겁니다."

월요일에 브래드와 미스티는 〈20/20〉에 출연했다. "천사의 초상"이라는 제목이었다. 살인자들이 운동선수와 소수민족뿐 아니라 복음주의 신도들도 겨냥했다는 얘기가 돌았다. 브래드 측은 캐시의 반응이 살인자를 자극해서 그가 총을 쐈을 거라고 추측했다. "딸애는 그가 어디서 왔는지 알았어요." 브래드가 말했다. "그래서 그렇게 말했겠죠. '너는 날 이기지 못해. 정말로 날 죽일 수 없어. 내 육체를 가져갈 수는 있어도 날 죽이지는 못해. 왜냐하면 나는 천국에서 영원히 살 거니까.'"

처음에는 미스티보다 브래드가 딸의 용맹스러운 행동에서 더 큰 힘을 얻은 듯했다. 미스티는 이렇게 말했다. "아침에 일어나 울었어요. 언젠가는 아침에 울지 않는 날이 오기를 바랐죠. 브래드에게 말했어요. 그들이 왜 이런 짓을 벌였는지 모르겠어. 왜 예쁜 우리 딸을 죽였을까? 왜 그런 거지? 대체 왜?"

〈20/20〉이 방송되고 며칠 뒤에 브래드와 미스티는 〈오프라 쇼〉에 출연했다. 오프라는 이런 질문을 했다. "캐시가 아니라고 대답했기를 바라나요?"

"목숨을 구걸한 여자애가 풀려났다는 것을 아는 이상" 생각을 달리할 수밖에 없지요, 미스티는 그렇게 말했다. 에릭은 브리 파스콸레를 몇 분 동안 비웃으며 자기한테 애걸하라고 했고 결국 그녀를 풀어주었다. "엄마로서는 아이가 애걸했으면 하고 바라죠. 그래요, 그애가 빌어서 목숨을 부지했더라면 얼마나 좋았을까 생각한답니다. 하지만 신에 대한 믿음을 고백하는 것보다 더 명예로운 죽음은 없다고 생각해요."

33

해리엇

캐시를 살해하기 2년 전, 딜런은 신에게 자신의 상황을 다 털어놓았다. 그는 자기 존재의 장점과 단점을 하나하나 꼽아보았다. 우선 장점은 좋은 가족과 멋진 집이 있고, 냉장고에 먹을거리가 들어 있고, 가까운 친구가 몇 명 있고, 그럭저럭 부족하지 않게 산다는 점이었다. 단점은 끝도 없었다. 애인은커녕 마음이 통하는 여자친구도 없고, 친구도 많지 않고, 아무도 자신을 받아주지 않으며, 운동실력이 형편없고, 못생긴데다 수줍음을 많이 타고, 성적은 갈수록 떨어지고, 삶에 야망이 없었다.

딜런은 신이 자신을 위해 무엇을 준비해두었는지 알았다. 그것은 구도자의 길이었다. "대답을 구하지만 절대 답을 찾지 못하고, 그럼에도 부질없이 세상을 이해하려는 사람. 생각할 수 없는 것, 정의할 수 없는 것, 알 수 없는 것을 알려고 하는 사람. 스스로 알고 있는 가장 강력한 무기인 마음을 통해 모든 것을 탐구하는 사람."

딜런은 대답을 구하고자 몸부림쳤는데, 가끔은 명료한 통찰이 떠오를 때가 있었다. "죽음이 문을 지나고 있다. 늘 그랬듯이 모든 것을 추동하는 강박은 복도를 계속 걸어가게 만드는 호기심이다." 복도를 걸으며 방을 살펴보고 대답을 찾고 새로운 질문을 제기하는 일. 마침내 구도자 딜런은 자신이 그토록 갈구하던 상태에 접어들었다.

—

딜런은 인간을 좀비라고 보았다. 그런 점에서는 에릭과 드물게 생각이 일치했다. 하지만 딜런은 좀비인 우리들을 불쌍히 여겼고 해칠 생각이 없었다. 마치 새 장난감을 대하듯 우리를 흥미롭게 바라보았다. "이런 멍청한 필멸의 좀비들에 비하면 나는 <u>신이다</u>."

딜런이 신에 대한 모독을 처음으로 보인 순간이었다. 그는 즉시 변명을 달아 자기가 신과 같이 전지전능하다는 말이 아니라 인간에 비해 신에 <u>가깝다</u>는 뜻이라고 한발 물러섰다. 그가 이런 말을 다시 한 것은 몇 달이 지나서였다. 매번 그는 이런 생각을 더 밀고 나갔지만 정말 믿는 것 같지는 않았다. 1997년 봄에 그는 몇 쪽에 걸쳐 쓸데없는 시도를 하며 좌절했다.

딜런은 역사를 선과 악, 사랑과 증오, 신과 사탄의 대결이라고 보았다. 이를 "영원한 대립"이라고 했다. 딜런은 자신이 선의 편에 있다고 생각했다.

에릭의 관심사는 더 현실적이었다. 그는 아버지로부터 두 달간 압박을 받자 앞으로는 흔적을 더 잘 은폐해야겠다고 다짐했다. 파괴행

위의 사명은 초여름까지 이어졌는데 더는 발각되지 않았다. 다섯번째 사명을 수행했을 무렵에 아이들은 다시 술을 마셨다. 웨인은 한동안 에릭을 주시하더니 그를 다시 믿기로 한 모양이었다. 에릭의 기록에 따르면 사명을 행할 때 완전히 술을 마시지 않았던 적은 딱 한 번이었다.

갈수록 더 큰 폭발물을 시험해나갔다. 타이머 장치 가운데 일부가 작동하기 시작했다. 에릭은 담뱃불로 도화선에 불을 붙이면 시간을 더 벌 수 있다는 것을 알아냈다. 가까스로 위기를 넘긴 적도 몇 차례 있었다. 한번은 순찰차에 탄 경관에게 거의 발각될 뻔하기도 했다. 여섯번째 사명 때는 총신을 자른 딜런의 BB탄총을 가지고 무차별적으로 난사했다. "아마 누구에게도 해를 끼치지 않았을 것이다. 확실하지는 않지만." 에릭이 이렇게 적었다. 그날 밤 이들은 건설현장에서 광고안내판을 몇 개 훔쳤다. 에릭은 이를 대수롭지 않게 여겼는데, 이 시점을 계기로 이들은 사소한 파괴행위와 사소한 절도의 모호한 경계를 넘은 것으로 보인다.

—

사명은 두 달 동안 만족스럽게 이어졌다. 하지만 이제 2학년 시절도 끝났다. 에릭은 더 많은 것을 하고 싶었다. 1997년 여름에 잭 헤클러가 펜실베이니아로 2주간 놀러갔다. 그가 돌아와서 보니 에릭과 딜런이 파이프폭탄을 하나 만들어놓았다. 딜런도 옆에서 거들기는 했지만, 그것은 에릭의 작품이었다.

에릭은 1998년 봄에야 일지를 쓰기 시작했다. 그 전해에는 웹사이

트에 활발하게 글을 올렸다. 1997년 여름까지 그는 자신의 '증오목록'
을 사이트에 올렸다.

내가 뭘 증오하는지 알아!!!?
―커어어어언트리이이이 음악!!
내가 뭘 증오하는지 알아!!!?
―**케이블**에서 틀어대는 성인영화! **우리 집 개도** 그것보다는 편
집을 잘 하겠다.
내가 뭘 증오하는지 알아!!!?
―**워너브러더스** 방송국!!! 오, 하느님, 예수님, 성모 마리아시여,
내 모든 열과 성의를 다해 이 채널을 진짜진짜 증오해.

증오목록은 네 쪽에 걸쳐 이어졌다. 거의 50개에 육박했는데 여기
에는 헬스클럽에서 근육이나 만드는 멍청이, 가짜 무술인, 'across'를
'acrosT'로, 'espresso'를 'eXspreso'라고 잘못 발음하는 사람도 포함
되었다. 처음에는 목표대상이 중구난방으로 보였지만, 퓨질리어가 찬
찬히 들여다보니 멍청하고 생각 없는 사람들이 기본 주제였다. 에릭
이 열과 성을 다해 증오한 것은 워너브러더스 방송국뿐만이 아니었
다. 그것을 보는 멍청이들이었다.

에릭은 이보다 짧은 '사랑목록'도 작성했는데 이를 보면 퓨질리어
의 분석이 옳다는 것을 알 수 있다. 에릭은 "멍청한 짓을 하는 멍청
한 녀석들을 놀리는 것!"을 좋아했다. 그가 가장 좋아한 것은 "**적자
생존!!!**"이었다. "세상에 이보다 멋진 것이 또 있을까? 멍청하고 연약
한 생명체 제거하기. 정부가 경고판을 모두 떼버렸으면 좋겠다. 그러

면 멍청이들은 스스로 망가지거나 **죽을** 테니까!"

여기서 그가 내보인 진짜 감정은 바로 경멸이었다.

―

에릭의 아이디어들이 하나로 결집되기 시작했다. 그는 폭발물을 사랑했고, 열등한 사람들을 적극적으로 미워했으며, 인간의 멸종을 소극적으로 바랐다. 그래서 첫번째 폭탄을 만들었다.

처음에는 작은 것으로 시작했다. 사람을 죽일 수는 없고 그저 부상을 입히거나 그들의 소유물을 파괴하는 정도면 충분했다. 에릭은 도움이 되는 자료를 찾다가 인터넷에서 원하던 것을 얻었다. 1997년 여름에 그는 폭발물 여러 개를 만들어 터뜨리기 시작했다. 그러고는 이를 자신의 웹사이트에 자랑했다.

"아직 이산화탄소폭탄을 만들어보지 못한 사람은 오늘 꼭 만들어보도록. 나와 보드카가 어제께 하나를 터뜨렸는데 기똥찬 다이너마이트 같았음. 탄피만 조심하면 됨."

이것은 과장이었다. 그들은 작은 드라이아이스 카트리지를 가져다가 구멍을 뚫은 다음 화약을 안에 집어넣었다. 에릭은 이를 '크리켓'이라 불렀는데 사실 폭탄이라기보다는 대형 폭죽에 가까웠다. 에릭은 이보다 더 강력한 파이프폭탄도 만들었는데 안전하게 터뜨려볼 장소를 아직 찾지 못했다.

그는 자신의 웹사이트 방문객들이 미심쩍어하리라는 것을 알았다. 그래서 자세하게 설명을 달고 폭탄의 성분목록을 올려 자기가 진지하게 일을 벌이고 있다는 것을 알아주기를 바랐다.

—

위험을 눈치챈 사람도 있었다. 1997년 8월 7일, "사회를 걱정하는 한 시민"—아마도 브룩스의 아버지 랜디—이 에릭의 웹사이트를 보고 보안관서에 신고했다. 그날, 그러니까 콜럼바인 사태 1년 8개월 13일 전에 살인자들의 이름이 경찰 데이터베이스에 등록되었다.

마크 버지스 보안관보는 에릭의 웹사이트를 출력해서 훑어본 다음 보고서를 작성했다. "웹페이지에는 범죄의 소지가 다분한 '사명'에 대한 언급이 들어 있다." 묘하게도 버지스는 훨씬 심각해 보이는 파이프 폭탄에 대해서는 전혀 언급하지 않았다.

버지스는 보고서를 자신의 상관인 존 힉스 조사관에게 제출했고 웹사이트에서 출력한 여덟 쪽의 자료를 동봉했다. 이는 서류철에 보관되었다.

—

에릭과 잭과 딜런은 이제 일할 수 있는 나이가 되었다. 모두가 블랙잭에서 일자리를 구했다. 이들은 가게에서 밀가루 싸움과 물장난을 하며 놀았다. 에릭이 먼저 시작했고 딜런은 옆에서 그냥 지켜봤다. 주차장에서 드라이아이스에 물을 붓고 공사장용 콘을 얹은 뒤 얼마나 높이 치솟는지 관찰했다. 대단했다. 그때 잭이 여자를 만나기 시작했다. 개자식.

딜런은 이를 심각하게 받아들였다. 그녀의 이름은 데번이었다. 데번 때문에 팀이 완전히 갈라졌다. 이제 잭은 항상 그녀와 함께했던 것이다. 에릭과 딜런은 하찮은 존재로 밀려났다. 사명도 갑자기 끝나버렸다. 에릭은 그다지 개의치 않는 표정이었지만 딜런은 혼란스러웠다.

딜런은 "실존" 일지에 자신의 심정을 털어놓았다. "내 가장 친한 친구. 누구보다도 나와 많은 시간을 보내고 실험하고 웃고 도전하고 나를 이해해주던 친구. 누구보다도 가까웠던 친구…… 데번(내가 살인도 마다하지 않을)이 그를 사랑한 후로 나의 유일한 의지처도 옛말이 되었다." 그들은 음주, 담배, 파괴를 위한 사명까지, 모든 것을 함께 해온 친구였다. 7학년 이후로 늘 외로웠던 딜런은 잭을 만나면서 완전히 바뀌었다. "마침내 나와 비슷한 친구를 만났다! 나를 이해해주고 나랑 비슷한 관심사를 가진 친구를. 마침내 (이따금씩) 행복을 느낄 수 있었다." 그런 잭이 여자친구를 만나면서 떠나버린 것이다. "외롭다. 친구가 있거나 없거나."

살인도 마다하지 않을 사람? 딜런은 이 말을 지나가면서 툭 던졌는데 어쩌면 그냥 해본 말일 수도 있었다. 어쩌면. 그러나 그는 그 생각을 말로 표현했다. 이는 커다란 진전이었다. 게다가 딜런은 에릭을 아직 가장 친한 친구로 여기지 않았다. 잭을 제외하고는 누구도 자신을 이해하지 못한다는 말을 장황하게 털어놓았다. 누구도 그를 이해하지 못했다. 에릭도 마찬가지였다.

—

딜런은 어느 때보다도 외로웠다. 그래서 손쉬운 해결책을 하나 생각해냈다. "첫사랑???"

그가 다음에 쓴 글은 이렇게 시작했다. "맙소사, 해리엇과 사랑에 빠진 게 거의 분명해. 헤헤헤, 정말 이상한 이름이지, 내 이름처럼 말이야." 그는 그녀의 모든 것을 사랑했다. 멋진 몸매, 완벽에 가까운 얼굴, 매력과 재치, 영특함, 심지어 인기가 **없는** 것까지도. 그는 자기가 그녀를 **사랑하는** 것만큼 그녀도 자기를 좋아해주기를 바랐다.

그것은 요원한 일이었다. 딜런은 사실 해리엇에게 말도 걸어보지 못한 사이였다. 그런데도 그의 상상은 계속되었다. 매일매일, 해리엇을 생각하지 않는 때가 한순간도 없었다. "영혼의 동반자라는 게 있다면 나는 내 영혼의 동반자를 찾은 것 같아. 그녀도 테크노 음악을 좋아했으면 좋겠는데."

그것은 또다른 장애물이었다. 딜런은 그녀가 테크노를 좋아하는지 아직 확인해보지 못했다.

—

딜런은 가끔 행복을 느꼈다. 운전면허증을 손에 넣게 되어 흥분했다. 하지만 행복은 오래가지 않았다. 해리엇과 짝사랑에 빠진 직후 그는 일지를 다시 펴들고 불만을 털어놓았다. 어쩜 이렇게 적적하고 외롭고 앞이 보이지 않는 삶일까. **"공평하지 않아!!!"** 죽고 싶었다. 잭과 데번은 그를 서먹하게 대했지만 해리엇이야말로 가장 비열한 술책을 부렸다. 딜런을 "가짜 사랑"에 빠지게 했으니까.

"사실 그녀는 나에 대해 눈 하나 깜짝하지 않는다." 그는 그녀가 자신의 존재를 알지도 못한다는 것을 인정했다. 행복도 야망도 친구도 없었고 이제 **사랑**도 없었다!!!".

딜런은 총을 원했다. 한 친구에게 총을 얻을 수 없겠느냐고 물었다. 총으로 스스로를 쏠 생각이었다. 예전부터 생각해왔던 자살 계획에서 커다란 진전이었다. 글로만 표현했던 생각을 이제 실행에 옮기려는 참이었다.

콜럼바인 사건이 일어나기 거의 2년 전이었는데 이 무렵에 딜런은 총을 자신의 마지막 의지처로 여겼다. 그는 영혼의 탐색을 계속했다. "포르노 비디오를 그만 보자. 사람들 괴롭히는 짓은 그만해야지." 그러나 신은 그에게 계속 벌을 내리려는 모양이었다. "세상은 우울하고 슬픔은 끝이 없다. 내게도 사랑하는 사람이 있었으면."

사랑은 딜런의 일지에서 가장 자주 등장하는 단어였다. 이 무렵 에릭은 자신의 웹사이트를 증오로 가득 채우고 있었다.

—

퓨질리어는 범죄를 수사할 때 동기를 하나씩 배제하는 방향으로 접근해갔다. 딜런은 전형적인 우울증 환자로 보였지만 퓨질리어는 이를 확인해야 했다. 콜럼바인의 두 살인자와 관련하여 가장 먼저 떠오른 질문은 이것이었다. 이들은 제정신이었을까? 대부분의 대량학살자들은 계획적으로 행동한다. 그저 사람들을 다치게 하고 싶은 것이다. 하지만 스스로도 어찌지 못하는 학살자도 있다. 정신이상으로 분류되는 살인자들이다. 넓은 의미로 볼 때 정신이상은 편집증과 조현병을 포함하여 여러 다양한 정신병을 포함하는 말이다. 정신이상자들은 분별력을 잃고 목소리를 듣거나 환각을 보는 등 망상에 시달린다. 심한 경우에는 현실과 완전히 유리되기도 한다. 스스로를 보호하려고 상상으로 만들어낸 두려움에 따라 행동하거나 가상의 존재로부터 지시를 받아 행동한다. 퓨질리어는 콜럼바인 사건에서 이런 징후를 전혀 보지 못했다.

또다른 가능성은 사이코패스였다. 사람들은 보통 미친 살인자를 가리켜 사이코패스라고 부르지만, 정신의학에서는 특정한 정신 상태를 지칭하는 말로 사용한다. 사이코패스는 매력적이고 호감 가는 인상이지만 이는 계획된 것이다. 자신의 이익을 위해서라면 무엇이든 조작할 수 있는 냉혹한 사람이다. 대부분의 사이코패스는 비폭력적이다. 돈을 원하지 목숨까지 노리지는 않는다. 하지만 사이코패스가 가학적으로 바뀌면 괴물이 될 수 있다. 살인으로 재미를 본 사이코패스는 계속해서 살인을 저지른다. 테드 번디, 개리 길모어, 제프리 다머 모두 사이코패스였다. 살인을 일삼는 사이코패스는 대개 연쇄살인범이지만 가끔은 한꺼번에 여럿을 죽이는 살상극을 벌인다. 콜럼바인 대학살은 사이코패스의 작품일 수 있었다. 다만 딜런에게는 그런 징후가 전혀 보이지 않았다.

퓨질리어는 프로파일을 계속해서 배제해나갔다. 일반적인 이론 가운데에서는 딱 들어맞는 게 없었다. 딜런은 아무리 봐도 우울증 환자였다. 술로 우울을 달래는 극단적인 사례였다. 문제는 이것이 어떻게 살인으로 이어졌는가 하는 것이다. 딜런의 일지는 자살로 나아가는 아이의 일지처럼 읽혔지 살인을 저지르려는 아이의 일지처럼 보이지 않았다.

물론 우울증 때문에 살인을 저지르는 경우도 있지만 이런 양상은 아니었다. 보통은 무기력에서 대량살인으로 이어지기까지 연속적인 단계가 있다. 그런데 딜런은 그냥 울적한 단계에 머물렀다. 우울증 환자는 드물게 분노를 표출하기도 하지만 대개는 안에 담아둔다. 분노의 화살이 자신에게로 향하는 것이다. "안으로 향하는 분노가 바로 우울입니다." 퓨질리어의 설명이다. 안으로 향하는 분노가 너무도 심각해져서 바깥으로 향할 때 우울은 살인으로 이어진다. 우울의 발작은 가령 직장에서 해고당하거나 여자친구에게 차이거나 나쁜 성적을 받거나 돌이킬 수 없는 상실을 경험할 때 저도 모르게 튀어나온다. "대부분의 사람들은 화가 나면 깡통을 걷어차거나 맥주를 한두 병 마시며 화를 풀죠." 99.9퍼센트의 사람들은 그 정도로 끝낸다. 하지만 소수의 사람들은 분노가 속으로 곪아들어간다.

일부 우울증 환자들은 속으로 움츠러들어 친구, 가족, 급우를 멀리한다. 대부분은 도움을 받거나 극복한다. 몇 명은 자살을 향한 내리막 소용돌이에 휘말려든다. 문제는 이중에 자기 목숨만으로 그치지 않는 사람이 있다는 사실이다. 이들은 "복수의 자살"을 꾀한다. 대표적인 예가 결혼사진 앞에서 총으로 자살하는 남편이다. 결혼의 상징물에 자신의 유체를 고의적으로 튀게 함으로써 책임이 바로 배우자에게 있음을 알리는 것이다. 분노로 얼룩진 우울증 환자 가운데는 자신을 괴롭힌 자들에게 대가를 치르게 하리라 다짐하는 사람도 있다. 대개는 아내나 여자친구, 회사 상사, 부모 등 가까운 사람이 대상이다. 그래도 살인에 의지하는 우울증 환자는 아주 드물고, 그것도 대부분은 한 명을 죽이는 것으로 끝난다.

대상을 좀더 넓혀서 아내와 옆에서 같이 험담을 나눈 친구를 죽이거나 상사와 동료들을 같이 죽이는 경우도 있다. 아무튼 목표대상은 확실하다. 하지만 정말정말 드물게 여기서 한 발 더 나아가 자신에게 의미가 있는 **모든 사람**을, 즉 자신의 불운에 어떤 식으로라도 기여

한 모든 사람을 겨냥하는 경우가 있다. 그들은 무차별적인 살상으로 우리에게 본때를 보여주고 상처를 되갚아주고 우리가 고통을 느끼는 것을 확인하고 싶어한다. 이 부류가 바로 대상을 가리지 않고 마구 총을 쏘아대는 총잡이다.

퓨질리어는 이제까지 일해오면서 이런 유형들을 여러 차례 목격한 바 있었다. 딜런은 해당사항이 전혀 없었다. 살인이나 자살조차도 분노만으로는 되지 않는다. 의지력이 있어야 한다. 딜런은 수년 동안 자살을 꿈꿔왔지만 한 번도 시도한 적이 없었다. 자기가 좋아하는 여자애들에게 말을 건네보지도 못했다. 한마디로 딜런 클레볼드는 실천력이 없었다. 실천력 있는 아이가 그를 조종한 것이 틀림없다.

34

유대목 동물을 제대로 그려봐

패트릭 아일랜드는 말하는 법을 다시 배우고자 노력했다. 좌절을 느꼈다. 첫 이틀 동안 거의 아무런 성과가 없었던 것이다. 단어를 하나하나 크게 소리내서 하나의 문장을 만들려고 했지만, 끝내놓고 보면 무슨 말인지 알아들을 수 없었다. 패트릭의 말은 기껏해야 중증 뇌졸중 환자의 말처럼 들렸다. 오랜 시간을 들여 온갖 노력을 다해봐도 목구멍에 걸린 단발성 음절이 갑작스레 그르렁거리는 소리로 터져나왔다. 머릿속에서는 단어를 만들어낼 수 있었지만 입으로 내보내지 못했다. 나머지는 다 어디로 간 걸까? 생각이 성대로 가는 동안 흐트러져서 이상한 말들이 불쑥 튀어나왔다. 기분이 어떠냐고 물으면 스페인어로 대답하거나 남미의 수도 이름을 줄줄 외웠다. 그런데도 그의 뇌는 이런 혼란을 인식하지 못했다. 그는 자신의 기분을 잘 묘사하거나 도움을 제대로 청했다고 생각했기에 상대방의 어리둥절한 표정을 보고는 당혹스러워했다.

패트릭의 뇌는 단기기억 속에 저장된 것을 내뱉는 것 같았다. 그는 충격 직전에 각국의 수도에 대해 공부했고 최근에 스페인에 놀러간 적이 있었다. 그보다 더 가까운 기억도 있었다. 질문과 상관없이 엉뚱하게도 병원 인터폰 안내방송이 그의 입에서 계속 흘러나왔다. 그는 자신이 들은 목소리가 주변에서 들려온 것이라는 사실조차 인지하지 못했다. 가끔은 생뚱맞은 소리도 했다. "유대목 동물을 제대로 그려봐" 하는 말이 튀어나왔다. 아무도 이 말이 왜 나왔는지 몰랐.

모두들 좌절했다. 패트릭이 집중치료실에서 나와 처음으로 먹은 음식은 햄버거였다. 너무 신이 난 그는 참을성을 잃고 서둘러 롤빵에 뭔가를 얹어달라고 했다. 제대로 들리지 않자 캐시가 다시 말해보라고 정중하게 부탁했다. 그가 짜증을 부렸고 그의 입에서 난데없이 횡설수설이 나왔다. 같은 말을 계속 반복했는데, 그럴 때마다 알아들을 수 없는 말이 나와 짜증을 더했다. 그는 동작으로 표현하려고 했다. 병을 흔들며 **정말로** 소스를 원한다는 것을 알렸다. 그러자 캐시의 동생이 아래층으로 내려가 학생식당에서 각종 소스를 접시에 한가득 담아왔다. 그러나 모두 아니었다. 그들은 패트릭이 원하는 것을 알아내지 못했다.

—

패트릭은 자기가 총에 맞았다는 것을 알았다. 도서관 창문으로 나왔다는 것도 알았다. 하지만 대학살의 규모가 어느 정도였는지는 몰랐다. 자기가 텔레비전에 나왔다는 것도, 아니 방송국이 자기한테 흥미를 보였다는 것도 몰랐다. 네트워크 방송이 자신을 '창문가의 소년'으로 소개했다는 것을 전혀 모르고 있었다.

이따금씩 패트릭은 더듬거리면서도 분명하게 대답했다. 그러면 아주 행복했다. 왼쪽 운동신경은 잘 기능하는 것 같았다. 그의 뇌가 왼손으로 포크를 들도록 제어할 수 있다면 펜을 드는 것도 가능하지 않을까? 그래서 누군가가 그에게 보드마커와 칠판을 갖다주었다.

"이런, 실수였어요." 캐시가 회상했다.

"커다란 실수였죠." 존이 말했다. "그냥 휘갈겨썼어요. 아무 의미도 없이."

패트릭이 고생하고 있다는 것도 듣기 힘들었는데 막상 칠판에 제대로 쓰지 못하는 모습을 보니 충격이었다. 낙서는 망가진 뇌를 보여주는 도형 같았다. 수많은 작은 뇌세포들이 제멋대로 마구 발화하는 뇌의 도형.

그의 가족은 패트릭의 성대를 제어하는 중추에만 문제가 있는 게 아니라는 것을 깨달아야 했다. 훨씬 심각했다. 그는 생각을 조직적으로 하지 못했다. 감정적인 반응은 가능했지만 어떤 수단을 쓰건 그것을 언어로 옮기지 못했다.

"그가 많이 좌절했어요. 우리도 몹시 두려웠고요." 존이 말했다. "말하지도 못하고 쓰지도 못한다니 대체 그와 어떻게 소통할 수 있겠어요?"

가끔 패트릭이 힘겹게 애써서 단어들을 소리로 옮겼다. 그러면 더 큰 문제가 일어났다. 아주 마음 아픈 질문을 했던 것이다. 그는 절박하게 하나만 말해달라고 애걸했다. "이거 얼마나 오래 해야 해요?"

이거?

물론 병원에서의 회복을 말하는 것이었다. 패트릭은 시간이 없었다. 3주 뒤면 기말시험을 봐야 했고, 곧 수상스키 시즌인데다가 농구 코트에서 훈련도 해야 했다. 3년째 A학점만 받아왔으니, 그에게 B학점이란 상상도 할 수 없는 일이었다. 매 학기마다 열심히 공부해서 같은 학년에서 최우수 성적을 거두었다. 졸업식 고별사가 그의 몫임은 기정사실이었다. 이렇게 병원에서 허송세월하다가는 고별사를 놓칠 수도 있었다. 그는 고별사를 꼭 해야만 했다.

야심만만한 목표였다. 패트릭은 총명한 아이였지만 천재는 아니었다. 그리고 콜럼바인은 경쟁이 심했다. 쉽게 좋은 학점을 받는 아이들도 있었지만, 패트릭은 학점을 잘 받으려면 열심히 공부해야 했다. 무결점의 성적을 받은 대여섯 명의 아이들이 매년 고별사를 두고 경쟁을 벌였다. B학점이 하나라도 있으면 어려웠다.

천재라면 수월하게 A학점을 따겠지만 패트릭은 그렇지 못했다. 게다가 그는 그들과 도매금으로 거론되는 것이 싫었다.

패트릭이 1학년 때 농구 연습을 하러 가는 길에 차 안에서 자신의 이런 의향을 말하자 그의 부모는 왠지 불편했다. 그는 고별사가 제일 중요하다고 강조하지 않았다. 열심히 노력하겠다고 말하지도 않았다. 그냥 자기가 고별사를 읽게 될 것이라고 했다.

그로부터 2년 뒤, 병실에서 존과 캐시 아일랜드는 아들의 농구와 수상스키와 학업 성적은 제쳐둔 터였다. 일단 걷고 말하는 것부터 도전해야 했다.

패트릭이 처한 심각한 상황은 그가 받아들일 수 없을 정도였다. "솔직히 아무것도 몰랐어요. 정말로요."

그는 첫 주에는 텔레비전도 신문도 보지 못했다. 가족이 자기를 보호하고 있다는 것도 몰랐고, 콜럼바인 비극이 얼마나 심각했는지도 깨닫지 못했다. 미국 전역이 지켜보고 있다는 것도 몰랐다. 심지어 누가 죽었는지도 몰랐다.

친구들이 유럽에서 안부전화를 걸어왔을 때, 그제야 그는 자신이 어떤 사건에 휘말렸는지 처음 알아챘다. 패트릭은 한 달 전에 현장학습을 가서 마드리드 근처의 한 가정에 머무른 적이 있었다. 그들이 그가 걱정돼서 전화를 건 것이다. 패트릭은 당황했다. 스페인에서도 이 소식을 알고 있어?

일주일 뒤에 그는 크레이그 병원으로 옮겨졌다. 재활치료를 시작했고 금세 휠체어를 타고 병원을 여기저기 돌아다녔다. 하루는 치료를 마치고 돌아와 텔레비전을 틀었다. 뉴스가 나왔는데 사망자 명단이 발표되고 있었다. 코리 디푸터의 사진이 화면에 나왔다. 패트릭은 경악했다. 코리는 그의 가장 친한 친구였다. 그날 도서관에도 같이 갔는데 밖에서 소음이 들리자 코리가 무슨 일인지 알아보러 나가면서 헤어졌다. 패트릭은 그를 다시는 보지 못했다.

"소리쳐 울기 시작했어요. 내가 운 것은 그때가 처음이었을 겁니다." 패트릭이 나중에 말했다.

크레이그의 의료진은 강압적으로 밀어붙이지 않고 서서히 진전시켰다. 그가 왼쪽 다리를 통제해서 매트리스 위로 들어올릴 수만 있다면 희망이 있었다. 그의 다리는 괜찮았다. 척수 위아래로 이어지는 신경경로가 모두 말짱했다. 그래서 넓적다리 주위의 근육까지 신호가 무리 없이 전해졌다. 수많은 미세신경 말단이 넓적다리를 통해 감각 자료를 계속해서 전달했다.

패트릭은 자신의 섬세한 기관들이 다 돌아간다는 것을 머리로는 알았다. 하지만 거기에 접속할 수가 없었다. 뇌 안의 신경망에 아주 작은 틈이 나 있었다. 그는 머릿속 어딘가에서 명령을 내리는 것이 느껴졌다. 거기서 명령이 내려가다가 뚝 끊겨버렸다. 그는 눈을 질끈 감고 뇌에 힘을 주고 안간힘을 썼다. 그래도 소용없었다. 다리는 말을 듣지 않았다.

—

뭔가 빠진 게 있었다. 클레멘트 공원에 사람들이 추모의 의미로 갖다놓은 기념물이 며칠 만에 어마어마한 규모로 늘어났다. 시를 적거나 그림을 그린 엽서를 꽂아둔 꽃다발이 수십만 개나 쌓였다. 곰인형을 옆에 두거나 학교 마크가 찍힌 재킷, 장신구, 작은 종으로 개성을 드러낸 꽃다발도 있었다. 지역 당국은 이를 보관하려고 창고를 여러 개 빌렸다.

그런데도 뭔가 부족해 보였다. 생존자들은 자신에게 무엇이 어디에 왜 필요한지 정확히는 몰랐지만, 아무튼 뭔가가 필요하다고 느꼈다. 그들은 상징물을 찾고 있었는데, 그것을 발견한 순간 바로 알아볼 수 있었다.

대학살 일주일 뒤 해질 무렵에 15개의 나무십자가가 레벨 힐 꼭대기에 한 줄로 세워졌다. 높이 2미터, 폭 90센티미터의 십자가들이 암석 대지를 따라 일렬로 놓였다. 클레멘트 공원의 투광조명등이 십자가 뒤로 낮게 걸린 구름을 비추었고, 십자가의 음산한 실루엣이 소나기구름을 배경 삼아 묘한 분위기를 냈다. 십자가 끝이 빛나는 것 같았다. 게다가 어정쩡한 비율도 보는 사람을 오싹하게 했다. 십자가의 가로대가 너무 짧았고 위쪽으로 너무 붙어 있었다. 어떤 십자가는 땅에 제대로 박히지 않아서 한쪽으로 기울었다. 몇 시간 만에 사람들이 십자가에 구슬, 리본, 묵주, 플래카드, 깃발, 엄청나게 많은 파란색과 흰색 풍선을 매달아놓았다.

이후 닷새 동안 12만 5000명의 사람들이 십자가를 보려고 언덕을 터벅터벅 올랐다. 고약한 폭풍이 언덕을 휩쓸고 지나가서 길은 진창이 되었고 잔디는 다 찢겨나갔다. 사람들이 언덕을 오르려고 빗속에서 두 시간을 기다리는 모습이 마치 순례자 행렬 같았다.

십자가는 시카고에서 제작한 것이었다. 땅딸막한 목수 하나가 홈디포 상점에서 구입한 소나무로 십자가를 만들었다. 그는 이것을 픽업트럭으로 콜로라도까지 싣고 와서 언덕에 세우고는 돌아갔다. 각각의 십자가에는 희생자나 살인자의 흑백사진을 붙여놓았고 아울러 메모를 할 수 있도록 펜을 매달아놓았다.

"사람들이 어찌나 많이 몰려와서 십자가에 물건을 두고 가던지 대단했습니다." 지나가던 한 구경꾼의 말이다. 곧 십자가마다 물건이 기둥 아래를 뒤덮고 가로대 높이까지 쌓였다. "신을 경외하라" "예수는 살아 있다" 같은 기독교 문구를 새긴 인식표가 가장 흔했다. 온통 꽃으로 뒤덮인 십자가도 있었고 셔츠와 재킷, 바지를 걸쳐둔 십자가도 있었다.

13개의 십자가에는 애정이 담긴 메시지들이 적혀 있었다. 살인자들의 십자가들은 쓰라린 논쟁의 장이었다. **"증오는 증오를 낳는다"** "어떻게 하면 당신을 용서할 수 있을까?"

누군가가 이렇게 답을 적어놓았다. "당신을 용서합니다." 회유적인 메시지가 절반쯤 되었다. "아쉽게도 당신을 말리지 못했네요." "누구도 비난하지 않아요."

톰과 수 클레볼드가 염려했던 상황이 바로 이런 것이었다. 딜런을 땅에 묻으면 그의 무덤이 바로 이럴 터였다.

한 여자는 살인자를 애도했다가 사람들이 그녀에게 침을 뱉고 진창에 처박았다고 기자에게 말했다. 아기를 안고 온 한 여자는 딜런의 십자가에 "나쁜 개자식"이라고 썼다. 군중이 이를 반기지 않았다. 그러자 또다시 썼다. 10대 여학생 두 명이 다가와 울면서 제발 그러지 말라고 했다. 누군가가 〈어메이징 그레이스〉를 부르기 시작했고 언덕 전체가 곧 후렴으로 뒤덮였다. 그녀는 자리를 떠났다.

"십자가는 다들 쉬쉬하던 질문을 제기했다. 당신은 용서할 준비가 되었는가? 하는 질문 말이다." 로키마운틴뉴스의 칼럼니스트 마이크 리트윈은 이렇게 썼다. "내가 처음 십자가를 보고 그것이 무슨 의미인지 알아차렸을 때 그런 질문을 제기하기에는 너무 이른 게 아닌가 하는 생각을 했다. 어쩌면 십자가를 손상시키고 싶었던 사람도 분명 많았을 것이다. 이 십자가들이 신성한 땅을 모독한 것일까?"

브라이언 로버는 당연히 그렇다고 말했다. 참혹한 고통을 느끼고 있을 때 어떤 얼간이가 자기 아들을 죽인 녀석에게 제단을 만들어주다니. 이보다 더 잔인한 일이 어디 있으랴?

감정이 불거졌지만 논란은 거의 일지 않았다. 한 여성은 지역사회에 용서의 분위기가 만연한 것을 보고 놀랐다. "다른 지역에서 이런 일이 벌어졌다면 아직 〔에릭과 딜런의 십자가가〕 그대로 있을까요?"

토요일판 로키마운틴뉴스에는 세 단어의 머리기사가 실렸다. '아버지가 십자가를 파괴하다.' 두 개의 십자가가 횅하니 뽑힌 가운데 남은 13개가 찍힌 강렬한 사진이 인상적이었다. 에릭과 딜런의 십자가는 사흘을 버틴 셈이었다.

"살인자들에게 십자가를 수여함으로써 그리스도가 우리에게 베푼 자비를 값싸게 해서는 안 됩니다." 브라이언이 말했다. "참회하지 않은 살인자를 용서하라는 말은 성경 어디에도 없습니다. 그런데 대부분의 기독교도가 이것을 몰라요. 그래서 멍청하게도 '모두를 용서하라'고 떠들고 다니죠. 참회하지 않으면 용서도 없습니다. 성경에 그렇게 나와 있어요."

브라이언으로 인해 지역사회가 그의 분노를 이해하는 사람과 그의 반응이 가혹하다고 보는 사람으로 갈라졌다. "사람들은 용서하는 법을 배워야 해요." 언덕에서 한 여성이 로키마운틴뉴스 기자에게 말했다. 그러다가 잠시 생각하더니 이렇게 말했다. "나는 그의 분노도 이해할 수 있어요."

십자가를 본 브라이언의 첫 반응은 이를 파괴하는 것이 아니었다. 처음에는 두 십자가에 "살인자는 지옥에서 불타리라"라고 적은 팻말을 걸어놓았다.

공원 관리당국은 이를 용납하지 않았다. 경관들은 케첩이 묻은 곰 인형도 없애고 추잡한 것은 일체 금지하겠다고 말했다.

브라이언은 전부인 수와 그녀의 남편 리치 페트론과 협의해서 모든 문제에 보조를 맞추기로 했다. 리치는 스톤 보안관, 데이브 토머스 지방검사, 공원부서 담당자에게 연락했다.

"우리 세 사람 모두 십자가가 거기 있어서는 안 된다고 생각했어요. 그들이 치우겠다고 했습니다. 내일 5시까지 시간을 주면 다 치우겠다고 하더군요." 브라이언이 말했다. 그와 페트론 부부가 5시에 언덕에 올라갔는데 아무것도 해놓은 게 없었다. "그래서 우리가 치우기로 했죠. 더는 참고 볼 수 없었습니다."

브라이언은 상징물을 없애고 싶었고, 이를 세상에게 알리고 싶었다. 그래서 CNN에 연락했고 직원 한 명이 와서 촬영했다. "철거작업이 아무도 모르게 이루어져서는 안 되었으니까요."

브라이언과 페트론 부부는 십자가를 빼내어 완전히 박살낸 후 쓰레기통에 집어던졌다.

"집에 돌아가서 이야기하고 있는데 전화가 왔습니다. 토머스였어요. '시간을 좀더 줘요.' 그래서 리치가 말했죠. '그럴 필요 없어요. 이미 우리가 해치웠으니까요.'"

브라이언은 그날 일을 일으킨 책임자였다. 그는 대니 로버의 아버지라는 이름으로 할 수 있는 일을 발견했다. 그래서 그날 이후로 주저 없이 그 힘을 행사했다.

하지만 싸움은 아직 끝나지 않았다. 목수가 이 소식을 듣고 시카고에서 와서 남은 13개의 십자가를 가져간 것이다. 브라이언 로버는 정말 화가 치밀었다. 잔인하게도 다시 돌아와 자기 아들에게 바쳐진 기념물을 부수다니. 브라이언은 여기서 기회주의의 냄새를 맡았다. "그의 동기가 의심스럽네요."

그는 제대로 알아보았다. 시카고의 목수는 이전에도 비슷한 일로 이목을 끈 적이 있었다. 십자가로 언론매체의 주목을 끄는 데 선수였다. 압권은 브라이언과 함께 〈투데이 쇼〉에 출연한 일이다. 쇼맨십이 뛰어난 목수는 고개 숙여 사죄했고 엄숙한 선언을 했다. 다시는 살인자를 위해, 어떤 살인자를 위해서도 십자가를 만들지 않을 것이며, 전국을 돌며 과거에 자기가 세웠던 십자가를 치울 것이라고 했다.

그는 약속을 하나도 지키지 않았다. 15개의 십자가를 새로 만들어 전국 투어를 다녔다. 그후 수년 동안 그는 자신의 유명세를 한껏 이용했다. 브라이언 로버는 그를 다시 저주했다. "기회주의자, 스스로 위대한 줄 착각하는 [목수], 다른 사람의 비극에 편승해서 이득을 챙기는 밉살스럽고 비열한 자."

세상은 그 목수를 잊었다. 그의 이름을 기억하는 사람은 거의 없다. 그가 얼마나 야비한 장사치였는지, 그가 어떤 거짓말을 했고 어떤 고통을 주었는지 대부분의 사람들은 모른다. 하지만 사람들은 그가 만든 십자가만은 따뜻하게 기억한다. 그의 십자가가 얼마나 큰 위안을 주었는지 회상한다.

35

체포

에릭은 이제 절도범이었다. 점점 선을 넘기 시작했다. 짜릿한 흥분을 느낀 그는 더 많은 것을 원했다. 3학년에 올라가자 친구들과 함께 일을 저질렀다. 에릭과 딜런과 잭은 학교 컴퓨터를 해킹해서 사물함 비밀번호 목록을 입수했다. 그렇게 사물함을 털기 시작했고, 칠칠치 못하게 들키고 말았다. 1997년 10월 2일이었다. 이들은 결국 학생주임한테 불려가 사흘간 정학을 당했다.

부모들은 항상 그래왔던 방식으로 대응했다. 현실주의자인 웨인 해리스는 에릭이 자신이 한 짓을 후회하게 만들 터였다. 하지만 아들의 장래를 생각해서 외부의 위협에 적절히 대응해야 했다. 그는 학생주임에게 연락해서 에릭이 미성년자라고 주장했다. 학생주임은 끄떡도 안 했다. 에릭의 기록표에 어떻게 남게 되나요? 웨인이 물었다. 그는 일지에 학생주임의 대답을 받아적었다. "경찰이 연루되지 않았으므로 학교 내의 일임. 졸업과 동시에 기록은 폐기." 좋았어. 에릭의 미래는 아직 유망했다.

클레볼드 부부는 이성적으로 대처했다. 딜런은 실망스럽게도 윤리 의식의 부재를 드러냈지만, 톰은 철학적 이유를 들어 정학에 반대했다. 아이를 바로잡는 더 효과적인 방법이 있다며 설득했다. 학생주임은 그처럼 사려 깊고 지적인 학부모를 만난 적이 거의 없었지만 자신의 결정을 번복하지 않았다.

에릭과 딜런은 한 달 동안 외출을 금지당했고 서로는 물론이고 잭도 만나지 못했다. 에릭은 컴퓨터도 압수당했다. 에릭과 딜런은 벌을 받고도 가까운 사이로 남았다. 잭은 서서히 이들과 거리를 두기 시작했다. 특히 에릭과 멀어졌다. 끈끈하던 삼총사 시절이 끝났다. 그날 이후로 에릭과 딜런은 둘이서 범죄를 모의했다.

—

퓨질리어는 이 무렵 에릭의 심리 상태를 생각해보았다. 대학살이 일어나기 1년 6개월 전이었다. 에릭은 딜런처럼 우울증을 앓지 않았다. 확실했다. 정신병의 징후도 없었다. 살인을 예고하는 그 어떤 징후도 보이지 않았다. 에릭의 웹사이트는 노골적인 분노로 가득했지만 사춘기 때는 원래 그런 법이다. 콜럼바인 사태로 이어지는 어떤 계기가 이 무렵에 들어선 게 분명한데, 아직 겉으로 드러나 보이지 않았다.

딜런은 해리엇에게 병적으로 집착했다. 매일 해리엇과 같은 수업을 듣는 50분이 그에게는 천국과도 같았다.

가끔 그녀가 소리내어 웃었다. 얼마나 사랑스러운 웃음인가. 철없이 순진한 웃음. 천사가 따로 없군. 딜런은 언젠가는 그녀에게 말을 걸리라 다짐했다.

어느 날 기회가 찾아왔다. 수업시간에 단체 프로젝트가 있어서 보고서를 함께 작성해야 했는데 해리엇과 한 팀이 되었다. 축복의 날이었다. 기회였다.

그는 아무 말도 하지 못했다.

딜런은 자신이 처한 상황을 '내리막 소용돌이'라고 표현했다. 그는 이 표현을 인더스트리얼 밴드인 나인 인치 네일스의 콘셉트 앨범 제목에서 가져왔다. 한 남자가 문제를 해결하려고 발버둥치다가 결국 총을 입에 물고 자살하는 내용이다.

콜럼바인 대학살과 관련하여 가장 자주 언급된 대중문화 작품은 올리버 스톤의 풍자적인 영화 〈내추럴 본 킬러〉였다. 그럴 법도 한 것이 에릭과 딜런은 자신들의 거사를 줄여서 "NBK"라고 부르곤 했고, 실제로도 영화와 상당한 유사성을 띠었다. 자기중심적이고 공감이라고는 찾아볼 수 없는 에릭의 성향과도 맞아 떨어졌다. 하지만 딜런의 성격과는 무관했다. 그는 적어도 마지막 몇 달 전까지도 자신의 인생이 이런 방향으로 향하리라고는 생각하지 않았다. 일지를 쓰기 시작한 지 18개월 내지 20개월이 지날 무렵까지 딜런은 나인 인치 네일스의 앨범 〈내리막 소용돌이〉와 데이비드 린치의 영화 〈로스트 하이웨이>에 나오는 두 주인공을 자신의 고통을 대변하는 캐릭터로 여기고 공감했다.

학살극이 끝나자 폭력적인 영화와 음악, 비디오게임의 유해성을 둘러싸고 한바탕 논란이 일었다. 몇몇 칼럼니스트와 라디오 토크쇼 진행자들은 안일하게 인과관계를 단정했다. 고전을 탐독했고 비판적으로 사고했던 에릭을 설명하기에는 순진한 생각이었고, 그의 파트너 딜런에게는 말도 안 되는 헛소리였다. 딜런은 자살까지 생각한 우울증 환자였다. 그는 자신과 같이 절망의 늪에 빠져 있는 허구의 캐릭터에게 공감한 것뿐이었다.

———

에릭은 칠칠치 못했다. 절대 발각당하지 않아야 할 사람에게 파이프폭탄을 들키고 말았다. 바로 아버지였다.

웨인 해리스는 아연실색했다. 폭죽은 그러려니 했지만, 이것은 그보다 훨씬 심각했다. 그는 어떻게 해야 좋을지 몰랐다. 에릭은 이 사건을 여러 친구들에게 말했는데, 친구들이 전하는 웨인의 반응에 대한 설명이 다 달랐다. 잭 헤클러는 웨인이 폭탄을 어떻게 해체해야 할지 몰라서 에릭과 함께 밖으로 가져가서 터뜨렸다고 했다. 네이트 다이크먼은 웨인이 폭탄을 압수하기만 했다고 했다. 얼마 뒤 에릭이 자기를 부모님 침실의 벽장으로 데려가더니 폭탄을 보여주었다는 것이다. 웨인 해리스는 에릭에 대한 글에서 이 사건을 언급하지 않았다. 당시에는 그다지 열심히 기록하지 않을 때였다.

에릭은 다시는 폭탄을 만들지 않겠다고 엄마, 아빠에게 맹세했다.

그들은 아들을 믿었던 것 같다. 그리고 그렇게 믿고 싶었다. 에릭은 한동안은 폭탄 제작을 중단했고 흔적을 더 잘 숨겼다. 그러다가 다시 제작에 돌입했다. 언젠가 네이트에게 자신의 방에 감춰둔 폭탄 두어 개를 보여주었다.

—

딜런은 버림받은 기분이었다. 그는 사물함 사건으로 외출을 금지 당해 집에 혼자 있었다. 이렇게 외로웠던 적이 없었다. 그때 그의 형 바이런이 마약 문제로 퇴학당했다. 톰과 수는 강하게 밀고 나갔다가 는 아들이 삐딱해질까 두려워 딜런과 함께 가족 상담을 받으러 갔다. 그런데도 아들의 태도는 달라지지 않았다. 딜런은 새로 얻은 방을 자 신의 취향대로 꾸몄다. 검은색과 빨간색 벽지를 바르고 루 게릭, 로 저 클레멘스, 나인 인치 네일스 등 자신이 좋아하는 야구 영웅과 록 밴드의 포스터를 붙였다. 길거리 표지판과 표범무늬 비키니를 입은 여자 사진도 갖다 붙였다.

"날이 갈수록 우울해진다." 그는 이렇게 불평했다. 왜 친구들이 자 꾸 나를 멀리할까? 사실은 그렇지 않았지만 딜런이 느끼기에는 그랬 다. 그는 에릭도 자신을 버렸다며 괴로워했다. "죽고 싶다"는 말을 되 풀이했다. 죽음은 이제 자유와 동의어였다. 죽으면 평온해질 것 같았 다. 그는 두 단어를 서로 바꿔가며 쓰기 시작했다.

그 무렵 그의 머릿속에 다른 선택이 떠올랐다. 그는 한 친구에게 이렇게 말했다. "내게 총이 있다면 내가 원하는 사람만 빼고 살상극 을 벌일 텐데."

딜런이 살인을 암시한 두번째 순간이었다. 첫번째는 모호하게 넘어갔지만 이번에는 명백했다. 살상극이라는 단어를 썼다.

그는 즉각 화제를 돌렸다. 생각들을 마구 뱉어내던 딜런으로서는 이례적인 일이었다. 그는 "영원한 투쟁"에 대해, 구도자로서 자신의 운명에 대해 두 쪽에 걸쳐 채웠다. 살인에 대해서는 그렇지 않았다. 절망의 구렁텅이에서 단 한 줄을 적고는 자신을 파괴하는 문제로 재빨리 돌아갔다.

살인에 대한 생각은 1년 반 동안 서서히 싹을 틔웠다. 딜런은 살상극을 계속 생각하고 있었던 것 같다. 에릭과 함께? 아마도 그럴 것이다. 하지만 이 중대한 순간의 세세한 면을 기록에 남기지 않았다. 두 소년 모두 자신들이 남긴 기록 어디에서도 이에 관해 언급하지 않았다. 에릭은 자신이 무엇을 하고 있었는지 기록했다. 더 큰 폭탄을 만들고 있었다. 이는 우연일까? 그럴 리가 없다. 에릭의 생각은 1학년 때부터 한 방향을 향해 꾸준히 구체화되고 있었으니까.

—

1997년 말에 에릭은 학교 총기사건을 주목하기 시작했다. "매일 뉴스를 보면 학생들을 쏘거나 살상극을 벌인 아이들 이야기가 나온다." 그는 영어수업 과제물에서 가능성을 타진해보았다. 총은 가격이 싸고 쉽게 구할 수 있었다. 『건 다이제스트』에 따르면 토요일 밤에는 특별가 69달러에도 살 수 있다고 했다. 게다가 학교는 목표대상으로 삼기 쉬웠다. "총알이 장전된 권총을 학교에 가져가는 것은 계산기를 가져가는 것만큼이나 쉬운 일이다."

"어이쿠!" 영어 교사는 여백에 이렇게 적었다. 그는 과제물을 이렇게 평가했다. "빈틈없고 논리적임, 잘했음."

—

크리스마스 이전 마지막 수업 때 엄청난 일이 일어났다. 딜런의 사랑이 그에게 손을 흔든 것이다. 마침내! 딜런은 황홀했다. 이어 의구심이 들었다. 그녀가 정말 손을 흔들었을까? 나한테? 아니겠지. 아닐 거야. 그럴 리가 없어. 잘못 본 거야. 확실해.

그는 자리에 앉아 누가 자기를 사랑하는지 생각해봤다. 일지 한 쪽에 이들의 이름을 나열했다. 세 명 옆에는 작은 하트를 그렸다. 19명. 19명의 실패자.

—

에릭과 딜런은 갈수록 대담해졌다. 값비싼 물건을 훔쳤고 파이프 폭탄을 시험하기 시작했다. 겉으로 봐서는 책임감 있는 아이들처럼 보였다. 그래서 교사들은 그들을 믿고 컴퓨터실을 마음대로 드나들게 했다. 아이들은 값비싼 장비를 마음껏 이용했다. 언제부터인가 에릭은 신용카드로 사기를 쳤던 모양이다. 노트에 카드 사기의 여덟 단계를 적어놓았는데 실제로 이를 실행했다는 증거는 없지만, 그는 사기를 저지른 적이 있음을 나중에 인정했다.

딜런은 사기에 소질이 없어서 계속 붙잡혔다. 에릭은 그렇지 않았다. 톰 클레볼드는 아들이 새 노트북을 가지고 있는 것을 발견했다.

에릭이라면 아무렇지도 않게 얼버무렸을 것이다. 친구 거예요, 혹은 컴퓨터실에서 빌렸어요, 이렇게. 딜런은 다 털어놓았다. 톰은 경찰에 자백하라고 했다. 에릭과 딜런은 하급생들 괴롭히기를 좋아했는데 이 역시 딜런은 번번이 들키고 말았다. 1998년 1월, 딜런은 한 1학년생의 사물함에 "호모"라고 썼다가 학생주임에게 불려갔다. 다시금 정학을 받았고, 사물함 수리비로 70달러를 물어주었다.

아이들은 이 무렵에 파이프폭탄을 터뜨리며 스스로 멋진 행동을 하고 있다고 여겼다. 언젠가 네이트 다이크먼에게 한껏 자랑한 뒤에 폭탄 실험에 데려갔다. 에릭이 책임자였으므로 폭탄에 관한 모든 것은 그가 다 계획했다. 아이들은 덴버 중심가가 텅 비는 슈퍼볼 선데이를 디데이로 잡았다. 덴버 브롱코스는 이번으로 챔피언 결정전 진출이 다섯번째인데 그동안 한 차례도 우승하지 못했다. 그래서 모두가 그 경기를 지켜볼 터였다. 에릭은 고요함을 이용하기로 했다. 그날 그는 네이트와 딜런을 자기 집 근처의 조용한 곳으로 데리고 가서 지하수로에서 폭탄을 떨어뜨렸다. 우와! 네이트는 탄성을 내질렀다.

딜런이 학생주임에게 불려간 지 사흘이 지난 1월 30일, 범죄의 기회가 저절로 찾아왔다. 금요일 밤이라 아이들은 들떠 있었다.

에릭과 딜런은 차를 몰고 시골로 나가 자갈밭에 차를 세웠다. 물건을 털려고 밖으로 나갔다. 밴이 한 대 주차되어 있었는데 안에는 전자장비들이 가득했다. 이것을 훔치면 얼마나 근사할까? 아이들은 장비들이 어디에 쓰는 물건인지 전혀 몰랐지만 아무튼 들키지 않고 무사히 빠져나갈 자신이 있었다. 목격자도 없었고 지문도 걱정 없었다. 에릭에게 스키 장갑이 있었으니 발각될 염려는 없었다.

"모든 게 너무 쉬웠다. 잡힐 염려가 전혀 없었다." 그는 나중에 이렇게 썼다. 에릭이 망을 보기로 했고 나쁜 짓은 딜런의 몫이었다. 딜런은 스키 장갑을 끼고 주먹으로 창문을 때렸다. 자동차 창문이 어찌나 단단하던지 계속 쳤지만 아무 반응이 없었다. 에릭이 나섰다. 마찬가지로 끄떡도 안 했다. 딜런은 돌멩이를 찾으러 갔다. 둥근 바위를 집어들고 유리에 던졌는데 창에 맞고는 튀었다. 수차례 바위로 가격하자 그제야 유리가 산산조각 났다. 딜런은 장갑 낀 손으로 문을 열었고 이어 미친 듯이 장비들을 끌어모았다. 이번에도 에릭은 딜런에게 추잡한 일을 맡기고 자기는 차로 돌아갔다. 딜런은 흥미롭게 생긴 것은 모조리 다 챙겼고 나머지는 그냥 차 안에 던져버렸다. 그가 헤아린 바에 따르면, "서류가방 하나, 검은색 손가방 하나, 손전등 하나, 노란색 물건과 이런저런 물건들"을 손에 넣었다.

딜런은 훔친 물건을 양팔 가득 안고 혼다를 향해 뛰었다. 에릭은 계속 "망을 보았다". 순간 차 한 대가 다가왔다. 딜런은 그 자리에 꼼짝 않고 섰다. 차가 지나갔다. 대담하게도 딜런은 돌아가서 더 많은 물품을 가져오려고 했다. 에릭은 경계심이 들었다. "그만하면 됐어! 이제 가자."

그들은 더 깊은 시골로 차를 몰아 산등성이를 넘어 디어크리크 캐니언 공원에 들어섰다. 산악지대까지 수십 킬로미터 이어진 광활한 보호구역으로 인적이 뜸했다. 해가 지고 한 시간 뒤에는 문을 닫는 곳인데, 해는 이미 네 시간 전에 졌다. 그들은 주차장에 차를 세우고 엔진을 끄고 물건을 확인했다.

음악을 크게 틀었고 이어 차내등을 켜고 다른 CD가 없는지 찾았다. 딜런은 뒤로 손을 뻗어 자기가 가장 좋아하는 것을 꺼냈다. 400달러짜리 노란색 전압계로 아래쪽에 버튼이 달려 있고 검은색,

빨간색 바늘이 돌아갔다. 딜런이 버튼을 눌렀다. 에릭은 유심히 지켜 보았다. 전압계에 불이 들어오자 두 아이는 흥분해서 소리쳤다. 멋진 데! 딜런은 손전등을 꺼내 스위치를 켰다. "와! 진짜 밝다!" 그때 더 멋진 것이 눈에 들어왔다. "야, 여기 닌텐도 게임기가 있어!"

그들은 물품을 더 뒤졌다. 얼마 뒤 에릭은 자신들이 조심성 없이 굴었음을 깨달았다. 이제 경계를 해야 할 때였다. "이 물건들은 트렁 크에 두는 게 낫겠어." 그는 차문을 쾅 닫고 밖으로 나왔다.

몇 분 동안 차 밖에 서서 아이들이 대화를 나누는 과정을 보고 들 었던 제퍼슨 카운티의 보안관보 티머시 월시는 그 순간 자신이 나설 때라고 판단했다. 시골에서는 몇 킬로미터 밖도 훤하게 다 보인다. 문 을 닫은 주립공원의 휑한 주차장에 차 한 대가 홀로 있으면 눈길을 끌지 않을 수 없다. 아이들은 자기 일에 너무 몰두한 나머지 보안관 보의 차를 보지 못했고, 엔진 소리나 그의 발소리도 듣지 못했다. 그 래서 키가 큰 그가 자동차 뒤 창문 위로 모습을 나타낼 때까지 아무 도 알아차리지 못했다.

에릭이 차 밖으로 나왔을 때 월시 보안관보가 그를 향해 전등 빛 을 비추었다. 여기서 뭐하고 있지? 보안관보가 물었다. 이 물건들은 다 누구 거야? "바로 그 순간 내가 얼마나 어리석게 굴었는지 깨달았 다." 에릭은 나중에 이렇게 썼다. 그는 자신의 행동을 후회했지만 당 시에는 그런 기색을 전혀 보이지 않았다.

에릭은 재빨리 머리를 굴려 서툴게 둘러댔다. 그날 밤 그는 컨디션 이 좋지 않았다. 에릭은 마을 근처 주차장에서 빈둥거리다가 잔디밭 에 놓인 장비를 우연히 발견했다고 보안관보에게 말했다. 그는 정확 한 위치를 댔고 생생하게 묘사했다. 세부사항이야말로 거짓말의 핵심이었다. 좋은 전략이었지만 잘못 골랐다. 그는 실제로 절도를 행한 장소를 묘사하고 말았다.

월시는 쉽사리 믿지 않았다. 물건들을 보여달라고 했다. "물론이죠." 에릭은 태연한 척했다. 그가 주도적으로 말했다. 딜런은 입을 다문 채 옆에 가만히 있었다. 월시는 두 아이에게 트렁크 위에 물건을 올려놓으라고 했다. 이 물건을 어디서 발견했다고? 딜런은 용기를 냈다. 그는 에릭이 했던 말을 앵무새처럼 반복했다. 월시는 영 믿기지 않았다. 다른 보안관보에게 무전을 보내 절도신고가 들어온 게 없는지 확인해보라고 했다.

에릭은 자신만만했다. 옆의 파트너를 쳐다보았는데 딜런은 기가 죽어 있었다.

에릭이 경찰서에 도착했을 때 그의 부모는 이미 와서 기다리고 있었다. 뒤이어 톰과 수 클레볼드도 왔다. 그들은 자기 아이들이 이런 짓을 했다는 게 믿기지 않았다. 아이들은 세 가지 중죄로 기소될 수 있었고, 그 가운데는 10만 달러 벌금에 1년 내지 3년의 징역형이 선고되는 5등급 범죄도 있었다. 에릭과 딜런은 따로 떨어져서 신문을 받았다. 부모의 승낙하에 자신들의 권리를 포기했다. 두 아이 모두 구두진술과 서면진술을 제출했다. 에릭은 모든 것을 딜런의 탓으로 돌렸다. "딜런이 흰색 밴에서 물건을 훔쳐야 한다는 식으로 얘기했다. 나는 처음 그 말을 듣고 불편해서 이의를 제기했다." 그의 구두진술은 어조가 더욱 강경했다. 딜런이 밴을 보더니 "우리 안에 들어가서 훔칠까? 근사한 물건들이 몇 개 보이는데. 어때, 괜찮지?" 하고 말했다고 했다. 에릭은 절대 안 된다고 했다. 그런데도 딜런이 계속 성가시게 해서 결국에는 굴복했다는 것이다.

딜런은 둘 모두에게 책임이 있다고 했다. "우리는 거의 동시에 흰색 밴을 털자는 생각을 했어요."

아이들은 카운티 구치소로 보내졌다. 그곳에서 지문을 찍고 사진 촬영을 하고 명부에 등록했다. 그런 뒤에야 화가 잔뜩 난 부모의 손에 넘겨졌다.

36

공모자

형사팀은 총기사건에 대한 유죄 증거를 찾았다. 죄목의 가능성은 세 가지였다. 공격에 가담한 경우, 계획에 참여한 경우, 범죄 사실을 알고 있었던 경우. 처음에는 쉬워 보였다. 살인자들은 빈 구석이 많았고 흔적을 굳이 감추려고도 하지 않았다. 게다가 살아 있는 주요 용의자들은 청소년이었다. 대부분이 뭔가 중요한 정보를 갖고 있었다. 로빈은 세 자루의 총을 구입하는 것을 도왔고, 크리스와 네이트는 파이프폭탄을 보았으며, 크리스와 잭은 네이팜에 대해 들었다고 했다. 다들 추궁하자 금세 털어놓았다. 어쨌거나 아이들이었고, 다루기 쉬웠다. 하지만 거기까지였다. 사실을 알고 있었다고 했지만 계획에 대해서는 전혀 모르는 일이라고 했다.

형사들은 더 강하게 밀고 나갔다. 용의자들은 뒤로 밀릴 것도 없었다. 그냥 손을 들었다. 퓨질리어에게는 거짓말을 금세 알아내는 뛰어난 요원들이 많았다. 용의자들이 어떻게 반응했지? 그가 물었다. 속이는 것 같았어? 전혀요. 형사팀 리더는 눈을 크게 뜬 용의자들이 매우 불안해 보였다. 다들 시작할 때는 뭔가를 숨기려 했지만 애처롭게도 숨기고 있는 티가 났다. 연기력이 형편없었다. 하지만 비밀을 털어놓자 홀가분한 표정이었다. 뭔가를 다 털어낸 듯 차분하고 평화로워 보였다. 대부분이 거짓말탐지기 사용에 순순히 응했다. 숨길 게 없다는 뜻이었다.

목격자들은 총격자 혹은 적어도 현장에 있었던 자라며 로버트 페리와 조 스테어를 지목했다. 둘 다 키가 크고 호리호리한 게 딜런의 인상착의와 비슷했다. 두 명 모두 알리바이가 있었는데 페리의 알리바이는 별로 확실하지 못했다. 할머니가 총격 소식을 듣고 깨울 때까지 아래층에서 자고 있었고, 이어 위로 올라가 비틀거리며 현관으로 나가 울었다고 했다. 할머니 말고 그를 본 사람이 있을까? 아니, 아마 없을 것이었다. 하지만 페리를 본 사람이 있었다. 너무 충격을 받아서 그가 알아차리지 못했을 뿐. 일주일 뒤에 인터뷰에 응한 한 이웃이 정오 무렵에 차를 몰고 가다가 페리가 설명한 대로 그가 울고 있는 것을 보았다고 증언했다.

물리적 증거는 더 보잘것없었다. 모든 친구들의 집을 수색했는데 무기가 발견되지 않았다. 탄약도 화기도 파이프폭탄을 조립할 때 생기는 쓰레기도 없었다. 잭의 집에서 『무정부주의자의 요리책』이 나왔지만 그가 그것을 보고 뭔가를 만들었다는 증거는 전혀 없었다. 범죄현장에서 발견된 지문도 별 가치가 없었다. 총, 탄약, 장비, 터지지 않은 파이프폭탄, 테이프 조각, 대형 폭탄의 수많은 부품 등등 자료는 엄청나게 많았다. 이 모두에서 살인자의 지문이 나왔다. 다른 사람의 지문은 없었다. 살인자의 집을 수색한 결과도 마찬가지였다. 일지, 비디오테이프, 캠코더, 폭탄 조립도구에서 나온 지문은 모두 살인자의 지문이었다. 살인자가 남긴 기록에서도 친구들 이름은 나오지 않았다. 에릭은 꼼꼼하게 계획하는 습성이 있어서 날짜와 장소 기록은 물론 영수증까지 남겼다. 형사들은 가게들의 파일을 뒤지고 신용카드 거래내역을 조회했다. 살인자들이 모든 것을 구매했음이 확인되었다.

몇 달 동안 스톤 보안관은 공개적으로 공모론을 떠벌리고 다녔다. 퓨질리어는 첫 주에 이미 공모론에 대해 의구심을 가졌고 둘째 주에는 공모론을 폐기했다. 유력한 증거들은 하나 같이 살인자들 본인에게서 나왔다. 그들의 일지와 비디오는 모든 것을 인정하고 있었다. 불운한 얼간이를 조롱하듯 언급할 때를 제외하고는 외부의 관여에 대한 언급이 전혀 없었다. 그들은 자신들의 계획을 수많은 방법으로 발설했지만 가까운 사람이 무슨 말인지 알아들었다는 징후는 전혀 없었다. 친구들의 이메일, 메신저, 플래너, 일기, 게다가 조사관들이 찾을 수 있는 모든 서류를 샅샅이 다 뒤졌는데도 그들이 뭔가를 알고 있었다는 낌새는 전혀 보이지 않았다.

제3의 총격자에 대한 소문은 지금까지도 계속되고 있다. 하지만 오래지 않아 조사관들은 공식적으로 공모론을 폐기했다. 에릭과 딜런을 알았던 목격자들이 이들이 범인이라고 똑바로 확인해주었다. 감시카메라나 911 테이프에 다른 사람은 없었다. 목격자들의 증언은 하나같이 한 명은 키가 크고 한 명은 작다고 했다. 하지만 어쩌면 두 명씩일 수도 있었다. 티셔츠를 입은 두 명, 트렌치코트 차림의 두 명, 이렇게 말이다. "에릭의 코트가 외부계단에서 발견되었다는 얘기를 들었을 때 나는 어떻게 된 사정인지 금세 알았습니다." 퓨질리어의 말이다. 목격자들이 서로 이야기를 주고받는 과정에서 티셔츠 차림 두 명을 보았다는 증언과 트렌치코트 차림 두 명을 보았다는 증언이 합쳐져서 네 명의 총격자가 된 것이다. 딜런이 도서관에 갈 때까지 코트를 입고 있어서 숫자는 배로 불어났다. 살인자들은 파이프폭탄을 온갖 방향으로 던졌다. 폭탄이 터지면서 창문이 산산조각 나고 벽과 덕트와 계단이 무너져내렸다. 많은 아이들은 와르르 무너지고 터지는 소리를 듣자 그곳이 목표물이 아니라 폭탄을 던진 장소라고 여겼다. 옥상에서 총잡이를 보았다고 주장하는 목격자들이 여러 명 있었다. 사실 그들이 본 것은 에어컨 수리공이었다.

이 모든 혼란은 무엇을 말해줄까? "목격자들의 증언은 대체로 그리 정확하지 않습니다." 한 조사관의 설명이다. "총성이 여기저기 들리고 삶에서 가장 끔찍한 상황을 맞았다면, 그들이 지금 기억하고 있는 것은 실제로 벌어졌던 일과 전혀 무관할 수도 있습니다." 인간의 기억은 얼마든지 틀릴 수 있다. 우리는 총성, 폭발, 트렌치코트, 공포, 사이렌, 울부짖음 등 단편적인 것들을 머릿속에 기억한다. 이미지들은 뒤죽박죽 저장되는데, 우리는 일관성을 추구하는 존재라서 이를 가다듬고 조정하고 조합해서 그럴듯한 하나의 이야기로 엮어낸다. 우리는 지저분한 파란색 티셔츠를 입은 남자애가 삐죽삐죽 묶은 머리를 펄럭이며 방금 저쪽으로 달아났다는 식으로 세부사항을 기억한다. 이때 건물을 나오던 목격자가 펄럭이는 머리카락을 보았다고 해보자. 나중에 그는 살인자를 언뜻 보았음을 떠올린다. 키가 크고 호리호리했다. 그가 삐죽삐죽한 머리를 했던가? 이는 자신의 기억과 잘 어울리므로 연결해서 생각한다. 지저분한 파란색 티셔츠는? 이것도 잘 어울린다. 잠시 후, 그리고 이후로 영원히 목격자는 자기가 본

게 바로 그것이라고 확신한다.

　조사관들은 도서관에서 살아남은 생존자들 사이에서 공통적인 오인을 열 개가량 확인했다. 시간 왜곡이 가장 심해서 사건 순서를 제각각 다르게 기억했다. 목격자들은 살인자가 자기를 향해 다가오면 더이상 기억하지 못했다. 공포로 뇌가 얼어붙으면 새로운 기억을 형성하는 것이 중단되기 때문이다. 자신이 도서관에서 나온 마지막 사람이라고 주장하는 아이들이 아주 많았다. 자기가 나오면 그것으로 상황이 끝났다고 생각하는 것이다. 부상자들도 마찬가지였는데, 설령 사소하게 다친 경우라도 자기가 마지막으로 총상을 입었다고 믿었다. 생존자들은 또 빤히 보이는 테이블 밑에 웅크리고 있었으면서도 제대로 피하고 있었다고 믿었다. 그래야 위안이 되기 때문이다.

　이렇듯 기억은 전혀 믿을 만한 게 못 된다. 최고의 목격자라는 사람도 마찬가지다. 6년 뒤에 프랭크 교장은 당시의 총격 상황을 마치 방금 경험한 것처럼 묘사했다. 그는 건물로 들어가 자신이 걸었던 발걸음을 되짚어보다가 딜런이 발포하는 것을 처음 목격한 장소에 멈춰섰다. 교장은 딜런의 위치를 손으로 가리키며 그가 입고 있던 옷차림—흰색 티셔츠, 보병 멜빵, 돌려 쓴 야구모자—을 설명했다. 하지만 자신이 어떻게 그곳까지 가게 되었는지에 대해서는 두 가지 다른 설명을 내놓았다.

　한 설명에서, 그는 집무실에서 총소리를 들었다고 했다. 그날은 이례적이었다. 여느 때 같았으면 시끌벅적한 학생식당에서 학생들과 함께 있을 때였다. 하지만 사건이 일어난 화요일에는 1년 계약으로 일하는 젊은 교사와 약속이 있어서 집무실을 떠나지 못했다. 교장은 교사의 근무 성적이 마음에 들어 정규직을 제안할 생각이었다. 막 악수를 하고 자리에 앉으려는데 문 위쪽의 유리 너머로 프랭크의 비서가 얼굴을 들이밀었다. 그에게 경고하려고 서둘러 들어오다가 손잡이를 제대로 돌리지 못해서 문에 부딪힌 것이다. 잠시 뒤 그녀가 소리를 질렀다.

"프랭크, 총이에요!"

"뭐?"

"총소리가 나요! 아래층에서 총소리가 들린다니까요!"

프랭크는 급히 일어났다. 다들 밖으로 달려나갔다. 현관을 지나 거대한 트로피 진열대를 지날 때 딜런이 총을 쏴서 진열대가 프랭크 뒤로 산산히 부서져내렸다.

그로부터 2~3년이 지났을 때 프랭크의 비서가 그에게 그런 사실을 상기시켰다. 그러자 그는 말도 안 되는 소리라고 했다. 그런 기억이 전혀 없다는 것이다.

"내가 기억하기로는 점심을 먹으러 차분하게 가고 있었어요. 젊은 교사와 이야기를 끝냈고 그에게 정규직을 제안했죠. 아주 행복해하더군요."

프랭크 교장은 그때 이미 정규직을 제안하려던 참이었다. 교사가 마음에 들었고 그가 행복해하며 일자리를 수락하는 광경을 마음속에 그려보았다. 그러니까 그의 마음속으로는 이미 일어난 일이 되어버렸다. 그리고 실제로 일어난 일, 즉 복도에서 들었던 총성, 여학생들의 체육수업 도중 달려들었던 일, 아이들을 대피시켜야 한다는 절박감이 그의 마음속에서 가까운 자리를 차지하던 기억을 모두 지웠다. 그에게 비서의 등장은 중요한 게 아니었다. 이것이 일자리를 제안했다는 그의 "기억"과 충돌을 일으키자 하나의 기억을 지워야 했다.

사실은 이랬다. 교장은 교사에게 정규직 제안을 아직 하지 않았다. 그저 앉아 있기만 했다. 다른 목격자들은 교장이 비서와 함께 뛰어가는 것을 보았다고 했다. 교장은 이런 사실을 미적미적 받아들이는 눈치였지만 머릿속으로 떠올리지는 못했다. 그의 시각적 뇌가 잘못된 기억을 진짜라고 고집한 것이다. 마찬가지로 거의 2000명의 아이들과 100명이 넘는 교사의 증언이 엇갈리는 상황에서 하나의 정확한 그림을 얻기는 불가능했다.

—

조사관들은 살인자들의 가장 가까운 친구들을 여러 차례 인터뷰했다. 이렇게 해서 밝혀진 실마리는 공모자들에 대한 의문으로 이어졌고 때로는 새로운 증거로 거짓말이 드러나기도 했다.

FBI 요원 한 명이 총기사건 다음날 크리스티 에플링을 인터뷰했다. 크리스티는 두 명 모두와 연결되었는데 특히 에릭과 가까운 사이였고 네이트 다이크먼과 사귀고 있었다. 하지만 아는 게 별로 없는 것 같았다. 그녀의 FBI 보고서는 간략했고 특별할 게 없었다. 그녀는 네이트가 충격에 빠졌고 TCM 연루설은 바보 같은 소리라고 했다. 에릭이 리더였을 거라는 말도 했다. 한편 자기가 에릭의 쪽지를 갖고 있다는 말은 전혀 하지 않았다.

크리스티는 아주 똑똑해서 장학금을 받고 대학에 진학하기로 되어 있었다. FBI 인터뷰에서 쪽지에 대해 모른 척했던 그녀는 인터뷰가 끝나자 콜럼바인과 무관하며 신문을 받을 가능성이 거의 없는 세인트루이스의 한 친구에게 이 쪽지를 우편으로 보냈다. 주도면밀하게도 봉투에는 반송주소를 기입하지 않았다. 친구는 경찰에 신고했다. 크리스티에게는 말하지 않았다.

문제의 쪽지는 크리스티와 에릭이 독일어수업시간에 주고받은 쪽지였다. 독일어로 적은 두서없는 대화로 타격 리스트를 언급했다. 조사관들에게는 새로울 게 없는 소식이었다. 학교 구성원들 대부분이 에릭의 리스트에 있었다. 그러나 그들은 대중에게 그 사실을 공개하지 않았다. 크리스티가 이를 숨겼으니, 어쩌면 더 많은 것을 숨기고 있는지도 몰랐다. 그래서 형사들은 그녀를 다시 신문했다. 독일어수업에 대해 묻자 크리스티는 에릭과 쪽지를 주고받은 적은 있지만 몇 달 전에 버렸다고 했다. 그리고 에릭이 절대로 협박 같은 것을 하지 않았다며 계속 장담했다. 교사에게 말할까 생각했다고 했다. 또 네이트가 언론매체의 추적을 피하려고 아버지가 있는 플로리다에 갔다고 했다. 그날 아침 전화로 통화했다고 했다.

살인자를 도운 사람은 어떻게 될 것 같아? 형사들이 크리스티에게 물었다. "아마 평생을 감방에서 보내겠죠. 끔찍하네요." 그럼 공격 이후에 정보를 알고 있었는데도 털어놓지 않은 사람은? "글쎄요. 어떤 정보냐에 따라 다르겠죠." 상담을 받을 수도 있고 아무래도 처벌이 따를 거라고 그녀가 말했다.

형사들이 다시 물었다. 뭔가 더 알고 있는 거 없어? 없는데요. 에릭의 쪽지 폐기한 거 더 없어? 없어요. 그들은 같은 질문을 계속 반복했고 정보를 털어놓아도 보복 같은 것은 없다며 그녀를 안심시켰다. 아뇨, 전혀 없어요. 그들은 계속해서 질문하며 같은 제안을 했다. 마침내 그녀가 손을 들었다. 알았어요, 쪽지가 더 있어요. 그리고 네이트는 플로리다에 가지 않았어요. 나랑 같이 있어요. 지금 우리 집에요. 크리스티는 에릭의 쪽지를 갖고 있기가 무척 고통스러웠지만 버리고 싶지 않았다고 했다. 어딘가 먼 곳에 두었다가 나중에 모든 것이 분명해졌을 때 다시 가져오리라 생각했다.

사실을 털어놓은 크리스티는 협조적으로 돌아섰다. 자신의 컴퓨터와 이메일을 넘겨주고 거짓말탐지기에도 응하기로 했다. 그런데 그것 말고는 어떤 중요한 정보도 알고 있지 않았다. 네이트가 자백한 몇 가지 사실을 말했는데 형사들이 이미 알고 있는 내용이었다. 크리스티는 그냥 두려웠다. 자신이 뭔가 죄를 저질렀다고 생각해서 공황에 빠졌다. 그녀가 범죄에 공모했다는 증거는 전혀 없었다. 또다시 막다른 골목이었다.

그럼에도 퓨질리어는 독일어 대화에서 많은 사실을 알아냈다. 주로 크리스티의 새 남자친구와 관련된 것이었다. 그녀는 댄이라는 이름의 2학년생을 잠깐 만난 적이 있었는데 에릭은 그녀가 그 자식을 만난다는 것이 믿기지 않았다. 왜, 댄이 뭐가 어때서? 그녀가 물었다. 얼굴이 곱상한 그 녀석이 작년에 내 얼굴을 쳤어, 에릭이 말했다. 주먹다짐을 했다고? 그녀는 놀랐다. 에릭은 항상 이성적으로 행동했다. 아이들이 그의 검은색 옷이나 독일어가 적힌 티셔츠를 놀리면 화를 냈지만, 그럼에도 침착함을 잃지 않았다. 어떻게 앙갚음을 해줄까 차분히 생각하는 아이였다.

크리스티는 에릭이 앙갚음을 할지 몰라 걱정되었다. 남자친구에게 그 사실을 말했더니 그는 에릭이 자신을 죽일지도 모른다며 두려워했다.

크리스티는 둘 사이에 화해를 주선하기로 했다. 그래서 독일어수업시간에 에릭과 다시 쪽지를 주고받았다. 그녀는 댄이 얼마나 두려

위하는지 솔직하게 털어놓았다. 그러면서 "죽일지도 모른다"는 표현
을 그대로 썼다. 에릭은 신경질을 냈다. 그는 밴을 무단침입해서 청소
년 교화 프로그램에 다니는 중이었다. 이런 위협이 알려지면 곤란에
처할 수 있었다. 크리스티는 조심하겠다고 했다. 그나저나 댄을 어떻
게 에릭과 화해시키지?

내가 그 녀석의 얼굴을 한 대 치면 어떨까? 에릭이 제안했다. 진심
으로 하는 말이야? 그럼, 진심이지.

퓨질리어 부서장은 쪽지를 보고도 놀라지 않았다. 아주 냉정한 녀
석이군. 아이들이라면 누구든 싸움에 휘말릴 수 있었다. 댄은 정말
로 화가 나서 주먹다짐을 하는 중에 에릭을 쳤다. 그런데 에릭은 주
먹질을 계획하고 있었다. 댄이 가만히 서서 무방비상태로 자신의 주
먹을 맞는 광경을 상상한 것이다. 완전한 권력, 그것이 에릭이 원하는
바였다.

—

공모론이 시들해지면서 대중의 관심에서 멀어지자 새로운 동기가
떠올랐다. 운동선수와의 반목이 배후에서 작용했다는 것이 알려져
있었지만 이는 1년도 넘게 계속된 일이었다. 무엇이 살인자들을 갑자
기 행동에 나서게 했을까? 살인이 일어난 지 9일 뒤에 언론매체는 또
다른 계기를 찾아냈다. 해병대였다. 뉴욕타임스와 워싱턴포스트가
4월 29일에 이 사실을 대서특필했고 다른 매체들이 곧 뒤를 이었다.

그들은 에릭이 마지막 몇 주 동안 해병대 신병 모집원과 이야기를
나누었다는 것을 알아냈다. 그가 항우울제 루복스를 복용했다는 사

실도 알아냈다. 이는 그가 우울증을 겪고 있었다는 뜻이므로, 그는 해병대에 들어갈 자격이 없었다. 신병 모집원이 처방약 사실을 알고는 에릭의 입대를 거부했음을 국방부 대변인이 확인해주었다. 언론은 또다시 경쟁적으로 이를 보도했다.

루복스는 분노억제로도 작용했으므로 사건의 또다른 실마리가 되었다. 뉴욕타임스는 에릭의 친구들의 말을 인용해서 이렇게 보도했다. "그들은 에릭이 해병대에 들어가지 못할까봐 염려되어 약을 끊으려고 했을지도 모른다고 했다. 그가 가장 친한 친구 딜런 클레볼드와 함께 총과 폭탄을 들고 콜럼바인 캠퍼스를 습격하기 5일 전의 일이었다."

기사에는 이를 확증해주는 듯한 증거도 실려 있었다. "검시소에 따르면 해리스의 부검에서 어떤 약물이나 알코올도 검출되지 않았다고 한다. 하지만 루복스가 검출되었는지는 확인되지 않고 있다." 뭔가 그림이 잡혔다. 해병대가 에릭을 받아들이지 않자 그가 분노를 키우려고 루복스를 끊었고 이어 총을 집어 들고 살인을 시작했다. 앞뒤가 딱 맞았다.

퓨질리어는 기사를 다 읽었다. 딱했다. 모든 결론이 그럴듯했지만 틀렸다. 에릭의 시신은 처음에는 루복스 검사를 하지 않았다. 나중에 검사를 했는데 죽기 직전까지 루복스를 복용하여 체내 잔류량이 충분했던 것으로 밝혀졌다. 그리고 조사관들이 사건 다음날 아침에 해병대 신병 모집원을 만나 이야기를 나누었다. 모집원은 에릭을 부적격자로 판단했지만, 에릭은 이 사실을 전혀 모르고 있었다.

이 무렵 퓨질리어는 에릭의 일지를 다 읽었고 지하실의 테이프도 보았다. 그는 언론매체가 모르는 사실을 알았다. 사건의 방아쇠 같은 것은 없다는 사실을 말이다.

—

　4월 30일, 경관들은 클레볼드 부부와 변호사들을 만나 앞으로 진행될 일련의 인터뷰에 대한 기본 원칙을 논의했다. 케이트 배틴은 그동안 가족에게 직접적으로 질문하지 못해서 답답하던 터였다. 그래서 아들에 대한 얘기를 해달라고 부탁했다. 그들은 아직도 충격이 가시지 않아 말을 제대로 못했다. 딜런은 평범한 10대 소년, 수줍음 많은 행복한 아이였다고 했다. 사춘기를 잘 대처했고 책임감 있는 청년으로 성장하고 있었다. 가족은 그가 나름대로 논리를 들어 설명할 수 있으면 중요한 결정을 그에게 믿고 맡겼다. 교사들의 사랑을 받았고 친구들도 그를 좋아했다. 죽는 날까지 그는 친절하고 예민한 아이였다. 수는 딜런이 우는 모습을 딱 한 번 보았다고 했다. 어느 날 화가 잔뜩 나서 학교에서 돌아와서는 자기 방에 올라가 벽장에서 상자를 꺼내어 거기에 든 동물인형들을 던졌고 그 아래에 푹 파묻혀 잤다고 했다. 그는 무엇 때문에 그렇게 화가 났는지 말하지 않았다.

　딜런의 부모는 아들에게 자기 방에서의 사생활을 어느 정도 허용했다. 톰이 아들 방에 마지막으로 들어간 때는 사건이 일어나기 2주 전으로, 딜런이 켜놓은 컴퓨터를 끄려고 들어간 것이었다. 이를 제외하고는 딜런의 삶을 유심히 지켜보았고, 나쁜 영향을 주는 친구들과 절대 어울리지 못하게 했다.

　톰은 아들과 아주 친했다고 했다. 다른 세 가족과 함께 로키스 시즌 티켓을 함께 사용했고, 밤이면 아들 중 한 명과 야구경기를 보러 갔다. 톰과 딜런은 늘 함께 어울렸다. 다양한 스포츠를 함께했고, 1990년대 중반에 톰이 관절염을 앓자 체스와 컴퓨터, 그리고 딜런의 BMW로 종목을 바꾸었다. 둘은 맞춤형 오디오 스피커를 함께 만들었다. 딜런은 아버지와 함께 수리하는 것을 좋아하지 않아서 때로는 짜증을 부리고 단답형으로만 툭 내뱉기도 했다. 그게 정상이었다. 톰은 딜런을 가장 친한 친구로 여겼다.

딜런의 부모는 아들에게 돈독한 친구가 몇 명 있었다고 했다. 잭과 네이트랑 친했고 물론 가장 친한 에릭이 있었다. 크리스 모리스는 그냥 아는 사이 같았다. 로빈 앤더슨과도 자주 어울렸는데 다정하고 착한 아이지만 좋아하는 사이는 아니었다고 했다. 여자친구는 없었고 단체로 여자애들과 어울리기는 했다. 그의 친구들은 잘 웃었고 예의 바르고 여유가 있어 보였다. 사회적 압박과는 거리가 먼 행복한 아이들이었다.

에릭은 그 가운데서 가장 말이 없는 친구였다. 톰과 수는 그가 머릿속으로 무슨 생각을 하는지 짐작도 못 했다. 에릭은 늘 공손하게 행동했다. 그들은 주디 브라운이 에릭을 고깝게 생각한다는 것을 알았다. "그런데 주디는 사람들을 그리 좋아하지 않아요." 수가 말했다.

톰과 수는 에릭이 자기 아들을 이끌거나 따른다고 보지 않았다. 하지만 언젠가 에릭이 "뭔가 큰 실수"를 했을 때 딜런에게 화를 내는 것을 보기는 했다.

클레볼드 부부가 떠나기 전, 형사들은 궁금한 게 있으면 얘기하라고 했다. 부부는 딜런이 쓴 기록을 보여달라고 했다. 아들을 이해할 수 있는 것이면 무엇이든 좋다고 했다.

배틴은 좌절했다. "더 질문할 것도 없었어요." 그녀가 나중에 말했다. "얻은 것이라고는 부부의 아들에 대한 사소한 정보뿐이었으니까요." 그녀의 인터뷰 기록은 이후 18개월 동안 외부에 공개되지 않았다. 이후 예정되었던 인터뷰는 열리지 못했다. 기소를 중단해야 가족들이 입을 열겠다고 변호사가 요구했던 것이다. 제퍼슨 카운티 경관들은 거부했다. 해리스 가족도 같은 입장이었다. 배틴은 이들에게서는 시시한 정보조차 얻지 못했다.

—

배틴이 클레볼드 부부를 만나고 있을 때 고약하게도 미국총기협회(NRA) 모임이 덴버에서 열렸다. 지독한 우연이었다. 웰링턴 웹 시장은 때가 때이니만큼 오래전에 예정된 연례총회를 뒤로 미뤄달라고 부탁했다. 가시 돋친 비판의 말들이 그주 내내 오고갔다. 결국 웹 시장은 이런 말까지 했다. "우리는 여러분이 이곳에 오는 것을 원치 않습니다."

다른 행사는 비슷한 요구에 응했다. 메릴린 맨슨이 살인자들과 관련되었다는 헛소문에 휘말렸다. 그는 레드록스 극장에서 예정된 콘서트를 취소했고 남은 전국 투어도 취소했다. 미국총기협회는 총회를 강행했다. 4000명의 회원이 참석했다. 3000명이 이에 맞서 항의했다. 의사당 계단에 모여 행사장까지 행진했고 애덤스마크 호텔 주위에 인간 띠를 만들었다. 이들은 "부끄러운 줄 알라, NRA"라고 쓰인 플래카드를 흔들었다. 그 가운데 눈에 띄는 것이 있었다. 톰 마우저의 플래카드였다. "내 아들 대니얼이 콜럼바인에서 죽었어. 그 아이는 내가 여기 오기를 바랐을 거야."

톰은 수줍음 많고 말이 없는 남자였다. 힘든 한 주가 지났지만 아직 사람들을 상대할 기력이 없었다. "그는 어제 정말 힘든 하루를 보냈습니다." 한 직장 동료가 말했다.

하지만 연단에 선 톰은 숨을 깊이 들이마셨다가 내쉬고는 군중을 향해 말했다. "이 나라가 뭔가 잘못 돌아가고 있습니다. 한 아이가 아무렇지도 않게 총을 손에 넣어 다른 아이의 얼굴에 대고 쏠 수 있으니 말입니다." 그는 대니얼의 죽음을 헛되게 하지 말아달라고 호소했다.

얼마 전 톰은 고약한 우연을 겪었다. 4월 초에 대니얼이 총기 규제에 관심을 보이며 자기한테 이런 질문을 했다. 브래디 법안으로 알려진 총기단속법에 허점이 있다는 거 알고 계세요? 총기전시회에서는 신원을 조회하지 않고도 총을 구할 수 있대요. 2주 뒤에 대니얼은 이런 전시회에서 팔린 총에 희생되었다.

"분명 내게 뭔가를 알려주려는 신호였어요."

톰이 아들의 죽음을 이용하려 한다고, 혹은 총기규제 운동단체에 매수되었다고 비난하는 자들이 있었다. "확실히 말하건대 저는 누구에게도 이용당하지 않습니다." 톰이 군중에게 말했다.

애덤스마크 호텔 안에서는 NRA 회장 찰턴 헤스턴이 개회사를 했다. 그는 곧장 웹 시장을 물고 늘어졌다. 청중은 야유를 퍼부었다. "이 나라에서 당장 꺼져, 웰링턴 웹!" 행사장에 모인 사람들은 이 말에 즐거워했다.

헤스턴은 공세를 늦추지 않았다. "여기 오지 말라는 말을 들었습니다. 무엇보다도 내 마음이 아픈 것은, 그 말이 마치 우리가 공모라도 했다는 듯이 들린다는 점입니다. 콜럼바인에서 벌어진 비극이 여러분과 나를 포함하여 8000만 명의 정직한 총기 소유자들 때문이라는 말로 들립니다. 우리가 다른 미국인들처럼 리틀턴의 주민들을 염려하지 않는다거나 그들만큼 이 사건에 충격을 받을 자격이 없다는 말로 들립니다. 여기 오지 말라니요. 이 얼마나 모욕적이고 어처구니없는 말입니까?"

그들은 콜럼바인 희생자들을 위해 잠시 묵념의 시간을 가졌다. 이어 환영 의식이 벌어졌다. 전통적으로 가장 연로한 참석자와 가장 어린 참석자—대개 어린아이다—를 공식적으로 호명하는 순서가 있는데 헤스턴은 올해는 "상황이 이례적인 만큼" 순서를 건너뛰는 것이 좋겠다고 말했다.

—

공모론이 힘을 잃자 상황이 허공에 붕 떠버렸다. 퓨질리어 부서장은 일찍이 이런 위험을 예상했다. "제3의 총격자가 없다는 것이 밝혀지면 사건을 종결하는 게 상당히 어려워지겠지요." 살인자들이 벌인 마지막 행동은 특히나 잔혹했다. 스스로 목숨을 끊음으로써 생존자들이 비난할 대상이 없어진 것이다. 희생자 가족들이 분노를 표출하고 죄를 물을 대상도 없어졌다. 따라서 희생자들의 아픔을 달래줄 재판은 열릴 수가 없었다. 법정에서 비난을 퍼부을 살인자도, 최고 형량을 부과해달라고 호소할 판사도 없을 터였다. 남부 제퍼슨 카운티는 분노로 들끓었지만 이를 분출할 대상이 없었다. 방향을 잃은 분노는 이후 수년 동안 지역사회를 벌집처럼 쑤셔놓게 된다.

공모론이 폐기되자 대책반의 일차적인 임무도 사라졌다. 이제 올

스타팀은 정확히 무슨 일이 일어났고 **어떻게** 일어났는가 하는 상황 분석에 매달렸다. 방대한 조사가 필요했다. 까딱하다가는 길을 잃기 쉬웠다. 조사관들은 모든 단계를 되짚어보고 모든 순간을 하나하나 재구성하고자 했다. 목격자의 모든 증언과 탄환 파편 하나까지 정확한 시공간에 두고 맥락을 파악하려고 애썼다. 엄청난 노력이 드는 일이었다. 이에 따라 정말 중요한 왜?라는 문제는 등한시하게 되었다. 가족들도 자기 아이들이 어떻게 죽었는지 알고 싶어했지만 근본적인 동기에 대한 궁금증에 비할 바는 아니었다.

처음부터 경관들은 보고서에 결론이 담기지 않을 것이라는 말을 하고 다녔다. "우리는 사실을 다룹니다." 키크부시 부서장의 말이었다. "이런저런 결론을 내리지 않으려고 신중하게 노력할 겁니다. 여기 사실이 있습니다. 결론은 보고서를 읽는 여러분이 판단할 문제입니다."

가족들은 귀를 의심했다. 언론도 마찬가지였다. **결론은 읽는 사람이 판단할 문제**라고? 대학살의 원인을 분석할 능력이 되는 일반인이 대체 얼마나 된다고. 그건 강력계 형사들이 해야 할 일 아닌가? 이런 일을 하라고 수백 명의 형사들에게 봉급을 주는 게 아니었던가? 이것이 대중의 생각이었다.

물론 강력계 형사들도 결론을 냈다. 다만 키크부시 부서장의 말은 이런 결론을 밖에다 대고 **논의하지** 않겠다는 뜻이었다. 그것은 지방검사의 몫이었다. 경찰이 사건을 마무리하면 지방검사가 그것을 판사에게 제출하고 필요하면 대중에게도 알린다. 하지만 콜럼바인 사태의 경우, 총기 제공자를 제외하고는 재판을 받을 사람이 없었다.

—

　스톤 보안관은 공모론에 여전히 미련을 두고 언론을 설득시키려고 계속 노력했다. 그 때문에 그의 팀은 돌아버릴 지경이었다. 다들 공모론을 포기한 상황이었다. 며칠에 한 번 제퍼슨 카운티 대변인이 나서서 보안관이 잘못 발표한 진술을 바로잡았다. 그 가운데는 터무니없는 것도 있었다. 체포가 임박했다는 말은 전혀 사실이 아니었고, 살인자들이 학교를 빠져나가지 못하도록 보안관보가 막아선 적도 없었다. 학생식당 비디오에 대한 스톤의 설명도 추측일 뿐 테이프 분석은 아직 시작도 안 했다. 보안관이 에릭의 일지 가운데 일부를 맥락과 무관하게 인용한 터라 마치 살인자들이 공격을 시작했을 때 비행기 납치 계획도 세웠었다는 인상을 주었는데, 카운티 대변인은 이를 바로잡을 필요성조차 못 느꼈다. 상황이 이렇다보니 스톤은 금세 웃음거리가 되었다. 그런데도 그는 여전히 사건의 최종책임자였다.

　밑에서 일하는 직원들은 그에게 제발 언론에 아무 말도 하지 말라고 사정했다. 하지만 수장이 입을 꾹 다물고 아랫사람들이 사건에 대해 말한다면 어떻게 보일까? 결국 서로 말없이 양해가 이루어졌다. 스톤이 입을 다문다면 밑의 직원들도 그러기로 말이다. (하지만 직원들은 로키마운틴뉴스와의 인터뷰는 조용히 계속했다.) 그로부터 다섯 달 뒤인 9월에 수석조사관 케이트 배틴이 즉흥적으로 인터뷰할 때까지 경관들은 자신들이 발견한 사항이나 결론에 대해 대중에게 사실상 아무것도 털어놓지 않았다. 인터뷰 이후로는 조금씩 정보가 새나갔고 아무리 사소한 정보라도 얻기 위해 다들 난리였다. 총격이 일어나고 9일째부터 제퍼슨 카운티는 입을 닫아버렸다.

—

콜럼바인에 대한 기사 역시 갑작스럽게 중단되었다. 맹렬한 토네이도가 몰려와 오클라호마 지역을 연이어 강타하자 전국지 관계자들은 오후 한나절 만에 모두 리틀턴을 떠나 그곳으로 갔다. 이후 수년 동안 콜럼바인 고등학교는 주기적으로 언론의 머리기사에 올랐지만, 그곳에서 벌어진 이야기는 딱 정해져 있었다.

37

배신

에릭에겐 전문가의 도움이 필요해. 그가 체포되고 이틀이 지났을 때 그의 아버지는 그런 결심을 했다. 웨인은 아홉 달 동안 방치해두었던 노트 앞에 앉아 페이지를 채우기 시작했다. "심리상담사를 만나볼 것. 무슨 일인지 알아볼 것. 치료가 요망됨." 웨인은 상담기관과 서비스업체 이름과 전화번호를 알아냈고 이들이 내세우는 문구를 옆에 적었다. 분노 관리, 인생 관리, 전문치료사, 정신건강센터, 학생 카운슬러, 청소년 상담소, 가족지원팀. 웨인은 변호사와 나눈 대화를 정리했다. "집행유예"라 쓰고 동그라미를 친 다음 이렇게 덧붙였다. "갱생이나 교화 프로그램을 받아야 할 수도 있음."

웨인은 여섯 명의 후보자를 뽑았다. 상담료는 시간당 100달러 내지 150달러 정도였다. 그는 정신과 의사 케빈 앨버트로 마음을 정하고 2월 16일로 날짜를 잡았다.

웨인은 경찰, 변호사, 검사와 나눈 통화 내용을 몇 페이지에 걸쳐 기록했다. 청소년 교화 프로그램이 괜찮아 보였다. 1년 동안 상담을 받고 지역사회 봉사를 하고 벌금과 수수료를 내는 프로그램으로, 에릭이 이를 성공적으로 마치고 이듬해 1년간 나쁜 짓을 하지 않으면 절도 기록은 전과에서 말소되었다. 지방검찰청에서 그를 받아준다면 말이다.

에릭은 앨버트 박사에게 분노를 조절하지 못한다고 말했다. 우울증이 문제였다. 그래서 자살을 생각한 적도 있다고 했다. 그는 전날 저녁에 공원에 폭탄을 가져갔다는 말은 하지 않은 것 같다. 앨버트 박사는 그에게 항우울제 졸로프트를 처방했다. 에릭은 박사와 격주로 만났고 웨인과 캐시도 가끔 상담에 참여했다.

집에서 아이들은 비슷한 처벌을 받았다. 두 아이 모두 한 달간 외출 금지였고 서로 연락하지 못했다. 에릭은 컴퓨터도 압수당했다. 그는 파이프폭탄을 계속 만들었다. 하나를 잃어버렸는데 어쩌면 경고나 실마리로 남겨둔 것인지도 모른다. 2월 15일, 에릭이 앨버트 박사와 첫 상담을 하기로 한 날 하루 전에 이웃에 사는 누군가가 그가 만든 폭탄을 발견했다. 덕트 테이프로 둘둘 감아 빨간색 도화선이 삐죽 나온 PVC 파이프폭탄이 공원 잔디밭에 있었다. 제퍼슨 카운티 교외에서는 보기 드문 광경이었다. 폭탄제거반의 조사관 한 명이 현장에 왔다. 분명 사제 파이프폭탄이었다. 경관들은 주위를 샅샅이 뒤졌지만 다른 것은 발견하지 못했다. 조사관은 기폭장치를 제거하고 보고서를 작성했다.

—

　　에릭과 딜런은 친구들에게 자기가 체포되었다는 사실을 숨겼다. 외출 금지에 대해서는 이리저리 둘러댔다. 그러나 결국 사실을 털어놓기 시작했다. 에릭이 블랙잭에서 한 여자애한테 이에 대해 말했고 그 소식이 네이트 다이크먼의 귀에 들어갔다. 네이트는 딜런이 자기한테 그런 사실을 말하지 않았다는 게 믿기지 않았다.

　　"외출을 못했던 이유가 그거였어?" 네이트가 물었다. 딜런은 얼굴이 벌게졌다.

　　"그는 거기에 대해 말하고 싶어하지 않았어요." 네이트가 나중에 말했다.

　　소문이 새어나가자 에릭은 친구들에게 자기가 살면서 그렇게 당혹스러웠던 순간은 없었다고 했다.

　　두 아이 모두 창피를 당했다. 에릭은 미치도록 화가 났다. 딜런의 반응은 훨씬 복잡했다. 체포되고 사흘이 지났을 때 딜런은 자기가 해리엇과 행복한 시간을 보내는 모습을 그려보았다. 도로 표지판이 옆에 있고 도로 가운데 선명하게 줄이 그어진 2차선 도로를 일지에 그렸다. 그의 도로는 장대한 산악지대로 뻗어 있었고 거대한 하트가 그에게 방향을 제시했다. "위대한 사랑." 그는 이렇게 적었다. 그는 이제 범죄자였지만 황홀했다. 페이지의 절반을 드로잉과 감탄사로 채웠다. "나는 그녀를 사랑해. 그녀도 날 사랑하고."

　　황홀과 함께 분노가 끓어올랐다. 딜런은 이제 에릭처럼 세상을 보기 시작했다. "진짜 사람들(신)은 대다수 좀비들의 노예지만, 우리는 자신이 우월하다는 것을 알고 그 사실을 사랑해…… 자살을 하든지 아니면 해리엇과 함께 우리만의 NBK를 벌일 거야. 나의 행복과 그녀의 행복. 그것 말고는 아무것도 중요하지 않아."

자살 아니면 살인? 이 패턴이 굳어졌다. 살인에 관한 생각이 자주 등장했고 자기파괴는 모든 페이지에 나왔다. "만약 사랑의 운명으로 해리엇이 나를 사랑하지 않는다면 나는 손목을 긋고 애틀랜타를 목에 칭칭 감아 날려버렸을 거야." 애틀랜타는 에릭이 만든 파이프폭탄 중 하나의 이름이었다.

—

웨인 해리스는 전화기에 계속 매달렸다. 3월 초에 청소년 교화 프로그램에서 일하는 안드레아 산체스 상담원과 연락해서 평가를 받아보기로 했다. 산체스는 에릭과 딜런에게 전화를 걸어 사전조사를 몇 가지 했다. 둘 다 합격했다. 그러자 열 개가 넘는 서류 양식을 보냈고 약속을 잡았다. 서류를 작성해서 부모를 한 명 데리고 사무실로 오라고 했다. 면접 날짜는 3월 19일로 잡혔다.

두 달 동안 웨인 해리스는 아들에게 전과 기록이 남지 않게 하려고 어떻게든 그를 교화 프로그램에 등록시키려고 노력했다. 에릭도 바빴다. 그는 첫번째 파이프폭탄을 터뜨렸다. 이어 대담하게도 혁혁한 성과를 자신의 웹사이트에 알렸다. "멋진 자식, 드디어 **큰일**을 저지르다. 폭탄을 날리니 어찌나 마음이 조마조마하고 가슴이 벌벌 떨리고 머리가 지끈지끈하던지. 아주 멋져! 그의 형제들은 아직 목표대상을 찾지 못했다."

이번에는 에릭이 살인의 의도를 드러냈다. **나는 증오한다**는 폭언에도 경멸이 묻어나긴 했지만 이제 노골적으로 이를 드러냈다. 멍청한 것들이 감히 나를 판단해? 그저 대학살을 상상했다는 이유만으로 미친놈 취급한다? 꼴통들이 판단은 무슨? "내 생각에 문제가 있다고 생각하는 놈들은 언제라도 와라. 내가 죽여줄 테니." 그는 웹사이트에 이렇게 썼다. **"죽은 사람은 이러쿵저러쿵 말이 없는 법. 젠장, 열 받아!"**

—

에릭이 살인하기로 결심했을 때 딜런은 움츠러들었다. 체포당하고 나서 일지에 딱 한 차례 짧은 분노를 드러냈을 뿐, 거의 1년 동안 살인에 대해 아무 언급도 하지 않았다. 딜런은 "더러운 이 세상"이 여전히 짜증났지만 사랑에 온통 정신이 팔려 있었다. 일지의 맨 처음에도 사랑은 등장했지만 1년이 지난 지금은 거의 사랑에 대한 내용밖에 없었다. 작은 하트들로 에워싼 커다란 하트가 페이지 전체를 장식했다.

에릭은 사랑의 욕구를 느끼지 않았다. 섹스라면 좋아했겠지만 말이다. 그는 딜런이 진리, 아름다움, 영원한 사랑을 갈망하는 것을 전혀 공감하지 못했다. 에릭의 마음속에는 오직 어떤 멍청한 자식에게 분노를 터뜨릴까 하는 고민밖에는 없었다.

체포되고 난 뒤 에릭의 꿈이 바뀌었다. 인류 멸종은 여전히 그의 목표였지만, 이제 처음으로 자신을 관찰자가 아니라 실행자로 생각하기 시작했다. "지저분한 얼간이들과 으스대며 음탕한 짓거리나 벌이는 돈 많은 자들로 가득한 지긋지긋한 동네를 확 쓸어버린 다음 마을 전체에 폭탄을 설치하고 차례대로 하나하나 터뜨려야지." 그는 자신의 웹사이트에 이런 글을 버젓이 올렸다. "총격전에서 내가 죽든 말든 무슨 상관이야. 그저 지겨운 새끼들을 가능한 한 많이 죽이고 다치게 하면 그만이지."

—

딜런에게는 과한 일이었다. 사람을 죽여? 모든 것을 쓸어버린다고? 그럴 수는 없었다. 딜런은 에릭 모르게 꼼수를 부렸다. 누군가에게 털어놓은 것이다. 그것도 최악의 대상인 브룩스 브라운에게. 브룩스는 그들이 저지른 못된 일탈에 대해 알고 있었고 그의 부모는 에릭을 어린 범죄자로 여겼지만, 이렇게 심각한지는 전혀 몰랐다.

수업을 받으러 가는 길에 딜런이 브룩스에게 쪽지를 건넸다. 딱 한 줄 적혀 있었다. 웹사이트 주소였다.

"오늘밤 여기 한번 들어가 봐." 딜런이 말했다.

"알았어. 좋은 거라도 있나보지?"

"에릭의 웹사이트야. 꼭 봐야 해. 내가 알려줬다는 말은 에릭한테 하지 말고."

브룩스는 그날 밤 사이트를 훑어보았다. 에릭은 사람들을 죽이겠다고 위협했다. 특히 브룩스를 죽이겠다는 협박이 세 곳에서 발견되었다.

딜런이 브룩스에게 웹사이트 주소를 몰래 알려준 것은 교화 프로그램 등록을 위해 면접을 보러 가기 전날이었다. 딜런이 알기로 브룩스는 어머니와 **모든** 것을 털어놓는 사이였으므로 부모에게 이 사실을 말했다면 에릭은 교화 프로그램이 아니라 중죄로 감옥에 갈 터였다. 딜런도 아마 마찬가지일 터였다. 그는 이를 감수할 작정이었다.

브룩스는 엄마에게 이 사실을 알렸다. 랜디와 주디는 경찰을 불렀다. 그날 밤 제퍼슨 카운티 조사관이 집에 왔다. 조사관들은 이를 조사하고 보고서를 작성했는데, 경찰은 지방검찰청에 이를 통보하지 않았다. 에릭과 딜런은 아무 일 없이 교화 프로그램에 면접을 보러 갔다.

—

교화 프로그램 등록에는 부모 한 명만 참석하면 되었다. 그러나 톰과 수 클레볼드는 다 참석했다. 그만큼 이 자리를 중요하게 생각한 것이다. 그들은 딜런에 대한 여덟 쪽짜리 설문지를 작성했고, 딜런도 설문지를 작성했다. 안드레아 산체스가 결과를 공개했다. 클레볼드 부부는 뜻밖의 사실을 몇 가지 알게 되었다. 딜런이 열다섯 살 때부터 대여섯 차례 술에 취해 난동을 피웠음을 털어놓았다. "안드레아 산체스가 그런 질문을 하지 않았다면 우리는 전혀 몰랐을 것이다." 그의 부모는 이렇게 적었다. 그들은 아들의 별명이 보드카라는 것도 그때 처음 알았다.

딜런은 술을 끊었다고 했다. 입에 맞지도 않고 "별 가치를 못 느꼈다"고 했다. 마리화나도 시도해봤지만 마찬가지 이유로 끊었다고 했다. 그의 부모는 마리화나라는 말을 듣자 경악했다.

톰과 수는 솔직했다. 그것이 유일한 윤리적 방침이었다. "딜런은 내향적이고 고립되어 자랐다. 자주 화를 내거나 시무룩해했고, 남들에게 무례하게 굴거나 너그럽지 못한 행동을 보였다." 그들이 설문지에 적은 문장이다. 그들은 딜런이 윗사람을 무시한다는 글을 썼다가 지우고는 교사들이 딜런이 말을 잘 듣지 않고 뭔가를 고쳐줘도 잘 받아들이지 않는다고 말했다고 적었다.

에릭은 좀더 신중했다. 그는 솔직하게 보일 정도까지만 털어놓았다. 술을 세 차례 마셔봤는데 취하지는 않았으며 이어 완전히 손을 뗐다고 했다. 부모가 딱 듣고 싶어하는 말이었다. 그는 머리가 잘 돌아갔다. 술을 전혀 입에 대지 않았다는 말보다 더 그럴싸했고 게다가 안도감을 주었다. 이미 유혹에 맞닥뜨렸다가 이겨내어 위험한 고비를 넘겼으니 말이다. 그는 부모가 어떻게 생각하는지 훤히 꿰뚫어보았고 산체스의 마음도 금세 파악했다. 첫 만남에서 그는 고백을 미덕으로 둔갑시켰다. 마리화나에 대해서도 거짓말을 했다. 전혀 관심이 없다고 했다. 음주 고백만으로도 충분한 믿음을 얻었다고 판단한 것이다.

웨인과 캐시도 면접에 참석했다. 그들이 놀란 것은 정신건강 부문이었다. 30가지 잠재적 문제점을 점검하는 평가표에서 그들은 분노, 우울증, 자살에 관한 생각, 이렇게 세 가지 항목을 표시했다. 에릭은 예전에 이 세 가지 문제를 털어놓은 적이 있었고 앨버트 박사와도 상의했다. 박사의 조언은 도움이 되었다. 그가 처방해준 졸로프트도 도움이 되었다고 다들 인정했다. 사춘기 아이가 여러 항목을 체크하는 것은 자연스러웠다. 그런데 에릭은 무려 14가지 항목을 표시했다. 불신이나 공격에 관련된 거의 모든 항목이 해당되었다. 질투, 불안, 의심, 권위자, 짜증, 사고의 비약, 집착, 변덕, 무질서한 사고. 그는 자살에 대한 생각은 건너뛰고 대신 살해 생각을 체크했다.

웨인과 캐시는 에릭이 분노를 억누르고 있는 것이 걱정되었다. 그가 이따금씩 폭발한다는 것은 인정했다. 욕을 해대거나 물건을 집어 던지는 식이었다. 아버지 앞에서는 절대로 그러지 않았지만 가게나 학교에서 그랬다는 보고를 들었다. 자주 일어나는 일은 아니었지만 그래도 걱정이 되었다. 에릭은 규율에 잘 순응했다. 이제까지는 아들의 행동을 잘 통제해왔지만 그의 기분까지 억누를 수는 없었다. 에릭은 정말 화가 나면 벽을 쳤다고 말했다. 자살을 생각하기도 했는데 심각하지는 않고 대개 화가 치밀 때 그랬다고 한다. 그는 자기가 좋아하지 않는 거의 모든 것에 항상 화를 냈다.

에릭은 설문지를 작성하면서 속이 부글부글 끓었다. 설문지에 실제로 정말 그렇다고 기록했다. 저속한 인간들이 감히 자신을 판단한다고 말이다. 그는 자기한테 이리저리 명령하는 바보들을 얼마나 미워하는지 설명했다. 면접 때 그는 자신의 분노를 다른 바보들에게로 돌렸다. 그들에겐 그래도 되었다.

나중에 에릭은 이 자리에 대해 조롱했다. 고백하는 척하며 남들을 속이는 것은 그가 가장 좋아하는 일이었다. 그는 카드의 반을 뒤집어 놓고 마치 패가 센 것처럼 허세를 떨었다.

이 무렵에 그는 법체계에 대한 자신의 솔직한 생각을 웹사이트에 올렸다. "나는 내가 뭐라고 말하든 그게 진리라고 믿어. 내가 법이야. 그게 마음에 들지 않는 사람은 죽어야 해." 에릭은 대도시의 아무 시내에 가서 폭탄을 터뜨리고 무차별적으로 총질을 해대는 광경을 묘사했다. 그는 후회도 슬픔도 수치심도 느끼지 않는다며 걱정 말라고 했다. 그런 그가 거기 앉아서 설문지를 제출했다. 그들의 의지에 따라 작성한 그들의 비열한 양식을 말이다. 속으로는 웃고 있었지만 그것만으로 충분치 않았다. 언젠가 그들에게 대가를 치르게 할 터였다.

산체스는 아이들이 책임을 완전히 지지 않으려는 태도가 걱정스러웠다. 에릭은 밴을 터는 것이 딜런의 잘못이라는 주장을 굽히지 않았다. 딜런은 모든 문제가 약간 과장되었다고 생각했다. 산체스는 썩 마음에 들지는 않았지만 어쨌든 아이들을 등록해도 괜찮겠다고 추천했다.

최종 결정은 법원의 몫이었다. 일주일 뒤인 3월 25일, 에릭과 딜런은 합동청문회에서 제퍼슨 카운티 치안판사 존 드비타 앞에 섰다. 두 아이의 아버지가 아이들 옆에 섰다. 드비타는 이 모습에 감명을 받았다. 대개는 혼자 오거나 어머니와 함께 오는데 아버지가 참석했다는 것은 좋은 징조였다. 게다가 이 아버지들은 상황을 단속하려는 의지가 보였다. 이들이 내렸다는 처벌도 그에게 좋은 인상을 주었다. "잘하셨네요. 상황을 제대로 단속하고 계신 것 같습니다."

"충격적인 경험이었으니까요." 톰 클레볼드가 치안판사에게 말했다. "아무튼 좋은 경험이었다고 생각합니다. 다행히도 첫번째에 잡혔으니까요."

"다른 일이 더 있었다면 아들이 말했을까요?"

"그럼요, 말했겠죠."

드비타는 그 말을 믿지 않았다. "처음 탈선을 했는데 바로 잡혔다고?" 그가 에릭에게 물었다. "믿기지 않는데. 첫번째에 바로 들키는 경우는 정말로 드물거든."

하지만 그는 아이들의 태도가 인상적이었다. 말쑥한 옷차림에 행동거지가 발랐고, 네, 판사님, 아뇨, 판사님, 하며 공경을 드러냈다. 그들은 법정을 존중했다.

드비타는 딜런을 호의적으로 평가했다. 그의 성적표에 기록된 B, C학점이 농담처럼 보였다. "자네는 분명 A학점 우등생이야. 총명함을 학업에 쏟는다면 말이네."

드비타는 이들에게 훈계를 했고 이어 교화 프로그램 등록을 허락했다. 그는 두 아이가 잘해낼 거라고 믿었다.

14개월 뒤에 살인이 벌어지자 드비타는 아이들의 연기력에 한탄했다. "정말 놀랍게도 처음부터 끝까지 나를 속였어요. 너무도 쉽게, 너무도 태연하게 말입니다."

—

주디와 랜디 브라운은 경찰에 계속 신고했다. 그들은 브룩스가 위험하다고 확신했다. 그들의 다른 아들도 겁에 질려 야구 방망이를 옆에 두고 잘 정도였다. 2주가 지나자 존 힉스 조사관이 이 사건을 알게 되어 주디를 만나보았다. 3월 31일, 그는 마이크 게라, 글렌 그로브 조사관과 함께 그 문제를 논의했다. 상황이 아주 심각해 보였다. 게라 조사관은 수색영장을 "결단코 틀림없이" 발부받기 위해 두 쪽짜리 신청서를 작성했다.

게라는 신청서에서 사건의 핵심이 되는 요소들을 인상적으로 열거했다. 에릭의 계획과 방법, 그가 보유한 화기를 세세하게 명시했다. 한편 에릭의 웹사이트를 증거로 폭넓게 인용했다. 무엇보다 중요한 것은 그가 물리적 증거를 제시했다는 점이다. 에릭이 설명한 것과 일치하는 폭탄이 최근에 그의 집 근처에서 발견되었다. 따라서 폭발물 제조와 관련된 문서, 쪽지, 물건, 그리고 이메일과 웹사이트를 찾으려면 해리스의 집을 수색해야 했다.

신청서는 설득력이 있었다. 하지만 판사가 승인하지 않았거나 판사에게 전해지지 않았다. 결국 집행이 무산되었다. 영장이 나오지 않은 이유는 알려지지 않았다. 몇 년 뒤에 한 경관이 말하기를 게라가 다른 사건에 동원되었고, 그가 돌아왔을 때 진술서는 거기 적힌 대로라면 이미 때를 놓쳐 판사에게 제출되지 않았다고 했다.

브라운 부부는 힉스 조사관도 에릭이 밴 무단침입으로 체포되었던 사실을 알았다고 했다. 그런데 그나 보안관서의 누구도 에릭에 관한 결정적인 증거를 교화 담당 경관에게 전달하지 않았던 것 같다. 드비타 치안판사는 아이들을 교화 프로그램에 받아들이기로 결정하기 전에 밴 무단침입에 관한 말을 전혀 듣지 못했다.

보안관서, 지방검찰청, 형사재판소의 윗선들은 에릭에 관해 각 기관이 내린 조처를 서로 알지 못했다. 하지만 에릭은 상황이 어떻게 돌아가는지 알고 있었던 듯하다. 그는 브라운 가족이 자기를 주시하고 있다는 소문을 듣고 웹사이트를 한동안 폐쇄했다. 딜런이 자신을 배신한 줄은 몰랐던 것 같다. 그가 의심을 품었다는 정황은 발견되지 않았다.

에릭은 이제 자신의 계획을 진지하게 여기기 시작했고, 그래서 웹에 글을 올려 괜한 위험을 초래하고 싶지 않았다. 그는 스프링노트를 꺼내 일지를 쓰기 시작했다. 그때부터 1년간 에릭은 공격으로 이어지는 경과를 여기에 기록했고 자신의 동기를 철저하게 설명했다.

38

순교

"그녀는 순교자 명예의 전당에 올랐습니다." 캐시의 담임목사가 그녀의 장례식에서 선언한 말이다. 그냥 듣기 좋으라고 한 말이 아니었다. 한 저명한 종교학자는 캐시가 16세기 이후로 신교도로서는 첫번째 공식 순교자가 되리라 예언했다. "실로 엄청난 일입니다. 수많은 목사들이 그녀의 이야기를 설교하면서 가꾸고 널리 퍼뜨려 순교의 불꽃이 활활 타오르고 있습니다. 들불처럼 번지고 있는 중입니다."

위클리 스탠더드에서 J. 보텀은 그녀를 3세기 성녀 페르페투아와 펠리치타스에 비유하며 "로마 콜로세움에서 기쁘게 죽어간 수천 명의 초기 기독교인들의 이야기"를 했다. 보텀은 사람들의 열기가 마치 18세기 대각성운동 때와 같다고 했다. 그는 새로운 세대의 아이들이 일어나 문화적 지형을 새롭게 바꾸리라 예언했다. 나중에는 미국 전역에서 일어난 변화의 기운을 이렇게 묘사했다. "새롭게 나아가자는 기운으로 온 나라가 출렁였다…… 추잡하고 폭력적이고 무질서한 미국 대중문화의 재앙은 조만간 사라지리라는 믿음이 팽배했다."

멋진 기사였다. 브래드와 미스티는 그제야 마음을 놓았다. 당연한 일이었다. 예전에 사탄이 자신의 어린 딸을 유혹한 적이 있었다. 첫번째 라운드에서는 적이 이겼다.

딸이 적에게 홀린 것이다. 순진하게 어수룩하게. 미스티가 보기에는 그랬다. 사탄은 10년 전부터 그들의 집에 몰래 들어와 있다가 1996년 겨울 크리스마스 직전에 캐시에게 발견되었다. 당시 미스티는 가정 일에 전념하려고 군수업체 록히드마틴의 재정분석가 일을 그만둔 터였다. 어려운 결정이었기에 그녀는 힘을 얻으려고 성경을 찾았다. 캐시의 방을 뒤지다가 한 무더기의 편지를 발견했다. 충격적인 내용이 담겨 있었다.

캐시가 친한 친구와 열정적으로 주고받은 편지들이었다. 친구가 한 교사에 대해 마구 험담을 하더니 이렇게 제안했다. "그녀를 죽이는 일을 도와줄래?" 편지에는 성에 관한 적나라한 얘기와 초자연적인 이미지, 마법의 주문이 가득 적혀 있었다. 그들이 몇 번이고 반복한 말이 있었다. "부모를 죽여! ……쓰레기 같은 놈들은 고통을 겪어봐야 해. ……네 문제를 깔끔하게 해결할 수 있는 해답은 살인이야!"

미스티는 친구의 편지만을 발견했지만 이들의 말을 들어주는 다른 존재도 있는 모양이었다. 핏물이 담긴 칵테일 잔과 뱀파이어에 관한 글과 그림이 여기저기 보였다. 칼에 찔려 쓰러진 채로 피를 흘리고 있는 교사의 그림도 보였다. 엄마, 아빠라고 적어놓은 인물이 내장을 목에 감고 죽어 있었다. 피투성이 단검이 가슴에 꽂힌 채로. 묘비명은 이러했다. "엄마 버넬과 아빠 버넬."

"나는 기이한 것들만 보면 마음이 끌려." 한 편지에 적힌 내용이었다. "나는 자살해야 해. 네 부모도 죽이고. 썩을 놈의 학교. 나도 네 부모도 다 죽여버려. 그리고 너도 자살하면 감옥에 가지 않아도 되잖아."

미스티는 남편 브래드를 불렀고 이어 보안관에게 연락했다. 캐시가 집에 오기를 기다렸다. 처음에 캐시는 편지가 아무것도 아니라며 무시했다. 그러더니 화를 냈다. 부모가 밉다고 했다. 그런 편지를 썼다는 것을 인정했다. 소리를 지르며 집에서 나가겠다고 했다. 자살하겠다는 협박도 했다.

웨스트볼스의 청년부 목사 데이브 맥퍼슨은 브래드와 미스티에게 강하게 나가라고 조언했다. "전화를 끊고 문을 걸어 잠그고 학교에 보내지 말아요. 혼자서 집 밖으로 나가지 못하게 하세요." 그래서 이들은 그렇게 했다. 캐시를 사립학교로 전학시켰다. 그리고 교회 청년부 모임에 갈 때에만 집에서 내보냈다.

힘겨운 싸움이 이어졌다. "그녀는 처음에 우리를 경멸했습니다." 맥퍼슨 목사의 말이다. 캐시는 달아나겠다고 위협했고 소리를 지르며 격하게 발작했다.

"죽어버릴 거야!" 브래드는 캐시가 이렇게 소리쳤다고 회상했다. "보고 싶어? 잘 지켜봐. 내가 죽는 모습을. 여기 칼을 놓고 가슴을 확 그어버릴 거야."

캐시는 손목을 긋고 두개골을 가격했다. 욕실에 들어가 문을 잠그고 세면대에 머리를 쾅쾅 내리쳤다. 침실에 혼자 있을 때는 벽에 머리를 부딪쳤다. 가족과 있을 때면 뚱한 표정을 하고 혼자 중얼거렸다.

"그 여자애에게는 희망이 없었어요." 맥퍼슨 목사의 말이다.

캐시가 죽은 뒤에 부모가 발견한 노트에서 그녀는 자신의 시련을 이렇게 묘사했다.

내가 얼마나 큰 상처를 받았는지 말로는 다 설명할 수가 없다. 이 상처를 어떻게 해야 할지 몰라서 자해했다…… 자살 생각이 며칠째 계속 떠나지 않는데 실제로 행하기는 두렵고 해서 손과 손목에 날카로운 쇠붙이로 피가 날 때까지 긁는 것으로 "타협했다". 처음 몇 분 동안 아프다가 무감각해졌는데 얼마 뒤에 다시 심하게 쑤셨다. 내가 벌을 받는 모양이다.

그로부터 석 달 뒤의 어느 날 밤, 캐시는 사탄을 자유롭게 떨쳐냈다. 해질녘에 로키 산맥 지역에서 청년 기도회 모임을 하고 있을 때였다. 캐시는 음악을 듣던 중 갑자기 울음을 터뜨렸다. 흥분하여 옆에 있던 친구에게 울면서 뭐라고 말했는데 친구는 무슨 소리인지 절반도 알아듣지 못했다. 미스티가 소식을 듣고 아이를 데리러 갔고 캐시는 달려와 엄마를 끌어안으며 이렇게 말했다. "엄마, 나 이제 변했어. 완전히 달라졌어."

브래드와 미스티는 믿기지 않았지만 딸의 말은 사실이었다. "화내고 복수심에 불타던 까칠한 아이는 사라지고 새로운 아이로 돌아왔습니다." 커스틴 목사의 말이었다.

이후 캐시는 청년부 모임에 열성적으로 참여했고 WWJD 팔찌를 두르고 덴버의 전과자들을 돕는 프로그램에 자원봉사를 나갔다. 그해 가을에 브래드와 미스티는 딸을 콜럼바인 고등학교에 전학시켰다. 하지만 캐시는 생의 마지막날까지도 친구들과 잘 어울리지 못했다. 마지막 주에 있었던 댄스파티에 참석하지 않았다. 아이들이 자기를 좋아하지 않는다고 생각했다. 캐시가 살해되기 전날에 교회 청년부 모임의 대표들이 모여 회의를 했는데 안건 가운데 하나가 "어떻게 하면 캐시를 더 잘 적응시킬까?"였다.

브래드와 미스티 버넬은 캐시가 살아온 이력을 기꺼이 알려주었다. 대학살이 일어나고 몇 주 뒤에 캐시의 기사가 언론에 널리 보도되었다. 이 무렵에는 두 명의 다른 순교자 이야기도 알려졌다. 발린 슈너의 사연은 순서와 결과를 제외하면 캐시의 사연과 상당히 비슷했다. 그녀는 신에 대한 질문에 대답하기 전에 총에 맞았다. 딜런이 그녀가 웅크리고 있는 테이블 밑을 향해 산탄총을 겨누어 연속으로 여러 발을 날렸고, 그래서 로렌 타운센드가 죽고 발린과 또 한 명의 여자애가 다쳤다. 발린은 팔과 몸통 여기저기에 총알을 맞았다. 딜런은 그냥 지나갔다.

발린은 무릎이 꺾였고 양손이 축 처졌다. 34군데의 상처에서 피가 흘러내렸다. 그녀는 기도했다. "오 하느님, 제발 저를 죽게 내버려두지 마세요."

그 말을 들은 딜런이 돌아섰다. 흥미로워서 그냥 지나칠 수 없었다. "하느님? 신을 믿어?"

그녀는 몸이 떨렸다. 입을 다무는 게 좋지 않을까. 아냐, 그녀는 말하기로 했다. "그래, 하느님을 믿어."

"왜?"

"그야 믿으니까. 그리고 부모님이 날 그렇게 키웠어."

딜런은 다시 총을 장전했지만 문득 딴 생각이 들었는지 그냥 가버렸다. 발린은 몸을 피할 곳을 찾아 기어갔다.

밖으로 무사히 빠져나온 발린은 구급차에 실려 스웨디시 메디컬 센터 병원으로 갔고 서둘러 수술을 받았다. 그녀의 의식이 돌아왔을 때 마크와 샤리가 옆에서 기다리고 있었다. 발린은 부모를 보는 순간 무슨 일이 일어났는지 곧바로 털어놓기 시작했다. 그녀는 완전히 회복했고 여러 명의 목격자들이 그녀의 사연을 확인해주었다.

발린의 사연은 캐시의 사연과 거의 비슷한 시기에, 그러니까 공격 당일 오후에 알려졌다. 하지만 언론매체가 이를 알아차리기까지 일주일이 더 걸렸다. 그래서 캐시만큼 큰 파장을 일으키지 않았다.

시간대가 잘 맞았더라면 어쩌면 캐시가 아니라 발린이 복음주의 교회의 영웅이 되었을지도 모른다. 총을 맞고도 꿋꿋하게 구세주를 지지했던 용감한 소녀. 그녀는 자신의 신념을 알렸고 그래서 구원을 받았다. 이 얼마나 멋진 희망의 메시지인가. 게다가 영웅이 죽지 않고 살아남아서 복음을 널리 전한다니 말이다.

하지만 상황은 그런 식으로 돌아가지 않았다. 사람들은 발린을 영웅이 아니라 캐시의 권위를 강탈하려는 사람으로 보았다. "나를 흉내쟁이로 보았어요. 대세에 편승한다고 생각한 거죠. 그래서 많은 사람들이 내 사연을 믿지 않았습니다."

캐시의 명성이 나날이 올라가는 동안 발린의 명성은 계속 추락했다. 결정적인 계기는 한 복음주의 청년부 집회였다. 발린은 그 자리에 참석해서 캐시와 레이철 스콧을 기리기 위해 모인 군중에게 자신의 사연을 이야기했다. 사람들의 반응이 싸늘했다. "누구도 앞에 나와서 내 이야기가 거짓말이라고 말하지는 않았어요. 그냥 회피한 거죠. '정말 그런 식으로 일어난 게 맞아요?' 혹은 '당신의 신념이 정말 그렇게 강해요?' 이렇게요."

발린의 부모는 딸을 지지했지만 그녀는 힘들었다. "좌절했습니다. 내가 어디 있었고 무슨 말을 했는지 마음속으로 뻔히 알고 있는데 사람들이 나를 의심했으니까요. 그게 무엇보다 고통스럽더군요."

—

캐시의 명성은 계속해서 치솟았다. 커스틴 목사가 전국 순회목회를 돌며 좋은 소식을 퍼뜨리고 다녔다. "가급적 많은 사람을 방주에 태워야 합니다." 여름이 끝날 무렵이 되자 지역 청년부 모임인 '신앙부흥 세대'는 원래 몇 개의 지역 지부를 두었던 수준에서 전국 50개 주에 사무실을 가진 조직으로 성장했다. 이들은 콜럼바인 고등학교의 생존자들을 데리고 전국을 돌며 집회를 벌였다. 10대 여자애들이 캐시의 이름을 연호하며 무대로 올라갔다.

명예는 사람을 취하게 만들 수 있었다. 브래드와 미스티는 이미 그들 세상에서는 유명인이었지만 유혹을 거부하고 예전처럼 소박하게 살았다. 한동안 브래드 버넬은 웨스트볼스의 일요일 예배에서 환영의 말을 했다. 하지만 캐시의 장례식이 끝나자마자 다시 자원봉사자 역할로 돌아갔다. 악수를 하며 미소를 지었는데 예전처럼 진심 어린 미소였지만 남모를 고통이 배어나왔다.

5월 초에 교회는 심리상담사를 초빙해서 지역사회에서 고통받는 누구든 상담을 받을 수 있도록 했다.

미스티가 제일 먼저 상담을 받으러 왔다. 브래드는 조금 늦을 거예요, 그녀가 말했다. 브래드에게 아주 힘든 하루였다. 그는 캐시가 죽은 뒤로 딸의 방에 들어가지 않는데 그날밤 혼자 거기 들어갔다가 완전히 무너져내렸다. 자신의 고통을 얕잡아 본 것이다. 그는 도움을 청했다. 미스티도 마찬가지였다.

—

이런 이야기가 마구잡이로 퍼져가는 것을 불신의 눈초리로 지켜보는 사람이 있었다. 에밀리 와이언트였다. "다들 왜 그렇게 말하는 거죠?" 그녀는 어머니한테 이렇게 물었다. 에밀리는 캐시와 함께 도서관 테이블 밑에 웅크리고 있었던 아이였다. 서로 얼굴을 맞대고 있었는데 에밀리가 캐시의 눈을 쳐다볼 때 에릭이 총을 쏘았다. 그녀는 무슨 일이 벌어졌는지 정확하게 알고 있었다.

에밀리는 원래 그 시간에 과학수업을 들어야 했다. 그날 시험이 있었는데 전날 수업에 들어가지 않았던 에밀리는 시험 준비를 미처 못했다. 그러자 교사가 도서관에 가서 필기한 것을 훑어보라며 그녀를 내보냈다. 그녀는 창가 자리에 앉았다. 같은 테이블에 여자애가 한 명 더 있었다. 『맥베스』 과제물을 정리하던 캐시 버넬이었다. 밖에서 시끄러운 소리가 들리자 무슨 일인지 알아보려고 몇몇 아이들이 창가에 왔다가 흩어졌다. 에밀리는 자리에서 일어나 한 아이가 축구장을 달려가는 것을 보고는 다시 자리에 앉았다.

몇 분 뒤에 패티 닐슨이 소리를 지르며 들어오더니 다들 고개를 숙이라고 했다. 캐시와 에밀리는 테이블 밑으로 들어갔고 주위에서 의자를 끌어와 옆에 바리케이드를 쌓았다. 조금은 안심이 되었다. 캐시는 창가 쪽에 웅크리고 앉아 방 쪽을 보았고, 에밀리는 캐시로부터 한 발짝 떨어진 반대편에서 몸을 숙이고 캐시를 바라보았다. 서로 그렇게 정보를 주고받으며 주변에서 무슨 일이 벌어지는지 파악했다. 의자 때문에 시야가 많이 가려졌지만 치우지 않았다. 그것이 유일한 보호막이었다.

복도 쪽에서 총성이 들렸다. 연발이 아니라 한 발씩 쏘는 소리였다. 총성이 점차 가까워졌다. 문이 열렸고 그들이 들어오는 소리가 났다. 서로 말을 주고받으며 총을 쐈는데 대충 이런 말이 오갔다. "다음에는 누구를 죽일까?" 에밀리가 고개를 들고 보았다. 한 녀석이 열람대를 뛰어넘는 것이 보였다. 살인자들은 여기저기 돌아다니며 비웃고 총질을 해댔다. 자세히 보니 본 적이 없는 아이들이었다. 그녀는 2학년생이었다. 하지만 나중에 다시 본다면 확실히 알아볼 수 있을 듯했다.

아이들은 낮은 목소리로 말했다. "하느님, 왜 이런 일이 일어나나요?" 캐시가 말했다. "집에 돌아가고 싶어."

"나도 그래." 에밀리가 대답했다. "다들 여기서 나가고 싶을 거야."

캐시는 조용히 기도했다. 에릭과 딜런이 여러 차례 옆을 지나갔는데 에밀리는 그들 중 한 명이 "테이블 밑으로 와서" 총을 쏘리라고는 짐작도 못했다.

에릭은 캐시가 있는 쪽에서 걸음을 멈췄다. 에밀리에게 그의 다리와 부츠가 보였다. 캐시의 얼굴 바로 오른쪽을 향하고 있었다. 캐시는 얼굴을 돌리지 않았다. 에밀리는 그럴 필요가 없었다. 그가 서 있는 곳과 직각으로 마주보고 있었으므로 캐시를 보면서 동시에 에릭이 그녀의 왼쪽에 선 것이 다 보였다. 에릭은 테이블을 손으로 쾅 내리치더니 허리를 약간 숙여 그녀를 확인했다. "까꿍."

에릭은 테이블 가장자리 밑으로 총구를 들이댔다. 그가 오래 멈춰 있거나 허리를 깊게 숙이지 않아서 에밀리는 그의 얼굴을 보지 못했다. 톱으로 자른 총신이 보였다. 총구가 큼직했다. 그녀는 캐시의 갈색 눈을 보았다. 여전히 기도중이었다. 서로 말을 주고받을 시간도 없이 에릭이 캐시의 머리에 총을 쐈다.

순간 모든 것이 멍멍해졌다. 총성이 어찌나 컸던지 에밀리의 청력이 일시적으로 마비되었다. 화재경보음이 요란했지만 그 소리는 이제 들리지도 않았다. 복도에서 번쩍거리는 불빛만 보였다. 에릭이 돌아섰다.

브리 파스콸레가 몇 발짝 떨어진 테이블 옆에 앉아 있었다. 테이블 밑에 아이들이 너무 많아서 훤히 보이는 바닥에 자리를 잡은 것이다.

브리는 에밀리보다 캐시와의 거리가 멀었지만 대신 시야가 훤히 트인 곳에 있었다. 그녀는 에릭이 오른손에 산탄총을 들고 캐시에게 다가가 왼손으로 테이블을 두 번 내리치고 "까꿍" 하는 것을 보았다. 에릭은 자유로운 손으로 테이블 위를 잡고 쪼그려 앉았다. 캐시는 양손을 얼굴 양쪽에 꽉 붙인 채 절망적인 표정이 되었다. 에릭이 산탄총을 아래로 들이대고 쐈다. 한마디 말도 없이.

에릭은 사격이 서툴렀다. 엉거주춤한 자세인데다 한 손으로 총을 쏘는 바람에 반발력으로 인해 개머리판이 그의 얼굴을 때렸다. 그는 공격중에 코가 부러졌는데, 조사관들은 이때 그의 코가 부러졌으리라고 믿었다. 에릭이 등을 돌리고 서 있어서 브리는 총이 그의 코를 때리는 것을 보지 못했다. 하지만 그가 손잡이를 뒤로 확 잡아당기자 빨간색 탄피가 튀어나와 바닥에 떨어지는 것은 보았다. 브리는 테이블 밑을 보았다. 캐시가 쓰러져 있었고 연녹색 셔츠의 어깨가 온통 피범벅이었다. 에밀리는 다치지 않은 듯했다.

브리는 에릭으로부터 불과 몇 발짝 떨어지지 않은 곳에 무방비로 노출된 터였다. 더이상 견딜 수 없었다. 그녀는 바닥에 바짝 누워 테이블 아래 겨우 몸을 숨긴 남자애한테 자기 손을 꽉 잡아달라고 부탁했다. 그는 그렇게 했다. 브리는 겁에 질렸으면서도 에릭한테서 눈을 떼지 않았다. 에릭은 탄창을 간 다음 그녀를 향해 돌아섰다. 한두 걸음 다가가 다시 쪼그려 앉더니 총을 자신의 허벅지 위에 놓았다. 콧구멍에서 피가 솟구쳤다. "이런, 내가 내 얼굴을 쳤어!" 그는 그녀를 보면서 딜런을 소리쳐 불렀다.

에릭은 총을 다시 들고 이번에는 브리가 있는 방향으로 총구를 돌렸다. 아무나 걸리면 쏘겠다는 식으로 건들거리며 앞뒤로 총을 흔들더니 브리를 향해 겨누었다.

그 순간 딜런의 총소리가 났다. 브리는 그가 웃으며 자기가 한 일을 농담삼아 말하는 것을 들었다. 그녀가 에릭을 돌아보았을 때 그는 그녀의 얼굴을 똑바로 쳐다보고 있었다.

"죽고 싶어?" 에릭이 물었다.

"아니."

그는 한번 더 물었다.

"아니, 아니, 아니." 브리는 제발 살려달라고 간청했고 에릭은 그 모습을 즐기는 듯했다. 그렇게 실랑이가 이어졌다. 그러는 동안에도 총으로는 그녀의 머리를 계속 겨냥했다.

"제발 쏘지 마. 난 죽고 싶지 않아."

마침내 에릭이 크게 웃었다. "어차피 누구든 다 죽어."

"쏴버려!" 딜런이 소리쳤다.

"안 돼," 에릭이 대답했다. "어차피 학교를 날려버릴 거잖아."

그때 무슨 생각이 들었는지 그는 다른 데로 가서 살인을 계속했다.

브리는 캐시의 테이블을 다시 보았다. 다른 여자애—에밀리—가 무릎을 꿇고는 캐시의 찌부러진 몸을 쳐다보고 있었다. 사방이 온통 피였다. 완전히 겁에 질린 표정이었다.

그녀가 뭐라고 말했지? 한 조사관이 나중에 브리에게 물었다.

자기 손을 물어뜯고 있었어요, 그녀가 대답했다.

브리는 그 아이를 계속 쳐다보았다. 복도에서 폭발음이 멀어지자 이제 살인자들이 갔다고 생각한 브리는 여자애를 불러 자기 쪽으로 오라고 했다. 에밀리가 거의 듣지 못하자 브리가 손을 흔들었다. 그제야 에밀리는 그녀를 보고 기어왔다. 아직 일어서지 못했다. 브리 옆에 앉아서 책장에 몸을 기댔다. 당시 에밀리는 시간감각이 멎었다. 나중에 자기가 그곳에 얼마나 오래 있었는지 기억하지 못했다.

—

에밀리와 브리는 캐시가 다시는 일어서지 못하리라는 것을 알았다. 그들은 세세한 상황을 조사관들에게 다 설명했다. 브리의 보고서는 15쪽이 넘어갔지만 이후 1년 반 동안 외부에 공개되지 않았다. 911 테이프로 확인한 결과 그들의 증언은 사실이었다. 살해 당시 오디오 기록이 가족들에게 공개되었는데 워낙 소름끼치는 내용이어서 일반 대중에게는 공개되지 않았다.

에밀리와 브리는 진실이 드러날 때까지 기다렸다.

———

에밀리 와이언트는 우울했다. 매일 상담을 받으며 마음을 가라앉히려고 노력했다. 끔찍했던 4월 20일을 보내고 나니 도덕적 딜레마가 그녀를 기다렸다. 그녀는 버넬 가족에게 상처를 주고 싶지 않았고, 캐시에 관한 잘못된 소문을 바로잡다가 난감한 입장에 처하고 싶지도 않았다. 모든 상황이 너무도 빨리 너무도 커져버렸다. 하지만 계속 침묵을 지키자니 왠지 자신도 거짓말에 한몫한 듯한 기분이 들었다.

"어려운 입장이었을 겁니다." 그녀의 어머니 신디의 말이다. 에밀리는 경찰에게 다 털어놓았지만 경찰은 정보를 더이상 언론매체에 알려주지 않았다. 놀랄 일도 아니었다.

에밀리는 모든 것을 다 공개하고 싶었다. 그녀의 부모는 두려웠다. 순교자 숭배가 종교운동으로 번졌고, 사실을 말하는 게 위험할 수도 있었다. "아이는 이후에 어떤 결과가 일어날지 몰랐어요. 그저 사실을 말하고 싶다는 생각뿐이었죠."

물론 그들도 괴로웠다. 당연히 진실이 드러나기를 원했지만, 딸을 희생시키면서까지 그럴 수는 없었다. 에밀리는 이미 한 아이가 감당할 수 없는 상황에 직면했다. 더는 무리였다. 그래서 그들은 에밀리를 말렸다. "(캐시의) 가족에게 좋은 추억이니까 괜히 나서서 상황을 악화시킬 거 없어."

5월 초에 로키마운틴뉴스로부터 연락이 왔다. 댄 루자더는 덴버 최고의 취재기자 가운데 한 명으로 도서관에서 무슨 일이 벌어졌는지 정확히 파악하는 중이었다. 그는 도서관에서 살아남은 모든 사람들을 조사했고 그들은 대부분 협조적이었다. 에밀리의 부모는 경계심을 보였다. 상황이 좀 달랐기 때문이다.

그는 와이언트의 부모에게 자신들이 작성하고 있는 지도와 시간표를 보여주었다. 꼼꼼하고 상세했다. 가족은 이들의 성실함에 감동을 받아 취재에 응하기로 했다. 에밀리가 자신의 사연을 이야기하고 로키마운틴뉴스가 이를 인용하되 이름은 밝히지 않기로 했다. "우리는 아이가 전 국민의 입에 오르내리는 악당이 되는 것은 원치 않았어요." 신디의 말이다.

인터뷰가 끝나자 에밀리는 흡족했다. 마음의 짐을 덜어서 홀가분했다. 이제 기사가 나오기를 기다렸다.

신문사의 편집자들은 이것으로는 부족하다고 느꼈다. 까딱하다가는 역공을 맞을 수도 있었다. 더 많은 자료와 목격자가 필요했다.

에밀리는 계속 기다렸다. 점점 짜증이 났다.

로키마운틴뉴스도 계속 기다렸다. 그동안 자체적으로 조사해왔던 이들은 놀라운 사실을 알아냈다. 콜럼바인에 대해 대중이 알고 있는 인식의 대부분이 잘못되었던 것이다. 그들은 진실을 알았다. 그래서 운동선수, 고스족, TCM, 캐시의 죽음 등 모든 소문의 실상을 폭로할 참이었다. 그들에게는 특종이 필요했다. 시간대만 잘 맞으면 파급력이 어마어마할 터였다.

그들은 제퍼슨 카운티가 최종 보고서를 마칠 때까지 기다렸다. 당국이 공식 자료를 내놓기 한두 주 전에 특종을 터뜨려서 사람들을 깜짝 놀라게 할 계획이었다. 좋은 전략이었다.

—

미스터 버넬은 캐시의 이야기를 털어놓으며 충격에서 조금 벗어났다. 그때 누군가가 책을 내자고 제안했다. 맥퍼슨 목사가 작은 기독교 출판사 플라우의 편집자를 그녀에게 소개해주었다. 플라우는 캐시가 죽기 전에 읽었던 책들을 출판했던 곳으로 미스티는 이 회사가 마음에 들었다.

처음에는 걱정스러웠다. 캐시를 팔아 이윤을 챙기는 것보다 더 꺼림칙한 일도 없었기 때문이다. 하지만 그녀에게는 사람들에게 하고 싶은 멋진 이야기가 있었다. 캐시가 오랫동안 영혼의 구원을 위해 노력해왔다는 것을 강조하고 총구를 앞에 둔 상황에서 신앙을 고백한 것을 곁들이면 사람들의 흥미를 끌 터였다.

그녀는 5월 말에 출판계약을 했다. 책 제목은『그녀는 그렇다고 말했다: 캐시 버넬의 기적의 순교』로 정해졌다.

이 제목이 설명하는 바가 실제의 정황과는 다르다는 점을 로키마운틴뉴스에서 밝혀냈는데, 캐시의 가족은 이를 전혀 모르고 있었다. 미스티는 록히드마틴에 복귀해서 재정분석가 일을 하고 있었으므로 책을 쓰려면 휴가를 받아야 했다. 경비 부담을 줄이기 위해 미스티는 계약금을 포기하는 대신 인세를 더 높게 받기로 했다. 또 출판사는 책 판매로 벌어들인 이익의 일부로 캐시 이름의 자선단체를 세우기로 했다.

플라우 출판사는 회사 역사상 첫 베스트셀러를 예감했다. 초판으로 무려 10만 부를 찍었는데 이는 이전의 기록보다 무려 7배나 많은 발행 부수였다.

—

　5월 25일, 예상을 깨고 경찰이 도서관 피해자들의 가족을 사건현장에 들여보내기로 했다. 생존자들이 사랑하는 사람과 함께 현장을 다시 둘러보면 느슨했던 기억이 돌아오거나 혼란스러운 의문이 풀릴지도 모른다는 생각에서였다. 세 명의 수석조사관들이 옆에 서서 질문에 응하고 이들을 지켜보았다. 캐시의 이야기를 처음 퍼뜨렸던 크레이그 스콧은 여러 가족과 함께 현장을 둘러보았다. 그는 자기가 숨었던 곳에서 걸음을 멈추고 아버지에게 당시 상황을 이야기했다. 수석형사가 이들의 대화를 들었다. 크레이그는 캐시의 바로 옆 테이블에 있었다. 그러나 그녀가 살해되는 장면을 묘사할 때 그가 반대 방향을 가리켰다. 안쪽 가까이 있는 두 테이블 중 하나에서 일어났다고 했다. 그쪽은 발린이 있던 곳이었다. 형사가 캐시는 그쪽이 아니라고 했지만 크레이그는 주장을 굽히지 않았다. 그는 발린이 숨어 있던 곳에서 가장 가까운 테이블을 가리키며 이렇게 말했다. "그녀는 당시 저기 있었어요!" 형사는 아니라고 했다. 크레이그는 화를 냈다. "저쪽에 있었다니까요." 그러면서 발린의 테이블을 다시 가리켰다. "내가 확실히 알아요."

　형사는 잘못된 점을 설명해주었다. 크레이그는 상태가 좋지 않았다. 형사가 그를 밖으로 데리고 나갔고 크레이그는 빈 복도에 앉아서 마음을 가라앉혔다. 그는 화를 내서 미안하다고 사과했다. 이제 괜찮고 거기서 가족이 나올 때까지 기다리겠다고 했다. 그는 도서관에 다시는 들어가지 않았다.

―

　버넬 부부와 가깝게 어울렸던 친구들의 말에 따르면, 브래드가 미스티보다 훨씬 힘들어했다. 일요일 아침마다 예배를 보러 가는 모습에서 역력히 드러났다. 브래드는 초췌해 보였다. 미스티는 책을 집필하면서 위안을 얻었다. 책 작업이 그녀에게 목적의식을 부여했고 캐시의 죽음에 의미를 부여했다. 미스티는 자신을 하느님의 손에 맡기자 하느님이 사명을 내렸다고 믿었다. 그러므로 그분의 메시지를 사람들에게 알려야 했다. 자신이 지금 쓰고 있는 책이 딸과 하느님을 영광스럽게 할 터였다.

　출판을 계약했다는 소식이 조사관들에게 전해졌다. 그들은 미스티에게 진실을 알려줄 의무가 있다고 판단했다. 그래서 6월에 수석조사관 케이트 배틴이 형사 한 명을 데리고 그녀의 집에 찾아갔다. 미스티는 그날의 만남을 이렇게 설명했다. "그들이 이렇게 말했습니다. '책 작업을 중단하지는 마세요. 다만 우리는 도서관에서 흘러나온 다른 이야기들이 있다는 것을 알려주고 싶은 겁니다.'"

　배틴은 미스티에게 책을 계속 쓰도록 권유했다. 다만 순교 이야기는 빼는 게 좋겠다고 했다. 캐시가 영적으로 변화한 이야기는 멋지다고 했다. 배틴은 캐시가 살해된 자세한 정황을 명확하게 알려주었고 나중에는 브래드와 미스티에게 911 테이프를 들려주었다.

　미스티와 플라우 편집자 크리스 짐머먼은 마음이 흔들렸다. 그래서 목격자들을 다시 만나보았다. 세 명의 목격자들은 그것이 캐시라고 확신했다. 안심이 되었다. 그리고 어차피 순교 대목은 책 내용 중 작은 일부에 지나지 않았다. 미스티는 캐시가 내면의 악령과 싸워 이

긴 이야기에 초점을 맞추기로 했다. "우리는 캐시가 몸무게에 신경쓰고 남자친구를 걱정한 평범한 10대였지, 성자처럼 살지는 않았다는 것을 사람들에게 알리고 싶었습니다." 그녀의 말이다.

미스티는 자신의 말을 지켰다. 책에다가 그렇게 썼다. 그녀는 캐시가 때로는 이기적이고 고집이 세며 "응석받이 두 살배기"처럼 행동했다고 묘사했다. 또한 목차 옆 쪽에 반대되는 주장을 소개했다. "다양한 회상"이 있음을 언급하며 "캐시의 죽음의 상세한 정황을 포함하여…… 정확한 전후 상황은…… 알려지지 않았을 수도 있다"고 밝혔다.

에밀리 와이언트는 점점 불안해했다. 그녀의 부모는 딸을 계속 주의시키며 조심하라고 했다.

버넬 부부와 저녁식사 자리가 마련되었다. 브래드와 미스티는 에밀리에게 딸이 살인자와 주고받은 말을 혹시 들었느냐고 물었다. 에밀리는 좀 당황하면서 아니라고 대답했다. 신디 와이언트는 에밀리가 자신의 입장을 분명하게 밝혔다고 느꼈지만, 나중에 버넬 부부는 확실한 말을 듣지 못했다고 했다. 신디는 버넬 부부가 에밀리의 반응을 아무것도 기억나지 않는다는 의미로 받아들인 모양이라고 대충 정리했다.

발린 슈너의 가족도 마음이 불편하기는 마찬가지였다. 조사관들은 그들에게 증거를 보고했고 크레이그 스콧이 도서관에서 이러저러한 광경을 보았다고 했다고 설명했다. 발린과 그의 부모는 버넬 가족에게 상처를 주는 것과 그냥 잠자코 있는 것 중에서 어느 쪽이 더 나쁜지 고심했다. 그들도 버넬 부부와의 식사자리에 있었다. 식사를 마치자 다들 기분이 좋았다. 브래드와 미스티는 진실한 사람 같았고 고통으로 지쳐 보였다. "정말 슬펐습니다." 마크 슈너가 말했다. 책은 미스티가 자신의 상처를 치유하는 방식이었다.

하지만 슈너 부부는 출판업자에 대해서는 그렇게 너그럽지 않았다. 편집자도 그날 저녁에 참석했는데 샤리는 그에게 출간 일정을 늦추라고 했다. 그녀의 남편도 이메일을 보내 이렇게 말했다. "어차피 책을 출판할 거라면 신중해야 할 거요. 서로 엇갈리는 정보가 너무 많아요." 그는 카운티 당국이 보고서를 발표할 때까지 출판을 늦추자고 제안했다. 플라우 출판사는 거절했다.

—

7월에 월스트리트 저널에 "콜럼바인 순교 팔아먹기"라는 제목의 기사가 실렸다. 플라우는 유명 출판사가 아니었지만 짐머언은 대대적인 광고를 위해 모니카 르윈스키의 책을 맡았던 전력이 있는 뉴욕의 홍보팀과 계약을 맺었다. 출판까지 아직 두 달이 남았을 때 미스티는 이미 〈투데이 쇼〉와 〈20/20〉에 출연하기로 얘기가 되었다. 윌리엄 모리스 에이전시가 영화 판권 섭외를 맡았다. (영화는 결국 제작되지 않았다.) 그리고 그곳 에이전트가 랜덤하우스에 북클럽 판권을 팔았다. 그는 "활용 가능한 거의 모든 방면으로, 그러니까 긍정적인 방법으로" 마케팅을 펼치고 있다고 말했다.

39

신의 책

나사가 점점 조여왔다. 에릭은 안드레아 산체스를 만나 교화 프로그램 계약서를 받았다. 앞으로 4학년 생활이 어떻게 될지 생각해보았다. 반성문을 쓰고, 훔친 물건을 배상하고, 일해서 벌금을 내고, 한 달에 두 번 상담받고, 정신과 의사를 만나고, '음주운전에 반대하는 어머니' 같은 멍청한 수업을 듣고, 성적을 잘 유지하고, 일터에서 말썽 피우지 않고, 45시간 지역사회 봉사를 해야 한다. 주기적으로 종이컵을 주고는 소변을 받아오라고 시키겠지. 이제 술과는 작별이다. 자유로운 생활도 끝이다.

에릭의 첫 상담과 첫 약물검사가 여드레 앞으로 다가왔다. 수요일에 산체스를 만나고 나니 목요일엔 속이 부글부글 끓었다. 1998년 4월 10일 금요일, 그는 스프링노트를 펼치고는 일지를 쓰기 시작했다. "역겨운 세상이 너무너무 싫다." 그로부터 1년 하고 열흘 뒤에 그는 콜럼바인을 공격했다. 에릭은 화가 나서 두 쪽을 적의로 가득 채웠다. 멍청한 인간들. 날 존경할 줄도 모르고, 다들 저 잘난 맛에 온갖 일에 끼어들지.

언뜻 보면 일지나 웹사이트나 똑같아 보이지만 퓨질리어는 거기서 해답을 찾았다. 웹사이트는 그저 분노의 표출일 뿐 아무런 설명도 하지 않았다. 그에 비해 일지는 노골적이었다. 에릭은 글을 통해 자신의 생각과 성격까지 그대로 다 드러냈다. 터무니없는 우월의식, 권위에 대한 혐오, 모든 것을 자기 뜻대로 하려는 지배욕을 보였다.

"나는 신과 같다." 에릭은 이렇게 선언했다. "역겨운 이 세상의 그 누구도 나보다 우주적 지성이 뛰어나지 못해." 머지않아 그의 우월의식이 활개를 치게 된다. 에릭은 한동안 자신의 일지를 "신의 책"이라고 불렀다. 그의 적대감도 만만치 않게 터무니없었다.

그에 따르면 가련하게도 인간들은 너무도 어리석어서 자신이 무기력한 존재임을 알지 못했다. 우리는 자신의 가능성을 실현하기보다는 주어진 명령에 따르는 기계처럼 하루하루를 허비했다. "학교에 왜 가는지 고민해본 적 있어? 멍청한 너희들은 이해하기 어렵겠지만, 너희보다 좀더 많이 깊이 생각하는 사람들은 사회가 학교라는 수단을 통해 청소년들을 고분고분한 로봇으로 길들이고 있다는 것을 알지." 인간 본성을 사회가 억압했다. 건강한 본능이 법에 얽매여 답답해했다. 사회는 우리를 일관작업대의 로봇으로 길들였다. 아이들을 일렬로 정렬된 책상에 앉히고 시작 종소리와 마침 종소리에 반응하도록 훈련시키는 이유가 여기에 있다. 단조로운 일관작업대는 개성을 압살하고 삶을 무기력하게 만든다. 에릭은 이를 "인간 본성이 작살났다"고 표현했다.

에릭과 딜런은 여러 면에서 서로 달랐지만 인간 존재를 로봇으로 본다는 점에서는 드물게 생각이 일치했다. 딜런도 좀비라는 표현을 자주 썼다. 두 아이 모두 자신이 독특하다는 것을 스스로 깨우쳤다고 했다. 사람들의 흐릿한 영혼을 꿰뚫어볼 줄 알았다. 하지만 딜런은 이런 차별성을 외로운 저주로 여겼다. 그리고 좀비들을 연민의 눈으로 바라보았다. 그래서 가련한 존재들이 자신의 틀을 깨고 나오기를 진심으로 원했다.

에릭은 자연선택이 문제라고 보았다. 웹사이트에서도 이 개념을 언급한 바 있지만 그는 일지에서 이를 특히 열렬하게 설명했다. 자연선택은 실패했다. 인간이 끼어들었기 때문이다. 의약품, 백신, 특수교육이 공모하여 부적격자들을 도태시키지 않고 인간 무리에 계속 남겨놓았다. 그래서 에릭은 열등한 자들과 함께 지내야 했다. 저 빌어먹을 주둥이를 다물 줄 모르는 새끼들! 그가 어떻게 저 끔찍한 잡담들을 참아낼 수 있겠는가?

그는 여러 가지 방안을 생각했다. 핵폭발, 생화학전, 모든 인류를 거대한 〈둠〉 게임에 가두기.

하지만 에릭은 현실적인 아이였다. 자연의 질서를 재정립할 수는 없지만 자신의 선택을 세상에 부과할 수 있었다. 이를 위해서라면 목숨도 기꺼이 내놓을 참이었다. "나는 곧 죽게 되겠지. 여러분과 다른 모든 사람들도 다."

여기서 '곧'이란 1년의 시간을 의미했다. 자신의 죽음을 생각하는 열일곱 살 아이에게는 놀랍도록 긴 시간이었다.

거짓말이 퓨질리어의 눈에 들어왔다. 에릭은 남을 속이는 것을 아주 즐겼다. "나는 거짓말을 많이 한다. 거의 항상, 모두에게, 그냥 좋아서. 어디 보자, 최근에 했던 큰 거짓말이 뭐가 있었지. '담배 끊었어' '잡히지 않으려고 그랬지' '아니, 이것 말고 다른 폭탄은 없는데' 등등."

에릭은 신을 믿지 않았지만 자신을 신과 비교하기를 좋아했다. 딜런 역시 자주 그랬는데, 이들은 망상에 사로잡혀 헛소리를 한 게 아니라 정말로 자신들이 통찰력, 지성, 각성에 있어서 신과 같다고 여겼다. 에릭은 제우스처럼 새로운 규칙을 만들었고 쉽게 화를 냈으며 특이한 방법으로 사람들을 심판했다. 그는 확신에 차 있었다. 그리고 계획이 있었다. 그래서 총을 구하고 폭탄을 만들어 사람들을 불구로 만들고, 죽이고, 그보다 더한 짓도 할 터였다. 총격보다 훨씬 더한 것으로 사람들을 공포에 떨게 할 터였다. 궁극적인 무기는 바로 텔레비전이었다. 에릭은 콜럼바인 학생식당을 지나가며 보았다. 수백 명을 죽이는 것은 문제도 아니었지만, 죽은 자는 그에게 아무것도 아니었다. 단역배우를 누가 신경이나 쓸까? 공연은 배우를 위한 것이 아니었다. 에릭이 계획하고 있는 일회성 무대는 바로 청중을 위한 것이었다.

아이러니하게도 그의 공격은 희생자들에게는 오히려 아까운 일일 터였다. 그의 의도를 미처 이해하지 못하고 죽을 테니까 말이다. "청중의 대다수는 이해하지 못하겠지." 너무 딱하고 아쉬운 일이다. 그의 손의 매서움은 느끼겠지만. "우리에게 시간이 있다면 시한폭탄에 대해 미리 연구해서 집과 도로, 다리, 건물, 주유소 여기저기에 수백 개 정도 설치하겠어." "그러면 LA폭동, 오클라호마 폭발, 제2차 세계대전, 베트남전, 〈둠〉 게임을 전부 다 합친 결과가 일어나겠지. 어쩌면 작은 혁명이 시작될지도 몰라. 세상을 망가뜨리는 혁명. 나는 세상에 영원히 지워지지 않는 흔적을 남기고 싶어."

—

퓨질리어 부서장은 일지를 내려놓았다. 살인이 일어나고 하루이틀 뒤에 소란스러운 콜럼바인 밴드연습실에서 에릭의 일지를 처음으로 읽었다. 다 읽는 데 한 시간 반 정도 걸렸다. 이제 그는 자신이 상대 하는 자가 어떤 인간인지 대충 감을 잡았다. 사이코패스였다.

4부

학교를 되찾자

40

사이코패스

"나는 사람들을 죽일 거야." 에릭은 일지에 이렇게 썼다. 대체 무슨 이유로? 그의 설명은 도무지 이해되지 않았다. 우리가 멍청이라서 죽이겠다고? 어떻게 해서 한 아이가 살인까지 하게 되었을까? 대다수 사람들에게 에릭의 폭언은 그저 미친놈의 발광처럼 들렸다.

퓨질리어 부서장은 정반대 반응을 보였다. 헛소리는 정신병자들이나 하는 짓. 에릭 해리스는 냉정하고 합리적으로 계산하는 아이였다. 퓨질리어는 에릭의 성격을 하나하나 따져보았다. 매력적이고 무정하고 교활하고 남을 조종하려 들고 과장이 심하고 자기중심적이고 동정을 몰랐다. 사이코패스 평가표의 항목을 그대로 읽는 듯했다.

퓨질리어는 석 달 동안 자신의 이론을 검증했다. 그는 어떤 문제에 대해서든 항상 이런 식으로 접근했다. 가정을 세우고 이를 반박하는 증거를 어떻게든 찾으려고 애썼다. 다른 설명에 비해 자신의 이론이 더 나은지 검증하고 이를 지지해줄 수 있는 가장 확실한 사례를 만들어본다. 그래서 가정이 이런 시험을 버티면 그것은 확실한 것이다. 사이코패스 이론은 확실했다.

진단이 범죄를 다 해결해주는 것은 아니지만 해결의 토대는 마련해주었다. 10년이 흐른 뒤에도 "통상적인" 시각으로 에릭의 동기를 평가하고자 했던 사람들은 여전히 당혹스러워했다. 에릭은 정상적인 사람이 아니었고 미친 것도 아니었다. 사이코패스는 이와는 다른 별개의 범주다. 이들의 뇌는 정상인의 뇌와도 정신병자의 뇌와도 다른 그들만의 특징을 지닌다. 에릭이 살인을 저지른 것은 두 가지 이유에서였다. 자신의 우월함을 입증하려고, 그리고 살인 행위를 즐기려고.

사이코패스에게는 두 가지 동기 모두 말이 된다. "사이코패스는 정상인이라면 끔찍할뿐더러 당혹스럽게 여기는 행동을 아무렇지도 않게 저지른다." 사이코패스에 관한 권위자인 로버트 헤어 박사의 말이다. "이들이 희생자를 고문하고 사지를 자르는 것은 우리가 추수감사절 때 칠면조를 칼로 자르는 것과 다르지 않다."

에릭은 인간을 스스로 가치 있다고 우쭐해하는 화합물 덩어리로 보았다. "모든 게 그저 자연과학, 화학, 수학일 뿐. 우리는 죽는다. 불타고, 녹고, 증발하고, 썩는다."

사이코패스가 인류를 성가시게 한 역사는 아마 태초부터였겠지만 지금도 이들에 대한 이해는 여전히 낮은 수준에 머물러 있다. 1800년대에 심리학이라는 신생 학문이 정신질환을 분류하기 시작했는데 여기에 들어맞지 않는 집단이 하나 있었다. 정신병으로 알려진 모든 질환은 이성적 추리를 못 하거나 혹은 공포로 얼어붙거나 환각을 보거나 목소리를 듣거나 병적 공포를 보이는 등 쇠약함을 나타냈다. 그런데 미치지도 않고 망상, 우울증에 시달리지도 않는 사악한 인간 포식자들이 있었다. 이들을 가리키기 위해 1885년에 **사이코패스**라는 용어가 도입되었다. 이들은 그저 고약한 것을 즐겼다.

사이코패스는 두 가지 대표적인 특징을 지닌다. 우선 타인에 대한 배려가 눈곱만큼도 없다. 아주 사소한 개인적 이득을 위해 남을 속이거나 해치거나 죽인다. 둘째는 이런 배려 없음을 놀라울 정도로 잘 은폐한다는 점이다. 사이코패스가 그토록 위험한 것은 사람들을 기만하는 능력이 탁월하기 때문이다. 그래서 그가 옆에 있음을 거의 알아차리지 못한다. (대개는 '그'다. 사이코패스의 80퍼센트 이상이 남자다.) 보기만 해도 소름이 쫙 돋는 괴짜를 생각해서는 안 된다. 사이코패스는 한니발 렉터나 노먼 베이츠처럼 행동하지 않는다. 휴 그랜트처럼 멀쩡한 모습을 하고 다가온다.

1941년 허비 클레클리 박사는 『정상성의 가면』이라는 책으로 사이코패스 이해에 새로운 장을 열었다. 자기중심적 사고와 공감 결여가 이들의 기본 동기였지만, 클레클리는 책 제목을 통해 그보다 더 중요한 사이코패스의 특징을 강조했다. 사이코패스가 그저 사악하기만 하다면 그리 심각한 위협이 아닐 것이다. 폭력적인 면을 노골적으로 드러낼수록 그만큼 눈에 잘 띄기 때문이다. 하지만 대부분의 사이코패스는 법망을 요리조리 잘 피해간다.

클레클리는 자신의 책 제목이 나타내는 은유적 의미를 우려했다. 즉 사이코패스는 할로윈 가면처럼 벗겨내면 그만인 단순한 가리개가 아니라는 점이다. 가해자의 인격과 하나가 되어 기쁨, 슬픔, 불안, 즐거움, 그 어떤 감정도 상황에 따라 마음대로 흉내낼 수 있다. 사이코패스는 얼굴 표정과 목소리 변조, 몸짓언어에 능하다. 단순히 계획적으로 여러분을 속이는 것이 아니라 삶 자체가 속임수다. 인격 전체가 당신 같은 풋내기를 속이려는 목적으로 만들어진 날조품이다.

사이코패스는 이런 속임수에 대단한 자긍심을 보이며 이 과정에서 크나큰 즐거움을 얻는다. 거짓말은 사이코패스의 일상이다. 진실을 말하면 충분한 상황에도 이들은 재미로 거짓말을 한다. "나는 사람들을 속이는 게 좋아요." 로버트 헤어의 책에 나오는 한 사이코패스가 면접중에 한 말이다. "지금도 당신을 속이고 있죠."

재미로 하는 거짓말은 사이코패스의 대표적인 특징이라 할 만큼 이들에게는 자연스러운 일이다. 심리학자 폴 에크먼은 이를 "속이는 기쁨"이라 불렀다.

클레클리는 50년간 자신의 연구를 가다듬으며 『정상성의 가면』의 개정판을 네 번 펴냈다. 1970년대에 이르러서야 로버트 헤어가 사이코패스의 20가지 특징을 분리하여 '사이코패스 평가표'를 작성했고 이는 사실상 모든 현대적 연구의 기초가 되었다. 그는 또한 사이코패스에 관한 권위 있는 책 『진단명 사이코패스』를 저술하기도 했다.

여기서 잠깐 복잡한 용어를 정리해보자. 반사회적 행동을 가리키는 포괄적인 용어로 소시오패스라는 말이 1930년대에 사용되기 시작했다. 결국 사이코패스와 소시오패스는 사실상 동의어처럼 쓰이게 되었다. (일부 전문가들이 소시오패스의 다양한 정의를 확인했지만 일관되게 받아들여지지는 않았다.) 이렇게 비슷한 두 용어가 혼용되는 가장 큰 이유는 각각이 다른 분야에서 사용되기 때문이다. 범죄학자들과 사법기관은 사이코패스라는 개념을 선호하고 사회학자들은 소시오패스라는 말을 자주 사용한다. 심리학자와 정신과 의사들의 의견은 엇갈리는데, 대부분의 전문가들이 사이코패스라는 말을 선호하며 헤어의 평가표를 기본 자료로 활용한다. 한편 1970년대에 제3의 용어인 반사회적인격장애(APD)가 도입되었는데 『정신장애 진단 및 통계편람』의 최신판에는 이 용어만 수록되어 있다. 사이코패스보다 훨씬 포괄적인 진단 범주로, 선도적인 학자들은 이 용어를 사용하지 않는다.

그렇다면 사이코패스는 어떻게 생겨나는 것일까? 다양한 의견이 있지만 대부분의 학자들은 타고난 본성에 양육 과정이 복합된 것으로 본다. 로버트 헤어는 사이코패스는 강력한 유전적 소인을 타고나며 성장 과정에서 학대받거나 방치되면서 이것이 악화된다고 믿는다. 사이코패스와 불안정한 가정환경 사이에 상관관계가 존재한다. 폭력적인 양육이 완연한 사이코패스를 더 사악하게 만드는 것으로 보인다. 그러나 현재까지의 자료에 따르면 가정환경이 사이코패스의 원인 같지는 않다. 그저 나쁜 상황을 악화시킬 뿐이다. 그리고 최선을 다해 키우더라도 악하게 태어난 아이에게는 소용이 없는 것 같다.

사이코패스의 징후는 이른 시기에 나타나며 평범한 형제자매를 가진 안정된 가정에서도 자주 나타난다. 따라서 아마도 선천적인 것으로 보인다. 아이가 유치원에 들어가기도 전부터 당혹스러운 징후를 보였다고 보고하는 부모들이 많다. 로버트 헤어는 새끼고양이를 계속해서 변기에 넣고 물을 내리려 한 5살짜리 여자애의 사례를 소개한다. "아이가 자꾸만 그러는 것을 겨우 붙잡았습니다." 아이의 어머니 말이다. "대수롭지 않은 표정이었어요. 발각되어서 화가 난 것 같기도 했고요." 남편에게 이를 말했는데 아이는 침착하게 모든 것을 다 부인했다. 부끄러움을 몰랐다. 두려움도 없었다. 사이코패스는 이런 감정을 잃어버린 사람이 아니다. 애초부터 이런 감정 자체가 없는 사람이다.

헤어는 청소년을 대상으로 사이코패스 판별장치를 마련하고 학창 시절에 나타나는 대표적인 특징들을 확인했다. 쓸데없는 거짓말, 타인의 고통에 무관심, 권위자에 대한 반항, 질책이나 처벌에 무반응, 사소한 절도, 시종일관 공격적인 태도, 수업을 빼먹고 귀가시간을 어김, 동물 학대, 이른 성 경험, 약탈과 방화. 에릭의 일지와 웹사이트에서는 이 가운데 아홉 가지가 등장했다. 그것도 대개는 줄기차게 자랑하기까지 했다. 그에게서 찾아볼 수 없는 것은 동물 학대뿐이었다.

어떤 시기가 되면 사이코패스의 원인이든 결과로든 이들의 뇌는 감정적 반응을 다른 식으로 처리하기 시작한다. 헤어는 연구 초창기에 이들의 해부적 차이를 확인했다. 사이코패스의 독특한 뇌파를 분석한 논문을 과학 학술지에 보냈는데 편집자가 거부 의사와 함께 이런 편지를 보내왔다. "논문에 실린 뇌전도(EGG)는 진짜 사람에게서 얻은 자료일 리가 없습니다."

바로 그거야! 헤어는 생각했다. 사이코패스는 그렇게 다른 존재였던 것이다. 사람들이 에릭 해리스에 대해 그토록 당혹스러워했던 것도 그를 동기를 가진 평범한 인간으로 생각했기 때문이다. 케이트 배틴도 그를 어른처럼 행동하려 한 10대라고 묘사하지 않았던가. 하지만 우리가 사춘기 10대의 분노라 생각하는 것은 에릭의 동기와 거리가 멀었다. 그의 뇌를 스캔한 적은 없지만, 아마 그랬다면 대부분의 신경학자들이 인간의 것으로 확인하기 어려운 독특한 활동을 보였을 것이다.

사이코패스의 근본적인 본성은 느끼지 못한다는 점이다. 이들은 특히 두려움과 고통에 둔감하다. 헤어 박사의 연구팀은 감옥에 수감된 사이코패스들을 수십 년간 연구했다. 그중 한 명에게 두려움을 묘사해보라고 했더니 이렇게 대답했다. "내가 은행을 털 때였는데 은행원이 몸을 부르르 떨고 혀가 꼬여 말을 잘 못하더군요. 한 명은 돈에다가 토하기까지 했습니다." 그는 당혹스러운 경험이었다고 했다. 연구자가 그에게 자신이 느꼈던 두려움을 한번 설명해보라고 했다. 총구가 당신 머리에 겨누어지면 어떤 기분이 들까요? 돈을 건네주고 나가거나 상황을 전환시킬 기회를 찾겠죠. 그게 그의 대답이었다. 어떤 기분일 거 같아요? 기분? 왜 기분을 느끼죠?

연구자들은 사이코패스를 로봇이나 컴퓨터에 자주 비교한다. 예컨대 영화 〈2001, 스페이스 오디세이〉에 나오는 자기 목적만을 완수하도록 설계된 컴퓨터 HAL이 대표적인 예다. 행동만을 놓고 보자면 비슷하지만 여기에는 섬세한 차이가 있다. 사이코패스도 뭔가를 느낀다. 에릭도 자기 개가 아플 때는 슬픔을 나타내는 것 같았고, 가끔은 인간에 대한 측은함을 느꼈다. 하지만 그런 신호는 희미하게 드러난다.

클레클리는 이를 감정의 폭이 빈약하다고 설명했다. 그런데 이것도 딱 잘라 말하기 어려운 것이 사이코패스는 자신의 안위와 밀접하게 관련된 몇몇 원초적인 감정은 개발하기 때문이다. 대표적인 예가 화, 좌절, 격노의 감정이다. 사이코패스는 격렬하게 분노를 터뜨리는데 이로 인해 "감정적"이라는 소리를 자주 듣는다. 클레클리는 이를 더 면밀히 들여다보라고 조언한다. "그를 유심히 관찰해보면 우리가 상대하는 것이 깊은 감정이 아니라 준비된 표현이라는 확신이 점차 분명해진다." 사랑은 없다. 슬픔도 없다. 자신의 미래에 대한 한탄이나 희망, 절망도 없다. 사이코패스는 어떤 감정도 깊고 복잡하고 지속적으로 느끼지 못한다. 사이코패스는 "짜증, 앙심, 즉각적이고 변덕스러운 유사애착, 역정, 얕은 자기연민, 미숙한 허영, 우스꽝스럽고 겉만 그럴듯한 분노"에 휩싸이기 쉽다.

마치 클레클리가 에릭의 일지를 보고 쓴 것만 같다. "어떻게 감히 나와 네가 같은 종의 일원이라고 생각해. 우리는 너어어어어무도 다른데. 너는 인간이 아니라 로봇이야…… 그리고 과거에 나를 짜증나게 했던 녀석은 나를 피하는 게 좋을걸. 다시 보면 죽여버릴 테니까."

사이코패스의 밑바탕에는 분노의 감정이 강하게 흐르고 있다. 이는 엄청난 자존심과 우월의식 때문이다. 사이코패스는 많은 것을 느끼지 않지만 열등한 사람에 대해 참을성을 잃으면 무슨 짓이든 벌일 수 있다. 꼭 깊은 감정을 느껴야 하는 것은 아니다. 지렁이도 지팡이로 쑤시면 꿈틀거리고, 다람쥐도 도토리를 주는 척하다가 도로 거두면 불만을 나타낸다. 사이코패스는 물론 이보다야 감정을 더 정교하게 느끼지만, 애정과 기쁨을 보이고 고통에 처한 사람에게 동정과 연민을 보일 줄 아는 골든 레트리버에는 미치지 못한다.

이제 막 사이코패스를 이해하기 시작한 단계이긴 하지만, 연구자들은 이들이 자기에게 없는 정서적 반응을 갈구한다고 믿는다. 사이코패스는 거의 항상 스릴을 좇는다. 롤러코스터, 행글라이딩을 좋아하고 응급실, 채권거래소, 해병대 같은 짜릿한 직업을 선호한다. 범죄, 위험, 빈곤, 죽음, 그 밖의 어떤 모험도 환영한다. 이들은 새로운 흥분을 찾아 여기저기 옮겨다닌다. 흥분을 유지하기가 그만큼 어렵기 때문이다.

사이코패스는 하나의 일에 오래 머무르지 않는다. 금세 지루해한다. 범죄를 저지를 경우에도 실적이 그리 좋지 않다. 클레클리는 이들이 "분명한 목표가 없고, 전형적인 범죄자들처럼 전문 분야를 파고

들기보다는 기회가 닿을 때마다 이런저런 범죄를 저지르고 다닌다"고 했다. 이들은 흥미를 잃으면 부주의한 실수를 저지르고 결정적인 기회를 그냥 흘려보낸다. 짧은 기간 동안 집중적으로 일을 저지른 다음 그냥 돌아선다. 물론 거대한 사기극인 경우에는 몇 년을 준비하기도 한다.

에릭은 청소년 시절을 그렇게 보냈다. 그는 마음만 먹었다면 전 과목 A학점을 받을 능력이 되었지만 늘 들쑥날쑥했다. 1년여에 걸쳐 NBK 사명에 몰두했지만 야심이라든가 인생 계획 따위는 없었다. 콜럼바인 고등학교에서 가장 똑똑한 편에 속했으면서도 대학 진학에 통 관심을 보이지 않았다. 블랙잭에서 용돈을 버는 것 말고는 앞으로 무슨 일을 하고 살지 무신경했다. 군인인 아버지를 보며 군인에 대한 환상을 키웠고 해병대에서 복무하고 싶다고 했지만 그럼에도 입대를 위한 노력은 전혀 하지 않았다. 마지막 주에 신병 모집원이 연락해왔을 때 그는 모집원을 만나봤지만, 이후 전화를 다시 걸어 자기가 합격했는지 여부를 알아보지 않았다.

드물게 보이는 사이코패스 살인자도 마찬가지다. 살인에 거의 항상 지루함을 느낀다. 목구멍을 가를 때면 맥박이 솟구치지만 스릴은 금방 잦아들어 한동안은 살인을 해도 더이상 즐겁지 않다. 이미 스릴이 바닥났기 때문이다.

살인의 진부함을 달래는 덜 보편적인 방법이 있는데 바로 두 명이 짝을 이뤄 서로에게 자극을 주는 것이다. 범죄학자들은 수십 년 동안 2인조 현상을 눈여겨봐왔다. 레오폴드와 뢰브, 보니와 클라이드, 2002년의 벨트웨이 스나이퍼(워싱턴 D.C. 근교에서 무차별 저격사건을 벌인 존 앨런 무함마드와 존 리 말보 부자를 가리킨다—옮긴이)의 사례를

들 수 있다. 2인조는 대량 학살범의 극히 일부에 지나지 않아서 아직 연구 사례가 많지 않다. 우리는 파트너 관계가 대개 비대칭적이라는 것을 안다. 가령 신경질적이고 변덕스러운 우울증 환자와 가학적인 사이코패스가 만날 때 폭발적인 짝이 된다. 물론 이 관계를 통제하는 것은 사이코패스지만, 불같은 동료는 거대한 먹잇감을 처리할 때까지 그의 흥분을 계속 유지시켜주는 것이다. 퓨질리어 부서장은 이런 말을 즐겨 했다. "토네이도를 만들려면 열기와 냉기가 있어야 하죠." 에릭은 열기를 갈망했지만 계속 유지하지 못했다. 딜런은 언제 터질지 모르는 화산이었다.

1년이 넘도록 매일매일 딜런은 에릭에게 변덕스러운 흥분제를 놓아주었다. 그들은 계속해서 머릿속으로 살인을 떠올렸다. 비명과 외침, 불타는 살의 냄새를……

에릭은 기대에 차서 입맛을 다셨다.

—

로버트 헤어의 뇌전도 연구는 사이코패스의 뇌가 일반인과 다르게 작동한다는 의미였지만 그는 어떻게 그런지 혹은 왜 그런지 알지 못했다. 에릭이 죽고 난 뒤에 한 연구원이 새로운 과학기술로 우리의 이해를 진전시켰다. 기능성 자기공명영상(fMRI) 기술을 활용하면 활성화되고 있는 뇌 부위를 눈으로 확인할 수 있다. 켄트 키엘 박사는 피험자의 머리에 전극을 꽂고 일련의 낱말카드를 보여주었다. 절반은 강간, 살인, 암 같은 자극적인 단어가 적힌 카드였고 나머지 절반은 바위나 손잡이 같은 중립적인 단어가 적힌 카드였다. 일반인들은 혼란스러운 단어에 혼란스러운 반응을 보였다. 감정을 담당하는 뇌의 중추인 편도체가 활발하게 빛났다. 사이코패스의 편도체는 잠잠했다. 우리의 삶에 색깔을 부여하는 감정적 정취가 사이코패스에게는 보이지 않는 것이다.

키엘 박사는 살인 장면을 생생한 사진으로 보여주며 같은 실험을 반복했다. 이번에도 사이코패스의 편도체는 아무런 영향도 받지 않았다. 대신 언어중추가 활성화되었다. 아마도 이들은 감정을 경험하는 대신 분석하는 것 같았다.

"그는 다른 사람들이 자극적이라거나 혐오스럽다거나 소름끼친다고 하는 사건에 대해 흥미로운, 매혹적인 같은 단어로 반응한다." 로버트 헤어의 말이다. 사이코패스에게 공포는 순전히 지적인 것이다. 그들의 뇌는 사이코패스가 아닌 우리가 느끼는 것을 스스로에게 설명하고자 단어를 찾는다. 이제 이해가 된다. 사이코패스는 고통이나 비극을 보면 그 상황을 어떻게 이용해서 남들을 조종할까 머리를 굴리는 것으로 반응한다.

그렇다면 사이코패스는 어떻게 치료할까? 헤어는 한 세기 동안 계속되어온 치료 노력의 결과를 한마디로 요약했다. 아무것도 소용없다. 사이코패스는 주요 정신질환 가운데서 유일하게 치료가 불가능하다. 오히려 치료가 상황을 악화시킬 때가 많다. "불행히도 이런 식의 프로그램은 사이코패스에게 사람들을 조작하고 기만하고 이용하는 더 좋은 방법을 제공할 뿐이다." 개별치료는 사이코패스에게 뜻밖의 행운이 되기도 한다. 일대일 훈련을 통해 자신의 솜씨를 완벽하게 가다듬을 수 있기 때문이다. "이 프로그램들은 마치 사교계 진출을 위한 교양학교 같아요." 한 사이코패스가 헤어 박사의 팀에게 자랑하듯 말했다. "사람들을 어떻게 압박할지 방법을 가르쳐주거든요."

에릭은 의도치 않게 최소한 두 명의 코치를 만나는 행운을 누렸다. 청소년 교화 프로그램을 담당하는 밥 크릭스하우저와 그의 정신과 의사 앨버트 박사였다. 에릭은 금세 배웠다. 그의 교화 파일을 보면 세션이 진행될 때마다 꾸준히 향상되었다고 기록되어 있다.

묘하게도 많은 사이코패스들이 중년의 나이에 접어들면서 자발적으로 호전된다. 꽤 오래전부터 이 현상이 알려져왔지만 이유는 아직 밝혀지지 않았다. 이것만 해명된다면 사이코패스를 위협적이지 않은 존재로 만들 수 있을 것이다. 정신의학계 내에서는 미성년자에게 사이코패스 진단을 내려서는 안 된다는 움직임이 있다. 하지만 분명히 많은 청소년들이 사이코패스 증상을 보인다.

키엘 박사는 뉴멕시코 대학의 지원을 받아 이동식 기능성 자기공명영상 실험실과 연구팀을 운영하고 있다. 2008년에 그는 세 곳의 교도소에서 죄수 500명의 뇌를 스캔했다. 20퍼센트가 사이코패스의 기준을 충족했다. 그는 사이코패스의 원인과 치료법이 곧 밝혀지리라 믿고 있다.

에릭이 공격을 계획하는 동안 로버트 헤어는 그와 같은 부류를 다루기 위해 나름의 연구를 진행하고 있었다. 그는 자연적으로 호전된 사이코패스들의 자료를 재검토하기 시작했다. 청소년기에서 50대가 되어가는 동안 그들의 감정적 특징에는 사실상 아무런 변화도 보이지 않았지만, 반사회적 행동에서 극적인 진전이 있었다. 내적충동은 그대로인데 행동이 바뀐 것이다.

헤어는 이들이 그냥 적응을 한 것인지도 모른다고 생각했다. 대단히 합리적인 이들이므로 감옥에 가면 손해라고 생각했을 수도 있다.

그래서 그는 이들의 사적인 이해를 공공의 이익으로 전환하는 방법을 모색했다. 그가 개발한 프로그램은 사이코패스가 계속해서 자기중심적으로 살고 타인에게 무신경하지만 규칙이 자신의 관심사와 일치하면 그것에 집착하리라는 가정을 바탕으로 한다. "남들에게 해를 끼치지 않고 그들이 원하는 것을 얻을 수 있는 방법이 있음을 이해시키는 것"이 프로그램의 핵심이라고 헤어는 말한다. "그들에게 이렇게 말해요. '대부분의 사람들은 머리가 아니라 마음으로 생각하는데, 당신의 문제는 머리로 너무 많이 생각한다는 겁니다. 그러니 이를 장점으로 승화시켜봐요.' 그러면 무슨 말인지 이해합니다."

에릭이 콜럼바인 고등학교에 다닐 때 위스콘신의 한 청소년 교화센터가 같은 접근방식을 따른 프로그램을 독자적으로 개발해 활용하기 시작했다. 이 역시 즉각적인 만족과 통제를 원하는 사이코패스의 욕구를 이용한 것이다. 매일 밤 피험자들이 규칙을 얼마나 잘 지켰는지 측정해서 다음날 특전으로 보상해주었다. 특별히 사이코패스를 위해 설계된 프로그램은 아니었지만 이들에게 놀라운 진전을 가져다주었다. 4년간의 연구 결과를 2006년에 책으로 냈는데, 이 프로그램에 참가한 이들은 다른 유사 프로그램에 참가한 사이코패스 아동에 비해 폭력을 일으킬 가능성이 2.7배 낮았다고 한다.

이제 역사상 처음으로 사이코패스 치료법이 개발되는 듯 보인다. 이를 확인해줄 또다른 후속연구가 기대된다.

사이코패스 전문가들은 앞으로 일어날 발전에 대해 신중하게 낙관하고 있다. "10년 이내에 지금보다 사이코패스를 훨씬 잘 이해하게 되리라 믿습니다." 켄트 키엘 박사의 말이다. "사이코패스를 효과적으로 관리하도록 도울 수만 있다면 그보다 좋은 게 없겠죠. 치료약이 조만

간 나오리라 말할 수는 없겠지만 효과적인 관리전략을 실행할 수 있
으리라 희망해봅니다."

41

희생자 부모단체

퓨질리어는 에릭이 사이코패스라고 확신했다. 하지만 그 아이는 열여섯 살 때 음모를 꾸미기 시작했고, 열일곱 살 때 계획의 대부분을 다 세웠으며, 열여덟 살이 거의 되어갈 때 총을 쏘았다. 그런 나이의 에릭에게 사이코패스라는 꼬리표를 붙인다면 반발이 있을 터였다.

콜럼바인 사태 석 달 뒤에 FBI는 버지니아 주 리스버그에서 학교 총기사건을 다루기 위한 수뇌부 회의를 열었다. 세계적으로 유명한 심리학자들을 몇 명 초대했는데 여기에는 로버트 헤어 박사도 포함되었다. 대회가 거의 끝날 무렵, 퓨질리어 부서장이 마이크 앞으로 다가가 두 살인자의 심리 상태에 대해 철저한 보고를 하고는 이렇게 결론을 내렸다. "아무래도 에릭 해리스는 성장 단계에 있는 사이코패스로 보입니다."

회의장이 술렁거렸다. 앞자리에 앉은 저명한 한 정신과 의사가 말을 하려고 일어섰다. 올 게 왔군, 퓨질리어는 생각했다. 이제 내 결론을 시시콜콜 물고 늘어질 테지.

"나는 그가 성장 단계에 있는 사이코패스라고 생각하지 않습니다." 정신과 의사가 말했다.

"그럼 박사님은 어떻게 생각하십니까?"

"에릭은 완연한 사이코패스입니다."

그의 동료들이 고개를 끄덕였다. 에릭 해리스는 사이코패스의 교과서였다.

여러 명의 전문가들이 수뇌부 회의 이후 콜럼바인 살인자들을 계속해서 연구했다. 미시간 주립대학의 정신과 의사 프랭크 오크버그는 여러 차례 정신건강팀을 도우러 와서는 사실관계를 수집했다. 박사는 살인자와 가까운 사이였던 온갖 사람들을 인터뷰했고 아이들이 남긴 글을 찬찬히 살폈다.

지역사회에서, 그리고 궁극적으로는 제퍼슨 카운티 당국에서도 답답해하는 것은, 퓨질리어가 대중에게 말할 수 있도록 허가받지 못했다는 점이었다. 처음부터 지역경관과 연방수사관들 모두 제퍼슨 카운티가 행여 FBI의 그늘에 가리지 않을까 염려했다. 그래서 FBI는 요원들이 언론매체와 사건에 대해 논의하지 못하도록 엄격히 금지했다. 제퍼슨 카운티 지휘관은 살인자들의 동기를 논의하지 않기로 결정했고 FBI는 그 결정을 존중했다.

이렇게 가장 관심이 가는 문제를 설명하지 않자 카운티 당국을 의심하는 눈길이 늘어갔다. 안 그래도 이미 보안관서에 대해 불거지고 있던 신뢰 문제가 갈수록 악화되었다. 왜?라는 문제 말고도 대중에게는 절실한 질문이 두 가지 더 있었다. 당국은 콜럼바인 같은 사건이 일어나리라 예측했을까? 총격이 시작되자마자 이를 바로 막아야 했던 게 아닐까? 민감한 두 질문 모두에 대해 제퍼슨 카운티는 이해관계가 얽혀 있었다. 이들은 이런 요구를 무시하고 곧장 돌파했다.

판단 착오였다. 카운티 당국은 민감한 두 문제를 독립적으로 조사할 수도 있었다. 어렵지 않았다. 100명가량 되는 형사들을 가동할 수 있는 여력이 있었으니까.

그런데 1999년에는 군이 독립적인 조사를 할 필요를 느끼지 못했다. 지휘관들은 정직한 사람들이었다. 부패한 경관이라는 소문이 도는 사람이 한 명도 없었다. 존 키크부시는 부서 안팎으로 많은 존경을 받는 인물이었다. 다들 스스로가 깨끗하다고 믿었고 대중도 그렇게 생각하리라 여겼다. 실제로 많은 이들이 그랬다. 스톤과 보안관보는 불과 석 달 전에 임명된 사람들로 에릭 해리스가 보내온 경고 신호를 놓친 것에 대해선 책임이 없었다. 팀원 대부분은 4월 20일에 사건을 지휘하고 결정하는 역할을 맡은 바가 없었다. 당시 케이트 배틴은 일상적인 업무를 수행하고 있었으므로 역시 결백했다.

하지만 일부 좋은 경찰들은 4월 20일 이후에 참으로 나쁜 결정을 내렸다. 생존자들은 경찰이 뭔가 숨기고 있다는 의심을 충분히 품을 만했다. 제퍼슨 카운티 지휘관은 브라운 부부가 에릭에 대해 경고했는데도 아니라고 잡아뗐고, 이들 부부는 모두가 알고 있었다고 확신했다. 부서 내부에서 누군가가 브라운 부부의 문서화된 흔적을 파기하려고 시도했다. 대학살 직후에 마이크 게라 조사관은 자신이 1년 전에 에릭에 대해 조사했던 서류 복사본이 자기 책상에서 사라진 것을 알아차렸다. 그런데 신기하게도 며칠 뒤에 제자리에 다시 돌아왔다. 그해 여름에는 에릭의 컴퓨터 기록을 조회했는데 사라지고 없었다.

서류 복사본이 또다시 사라졌고 이후 다시는 발견되지 않았다.

이후 몇 달 동안 존 키크부시 부서장의 조수는 훗날 당혹스럽다고 밝힌 여러 행위에 가담했다.

—

패트릭 아일랜드는 다리를 다시 움직이기 위해 매일 힘겹게 노력했다. 의료진은 그에게 집중하라고 했다. 패트릭이 집중하면 뇌의 회백질에 전자들이 퍼지면서 찢긴 좌반구에서 새로운 경로를 모색했다. 그래서 거의 감지하기 어려울 만큼 희미한 신호라도 만들어내면 이에 해당하는 정신적 인식이 만들어졌다. 신호는 갈수록 강력해졌다.

그의 방에는 사람들이 항상 오고갔다. 5월 첫째 주에 수상스키를 하는 친구들과 친척들이 찾아왔다. 패트릭은 못 쓰게 된 다리를 베개에 올려놓은 채 침대에 누워 있었다. 부목을 덧대어 무게가 많이 나갔지만 용케 버티고는 천천히, 가까스로 넓적다리를 들어올렸다. "야! 내가 하는 거 잘 봐!"

사람들은 거의 아무것도 보지 못했다. 패트릭은 부목 아래의 베개가 살짝 펴질 정도로만 넓적다리를 들어올렸다. 하지만 느낌이 왔다. 그는 베개가 아니라 자신의 다리가 스스로를 받치고 있다는 것을 알 수 있었다.

팔다리와 신경이 다시 연결되자 패트릭은 꾸준히 조금씩 회복되었다. 매일 아침 달라진 것이 느껴졌다. 몸통부터 시작해서 몸의 중앙에 처음으로 힘이 돌아왔고 이어 엉덩이와 어깨로 뻗어나가 오른쪽 팔꿈치와 무릎 아래에도 힘이 들어갔다. 몇 주가 지나자 두 발로 설수 있었다. 처음에는 엉덩이 높이의 평행봉을 잡고 서는 것으로 시작했다. 치료사가 그의 허리에 견인줄을 묶고는 붙들고 끌어 그가 천천히 평행봉 사이를 조금씩 걸어가도록 했다. 성공이었다. 아직 오른쪽 팔의 힘도 다리만큼이나 허약했기 때문에 만만치 않은 일이었다. 하지만 그는 온 힘을 다해 한 걸음 한 걸음 앞으로 내디뎠다.

나중에는 보행기를 이용했고, 이어 팔꿈치 아래쪽 부분에 고정시키도록 만든 목발을 짚고 다녔다. 멀리 이동하거나 피곤할 때를 대비해서 휠체어가 항상 대기하고 있었다. 손가락과 발가락을 민첩하게 놀리는 일이 가장 어려웠다. 부들부들 떨지 않고 펜을 잡기까지 몇 달이 걸렸다. 우리가 인식하지 못하지만 발가락을 움직일 때면 섬세한 근육 조정이 이루어지는데, 그는 아직 이것이 원활치 않아 보행에 애를 먹었다.

—

앤 마리 호크할터는 패트릭보다 회복 속도가 더뎠다. 까딱하면 공격 때 살아남지 못할 뻔했다. 척수 파열로 끔찍한 통증을 겪었다. 몇 주를 모르핀에 의지해 정신착란 상태로 누워서 보냈고 인공호흡기와 급식관 덕분에 목숨이 겨우 붙어 있었다. 입에 튜브를 물고 있어서 말을 하지 못했을 뿐만 아니라 정신이 흐릿해서 무슨 일이 벌어졌는지, 앞으로 어떻게 될지 이해하지 못했다.

마침내 의식이 차츰 돌아왔다. 그녀가 다시 걸을 수 있을지 물었다.

"글쎄요, 어렵겠죠." 한 간호사가 대답했다.

"그냥 울었어요." 그녀가 나중에 말했다. "하도 심하게 울어서 간호사가 부모님을 데리고 와야 했어요."

6주 뒤에 그녀는 크레이그 병원으로 이송되어 패트릭을 만났다. 대니 로버의 친구 숀 그레이브스도 척추 아래가 부분적으로 마비되어 그곳에 있었다. 숀은 여름이 지나자 부목에 의지해서 몇 발짝을 걸을 수 있었다. 랜스 커클린은 티타늄을 심고 피부를 이식하는 얼굴 재건 수술을 받았다. 흉터가 심하게 남았지만 그는 대수롭지 않게 생각했다. "내 몸의 5퍼센트가 금속이라니 멋지네요."

—

대학살이 있고 몇 주 뒤에 도서관 희생자들의 거의 모든 가족이 조사관들과 함께 범죄현장에 들렀다. 그들은 그곳을 봐야 했다. 끔찍하겠지만 어떻게 된 상황인지 알아야 했다. 돈 애나는 딸 로렌 타운센드가 살해된 곳에서 멈췄다. 왼쪽 첫번째 테이블이었다. 배낭과 개인 소지품을 치운 것을 제외하면 모든 게 그대로였다. 개인 물품은 사진을 촬영하고 목록을 작성한 다음 가족에게 돌려주었다. "감정적 충격을 이루 말로 표현할 수가 없었어요. 그걸 어떻게 설명하겠어요?" 애나가 말했다. 하지만 그녀는 피하지 않았다. "다른 사람들도 다 그렇겠지만 어떻게 된 상황인지 알아야 했어요. 사건현장에 돌아가서 거기서 무슨 일이 벌어졌는지 일부나마 확인해야 했습니다."

학생들을 건물 안에 다시 들여보낸다는 것은 말도 안 되는 생각이었다. 도서관은 사라져야 했다. 열세 가족 대부분은 누구랄 것도 없이 금세 그런 결론을 내렸다.

학생들의 생각은 달랐다. 이들은 봄이 지나는 동안 콜럼바인이라는 이름이 갖는 의미를 생각했다. 그것은 자신들이 다니는 고등학교 이름이었지 비극을 가리키는 고유명사가 아니었다. 아이들은 여기저기서 "콜럼바인 이후에"나 "또다른 콜럼바인을 막으려면" 같은 표현을 사용하는 것이 마음에 들지 않았다. 그저 콜럼바인 고등학교에서 어느 날 하루 일어난 일일 뿐이었다.

그러던 와중에 관광객들이 몰려왔다. 비극이 벌어지고 몇 주 지나지 않아 아직 학생들이 전부 돌아오지도 않았는데 관광버스가 학교에 몰려들기 시작했다. 콜럼바인 고등학교가 콜로라도에서 로키 산맥 다음으로 유명한 관광명소로 떠오르자 업계가 이를 재빨리 상품화한 것이다. 버스가 학교 정문에 섰고 관광객들이 우르르 내려 학교 사진을 찍고 운동장에서 연습하는 아이들과 공원을 돌아다니는 아이들을 찍었다. 화난 표정들이 카메라에 담겼다. 학생들은 졸지에 동물원 우리에 갇힌 표본이 되었다. 다들 계속해서 **지금 기분이 어때?**라고 물었다.

브라이언 퓨질리어는 조금만 있으면 2학년에 올라가는 학생이었다. 몇 주 동안 현미경으로 관찰당하는 기분은 끔찍했다. 관광객들이 너무 많이 몰려들자 아버지한테 이렇게 말했다. "마음 같아서는 다가가서 코에 주먹이라도 날려주고 싶어요!"

6월 2일, 마침내 전교생이 콜럼바인에 돌아왔다. 온갖 감정이 교차하는 하루였다. 학생들이 안에 들어가 예전에 도망치면서 놔두고 왔던 배낭과 핸드폰과 기타 물품들을 가져오는 데 두 시간이 주어졌다. 부모가 원하면 같이 들어갔다. 다들 자신의 두려움에 똑바로 맞서볼 기회였다. 수백 명의 아이들이 제대로 걷지도 못하고 울음을 터뜨렸다. 이런 울음은 필요했다. 다들 고통스러운 경험이기는 했지만 감정을 정화하는 데 도움이 되었다고 했다.

이후 두 달 동안 내부 공사를 진행하느라 학교 출입이 금지되었다. 아이들은 뭔가가 바뀐다는 생각을 하자 복잡했지만 믿고 받아들였다. 이 지역은 개방입학제라서 입학과 전학이 자유로웠으므로 다음 학기에는 콜럼바인의 학생 수가 대폭 줄어들 거라고 모두가 예상했다. 그런데 학생들은 정반대로 행동했다. 다른 학교로 전학을 간 아이가 극히 적었다. 오히려 가을학기 등록이 늘었다. 학생들은 이미 많은 것을 잃었다고 느꼈기 때문에 복도 1인치, 교실 하나라도 포기하면 패배라고 여겼다. 그들은 학교를 돌려받고 싶었다. 고스란히 다!

교장을 비롯한 모든 교직원들은 아이들에게 모든 신경을 다 쏟아 치료를 받게 하고 트라우마 증상이 없는지 살펴보았다. 도서관 문제를 논의하기 위해 학생, 학부모, 교직원이 포함된 디자인 심의위원회가 꾸려졌다. 합의는 쉽게 이루어졌다. 속을 다 드러내고 개축하기로 했다. 구획을 다시 설계하고 가구를 바꾸거나 재배치하고, 벽 색깔은 물론 카펫과 천장 타일도 바꾸기로 했다. 완전히 싹 다 바꾸는 계획을 학교 전체를 위해 밀어붙이기로 했다. 트라우마 전문가들은 위원회에 두 가지 목표를 조화시킬 것을 제안했다. 아이들에게 학교가 무사하다는 안심을 주면서 미묘한 변화를 주라는 것이었다. 도서관은 예외였다. 완전히 다르게 보여야 했다.

학교 개조에 120만 달러가 소요될 터였다. 학기가 다시 시작되는 8월까지 공사를 마무리하려면 빠듯했다. 디자인 위원회에서 재빨리 밀어붙이자 학교 측이 6월 초에 제안을 수락했다. 살해된 아이들의 부모들은 경악했다. 가구를 재배치해? 페인트를 다시 칠하고 카펫도 새로 깐다고? 디자인팀은 대대적인 수리라고 했지만 반대자들은 겉만 고치는 "화장"이라고 몰아붙였다.

—

처음에는 학생들과 희생자들의 가족 모두 한 편이라고 생각했다. 그런데 몇 주가 지나자 서로 의견이 달라 다투게 되리라는 것이 명백해졌다. 사망자 13명의 부모들은 자신들이 수에서 밀린다는 것을 알아차리고는 '희생자 부모단체'를 결성해서 맞서기로 했다. 5월 27일, 단체 결성에 즈음하여 언론에서 언급되기를 즐기는 악명 높은 한 변호사가 덴버에 날아와 요란한 기자회견을 열었다. 제프리 파이거는 절망적인 환자들의 자살을 도와 기소된 케보키언 박사의 재판 같은 언론의 관심을 끄는 사건을 맡아 케이블 뉴스에 단골로 오르내리는 인물이었다. 파이거는 아이제이어 숄스의 가족과 팀을 이뤄 살인자들의 가족에게 2억 5000만 달러라는 어마어마한 금액의 손해배상을 청구했다. 이로써 콜럼바인은 최악의 모습으로 다시 한번 전국지의 머리기사에 올랐다.

"돈 때문이 아닙니다!" 아이제이어의 계부가 말했다. "이 소송은 푼돈을 받기 위한 것이 아닙니다! 변화를 위한 것입니다. 그들의 경제력에 타격을 주려면 이 방법밖에 없어요." 맞는 말이었지만 대중은 그의 동기를 수상하게 여겼다. 피저는 소송비용이 배상액을 상회할 수도 있다고 주장했다. 콜로라도 주는 손해배상액에 상한선을 두어 개인의 경우 25만 달러, 정부기관은 15만 달러로 제한했다. "이 소송은 상징적인 의미를 갖습니다. 탐욕스럽다고 빈정대는 사람도 있겠지만요."

소송이 있으리라고는 다들 예상했지만 이렇게 터무니없이, 그것도 이렇게 급작스럽게 일어나리라고는 아무도 예상하지 못했다. 콜로라도 법에 따르면 1년 안에 희생자가 소송을 제기하고 6개월 안에 의향을 밝히면 된다. 그런데 이제 겨우 5주 지났을 뿐이다. 가족들은 법률소송을 회생의 수단이자 최후의 방책으로 논의하고 있었다.

소송은 사람들의 의중을 떠보는 시험지로서는 실패했다. 특히 생존자들이 불만을 터뜨렸다. 많은 이들이 사고 이후 자신의 삶을 이런저런 정의구현에 바쳤다. 학교폭력추방운동이나 총기규제운동에 나서고, 교내 기도회를 조직하고, 특수기동대 행동규정 마련을 돕고, 경고 표지판을 세우고, 학교를 수선하거나 도서관을 부수는 일을 도왔다. 소송으로 이 모든 일이 곤란에 처하게 될 판이었다. 소송은 또한 앞으로 있을 거대한 싸움에도 좋지 않은 영향을 미쳤다. 숄스의 가족이 기자회견을 열었을 때 싸움은 이미 시작되고 있었다. 역시 돈과 관련된 것으로, 엄청나게 들어온 일반 국민의 기부금이 문제였다. 돈에는 잡음이 따르기 마련이다.

첫 달에 200만 달러 이상의 기부금이 들어왔고 한 달 뒤에는 총액이 350만 달러에 육박했다. 40개의 각기 다른 기금이 곳곳에서 생겨났다. '유나이티드 웨이'는 기금의 분배를 조정하기 위해 치유펀드를 세웠다. 로빈 피네건은 베테랑 치료사이자 오클라호마시티의 생존자들을 옆에서 도왔던 피해자 변호인이다. 그녀가 공영 라디오방송 NPR에서 이렇게 말했다. "아주 힘겹고 고통스러운 과정이 될 겁니다." 상충되는 이해관계자들이 너무도 많았다. "모든 걸 다 받아들일 수는 없습니다. 일부 사람들을 소외시킬 수 밖에 없는데 기분이 썩 좋지는 않죠." 이것도 온화하게 표현한 말이었다.

두 명의 교사에게 불안치료를 하라며 5000달러가 지급되자 브라이언 로버는 발끈 화를 냈다. "정말 터무니없네요." 그는 돈이 부상자 가족과 사망자 가족 모두에게 똑같이 돌아가기를 원했다. 하지만 똑같이 나눠주는 건 공평한가? 랜스 커클린의 아버지는 아들의 치료비를 100만 달러 내지 200만 달러로 예상했다. 이 가족에겐 보험도 없었다. 마크 테일러는 가슴에 총알 네 발을 맞아 수술을 해야 했다. 그의 어머니는 식비도 없고 집세도 못 낼 형편이었다. 굴욕적이었다. 마치 거지가 된 기분이었다고 했다. "아들이 병원에 있어서 일을 할 수 없었어요. 굶어죽을 판이었는데 기부금 수백만 달러가 들어왔죠. 착잡하더군요."

테일러와 커클린 가족의 변호사는 가족마다 보상액에 차등을 두어야 한다고 주장했다. 브라이언 로버는 또다시 화를 냈다. "그건 결국 대니의 목숨은 아무런 가치가 없다는 뜻 아니겠어요?" 그가 로키마운틴뉴스에 한 말이다. 브라이언에게 돈은 상징적이었다. 각각의 목숨에 매겨진 궁극적인 값어치와도 같았다. 하지만 누군가에게는 돈이 아주 실질적인 문제였다.

7월 초에 힐링펀드가 분배 계획을 발표했다. 380만 달러의 40퍼센트는 희생자에게 주기로 했다. 이 돈에 대해 현명한 타협이 이루어졌다. 치명적인 부상을 당한 네 명의 아이에게 각각 15만 달러를 주기로 했다. 13명의 사망자에게는 5만 달러씩을 책정했다. 그래서 사망자에게 돌아가는 총 금액이 65만 달러, 중증 부상자에게 돌아가는 총 금액이 60만 달러로, 사망자를 좀더 고려하는 모양새가 되었다. 21명의 부상자에게는 각각 1만 달러를 주었는데 대부분 치료비로는 턱없이 부족한 액수였다. 남은 돈의 대부분은 트라우마 상담과 내성 회복 프로그램에 쓰기로 했다. 그리고 만일의 상황에 대비해서 75만 달러가 책정되었다. 이는 부상자를 사망자보다 우대한다는 말을 듣지 않으면서 치료비를 못 내는 사람을 돕기 위한 타협안이었다.

브라이언 로버는 이 소식을 듣고 한 발 물러났다.

—

톰 클레볼드는 화를 다스리려고 애썼다. "대체 어떤 녀석이 내 아들에게 총을 주었죠?" 그가 마르크스하우젠 목사에게 물었다. 톰은 주류가 아닌 아이들을 따돌리는 학교 문화에도 배신감을 느꼈다.

톰은 지긋지긋한 세상을 보지 않으려고 했다. 다행히도 그의 직업은 집에 앉아서 할 수 있는 것이었고 그는 이 점을 최대한 활용했다. 수는 그와 성향이 달랐다. "그녀는 밖에 돌아다녀야 했습니다." 마르크스하우젠의 말이다.

—

5월 28일, 캐시 해리스는 13명의 사망자 가족에게 애도의 편지를 썼다. 대부분의 주소를 몰랐으므로 편지봉투에 가족의 이름을 적고 편지를 넣어 봉한 다음 마닐라 종이 봉투에 담았고, 이를 교육청이 희생자와의 연락을 위해 집배지로 지정해둔 주소로 부쳤다. 일주일 뒤 캐시는 23명의 부상자 가족에게도 비슷한 편지를 보냈다. 교육청은 이 모두를 증거 자료로 간주해서 보안관서에 보냈다. 경관들은 이를 읽지도 배달하지도 않기로 했다.

7월 중순에 언론이 이 사실을 알아차렸다. 그러자 이를 배달하는 것은 "자기들 일이 아니"라고 랜디 웨스트 경사가 말했다. 편지에는 우표도 주소도 없어서 지휘관은 발신인에게 돌려주기로 했다. 웨스트는 해리스 가족이 기소 면제 없이는 만날 수 없다며 거부해서 불만이 이만저만이 아니었고 자기 팀이 그들의 변호사를 만나려고 아주 고생했다고 말했다. "그들도 바쁘고 우리도 바빠서 도저히 만날 시간이 안 되더군요. 일을 쉽게 하고 싶으면 우리에게 직접 연락하면 됩니다."

해리스 가족은 3개월간의 침묵을 깨고 편지에 대한 "허위 사실"을 반박하는 성명서를 발표했다. 그들의 변호사는 제퍼슨 카운티가 그 문제로 자기들과 접촉한 사실이 없다고 주장했다.

편지는 결국 반송되었다.

수 클레볼드도 5월에 사죄의 편지를 썼다. 그녀는 13명의 가족에게 편지를 직접 부쳤다. 브래드와 미스티가 손으로 쓴 카드를 받았다.

버넬 가족에게

송구스럽고 어려운 마음을 담아, 여러분의 어여쁜 딸 캐시를 잃은 데 대한 저희의 슬픔을 표현하기 위해 이렇게 펜을 듭니다. 캐시는 세상에 기쁨과 사랑을 가져다주었고 광기의 순간에 저 세상으로 떠났습니다. 우리가 생전에 그녀를 알아 그녀의 사랑스러운 기운을 받았더라면 얼마나 좋았을까요.

우리는 대체 이 비극이 왜 일어났는지, 혹은 어떻게 하면 그것

을 막을 수 있었는지 결코 이해하지 못할 겁니다. 캐시의 죽음
에 우리 아들이 가담했음을 사죄드립니다. 우리는 마지막 순간
까지도 딜런의 마음속에 있던 분노와 증오를 보지 못했습니다.
그의 마지막 순간을 나머지 세상과 함께 무기력한 공포로 지켜
볼 수밖에 없었습니다. 우리 아들에게 이 비극에 대한 책임이
있다는 현실은 지금도 이해하기가 너무도 힘듭니다.

여러분과 여러분이 사랑하는 이들에게 하느님의 위안이 함께하
기를. 상처받은 우리의 모든 영혼에게 그분이 평화와 이해를 내
려주시기를.

진심을 담아

수와 톰 클레볼드

미스티는 감동했다. 그녀는 너그럽게도 이를 용기 있는 행동으로
여겼다. 그래서 자신이 초고를 쓰고 있는 회고록에 편지 전문을 싣기
로 했다. 톰과 수도 같은 비극에서 아들을 잃었다. 적어도 캐시는 숭
고하게 죽음을 맞았다. 그런데 클레볼드 가족은 어디서 위안을 얻
지? 미스티는 또한 회고록에서 살인자들의 부모에 대한 비난을 다루
었다. 그들이 미리 알았어야 할까? 그들이 아들을 방치했던 것일까?
"우리가 그것을 어떻게 알지?"

42

교화 프로그램

아이들은 공격 1년 전에 시간과 장소를 정했다. 1999년 4월, 학생 식당. 그 정도면 에릭이 계획을 짜고 무기를 마련하고 파트너를 설득할 시간이 충분했다.

교화 프로그램을 시작한 직후에 에릭과 딜런은 3학년생 기념앨범을 받았다. 이들은 서로 앨범을 바꾸며 그림과 글과 욕설로 페이지를 채웠다. "우리, 신들은 말이야, NBK로 너무 행복하겠지!!" 딜런이 에릭의 기념앨범에 이렇게 썼다. "1월의 사건에 대한 나의 분노는 신의 분노와 같아라. 학생식당에서 벌어질 우리의 복수는 말할 것도 없고."

1월의 사건이란 이들이 체포된 일을 가리킨다. 에릭 역시 그 사건에 단단히 화가 났다. "망할 놈의 1월 31일", 그가 딜런의 기념앨범에 적었다. "흰색 밴이 세상에서 제일 싫어!!"

체포는 이들에게 중대한 분기점이었다. 기념앨범은 퓨질리어의 추측이 옳았음을 확인해주었다. 결국 체포가 에릭으로 하여금 살인으로 나아가게 한 가장 중요한 사건이었음을 퓨질리어가 알아본 것이다. 체포되고 난 뒤에 에릭은 첫번째 파이프폭탄을 터뜨렸고, 웹사이트에서 대량살인을 저지르겠다고 위협했고, 일지에 끔찍한 상상을 털어놓았고, 공격의 대략적인 계획을 세웠다. 이 모두가 연달아 빠르게 일어난 일이다. 하지만 에릭은 이미 그런 방향으로 가고 있었다. "갑작스럽게" 행동에 돌입한 게 아니었다. 퓨질리어는 체포가 살인의 원인이라기보다는 촉매제로 작용했다고 보았다.

에릭은 부정한 것을 마음속에 담아두는 수집가였다. 경찰, 판사, 교화 프로그램 담당자는 어처구니없을 정도로 폭넓은 그의 '적 목록'에 최근에 추가되었을 뿐이다. 이 목록에는 타이거 우즈, 자신을 차버렸던 모든 여자, 서양 문화와 인류 전체가 포함되어 있다. 퓨질리어가 볼 때 체포사건이 지닌 특이한 점은, 이로 인해 아이들이 자신의 삶을 통제하는 능력을 바짝 조이기 시작했다는 점이다. 딜런은 이를 "나사가 점점 조여왔다"고 표현했다. 이들은 이제 고등학교 3학년생으로 예전과는 비교할 수 없을 정도로 자유로워졌다. 운전면허증을 땄고, 일을 통해 처음으로 돈을 만졌고, 귀가시간이 점차 늦어졌고, 부모의 감시는 느슨해졌고, 에릭은 데이트를 시작했고…… 가능성의 세계가 넓어졌다. 전에도 몇 차례 좌절을 겪은 적이 있었는데 가벼운 수준이었고 오래가지 않았다. 하지만 이번에는 중죄였다. 멍청한 녀석의 밴을 털었기로서니 그까짓 하찮은 일로 중죄라니, 참. 모든 자유가 사라졌다. 에릭은 23살짜리 애인에게 차였다. 외출 금지를 당해 도무지 만날 수가 없었기 때문이다. 브렌다에게 계속 작업을 걸었지만 가망이 없어 보였다.

에릭은 딜런의 졸업앨범에 나치의 갈고리십자, 살인로봇, 난도질당한 시체 그림을 그렸다. 죽은 자가 산 자보다 더 많았다. 여백에는 수백 구의 작은 시체들이 수평선 위로 산더미처럼 쌓여 인간쓰레기가 둥둥 떠다니는 바다로 흘러들어가는 모습을 그려놓았다.

에릭은 자신의 앨범에는 싫어하는 아이들 얼굴에 표시를 했다. "무가치한 녀석"이라고 쓰고는 죽은 목숨이라고 하거나 사진 위에 가위표를 그렸다. 에릭이 이렇게 얼굴을 훼손한 사진이 2000장이었다. 결국 그는 이들 모두를 죽일 셈이었다.

에릭은 두 명의 반역자에게 앙심을 품었다. "저 녀석들이 죽을 때까지 도저히 못 기다리겠어." 그가 딜런의 졸업앨범에 이렇게 썼다. "지금도 피맛이 느껴져."

사이코패스는 자신의 모험을 즐기려 한다. 가학적인 사이코패스가 연쇄살인을 저지르는 이유가 여기에 있다. 잔혹한 행위를 하는 동안 즐거움을 느끼는 것이다. 에릭은 조금 다른 방법을 선택했는데, 커다란 먹잇감을 꼬박 1년간 기다리며 찬찬히 음미하기로 했다. 그는 통제를 좋아했다. 녀석들의 목숨을 손에 넣는 날을 손꼽아 기다렸다. 마침내 결전의 날이 되었을 때 그는 도서관에서 시간을 보내며 매 순간을 즐겼다. 일시적 기분에 따라 아이들을 죽이기도 하고 그냥 내보내기도 했다.

에릭은 또한 악명을 즐기는 방법으로 자신의 웹사이트를 적극 활용했다. 그는 온라인 세상의 아이러니를 좋아했다. 다른 아이들은 그럴듯하게 폼만 잡았지만 그의 공상은 현실이었다.

통제에 대한 집착을 보인 에릭에게 예외적인 게 하나 있는데, 그것은 딜런에게 권력을 기꺼이 나눠주었다는 점이다. 졸업앨범을 교환했다는 것은 두 아이 모두가 서로를 대단히 신뢰했다는 뜻이다. 이들은 몇 달째 살인에 대해 논의해왔는데, 두 아이의 일지에 등장하는 표현들을 보면 정기적으로 이런 생각을 계속 나눠왔음을 알 수 있다. 에릭은 자신의 위협을 웹사이트에 올려 이미 공개한 것이나 마찬가지였지만 아무도 이를 알아차리거나 진지하게 여기지 않았다. 그러던 중 이번에는 손으로 직접 자신의 계획을 적은 결정적인 증거를 딜런에게 넘겨준 것이다.

이들은 몇몇 친구들의 기념앨범에도 계획을 암시하는 말을 적었지만 그냥 농담처럼 들렸다. 딜런은 팝 가수 퍼프 대디나 핸슨을 죽이고 싶다고 말했고, 에릭은 꿈을 좇지 말고 동물적 본능을 따르라는 풍자적인 표현을 남겼다. "녀석이 움직이면 죽이고, 움직이지 않으면 태워버려. 카인 미트라이트!!!" 카인 미트라이트는 "무자비하게"라는 뜻의 독일어이자 그가 가장 좋아하는 밴드 KMFDM(Kein Mitleid Für Die Mehrheit)의 줄임말이다. 에릭은 이렇게 세상에 글로써 경고를 남겨 우리가 얼마나 멍청한 존재인지 드러내며 즐거워했다.

이들은 서로의 졸업앨범에서 진짜 도박을 했다. 특히 딜런은 몇 쪽에 걸쳐 구체적인 살인 계획을 적었다. 이들은 이제 서로의 손에 운명이 달려 있었다. 앨범이 다른 누군가에게 발각되기라도 하는 날에는 교화 프로그램에서 퇴출당하는 것은 물론 다시 중범죄자로 끌려갈 판이었다. 마지막 해에 두 아이 모두 상대방이 언제든지 자신을 감방에 넣을 수 있다는 것을 알았다. 물론 그 길은 혼자가 아니라 서로를 파괴하는 길이겠지만 말이다.

퓨질리어는 졸업앨범에 적힌 구절들을 생각해보았다. 두 아이 모두 살인에 대한 공상을 품었지만 딜런은 한 번의 공격을 강조했다. 에릭은 목표가 훨씬 컸다. 그의 모든 글이 대량살해를 가리켰다. 모든 것을 죽이고 인류를 멸종시키는 것이다. 한 달 뒤 에릭이 흥분해서 일지에 적은 글에는 나치의 최종 해결책이 인용되어 있다. "모두 다 죽여라. 아직도 어떤 상황인지 모르겠다면 내가 이렇게 말하겠다. '**인류를 말살하라.**'"

에릭과 딜런이 의견 차이를 어떻게 인식했는지는 알려지지 않았다. 누구도 이를 글로 남기지 않았다. 하지만 딜런이 좀더 제한적인 공격에 마음을 두고 있다는 것을 에릭이 알아차리지 못했을 리가 없다. 그는 자신의 꿈에 딜런을 끼워넣은 것일까? 어쩌면 딜런은 에릭의 꿈을 헛소리로 치부했을지도 모른다. 고등학교를 날려버리는 것은 있을 수 있는 일이다. 하지만 인류를 말살한다니…… 그것은 딜런에게 SF영화처럼 허무맹랑한 소리였을 것이다.

언론매체는 교내 괴롭힘과 부적응자에 계속 집착했지만 아이들은 스스로를 그렇게 보지 않았다. 딜런은 신입생과 "호모"를 못살게 괴롭히며 즐거워했다. 둘 다 자신이 괴롭힘을 당했다고 불평하지 않았다. 오히려 자신들이 애들을 괴롭혔다며 자랑했다.

—

아이들은 교화 프로그램에 참여하면서 급격하게 변했다. 이번에도 서로 반대 방향으로 엇나갔다. 에릭은 고분고분하게 말을 들었다. 안드레아 산체스가 그의 삶에서 두번째로 중요한 인물이 되었다. 그녀에게 잘 보여야 그의 삶에서 가장 중요한 인물인 아버지의 환심을 살 수 있었기 때문이다. 덕분에 에릭은 프로그램을 들으며 자신의 목표를 계속 유지할 수 있었다. 그에게는 이제 계획이 있었다. 그는 사명을 향해 시동을 걸었다. 체포 뒤에 성적이 잠깐 떨어지기도 했지만 공격 계획을 세운 뒤로는 예전의 성적을 회복했다. 공부할 게 많았다. 이 때문에 힘들다며 일지에 불평도 털어놓았지만 남들보다 잘하려고 정말 열심히 노력했다.

반면 딜런은 안드레아에게 잘 보이려고 노력조차하지 않았다. 약속을 빼먹는가 하면 지역사회 봉사활동에서 뒤처졌고 성적은 곤두박질쳤다. D학점을 두 개나 받았다.

NBK는 딜런에게 그저 심심풀이에 불과했다. 친구와 함께 자기가 하고 싶은 일에 대해 잡담할 때 써먹는 소재였다. 딜런은 그것을 믿지 않았다. 그것을 실행할 생각도 없었다. 그가 아는 것은 자신이 이제 죄인이 되었다는 것뿐이었다. 가련한 인생이 이제 최악으로 무너지는 중이었다.

에릭은 교화 프로그램에서 모범생이었다. 일이나 학교생활 모두 잘해냈다. 봉급도 인상되었고, 여름에는 친구 네이트 다이크먼이 일하고 있는 토르티야 랩스에서 두번째 일자리를 얻었다. 에릭은 무기를 만들기 위해 돈을 모으기 시작했다. 사람들에게는 컴퓨터를 새로 살 거라고 둘러댔다. 여름 동안 두 가지 일을 하면서 판사가 명령한 45시간의 지역사회 봉사활동도 했다. 레크리에이션 센터에서 청소하고 쓰레기를 치우는 등 따분하고 시시한 일이었다. 그는 속으로는 경멸하면서도 얼굴에는 미소를 지었다. 이게 다 대의를 위한 것이었다.

딜런은 재정적으로든 다른 식으로든 공격에 별로 힘이 되지 못했다. 블랙잭을 그만두고는 여름 동안 정기적인 일을 구할 생각도 하지 않았다. 이웃을 위해 가끔 마당을 돌봐주는 정도였다.

에릭은 가게 주인과 레크리에이션 센터 관리자의 마음에 쏙 들었다. "정말 괜찮은 친구였습니다." 토르티야 사장의 말이다. "매일 깔끔한 티셔츠와 카키색 바지에 샌들을 신고 왔죠. 과묵한 편이었지만 다들 그와 잘 어울렸습니다." 네이트는 트렌치코트를 즐겨 입었는데 에릭은 이를 프로답지 못하다고 생각했다.

아이들은 밴의 주인에게 사죄의 편지를 써야 했다. 에릭의 편지에는 뉘우치는 기색이 역력했다. 그는 편지를 쓰라는 명령을 받기는 했지만 "그보다는 사죄를 해야 한다고 진심으로 뉘우치고 있기 때문에" 편지를 쓴다고 밝혔다. 죄송하다는 말을 반복하면서 자신이 법적으로 어떤 처벌을 받았고 집에서 어떤 벌을 받았는지 상세히 설명해서 행동의 대가를 치르고 있음을 피해자가 이해하도록 했다.

에릭은 감정이입이 어떤 건지 제대로 알고 있었다. 편지에서 가장 진실해 보인 순간은 그가 스스로를 피해자의 입장에 세워볼 때였다. 만약 자신의 차가 도둑을 맞았다면, 누군가 침범했었다는 생각이 계속 뇌리를 떠나지 않아 다시는 그 차의 운전대를 잡지 못할 것 같다고 했다. 차에 들어갈 때마다 누군가가 자신의 차를 뒤지는 광경을 떠올리게 될 테니까 말이다. 그는 상상만으로도 더럽혀진 것 같다고, 스스로에게 너무도 실망했다고 했다. "금세 내가 무슨 일을 저질렀는지, 얼마나 멍청한 짓이었는지 깨달았습니다. 뭔가에 씌었던 게 분명합니다."

이에 대해 퓨질리어는 이렇게 말했다. "하지만 에릭은 그 말이 어떤 효과를 가져올지 잘 알았습니다. 말 그대로 사람의 마음을 가지고 논 거죠. 거의 비슷한 때에 그는 일지에 자신의 진심을 적었습니다. '미국은 자유의 땅이 아니었던가? 내가 자유의 몸인데도 빌어먹을 멍청한 녀석들한테서 물건을 뺏을 수 없다니. 녀석들이 뭣 같은 금요일 밤에 아무것도 없는 곳에다가 훤히 보이게 주차해둔 빌어먹을 밴의 앞좌석에 물건을 놓아두었다면, **자연선택**에 맡긴 거지. 멍청한 놈들은 총 맛을 봐야 해.'"

에릭은 안드레아 산체스에게 경멸의 감정을 전혀 내보이지 않았다. 그녀는 노트에다가 에릭이 깊이 반성하고 있다고 적었다.

화난 아이들은 좀처럼 자신의 감정을 숨기거나 입에 발린 소리를 하지 못한다. 습관적인 거짓말쟁이는 그와 같은 알랑거림을 무엇보다 혐오한다. 사이코패스는 그렇지 않다. 이게 이들의 무서운 점이다. 에릭은 안드레아와 밴 주인과 웨인 해리스와 자신의 편지를 본 모든 이들이 자신의 멍청한 속임수에 넘어가는 것을 보며 즐거워했다.

에릭은 그런 거짓말을 성가시게 여기지 않았다. 오히려 뽐내듯 했다.

에릭은 꾸물거리는 버릇이 있었다. 사이코패스 중에 이런 이들이 많다. 안드레아가 그에게 시간관리를 강조했다. 그러자 에릭은 플래너를 구입해서 일주일 계획을 적은 다음 격주마다 있는 상담에 가져가서 자랑했다. 멋진 생각이었다며 덕분에 많은 도움이 되었다고 했다. 안드레아는 깊은 인상을 받았다. 평가 파일에 그의 행동을 칭찬했다. 목적을 이룬 에릭은 이제 플래너를 계획이 아니라 자신의 진심을 배출하는 출구로 활용했다. 더 나은 삶을 위한 슬로건과 비책으로 플래너를 가득 채웠다. 고르고 고른 단어와 표현을 수백 쪽에 걸쳐 쓰고 또 썼다. "한 인간의 마음은 항상 엉망이지…… 노인과 패배자들을 갈기갈기 조각내자…… 9등급 인간들을 불태워 죽이자." 그는 덴버에서 자기와 부딪쳤던 47명의 이름을 적어놓았다.

안드레아 산체스는 에릭을 흐뭇하게 여겼다. 몇 달 동안 아이들을 직접 맡았다가 새로운 상담원에게 인계했는데 에릭의 파일의 마지막에 "무이 파실레 옴브레"라고 적었다. '대단히 수월한 사람'이라는 뜻이다.

딜런은 그렇게 후한 평가를 받지 못했다. 안드레아 산체스는 왜 에릭에게 더 애정을 주었을까? 모두가 그랬다. 에릭은 재밌고 똑똑했다. 그리고 그 미소, 그는 언제 미소를 지어야 할지 알았다. 얼마나 오래 미소를 지어야 상대방이 좋아할지 알았고, 언제 미소를 거둬야 할지 알았다.

딜런은 우울의 공장이었다. 불행을 부르는 공장. 누가 하루종일 구름 아래에서 어슬렁거리고 싶겠는가?

하지만 딜런은 내부에서 거친 에너지가 들끓는 정력가였다. 사방팔방 에너지가 넘쳤고 머릿속에 음악이 끊이지 않았고 영특한 생각이 넘쳤다. 가슴속에서는 기쁨과 슬픔이, 후회와 희망과 흥분이 차올랐다…… 다만 이를 겉으로 드러내기를 두려워했다. 딜런은 자신의 속내를 꼭꼭 숨겼다. 그가 뭔가를 속으로 삭이고 있는 광경이 가끔 보였는데 대개는 겁에 질리거나 당혹스러운 모습으로 보일 때가 많았다. 가끔은 분노가 끓어올라 격분했다. 사랑은 그의 마음속 산의 가장 높은 곳에서 조용히 노래하고 있었지만, 그걸 보일 기회가 없었고 분노만이 터져나왔다. 그래서 사람들이 기겁했다. 그 아이한테 그런 면이 있으리라고는 도저히 상상하지 못했던 것이다.

—

　에릭은 의사의 약물처방이 불만이었다. 아직 상담을 맡고 있던 안드레아 산체스에게 졸로프트가 잘 듣지 않는다고 말했다. 불안해서 집중이 안 된다고 했다. 앨버트 박사는 대신 루복스를 처방했다. 그러려면 일단 졸로프트가 신진대사를 통해 몸밖으로 빠져나갈 때까지 2주 동안 아무 약도 복용하지 않아야 했다. 에릭은 안드레아에게 약 없이 견디는 것이 두렵다고 말했다. 그런데 일지에서는 다른 이야기를 했다. 앨버트 박사가 자기한테 나쁜 생각을 뿌리뽑고 분노를 억누르려고 약을 처방하려 했다는 것이다. 미친 짓이라 여겼다. 에릭은 인간 일괄작업대를 용납할 수 없었다. **"안 돼, 안 돼,** 젠장 절대로 **안 될 말이야!** 내 생각을 들키느니 차라리 <u>죽는 게</u> 낫지. 하지만 이 <u>무가치</u><u>한</u> 곳을 뜨기 전에 쓸모없는 녀석들은 모조리 죽여야지."

　에릭이 앨버트 박사에 대해 무슨 일을 꾸몄는지는 확실치 않다. 어쩌면 졸로프트가 너무 잘 들어서 불평했는지도 모른다. 환자마다 약에 대한 반응이 다르다. 아무튼 그 계략은 에릭이 자신의 분노를 제어하려고 노력한다는 인상을 확실히 강화했다.

　"에릭이 의사에게 솔직하게 곧이곧대로 대했다면 나는 오히려 놀랐을 겁니다." 퓨질리어의 말이다. "사이코패스는 정신과 의사도 속이려 들죠. 가끔은 성공하기도 하고요."

—

에릭은 다른 사람은 다 속여도 아버지는 속이지 못했다. 웨인 해리스는 에릭이 어렸을 때 보이스카우트 활동을 하는 것을 지켜보았다. 에릭은 오래 붙어 있지 못했다. 웨인은 4월에 교화 프로그램 오리엔테이션을 받고 얼마 뒤 일지에 날짜 없이 이런 글을 남겼다. 에릭에게 실망해서 따끔하게 해줄 잔소리를 열거했다.

· 내키지 않겠지만 수면 습관을 들일 의지가 안 보임.
· 내키지 않겠지만 공부 습관을 들일 의지가 안 보임.
· 학교생활을 잘하려는 의지가 안 보임.
· 첫번째와 두번째 문제는 텔레비전, 휴대전화, 컴퓨터, 소등, 일자리, 친구 관리를 통해 충분히 처리할 수 있음.
· 세번째 문제는 너만이 해결할 수 있음.
· 학교생활을 잘하고, 현명하게 처신하고, 더 노력하고, 하고픈 일을 찾고, 도움과 조언을 구해 잘해보려는 의욕을 입증해 보일 것.

그는 에릭에게 또다시 제한을 가했다. 공부하는 경우를 제외하고는 밤 10시까지 집에 돌아올 것, 공부할 때는 휴대전화 사용 금지, 앞으로 4주간 컴퓨터 사용 금지.

웨인 해리스는 이것을 마지막으로 더이상 기록을 남기지 않았다. 그리고 이것은 대중이 그에게서 확인할 수 있었던 사실상 마지막 말이기도 했다. 1년 뒤에 집행된 그의 집 수색영장은 에릭이 쓴 자료에 한정되었다. 웨인이나 캐시, 에릭의 형의 물품은 아무것도 압류되지 않았다. 공격이 일어나고 10년이 흐르는 동안 그들은 변호사를 통해 짧은 성명서를 몇 차례 발표했고, 경찰을 잠깐 만났고, 희생자들의 부모를 한 번 만났다. 언론과는 한 번도 대화하지 않았다. 에릭과 웨인의 관계는 그들의 일지와 외부 사람들의 증언을 통해 짐작될 뿐이었다. 캐시 해리스에 대해서는 알려진 바가 더 없었다. 이들 가족의 관계가 실제로 어떠했는지는 여전히 수수께끼로 남아 있다.

—

에릭이 옆에 있으면 딜런은 NBK에 대해 동조했다. 하지만 속으로는 두 가지 선택을 놓고 고민했다. 자살이냐 진정한 사랑이냐. 그는 해리엇에게 사랑을 고백하는 편지를 썼다. "당신은 내가 누군지 모르겠지." 그는 투박하게 시작했다. "이 편지를 쓰는 나는 당신을 무한히 사랑해." 그는 하루종일 그녀만 생각한다고 썼다. "운명이 나로 하여금 당신을 원하도록 만들었는데 이 세상이 불확실성으로 이를 가로막고 있어." 사실 그녀와 그는 서로 닮은 점이 많았다. 둘 다 생각에 잠긴 조용한 관찰자였다. 해리엇도 자기처럼 물리적 세상에는 무관심한 듯 보였다. 삶이니 학교니 하는 것이 무의미했다. 그녀가 이 사실을 안다면 얼마나 멋질까. 딜런은 그녀에게서 슬픔을 보았다. 그녀도 자기처럼 외로웠다.

그녀에게 남자친구가 있을까. 왜 여태 그걸 알아볼 생각을 못 했지. 사실 딜런은 최근에 그녀를 거의 보지 못했다. 좀 심하다는 생각이 들었다. "네가 무슨 생각을 하는지 알아. 어떤 사이코가 이런 성가신 편지를 내게 썼지, 하겠지." 하지만 이제 용기를 내야 했다. 그는 그녀가 자기를 몇 차례 알아보았다고 확신했다. 그녀의 시선은 항상 눈에 띄었으니까. 딜런은 가장 두려운 생각을 털어놓았다. 잭에게 그랬듯 자살충동을 고백해도 될 영혼의 동반자라도 된다는 듯 말이다. 처음에 딜런은 다소 수줍어했다. "이제 곧 떠날 거야…… 내가 곧 이 세상에서 없어지더라도 부디 죄책감 갖지 마." 그녀가 모든 진실을 안다면 자신을 미워하게 되리라는 것을 알았지만 아무튼 고백하기로 했다. "나는 죄인이야. 용서받지 못할 짓을 했지." 그는 대부분의 범죄를 다 들켰고 이제 새롭게 태어나고 싶다고 했다. 자기 말이 무슨 뜻인지 그녀가 안다고 그는 확신했다. "자살? 나는 삶의 목표가 없어. 법의 판결을 받은 뒤로 이 세상에서 살아갈 자신도 없고." 하지만 자기가 그녀를 사랑하는 만큼 그녀가 자기를 사랑해준다면 어떻게든 살아보겠다고 했다.

그녀가 만약 자신을 미친놈이라고 생각한다면 제발 아무한테도 말하지 말아달라고 부탁했다. 제발 나를 용서해줘. 하지만 어떤 감정을 느낀다면 사물함에 쪽지를 남겨달라고 했다. 도서관 옆에 있는 837번 사물함에.

딜런은 서명을 했다. 하지만 부치지 않았다. 그녀에게 보내려고 쓴 걸까? 아니면 그냥 자신을 위해?

그 순간 에릭은 화가 나 있었다. 브룩스 브라운에게 이메일로 폭언을 했다. "네가 에릭의 적이라는 것을 알고 있어. 네가 어디에 사는지 네 차가 어떤 건지 다 알아."

사이코패스는 모두를 속이려 하지는 않는다. 자기보다 힘있는 사람이나 자기에게 필요한 것을 갖고 있는 사람을 위해 힘을 아껴둔다.

만약 어떤 사람이 에릭 해리스의 추한 면을 보았다면, 에릭에게 그 사람은 아무 의미가 없는 존재라고 보면 된다.

브룩스는 어머니에게 말했다. 주디는 경찰을 불렀다. 보안관보가 수상쩍은 사건에 관한 보고서를 또 한 장 써서 진행중이던 에릭의 조사 파일에 추가했다. 브라운 부부가 걱정한다고 적었다. 그리고 밤 순찰을 강화할 것을 요청했다.

—

삼총사는 끝났다. 잭은 NBK에 끼지 않았고 에릭은 그를 쌀쌀맞게 대했다. 잭은 에릭이 여름 내내 자신을 냉대했다고 했다. 이유를 도무지 알지 못했다. 공개적인 적의는 가을이 되면서 폭발했다. 그 와중에도 딜런은 상관하지 않았다. 그는 잭과 계속 친하게 지냈고 에릭 모르게 매일 밤 전화로 이야기를 나누었다.

랜디 브라운은 또다시 경찰을 불렀다. 누군가가 페인트총으로 차고를 더럽혔던 것이다. 그는 똑같은 어린 범죄자 에릭 해리스의 짓이라고 확신했다. 보안관보가 랜디를 만나 이야기를 나누고 보고서를 작성했다. "용의자 없음. 단서 없음."

그 무렵 새로 상담원 직책을 맡은 밥 크리스하우저는 에릭의 파일에 이렇게 썼다. "에릭은 잘하고 있다." 에릭은 기대했던 것보다 잘했고 자신의 실수를 잘 숨겼다. 지역사회 봉사활동을 마지막 네 시간을 남기고 꾸물대다 일이 이상하게 꼬였다. 에릭은 마지막날까지 기다렸지만 이러다가는 45시간을 채우지 못할 판이었다. 그는 그날 레크리에이션 센터를 담당했던 처음 보는 사람에게 잘 얘기해서 그가 에릭을 위해 거짓말을 해주었다. 결국 밥 크릭스하우저는 에릭이 지역사회 봉사를 다 마친 것으로 알았다. 에릭은 그해 가을에 이 일로 교사에게 좋은 점수를 얻었다. 여름 내내 지역사회에 봉사했다며 자랑하고 다녔다.

아이들은 서로의 입장 차이를 좀처럼 좁히지 못했다. 에릭은 인간과 자연에 대한 지배권을 강조했고 딜런은 운명에 순응하는 쪽이었다. 게다가 딜런에게는 놀라운 소식이 있었다. 에릭의 학살에 가담할 생각이 없었던 것이다. 그는 웃고 떠들었지만 마음속으로는 작별을 고했다. 8월 10일을 마지막으로 더이상 일지를 쓰지 않을 터였다. 그는 NBK가 일어나기 오래전부터 자살할 생각을 가지고 있었다.

—

살인자들의 4학년 생활이 시작되었다. 에릭과 딜런은 비디오제작 수업을 들었다. 재미있었다. 그들은 영화를 만들었다. 늘 비슷하지만 살짝 변형시킨 소품들을 찍었는데, 냉담한 터프가이가 부적응자들을 우락부락한 운동선수로부터 보호해주는 내용이었다. 에릭과 딜런은 기지를 발휘해 폭력배를 물리쳤고 이어 자신이 도와준 부적응자에게서 돈을 뜯어내고 죽였다. 별다른 이유는 없었다. 그냥 기회가 났기 때문이다. 희생자들은 열등아였으니까 그런 일을 당할 만했다. 이야기 구성이 에릭의 일지와 똑같았다.

에릭으로서는 불안정한 파트너를 공상에서 현실로 한 발짝 이끌어낼 더없이 좋은 기회였다. 딜런은 촬영에 몰두했다. 카메라 앞에서 생기를 드러냈다. 눈을 부릅뜨고 마음속에 쌓였던 분노를 밖으로 터뜨렸다. 아이들은 몇 달 동안 NBK에 관해 논의해왔는데 이제 영화로 일부를 실행해볼 기회를 맞았다. 그들은 급우들과 어른들에게 자신의 위업을 스크린에 펼쳐 보이는 영웅이었다. 에릭은 자신의 계획을 이런 식으로 드러낼 수 있어서 짜릿했다. 이렇게 공개했는데도 사람들은 여전히 무슨 뜻인지 짐작하지 못했다. 그리고 딜런이 그의 옆에 있었다.

—

에릭은 문학작품을 탐독했다. 『맥베스』 『리어왕』 『테스』를 읽었고 니체와 홉스는 달달 외울 정도였다. 일주일에 한 번 그는 영어수업시간에 다양한 주제로 짧은 에세이를 썼다. 살인이 일어나고 몇 주 뒤에 퓨질리어 부서장이 에릭이 쓴 에세이를 입수했다. 그는 에세이가 자신들이 놓친 것이 무엇인지 알려주는 중요한 자료라고 보았다.

9월에 에릭은 "살인이나 법을 어기는 것이 정당화되는가?"라는 제목의 에세이를 썼다. 그는 그렇다고 했다. 극단적인 상황에서는 정당화된다고 보았다. 그는 애완동물이나 인간을 인질로 잡고 버스에 가득찬 승객들을 날려버리겠다고 위협하는 상황을 예로 들었다. 도덕적 에세이로 소름끼치는 살인의 공상을 슬쩍 감출 수 있어서 에릭은 이를 좋아했다. 경찰 저격수가 인질범을 죽인다면 많은 사람을 살릴 수 있다고 에릭은 주장했다. 따라서 법을 유연하게 적용해야 한다. 에릭은 일지에서도 이와 비슷한 사례를 설명했는데 여기서는 한 발 더 나아갔다. 도덕적 책임은 상황에 따라 다르고 절대적인 기준이란 가당치 않다고 했다. 결국, 그가 원하는 누구든 죽일 수 있다는 것이다.

에릭이 도발적인 이슈를 취해 얼마나 멀리 나아갈 수 있는지 시험해봤다는 점에서 이는 의미심장했다. 윤리적 혼란이나 정신병의 징후는 보이지 않았다. 에릭은 미묘한 영역을 헤쳐갈 수 있는 능력을 보여줌으로써 자신의 정신이 말짱하다는 것을 입증해 보였다. 그는 자신의 정체를 폭로하지 않고 절묘하게 우리에게 경고를 하면서 만족을 느꼈다.

—

딜런은 곧 죽을 작정이었다. 그러니 학교가 무슨 소용이겠는가? 그는 일정을 제대로 지키지 않았고 학점도 엉망이었다. 수업시간에는 갔다. 미적분 첫 시험을 빼먹고도 보충시험을 치지 않았다. 이런 성적 갖고는 안 되겠어, 교화 상담원 밥 크리스하우저가 말했다. 하루빨리 성적을 올리지 못하면 매일 오후 교화 사무실에 남아서 숙제를 하게 했다. 반면 에릭의 발전에는 흐뭇했다. 에릭은 외국어 노래를 원어로 불렀고 괴테의 어두운 가극조의 시 「마왕」을 외웠다. 그는 콜로라도 대학의 미식축구 시합을 보기 위해 볼더까지 차로 여행을 갔다. 10월 맥주축제를 위해 도넛을 만들었고 나치에 관한 모든 것에 푹 빠졌다. 『나치당』 『SS의 비밀』 『나치 제국주의의 이데올로기적 기원』 같은 책을 탐독했다. 그는 "나치 문화"라는 리포트에서 열댓 권의 학술서를 인용했다. 논의가 뚜렷하고 포괄적이면서 꼼꼼한 멋진 논문이었다.

리포트를 핑계삼아 에릭은 공개적으로 악행에 빠져들었다. 글은 살해당한 남녀와 아이들이 스타디움에 가득 들어찬 장면을 생각해보라고 독자들에게 권유하는 것으로 시작했다. 그저 좌석을 꽉 메운 것이 아니라 좌석 위로 높이 쌓였다고 상상하라고 했다. 그래도 나치가 몰살시킨 사람들에 비하면 극히 일부에 지나지 않을 것이라면서. 나치는 유대인 600만 명을 죽였고 그 외에도 500만 명을 더 죽였으니까. 1100만 명. 그 정도는 되야지. 에릭은 그것을 능가하는 대학살을 마음속에 그렸다.

그는 나치 장교가 죄수들을 한 줄로 세우고는 맨 앞 사람에게 총을 쏴서 총알이 얼마나 많은 흉곽을 뚫고 가는지 지켜보는 광경을 설명했다. "아아, 끔찍해." 교사가 여백에 이렇게 적었다. "정말이지 오싹하네."

에릭은 하인리히 힘러가 나치 친위대 장교들에게 했다는 악명 높은 연설문의 일부를 복사해서 자신의 방에 붙였다. "1만 명의 러시아 여자들이 전차호를 파다가 지쳐 쓰러졌든 말든 내 알 바 아니지만, 그 전차호가 독일을 겨냥해서 완성되었다는 것은 중요하다." "(독일인들은) 이런 인간 동물에 대해서도 꼴사납지 않은 태도를 보여야 하겠지만, 이들을 염려하고 이상화하는 것은 우리 혈통에 반하는 범죄다." 이 말을 이해하는 사람이 여기 있다! 나치는 인간 동물을 노동에 부려먹었다. 에릭은 인간 동물을 폭탄으로 터뜨리려고 한다. 500~600명의 시체를 폭탄으로 날려버리는 장면이 텔레비전으로 방송되면 멋진 오후가 되겠지.

에릭은 제멋대로 날뛰고 돌아다녔다. 독일어가 쓰인 티셔츠를 입고 다녔고, 과제물 여기저기에 나치의 갈고리십자를 그렸으며, 록 앤볼에서 스트라이크를 성공시키고는 "지크 하일"을 외쳤다. 친구 크리스 모리스를 생각해서 빌어먹을 나치 일당 놀이는 점차 수그러졌다. 에릭은 히틀러를 인용하고 강제수용소에 대해 떠들고 다녔다…… 지

겨우리만치.

10월에 에릭은 또 한번 좌절을 겪었다. 과속 딱지를 받았다. 엄격한 부모는 에릭이 벌금을 내고 방어운전 교육을 받고 보험 할증료를 감당하도록 했다. 그리고 3주 동안 외출을 금지시켰다.

나치에 대한 공개적인 욕망은 에릭을 서서히 궁지에 몰아갔다. 리포트를 제출하고 나흘이 지났을 때 에릭은 너무 많은 것을 보여줘서 후회된다고 일지에 적었다. "이제 사람들을 더 속이려면 근사한 복면이라도 써야 할지 모르겠군. 씨발, 망했어. 이러다가는 4월까지 버티기 어렵겠어!"

그는 새로운 전략을 시도했다. 예전에 이미 밝힌 사실을 다시 포장하는 방법이다. 에릭은 정치수업시간에 극히 개인적인 내용의 에세이를 써서 그들이 'T-dog'라 부르는 토넬리 선생에게 제출했다. 에릭은 자신이 범죄자였음을 인정했다. 죄를 짓고 경찰서에 끌려가서 공포를 경험했다. 하지만 이제 달라졌다. 네 시간을 구치소에 수감되어 있었는데, 악몽같은 일이었다. 사람들이 그를 비좁은 욕실에 데려갔을 때는 무너져내렸다. "나는 울었고 상처를 받았다. 지옥 같았다."

에릭은 부모의 신뢰를 되찾으려고 노력하는 중이라고 했다. 그게 결정적이었다. 다행히도 그와 딜런은 술을 하지 않았고 마약에도 손댄 적이 없었다. 마지막 줄에서 에릭은 사이코패스의 전형적인 행보를 보였다. "생각해보면 그렇게 하룻밤을 보낸 것만으로도 내게는 충분한 벌이 되었던 것 같다." 덕분에 새로운 세상 경험을 하게 되었다고 설명했다. 그는 이렇게 마무리했다. "종합해볼 때 그런 벌을 받아보는 것도 나쁘지만은 않아 보인다."

T-dog는 감쪽같이 속아넘어갔다. 영리하고 어린 사이코패스에게

당하지 않을 사람이 누가 있으랴? 사이코패스라는 말의 뜻을 아는 교사도 드물었다. 토넬리는 에세이 옆에 이런 답장을 썼다. "우와, 정말 좋은 교훈을 배웠네. 그날 밤이 충분한 벌이 되었다는 말에 나도 동의해. 그렇게 처신하다니 네가 자랑스럽구나…… 이 일로 깨달은 바가 있고 생각하는 방식이 바뀌었다니…… 마음이 든든해. 내 수업을 듣고 이런 글을 제출해줘서 고마워."

퓨질리어는 공개적인 고백과 개인적인 고백의 날짜를 비교해보았다. 겨우 이틀 차이였다. 에릭은 두 가지 경로를 통해 똑같은 문제를 다르게 적어 교묘하게 자신의 진의를 흐렸는데 그 솜씨가 참으로 놀라웠다.

공격이 있고 몇 달 뒤에 살인자에 대한 브리핑이 끝났을 때, 토넬리는 퓨질리어를 찾아왔다.

"할 말이 있어서 왔어요." 그가 말했다. 퓨질리어는 그와 함께 앉았다. 토넬리는 죄책감에 괴로워했다. "제가 무엇을 놓친 거죠?"

아무것도 없어요, 퓨질리어가 말했다. 에릭에겐 사람을 설득시키는 능력이 있었다. 상대방이 무슨 말을 듣고 싶어하는지 알고 정확히 말했다. 그는 죄가 없는 척하지 않았다. 죄를 고백했고 용서를 구했다. 일반인들은 능숙한 사이코패스의 말을 기꺼이 믿는다.

에릭은 일지에서 선생을 속인 것을 자랑하더니 곧 화제를 돌렸다. "제기랄, 멋진 해병이 될 수 있었는데. 그러면 좋은 녀석이 되었겠지." 에릭에게는 이례적인 일이었다. 대개 "나쁜" 선택을 즐거워하던 그가 이번에는 다른 방향을 생각한 것이다. "다시는 술 먹고 운전하지도 않고…… 그랬다가 실제로 일을 터뜨리면 얼마나 이상해 보일까."

퓨질리어는 이 구절을 읽으면서 약간 놀랐다. 극단적인 사이코패스라도 이따금씩 공감을 슬쩍 드러낼 때가 있다. 에릭은 극단적이었지만 절대적인 사이코패스는 아니었다. 그가 속에 담고 있던 생각을 가장 솔직하게 털어놓은 순간이었다. 논리적인 과정이다. 이제 계획은 현실이 되고 있었다. 마침내 그가 살인할 수단을 찾았다. 자신에게 힘이 있다는 게 느껴졌다. 이제 선택의 시간이었다. 공상으로 묻어두느냐, 아니면 현실로 만드느냐.

에릭의 성찰은 두 줄에 담겼다. 서둘러 글을 썼는지 문장이 서로 뒤섞였고 다음 문장은 대규모 공격을 시사했다. 대형 탄약통이 좋겠어. "재장전 없이 100발로 하자. 그래, 이거야!"

43

비극의 주인

래러미는 와이오밍 주 로키 산맥 가장자리에 있는 삭막한 동네다. 그곳 외곽에 집이 한 채 있다. 데이브와 린다 샌더스가 은퇴하면 가서 살려고 봐둔 곳이다. 래러미는 조용한 대학 도시로 대부분의 사람들에게는 황량해 보일지 모르지만 와이오밍에서 가장 젊고 지적인 도시다. 데이브의 포드 에스코트로 달리면 세 시간이 채 걸리지 않았고 그들은 1년에 여러 차례 그곳에 갔다.

그곳에서 살게 될 날도 이제 얼마 남지 않았다. 2년, 어쩌면 3년. 그들은 그날이 빨리 오기를 손꼽아 기다렸다. 은퇴라고 불렸지만 일 중독자의 관점에서 그렇다는 것일 뿐 그들은 거기서 또다른 경력을 시작할 참이었다. 데이브는 대학에 자리를 잡으려 했고 린다는 골동품가게를 생각했다. 데이브는 콜럼바인에서 25년을 일했으므로 교직 연금을 받을 자격이 되었다. 빈자리만 나면 언제든 갈 수 있었다. 와

이오밍 대학은 좋은 기회였다. 수년 동안 그곳을 오가며 스카우팅을 돕거나 여름캠프를 코치했고 농구 수석코치와 돈독한 친구 사이였다.

그들이 고속도로로 마을에 접근할 때면 은퇴 후 살 집이 옆으로 보였다. 넓은 포치가 딸린 회색 랜치하우스였다. 그들은 그곳에 흔들의자를 놓고 손자들을 위해 그네의자도 들여놓을 생각이었다.

린다 샌더스는 남편이 죽은 뒤로 래러미의 그 집을 많이 생각했다. 자기가 겪고 있는 고통이 다른 희생자들과 얼마나 다른지 생각했다. 사람들은 학생들과 그들의 부모에만 관심을 쏟았다.

—

캐시 아일랜드는 어떻게든 아들의 목숨을 구하고 싶었다. 이제 그녀는 아들에게 이런 짓을 한 아이들을 잡고 싶었다. 패트릭의 눈을 들여다보았다. 평온했다. 이런 공포가 밀어닥치기 전에는 그녀의 눈도 그랬다. 캐시는 침착하게 가정을 이끌었고 패트릭 옆에서는 불안한 기색을 보이지 않으려 애썼다.

그녀는 아들의 침대 옆에 서서 누가 너한테 이런 짓을 했는지 아느냐고 물었다.

그건 중요하지 않아요, 그가 말했다. 그애들은 그저 혼란스러웠을 뿐이에요. 그냥 용서해줘요. 제발요.

"숨이 멎는 듯했어요." 캐시가 나중에 말했다. 처음에는 패트릭이 아직 혼란스러워서 그런다고 생각했다. 그런데 아니었다. 그는 할 일이 너무 많았다. 정상인처럼 다시 걷고 다시 말해야 했다. 고별사에 대한 집착도 아직 남아 있었다. 마음속으로는 분노가 들끓었지만 그에 신경쓸 여유가 없었다.

캐시는 알았다고 했다. 패트릭이 행복한 마음으로 이겨내기를 기도했다. 그래서 때가 되면 분노를 떨쳐버리기를 바랐다. 그런데 용서는 미처 생각지 못한 일이었다. 자신의 능력 밖인 것 같아서 두려웠다. 아무튼 패트릭의 말대로 용서하려고 노력했다. 그녀가 용서하는 데 수년이 걸렸다. 분노가 완전히 수그러지지 않았지만 패트릭의 말대로 했다.

—

패트릭 아일랜드는 힘겨운 나날을 보냈다. 크레이그 병원에서 여름을 보내면서 몸과 마음이 완전히 지쳤다. 언어치료와 근육치료를 받았고 이런저런 테스트도 받았다. 막대기나 손가락으로 몸을 쿡쿡 찌르며 의사를 전달하려고 노력했다. 아직 올바른 말이 제대로 나오지 않을 때가 많았다. 밤이면 침대에 조용히 누워 잠자리에 들기 전에 긴장을 풀었다. 부모가 옆에 있었다. 매일 밤 번갈아가며 그의 침대 옆에 접이식 의자를 놓고 앉아 눈을 붙였다. 혹시라도 무슨 일이 벌어질지 몰라서였다.

그들은 11시나 12시가 되면 불을 끄고 캄캄한 데에 앉았다. 처음에는 조용하다가 패트릭이 질문을 하기 시작했다. 그는 모든 것을 알고 싶어했다. 도서관에서 무슨 일이 벌어졌는지, 자기가 어떻게 반응했는지, 지금은 상황이 어떻게 되고 있는지. 패트릭은 다른 희생자들에 대해서도 알고 싶어했고 가끔은 살인자들에 대해서도 물었다. 대체 무엇 때문에 그랬을까요?

"정말 화가 났을 때도 물론 있었죠." 패트릭이 나중에 말했다. "하지만 그건 그 사건 때문이 아니라 제가 더이상 무언가를 할 수 없게 되었다는 것을 알아차렸기 때문이라고 생각해요. 제 인생은 완전히 바뀌었죠." 패트릭은 농구장에서 화내지 않으려고 노력했다. 실수해도 괘념치 않았다. 그는 "공에서 눈을 떼지 마"라고 말하는 아버지의 목소리를 들을 수 있었다. 그는 현재에 집중했다.

언어능력이 서서히 돌아왔다. 단기기억은 힘겨웠다. 모든 것을 하나하나 연습해야 했다. 치료사가 20가지 목록을 외우면 같은 순서로 이를 따라하는 연습을 했다. 만만치 않았다.

패트릭은 초기에는 살인자들에게 분노를 터뜨렸지만 그래봐야 그의 상태만 안 좋아졌다. 두부 외상 환자들에게 흔한 증상이다. 분노와 좌절은 보통 몇 달간 지속된다. 이를 '우울의 시기'라고 부른다. 치료사들도 이를 알고는 패트릭이 주먹을 움켜쥐고 흔들면 차트에 기록했다.

—

패트릭은 9주 반 만에 크레이그 병원에서 퇴원했다. 7월 2일, 목발을 짚고 오른쪽 다리에 부목을 댄 채 병원을 나왔다. 의사들이 먼 거리 이동 때 이용하라며 휠체어를 주었다. 친구들이 현수막을 만들어 집으로 돌아오는 그를 축하했다.

여름은 금세 지나갔다. 패트릭은 학교에 돌아갈 준비가 아직 안 되었다. 작업치료, 물리치료, 언어치료에 신경심리 상담까지 받아야 했다. 힘겨운 나날이었다. 하지만 점차 안정적으로 걷게 되었다. 이제 그의 말은 꽤 분명하게 들렸고 단어를 찾으려고 말을 중단하는 순간이 점차 짧아졌다. 문장은 한 번만 끊어졌다가 마무리되었고, 때로는 막힘없이 나오기도 했다. '우울의 시기'가 끝났다.

그러는 동안에도 그는 호수를 생각했다. 그는 자신이 물가에 가지 못한다는 것을 알았다. 윙윙거리는 보트 소리가 들렸고 부두를 철썩철썩 때리는 물냄새가 났다. 마침내 패트릭은 아버지를 설득해 여동생의 수상스키 시범을 보러 호수에 나갔다. 그는 수상스키를 아주 좋아했다. 존이 보트에 시동을 걸었다. 엔진이 돌아가자 패트릭은 가스 냄새를 맡으며 눈을 감았다. 마음속으로는 수면을 다시 달리고 있었다. 선착장에 앉아서 이를 보고 있는데 갑자기 울음이 터져나왔다. 몸이 격렬하게 떨렸다. 그러고는 욕이 나왔다. 존이 그에게 달려가 그를 위로했다. 패트릭은 위안이 되지 않았다. 부모나 자신에게, 혹은 에릭과 딜런에게 화난 게 아니었다. 그냥 화가 치밀었던 것이다. 그는 자신의 삶을 예전처럼 돌려놓고 싶었다. 다시는 그때처럼 살 수 없을 터였다. 존은 걱정 말라며 그를 안심시켰다. 아들을 꼭 안고 그가 울도록 내버려두었다.

—

넉 달 뒤에 경찰통제선이 걷히고 학교가 다시 문을 열 채비를 했다. 8월 16일이 예정일이었다. 그날 아침 분위기가 어떤지에 따라 이후의 성패가 좌우될 터였다. 만약 학생들이 집으로 돌아가면서 여름 동안 잘 쉬었으니 이제 다시 시작해야지, 하고 생각한다면 성공이었다. 그날 아침 첫 몇 분이 1년의 분위기를 결정할 게 분명했다. 학교 행정을 맡은 책임자들은 학생, 교직원, 희생자, 기타 관계자들을 만나면서 여름 내내 최선의 아이디어를 모았다. 심리학자, 문화인류학자, 심리상담사의 상담도 받았다. 그 결과 정성을 기울여 행사를 준비했다. 그리고 이 행사에 '학교를 되찾자'라는 이름을 붙였다.

행사가 힘을 받으려면 적이 필요했다. 그리고 적이 확실하고 혐오스러울수록 효과가 클 터였다. 선택은 쉬웠다. 바로 언론매체였다. 덴버포스트와 로키마운틴뉴스는 아직도 매일 콜럼바인 기사를, 그것도 하루에 여러 건씩 쏟아내고 있었다. 가을학기가 다가오면서 보도는 더욱 늘어났다. 게다가 전국방송들도 돌아왔다. 다들 이들의 기분을 아직도 알고 싶어했다. 학생들은 '맘껏 물어뜯어(bite me)'라고 쓰인 티셔츠를 입기 시작했고 몇몇 교직원들이 여기에 동참했다.

언론은 치열하게 취재에 뛰어들었다. 기자들 수만 해도 기록적이었다. 행사는 대개 그렇듯이 연설과 응원과 록 음악과 리본 자르기가 포함되겠지만, 이번 행사의 핵심은 언론을 공개적으로 비난하고 학교를 그들로부터 되찾는 것이었다. 수천 명의 학부모들과 이웃이 합심하여 언론을 배격하는 인간방패를 만들 계획이었다. 이 방패는 상징적인 의미뿐만 아니라 실질적인 효과도 노렸다. 기자들이 야비한 일을 하지 못하도록 방해할 생각이었다. 그들은 인간방패에 가로막혀 무슨 일이 벌어지는지 보지 못할 터였다. 학교 행사는 대개 안에서 진행했지만 이번만은 일부러 언론에 경고를 보내려고 밖에서 진행하기로 했다. 문을 닫아걸거나 담을 쌓아 언론을 막을 생각이 없었다. 그냥 부끄러운 줄 알라는 의미의 인간장벽으로 둘러쌀 계획이었다. 학교로서는 이들이 용기를 내어 인간장벽을 뚫고 들어와도 굳이 말릴 생각이 없었다.

—

　기자들은 일주일 전까지도 이 행사에 대해 전혀 모르고 있었다. 8월 9일, 학교는 언론보도지침 대표자 회의를 열었다. 지역과 전국의 40개 언론사가 참석했다. 초청장에는 "아이디어를 나누고자" "이해관계의 균형을 맞추고" 같은 유화적인 문구가 실렸다. 트라우마 전문가들이 그 자리에 초청되었다. 한 교수가 상실감에 대해 설명했다. 대부분의 아이들은 아직 초기 단계였고, 외상후스트레스장애를 겪고 있는 아이들도 많았다. 마음속으로 그때의 충격을 계속 떠올리고 있었던 것이다. 텔레비전에서는 특수기동대, 피로 얼룩진 희생자들, 서로 껴안은 생존자들, 머리를 가리고 뛰어가는 아이들 모습이 계속 방영되고 있었다.

　기자들은 사건이 돌아가는 방향이 마음에 들지 않았다. 그때 피해자 변호인 로빈 피네건이 중요한 이야기를 했다. 그는 아이들이 자신들의 정체성을 도둑맞은 기분이라고 했다. "콜럼바인"은 어느덧 비극의 고유명사가 되었다. 그리고 그들의 학교는 대학살의 상징이었다. 다들 폭력배나 재수없는 부잣집 애송이 취급을 받았다. "이제 희생자들이 자신들의 비극의 주인이 되어야 합니다." 피네건이 말했다. 지금까지는 언론매체가 콜럼바인 비극의 주인 행세를 했지만 이제 바뀌게 될 것이라며 그 잘난 "또다시 콜럼바인" 유의 기사를 써볼 테면 써보라고 했다. 행정 담당자들이 행사의 전반적인 진행을 설명했다.

　"인간사슬이 왜 필요합니까?" 한 기자가 물었다.

"학생들을 당신네들로부터 보호하기 위함이요." 지역 대변인 릭 코프먼이 말했다.

대부분의 언론은 배제하고 소수의 기자만 안으로 들일 계획이라고 했다. 기자들은 믿기지 않았다. 신문기자 한 명만 들인다고? 백악관도 출입기자를 그렇게 빡빡하게 제한하지는 않았다. 거대 전국지 기자들이 뒤에 모여 대책을 논의했다.

우리는 물러서지 않을 겁니다, 코프먼이 말했다. 사실 제한적인 취재도 많은 양보를 할 때에만 허락할 참이었다. 헬기도 지붕 위의 사진기자도 없어야 했고, 학교 부지에는 출입을 금할 생각이었다. "이 조건에 동의하지 않으면 공동취재도 없습니다."

어디 마음대로 해보시지, 기자들이 협박했다. 역공을 맞게 될걸. "학부모들이 모든 것에 '노'라고 대답하면, 궁지에 몰린 우리가 영상을 얻으려고 또다시 험하게 나오리라는 것을 모두들 알고 있죠." 한 방송사 간부가 말했다. "정말 그렇게 모든 것에 '노'라고 대답해서 우리를 통제할 수 있다고 생각할까 의심스럽네요. 그러지 않을 겁니다. 우리를 다른 방향으로 몰아가려 할 겁니다."

코프먼은 자기도 물러날 곳이 없다고 했다. 화난 학부모들은 취재를 일체 반대했다. "학부모와 교직원 모두 당신네들에게 인내심의 한계를 느낍니다. '더는 못 참겠어! 지긋지긋해!' 이렇게요."

그주 후반에 합의가 이루어졌다. 취재진이 조금 늘었고 인간방패 안에 "불펜"을 마련해서 원하는 학생은 표식을 두른 기자와 대화를 나누도록 허락했다. 언론은 이전의 요구를 다 수용하기로 했고 두 개의 조건이 추가되었다. 그날 아침 등교하는 학생들에게 접근하지 말 것, 사건 당시 부상당했던 사람의 사진을 사용하지 말 것. 아이들은 드디어 자기들이 승리했다고 느꼈다.

—

교장은 행사가 열린다는 생각에 흥분했다. 하지만 새로운 아이들이 걱정되기도 했다. 교장으로서 당연한 일이었다. 이 무렵이면 그는 늘 신입생들 생각으로 머리가 복잡했다. 행여나 학교생활에 재빨리 적응하지 못하면 남은 4년 내내 힘든 생활을 해야 했다. 첫 2주가 가장 중요했다.

교장은 차이를 감추지 않고 오히려 강조하는 방법을 택하기로 했다. 그는 여름 동안 학구파, 운동선수, 학생회를 만났고 아이, 교사 할 것 없이 모두에게 똑같은 사명을 주었다. 신입생들은 여러분을 이해하지 못한다. 여러분의 고통을 견디지 못한다. 여러분처럼 사회계급의 차이를 뛰어넘지 못한다. 그러니 그들을 도와라.

그래서 다들 대체로 그렇게 했다. 아이들은 자기 문제만으로도 충분히 힘겹다고 생각했지만 그들에게 정말 필요한 것은 자신들이 돌봐줄 다른 누군가였다. 자신의 고통을 치유하려면 다른 고통을 달랠 필요가 있었다.

교장은 어수선한 전환기를 순조롭게 넘어가려고 여러 활동에 대한 아이디어를 모았다. 그래서 비교적 쉽게 떠올린 것이 타일 붙이기 프로젝트였다. 3년 동안 아이들이 미술시간에 10센티미터 정방형 세라믹 타일을 색칠했다. 이렇게 칠한 500개의 타일을 사물함 위에 붙여 복도가 한층 밝아졌다. 학교가 개장하기 전에 1500개의 새 타일을 더 붙이면 내부장식이 확 달라질 터였다. 어느 날 아침, 아이들은 잘 떠오르지 않는 낯선 단어를 사용하지 않고도 자신의 슬픔이나 희망, 열망을 시각적으로 추상적으로 표현해낼 수 있게 되었다.

—

브라이언 퓨질리어는 자기 부모가 인간방패에 서는 것을 원치 않았다. "그런 일은 괜히 부자연스러워 보이기만 해요." 그가 아버지에게 말했다. 브라이언은 정신적 충격은 걱정하지 말라고 했다. 그냥 예전의 삶을 되찾고 학교로 돌아가면 아무 문제도 없을 거라고 했다.

"그렇게 쉽게 되는 일이 아니야." 그의 아버지가 말했다.

퓨질리어 부서장은 월요일에 수사를 하루 쉬고 인간방패에 참가했다. 부인 미미가 그의 옆에 섰다. 아침 7시에 아이들이 부모와 함께 모여들기 시작했다. 7시 반이 되자 방패는 총 500명이 되었다. 시간이 갈수록 규모는 커졌다. 학생들이 새로 도착할 때마다 다들 환호했다.

대부분의 아이들은 앞에는 '우리는', 뒤에는 '콜럼바인'이라고 적힌 흰색 티셔츠를 맞춰 입고 왔다. 자신의 메시지를 고집한 소수 부대도 있었다. '그래요, 나는 희생자가 아니라 하느님과 승리자를 믿어요.'

프랭크 디앤젤리스가 마이크 앞에 서자 몇몇 아이들이 소리를 질렀다. "사랑해요, 교장 선생님!"

그는 환영의 함성에 가슴이 뭉클했고 이어 감동적인 연설을 했다. "다소 걱정스러운 사람도 있을지 모르겠군요. 하지만 여러분은 혼자가 아닙니다."

학교에 내걸린 국기가 4월 20일 이후 처음으로 조기 위치에서 완전히 위로 올라가 애도의 기간이 끝났음을 알렸다. 입구에 걸린 리본을 자르자 패트릭 아일랜드를 필두로 학생들이 들어오기 시작했다.

44

폭탄 제작

에릭은 공격의 여파가 오래오래 이어지기를 기대했다. 그는 4월 20일에 수백 명이 죽는 것보다 이후 수년 동안 수백만 명이 고통받기를 더 바랐다. 그의 목표대상은 청중이었다. 에릭은 모든 사람이 괴로워하기를 바랐다. 콜럼바인 학생, 제퍼슨 카운티 주민, 미국 대중, 나아가 인류 전체가.

에릭은 자신이 유령으로 나타나 생존자들을 계속해서 괴롭히는 상상을 하며 즐거워했다. 사건 장면을 떠올리게 하는 소리를 내면 어떨까. 그럼 사람들은 미쳐버리겠지. 에릭은 몇 달 동안 기대감으로 행복했다. 이제 행동할 시간이 되었다.

에릭은 4학년 시절 할로윈 축제 직전부터 무기를 모으기 시작했다. 폭죽을 잔뜩 사서 하나하나 찢어 번들거리는 검은색 가루를 커피 캔에 담았다. 그렇게 해서 충분한 양이 모이면 캔을 옆으로 기울이고 조금씩 덜어 이산화탄소 카트리지에 담았다. 양을 잘 조정해서 거의 끝까지 채웠다. 마지막으로 심지를 박고 봉해서 옆으로 치웠다. 하나의 크리켓이 이제 폭발 준비를 마친 것이다. 그는 자신의 일에 흡족했다. 9개를 더 만들었다.

파이프폭탄을 만들려면 이보다 많은 폭약이 필요했고 이를 담아 둘 PVC 파이프도 물론 있어야 했다. 에릭은 그날 총 네 개의 파이프 폭탄을 만들었다. 그는 첫 세 개를 '알파'라고 불렀다. 나쁘지 않았지 만 더 잘할 수 있었다. 이를 옆에 두고 다른 방식으로 하나를 더 만 들었다. '베타'는 더 나았다. 개선의 여지는 있었지만 말이다. 그날은 이 정도로 끝냈다.

에릭은 도표를 그려 폭탄 제작에 관한 자료를 기록으로 남겼다. 표를 만들어 각각의 폭탄뭉치마다 이름, 크기, 양, 내용물, 폭발력을 기록하고는 자신의 작업을 평가했다. 그는 여덟 종류의 폭탄뭉치 가 운데 여섯 종류에 "훌륭함"이라는 평가를 내렸다. 최악의 평가는 "괜 찮음"이었다.

다음날 에릭은 폭탄 제작에 다시 매달려 여섯 개의 파이프폭탄을 더 만들었다. 역시 '베타'였다. 나중에는 찰리, 델타, 에코, 폭스트롯 도 만들었다. 이 용어들은 하나를 제외하면 전부 다 군사 음어에서 가져왔다. 군인들은 베타가 아니라 브라보라고 한다.

에릭은 이후 두 달 동안 일지에 거의 열 개가 넘는 글을 남겼다. "가능한 한 많이 파괴하는 게 목표야. 그러니까 이제 동정이나 자비, 그런 감정에 휘둘려서는 안 돼."

에릭이 고통을 이해했고 그래서 이를 면하게 해주려는 충동을 의 식적으로 물리쳤다는 사실이야말로 그의 무자비함을 보여주는 증거다. "모든 사람이 〈둠〉에 나오는 괴물에 지나지 않는다고 믿어야 해. 감정은 사치야."

한 가지만 명심해, 세상을 불태우는 거야, 그는 이렇게 말했다. 만만치 않은 일이었다. 폭발물 제작은 손이 많이 가는 작업이었다. 이틀을 꼬박 일해서 겨우 파이프폭탄 열 개와 변변치 않은 크리켓 열 개를 만들었다. 이걸로는 파괴력이 얼마 되지 않는다. "역겨운 이 동네를 다 불태우고 싶은데. 하지만 그 정도 위력의 폭탄은 만들기가 어려워."

에릭은 잠시 공상을 즐겼다. 덴버의 절반이 불타는 광경을 머릿속에 그려보았다. 네이팜의 불길이 마천루를 집어삼키고 가스탱크가 터져 주거지를 날려버리는 광경을. 네이팜 제조법은 온라인에 보면 다 나와 있고 재료도 어렵지 않게 구할 수 있었다. 하지만 그는 현실적이었다. "모든 재료를 다 구해 폭탄을 마련하고 무기와 탄약을 준비한 다음 잘 숨기고 있다가 때가 되어 터뜨리려면 엄청 까다롭겠지." 앞으로 여섯 달 동안 무슨 일이 어떻게 잘못될지는 알 수 없는 노릇이었다. 만약 일이 틀어지면 "곧장 살인을 저지르는 거야. 싸워보지도 않고 당할 수는 없잖아".

에릭은 영어 에세이에서 이 마지막 문장을 거의 그대로 반복했다. 문학작품에서 한 구절을 가져와 자신의 생각을 논하는 과제였는데 에릭은 에우리피데스의 비극 『메데이아』에서 아래의 구절을 골랐다. "아니다, 사냥꾼을 죽인 노란 눈의 짐승들처럼 사냥개의 시체와 부러진 창을 깔고 누우리." 메데이아는 죽을 때까지 싸우리라 맹세했다. 만만하게 자신을 넘겨주는 일은 절대로 없을 터였다. 에릭은 페이지를 넘겨가며 이런 임전무퇴의 정서를 일곱 차례나 강조했다. 그는 메데이아가 용감하고 강하고 돌처럼 무정한 여인이라고 설명했다. 에릭이 남긴 글 가운데 이토록 열정적으로 자신의 생각을 털어놓은 것은 찾아보기 어렵다.

에릭은 죽고 나서 오랫동안 모순덩어리로 여겨졌다. 하지만 "싸워보지도 않고 당할 수는 없잖아"라는 말 속에서 실마리를 얻을 수 있다. 에릭은 원대한 꿈을 꾸었지만 현실을 인정했다. 불행히도 그 구절은 오랫동안 사람들에게 공개되지 않았다. 그가 쓴 글에서 이런저런 구절들이 두서없이 새어나가는 바람에 모순덩어리로 보였던 것이다. 에릭은 총격전이나 비행기 충돌, 혹은 오클라호마시티 때보다 더 큰 테러공격을 계획하고 있었을까? 만약 그가 대학살을 의도했다면 왜 겨우 13명만 죽었을까? 자신의 손에 들린 정보만 갖고 에릭을 이해하려 시도하는 것은 소설을 다섯 쪽만 읽어보고는 말이 안 된다고 속단하는 것과 마찬가지다.

퓨질리어는 에릭의 일지를 처음부터 끝까지 다 읽어보았기 때문에 남들보다 잘 알았다. 그가 말하고자 하는 요점은 분명했다. 인간은 쓸모없는 존재다. 에릭은 남들보다 우월하다고 생각했고 이를 증명하고자 했다. 그는 우리가 고통받는 모습을 지켜보는 것이 즐거웠다. 매주 다채로운 새 시나리오를 생각해냈다. 비행기가 건물과 충돌해서 마천루가 화염에 휩싸이고 사람들이 밖으로 튕겨나가는 상상을 했다. 아무튼 그의 목표는 확실했다. 되도록 많은 사람을 상상할 수 있는 가장 극적인 방법으로 죽일 것.

상황이 다 갖추어졌더라면 에릭은 인간이라는 종 전체를 몰살했을지도 모른다. 하지만 그는 현실을 인정했다. 행성을 날려버리는 것은 그의 능력 밖이었다. 덴버 고층건물 지역도 그로서는 감당하기 어려웠다. 하지만 고등학교 하나 정도라면 가능했다.

—

에릭은 상황을 고려해서 고등학교를 골랐지만 아무렇게나 고른 것은 아니었다. 운동선수가 그의 목표대상이었다면 그저 체육관만 날리지 않았을 것이다. 콜럼바인 미식축구장 외야석을 꽉 메운 수천 명도 함께 죽였을 것이다. 그가 사회지도층을 목표로 했다면 사흘 전에 열렸던 댄스파티를 노렸을 것이다. 에릭은 자신이 받은 학대의 상징을 공격했다. 로봇을 양성하는 공장이자 사춘기 존재의 거처였던 곳을.

에릭에게 콜럼바인 학살은 공연이었다. 일종의 살인의 예술. 일지에서 그는 실제로 청중이라는 말을 사용했다. "청중의 대다수는 내 동기를 이해조차 못하겠지." 그는 콜럼바인을 텔레비전으로 중계될 살인 무대로 기획했는데, 그가 가장 우려한 점은 우리가 너무 멍청해서 자신의 의도를 알아차리지 못하면 어쩌나 하는 것이었다. 두려움이야말로 에릭의 궁극적인 무기였다. 그는 극한의 공포를 안겨주고 싶었다. 아이들이 스포츠 경기나 댄스 같은 일회성 사건으로 두려워하는 것은 원치 않았다. 평생 두려움을 갖고 살기를 원했다. 이는 결국 들어맞았다. 전국의 학부모들이 자녀를 학교에 보내기를 두려워했으니까 말이다.

에릭은 테러리스트와 같은 정치적 의제를 갖진 않았지만 그들의 전략은 채택했다. 사회학자 마크 위르겐스마이어는 테러리즘의 핵심적 특징으로 "폭력의 상연"을 꼽았다. 테러리스트는 사건이 "눈부실 정도로 악의적이고 대단한 파괴력을 드러내도록" 계획한다. "그처럼 과장된 폭력의 시연은 계획적으로 꾸며낸 사건이다. 아연실색게 하는 매혹적인 극장이다."

청중들은 항상 멀리 떨어져서 텔레비전으로 지켜보았다. 티머시 맥베이나 에릭 해리스 때도 그랬고 팔레스타인해방기구 때도 그랬다. 테러리스트는 그저 총을 쏘는 것으로 만족하지 않는다. 그래봤자 피해가 개인에게 제한될 테니까. 그들은 모든 것을 날려버리기를 선호한다. 대개 건물을, 그것도 신중하게 골라서 폭파시킨다.

"테러리스트들은 사회의 존립에 중추적이라고 여겨지는 건물이나 공간을 날려버림으로써, 짧고 극적인 순간이나마 그 건물 혹은 공간의 실체와 사회적 중요성에 대해 궁극적인 통제력을 행사하는 것이 세속의 정부가 아니라 바로 자신이라고 주장한다." 위르겐스마이어는 1993년 세계무역센터에 대한 첫번째 공격이 있던 바로 그날, 더 치명적인 공격이 카이로의 한 커피숍에서 일어났음을 지적한다. 아마도 같은 집단이 공격을 저지른 것으로 보이는데, 사상자가 더 많이 발생한 커피숍의 폭발 소식은 이집트 밖으로 거의 보도되지 않았다. 이에 대해 위르겐스마이어는 이렇게 설명했다. "커피숍은 세계무역센터가 아니다."

대부분의 테러리스트는 자신들이 혐오하는 체제의 상징을 공격대상으로 삼는다. 정부 건물이 자주 표적이 되는 이유가 여기에 있다. 에릭도 같은 논리를 따랐다. 그는 자신의 계획에서 핵심은 총격이 아니라 폭발이라고 보았다. 그랬기에 그가 계획했던 모든 폭탄이 불발로 끝나자 그의 공격에 대해 오해가 일어났던 것이다. 에릭은 그저 티머시 맥베이의 기록을 깨지 못한 것만이 아니었다. 그런 대규모 폭탄 공격을 시도했다는 것 자체를 인정받지 못했다. 결국 그는 이들과 같은 무리가 아니라 사람들을 향해 총질을 한 가련한 외톨이와 같은 무리로 취급되었다.

—

에릭은 또다시 실수를 저질렀다. 이번에는 술이 문제였다. 그와 딜런은 한 친구의 어머니를 설득해서 술을 잔뜩 구입했다. 에릭은 테킬라와 베일리스 아이리시크림을 시켰고 딜런은 당연히 보드카를 주문했다. 그 외에도 맥주, 위스키, 슈냅스(독일의 독한 증류수—옮긴이), 스카치위스키가 있었다. 이들은 주말에 술파티를 벌였다. 남은 술은 에릭이 가져가서 자신의 자동차 트렁크에 몰래 숨겼다. 그는 오랫동안 원했던 모든 술을 드디어 손에 넣게 되어 뿌듯했다. 플라스크 용기를 하나 사서 목에 잘 넘어가는 독한 스카치를 담았다. 실제로는 술을 잘 못했지만 그는 술에 대한 환상이 있었다. 몇 달 동안 플라스크에 든 스카치를 고작 세 모금 마셨을 뿐이지만, 원하면 언제든지 술을 마실 수 있다고 생각하자 행복했다. 그는 으스대며 친구에게 자랑을 했다. 그러자 한 얼간이가 에릭의 아버지한테 몰래 일러바쳤다.

그날 밤 해리스의 집에서 한바탕 소동이 일었다. 웨인은 격노했다. 언제까지 이렇게 철없이 지낼래? 대체 뭐 하고 살아갈 거야?

에릭은 새로운 거짓말을 둘러댔다. 그는 이럴 때를 대비해서 성적을 바짝 끌어올리고 있었다. 그래야 계획하고 있던 일이 술술 풀릴 테니까. 세상에, 그날 밤 에릭의 거짓말은 명예의 전당에 오를 만한 것이었다. 에릭은 상황에 완전히 몰입해서 자기가 가장 좋아하는 영화에서 대사를 인용하기까지 했다. "정말 오스카 수상감이야." 그는 일지에 그렇게 적었다.

이런 소동에도 불구하고 에릭은 교화 프로그램 상담자에게 부모와 아무런 문제도 없다고 했다. 크릭스하우저는 그 기간 동안 상담을 할 때마다 그의 파일에 행복한 가정생활이라고 기록했다. 에릭은 어른에게 언제 진실을 말해야 할지, 얼마나 많이 누구에게 털어놓아야 할지 본능적으로 알았다. 언젠가 분노 통제수업에 참여했을 때 그는 평가서에다가 수업이 얼마나 도움이 되었는지 모른다며 성실하게 알랑거렸다. 그는 밥 크릭스하우저에게는 다른 전략이 통하리라 직감했다. 그래서 수업이 시간 낭비였다고 털어놓았다. 밥은 솔직하게 털어놓는 그가 자랑스러워 상담노트에 에릭이 정직하다고 칭찬했다.

퓨질리어는 에릭의 서류가 다른 이유로 흥미롭다고 보았다. 에릭은 상담에서 정말 뭔가를 배웠다. 그는 분노의 네 단계와 이를 촉발하는 몇 가지 계기를 일지에 열거했다. 호흡이 가팔라지고, 시야가 좁아지고, 근육이 팽팽해지고, 이를 악물게 된다. 분노의 계기는 경고 신호나 증후로서 작용하는데, 그는 바로 그것을 정보로 활용할 수 있었다. 에릭은 진짜 감정을 숨기고 원하는 효과를 얻어내는 데 천재였다. 하지만 천재는 프로와 거리가 멀다. 전문가는 그가 가끔씩 슬쩍슬쩍 드러내는 본바탕을 가지고 그의 행동을 꿰뚫어볼 수 있다. 그런 자료는 너무도 소중했다. 에릭은 자신이 모든 정보를 빨아들이는 스펀지라고 설명했다. 호감을 주는 행동을 모방하는 능력이야말로 그의 최고 솜씨였다.

―

에릭의 성적은 계속 올라갔고 선생들은 좋아했다. 결국 가을학기 성적표에 그의 긍정적인 태도와 협조를 칭찬하는 평들이 적혔다. 딜런은 여전히 바닥을 헤맸다. 11월 3일, 그는 크릭스하우저에게 학업 성취도 보고서를 하나 더 가져갔다. 미적분 성적은 나아지지 않았고 이제는 체육 과목도 D였다. 그는 그저 지각했을 뿐이라고 둘러댔다.

제 시간에 수업에 들어가야지, 1분도 늦지 말고, 크릭스하우저가 말했다. 다음 상담 때까지는 통과 학점을 받아야 해.

하지만 성적은 오히려 F로 떨어졌다. 크릭스하우저는 딜런을 앞에 앉혀놓고 대책을 논의하려 했지만 딜런은 말을 얼버무렸다. 계속 이런 식이었다. 그는 노력조차 하지 않았다. 미적분 교사도 그의 나쁜 태도를 지적했다. 수업시간을 효과적으로 사용하지 않는다고 했다. 무슨 일이 있었을까? 딜런은 수업시간에 책을 읽었다고 했다. 크릭스하우저는 그 말을 믿지 않았다. 딜런은 말솜씨가 능숙하지 못했다. 네가 하는 말에 스스로 귀기울여봐, 크릭스하우저가 그에게 말했다. 네가 무슨 말을 하는지 생각해봐. 너는 매사에 신중함이 없어. 온통 변명뿐이야. 마치 자기가 희생자인 것처럼 말해.

크릭스하우저는 딜런이 노력을 보이지 않으면 호된 결과를 치르게 될 거라고 했다. 교화 프로그램에서 퇴출당하는 것도 거기에 포함될까. 그럼 딜런은 중범죄로 감옥에 갈지도 몰랐다.

에릭은 파이프폭탄을 세 개 더 만들었다. 이번 것들은 '찰리'였다. 이어 12월까지는 폭탄 제작을 중단했다. 이제 그에게 필요한 것은 총이었다. 그런데 그게 문제였다.

에릭은 브래디 법안을 살펴보았다. 의회는 1993년에 가장 일반적인 반자동소총의 구입을 제한하는 법을 통과시켰다. 연방 체제는 즉석에서 전과조회가 가능하도록 하는 법안을 곧 시행할 예정이었다. 그러면 에릭은 총을 구하는 데 어려움을 겪게 된다.

"망할 브래디 자식!" 에릭은 일지에 그렇게 적었다. 총 몇 자루면 되는데! "빌어먹을 법안 때문에 한 자루도 얻기 어렵다니!" 그는 그저 자신을 보호하려고 총을 구하는 것이라고 농담을 했다. "나는 살상극을 벌이는 정신 나간 사이코가 아니야."

에릭은 학교 과제물의 주제를 살인 계획에 도움이 되는 것으로 잡아 효율성을 높였다. 그주에 브래디 법안에 관한 짧은 연구과제물을 작성했다. 그는 법안이 빠져나갈 구멍이 있기는 하지만 이론적으로 괜찮은 발상이라고 생각했다. 가장 큰 문제는 이 법안이 허가받은 판매업자한테만 적용되고 개인 판매자에게는 적용되지 않는다는 것이었다. 그래서 허가받은 업자의 3분의 2는 개인적으로 물건을 팔았다. "FBI는 스스로 자기 발등을 찍었다." 그는 이렇게 정리했다.

에릭은 냉정하게 화력을 계산해보았다. "오늘까지 100명을 죽이기에 충분한 폭발물을 확보했다." 도끼와 총검, 칼이 있으면 열 명 정도는 더 해치울 수 있었다. 일대일로 처리할 수 있는 최대치였다. 100명 그리고 열 명이라. "그 정도로는 충분하지 않아!"

"총!" 글은 그렇게 끝났다. "총이 <u>필요해!</u> 빌어먹을 총을 구해야 한 단 말이야!"

45

충격의 여파

중대한 순간은 늘 어려운 법이다. 입학 첫날, 첫눈, 첫 크리스마스, 뭐든 첫번째가 어렵다. 추악했던 기억들, 무기력했던 감정들이 모두 수면 위로 떠오른다.

사건이 일어난 지 6개월째 되는 날에도 그랬다. 살인자들이 학생 식당에 돌아다니는 장면이 찍힌 감시카메라 테이프가 CBS에 누출되었다. 방송국은 공격 당시 건물 안의 모습이 담긴 첫 테이프를 전국 뉴스로 내보냈다. 에릭과 딜런이 무기를 휘두르며 여기저기 돌아다녔다. 이들은 테이블에 아무렇게나 놓인 컵을 집어들고는 몇 모금 마시는 여유를 보였다. 이어 대형 폭탄을 터뜨리자 겁에 질린 아이들이 달아났다.

"사건에 대해 소식을 듣거나 읽는 것과 직접 보는 것은 전혀 달랐어요." 숀 그레이브스의 어머니의 말이다. 그녀는 뉴스를 보며 울었다. 그래도 끝날 때까지 침착하게 앉아 있었다. 그녀는 불가피한 일임을 알고 받아들이려 했다. "테이프가 밖으로 나돌지 않기를 바랐어요. 하지만 언젠가 이렇게 될 줄 알았어요. 시간문제였죠."

아들 숀은 뉴스를 보지 않고 자기 방에서 숙제를 했다.

숀은 몸의 반이 마비되었다. 심각하게 부상당한 아이 가운데 한 명이었다. 모두가 이들의 경과를 지켜보았다. 앤 마리 호크할터도 열심히 노력했다. 물리학수업을 받으러 학교에 갔고 나머지 수업은 개인교사가 집에 와서 그녀를 가르쳤다. 그녀의 가족은 자원봉사자들의 도움으로 휠체어로 다닐 수 있는 새집으로 이사를 갔다. 그녀는 다시 걷기 위해 분투했다. 6개월째가 되기 며칠 전에 마침내 다리를 움직였다. 한 번에 한쪽씩 10센티미터 안팎을 들어올렸다. 그녀의 아버지 테드는 "참으로 대단한 성취"였다고 말했다. 하지만 극심한 고통은 여전했다.

참사 6개월째 되는 날의 초조함이 모든 걸 더 힘들게 했다. 한편 흉흉한 소문이 나돌기 시작했다. 에릭과 딜런이 둘이서 사건을 벌인 게 아니라 TCM이 아직 활동하면서 언제든지 다시 공격을 벌일 것이라는 소문이었다.

10월 20일은 그야말로 완벽한 순간처럼 보였다. 10월 18일에 새로운 소문이 퍼졌다. 에릭과 딜런과 함께 교내 비디오를 제작했던 한 친구가 "일을 끝낼 참이라고" 누군가에게 말했다는 것이다.

다음날 경찰이 그의 집에 들이닥쳐 수색했고 그를 체포했다. 그의 부모는 순순히 협조했다. 아이는 중죄로 기소되었고 50만 달러의 보석금이 매겨졌다. 그는 집중감시에 들어갔다. 열일곱 살이었다.

그는 수요일에 다리에 쇠고랑을 차고 녹색 죄수복 차림으로 미성년 법정에 출두했다. 1년 반 전에 에릭과 딜런에게 교화 프로그램을 허락했던 치안판사 존 드비타가 그의 앞에 있었다. 용의자가 미성년 자였으므로 이름을 지우고 기록을 봉했다. 하지만 드비타는 경찰이 범죄를 시사하는 일지를 찾았음을 확인했다. 그는 "그것이 기소의 근거였다"라고 말했다. 학교를 그린 도형도 발견되었는데 행동을 실행했다는 증거는 전혀 없었다. 일지의 12쪽에 적은 기록에서 아이는 에릭과 딜런이 고생하는데 돕지 못했다며 애석해했다. 그는 자살을 생각했다. 자살에 대해 썼고 경찰이 체포하러 왔을 때 그 이야기를 했다.

같은 날, 그러니까 사건이 일어난 지 6개월째 되는 날, 450명의 아이들이 아프다며 학교에 나오지 않았다. 끔찍한 일이 일어날지도 모르는데 왜 학교에 발을 들여놓겠는가? 더 많은 아이들은 조퇴를 했다. 하교시간이 되자 절반의 아이들이 이미 집에 돌아간 뒤였다. 심하게 부상당한 세 아이인 리처드 카스탈도, 앤 마리 호크할터, 패트릭 아일랜드는 끝까지 버텼다. 숀 그레이브스는 학교에 가지 않고 집에서 친구들과 초콜릿칩 쿠키를 만들었다. "굳이 위험을 감수하고 싶지 않았어요." 그의 말이다.

목요일에도 14퍼센트가 등교하지 않았다. 평소의 결석률은 5퍼센트였다.

긴장은 곧 풀어졌다. 금요일에 출석률이 거의 정상으로 돌아왔다. 앤 마리 호크할터와 그녀의 아버지가 그날 아침 리우드 초등학교에 가서 기금 모금자들에게 감사의 인사를 하고 자기 앞으로 온 기부금을 받았다. 오전 10시경, 앤 마리의 어머니가 덴버 남쪽에 있는 알파 전당포에 들어갔다. 그녀는 권총을 보여달라고 했다. 점원이 몇 가지 모델을 제시했다. 그녀는 유리상자 안을 들여다보더니 38구경 리볼버를 골랐다. 자신이 원하던 것이었다. 점원이 신원 조회를 하는 동안 그녀가 카운터를 등지고 돌아서서 총을 장전했다. 탄약은 집에서 가져왔다. 첫번째 총알은 빗나가 벽을 맞고 튀었다. 두번째 총알은 그녀의 오른쪽 관자놀이를 관통했다.

카를라 준 호크할터는 급히 스웨디시 메디컬센터로 옮겨졌다. 앤 마리가 치료를 받았던 병원이었다. 카를라 준은 몇 분 뒤에 사망했다. 예전에 가족과 일했던 한 상담원이 이 사실을 알리려고 그녀의 집에 갔다. 앤 마리가 문을 열자 상담원은 테드를 불러달라고 했다. "호흡이 빨라지기 시작했어요." 앤 마리가 나중에 말했다. "왠지 불길했습니다."

"나쁜 소식을 전해드리게 되어 유감입니다만 부인이 돌아가셨습니다." 상담원이 말했다.

테드 호크할터는 자리에 털썩 주저앉았다.

"안 돼!" 앤 마리가 말했다. "안 돼! 안 돼! 이럴 수는 없어!" 아버지가 정신을 차리고 그녀를 껴안았다. 몇 분이 지나자 그는 마음을 가라앉혔고 상담원이 어떻게 된 상황인지 설명했다.

"우리는 또다시 무너졌습니다." 앤 마리가 말했다. "그때 아버지의 얼굴에 비친 슬픔과 공포의 표정은 제 기억에서 영원히 사라지지 않을 거예요."

—

콜럼바인의 정신건강상담 비상전화가 토요일에 폭증했다. 상담원이 출근했을 때 괴로움을 토로하는 메시지가 응답기에 줄줄이 대기하고 있었다. 결국 상담원들은 추가로 주말근무를 했다. "바쁜 한 주였습니다." 제퍼슨 카운티의 한 공무원의 말이다. "다들 슬프고 우울해서 대화를 나누고 싶어했죠."

부모들은 이미 몇 달째 아이들이 쉬지 않고 떠들어대는 것을 지켜보았는데 이번 달은 특히 심했다. 아이들이 무슨 생각을 하는지 모르겠다는 부모도 있었다. 그들 역시도 그렇게 절망적이었을까? 카를라의 선택이 혹시 돌파구로 보였을까? 몇몇 아이들은 자기 부모도 같은 생각을 하지 않을까 걱정했다.

"이해하기 어려웠습니다." 스티브 콘은 어소시에이티드 프레스에 이렇게 말했다. "이런 멍청이들 때문에 누군가가 자살한다는 게 믿기지 않았어요."

스티브의 아들 애런은 아무데도 다치지 않고 무사히 도서관을 빠져나왔지만 극심한 정신적 스트레스로 가족을 힘들게 했다. "학교까지 차를 몰고 가서 모든 나무들 뒤를 다 살펴봅니다." 스티브가 말했다. "마치 경찰이 된 기분입니다. 그런 일이 다시 일어나기 전에 막고 싶어서요."

스티브는 아들과 같이 상담치료를 받으러 갔는데 애런이 입을 다물고 있는 한 상담은 아무런 소용이 없었다. "그가 마음을 열지 않는한 우리가 할 수 있는 일은 아무것도 없어요."

코니 미칼릭은 특히 당황해서 어쩔 줄을 몰랐다. 그녀는 스웨디시 메디컬센터에서 몇 달 동안 카를라 옆에 있으면서 그녀의 아이들이 회복하는 모습을 지켜보았다. 코니는 리처드 카스탈도의 어머니였다. 두 아이 모두 다시는 걷기 힘들다고 했다. "아마 그 때문에 그녀가 무너진 것 같아요." 코니가 말했다. "그녀의 눈을 들여다보면 그녀가 완전히 무너져내렸다는 걸 알 수 있었어요. 더이상 여기 존재하지 않는 사람 같았죠. 상냥하고 사랑스럽고 친절한 그녀였지만 그녀가 감당하기에는 상황이 너무 가혹했습니다."

코니 자신도 그 때문에 흔들렸었다. "처음 그 일이 일어났을 때 (카를라는) 다른 부모와 다르지 않았어요. 우리 모두 충격을 받아 망연자실했고 우울했죠. 한동안은 이렇게 살아서 뭐하나 싶은 생각도 들었습니다. 그녀도 우리와 다르지 않았어요."

코니는 이를 극복했다. 카를라는 그러지 못했다. "그녀가 조금씩 미끄러지는 것이 보였어요. 내리막길로 미끄러졌죠." 하지만 코니는 카를라가 그렇게 끝없이 추락할 줄은 몰랐다. 극복해내리라 믿었다. 특히 앤 마리가 다리를 움직였을 때는 희망이 보였다고 했다.

그런데 지역사회의 대다수가 모르고 있었던 사실이 하나 있었다. 그것은 카를라가 오랫동안 정신병과 사투를 벌이고 있었다는 점이다.

호크할터 가족은 사람들이 이 점을 이해해주기를 바랐다. 그녀가 죽고 나서 가족은 성명을 발표해 카를라가 3년 동안 우울증과 싸워왔다고 밝혔다. 과거에 자살을 시도했던 적도 있었다. 그녀는 약물치료를 받아왔다. 한 달 전에 테드는 새벽 3시에 그녀가 사라졌다며 경찰에 신고했다. 다음날 그녀는 지역의 한 응급실에 걸어들어가 우울증 치료를 부탁했다. 그녀는 한 달 동안 병원에 입원했고, 자살하기 여드레 전에 외래환자가 되었다.

가족은 카를라가 양극성기분장애 진단을 받았다고 나중에 밝혔다. 콜럼바인은 카를라의 우울증을 급속도로 악화시켰다. 그 사건이 아니었다면 그녀가 우울증을 딛고 일어섰을지 어떨지 모르겠지만, 적어도 콜럼바인 비극은 그녀를 자살로 이끈 근본적인 원인은 아니었다.

—

학교는 사건 기일에 맞춰 협박을 한 아이를 정학시켰고 퇴학 절차를 심사했다. 이로써 4월 이후 각종 총기 협박과 폭탄 위협으로 제퍼슨 카운티에서 퇴학당한 아이는 여덟 명이 되었다. 모든 것이 무관용 정책에 따라 엄격하게 처벌되었다. 아무도 위험을 무릅쓰고 싶어하지 않았다.

아이는 7주 동안 감방에 갇혔다. 지역사회가 그의 계획에 대해 안 것은 추수감사절 무렵이었다. 차에 휘발유 통을 싣고 자살폭탄이 되어 학교로 돌진할 계획이었다. 12월에 그는 변론을 통해 두 개의 경미한 죄를 선고받았고 에릭과 딜런처럼 1년간 교화 프로그램을 받으라는 판결이 내려졌다. 절도를 포함한 다른 죄목은 기각되었다. 그는 자신이 일했던 비디오 가게에서 100달러를 훔쳐 텍사스로 달아나려 했다. 이미 정신과 의사를 만나 처방을 받고 있었는데 상담과 처방을 계속 받으라는 판결이 났다. "이 아이는 곤란에 처한 청소년으로, 필요한 도움을 받을 것입니다." 검찰이 말했다.

—

6개월 기일까지 끝내야 할 일이 있었다. 콜로라도 법에 따르면 정부기관을 과실로 고소하려는 사람은 180일 이내에 의향을 밝혀야한다. 스무 가족이 소장을 제출했다. 죽은 학생 가족과 부상자 가족, 그리고 클레볼드 가족이었다.

톰과 수 클레볼드는 보안관서가 1998년에 에릭의 행동, 특히 죽여버리겠다는 위협을 조사해놓고 제대로 알리지 않았다며 "무모하고 터무니없고 고집스러운" 실책으로 고소했다. 경고만 했어도 "클레볼드 부부는 자신들이 여태 몰랐던 위험을 깨닫고는 아들 딜런이 에릭 해리스와 일체 접촉하지 못하게 했을 가능성이 높았을 것이다". 결국 이런 실책 때문에 "클레볼드 가족은 상당한 피해보상과 비난에 시달렸고 슬픔을 겪었고 삶의 즐거움을 상실했다." 소장은 가족이 희생자들로부터 고소를 당할 처지에 놓였으며 따라서 차후에 합의되는 보상액은 제퍼슨 카운티에 그대로 청구할 생각이라고 했다.

클레볼드 부부가 이렇게 하는 데는 다 이유가 있었다. 두 가족은 여전히 책임자 목록 1순위였다.

지역사회는 깜짝 놀랐다. 아무도 몇 달 동안 해리스 가족이나 클레볼드 가족의 소식을 듣지 못한 터였다.

스톤 보안관은 거칠게 반박했다. "터무니없는 요구라 생각합니다. 아이가 그렇게 된 것은 부모의 책임이지 우리의 잘못이 아니죠."

그는 또한 비극이 "추악한 국면"으로 타락했다며 개탄했다.

브라이언 로버가 클레볼드 부부에게 힘을 실어주었다. 처음에는 그도 놀랐지만 곰곰이 생각해보니 "충분히 그럴 만했다". 그는 스톤 보안관의 반응에 분노를 보였다. "4월 20일의 사건이야말로 정말로 추악했죠." 브라이언이 말했다.

—

    10월 25일, 웨인과 캐시는 마침내 기소 면제 없이 조사관들을 만나기로 합의했다. 스톤 보안관의 주도하에 짧은 만남이 이루어졌다. 경찰 보고서에는 관련 기록이 없다.

—

    범죄와 관련해서 기소될 수 있는 사람은 TEC-9을 판매한 마크 메인스와 거래를 중개한 필 듀런, 이렇게 두 명밖에 없었다. 몇 달 전에 이미 퓨질리어 부서장은 두 사람이 혹독하게 짓밟힐 것이라 예측했다. 법적으로도 책임이 있었던데다가 방향을 잃은 사람들의 분노가 이들에게로 향할 것이 분명했기 때문이다.

    "두 사람은 달리는 화물열차 앞에 발을 내디딘 겁니다."

    퓨질리어의 말이 맞았다. 메인스가 먼저 두드려맞았다. 그는 유죄 합의(정식 재판 절차를 거치기 전에 혐의를 인정하면 형량을 낮춰주는 제도—옮긴이)를 하기로 했고 11월 11일로 날짜를 정했다. 추악했다. 아홉 가족이 공판에서 발언했는데 모두가 최고형량을 요구했다.

    "진술을 명확히 해주세요." 13인 가운데 한 명인 톰 마우저가 탄원했다.

    "우리 식대로 밀고 나간다면 피고는 앞으로 다시는 거리를 밟지 못할 겁니다." 숄스 가족이 말했다.

    증언은 두 시간 동안 이어졌다. 메인스는 고개를 숙였다. 두 가족이 비디오를 촬영했는데 기록원이 휴지를 방청석에 돌리는 장면이 마음을 아프게 했다.

메인스의 변호사는 힘들었던 그의 어린 시절을 설명했다. 말썽에 휘말리기도 했지만 마음을 고쳐먹었다고 했다. 그는 약을 끊었고 대학에 갔고 컴퓨터 직종에서 안정된 일자리를 얻었다. "오늘날 그는 모범시민으로 살고 있습니다."

상대측에서 노발대발했다. "변호사가 마크 메인스가 얼마나 좋은 사람인지 말하는 것을 듣고 있자니 참을 수 없더군요." 데이브 샌더스의 딸 코니의 말이다. "그의 말은 오해 정도가 아니에요. 완전히 틀렸어요."

메인스가 마지막으로 발언했다. 그는 판사를 보고 에릭과 딜런이 무엇을 계획하고 있었는지 자기는 정말 몰랐다고 강조했다. "소식을 듣고 얼마나 경악했는지 모릅니다. 부모님에게 평생 다시는 총을 만지지 않겠다고 말했습니다. 가족들에게는 뭐라고 위로의 말을 해야 할지 모르겠습니다. 평생 가슴 깊이 후회하고 살 겁니다."

메인스는 18년 형이 유력했지만 유죄합의 덕분에 최대 9년까지로 형량이 낮춰졌다. 헨리 니토 판사는 어쩔 수가 없다고 했다. "피고의 행동이 첫 단추가 되어 큰 사회적 혼란이 일어났습니다. 우리 모두가 피해가 발생할 가능성을 본 이상, 도덕적 책임을 묻지 않을 수 없습니다." 그래서 9년을 선고했다. 하지만 각 형량은 동시에 부여되므로, 잘하면 메인스는 6년, 가석방을 포함하면 3년 후 석방될 가능성도 있었다. 판사는 가족들에게 판결에서 위안을 기대하지 않는 게 좋다고 말했다.

메인스는 차분한 표정이었지만 매우 괴로워했다. 변호사가 그의 목을 어루만지며 위로했다. 메인스는 수갑을 차고 끌려갔다. 가족들이 환호했다.

메인스의 변호사는 자신의 의뢰인이 희생양이라고 했다. "화를 터뜨릴 다른 사람이 없었으니까요." 그가 NBC에 말했다. "가족들은 분노를 가질 이유가 충분했습니다. 그러니 어딘가 목표물이 있어야죠."

—

순교자 캐시 버넬의 이야기는 승승장구했다. 미스티는 9월부터 전국 투어를 다녔다. 『그녀는 그렇다고 말했다: 캐시 버넬의 기적의 순교』가 발간 첫 주에 뉴욕타임스 베스트셀러 목록에 진입했다. 로키마운틴뉴스의 편집자들은 딜레마에 처했다. 그들은 캐시가 그런 말을 한 적이 없다는 것을 알았다. 지금쯤이면 오해가 풀리리라 기대했는데 보안관의 보고서는 아직 나오지 않았다. 아무튼 책의 발간 소식은 다뤄야 했다. 발간일에 맞춰 캐시의 신화를 긍정하는 두 꼭지의 기사를 싣기로 했다.

몇 주 뒤에 또다른 뉴스 때문에 세상이 발칵 뒤집혔다. 로키는 후속기사로 에밀리 와이언트의 증언을 내보냈다. 이후 에밀리는 자신의 이름을 떳떳이 밝혔다. 버넬의 출판업자는 즉각 에밀리를 비난했다. 이 소식은 런던에서도 머리기사로 다뤄질 만큼 화제였다. 브래드와 미스티는 충격을 받았다. 모멸감과 배신감을 느꼈다. 에밀리에게, 경찰에게, 그리고 천박한 언론에게.

순교를 부정하는 증거가 압도적으로 많았지만 캐시의 청년부 목사데이브 맥퍼슨은 더 큰 세력이 장난을 치고 있다고 보았다. "그 누구도 캐시의 이야기를 바꾸지 못합니다. 교회는 앞으로도 계속 순교 이야기를 전할 겁니다. 아무리 그런 일이 일어나지 않았다고 해도 교회는 그 말을 믿지 않습니다."

목사가 말한 교회는 자신의 교회만이 아니라 전 세계의 거대한 복음주의 교단이었다. 어느 정도는 그의 말이 맞았다. 책은 계속해서 날개 돋친 듯 팔렸고 캐시의 사연을 옹호하는 웹사이트가 우후죽순 생겨났다. 다들 이야기의 진위에는 아랑곳없이 그저 이를 반복하기만 했다.

—

제퍼슨 카운티 당국도 잇달아 터진 누설사건으로 곤혹을 치렀다. 조사관들은 비디오를 CBS에 흘렸고 캐시 버널에 대한 진실을 폭로했다. 수석조사관 케이트 배틴이 침묵서약을 깨고 한 기자에게 이야기한 것이다. 게다가 에릭의 일지의 첫 문장도 밖으로 새어나갔다. 그런데도 보안관서는 공식적으로 아무런 언급을 하지 않았다. 보고서는 계속해서 늦어졌다.

희생자들의 가족은 화가 치밀었다. 보안관서의 신용이 땅바닥에 떨어졌다. 경관들은 물론 사건에 대한 조사를 철저히 했지만 대중이 이를 알 방법이 없었다. 제퍼슨 카운티는 누설사건에 충격과 당혹감을 보였다. 얄팍한 핑계를 대며 의혹을 잠재우려 했다. 대변인은 에릭의 일지를 수없이 복사했으면서도 복사본이 두 부밖에 없다고 둘러댔다. 얼마나 많은 복사본이 나돌아다니는지 아무도 몰랐다.

그 와중에 보안관보가 『타임』의 한 기자에게 지하실의 테이프를 보여주는 일이 있었다. 그는 그때까지 가족들에게, 만약 비디오가 존재한다면 가족들이 가장 먼저 보게 될 것이라고 계속해서 공언해왔다.

『타임』은 크리스마스 직전에 폭로기사를 커버스토리로 실었다. 스톤 보안관과 존 더너웨이 보안관보가 파란색 제복에 흰색 장갑을 끼고 살인자들의 반자동소총을 든 모습이 표지에 실렸다.

많은 가족들이 경악했다. 스톤에게 사임을 요구하는 가족도 있었다. 특수기동대의 비겁함을 꾸짖는 비난이 다시 불거졌다. 사법부의 저명한 관료들도 이런 비난에 가세했다. 스톤은 최종 보고서가 나오면 부서의 결백이 증명될 것이라고 주장했다. 그런데도 보고서 발표는 계속 연기되었다.

—

다들 가을이 되면 한바탕 소란이 벌어지리라 예상했다. 1주년도 다가오고 공판도 벌어질 터였다. 하지만 충격의 여파가 이렇게 계속 이어질 줄은 아무도 몰랐다. 학교는 재건 프로젝트가 틀어지면서 소송에 휘말렸다. 로버 가족은 종교적 표현을 침해했다는 혐의로 기소되었다. 브라이언 로버가 캐시의 교회에 마련된 추모정원에서 십자가 사건을 되풀이한 것이다. 사람들을 이끌고 일요일 예배에 몰려가 시위를 했고 15개의 나무 가운데 두 개를 베어냈다. 나무를 심은 청년부 모임이 겁에 질려 이 소동을 지켜보았다. 그가 고른 나무는 본의 아니게도 캐시를 상징하는 나무였다.

폭탄 위협은 이제 정기적으로 일어났지만, 한 사건이 『타임』에 소개되면서 사람들을 공포에 떨게 했다. 크리스마스 이후까지 학교가 폐쇄되었다. 기말시험도 취소되었다. 지하실의 테이프를 둘러싼 법정 공방이 시작되었다.

"언제면 이 소동이 끝날까요?" 지역의 한 목사가 이렇게 물었다. "왜 우리죠? 우리 지역에서 무슨 일이 일어나고 있죠?"

새해가 시작되었지만 상황은 계속 나빠졌다. 콜럼바인 고등학교에서 몇 블록 떨어진 쓰레기 수거통에서 어린 소년이 죽은 채로 발견되었다. 밸런타인데이에는 학교에서 두 블록 떨어진 서브웨이 매장에서 두 학생이 총에 맞아 죽는 사고가 일어났다. 한편 학교 농구팀의 스타가 자살을 했다.

"두 주 전에 쓰레기 수거통에서 아이가 발견되었어요." 서브웨이에서 희생된 학생의 친구가 기자들에게 말했다. "이제 여기를 떠나고 싶어요. 콜럼바인 때보다 상황이 더 안 좋아요." 학생들도 이제는 자신들의 학교 이름이 비극의 상징임을 마지못해 받아들이기 시작했다.

몇몇 사건은 대학살과 무관했고 학교와도 아무 관계가 없었다. 하지만 대부분의 사람들은 분별력을 잃었다. 제대로 된 관점으로 바라보기 힘든 시기였다. 여자친구와 다투거나 차량 충돌이 일어나거나 가뭄이 들어도…… 전부 "콜럼바인" 탓이었다. 그것은 저주였다. 아이들은 이를 콜럼바인의 저주라 불렀다.

가을이 되자 콜럼바인 생존자들의 정신과 상담 예약이 급격히 늘었다. "자신들이 해볼 수 있는 것을 모두 시도해본 뒤에야 병원을 찾는 사람들이 많습니다." 한 심리학자의 말이다. 비극이 일어나고 아홉 달이 지났을 때 병원 이용자가 최고조에 달했고, 이는 이후 1년 반 동안 꾸준히 지속되었다. 이 기간 동안 사건을 맡은 관리자들은 15명 가량의 아이들의 자살 가능성을 집중감시했다. 한 명이 고비를 넘기는가 싶으면 다른 아이가 말썽이었다. 약물과 술이 주범이었다. 교통사고와 음주운전이 그 지역에서 뚜렷하게 증가했다.

"정의에 의하면 외상후스트레스장애(PTSD)는 세 가지 증세가 악화되는 것으로 이런 증세는 최소한 한 달 이상 지속되고 외상 후 언제든지 일어난다." 선구적인 PTSD 연구자 프랭크 오크버그의 말이다. "세 가지 무력한 증세는 (1) 불쑥불쑥 떠오르는 사건의 기억, (2) 감정이 말라붙고 삶의 활력이 줄어드는 것, (3) 갑자기 두려움을 일으키거나 수면, 집중력, 평온함을 교란하는 생리적 변화다."

PTSD에 대한 반응은 사람마다 제각각이다. 감정을 너무 많이 느끼는 사람도 있고 반대로 너무 적게 느끼는 사람도 있다. 전자의 경우에는 과거의 일이 불쑥불쑥 생각나서 고통스럽다. 어떻게 해도 공포의 기억을 떨칠 수가 없다. 아침에 일어날 때마다 오늘이 4월 20일이라는 생각이 든다. 아무 증상 없이 몇 시간, 몇 주, 몇 달을 지내다가도 광경이든 소리든 냄새든 사소한 계기 하나로 이들은 다시 과거로 돌아간다. 사건에 대한 나쁜 기억 정도가 아니다. 사건이 정말 지금 벌어지고 있는 것만 같다. 이와는 정반대로 스스로를 보호하려고 문을 완전히 닫아거는 사람도 있다. 나쁜 기억과 함께 즐거운 기억, 기쁨도 다 사라진다. 그래서 이들은 아무것도 느끼지 못하는 멍한 상태가 된다.

—

힘겨운 해였다. 미식축구팀은 휴식시간을 요구했다. 매슈 케히터는 도서관에서 살해되었을 때 2학년생이었다. 1998년 시즌에 예비대표로 수비 라인에서 뛰었는데, 이번 가을에는 학교 대표로 뽑힐 가능성이 많았다. 그의 부모의 요청으로 미식축구팀은 이번 시즌을 매슈에게 바쳤다. 선수들은 헬멧에 매슈의 번호를, 모자에는 매슈의 이니셜인 MJK를 새겼다. 팀은 시즌을 12승 1패로 마쳤다. 이어 플레이오프 첫 게임에서 17점차의 열세를 4쿼터에 뒤집었다. 선수들은 경기장에서 눈물을 흘렸다. 다들 MJK! MJK!를 연호했다.

콜럼바인 미식축구팀은 주 챔피언 토너먼트에서 늘 고배를 마셨다. 덴버의 최고 팀은 체리크리크 고등학교로 이들은 지난 10년 동안 다섯 번 우승을 차지했다. 콜럼바인은 결승전에 딱 한 번 올라갔다가 패배했다. 그것도 20년 전 일이었다.

전국에서 이들을 응원하려는 사람들이 몰려왔다. 8000명이 경기장을 가득 메웠다. 언론의 취재 열기도 대단했다. 뉴욕타임스가 이 게임을 보도했다. 영하로 떨어진 쌀쌀한 날씨였다. 패트릭 아일랜드가 맨 앞줄에 앉아서 몸을 녹이고 있었다.

초반에는 체리크리크가 앞서갔다. 전반에 콜럼바인이 동점으로 따라붙었고 이후 수비를 강도 높게 펼쳤다. 이들은 후반에 단 두 개의 퍼스트다운만을 내주었고 세번째 터치다운으로 전세를 뒤집었다. 콜럼바인이 21대 14로 승리했다. 팬들이 운동장으로 뛰어들었다. 익숙한 구호가 스탠드에 울려퍼졌다. 우리는…… 콜-럼-바인! 우리는…… 콜-럼-바인!

학교는 우승을 대대적으로 축하했다. 게임의 하이라이트 필름이 상영되었고 마지막 장면은 매슈의 사진으로 끝났다. "당신에게 승리를 바칩니다"라는 말과 함께. 13명을 위해 묵념의 시간을 가졌다.

—

우울한 분위기에 전혀 젖지 않은 아이들이 있었다. 반대로 완전히 엉망이 된 삶을 추스르기 위해 안간힘을 쓰는 아이들도 있었다. 패트릭 아일랜드는 꾸준히 나아졌다. 그해 가을에 높은 학점을 유지했고 고별사 낭독의 기회가 아직 남아 있다고 확신했다. 하지만 심각한 문제가 곧 모습을 드러냈다.

패트릭은 3학년 때 앞으로 무엇을 하고 살지 확실한 계획을 세워두고 있었다. 건축가가 될 생각이었다. 할아버지가 건축업자여서 패트릭은 중학교 때부터 제도수업시간에 설계작업을 했다. 티자를 제도책상에 놓고 선을 그으면 기분이 짜릿했다. 그는 정확한 것을 좋아했다. 장인의 예술성이 마음에 들었다. 콜럼바인에서 그는 정교한 컴퓨터 디자인 소프트웨어로 작업했다. 에릭과 딜런이 공격 계획을 마무리하고 있을 때, 패트릭은 대학 프로그램을 열심히 알아보는 중이었고 인턴 과정도 막 알아보기 시작한 참이었다.

그는 여전히 건축가가 되고 싶었다. 외래진료를 받으면서도 그 꿈에 매달렸다. 그는 잠깐 시간을 내어 건축 프로그램으로 유명한 대학교 세 곳을 둘러보기로 했다. 다들 그를 받아들였다. 그러면서 하나같이 학업이 아주 고되다는 것을 강조했다. 건축 공부는 혹독한 노동으로 유명하다. 5년간 몸을 혹사해가며 공부해야 하는데 패트릭으로서는 감당하기 어려운 일이었다. 그는 몇 시간 자고 버틸 수 있다고 스스로를 속였지만 그의 뇌는 회복에 몇 년이 걸릴지 몰랐다. 무리를 하다보면 회복이 더뎌질 터였고 어쩌면 발작이 일어날 수도 있었다.

3월에 그는 영국으로 수학여행을 갔다. 시차 때문에 애를 먹었다.

캐시가 동행했는데 금요일 밤에 갑자기 그의 얼굴에서 표정이 사라지더니 눈동자가 몇 초간 실룩거리는 것을 보았다. "일부러 그런 거야?" 그녀가 물었다.

"뭘 일부러 그래요?"

캐시는 그날 일이 이틀 뒤에 벌어진 사건의 전조였다고 믿는다. 패트릭은 런던 시내를 걸어가다가 도로 한가운데서 풀썩 주저앉았다. 격렬하게 몸을 떨었고 보도 가장자리까지 겨우 걸어가 친구에게 도움을 청했다.

런던의 의사가 항발작제 처방을 내려주었다. 가족은 집에 돌아와 처방을 따랐고 패트릭은 평생 항발작제를 복용해야 했다.

건축학교는 아무래도 무리인 듯했다. 존과 캐시는 처음부터 이를 알았지만 패트릭이 상황을 받아들일 때까지 기다렸다. 그는 집에서 한 시간 거리에 있는 콜로라도 주립대학에 진학하기로 했다. 1년간 경영학을 공부할 생각이었고 같은 학교에 건축학과 과정도 있었으므로 1년 뒤에 상황을 봐서 괜찮다 싶으면 과를 옮기기로 했다.

패트릭은 미래에 대한 계획에 차질이 생겼지만 예전의 모습을 서서히 찾아갔다. 사교적으로는 전성기였다. 예전부터 사람들에게 항상 인기가 많았다. 똑똑하고 매력적이고 잘생겼고 운동까지 잘했으니까. 가끔 자신감이 없을 때가 있긴 했지만 말이다. 로라는 패트릭과 댄스 파티에 갈 수 있다면 무엇이든 할 참이었다. 그가 원했다면 여자친구가 될 수도 있었다. 총기사고로 그가 가진 최고의 자산 가운데 일부를 잃었지만 그래도 그는 스타였다. 패트릭은 비극을 꿋꿋하게 이겨낸 유명인사였다. 믿기지 않는 투쟁을 통해 다시 일어섰다. 여자애들이 노골적으로 그에게 눈길을 보낸 것은 당연했다.

하지만 패트릭이 원하는 사람은 로라였다. 사고가 터진 후 다가온 여름에 그는 그녀에게 고백했다. 얼마나 많이, 얼마나 오랫동안 그녀를 원했는지 말했다.

세상에, 나도 그래, 그녀가 말했다.

그는 안도했다. 이제야 속마음을 털어놓았다.

로라도 모든 것을 털어놓았다. 매일밤 통화할 때 치근거리며 데이트 신청을 해주기를 은근슬쩍 바랐다고 했다. 그가 댄스파티에 초대해주기를 기다렸다고 했다.

알았어, 패트릭이 말했다. 우리 서로 좋아하니까 이제 사귈까? 그러나 너무 늦었다. 그녀는 댄스파티에서 만난 녀석과 사귀는 중이었다.

그것은 장애물이 되지 못했다. 나랑 있고 싶어? 물론이지. 그럼 그와 헤어져. 그녀는 그러겠다고 했다.

그는 그녀에게 시간을 주었다. 다시 물었다. 언제 헤어질 거야? 그녀는 곧 헤어지겠다고 했다. 하지만 아무 일도 일어나지 않았다.

여자애들은 어떻게든 패트릭과 데이트를 하려고 애를 썼다. 그도 기다리다가 지쳐서 한 여자애를 만났다. 이어 다른 여자애를 만났다. 그리고 또다른 여자애를. 재밌었다!

로라와의 관계는 점점 꼬여갔다. 그들은 한 번도 데이트를 하지 못했다. 결국은 서로를 피하는 사이가 되었다. 초등학교 4학년 때의 실수가 반복된 것이다.

46

총

에릭은 자신의 산탄총에 '알린'이라는 이름을 붙였다. 1998년 11월 22일, 총을 손에 넣은 날 그는 '렙(Reb)'의 역사에서 가장 중요한 날이라고 선언했다. "우리에게…… 총이…… 생겼다! 이제 망할 녀석들을 쓸어버릴 수 있겠어! 하하!"

에릭과 딜런은 전날에 차를 몰고 태너 총기전시회를 구경하러 덴버에 갔다. 거기서 끝내주는 무기를 발견했다. 9밀리미터 카빈 라이플 한 정과 12구경 산탄총 두 정이었는데, 산탄총 중 하나는 총신이 두 개인 쌍발이고 하나는 펌프식 단발이었다. 총을 사려고 했는데 거절당했다. 에릭이 어떻게든 해보려 했지만 불가능했다. 신분증 없이는 총을 살 수 없다고 했다. 결국 그들은 교외로 차를 돌렸다.

에릭은 공격이 예정된 4월이면 열여덟 살이 될 터였다. 그러니 그냥 기다려도 되었지만 계획을 예정대로 진행시키려면 진짜 화력을 손에 넣어야 했다. 총기전시회는 아직 하루가 더 남았다. 열여덟 살이 누가 있지? 많았다. 그럼 이 일을 믿고 맡길 사람은? 로빈! 귀여운 교회 아가씨 로빈이 있었다. 그녀는 딜런에 푹 빠져 있었으니까 그를 위해서라면 무슨 일이든 하겠다고 할 것이다. 왜 아니겠는가?

다음날 일이 성사되었다.

에릭은 일지에 이 일을 "돌아갈 수 없는 지점"을 넘었다고 표현했다. 이어 아버지에 대한 추억에 잠겼다. 그는 총기전시회에서 아주 즐거운 시간을 보냈다. "아버지도 같이 갔다면 좋았을 텐데. 멋진 우정도 쌓고, 그럼 좋았을 텐데. 한데 슬프게도 다 날려버렸지. 멍청하게도 [친구한테] 플라스크 얘기를 해서." 한동안 아버지와 사이가 어색했다. 이제 웨인은 그의 장래에 대해 어느 때보다도 걱정하며 닦달했다. 대체 뭐 하고 살아갈 거야? 답은 뻔했다. NBK. "이게 나를 살아가게 하는 힘이다." 그가 썼다. "이게 내 목표다. 평생 이 일을 하며 살고 싶다."

—

에릭과 딜런은 새로 산 산탄총의 총신을 법적 규정보다 훨씬 짧게 잘랐다. 12월 첫째 주에 이들은 라이플을 들고 나가 시험해보았다. 총알이 약실에서 튀어나왔고 개머리판이 에릭의 앙상한 어깨를 때렸다. 우와! 힘이 대단했다. 이것은 터지지 않는 파이프폭탄이 아니었다. 사람을 죽일 수 있는 흉기였다.

사이코패스는 대개 냉담한 성격과 몹시 가학적인 성향이 결합했을 때 살인을 저지른다. 심리학자 시어도어 밀런은 사이코패스의 기본적인 열 가지 유형을 들었다. 그 가운데서 잔인함이나 살인의 특징을 보이는 유형은 겨우 두 개였다. 악의적인 사이코패스와 독재적인 사이코패스. 이들은 물질에 대한 탐욕보다는 자신의 힘을 과시하고 열등한 자를 처벌하려는 욕망에 더 많이 휘둘린다.

　　에릭은 바로 이 범주들에 속했다. 일지의 곳곳에서 그의 가학적 성향이 드러나는데, 특히 늦가을에 쓴 글을 보면 만약 콜럼바인 사건이 일어나지 않았다면 에릭이 어떤 삶을 살았을지 짐작할 수 있다. 그는 여자애들을 속여 자신의 방으로 데려가서는 강간하고 진짜 재미를 보는 광경을 묘사했다.

　　"깡통을 따는 것처럼 이빨로 목구멍을 물어뜯으면 어떨까?……약해빠진 신입생을 붙잡아 늑대처럼 찢어발기고 싶다. 목을 조르고 머리를 찌부러뜨리고 턱을 찢고 팔을 동강내 누가 신인지 보여주는 거야."

—

　　에릭은 스물세 살 여자애를 아직 포기하지 않았다. 몇 달 동안 계속 연락했는데 브렌다가 새 남자친구가 생겼다고 말해도 막무가내였다. 그해 말쯤 마카로니 그릴에서 둘이 서로 마주쳤다. "그는 정말 기분 나빠 보였어요." 브렌다는 자기가 그를 차버려서 그렇게 되었다고 생각했다. 그는 그렇지 않다고 부인했지만 아무런 해명도 하지 않았다. 그것이 그녀가 본 그의 마지막 모습이었다.

—

에릭은 크리스마스 직전에 마지막 기말시험을 끝내자 홀가분했다. 그는 앞으로도 기말시험을 더 치러야 하는 급우들을 속으로 비웃어주었다.

다음날 그는 카빈 라이플에 넣을 10발짜리 탄창 여러 개를 주문했다. 이 정도면 제법 큰 피해를 입힐 수 있었다. 그는 130발은 연속해서 쏠 수 있었다.

문제가 생겼다. 에릭은 그린마운틴 총포점에 집 전화번호를 남겼다. 그들이 새해 직전에 전화를 걸어왔는데 아버지가 받았다.

"주문한 탄창 클립이 들어왔습니다." 점원이 말했다.

탄창 클립? 클립을 주문한 적은 없는데.

에릭은 통화를 엿들었다. 맙소사. 그는 일지에 이 사건을 기록했다. "젠장, 하마터면 들킬 뻔했잖아. 총포점의 병신 같은 녀석 때문에 일이 다 꼬일 뻔했어." 다행히도 웨인은 맞게 전화를 걸었는지 묻지 않았다. 점원도 다른 질문을 더 하지 않았다. 어쩌면 거기서 모든 게 끝날 수도 있었다. 둘 중 한 명이라도 통화를 조금만 다르게 했더라면 전체 계획이 틀어질 수 있었다. 하지만 그런 일은 일어나지 않았다.

웨인은 의심스러운 눈초리였다.

"제길, 천만다행이다. 거짓말은 내가 기막히게 잘하지." 에릭은 이렇게 썼다.

—

일단 총을 손에 넣자 에릭은 "신의 책"에 흥미를 잃었다. 이제 온 마음이 실행에 쏠렸다. 새해가 되면 그는 행동을 실행하기 몇 주 전에 마지막으로 글을 딱 한 편 더 쓰게 된다.

에릭은 몸이 근질근질했다. 딜런은 여전히 망설였다. "실존"에는 그가 작별을 고한 이후로 다섯 달째 아무것도 쓰지 않았다. 그러던 중 1월 20일에 밥 크릭스하우저가 딜런에게 중요하게 의논할 일이 있다며 불렀다. 그날 그는 일지를 다시 쓰기 시작했다.

"멍청한 이 짓을 또 하다니." 딜런은 다시는 일지를 쓰고 싶지 않았다. 자유롭고 싶었다. 죽고 싶었다는 뜻이다. "지금쯤이면 이룰 줄 알았는데. 고통이 무한히 증폭된다. 절대로 멈추지 않아." 에릭의 계획이 자살하지 못한 그에게 위안을 제공했다. "어쩌면 에릭과 NBK(바보짓)를 벌이는 게 자유롭게 되는 최선일지도 몰라. 지긋지긋하다." 그러더니 그는 더 많은 애정과 사랑에 매달렸다. 그는 계획에 무덤덤한 듯 보였다. 하지만 에릭에게 내색하지는 않았다. 누구도 딜런이 계획을 내켜 하지 않는다는 글을 쓰지 않았다. 물론 대부분의 일은 에릭이 다 했지만 말이다.

에릭은 여자에게도 열심히 매달리는 중이었다. 마지막으로 브렌다의 자동응답기에 메시지를 연이어 남겼다. "거짓말해서 미안해. 할 얘기가 있어. 사실은 나 열일곱 살이야." 그는 이제 거짓말하기도 지쳤다고 털어놓았다. 그러면서 다음 단계로 관계를 발전시키고 싶다고 했다. 자기가 그녀 집에 놓고 온 람슈타인 CD는 어차피 필요없으니까 그냥 가지라고 했다.

마지막 내용이 그녀를 괜히 불안하게 했다. 결국 그녀는 전화를 걸어 그가 괜찮은지 확인했다. 그러면서 그들은 친구 사이라고 재차 말했다.

에릭은 동요하지 않았다. 이미 다른 여자와 진행중이었다. 크리스티는 독일어 수업 때 쪽지를 주고받은 여자애로 최근 들어 자기한테 부쩍 관심을 보였다. 그래서 벨뷰 레인스에서 열리는 록 앤 볼에서 단체 미팅을 갖기도 했다.

크리스티는 그를 좋아했지만 마음속으로 갈등했다. 에릭의 친구인 네이트 다이크먼과도 관계가 깊었던 것이다. 개자식!

에릭은 매력을 발산했고 크리스티는 거기에 넘어갈 뻔했지만, 그것만으론 좀 부족했던 모양이다. 에릭이 정말로 원한 것은 섹스였다. 그는 진정한 관계에는 아무 관심이 없었다. 크리스티도 어쩌면 그것을 눈치챘는지 모른다.

네이트가 이를 알고 재빨리 크리스티에게 접근했다. 그들은 데이트를 했고 심각한 관계가 되었다. 그러자 에릭은 네이트에게 등을 돌렸다.

—

에릭이 4월 20일에 맞춰 계획을 마무리하는 동안 딜런은 일지에 열광적으로 매달렸다. 기존의 관습을 다 내던진 짤막하고 별난 글들이었다. 반 쪽에도 못 미치는 짧은 글들도 보였다. 그는 갈수록 자신을 그림으로 더 많이 표현했고 낡은 상징들을 거칠게 그려댔다. 두근거리는 하트로 페이지 전체를 채우는가 하면 별들이 반짝이는 가운데 무한을 나타내는 기호가 엔진이 되어 행복으로 가는 길을 향해 달렸다. 딜런은 오로지 하나의 주제에만 매달렸다. 바로 사랑이었다. 마지막 주까지도 그는 다른 것에 대해서는 거의 쓰지 않았다.

47

소송

　1주기가 되기 열흘 전, 브라이언 로버는 성모마리아에게 기도를 올렸다. 경찰은 여전히 묵묵부답이었고 소송이 유일한 해결책으로 보였다. 과실치사나 부당한 죽음이라며 소송을 제기하면 그 과정에서 정보를 얻어낼 수 있을지도 몰랐다. 배심원의 판결보다는 일단 어떻게 된 상황인지 알아내는 것이 더 중요했다.

　그런데 정말 소송을 해야 할까? 그러면 정보를 알아낼 수 있을까? 모든 것은 제퍼슨 카운티의 최종 보고서에 달려 있었다. 카운티 당국이 모든 증거를 낱낱이 공개하면 대부분의 가족들은 만족할 것이다. 증거를 숨기면 법정으로 가는 수밖에 없다. 보고서 작성이 이렇게 오래 걸릴 줄은 아무도 몰랐다. 1999년 여름에만 하더라도 카운티 당국은 6주에서 8주 뒤에는 보고서를 제출할 수 있다고 했다. 지금이 4월인데 경관들은 아직도 6주에서 8주를 더 기다려야 한다고 했다.

조사관들은 초반 네 달 동안 대부분의 조사를 끝내놓은 상태였지만, 제퍼슨 카운티는 정보공개를 머뭇거렸다. 하지만 오래 끌수록 정보가 새어나갈 위험이 높았고, 반발도 거셀 터였다. 관심이 높은 만큼 제대로 작성해야만 했다.

학교도 당혹스럽기는 마찬가지였다. "우리는 계속 발표에 대비했습니다." 교장이 4월에 한 잡지에 말했다. "지역사회에 계속 이렇게 말하고 있어요. '괜찮아요, 이제 두 주 남았어요. 두 주만 기다려요.' 얼마나 많이 긴장 상태로 '오, 이제 됐어요. 준비됐어요' 하고 말했는지 모릅니다. 그러다가 갑자기 이렇게 되었죠. '더는 못 참아요! 참는 것도 한계가 있지.'"

보고서 지연은 사람만 화나게 한 게 아니라 실질적인 문제도 일으켰다. 1주기는 소송 소멸시효와 일치했다. 2000년 4월 20일이라는 시한이 다가오자 가족들은 카운티 당국을 믿을지 소송을 할지 선택해야 했다. 답은 뻔했다. 4월 10일, 로버 부부와 플레밍 부부는 보고서를 즉각 공개하라는 기록공개 요구서를 제출했다. 법정소송을 피할 수 있는 마지막 방법이었다. 요구서에서 그들은 모든 자료를 다 보여달라고 했다. 지하실의 테이프, 살인자들의 일지, 911 통화, 감시카메라 테이프까지. 로버는 원본 자료를 보고 카운티 당국이 무슨 꿍꿍이속이었는지 하나하나 비교해가면서 알아보고 싶었다.

"그들은 거짓말을 밥먹듯이 했어요." 그의 말이었다.

지방판사 R. 브룩 잭슨이 요구서를 읽었다. 그는 공개를 승인했다. 제퍼슨 카운티의 격렬한 반대에도 그는 1주기 사흘 전에 원고에게 보고서 초안을 공개하도록 허락했다. 또한 수백 시간 분량의 911 테이프와 비디오 필름 공개도 허락했다. 그는 증거품을 제본한 200개의 서류를 직접 읽어보기로 했는데 몇 달은 걸릴 것이라고 했다.

이 판결에 모두가 놀랐다. 하지만 너무 적었고 너무 늦었다. 열다섯 가족이 그주에 보안관서를 상대로 소송을 제기했다. 훗날 피고는 더 늘어났다.

클레볼드 부부는 소송에 참가하지 않았다. 대신 또다른 사죄의 편지를 썼다. 해리스 부부도 편지를 썼다.

사실 승소 가능성은 거의 없었다. 법의 요건이 너무 높았다. 연방 법정에 가면 과실치사만으로는 부족했다. 경관들이 학생들의 상태를 실제로 악화시켰다는 것을 증명해야 했다. 게다가 이것은 겨우 첫번째 장애물이었다. 하지만 가장 중요한 것은 정보를 털어놓게 만드는 것이었다.

그나마 승소 가능성이 있는 소송은 데이브 샌더스의 딸 앤절라가 제기한 소송이었다. 워싱턴 D.C.의 유능한 변호사 피터 그레니어가 그녀의 변호를 맡았다. 그들은 제퍼슨 카운티 경관들이 데이브 샌더스를 세 시간 동안 방치한 것으로도 모자라 그의 움직임을 방해하고 다른 사람들이 그를 밖으로 데려가지 못하게 막았다고 비난했다. 자발적으로 그를 구하려는 사람에게 구조대가 곧 도착한다고 거짓말을 해서 창문 밖으로 내보내거나 계단 밑으로 데려가려는 시도를 단념하게 했다는 것이다. 이렇게 제퍼슨 카운티는 데이브에 대한 책임을 떠맡아놓고 그를 죽게 했다고 그녀는 소장에서 주장했다. 법적 용어로 하자면 당국은 미처 그를 구할 준비도 되지 않은 상황에서 다른 사람들이 그를 구하려는 모든 기회를 가로막음으로써 그의 시민권을 부인했다.

로버 부부를 비롯한 다른 이들도 같은 논리를 따랐다. 그들은 경찰의 "도움"이 방해만 하지 않았어도 아이들이 도서관에서 더 쉽게 도망칠 수 있었다고 주장했다. 험악한 광경이었다. 하지만 법률분석가들은 이런 논리에 회의적이었다. "현장 상황을 다루는 방법을 특수기동대보다 다른 사람이 더 잘 안다고 판사가 선고하기란 어려운 일입니다." 덴버 대학의 법학과 교수 샘 카민의 말이다.

법조계에서는 소송을 예상하고 있었지만 이렇게 사나울 줄은 몰랐다. 1주기가 되자 적의가 다시 들끓었고 언론이 취재 경쟁에 나섰다. 13인의 상당수는 마을을 떠났다. 학교는 그날 문을 닫고 비공개 추모제를 열었다. 공개적 추모행사는 클레멘트 공원에서 열렸다.

—

1주기가 지나고 며칠 뒤에 잭슨 판사는 보안관서에 5월 15일까지 보고서를 대중에게 공개하라고 명령했다. 그는 더 많은 증거도 공개했는데 거기에 포함된 한 비디오가 뜨거운 논란을 낳았다. 리틀턴 소방청이 제작한 것으로, 몇 달 동안 제퍼슨 카운티에서는 "훈련 비디오"로 통했다. 도서관에서 시체를 치운 직후 그곳 모습을 촬영한 필름이었다. 가족들이 처음으로 보게 된 오싹한 사건현장이었다. 잭슨은 판결문에서 이를 보기가 "힘들겠지만" 공개하지 않을 이유가 없다고 밝혔다.

"공익을 고려할 때 기록공개법에 따라 그 비디오나 일부를 공개하지 않을 이유가 없다."

다음날 제퍼슨 카운티는 테이프를 복사해서 25달러에 팔기 시작했다. 대변인에 따르면 복사 비용을 충당하기 위해서라고 했다. 가족들은 경악했다. 그들도 테이프를 보았다. 설명서도 내레이션도 "훈련" 장면도 전혀 없었다. 누군가가 추모의 의미로 넣은 모양인데, 음산한 사건현장을 담은 필름에 세라 매클라클런의 팝 음악 〈당신을 기억할 게요(I Will Remember You)〉를 배경에 깔아 분위기가 서늘했다. 매클라클런의 음반사는 저작권 침해로 고소하겠다며 협박했다. 그러자 카운티는 음악을 제거했다. 비디오 판매는 계속 호조를 보였다.

—

브라이언 로버의 노력으로 철옹성 같던 제퍼슨 카운티도 한발 물러설 수밖에 없었다. 잭슨 판사는 자료공개를 계속 명령했다. 5월에는 911 테이프와 탄도 보고서를 공개했다. 한동안은 그가 모든 것을 다 읽고 공개했다. 살인자들의 가족은 그를 제지하려고 했다. 5월 1일, 그들은 자신들의 집에서 가져간 자료는 공개하지 말아달라는 요청서를 합동으로 제출했다. 여기에는 가장 중요한 자료인 일지와 지하실의 테이프가 포함되었다.

제퍼슨 카운티는 명령대로 5월 15일에 보고서를 공개했다. 보고서의 핵심은 사건 당일인 1999년 4월 20일에 일어난 사건의 순서를 시간대별로 자세히 기록한 것이었다. 모든 일이 얼마나 빨리 일어났는지 설명하는 데 초점이 맞춰졌다. 도서관에서 벌어진 상황은 7분 30초 동안 일어났고 모든 사망자와 부상자는 초기 16분 동안 발생했다. 편의적인 설명이라는 비판이 쏟아졌다. 한마디로 경찰이 전혀 손쓸 수 있는 상황이 아니었다는 것을 보여주는 보고서였다.

예상했던 대로 보고서에는 왜?라는 핵심적인 질문이 빠져 있었다.

대신 무엇을, 어떻게, 언제에 대해 700쪽에 걸쳐 설명했다. 현장 배치 계획은 유용했지만, 구조가 그렇게 지체된 이유가 되지는 못했다.

브라운 부부의 사전경고도 언급했다. 세 문단이었는데 한 문단에서는 상황을 요약했고 두 문단은 변명에 할애했다. 보안관서는 에릭의 웹사이트에 접근할 수 없었다고 주장했다. 경관들이 페이지를 복사해서 서류에 철하고, 4월 20일 공격 때 검색해서 보고, 시체가 발견되기 전에 수색영장 신청서에 길게 인용했음에도 불구하고 딱 잡아뗀 것이다. 하지만 사건이 일어나고 1년이 지나서도 카운티 당국은 서류와 수색영장을 공개하지 않았다. 그러니 가족들로서는 의심은 들었지만 이를 입증할 방법이 없었다.

제퍼슨 카운티는 보고서 때문에 망신을 당했다. 경관들은 이런 반응에 정말로 당황한 듯했다. 개인적으로 만나면 자신들은 항상 하던 대로 했을 뿐이라고 했다. 내부적으로 사건을 수사하고 나름대로 결론을 내렸다, 결과를 발표하는 것은 검찰의 몫이다, 자신들이 할 일이 아니다, 이렇게 말했다. 그들은 이 사건이 여느 사건과 다르다는 것을 여전히 모르고 있었다.

—

싸움이 격해지자 동정 여론이 점차 메말라갔다. 하지만 아무도 이를 크게 소리내어 말하지 않았다.

덴버포스트의 칼럼니스트이자 까칠한 성격으로 유명한 척 그린이 총대를 맸다. 그는 가족들이 비극에서 "단물을 빨아먹는다며" 몰아붙이는 칼럼 두 개로 이들을 충격에 빠뜨렸다.

그는 가족들이 이미 수백만 달러를 챙겼다고 썼다. "전례 없는 고통 속에서 콜럼바인 희생자들은 아직도 더 많은 것을 얻으려고 손을 벌리고 있다."

희생자 부모단체는 어리둥절했다. 어떻게 해야 좋을지 몰랐다. 그린의 생각을 지지하는 사람들까지 나타나자 더욱 당혹스러웠다. "우리 모두 계속되는 푸념에 질렸습니다." 한 독자가 말했다. 또다른 독자는 꽤 오래전부터 그런 생각을 한 사람들이 제법 있었다고 했다. "죄의식을 느끼면서도 살금살금 그런 생각을 털어놓았죠."

그런 생각은 이제 공개적으로 변했다.

—

1주기는 누군가에게는 정치적 기회를 잡을 수 있는 창구가 되었다. 미국총기협회 항의에 열의를 쏟았던 톰 마우저는 총기규제에 삶을 바쳤다. "저는 타고난 리더는 아니지만 사람들 앞에서 말하면 대니얼의 삶을 이어갈 수 있어서 힘이 납니다." 톰은 1년간 휴가를 내고 SAFE(총기에서 벗어난 건전한 삶) 콜로라도 지부의 수석로비스트로 봉사했다. 이 단체는 미성년자와 범죄자의 총기 소유를 제한하는 콜로라도 주 법안을 지지했다. 전망이 좋아 보였다. 특히 총기전시회의 허점을 질타하는 사회 분위기가 있었다. 2월에 아슬아슬하게 기각되었다. 비슷한 조치가 연방의회에서 계류중이었다.

그러자 1주기를 한 주 앞두고 클린턴 대통령이 생존자들을 격려하고 SAFE의 새 전략을 지지하러 덴버에 다시 방문했다. 이번에는 콜로라도에서 같은 법안을 주민투표에 부치기로 했다.

콜로라도의 공화당 지도부는 대통령에 반대해서 그와 동석하기를 거부했다. 공화당 소속 주지사 빌 오언스는 주민투표를 지지하는 편이었지만, 톰 브로코(NBC의 간판 뉴스 앵커—옮긴이)가 주최한 MSNBC 타운홀 회의에 참석하기를 거부하다가 클린턴이 행사 도중에 무대를 떠나고 나서야 합석했다.

대통령의 방문으로 워싱턴에서 약간의 진전이 보였다. 브로코와의 회의 직전에 하원 지도부가 총기전시회 입법에 관해 초당적인 합의를 선언했다. 하지만 벌써 1년이 지났고 아직 갈 길이 멀었다.

톰 마우저는 투쟁을 계속했다. 같은 주에 열린 한 집회에서 SAFE는 4223개의 신발을 주의회 의사당 계단에 전시했다. 1997년에 총기 사고로 목숨을 잃은 미성년자들을 기리기 위함이었다. 톰은 신고 있던 운동화를 벗어 군중이 볼 수 있게 들었다. 대니얼의 신발이었다. 그는 집회 때마다 그 신발을 신고 갔다. 아들과 자신을 연결해주는 물품이 필요했던 것이다. 그리고 이 신발은 대니얼과 청중도 하나로 연결해주었다.

5월 2일, 주지사와 검찰총장, 그러니까 콜로라도에서 가장 유명한 공화당과 민주당 지도자가 콜로라도 주민투표를 위한 청원에 첫 주자로 서명했다. 투표가 시행되려면 6만 2438명의 서명이 필요했다. 그보다 거의 두 배 더 많은 사람들이 서명했다.

법안은 두 배 차이로 여유 있게 통과되었다. 이로써 콜로라도에서 총기전시회의 허점은 메워졌다.

하지만 연방의회에서는 기각되었다. 콜럼바인 사건의 여파로 법제화된 전국적 총기규제 법안은 하나도 없었다.

—

학기가 무사히 끝났다. 5월 20일, 두번째 기수의 생존자들이 졸업했다. 부상자 아홉 명이 무대에 올라갔는데 두 명은 휠체어를 탔다. 패트릭 아일랜드가 절뚝거리며 단상에 올라가 졸업생 대표로 고별사를 낭독했다.

그는 힘겨운 한 해였다고 말했다. "총기사고로 그동안 고등학교에 얼마나 지독한 증오와 분노가 깔려 있었는지 전국이 깨닫게 되었습니다." 하지만 그는 세상이 본질적으로 선하다고 확신했다. 패트릭은 도서관 바닥에 쓰러져 있으면서 마음속으로 무슨 생각을 했는지 한 해 동안 찬찬히 돌아보았다. 처음에는 희망이라고 생각했다. 아니었다. 그것은 믿음이었다. "제가 창문에서 뛰어내렸을 때 누군가가 절 잡아주리라는 것을 알았습니다. 그것이 제가 여러분에게 말하고 싶은 것입니다. 저는 사랑스러운 세상이 항상 그곳에 있다는 것을 알았습니다."

5부

심판의 날

48

신의 감정

에릭은 무기 준비로 바빴다. 네이팜은 본질적으로 불안정한 물질이라서 만들기가 까다로웠다. 인터넷을 뒤져서 제조법을 많이 찾았지만, 거기에 적힌 대로 한다고 해서 될 것 같지가 않았다. 첫번째 시도는 끔찍했다. 재차 시도했는데 마찬가지였다. 재료를 바꾸고 가열 과정도 바꿔봤지만 계속 실패였다. 여러 차례 시도해봤지만 어느 하나 쉬운 게 없었다. 에릭은 언제 어디서 어떻게 실험했는지 밝히지 않았다. 아마도 다른 것을 준비할 때와 마찬가지로 부모님이 집에 없을 때 자기 방에서 한 것 같다. 네이팜 제조는 어렵고 시간도 오래 걸리며 또 위험한 일이었다. 석유와 다른 물질들을 잘 섞은 다음 난로에 올려놓고 가열해서 질척한 시럽으로 졸이는데, 불꽃과 함께 발화하면서 압력을 받아 발사된 후에도 한동안 연속적으로 계속 타올라야 했다.

화염방사기도 만들어야 했다. 그는 일지 맨 뒤에 무기를 상세하게 스케치했다. 실전에 쓸 무기도 있었고 순전히 가상의 무기도 있었다. 딜런은 여기에 아무런 도움도 주지 못한 것 같다. 두 아이 모두 수백 쪽의 글과 그림과 스케줄을 플래너에 남겼다. 에릭의 일지에는 실험 계획과 기록과 결과가 빼곡히 적혀 있었는데, 딜런은 그런 노력을 전혀 보이지 않았다. 총과 탄약과 폭탄 재료를 구해 계획과 제조를 도맡아 한 것은 에릭이었다.

거대한 폭탄을 북적이는 학생식당까지 몰래 운반하는 것도 큰 문제였다. 대형 더플백이 불룩해지도록 집어넣으면 20킬로그램은 족히 넘을 터였다. 이것을 들고 종종걸음으로 식당에 들어가 600명이나 되는 아이들 앞에 털썩 내려놓고 나온다면 아무도 눈치 못 챌 리가 없었다. 그게 가능한 일일까? 어느 순간 이들은 폭탄을 들고 그냥 걸어들어가기로 했다. 대담한 판단이었지만 사이코패스라면 능히 그럴 수 있다. 복잡한 공격을 계획하는 이들은 대개 위태로운 약점을 보강해서 어떻게든 위험을 줄이려고 한다. 그런데 사이코패스는 자신의 능력에 대해 자신감이 과해서 무모한 판단을 내린다. 1년 동안 아주 꼼꼼하게 계획을 준비했던 에릭이 공격을 그냥 날려버릴지도 모르는 실수를 버젓이 저지르려 하고 있었다. 그런데도 그는 이것이 결함인 줄 전혀 모르는 눈치였다.

이제 에릭은 딜런이 쓸 두번째 총을 구해야 했다. 돈만 더 있었다면 이것저것 더 만들어 실험을 계속 이어갔을 텐데. 하지만 그 비용을 대려면 피자공장이라도 다녀야 할 판이었다. 게다가 차량 브레이크도 점검해야 했고, 겨울용 와이퍼 블레이드와 CD 등등 살 게 많았다.

—

마침내 두 아이는 교화 프로그램을 수료했다. 에릭은 프로그램의 스타였다. 워낙 성적이 좋아서 일찍 마칠 수 있었다. 5퍼센트의 아이들만 누릴 수 있는 특혜였다. 크릭스하우저는 딜런도 함께 내보내기로 했다. 미적분에서 학점을 끌어올리지는 못했지만 말이다. 그는 딜런에게 장래 계획을 신중하게 선택하라고 충고했다. 그의 마감 보고서를 보면, 딜런이 학교에서 동기부여를 얻지 못해 고민이라고 했지만 총체적인 평가는 좋은 말뿐이었다. "앞으로의 전망: 좋음. 딜런은 잠재력이 풍부한 총명한 아이임. 잠재력을 제대로 발휘하고 자발적으로 동기를 찾을 수만 있다면 훌륭한 삶을 살 것임…… 추천: 프로그램에서 내보내도 좋음. 딜런은 그럴 자격이 충분함. 스스로 동기를 부여할 방법만 찾는다면 앞날이 창창함. 이해력이 좋아서 어떤 꿈도 실현시킬 수 있지만, 그러려면 열심히 노력해야 한다는 것을 깨달아야 함."

딜런은 그날 "실존"에 막막한 글을 썼다. 몇 달 동안 글을 쓰지 않다가 일지로 다시 돌아왔다. 그는 좋은 소식을 언급하지는 않았다. 그저 삶이 갈수록 나빠진다고 했다. 어떤 의미에서는 맞는 말이었다. 교화 프로그램을 마쳤다는 것은 고통스러운 신호였으니까. 딜런은 프로그램을 마치기 전에 죽을 계획이었다.

에릭의 마감 보고서는 처음부터 끝까지 칭찬 일색이었다. "앞으로의 전망: 좋음. 에릭은 대단히 총명한 아이이며 성공할 가능성이 높음. 워낙 똑똑해서 동기를 갖고 임무에 매진한다면 언제든지 고결한 목표를 이룰 수 있음…… 추천: 프로그램에서 내보내도 좋음. 에릭은 더 높은 수준의 교육을 더 받아야 함. 이렇게 생각이 논리정연하고 지적인 아이는 처음 봄. 이런 솜씨를 더욱 갈고 닦아서 자주 발휘해야 함."

—

두 아이 모두 점차적으로 살인에 이르렀지만 결정적인 고비가 된 사건이 있었다. 에릭에게는 1998년 1월 30일, 월시 보안관보가 그의 손목에 수갑을 채웠을 때였다. 그날 밤 이후로 에릭은 살인을 결심했다. 딜런의 사건은 1년 뒤에 일어났는데, 에릭만큼 결정적이지는 않았지만 그래도 눈에 띄는 전환점이었다. 1999년 2월이었다. 두 아이는 1년 전에 4월로 거사를 합의했었고 이제 때가 거의 다 되어갔다. 에릭은 진지했다. 정말로 할 생각이었다. 딜런은 늘 그랬듯이 마음속으로 갈등했다. 거부감이 여전했다. 그는 좋은 아이가 되고 싶었다. 그에게는 세 가지 선택이 있었다. 그냥 밀고 나가는 것, 여기서 손떼는 것, 서둘러 자살하는 것.

이 세 가지 선택이 1년 이상 머릿속에서 계속 맴돌았다. 그는 좀처럼 마음을 정하지 못했다.

그 무렵 딜런은 단편소설을 하나 썼다. 검은 옷을 입은 분노의 남자가 열댓 명의 "부잣집 애들"을 계획적으로 사냥하는 내용이었다. 그는 복수와 재미를 위해, 그리고 자신이 할 수 있음을 보여주려고 살인을 저질렀다.

딜런이 묘사한 세세한 내용들은 대부분 NBK 계획에서 가져온 것이었다. 그는 자신들이 계획했던 대로 살인자를 무장시키고 옷을 입했다. 소설에는 더플백과 미끼용 폭탄도 등장했고 희생자들의 습관까지 답사했다. 사소한 세부사항이 딱 들어맞았다. 살인자는 둘을 섞어놓았다. 키는 딜런과 비슷했고 행동은 에릭처럼 무정하고 체계적이었고 분노를 내색하지 않았다.

에릭이 4월 20일에 어떤 식으로 행동에 나설지는 쉽게 상상되지만 딜런은 자신의 반응이 못내 궁금했던 모양이다. 소설에서 그는 에릭에게 행동을 맡기고 자기는 관찰자 입장의 내레이터로 두었다. 살인을 하면 어떤 느낌일까?

굉장한 느낌이었다. "신의 감정을 마주할 수 있다면 아마 그 남자와 같겠지." 그는 이렇게 적었다. "그의 얼굴을 보면 그에게서 힘과 자기만족이, 위압과 신성함이 느껴져. 그 남자가 웃었는데 그 순간 나도 모르게 저절로 그의 행동이 이해되었어."

소설은 거기서 끝났다. 살인이 아니라 살인을 목격한 한 남자의 반응으로.

딜런이 소설을 쓰고 있다는 것은 아무도 몰랐는데, 아마도 한 번에 몰아서 글을 썼던 모양이다. 스펠링을 정정하거나 오자를 고치거나 리턴 키를 누르지도 않았다. 그는 문단도 끊지 않고 다섯 쪽을 그냥 쭉 이어서 썼다.

딜런은 2월 7일에 창작수업 과제물로 이 소설을 제출했다. 담당교사 주디 켈리는 글을 읽고 전율을 느꼈다. 열일곱 살짜리치고는 아주 놀라운 글이었지만 마음이 편치 못했다. 폭력적인 이야기를 쓴 아이는 딜런이 처음이 아니었다. 에릭도 학기 내내 영웅적인 해병대가 등장하는 전투 광경을 묘사했다. 에릭은 전쟁에 미쳐 있었다. 수업시간 내내 기관총 발사 흉내를 냈다. 하지만 이것은 달랐다. 딜런의 주인공은 시민들을 무자비하게 죽였고 이를 즐겼다. 켈리는 과제물 밑에 딜런에게 잠깐 보자고 썼다. 학점을 주기 전에 그와 몇 마디 나누고 싶었던 것이다. "글 솜씨가 좋고 이야기도 훌륭하지만 이 글에는 몇 가지 문제가 있다." 그녀는 이렇게 적었다.

딜런은 선생을 찾아갔다. 켈리는 이야기가 너무도 폭력적이고 공격적이어서 용인할 수 없다고 했다.

딜런은 어쩌면 의도적으로 마음을 내비치기 위해 이 이야기를 제출했는지도 모른다. 그는 선생 앞에서 겁을 집어먹었다. "그냥 이야기일 뿐인걸요, 뭐." 창작수업이었다. 그래서 창조력을 발휘한 것이다.

창조력을 발휘한 것은 좋아, 켈리가 말했다. 그런데 이 잔인함은 어디서 배웠니? 그냥 읽기만 해도 끔찍한데.

딜런은 그냥 이야기일 뿐이라고 말했다.

켈리는 그 말을 믿지 않았다. 그래서 부모에게 전화를 걸어 이 문제를 장시간 논의했다. "그들은 별로 걱정하는 눈치가 아니었어요." 그녀가 나중에 경찰에게 말했다. 그들은 자식을 이해하는 것이 정말 어려운 일이라고 했다.

살인이 일어난 뒤에도 같은 수업을 들었던 한 아이는 딜런의 말에 동의했다. "창작수업이잖아요." 그녀는 로키마운틴뉴스에 이렇게 말했다. "원하는 것을 쓰는 거죠. 셰익스피어의 글도 보면 전부 죽는 얘기잖아요." 그 아이는 살인자와 친한 사이가 아니었다.

하지만 켈리는 자기가 뭔가를 눈치챘다는 것을 알았다. 지금까지 폭력에 사로잡힌 남자애들을 여럿 보았다. 이제까지 살인에 관한 글을 수없이 읽었지만 이렇게 가학적인 이야기는 본 적이 없었다. 이야기에 나오는 사건이 문제가 아니라 이를 전달하는 작가의 태도가 문제였다. 딜런은 장면에 생명력을 불어넣는 재능이 있었다. 행동, 사고, 감정을 효과적으로 전달할 줄 알았다. 오싹하고 무자비한 감정을 말이다. 켈리는 이 글을 이렇게 평가했다. "문학적이면서 섬뜩함. 이제까지 내가 읽은 가장 사악한 글."

켈리는 이 글을 딜런의 학교 상담사 브래드 버츠에게 가져갔다. 그가 딜런을 만나봤는데 이번에도 딜런은 별일 아니라고 했다.

켈리는 옳은 일을 했다. 딜런에 관한 다른 정보를 알고 있을 가능성이 가장 큰 세 사람인 상담사와 부모와 연락했으니 말이다. 만약 딜런이 블랙잭 피자에서 파이프폭탄을 만들고 시험했다는 것을 상담사나 부모가 알았더라면, 아마도 그들은 환상과 현실 사이의 연결고리를 찾아냈을 것이고 NBK는 그쯤에서 끝났을지도 모른다. 하지만 그들은 몰랐다. 제퍼슨 카운티의 조사관들은 대부분의 정보를 파악한 상태였다. 하지만 살인자 옆에 있었던 어른들은 대부분 아무것도 몰랐다.

―

딜런의 일지는 다시 사랑에 대한 집착으로 돌아갔다. 그는 신의 능력을 발휘하고 싶었지만, 혹독했던 2년 동안 그렇게 갈구했어도 그의 꿈은 아무것도 실현된 게 없었다. 그런 그에게 에릭이 희망을 제시했다. 에릭은 딜런이 그토록 찾아왔던 바로 그 감정을 제시했다. 에릭은 현실을 제시했다. 모든 것의 현실을.

어쩌면 그의 갈구는 가짜였는지도 모른다.

딜런은 아직 살인을 받아들일 준비가 되지 않았다. 그는 거의 마지막까지도 그 생각에 맞서 싸웠다. 하지만 이제부터는 그 길을 가야 했다.

그는 4월 20일에 단편소설을 자신과 함께 날려버리려고 했다. 소설은 딜런의 차에서 실패한 폭발물과 함께 발견되었다. 원래는 마지막 행위로서 차를 파괴할 생각이었으니 글도 함께 폐기됐어야 했다. 결국 딜런은 우리를 위해 그 이야기를 쓴 게 아니었다. 어쩌면 그날 용기가 필요했는지도 모른다. 그래서 마지막으로 한번 더 그것을 읽고 싶었던 것인지도 모른다.

—

사격 연습을 할 시간이었다. 그들은 아름다운 장소를 골랐다. 로키 산맥의 험준한 국유림을 지나는 굽이진 비포장도로로 둘러싸인 램파트 레인지라는 사격장이었다. 딜런의 집에서 그리 멀지 않았다. 첫번째 집중적인 연습을 위해 이들은 산악자전거와 ATV 산악오토바이 구간을 골랐다. 한 산악동호회 웹사이트는 이곳을 천천히 둘러보라면서 이렇게 소개했다. "거대한 바위가 시시각각 바뀌는 모습을 보며 여러분의 상상력을 마음껏 펼쳐보세요."

3월 6일, 세 명의 친구가 동행했다. 딜런이 TEC-9을 손에 넣도록 도움을 준 마크 메인스와 필 듀런, 그리고 마크의 여자친구 제시카가 함께 갔다. 실전에 쓰려고 구한 총들을 가져갔고 친구들이 몇 자루를 더 가져갔다. 벨뷰 레인에서 슬쩍한 볼링핀을 과녁으로 삼을 생각이었다. 캠코더도 가져갔다. 역사적인 사건은 기록으로 남겨야 하니까.

쌀쌀한 날씨였고 지면에는 아직도 눈이 많이 남아 있었다. 이들은 옷을 단단히 껴입었다. 에릭과 딜런은 연습을 시작할 때 트렌치코트를 입었다가 땀이 나자 벗어버렸다. 챙겨 간 귀마개와 선글라스는 가끔씩 꼈다.

이들은 납으로 속을 채운 볼링핀을 쏘아 맞췄는데, 그때 에릭에게 좋은 생각이 났다. 그는 산탄총을 들고 다섯 발짝 정도 떨어진 듬직한 소나무를 겨냥했다. 빗나갔다. 반동 때문에 팔이 얼얼했다. 총신을 잘라내서 그만큼 반동도 심했던 것이다. 이들은 총신을 거의 약실 부분까지 짧게 잘랐는데 이제 그 대가를 치러야 했다.

에릭은 딜런에게도 한번 해보라고 했다. "나무를 맞혀봐. 총탄의 위력이 얼마나 되는지 보게."

딜런은 나무 몸통에 5센티미터 넓이의 구멍을 냈다. 이들은 피해를 확인하러 달려갔다. 에릭이 손가락을 집어넣어 총알을 찾아냈다.

"와, 제법 센데!" 딜런이 소리를 질렀다.

에릭의 목소리는 차분했다. "누군가의 뇌를 이렇게 작살낸다고 상상해봐."

"젠장, 손목 부러지겠어!"

"나도 그래."

딜런은 이제 웃고 있었다. "이거 봐! 여기 피가 나!" 그는 피를 좋아했다.

에릭은 인간에 비유하기를 좋아했다. 볼링핀을 집어들자 앞에 작은 구멍이 나 있고 뒤쪽은 움푹 파여 있었다. 그는 각각의 면을 카메라에 보여주며 "입구 쪽 상처, 반대편 상처"라고 말했다. 그 말을 듣고 친구가 웃었는데, 무슨 뜻인지 이해하지는 못했다. 사소한 농담은 알아듣지만 큰 농담은 못 알아듣는 친구였다. 전투는 이미 시작되었다. 에릭은 직접적인 언급보다 슬쩍슬쩍 내비치기를 좋아했다. 거기 있는 모두가 이제 사건에 휘말렸다. 하지만 이를 알아본 것은 두 명 뿐이었다.

그들은 체계적으로 자신의 솜씨를 갈고 닦느라 시간 가는 줄 몰랐다. 한 명이 총을 쏘면 다른 친구가 옆에 서서 결과를 알려주며 실시간으로 교정해주었다. "오른쪽으로 더 높이…… 왼쪽으로 낮게…… 다시 왼쪽으로……"

단발 산탄총은 매번 쏠 때마다 장전을 새로 해야 했기 때문에 신속하게 사람을 죽이는 데 지장이 있었다. 그래서 에릭은 재빨리 쏘고 장전하는 기술을 익혔다. 매번 쏘는 게 고역이었다. 총신이 왼손에서 튕겨나가면서 고무줄처럼 반동으로 팔을 쳤다. 하지만 그는 금세 요령을 익혔다. 반동을 타고 스터브를 잡고 열고, 총알을 넣고 닫고, 방아쇠를 당기는 것을 연속동작으로 유연하게 해냈다. 에릭은 이렇게 해서 5초에 네 발을 쐈다. 만족스러웠다.

여태까지는 저 총으로 어느 정도 피해를 입힐 수 있을지 이론적으로 계산만 했다. 이제 해답을 얻었다. 에릭은 살인기계였다.

에릭과 딜런은 카메라 앞으로 다가가서 자신들의 상처를 내보이며 자랑했다. 총을 꽉 쥐느라 엄지와 검지 사이의 피부가 벗겨져나간 상처가 보였다.

"고등학생들이 총을 쏘면 이렇게 됩니다." 누군가가 말했다. 다들 웃었다.

메인스가 에릭의 총을 시험해보더니 손잡이를 보고 움찔했다. "끝부분을 조금 다듬는 게 좋겠어."

"그래, 나도 그럴 생각이야." 에릭이 말했다.

그들은 총을 더 쐈고 카메라 앞에서 상처를 다시 자랑했다. 아까보다 상태가 더 심해졌다. "총이 나빠서 그래." 메인스가 말했다. "총신을 불법적으로 짧게 자르면 나쁜 일이 일어나지." 다들 깔깔 웃었다. "그러니 총신을 자른 총에 '노(No)'라고 말해."

그들은 한통속이 되어 장난을 쳤다. 에릭이 총신을 잡고 카메라 앞에서 우스꽝스러운 표정을 지어 보였다. 발사장치를 여러 번 찰싹 때리며 "나빠!"라고 말했다.

그러자 딜런이 검지를 흔들어대며 이렇게 말했다. "노! 노! 노!"

퓨질리어는 대학살이 일어나고 며칠 뒤에 램파트에서 촬영된 비디오를 보았다. 공상이 마침내 현실이 되는 과정을 보여주는 자료였다. 촐랑대는 장난꾸러기의 사명이 심각한 일련의 절도로 발전하는 데 2년의 세월이 걸렸다. 에릭은 이제 전문 범죄자가 되었다. 범죄를 상상하는 단계에서 심리적 걸림돌을 뛰어넘어 마침내 범죄를 저지르는 단계가 된 것이다. 위의 모습은 바로 그 기분 때문일 터였다.

———

아이들은 이후로도 연습을 계속했다. 메인스와 세 차례 사격 연습을 더 나갔다.

딜런은 비밀을 또다시 슬쩍 털어놓았다. 자신의 무기가 아주 마음에 들었던 그는 2월의 어느 날 잭에게 "대단히 멋진" 물건을 손에 넣었다고 말했다.

예를 들면?

〈데스페라도〉에 나오는 거, 딜런이 말했다. 그들은 이 영화를 쿠엔틴 타란티노가 감독한 폭력 영화로 알고 있었다.

잭이 단도직입적으로 말했다. 총이구나, 그렇지?

맞아, 쌍발 산탄총, 〈데스페라도〉에 나오는 총이랑 비슷해. 에릭도 갖고 있어. 직접 쏴봤는데 진짜 멋졌어!

그들은 다시는 그 얘기를 하지 않았어요, 잭이 나중에 FBI에 말했다.

49

퇴임 준비

교장은 자신의 임기가 언제 끝나는지 잘 알았다. 2002년 5월 18일이었다. 사고 이후로 그에게는 한 가지 목표가 있었다. 그때까지 2000명의 아이들을 정신적으로 흔들리지 않게 잘 인도하는 것이다. 비극이 일어났을 때 신입생이었던 아이들이 그해 5월이면 졸업하게 된다.

프랭크는 그 이후에 무엇을 해야 할지 몰랐다. 아직 계획을 세우기에는 일렀다. 당장 할 일이 많았다. 아직 3년을 학교에서 더 봉사해야 했다. 그는 첫해의 소란을 제대로 대비하지 못했다. 충격의 여파가 그렇게 심각할 줄은 누구도 몰랐던 것이다. 같은 실수를 다시 저지를 수는 없었다. 그래서 두번째 여름방학이 끝나고 2000년 8월에 학교가 다시 문을 열었을 때, 교직원들은 혹시나 있을지 모르는 공격에 단단히 대비했다. 공격은 없었다. 첫해와 같은 소란은 더이상 일어나지 않았다. 비슷한 일조차 없었다.

두번째 해는 긴장된 분위기 속에서 시작했다. 여름에 건물 증축이 있어서 낡은 도서관을 부수고 새 도서관을 옆에 올렸다. 학생식당은 2층짜리 아트리움으로 개조했다. 희생자 부모단체의 거의 모든 사람들이 개관식에 참석했다. 수 페트론은 감정이 북받쳐올랐다. 지난 16개월 동안 학교 안에 발을 들일 때마다 몸이 저릿저릿 아팠다. "마치 물속에 잠겨 숨이 꽉 막힌 기분이었어요." 그런 갑갑함이 이제 다 사라졌다. 1년 이상 벌여왔던 힘겨운 싸움이 마침내 끝났다. 거의 모든 부모들이 다 그랬다.

수의 전남편은 예외였다. 브라이언 로버와 프랭크 교장이 행사를 주도했는데, 두 사람은 학생식당에서 10미터 정도 떨어져 섰고 그들 주위로 기자들이 모여 얘기를 나누었다. 교장은 사교적인 사람으로 가급적 불화를 피하려고 노력했다. 하지만 기자들이 계속해서 브라이언한테서 무슨 소리를 듣고 와서는 교장이 뭐든 대답해주기를 기다렸다. 브라이언은 그를 모질게 몰아붙였다. 학교가 살인의 원인이므로 학교 행정가가 책임을 져야 한다고 했다.

—

교장은 심장병이 악화되었다. 총기사고 후 맞이한 첫 가을이었다. 의사는 스트레스 때문이라면서 허투루 넘길 일이 아니라고 했다.

프랭크는 외상후스트레스장애에 시달렸다. 감정이 마비되고 불안이 엄습하고 집중이 잘 안 되고 사람을 두려워하는 증상이 나타났다. 치료를 받자 어느 정도 나아졌다. 살인이 일어난 직후에는 다른 사람과 눈을 마주치는 것도 어려웠다. 갈수록 심해질 뿐이었다. 무엇 때문이었을까? "죄의식이죠." 그가 말했다. "살아남은 자의 죄의식은 예전에 들어본 적도 없었는데, 데이브와 아이들이 죽고 나만 살아남아 얼마나 미안한지 모릅니다."

그의 부인은 그를 돕고 싶었다. 그런데 그는 힘들어하면서도 차마 부인에게 말하지 못했다. 학생들과 비슷한 처지였다. 교장은 부모한테 다 털어놓으라고 아이들에게 말했다. 부모 앞에서 울라고 했다. 하지만 그의 부인은…… 그를 이해하지 못했다. 그리고 딱히 그녀가 이해해주기를 원하지도 않았다. 그는 그저 집에서 쉬고 싶었다.

비극이 일어난 후 몇 년간은 폭풍의 세월이었다. 교장은 아침 6시에 학교에 가서 저녁 8시나 9시에 나왔다. 주말에도 잠깐잠깐 나왔는데 조용히 생각할 시간이 필요했다. 그는 열댓 명의 아이들을 항상 면밀히 감시했다. 학생들과 직원들에게 신경쇠약은 일상적으로 벌어지는 일이었다. 그는 아이들을 돕는 일이 가장 행복했지만 엄청난 기력이 소모되는 일이었다. 매일 밤 모든 것을 잊으려고 두어 시간을 쉬어야 했다. "재충전할 시간이 필요했습니다. 집에서 내가 가장 하기 싫은 일이 이야기하는 것이었어요."

부인은 그에게 제발 말 좀 하라고 간청했다. 아들과 딸도 염려했다. 교장의 부모와 형제자매들이 계속해서 전화를 걸었다. 뭐 좀 먹었어? 운전은 해? "내가 언제 먹을지는 내가 알아." 그는 이렇게 말하고 싶었다. 모두가 그의 기분이 어떤지 알고 싶어했다. 어떻게 지내? 지금 기분이 어때? 그럴 때면 그는 이렇게 대답하고 싶었다. "지겨워! 제발 그만 좀 해!"

교장은 몇몇 직원과도 갈등을 빚었다. 한 치료사는 사건 이후로 학교에서 몇 년을 보냈는데도 교장이 아직 자기 이름도 모른다며 불만을 나타냈다. 교장은 2000명의 학생들 이름은 다 알았다. 행정직원들은 문제를 유능하게 처리했는데, 이들 중에도 도움이 필요한 자들이 있었다. 그 가운데 수다스러운 한 명은 자기 고통을 다 털어놓아야 하는 성격이었다. 프랭크는 이를 받아주지 못했다. 그는 자신이 그들에게 도움이 되지 못한다는 것을 안다고 직원들에게 털어놓았다. 여력이 안 되었다. 그가 가진 힘은 모두 아이들을 돕는 데 써야 했다. 그 덕에 아이들이 잘 이겨냈다.

프랭크는 긴장을 푸는 방법을 찾기로 했다. 그래서 일요일 밤에 부인과 볼링을 치러 갔다. 낯선 사람들은 그에게 다 똑같이 대했다. 어떻게 지내요? 학생들은 괜찮나요? "또다시 콜럼바인 얘기였어요." 저녁을 먹으러 가도 똑같은 얘기뿐이었다. "사람들이 내 자리로 옵니다. 그러면 내가 아무것도 하고 싶지 않은 순간이 오죠. 나는 그저 집에서 편히 쉬고 싶었어요."

그런데 집도 불편하기는 마찬가지였다. "지하실로 내려갔어요. 거기서는 아내와 아이들을 피할 수 있거든요." 골든레트리버가 따라왔다. 개는 괜찮았다.

가족은 그런 그를 원망했다. "그들은 내가 왜 그렇게 행동하는지 이해하지 못했어요." 그도 기분이 좋지는 않았다고 했다. "나도 내가 싫더군요."

그는 공격 직후부터 상담을 받기 시작했고 그것이 자신을 구해주었다고 여겼다. 한 가지 욕심을 더 내자면 가족을 치료에 포함시키고 싶었다고 했다. "그들은 외상후스트레스장애가 뭔지 몰랐어요. 내가 어떤 상황을 겪고 있었는지 그들이 이해했더라면 좋았을 텐데 말입니다."

그의 결혼생활은 성공하지 못했다. 2002년 초에 부인과 이혼하기로 했다. 그는 콜럼바인 때문만은 아니라고 했지만 그것이 큰 이유인 것은 분명했다.

프랭크는 이사할 준비를 하던 중에 1999년에 받은 4000통의 편지를 우연히 찾았다. 힘을 북돋워주는 편지도 있었고 성난 편지, 심지어 목숨을 위협하는 편지도 몇 통 있었다. 그는 예전에 매일 25통씩 읽으려고 했었다. 그만큼 마음의 짐이었던 것이다. 이제 그는 여기에 정면으로 맞설 준비가 되었다. 거대하게 쌓인 편지 더미를 훑어보다가 한 이름이 그의 시선을 잡아끌었다. 다이앤 마이어는 그가 고등학생 때 사귄 여자친구였다. 졸업하기 전에 헤어져서 30년 동안 연락이 끊긴 터였다. 프랭크는 그녀의 집에 연락했다. 어머니가 한집에 살고 계셨다. 다이앤과 통화를 했는데 그녀는 이해심이 많았다. 전화로만 여러 차례 이야기를 나누면서 큰 위로를 얻었다. 그녀는 그가 이혼의 고통을 이겨내고 5월에 있을 은퇴를 잘 헤쳐갈 수 있게 도와주었다. 그에게 이제 해야 할 일이 하나 더 생겼다.

콜럼바인은 많은 교직원에게 감정을 정화하고 새 출발을 하는 기회가 되어주었다. 비극을 계기로 자신의 삶을 둘러본 많은 이들은 이제 새로운 경력을 시작했다. 2002년 봄까지 대부분이 학교를 떠났다. 프랭크를 제외하고는 모든 행정직원들이 다 떠났다. 5월이 다가오자 교장은 자신을 가장 행복하게 했던 것이 무엇인지 생각해봤다. 남은 인생을 어떻게 살아가는 것이 가장 좋을까?

타협하지 말자, 그는 이렇게 결심했다. 꿈을 좇기로 했다. 그는 콜럼바인의 교장으로 계속 남기로 했다. 그 일을 좋아했다. 가족들 중에는 그를 싫어하는 사람도 있었다. 그들은 그의 발표에 넌더리를 냈다. 물론 이 소식을 기뻐하는 사람도 있었다. 아이들은 환호했다.

—

로버는 이 소식을 듣고 화가 치밀었다. 하지만 경찰과의 일은 잘 되고 있었다. 그의 기도가 통해서 잭슨 판사로 하여금 증거를 계속 공개하게 했다. 마침내 제퍼슨 카운티에 살인자들의 일지와 지하실의 테이프 같은 민감한 물품을 제외한 모든 것을 공개하라는 명령이 내려졌다. 2000년 11월에 대량의 자료가 공개되었다. 사실상 모든 목격자의 진술이 포함된 1만 1000쪽짜리 경찰 보고서였다. 카운티 당국은 그것이 전부라고 말했다.

그래도 여전히 숨기고 있는 것이 더 많았다. 기자들과 가족들은 알려진 물품을 마저 공개하라며 계속해서 압박을 가했다. 제퍼슨 카운티는 증거를 감추기 위해 우스꽝스러운 방법을 썼다. 페이지마다 쪽수가 매겨져 있었는데, 그럼에도 중간에 수천 쪽을 빼놓고 공개한 것이다. 거의 3000쪽이 빠진 채로 공개된 자료도 있었다.

카운티는 내키지 않았지만 결국 보강된 자료를 새로 제출해야 했다. 그렇게 해서 이어지는 1년 동안 제출한 자료가 여섯 개였다. 경관들은 2001년 11월에 거대한 서류를 내놓으며 "마지막 묶음"이라고 했다. 2002년 말에 5000쪽의 자료가 더 공개되었고, 2003년에는 1만 쪽으로 늘어났다. 그해 1월, 2월, 3월, 6월, 그리고 10월에는 세 차례에 걸쳐 자료를 추가로 공개했다.

그러는 동안 2001년 4월에 지방검사 데이브 토머스가 부주의하게도 꼬투리 잡힐 발언을 했다. 대학살이 일어나기 1년도 더 전에 에릭의 집을 수색하기 위해 작성한 영장 신청서가 존재한다고 털어놓은 것이다. 제퍼슨 카운티는 그런 것은 없다고 2년 동안이나 강력하게 부인해왔다. 잭슨 판사가 신청서 공개를 명령했다.

신청서는 예상했던 것보다 더 참혹한 논란을 불러일으켰다. 게라 조사관은 이미 에릭의 초기 음모의 전모를 빈틈없이 재구성해서 대학살의 위협과 폭탄 제조 계획을 상세히 기록해놓았었다. 은폐 공작이 백일하에 드러났다. 하지만 이런 은폐는 몇 년 동안 계속되었다.

2003년 6월에는 대학살이 터진 날 오후에 케이트 배틴이 작성했던 수색영장이 공개되었다. 이로써 제퍼슨 카운티 경관들이 브라운 부부에 대해 내내 거짓말을 했음이 결정적으로 드러났다. 그들은 처음부터 이들의 경고에 대해 알고 있었고 "사라졌다는" 웹사이트는 공격이 일어난 후 얼마 지나지 않아 금방 찾아낸 것이 밝혀졌다.

사방에서 분노와 경멸이 터져나왔다. 연방판사는 마침내 폭발했다. 그는 제퍼슨 카운티에는 빤한 증거도 믿고 맡기지 못하겠다고 판단했다. 그래서 지하실의 테이프 같은 핵심적인 자료를 덴버에 있는 연방법정으로 넘기도록 카운티에 명령했다.

—

퓨질리어 부서장은 프랭크 교장보다 은퇴가 한발 빨랐다. 대학살이 일어나고 6개월이 지나자 사건 조사도 거의 완료되었다. 그는 살인자들에 대한 연구를 계속했지만 이제 콜로라도 와이오밍 지역의 국내테러대책 부서 담당자 역할로 돌아갔다. 당시 미국인 중에는 오사마 빈 라덴에 대해 들어본 사람이 거의 없었는데, FBI 지부에 들르는 방문객들은 실물 크기로 제작된 그의 수배 포스터를 보았다. 퓨질리어도 매일 아침 엘리베이터에서 내려 18층에 있는 자기 사무실에 들어갈 때마다 공공의 적 1호의 사진을 보았다.

"그는 위험한 자예요." 퓨질리어가 한 방문객에게 말했다. FBI는 그를 제지할 작정이었다.

퓨질리어는 인질협상가 교육을 재개하는 한편 중대한 사건들을 다시 맡았다. 2년 뒤에 그는 최근에 일어났던 가장 악명 높은 교도소 탈옥사건을 해결했다. '텍사스 7인'은 살벌한 감시망을 뚫고 탈옥해서 범죄행각을 벌였다. 범행의 주도자는 열여덟 번이나 종신형을 선고받은 자로 잃을 게 없었다. 2000년 크리스마스이브에 그들은 한 스포츠용품점에 들어가 총을 훔쳤고 한 경관을 매복 습격해서 11발을 쏜 후 확실히 죽이기 위해 차로 치고 달아났다. 경관은 죽었다. 현상금 50만 달러가 붙었다.

패거리들은 계속해서 이동했다. 2001년 1월 20일, 콜로라도스프링스 근처의 한 트레일러 파크에서 이들의 모습이 발견되었다. 특수기동대가 출동해서 네 명을 체포했고 한 명은 다시 붙잡히지 않으려고 자살했다. 두 명은 모텔에서 바리케이드를 치고 저항했다. 퓨질리어의 팀이 이들을 설득해서 나오게 하는 데 다섯 시간이 걸렸다. 그들은 형벌제도의 부패에 대해 집요하게 물고 늘어졌다. 결국 퓨질리어는 새벽 2시 반에 지역의 한 텔레비전 방송국을 통해 인터뷰 생중계를 준비했다. 저항자들이 정말로 생중계되고 있다는 것을 볼 수 있도록 카메라맨이 방안으로 들어갔다. 두 명은 결국 항복했고 사형을 선고받았다. 현재 여섯 명 모두 텍사스에서 독극물 주입 사형 집행을 기다리고 있다.

퓨질리어는 스트레스로 지쳤다. 10월이면 그가 FBI에서 일한 지 20년째로 연금을 받을 자격이 되었다. 그는 그날에 맞춰 은퇴하기로 했다. 그의 나이 쉰넷이었다.

그때 2001년 9월 11일, 미국 뉴욕의 세계무역센터가 테러공격을 당했다. 빈 라덴이 배후에 있었다. 퓨질리어는 은퇴를 늦추고 이후 11개월 동안 그 사건에 매달렸다. 2002년 여름에 미국이 아프가니스탄을 점거했을 때 빈 라덴은 이미 은신처로 도망간 뒤였고 사건은 소강 상태에 빠졌다.

그의 아들 브라이언은 그해 5월에 콜럼바인 고등학교를 졸업했다. 프랭크 교장이 기다려왔던, 마지막 기수의 생존자들이었다. 그는 7월에 대학에 진학할 예정이었다. 드웨인의 은퇴는 그 다음주로 잡혀 있었다. 따라서 브라이언은 아버지가 일 없이 빈둥거리는 것을 볼 일은 없었다.

"다음날 바로 변화를 알아보겠더라고요." 브라이언이 방학 때 집에 돌아왔을 때 아버지에게 이렇게 말했다. "예전보다 훨씬 느긋해 보이시네요."

그래도 퓨질리어는 일이 그리웠다. 몇 달 지나지 않아 그는 국무부에서 상담을 시작했다. 그는 제3세계에 파견되어 반테러 훈련 감독을 맡게 되었다. 그는 1년 중 3개월은 파키스탄, 탄자니아, 말레이시아, 마케도니아 등 테러리스트들이 활동하는 곳이면 어디든 갔다.

미미는 불안한 지역에서 일하는 남편이 걱정스러웠다. 드웨인은 개의치 않았고 브라이언도 아버지의 음성에서 긴장감을 느끼지 못했다. FBI에서 두려움은 문제가 아니었다. 중요한 것은 책임감이었다.

"내가 그날 실수를 하면 누군가의 목숨이 날아갈 수도 있겠구나 생각하니 일이 갈수록 더 힘들어지더군요." 그가 말했다.

—

브라이언이 콜럼바인을 졸업하기 직전에 마이클 무어 감독의 〈볼링 포 콜럼바인〉이 칸 영화제에 소개되어 열광적인 반응을 얻었다. 이 영화는 미국 역사상 상업적으로 가장 성공한 다큐멘터리가 되었다. 콜럼바인에 대한 이야기를 집중적으로 다룬 영화는 아니며, 제목에서 보듯 에릭과 딜런이 4월 20일에 볼링을 치러 갔다는 사소한 오류를 담고 있기는 했지만, 영화에는 인상적인 장면이 하나 나온다. 무어가 희생자 한 명과 같이 케이마트에 가서 그의 몸 안에 남아 있는 총알을 환불해달라고 요구하는 장면이다. 이런 계책으로 망신을 당한 케이마트는 전국적으로 탄약 판매를 중단했다.

영화에는 메릴린 맨슨의 인터뷰 장면도 나온다. 무어는 맨슨에게 만약 살인자와 이야기할 기회가 있다면 무슨 말을 하겠느냐고 물었다. "나라면 한마디도 하지 않을 겁니다." 그가 말했다. "그들의 말을 들어야죠. 그들도 할 말이 있을 테니까. 그런데 누구도 그러지 않았어요." 이것은 미디어가 떠들던 이야기이기도 하다.

에릭이 진심으로 떠받들었고 자주 인용하기도 했던 허무주의 성향 인더스트리얼 밴드 KMFDM과의 연관성은 주류 언론매체에서 다루지 않았다. 하지만 팬들이 자꾸 수군거리자 밴드는 깊은 유감을 나타내는 성명서를 냈다. "다른 모든 사람들처럼 우리 역시도 콜로라도에서 일어난 사건에 경악하고 혐오합니다…… 우리는 나치의 믿음 따위를 절대 묵과하지 않습니다."

—

　살인자들의 부모는 여전히 침묵을 지켰다. 언론과 일체 접촉하지 않았다. 돈 마르크스하우젠 목사는 톰과 수 클레볼드와 가깝게 지냈다. 그의 존재가 부부에게 커다란 위로가 되었다. 수는 커뮤니티 칼리지로 돌아가 장애 학생들을 훈련시키는 일을 다시 시작했다. 덕분에 그럭저럭 위기를 넘길 수 있었다.

　"내가 모임 때 자리에서 일어나 '제가 딜런 클레볼드의 어머니예요' 하며 나를 소개하기까지 얼마나 오랜 시간이 걸렸는지 모릅니다." 그녀는 훗날 이렇게 말했다. "딜런은 내가 같이 일하는 사람들의 자녀들을 죽였을 수도 있잖아요."

　쇼핑도 두렵기는 마찬가지였다. 언제든지 판매원이 신용카드를 보고 그녀를 알아볼 수 있었다. 독특한 이름이었으니까. 때로는 정말로 그녀를 알아볼 때도 있었다.

　"이런, 생존자시군요." 한 점원이 그렇게 말했다.

　톰은 집에서 일했으므로 언제 외출할지 자기가 정할 수 있었다. 그는 거의 내내 집에만 틀어박혀 있었다. 목사는 그런 그가 걱정되었다.

　마르크스하우젠 목사는 그런 동정심 때문에 결국 대가를 치렀다. 교구 사람들 대부분이 그의 그런 면을 사랑했지만 이 때문에 화를 내는 사람도 있었다. 교회 협의회는 분열했다. 상황이 더이상 두고 볼 수 없게 되자 그는 1년 뒤에 교회를 떠나야 했다.

　마르크스하우젠은 덴버 지역에서 가장 존경받는 목사로 꼽혔지만 이제 어디서도 일자리를 구할 수 없었다. 실업자 신세가 된 그는 콜로라도를 떠나 작은 교구를 차렸다. 하지만 콜로라도가 그리워 다시 돌아왔고, 카운티 교도소 목사 일자리를 얻었다. 그의 주요 업무는 사랑하는 사람을 잃은 수감자를 찾아가서 위로하는 일이었다. 그는 절망에 빠진 사람을 보살피는 일에 천부적인 소질이 있었다. 모든 사람의 마음을 하나하나 헤아렸고 이 일에 온 힘을 다 바쳤다.

—

법정소송이 수년 동안 계속해서 불거졌다. 날이 갈수록 추악해졌다. 학교 관리자, 살인자들의 부모, 루복스 제조업체, 총기 입수에 관여한 사람들까지 새로운 피고가 계속 추가되었다. 소송들은 연방법원에서 하나로 통합되었다. 루이스 배브콕 판사는 카운티의 두 가지 주요 주장을 받아들였다. 살인자들을 미리 막았어야 할 책임이 없고, 총격전 때 벌어졌던 결정 때문에 경찰을 처벌해서는 안 된다고 인정했다. 당국이 몇 달 전에 대학살을 미리 차단했어야 했지만, 법적으로 책임져야 할 일은 아니라는 판단이었다.

2001년 11월, 판사는 보안관서와 학교에 대한 소송의 대부분을 기각했다. 가족들은 당연히 상소했고 카운티는 이듬해 소송 취하의 대가로 1인당 1만 5000달러를 제시했다. 법률 비용에 비하면 푼돈이었다. 합의 과정이 상세하게 밝혀지지 않았는데, 사실 그럴 필요가 없었다. 로버 부부가 앞장서서 법적으로 대응한 것이 선례가 되어 영향력을 계속 행사했기 때문이다.

배브콕 판사는 샌더스의 사례는 기각하지 않았다. 데이브의 구출이 순간적인 결정을 내려야 할 상황이었다는 주장이 타당하지 않다고 본 것이다.

"세 시간째에는 얼마든지 구할 시간이 있었어요!" 그의 말이었다.

변호사는 경찰이 구해야 할 사람이 수백 명이나 있었다고 반박했다. 따라서 인력을 나눠서 구조작업을 진행했다는 것이다.

그러자 판사는 현장에 750명 이상의 경찰이 있었음을 상기시켰다. "그날 일손이 부족했던 것 같지는 않아 보이는데요."

2002년 8월, 제퍼슨 카운티는 앤절라 샌더스에게 150만 달러를 지불했다. 그러면서도 잘못된 행위는 아니었다고 했다. 마지막으로 마무리된 사건은 패트릭 아일랜드 건이었다. 카운티 당국은 그에게 11만 7500달러를 지불했다.

몇 년 동안 밀고 당기는 논쟁이 오고간 결과, 직접적인 당사자가 관련되지 않은 소송은 대부분 기각되었다. 루복스는 제약시장에서 퇴출되었다. 이제 살인자들의 가족만 남았다. 그들은 합의를 하고 싶었다. 금액은 많지 않았지만 보험이 있었다. 자녀가 살해를 저지른 경우에도 보험금이 나오는 것으로 밝혀졌다. 160만 달러가 31명의 가족들에게 배분되었다. 대부분의 돈은 클레볼드 가족이 든 보험에서 지불되었다. 마크 메인스, 필 듀런, 로빈 앤더슨도 비슷한 합의에 도달했다. 이들은 대략 130만 달러의 보험금을 가족들에게 나눠주었다.

로버를 비롯한 다섯 가족은 합의를 거절했다. 이들은 정보공개가 없으면 해리스와 클레볼드 가족의 제안을 받아들이지 않겠다고 했다. 이들에게는 돈이 문제가 아니었다. 정보가 가장 중요했다.

그러나 상황은 교착 상태에 빠졌다. 살인자들의 부모는 희생자들이 소송을 취하할 경우에만 대화를 하겠다고 했고, 희생자들은 살인자들의 부모가 말을 해야 소송을 취하할 수 있다고 했다.

2년 넘게 이런 상태가 이어졌다. 그러자 판사가 끼어들어 중재안을 내놓았다. 살인자들의 부모가 모든 질문에 비공개로, 하지만 진실하게 대답하면 희생자 측도 소송을 취하하라고 했다. 난감한 타협안이었다. 희생자들이 정보공개를 요구한 것은 자신만이 아니라 대중을 위한 것이기도 했다. 결국은 비공개로 하기로 했다.

2003년 7월, 네 부모는 며칠 동안 법정 밖에서 증인신문을 가졌다. 언론매체가 와서 이들의 사진을 촬영했다. 그간 비공개로 진행되어서 대부분의 기자들도 그들의 생김새조차 모를 정도였다. 신문이 끝나고 2주 뒤에 합의가 이루어졌다는 발표가 나왔다. 이제 끝난 듯이 보였다.

하지만 돈 애나는 법정 밖 신문을 공개하라고 요구했다. 경고 신호를 알아야 제2의 콜럼바인을 막을 수 있다고 했다. 그녀를 지지하는 목소리가 힘을 얻었다. 치안판사의 판결을 보면 합의에 따라 기록을 폐기하도록 되어 있었다. 대중의 항의가 빗발쳤고 기록을 공개하라는 목소리가 높아졌다. 결국 배브콕 판사는 재검토하기로 했다.

여기까지 진행되는 데 4년이 걸렸다. 하지만 아직 모든 것이 한참 진행중이었다.

2007년 4월, 배브콕 판사는 이렇게 판결했다. "비슷한 비극이 되풀이되지 않도록 이 자료에 대해 대중이 관심을 보이는 것은 정당하다. 하지만 이해의 균형추는 엄격하게 비밀을 유지하기로 한 합의에 맞춰져야 한다."

그는 대신에 타협안을 내놓았다. 20년간 국가자료보관소에 기록을 봉인해두라고 했다. 진실은 대학살이 일어나고 28년이 지난 2027년에야 밝혀질 것이다.

—

퓨질리어는 은퇴했지만 그도 비공개 증인신문이 어떻게 되었는지 알고 싶었다. 가장 좋은 방법은 부모들을 만나 직접 물어보는 것이었다. 그는 두 아이가 심리적으로 어떻게 파국을 맞았는지 알았지만, 사건이 어떻게 시작되었는지는 몰랐다. 특히 에릭이 어떤 동기로 일을 시작했는지가 궁금했다. 그가 사이코패스가 되는 과정을 18년간 봐온 사람은 세상에 딱 두 명뿐이었다. 에릭이 사이코패스의 특징을 처음 드러내기 시작한 것은 언제였으며 또 그것은 어떤 식으로 드러났을까? 웨인은 아이를 엄하게 키웠는데 이것이 그의 성격에 어떤 영향을 미쳤을까? 에릭의 글을 보면 어머니와의 관계에 대한 언급은 거의 없었는데, 캐시의 양육 방식은 어떠했을까? 성과가 있었을까? 이런 아이를 키우는 다른 부모에게 도움이 될 만한 일은 없을까?

퓨질리어는 이들이 대화를 거부하는 것을 이해했다.

"나는 해리스와 클레볼드 부모의 마음을 십분 이해합니다. 그들도 어떻게 된 일인지 모르는 상황에서 비방을 당했어요. 누구도 이렇다저렇다 말할 만큼 충분한 객관적 정보를 갖고 있지 않습니다."

퓨질리어에게는 아들이 두 명 있었는데 어떤 아이든지 자기가 도저히 이해할 수 없는 성향을 보일 수 있다고 했다. 에릭은 부모가 자신의 행동에 좌절했고 강압적으로 자신을 순응시키려 했다고 일지에 적었다. 이런 전략은 성장 단계에 있는 사이코패스를 완전히 그릇되게 이끌 수도 있지만, 부모들이 대체 이를 어떻게 안단 말인가?

"제가 볼 때 그들은 아들이 저지른 일 때문에 부당하리만치 욕을 많이 먹었습니다. 아마 그들은 우리 전문가들이 했던 것과 똑같은 질문을 스스로 했겠지요."

—

패트릭 아일랜드는 2000년 가을에 집을 떠나 콜로라도 주립대학에 들어갔다. 그는 대학생활을 잘했다. 캠퍼스생활이 마음에 들었고, 특히 경영학 공부가 자기 적성에 맞는다는 것을 알고는 놀랐다. 건축 공부는 자연스럽게 포기했다. 자신이 더 좋아하는 것에 몰두해야 했다.

기억력에는 아직도 문제가 있었고 적절한 단어를 찾는 것이 다소 힘겨웠다. 항발작제는 아마 평생 복용해야 할 터였다. 그는 학교에 간 첫날에 케이시 랭커스터를 만났다. 똑똑하고 매력적이고 약간 수줍어하는 친구로 둘은 금세 마음이 맞았다.

2004년 5월, 패트릭은 우등으로 대학을 졸업했다. 경영학 학사학위를 받아 노스웨스턴 뮤추얼파이낸셜 네트워크에 재정관리자로 취업했다. 그는 일이 마음에 들었다.

손가락 하나가 말썽이었다. 오른손 새끼손가락이 다른 손가락에 비해 불룩 튀어나와 악수를 할 때면 사소한 문제를 일으켰다. 상대방의 손바닥을 살짝 찔러 마치 뭔가 일이 틀어졌다는 신호처럼 보였던 것이다. 그가 긴장해서 눈길을 아래로 낮추는 것을 사람들은 금방 알아볼 수 있었다. 이런 첫 인상은 그도 원하는 바가 아니었다. 하지만 일단 그가 말을 시작하면 당당하고 믿음이 갔다. 고객들이 그를 믿었다. 상사도 흡족했다. 그는 많은 사람의 사랑을 받는 스타가 되었다.

패트릭은 고등학교에 다닐 때 이미 휠체어와 목발에서 벗어났다. 교정장치는 아직도 하고 다녔다. 오른쪽 다리를 약간 절었는데, 눈에 띄기는 했지만 크게 지장을 줄 정도는 아니었다. 그는 달리는 것은 어려웠어도 수상스키는 할 수 있었다.

균형감, 힘, 순발력 모두 패트릭이 극복할 수 있는 장애였다. 하지만 오른발의 유연한 솜씨는 돌아오지 않았다. 스키를 발로 쥘 수 없게 되자 그는 공학도 친구와 손잡고 물살을 타고 오를 때 신을 부츠를 직접 제작했다. 몇 달 동안 호수에 가서 모형 신발을 시험했다. 존은 아들을 격려해주려고 그들과 동행했다. 매번 부츠가 벗겨져서 패트릭이 보트 뒤에 질질 끌려갔다.

이들은 롤러블레이드 덮개를 벗겨내 스키에 부착하려 했다. 실패했다. 모형을 다시 손봐서 호수로 돌아갔다. 소용없는 일이었다. 그래도 패트릭은 포기하지 않고 다시 시도했다. 그날 저녁에 열 차례나 시도했다. 어느덧 늦은 시간이 되었다. 존은 패트릭이 지쳤다고 생각해서 잠깐 쉬자고 했지만 그는 할 수 있다며 고집을 피웠다.

존도 그러라면서 승객 자리에 뒤돌아서 앉았다. 운전수가 보트 엔진의 출력을 높이자 아들이 수면 위로 올라오는 것이 보였다. 와우.

패트릭은 물방울이 얼굴에 튀는 것을 느꼈다. 햇빛이 물결에 비쳐 일렁거렸다. 밧줄이 팔을 잡아끌었다. 그는 방향을 틀기 위해 몸을 아래로 숙였다. 물줄기가 쫙 올라오면서 종아리를 적셨다. 얼얼했다. 아하하. 그가 원하던 경쟁의 고통이었다. 기분이 끝내줬다.

—

　다들 모방범죄를 예상했다. 새로운 양상의 범죄에 대비하여 전국이 바짝 긴장했다. 사실 학교 총기사고로 인한 사망자는 이후 3년 동안 25퍼센트 줄었다. 하지만 에릭과 딜런은 아이들에게 테러리스트의 전략으로 무장하는 새로운 길을 알려주었다. 2001년 콜로라도 주 포트콜린스에서 중학생 둘이 이들과 비슷하게 TEC-9, 산탄총, 라이플, 프로판폭탄으로 무장했다. 이들은 에릭과 순서를 반대로 해서 출구를 막고 학생들을 총으로 쓸어버린 다음 뿔뿔이 흩어진 아이들에게 폭탄을 던질 계획이었다. 마지막으로 열 명을 인질로 잡아 상담소로 끌고 가서는 재미 삼아 다 죽이고 자기들도 죽을 생각이었다.

　하지만 이들은 사전에 발각되었다. 아이들은 거의 항상 들켰다. 계략이 커질수록 탄로가 날 가능성도 그만큼 높아졌다. 포트콜린스의 두 아이는 모든 출구를 봉쇄하려고 총잡이들을 고용했다. 그런데 이들 가운데 한 명이 최소한 일곱 명에게 "콜럼바인 사건을 재현할" 계획이라고 떠벌렸다. 그리고 네 명의 여자애한테는 가장 먼저 죽여주겠다고 허풍을 떨었다. 이 말을 들은 아이들은 경찰에 곧장 신고했다.

　1999년 이후로 10대 또래들이 달라졌다. "농담"을 해도 기겁을 했다. 첫 5년 동안 포트콜린스보다 더 장대한 계략이 네브래스카 주의 맬컴과 뉴저지 주의 오클린에서 있었으나 사전에 저지되었다.

　전국의 학교 행정가들은 "무관용정책"으로 단호히 대처하기로 했다. 장난삼아 저지른 협박도 엄벌에 처했다. 다들 미친 사람처럼 과격해졌다. 살인자인 줄 알고 잡은 거의 모든 아이들이 사실은 과도한 긴장 때문에 장난을 친 것으로 밝혀졌다. 이런 조치는 누구에게도 도움이 되지 않았다.

두 정부기관이 도움의 손길을 내밀었다. FBI와 비밀경호국은 학교 당국이 심각한 위협을 가려내는 데 참고하라며 초기 3년 사이에 각각 보고서를 발표했다. 핵심적인 권고사항을 보면, 콜럼바인 이후 만연하고 있는 행동과 모순되었다. 보고서는 부적응자를 의심하는 것은 바람직하지 못하다고 했다. 안 그래도 힘든 무고한 아이들이 이 때문에 악마가 될 수 있다고 했다.

게다가 비생산적인 일이었다. 괴짜들은 문제가 아니다. 그들은 프로파일에 맞지 않는다. 왜냐하면 이런 일에는 프로파일이 아예 없기 때문이다.

최근에 일어난 학교 총격자들의 공통된 특징은 딱 하나밖에 없다. 100퍼센트 남학생이라는 점이다. (집계 이후에는 여학생들도 간혹 등장했다.) 개인적 경험을 제외하면, 다른 특징들은 공통점이 50퍼센트에도 크게 미치지 못한다. "공격자들에 대한 정확하거나 유용한 '프로파일'은 존재하지 않는다." 비밀경호국 보고서에 나오는 말이다. 공격자들은 인종, 경제력, 사회계급을 가리지 않고 모든 부류에서 다 나타났다. 양부모 모두 살아 있는 가정의 아이들이 많았다. 대부분은 전과나 폭력 기록이 없었다.

가장 잘못된 두 가지 오해는 총격자들이 외톨이라는 소문과 순간적으로 폭발했다는 소문이다. 그런데 놀랍게도 이들 중 93퍼센트가 공격을 사전에 미리 계획했다. "폭력으로 향하는 과정은 여기저기 놓인 표지판을 따라가는 점진적인 길이다." FBI 보고서에 나오는 말이다.

대중문화가 미치는 영향력은 미미해 보였다. 겨우 4분의 1이 폭력을 다룬 영화에, 2분의 1이 비디오게임에 관심을 보였는데, 이 정도는 10대 남자애들의 평균에도 못 미치는 수치다.

대부분의 범죄자들이 공통적으로 겪는 결정적인 경험이 하나 있다. 98퍼센트가 자기가 느끼기에 아주 심각한 상실이나 실패를 경험했다고 했다. 가령 해고를 당했거나 시험을 망쳤거나 이성친구에게 차였다고 했다. 물론 이런 상실과 실패는 누구나 경험하는 것이지만 이 아이들에게는 이런 트라우마가 분노를 작동시키는 계기가 되었다. 콜럼바인 사태에서는 확실히 그러했다. 딜런은 자신의 삶 전체가 실패작이라 여겼고 에릭은 체포로 분노가 폭발했다.

그렇다면 어른들은 어떤 점에 주목해야 할까? 가장 중요한 것은 사전에 털어놓는 자백이다. 총격자의 81퍼센트가 자신의 의도를 누군가에게 털어놓았다. 절반 이상의 총격자들이 적어도 두 명 이상에게 말했다. 대개는 별일 아니라는 듯 설렁설렁 말하지만 우리는 그것이 얼마나 구체적인지 눈여겨봐야 한다. 모호하고 암시적이고 허황된 위협은 그리 위험하지 않다. 반면 위협이 직접적이고 구체적이며 동기와 실행 방법까지 거론하면 대단히 위험한 경우다. 감상적으로 토로하는 아이는 그렇게 염려하지 않아도 된다.

이보다 좀더 미묘한 징후로 죽음, 파괴, 폭력에 계속해서 집착을 보이는 사례가 있다. 사지절단 장면을 생생하게 묘사한다거나 그런데 왕성한 상상력을 보이면 초기 경고 신호일 수 있다. 여기에 악의와 잔혹성이 가미되고 반성할 줄 모르는 영웅까지 등장한다면 염려해야 한다. 하지만 FBI 보고서에 따르면 일회성 발언이나 묘사에는 과도한 반응을 보이지 말라고 충고한다. 평범한 10대 남자애들이라면 대개 폭력을 즐기고 학살에 열광하기 때문이다. "이런 주제의 글과 그림은 악의 없이 그냥 풍부한 상상력을 보여주는 증거일 수도 있다." 핵심은 반복이 집착으로 이어진다는 사실이다. FBI의 보고서는 모든 과제물에 총과 폭력을 묘사한 한 남자애를 소개했다. 그 아이는 가정수업 시간에는 총 모양의 빵을 굽기도 했다.

FBI는 구체적인 경고 신호의 목록을 작성했는데, 여기에는 사이코패스와 우울증 환자 모두가 보이는 증상도 포함된다. 남들을 조종하려는 성향, 조급함, 우월의식, 자기도취, 따돌림, 완고함, 무기력함, 남들을 인간 취급하지 않기, 다른 사람 탓하기. 이것만 봐도 섬찟한 목록인데 이는 일부에 불과하다. 이것을 다 알고 있는 교사는 드물다. FBI는 군이 그럴 필요가 없다고 한다. 한 학교당 교사 한 명만 강도 높게 훈련시켜서 모든 교직원과 행정가가 그에게 자문을 구하게 하면 된다고 제안한다.

FBI는 마지막으로 한 가지 사항을 지적했다. 거의 모든 경고 신호를 보이는 아이는 공격을 계획하기보다는 우울증이나 정신질환을 앓고 있을 가능성이 더 높다는 것이다. 그러므로 기준에 딱 들어맞는 아이는 가둬둘 것이 아니라 도와줘야 한다.

—

콜럼바인 사태는 경찰의 대응에도 변화를 가져왔다. 이제 경계선은 없었다. 새로운 계획을 개발하기 위해 국가 차원의 대책반이 꾸려져서 2003년에 "총격자 대처방안"을 발표했다. 요점은 간단했다. 총격이 벌어지면 건물로 돌진할 것. 총성이 들리는 곳으로 움직일 것. 희생자가 있어도 무시할 것. 여기에는 하나의 목표만이 있었다. '살인

자를 제압해라. 멈추게 하든지 죽이든지.'

사실 이 개념은 오래전부터 있었지만 그간 실행되지 않고 있었다. 콜럼바인 이전에 경찰들은 가급적 신중하게 행동하라는 충고를 받았다. 경계선을 확보하고, 총잡이에게 말을 걸고, 특수기동대가 도착할 때까지 기다리라고 했다.

새로운 대처방안의 핵심은 적극적이라는 말이었다. 대부분의 총격은 '수동적'으로 분류되었다. 즉 총잡이들은 날뛰긴 하지만 발포하지는 않는다. 이 경우에는 옛날 대처방안에 따라 대응하면 되었다. 첫 순간에 위협이 어느 쪽인지 정확하게 판단하는 것이 중요하다.

경관들은 총격자를 대면할 때 두번째 선택의 순간을 맞이한다. 만약 살인자가 교실에 숨어서 아이들을 인질로 잡고 있는데 총을 쏘지는 않는다면, 거기서 멈추게 하고 전통적인 인질협상 기술을 사용하는 것이 좋다. 괜히 교실로 쳐들어갔다가는 총잡이를 자극할 우려가 있다. 하지만 총격자가 간헐적으로나마 총을 쏘고 있다면 진격해야 한다.

총격자 적극 대처방안은 금세 널리 활용되었다. 이어지는 10년 동안 버지니아 공대에서와 같은 최악의 총기사건을 포함하여 여러 사건이 잇달아 터졌는데, 이때 경찰과 경호인들은 잽싸게 들어가 총격자를 제지하고 생명을 구했다.

—

수 페트론은 아들 대니가 죽은 자리에 있던 보도블록 두 개를 요청해서 받았다. 소형 착암기로 보도에서 들어내 자기 집 뒤뜰에 가져가서는 향기로운 가문비나무 그늘 아래에 두었다. 그녀는 보도블록 주위로 정원을 만들었다. 거대한 나무통을 두 개 놓고 피튜니아 꽃으로 그 안을 채웠다. 블록 위로 튼튼한 오크나무 트러스를 세우고, 대들보에 그네의자를 매달고, 그녀와 리치와 복슬복슬한 강아지가 마음껏 흔들며 놀았다.

린다 샌더스는 데이브의 시체 옆에서 발견한 진통제를 보관했다. 무릎이 부어 고생하던 그는 호주머니에 늘 알약을 갖고 다녔다. 딱 한 알. 린다는 그의 피 묻은 옷과 그의 머리가 놓여 있던 카펫 한 자락, 그가 넘어질 때 떨어져나간 이빨 조각, 그리고 그의 안경을 집으로 가져갔다.

그녀는 데이브의 안경을 그냥 버릴 수 없어서 안경집에 넣고 침대 옆 스탠드에 올려놓았다. 영영 그렇게 그곳에 놓아둘 참이었다.

데이브와 관련된 소송은 그 어떤 소송보다도 오래 계속되었지만 린다는 여기에 개입하려 하지 않았다. 그녀는 경찰에도 학교에도 살인자들의 부모에게도 화내지 않았다. 자신이 처한 상황에 화가 났을 뿐이다. 그녀는 외로웠다.

50

지하실의 테이프

에릭은 사람들에게 기억되고 싶었다. 1년 동안 "신의 책"에 열심히 매달렸지만 심판의 날을 5주 앞두고는 그것으로 부족하다고 판단했다. 카메라로 뭔가 근사한 것을 남기고 싶었다. 그래서 3월 15일에 딜런과 함께 지하실의 테이프를 찍기 시작했다. 일정이 빡빡해서 사후에 편집하거나 보강할 시간은 없었다. 콜럼바인 고등학교 비디오실에서 빌려온 8밀리미터 소니 캠코더로 촬영했다.

1회차 촬영은 기본적으로 토크쇼처럼 꾸몄다. 에릭의 지하실 침실 밖에 있는 패밀리룸에 카메라를 고정시켰다. 그는 카메라를 작동시킨 뒤에도 계속 이를 만지작거렸다. 자신의 청중에게 감독의 존재를 알리기 위한 은밀한 방법이었다. 비디오 프로젝트는 온전히 사람들에게 보여주기 위함이었다. 궁극적으로는 공격도 마찬가지였다.

에릭은 딜런과 함께 카메라 앞에 앉았다. 플러시 벨벳 안락의자에 앉아 발을 차며 앞으로 있을 공격에 대해 떠들어댔다. 에릭은 한 손에 잭 대니얼스 병을 들었고 엽총 알린을 무릎에 올려놓았다. 술을 꿀꺽꿀꺽 마셨고 얼굴을 찡그리지 않으려고 했다. 그는 술을 그다지 좋아하지 않았다. 딜런도 이쑤시개를 물어뜯으며 옆에서 잭 대니얼스를 몇 모금 마셨다.

그들은 한 시간 넘게 고래고래 소리를 질렀다. 딜런은 난폭하게 굴며 화를 냈고 지저분한 긴 머리를 강박적으로 긁어댔다. 에릭은 대개 차분하고 침착한 모습이었다. 그들은 사실상 한 목소리나 마찬가지였다. 모든 게 에릭의 머릿속에서 나왔기 때문이다.

에릭이 대부분의 아이디어를 냈고 딜런은 그저 따라 하기만 했다. 그들은 늘 열등하다 비판했던 흑인, 라틴계, 게이, 여자 들을 모욕했다. "그래, 엄마들은 집에나 있어. 밥이나 해오라고, 이 미친년아!"

때때로 에릭이 목소리를 높이자 딜런은 바짝 긴장했다. 새벽 1시가 넘었고 에릭의 부모가 위에서 자고 있었다. 조심해, 딜런이 경고했다.

그들은 자신들을 열받게 한 아이들 이름을 하나하나 열거하기 시작했다. 에릭은 아버지 손에 이끌려 전국을 돌아다녔다. 가는 곳마다 항상 먹이사슬 맨 아래에서 새로 시작해야 했다. 비쩍 마른 백인 꼬마녀석. 사람들이 그를 놀려댔다. "내 얼굴, 내 머리, 내 셔츠 모두 다." 그는 자신을 거절했던 여자애들을 하나하나 다 열거했다.

딜런은 옆에서 듣고만 있었는데도 화가 치밀었다. 그도 카메라를 보며 자신을 괴롭혔던 아이들을 불러냈다. "지난 4년간 내가 쌓아온 분노가 이제 보이냐?" 그는 한 2학년생을 두고 인간 진화의 산물인 턱을 가질 자격이 없다며 말했다. "턱 간수 잘해. 언젠가 내가 날려버릴 테니까."

에릭은 아무개는 총으로 불알을 쏘겠다고 했고 또다른 아무개는 얼굴을 날려주겠다고 소리쳤다. "아마 내 머리통은 빌어먹을 경찰이 날려버리겠지."

그들이 거론한 아이들은 한 명도 살해되지 않았다.

이들의 수난사는 고등학교 때보다 훨씬 이전으로 거슬러갔다. 딜런은 풋힐스 데이케어 어린이집에서부터 그런 애들이 있었던 것으로 기억했다. 건방진 아이들이 그를 무시했다. "수줍은 아이라고 해도 봐주지 않아." 집에서도 사정은 다르지 않았다. 부모를 제외한 전 가족이 그를 미운 오리새끼 취급했다. 형은 항상 그를 괴롭혔고 형 친구들도 마찬가지였다. "너희들이 날 이렇게 만든 거야. 너희들이 나의 분노를 키웠어."

"분노를 더 키워, 더 키우라고!" 에릭이 팔을 휘저으며 옆에서 부추겼다. "분노를 더 키워."

딜런은 에릭의 말투로 저주를 퍼부었다. "마음을 정했어. 내가 증오하는 것은 인간이야."

에릭은 알린을 들고 카메라를 겨냥했다. "너희들은 다 죽을 거야. 곧 뒈질 거라고. 어차피 죽을 인생. 우리도 마찬가지로 죽을 거야."

두 아이는 전투를 벌이다가 죽을 계획임을 재차 명확히 밝혔다. 그래도 그들의 유산은 살아남을 것이었다. "혁명을 벌일 거야." 에릭이 말했다. "나는 인류에 대해 전쟁을 선포했어. 전쟁이 원래 그런 거잖아."

에릭은 엄마에게 미안하다고 했다. "이렇게 돼서 정말 미안한데 전쟁은 전쟁이야. 우리 엄마, 참 친절했지. 온갖 방법으로 날 도와주었는데." 슬플 때면 사탕을 가져다주고 때로는 육포도 주었지. 그는 아버지도 좋았다고 했다.

에릭은 언제부터인가 점차 말이 없어졌다. 그는 자신이 과묵해졌음을 엄마, 아빠도 알아차렸으리라 생각했다. 의도적이었다. 그래야 그들도 마음을 정리할 테니까. "더이상 엄마, 아빠와 시간을 보내고 싶지 않아. 차라리 서로 얼굴 보지 않게 시내 밖으로 외출했으면 좋겠어."

딜런은 그렇게 아량이 넓지 않았다. "자꾸 화내서 미안한데 엄마, 아빠가 날 화나게 한 거야." 그는 그들 덕분에 자아에 눈을 뜨고 자립하게 되었다면서 고맙다고 했다. "그 점은 고맙게 생각해."

두 아이는 부모 탓이 아니라는 것을 재차 강조했다. "이런 엿같은 삶을 내게 준 것은 엄마, 아빠지만 그것으로 무엇을 할지는 내가 알아서 할 문제야." 딜런이 말했다.

딜런은 그들이 느끼게 될 죄책감에 슬퍼하다가 어느 순간 이를 조롱했다. 그는 목소리를 높여 엄마 말투를 흉내냈다. "우리가 좀더 빨리 아이들에게 손을 내밀었어야 하는 건데. 아니 이 테이프라도 미리 발견했더라면."

에릭도 이 발상이 마음에 들어 이렇게 말했다. "우리가 미리 아이들의 마음을 알고 챙겼어야 하는 건데."

우리는 참 꾀를 잘 부려, 두 아이는 동의했다. 부모를 속이기는 쉬운 일이었다. 교사, 경찰, 상사, 판사, 정신과 의사, 교화 상담원, 기타 공직에 있는 모든 사람들이 한심했다. "나는 그들에게 내가 에베레스트 산에 오를 거라고 믿게 할 수도 있어." 에릭이 말했다. "나도 모르는 쌍둥이 형이 있다고 할 수도 있고. 뭐든 다 믿게 할 수 있다고."

마침내 토크쇼 놀이에 질린 아이들은 무기를 보러 밖에 나갔다.

에릭은 딜런보다 사과하는 일에 능숙했다. 훈련받지 않은 사람의 눈에는 에릭이 진실해 보였다. 하지만 심리학자들은 그를 그렇게 설득력 있게 보지 않았다. 그들의 눈에 비친 에릭은 사이코패스였다. 그것도 전형적인 사이코패스. 에릭은 아주 영악해서 스스로 진단하는 계책까지 쓰면서 자신의 증세를 부인했다. "차라리 내가 소시오패스였으면 좋겠어. 그럼 후회도 없을 테니까. 하지만 나는 후회를 해."

퓨질리어는 그의 그런 모습에 화가 났다. 후회라는 것은 실수를 바로잡고 싶다는 강한 욕망을 의미한다. 그런데 에릭에게는 그런 것이 없었다. 그는 테이프에서 여러 차례 자신의 행동을 용서해달라고 했다. 퓨질리어는 좀처럼 흥분하지 않는 사람이었지만 그런 그도 화를 참지 못했다.

"내가 이제까지 살면서 이렇게 쓰레기 같은 사과는 들어본 적이 없네요." 나중에는 어처구니없는 상황도 벌어졌다. 에릭은 자신의 물건 가운데 일부를 두 친구에게 넘겨주면서 "너희들이 산다면"이라고 말했다.

"너희들이 산다면?" 퓨질리어는 그 말을 반복했다. "그들도 현장에 있을 터였고 녀석들은 친구들을 다 죽일 셈이었죠. 미안한 마음이 정말 조금이라도 있었다면 그런 짓은 하지 않았을 겁니다!"

이것은 클레클리 박사가 1941년에 설명한 거짓 사과와 정확하게 일치한다. 박사는 사이코패스가 친구, 친척, 자식 들을 확 쓸어버리기 직전에 가짜 감정을 쏟아내고 사랑한다고 말하며 쇼하는 모습을 설명했다. 사이코패스는 너무도 생생하게 후회의 감정을 흉내내므로 희생자들은 참혹한 상황에서도 그의 사과를 덜컥 믿어버리곤 한다. 에릭 해리스의 경우도 마찬가지였다. 대학살이 일어나고 몇 달 뒤에 미국 전역의 내로라하는 언론인들이 모여 지하실의 테이프를 보았다. 대부분은 에릭이 사과했고 후회의 감정을 나타냈다고 기사를 썼다. 그가 진솔하게 회개하는 모습에 다들 경탄했다.

—

아이들은 사흘 뒤에 또다시 카메라 앞에 섰다. 이번에도 같은 장소, 같은 무대, 같은 시간대였다.

그들은 모든 것을 구하기가 얼마나 쉬웠는지 떠들어댔다. 인터넷을 찾아보면 다 나왔다. "폭탄, 독약, 네이팜, 미성년자가 총 구하는 방법까지."

그들은 어떤 식으로 전략을 펼칠지 이야기하면서 자신들의 철학을 조금씩 계속 드러냈다. "세계 평화는 불가능해…… 종교는 게이들이나 믿는 거지."

"감독들이 이 이야기를 서로 영화화하겠다고 싸우면 어쩌지?" 딜런이 말했다. 아이들은 누구한테 영화를 맡기는 것이 좋을지 생각했다. 스티븐 스필버그, 쿠엔틴 타란티노?

—

퓨질리어는 테이프를 열 번도 더 보았다. 어떤 면에서는 계시와도 같았다. 일지가 동기를 설명했다면 테이프는 이들의 성격을 드러냈다. 친구들의 증언도 풍부하게 있었지만 아무래도 살인자를 직접 마주하는 것만은 못했다. 테이프에 담긴 모습이 진실에 가장 가까웠다.

퓨질리어는 지하실의 테이프가 청중을 위해 촬영된 것이라는 것을 알았다. 부분적으로는 연기였다. 대중에게, 경찰에게, 또 서로에게 보여주기 위한 연기. 특히 딜런은 에릭에게 자신이 얼마나 열성적인지 보여주려고 최선을 다했다. 그냥 보기에는 딜런이 주동자 같았다. 목소리도 더 컸고, 더 건방져 보였고, 성격도 더 거칠었다. 에릭은 감독 역할을 선호했고 화면에서 보이지 않을 때도 많았다. 하지만 책임자는 항상 그였다. 퓨질리어의 눈에는 딜런이 정체를 드러내는 모습이 보였다. 미친 사람처럼 소리를 지르다가도 파트너를 슬쩍 쳐다보며 어땠어? 하고 동의를 구하는 눈치였다.

지하실의 테이프에는 날조한 캐릭터와 실제의 살인자가 뒤섞여 있었다. 하지만 살인자가 선택한 캐릭터에도 뭔가 말해주는 바가 있었다.

—

에릭에게 좋은 생각이 떠올랐다. 콜럼바인 학교 건물이 그가 꾸미는 참사의 중심인 것은 분명했지만 더 과감하게 터뜨릴 수도 있을 것 같았다. 철사줄에 걸리면 터지는 폭탄이나 지뢰는 어떨까? 화려한 것 말고 그냥 단순하게.

규모를 키우려면 사람이 더 필요했다. 에릭은 누구랑 손잡을까 생각하기 시작했다.

3월 말에 에릭은 크리스 모리스에게 접근했다. 블랙잭 뒤에 폭탄을 설치해두면 어떨까? 담장에 난 구멍이 좋을 것 같은데. 왜 아이들이 항상 그 위로 기어올라가잖아.

크리스는 떨떠름했다. 성가신 애들을 없애려고 폭탄을? 너무 심하지 않아?

에릭은 한발 물러섰다. 폭탄을 터뜨려서 애들을 죽이겠다는 게 아니라 그냥 겁만 주려고.

안 돼, 크리스가 말했다. 절대로 안 돼.

크리스는 걱정이 되었다. 에릭과 딜런은 많은 폭탄을 만들고 있었다. 이미 꽤 많이 시험 삼아 터뜨려보기도 했다. 게다가 이제는 총을 구하러 다닌다는 소문까지 여기저기서 들렸다.

안 그래도 크리스는 에릭이 조금 달라졌다는 것을 눈치챘다. 난데없이 공격적으로 굴었고 아무 이유 없이 사람들에게 싸움을 걸었다. 네이트 다이크먼도 에릭과 딜런에게서 비슷한 변화를 보았다. 걸핏하면 수업을 빼먹거나 수업시간에 조는가 하면 뭔가를 숨기는 듯 행동했는데 무슨 일인지 털어놓지는 않았다.

에릭은 크리스 모리스를 영입하려는 시도를 적어도 세 차례 했지만 "농담"처럼 말을 꺼내서 크리스는 에릭의 의도를 알아차리지 못했다.

"운동선수들을 다 쓸어버리면 재밌지 않을까?" 에릭이 볼링수업시간에 그에게 물었다. 거기서 멈추지 말고 아예 학교를 다 쓸어버리면 어떨까? 어려운 일일까? 크리스는 여전히 에릭이 농담을 한다고 생각했다.

어서 말해봐, 에릭이 말했다. 발전기에 폭탄을 설치하면 어떨까? 그러면 학교가 다 날아갈 텐데.

크리스는 이런 에릭이 지겨웠다. 그래서 다른 사람과 이야기하려고 자리를 피했다.

퓨질리어는 그것이 바로 대학살을 계획하는 살해자가 사람을 영입하는 표준적인 방식이라고 설명했다. 아이디어를 툭 던져놓고 상대방이 피하는 반응을 보이면 "농담"이라고 말하고, 관심을 보이면 다음 단계로 진행하는 것이다.

에릭이 운동선수들을 거론했다는 소식이 전해지자 많은 사람들은 목표대상을 겨냥한 공격이었다고 믿었다. 그런데 에릭은 애초부터 그것을 다 계산하고 있었다. 그는 항상 자기 앞의 청중을 염두에 두고 연기를 했다. 그리고 거의 항상 청중이 바라는 바를 정확하게 알았다. 운동선수를 거론했다고 해서 그가 꼭 그들만을 원했다는 뜻은 아니다. 그런 생각이 크리스에게 먹힐 것이라고 판단했던 것이다.

에릭은 운동선수뿐만 아니라 깜둥이, 라틴계, 호모, 그 밖에 그가 증오하는 모든 녀석들도 기꺼이 죽이며 즐거워했을 것이다.

딜런은 이제 여기저기 소문을 퍼뜨리고 다녔다. 파이프폭탄을 여러 차례 사람들에게 보여주었다. NBK가 초읽기에 들어가자 이런 현상은 더욱 잦아졌다. 이제 많은 사람들이 총에 대해 알았다. 파이프폭탄을 아는 사람도 많았다. 에릭과 딜런은 갈수록 대담하게 사람들에게 무기를 시험하는 것을 보여주었다.

2월인가 3월에 에릭은 더 오싹한 폭탄의 존재를 누설했다. 네이팜이었다. 로빈의 집에서 열린 파티에서였다. 에릭은 지난여름에 잭과 소원해진 이후로 거의 말을 하지 않았는데 그의 도움이 필요했다. 인터넷을 아무리 뒤져도 제대로 된 네이팜 제조법을 찾지 못했다. 그 방면에는 잭이 전문가였다. 에릭은 잭이야말로 자신을 도와줄 사람이라고 생각했다.

에릭은 사람 좋은 표정을 하고 잭에게 다가가 어떻게 지내느냐고 물었다. 그렇게 한참 잡담을 나누며 자신들의 미래에 대해 이야기 했다.

잭과 에릭은 동시에 파티장에서 나왔고 이어 각자 차를 타고 킹 수퍼스 슈퍼마켓에 갔다. 잭은 음료수와 사탕을 사고 나와 에릭이 나올 때까지 주차장에서 기다렸다. 에릭이 그에게 오더니 음료수와 표백제 한 상자를 보여주었다. 표백제? 뭐에 쓰려고? 잭이 물었다.

에릭은 "시험해보려고" 샀다고 말했다.

뭘 시험해봐?

네이팜. 에릭은 네이팜을 시험해볼 참이라고 했다. 어떻게 만드는지 알아?

아니.

잭은 살인이 벌어진 이후에 조사관들에게 이 이야기를 털어놓았는데, 처음에는 거짓말을 했다. 로빈의 파티를 설명하면서 네이팜 이야기는 쏙 빼놓았다. 그는 거짓말탐지기 사용에 동의했고, 그들이 검사를 준비하자 그제야 나머지 이야기를 털어놓았다. 대화는 거기서 끝났고 다시는 네이팜이나 산탄총 얘기를 하지 않았다고 했다. 에릭이든 딜런이든 누구와도 말이다. 거짓말탐지기의 결과는 확실치 않았다.

에릭은 크리스에게도 부탁했는데 네이팜을 집에 좀 맡아달라고 했다. 에릭과 딜런은 지하실의 테이프에서 그에 관해 농담을 했다. "그 누군가의 집에서 네이팜이 얼어붙지 말아야 할 텐데 말이야." 그들은 처음에는 그가 누군지 정체를 숨겼지만 곧 '크리스 피자의 집'이라고 말했다. 교활했다. (크리스 모리스는 나중에 자기가 맞다고 확인했지만 그들의 제안을 거절했다고 증언했다.)

—

시간이 없었다. 이제 한 달도 채 남지 않았다. 에릭은 아직 이것저것 할 일이 많았다. 그는 "해야 할 잡일"이라는 이름의 목록을 만들어 하나하나 정리했다. 네이팜 제조법을 알아내고, 더 많은 탄약을 모으고, 레이저 조준장치를 찾고, 장비를 챙기고, 최종 폭발물을 준비하고, 살해하기 가장 좋은 순간을 결정해야 했다. 이중 한 가지는 분명히 해내지 못한 것으로 보인다. "여자랑 자기."

—

4월 2일, 마크 곤잘레스 하사가 에릭에게 전화를 걸어 해병대 지원에 대해 안내했다. 에릭은 생각해보겠다고 말했다. 그들은 여러 차례 대화를 나누었다.

같은 달에 그는 "신의 책"을 다시 펼쳤다. 몇 달 만이었다. 그동안 많은 일들이 있었다. 그는 39개의 크리켓폭탄과 24개의 파이프폭탄을 마련했고 총 네 자루를 구했다. 에릭은 일지를 이렇게 마무리했다. 그것으로 충분했다.

—

　에릭은 곤잘레스 하사를 만났다. 검은색 람슈타인 티셔츠에 검은색 바지, 검은색 전투화를 맞춰 신고 나갔다. 그는 적격심사를 받고 평균점수를 기록했다. 하사가 에릭에게 개인 성격을 나타내는 팻말을 여러 개 보여주면서 자신에게 맞는 팻말을 골라 소개해보라고 했다. 그는 "신체 건강" "리더십과 독립심" "자제력과 자율성"을 골랐다. 예전부터 그는 입대를 생각했고 부모와 상의한 적도 있었다. 그는 가정 방문에 동의했다.

　에릭은 여기서 무엇을 노렸을까? 아마 여러 동기가 있었을 것이다. 그는 늘 해병이 된 자신의 모습을 상상하기를 좋아했다. 마지막 순간에 이를 즐기고 싶었는지도 모른다. 그리고 그는 정보가 필요했다. 시한폭탄과 네이팜 제조법을 알아내려고 애쓰는 중이었다. 에릭은 곤잘레스에게 무기와 폭파 훈련에 관심이 많다면서 여러 질문을 했다. 하지만 아무래도 가장 큰 노림수는 부모였던 것으로 보인다. 그들은 에릭에게 앞으로 어떻게 할 거냐며 들들 볶았다. 따라서 입대한다는 말을 들으면 한발 물러설지도 몰랐다. 마지막 두 주는 평온하게 보낼 수 있는 나름대로 멋진 술수였다.

　—

　에릭은 다음 비디오를 혼자서 찍었다. 차량 계기판에 카메라를 올려놓고 운전을 하며 카메라를 마주보았다. 음악을 크게 틀어놓아 무슨 말을 하는지 잘 알아듣기 어려웠지만, 그는 블랙잭 식구들에 대해 이야기했고 앞으로 일어날 일에 대해 용서를 구했다. "미안해, 친구들. 내가 꼭 해야 할 일이 있어서 말이야." 에릭은 그들이 그리울 것이라고 말했다. 특히 예전에 옥상에 함께 올라가서 술을 마시며 놀았던 예전 사장 커기스를 정말로 그리워했다.

에릭은 아직도 공격 시점을 정하지 못했다. 댄스파티 전이 좋을까, 아니면 끝나고 할까? "두 주 반이 지나면 너희들이 죽는다고 생각하니 기분이 참 묘해."

—

4월 9일은 에릭의 생일이었다. 열여덟 살이 되어 이제 공식적으로 성인이었다. 이날 그는 친구들과 자주 가는 술집에 갔다.

그로부터 이틀 전인가 후에 에릭과 딜런이 학생식당에서 종이 한 장을 놓고 뭔가 논의하는 장면을 한 친구가 목격했다. 뭐해? 그녀가 물었다. 그들은 종이를 숨기려고 했다. 그녀는 태연한 척하다가 종이를 확 잡아챘다. 손으로 그린 학생식당 배치도였는데, 감시카메라 위치 같은 사항들이 표시되어 있었다. 이상했다.

에릭이 그린 그림은 이것 말고도 몇 장 더 있었다. 그는 식당을 오가는 사람 수를 파악해두었는데 이것은 남에게 들키지 않았다.

—

두 아이는 비디오를 계속 찍었다. NBK가 끝나면 참으로 볼 만한 졸업식이 되겠지. 많은 사람들이 촛불을 켜들고 밤새 기도하며 울 텐데 그 장면을 볼 수 없다니 애석한데. 그들은 이 모든 대화를 기록으로 남기게 되어 기뻤다. 하지만 경찰이 테이프를 먼저 손에 넣으리라는 것도 알았다. 그들이 사람들에게 테이프를 보여줄까? 딜런이 물었다. 아마 아닐걸. 경찰은 필름을 난도질해서 사람들에게 보여주고 싶은 것만 보여줄 거야. 그게 문제야. 이들은 비디오테이프를 여러 개 복사해서 방송국 네 곳에 보내기로 했다. 에릭은 자신의 일지도 스캔해서 지도와 청사진과 함께 이메일로 보낼 생각이었다.

하지만 이들은 그렇게까지는 하지 않았다.

일요일에 아이들은 물품을 구하러 덴버에 갔다. 물론 캠코더도 들고 갔다. 이것은 길이 남길 역사였으니까. 그들은 연료 컨테이너와 프로판탱크를 집어들었다. 딜런은 군용바지를 샀다. 작전에 필요한 대부분의 돈은 에릭이 댔지만 이번에는 딜런도 자기 몫을 냈다. 그는 현금 200달러를 가져왔고 에릭은 150달러 수표를 꺼냈다.

다음 촬영은 에릭이 자기 침실에서 혼자 진행했다. 그는 침대에 앉아서 카메라를 얼굴 바로 앞까지 들이대며 기괴한 어안렌즈 효과를 냈다. 에릭은 자신의 "최고의 부모"에 대해 다시 이야기했다. 그리고 경찰이 그들에게 죄를 물을 거라는 말을 했다.

"젠장, 엄마, 아빠한테 이런 일을 겪게 하다니 죽겠군. 그들은 엄청 괴롭겠지."

어떻게 해도 날 말릴 수 없어. 에릭은 그들에게 마음의 짐을 덜어주려고 셰익스피어를 인용했다. "좋은 어미에게 나쁜 아들이 태어났으니."

에릭은 플래너를 펼쳐들고 어머니의 날에 해당하는 칸에도 같은 구절을 적었다. 퓨질리어는 이것이 의미심장하다고 여겼다. 딜런은 좋은 아들이고 싶었지만, 에릭은 자신이 악한 존재로 태어났다고 본 것이다.

우습지, 에릭은 텔레비전을 통해 자신의 말을 들어줄 청중들을 향해 이렇게 말했다. 부모는 목표를 가지라고 들볶았는데 자신은 열심히 달아날 생각이나 하고 있으니. "지난 며칠 동안 무지 힘들었어. 이번주가 세상에서 보내는 마지막 주인데 엄마, 아빠는 이를 몰라."

이제 결말을 맞이해야 했다. "대재앙이 다가오고 있어. 여드레 뒤에 시작해." 그러면서 입술을 핥았다. "오, 그래. 재앙이 오고 있어. 잘됐어!"

이어 그는 자신의 걸작을 들어올렸다. "이것은 '신의 책'이야. 내가 어떤 생각을 했는지 담고 있지. 이유가 궁금하거든 이 책을 읽어봐." 그러면서 자신의 최고 작품을 넘겨 보이며 자랑했다. "어떻게든 출판할 생각이야."

에릭은 뒤쪽 스케치를 펼쳐보였다. 전투장비로 무장한 병사 그림이었는데 '네이팜'이라 적힌 거대한 통을 등뒤에다가 끈으로 묶었다. 그는 그것을 손으로 가리키며 말했다. "이게 자살 계획이야."

—

심판의 날을 닷새 앞두고 딜런은 마침내 자신이 하려는 일을 받아들이기로 했다. "죽을 시간이 됐어. 우리는 서로에 대한 보답을 받겠지."

우리. 그 말이 글에 계속 등장했다. 하지만 에릭은 여기에 포함되지 않았다. 딜런은 해리엇에게 그 말을 하고 있었다. 그는 자신에게 탈출구를 제시해준 에릭이 고마웠지만, 그와 함께 영원한 삶을 보낼 생각은 전혀 없었다.

—

목요일 저녁 6시에 해병대 신병 모집원이 에릭의 집을 방문했다. 웨인과 캐시는 부대에서 가질 수 있는 취업 기회에 대해 많은 것을 물어보았다. 캐시는 항우울제 복용이 에릭의 합격 여부에 영향을 주는지 물었다. 그녀가 처방전을 가져왔고 곤잘레스 하사는 "루복스"라고 받아적었다. 그는 알아보고 연락을 주겠다고 했다.

일이 이렇게 되자 에릭도 걱정스러웠다. 평생 전쟁을 꿈꾸며 해병이 된 자신의 모습을 상상해온 그였지만, 그가 정말로 원했던 것은 어깨에 붙인 견장의 위엄이었다. 그는 자신이 대대를 지원하거나 명령을 수행하는 모습을 한 번도 묘사해본 적이 없었다. 항상 한두 명 단위로 움직이면서 나라나 부대가 아니라 자신의 사명을 수행하는 모습만 떠올렸던 것이다.

곤잘레스는 금요일 혹은 토요일에 전화로 연락하라는 메시지를 남겼다. 에릭은 신경쓰지 않았다.

—

교장은 본의 아니게 아이러니한 상황을 제공한 셈이 되었다. 금요일 조회 때 다들 무사히 돌아오라는 말로 마쳤으니 말이다.

두 아이는 그날 더 많은 프로판탱크를 구입했다. 에릭은 마크 메인스를 졸라 탄약을 더 구해달라고 했다. 아마 그 일 때문에 NBK가

4월 19일에서 20일로 미루어졌을 것이다.

에릭은 그날 밤을 딜런의 집에서 보냈다. 톰과 수 클레볼드는 놀랐다. 여섯 달 만에 처음으로 에릭을 본 것이다. 아이들은 밤 10시가 넘어서 들어왔다. 딜런은 신경이 날카로웠다. 톰은 아들의 목소리가 평소와 달리 불안정하다고 느꼈는데, 나중에 이를 "긴장했다"고 표현했다. 어떻게 된 상황인지 물어보겠다고 속으로 생각했지만 결국 그는 하지 못했다.

에릭은 거대한 더플백에 뭔가를 불룩하게 담아가지고 왔다. 부피가 크고 무거워서 나르는 데 애를 먹었다. 톰은 컴퓨터라고 생각했는데 물론 그것은 마지막 쇼를 위한 무기였다. 당연히 이날도 촬영을 했다. 유일하게 딜런의 집에서 찍은 지하실 테이프였다. 에릭이 평소처럼 감독을 맡았다. 딜런은 탄약주머니가 달린 멜빵을 어깨에 찼다…… 칼을 들어 보이면서 한 2학년생의 머리를 칼로 찌르고 싶다고 농담을 했다. 그는 TEC-9을 어깨에 걸쳤고 산탄총은 카고바지의 옆 호주머니에 찔러넣었다. 그런 다음 가죽띠를 꽉 묶어 매무새를 단단히 갖추었다.

이제 배낭이 필요했다. 딜런은 벽장에서 배낭을 찾다가 내일밤 댄스파티를 위해 준비해놓은 턱시도를 보았다. 될 대로 되라지. 그는 카메라를 향해 돌아서서 렌즈를 쓰윽 문질렀다. "로빈, 솔직히 말하면 댄스파티에는 가고 싶지 않아. 하지만 곧 죽을 목숨이라서 마지막으로 뭔가 근사한 일을 해야겠어." 게다가 그는 부모님이 돈을 낸다고 했다.

딜런은 트렌치코트를 입고 거울 앞에서 포즈를 취했다. 그날 학교에 들어갈 때 멋진 악당처럼 보여야 했다. 약간 땅딸막해 보였다. "좀

뚱뚱해 보이는데." 딜런이 불평했다.

중요한 것은 사람들에게 강한 인상을 주는 것이었다. 세세한 부분이 중요했다. 의상, 연출, 분위기, 오디오, 조명, 액션, 서스펜스, 타이밍, 아이러니, 복선. 영화적 요소 모두가 다 중요했다. 이들은 지역의 청중들을 위해서는 향까지 추가했다. 유황 냄새, 살갗 타는 냄새, 두려움의 냄새.

딜런은 다음 포즈를 취하려 했는데 그것도 잘 되지 않았다. 일단 멜빵에서 TEC-9을 꺼내 휙 던져서 오른손으로 한 번에 쥐어야 했다. 카메라가 돌아가고 있었으므로 한 번의 동작으로 말끔하게 이루어져야 했는데 트렌치코트가 거치적거렸다. 다시 시도했다. 여전히 서툴렀다. 더 빨리! 에릭이 말했다. 화가 난 게 눈에 보였다. 에릭은 모든 동작을 완벽하게 연습했다. 딜런은 이 모든 잡일을 지금 처음 해보는 것이었다.

—

에릭은 아침 9시에 더플백을 놔두고 딜런의 집에서 나갔다. 아이들은 밤새 깨어 있었던 모양이다. 톰과 수가 딜런의 침대를 살펴보았는데 잠을 잔 흔적이 없었다.

—

토요일은 하루종일 댄스파티로 분주했다. 딜런은 새벽 3시에 집에 돌아왔는데 수는 그때까지도 자지 않고 있었다. 어땠어? 그녀가 물었다. 딜런은 슈냅스 병을 들어 보이며 술을 조금 마셨다고 했다. 나머지 애들은 아침을 먹으러 갔다고 했다. 그는 지쳤다. 이제 다 끝났다.

그는 다음날 내내 곯아떨어졌다.

—

월요일 아침 9시에 딜런은 노트를 펼쳐 숫자 1을 커다랗게 썼다. 숫자 1의 윗부분을 위에 쓰고 아랫부분은 페이지 밑에 그려 중간에 큰 여백이 생겼다. "1. 하루. 1은 시작이거나 끝. 하하하, 구출 바람. 지금부터 26.5시간 뒤면 심판이 시작돼. 어렵지만 불가능해지는 않고 불가피하며 괴롭고도 즐거운 일."

그는 자기가 죽는다는 것을 알아서 흥미롭다고 했다. 모든 게 시시해 보였다. 미적분수업은 그의 삶에 정말 아무짝에도 쓸모가 없지 않았던가.

그가 마지막으로 쓴 단어는 읽기 어려웠는데 "fickt"로 보였다. "엿먹어라"에 해당하는 독일어 은어였다.

—

마지막 24시간 동안 딜런은 바쁘게 보냈다. 그는 장구를 완전히 갖춰입고 앞뒤로 폭발물을 빼곡히 매단 자기 모습을 페이지 전면에 그렸다. 마지막 페이지에는 화요일로 미뤄진 NBK의 스케줄을 간단히 적었다. 페이지는 이렇게 끝났다. "첫번째 폭탄이 터지면 공격 시작. 마음껏 즐기길!"

월요일 밤에 두 아이는 친구들과 함께 저녁을 먹으러 갔다. 에릭이 가장 좋아하는 아웃백 스테이크하우스로 정했다. 딜런에게 할인쿠폰이 있어서 돈을 아낄 수 있었다. 그가 집에 돌아가니 저녁식사가 어땠냐고 어머니가 물었다. 좋았어. 재미있게 보냈어. 스테이크도 맛있었고.

에릭은 마크 메인스를 만나 탄약 두 상자를 마지막으로 얻었다. 그에게는 내일 사냥을 갈 수도 있다고 했다. 그날 밤 에릭은 잠을 거의 자지 못했다. 새벽 2시에도 여전히 깨어 있었다. 알람시계가 울릴 때까지 이제 3시간 남았다. 그는 오디오로 남길 말이 조금 더 있었다. 마이크로카세트 레코더에 대고 앞으로 아홉 시간이 채 남지 않았다고 말했다. "사람들이 나 때문에 죽을 거야. 이날을 영원히 기억하겠지."

화요일 아침, 두 아이는 일찍 일어났다. 톰과 수는 딜런이 5시 15분경에 집에서 나가는 소리를 들었다. 볼링수업을 받으러 간다고 생각했다. 그의 모습은 보지 못했다.

"나갈게요." 그가 말했다.

이어 문 닫는 소리가 들렸다.

에릭은 부엌 조리대에 마이크로카세트를 두고 나왔다. 오래된 테이프를 다시 사용한 것이었는데 누군가가 "닉슨"이라고 써놓았다. 사람들은 이 말의 의미를 두고 오랫동안 혼란스러워했다. 아무 의미도 없었다.

51

두 가지 장애물

　5주기 추모행사에는 생각했던 것보다 사람들이 적게 모였다. 해가 갈수록 참가자의 수가 줄었지만 그래도 학교 측은 이번 기념일에는 사람들이 꽤 오리라 예상했었다. 그러나 거의 모든 사람들은 이런 결과를 오히려 반겼다. 이제 과거의 상처를 딛고 일어섰다는 뜻이기 때문이다.

　많은 생존자들은 이제 행사가 얼마나 더 남았는지 생각하기 시작했다. 앞으로 두 개 남았다. 10주기와 추모비 제막식. 20주기에는 아마 오지 않아도 될 것이다.

　익숙한 얼굴들이 여전히 많았지만 앤 마리 호크할터는 그해에 처음으로 모습을 보였다.

　그녀는 그곳에 오기까지 힘든 시간을 보냈다.

　어머니가 자살한 뒤로 앤 마리는 학교를 졸업하고 커뮤니티 칼리지에 갔다. 그곳 생활이 마음에 들지 않았다. 그녀는 전기자극치료를 받으러 노스캐롤라이나에 갔다. 의사들은 이 치료를 받으면 그녀가 다시 걸을 수 있을지도 모른다며 기대했지만 치료는 실패로 끝났다.

콜럼바인을 둘러싼 소동은 끝날 줄을 몰랐다. 2년 뒤에 그녀의 아버지는 소란을 피해 가족들을 이끌고 시골로 갔다. 평화를 찾아 그곳에 갔지만 갑갑해서 미칠 지경이었다.

앤 마리는 학교를 그만두었다. 일자리를 구하지 못했다. 비참했다. 의사들은 새로운 방법으로 척추치료를 계속 시도했지만 아무런 성과가 없었다. 한동안 이를 묵묵히 감수하던 그녀도 이제는 싫증이 났다.

그녀는 학교로 돌아갔다. 4년제 대학에 들어가서 경영학을 공부했다. 기부금으로 집을 구입했고 휠체어로 다닐 수 있도록 집안을 개조했다. 그러자 생활이 한결 나아졌다.

"뭔가 번쩍하는 계시라도 있었으면 좋았겠지만, 그래도 조금씩 나아졌습니다." 앤 마리가 다시 걸을 수 있다는 꿈을 버리면서 전환점이 찾아왔다. "내가 평생 휠체어에 의지해 살아야 한다는 현실을 마침내 받아들였습니다. 그제야 삶이 편안하게 다가오더군요. 아주 홀가분했습니다."

아버지는 재혼했고 앤 마리는 어머니를 용서했다. 어머니는 오랫동안 정신병으로 고생하면서 힘든 삶을 살았었다. "그게 자신이 할 수 있는 최선의 선택이라 생각하셨던 것 같아요."

앤 마리는 살인자에 대한 분노도 버렸다. "그래봐야 비생산적이니까요. 용서하지 않으면 앞으로 나아갈 수 없어요."

5주기에 그녀는 사람들에게 자신의 희망을 나눠주고자 콜럼바인에 돌아왔다.

———

클레멘트 공원 추모비 건립기금은 예기치 못했던 난관에 부딪혔다. 250만 달러의 예산이 필요했는데, 이것은 가족들이 넉 달 동안 모은 도서관 프로젝트보다 적은 액수라 무난해 보였다.

하지만 기금 조성을 시작한 2000년에는 이미 사람들의 호의가 시들해졌다. 2005년에 프로젝트 규모를 100만 달러가량 줄였지만 그래도 턱없이 모자랐다.

빌 클린턴은 대통령으로서 대학살에 개인적인 관심을 갖고 있었다. 그는 사람들의 지지를 호소하려고 2004년 7월에 제퍼슨 카운티를 다시 찾아 30만 달러를 쾌척했다. 큰 힘이 되었지만 효과는 그리 오래가지 못했다.

———

퓨질리어 부서장은 은퇴하기 전에 지부장에게 자신의 분석을 공개하게 해달라고 요청했다. 상관이 승낙했다. FBI에서 섭외한 다른 전문가들도 협조했다. 그래서 로버트 헤어 박사, 프랭크 오크버그 박사, 기타 비공개를 전제로 논평한 여러 사람들의 양해를 구해 5주년 추모일에 이들의 분석을 담은 자료를 발표했다.

뉴욕타임스 칼럼니스트 데이비드 브룩스는 수사관들이 내린 결론을 특집기사로 다뤘다. 톰 클레볼드도 이 기사를 읽었다. 그는 이 기사가 마음에 들지 않았다. 그래서 데이비드 브룩스에게 이메일을 보냈다. 브룩스는 톰이 아들을 여전히 굳게 믿고 있는 것을 보고 놀랐다. 몇 차례 편지를 주고받다가, 톰과 수는 브룩스와 자리를 마련해서 자기 아들과 비극에 대해 이야기하기로 했다. 네 명의 부모 가운데서 언론매체와 인터뷰를 가진 것은 이번이 처음이자 마지막이었다.

그들은 화가 나 있었다. 수는 누군가가 자신을 사죄해주겠다고 한 사건을 털어놓았다. "당신이 한 행동을 용서해주겠어요." 이 말을 듣고 수는 화가 치밀었다. "나는 용서를 구할 행동을 한 적이 없거든요." 그녀가 브룩스에게 말했다.

톰과 수는 여전히 뭐가 어떻게 된 건지 몰라 당혹스러워했다. 그들은 운동선수와 교내 괴롭힘이 사건의 배후에 있다고 확신했지만, 이런 일은 어디에나 있는 문제였고 그것 때문에 자기가 다니는 고등학교를 날려버리려는 아이는 거의 없다. 그들은 현명했고 아들이 저지른 범죄를 설명하기에 적합한 사람이 본인이 아님을 알았다. "나는 수량을 따지는 사람입니다." 톰이 말했다. 그는 과학자이자 사업가였다. "우리는 이런 일을 가려낼 적격자가 아닙니다."

그들은 머릿속으로 사건을 계속 되짚어보았다. 객관적이려고 노력했고 그래서 한 가지 원인은 제외할 수 있다고 솔직하게 말했다. "딜런은 자라온 방식 때문에 이런 일을 저지른 게 아닙니다." 수가 말했다. 그들은 그 점을 강조했다. "우리는 아이를 그렇게 키우지 않았어요."

그들은 대중의 판단이 이와 다르다는 것을 알았다. 사람들은 아이들의 부모가 가장 큰 원인이라고 생각했다. 톰은 브룩스를 만나러 갈때 설문조사 결과 83퍼센트가 두 사람과 에릭의 부모에게 책임을 묻는다는 뉴스 기사를 잔뜩 들고 나갔다. 5년이 지났는데도 수치는 거의 달라지지 않았다. 클레볼드 부부가 계속 침묵을 지킨 대가였다. 그들은 괴로웠다.

대중은 그들을 비난했지만 가족과 가까운 사람들은 그렇지 않았다. "대부분의 사람들이 우리에게 친절하게 대했습니다." 톰이 말했다.

톰과 수는 한 가지 비극적인 실수에 대한 책임은 인정했다. 딜런은 평소 고통스러워 했는데 그들은 그가 잘 지낸다고만 생각했던 것이다. "그는 절망에 빠져 있었어요. 그런데도 우리는 끝까지 이를 몰랐습니다." 톰이 말했다. 그들은 자기들이 딜런의 살인을 야기했다고는 믿지 않았지만 아들의 자살을 막지 못했음을 인정했다. 그런 일이 닥치리라고는 상상도 못했다. "딜런은 죽기 전에 무척 괴로워했어요. 이를 알아차리지 못한 나 자신을 결코 용서하지 못할 겁니다." 수가 말했다.

톰과 수는 콜럼바인 사태를 자살로 보려고 했다. "그들은 아들이 저지른 살해를 인정했지만 이를 강조하지는 않았다." 브룩스가 썼다. 그들이 정말로 바랐던 것은 에릭과 딜런이 왜 그런 짓을 벌였는지 설명해주는 권위 있는 연구였다. 그들은 미국에서 가장 유명하다는 전문가 몇 명이 분석한 글을 읽었지만 제대로 된 설명이 아니어서 실망했다. 그리고 퓨질리어가 자기들을 만나보지도 않고 아들을 평가한 것이 못마땅했다. 사실 퓨질리어도 이들을 애타게 만나보고 싶어했다.

이를 제외하면 두 부모의 행적은 대체로 알려지지 않았다. 그들은 그 길을 택했다. 하지만 데이비드 브룩스는 클레볼드 부부와 충분한 시간을 나눠 분명한 인상을 주고 자신의 판단력을 입증해 보였다. 그는 딜런이 톰과 수에게 끔찍한 결과를 떠안게 했다고 칼럼을 마무리했다. "내가 감히 말하건대 그들은 용감하고 영예롭게 그 결과를 떠안고 있다."

클레볼드 부부는 무슨 일이 일어났는지 이해하고 싶었다. 그래서 그들과 같은 처지의 다른 부모들을 돕고 싶었다. 언론과 접촉하는 것은 위험하다고 여겨 자신들의 말을 직접 인용하지 않는다는 조건으로 두 명의 소아심리학자와 이야기를 했다. 그들은 10대 폭력에 관한 책을 쓰는 중이었다. 결국 책이 출간되었을 때, 저자들은 결정적인 증거를 제시하지 못했다.

—

패트릭 아일랜드는 매일 아침 옷을 입을 때마다 오른발에 딱딱한 플라스틱 부목을 끼운다. 약병을 열고 항발작제를 복용한다. 걸을 때는 절뚝거린다. 그의 마음은 민첩하게 돌아가지만 가끔 단어를 머뭇거릴 때가 있다. 친구들은 눈치채지 못한다. 하지만 그는 자신이 예전과 같지 않다는 것을 안다.

패트릭은 예전에 자신이 어떻게 살았었는지 거의 생각하지 않았다. 현재의 삶은 상상했던 것과 많이 달랐다. 더 나았다. 부목 때문에 신발이 골치였다. 게다가 엄지발가락이 안쪽으로 굽어서 다른 발가락들을 눌렀다. 오른쪽 새끼발가락은 바깥으로 뻗어서 맞는 신발이 없다. 의사들은 그의 발을 고치지 못했다. "아버지가 무척 화를 냈었죠." 그가 말했다.

그는 지금도 고등학교 친구들과 여전히 어울려 다닌다. 다들 사건에 대해서는 잘 얘기하지 않는다. 감정적인 문제 때문이 아니라 그냥 지겨워서다. 이제 신물이 났다.

그는 인터뷰도 지겨웠다. 가끔씩 인터뷰를 했는데 기자들은 대개 아주 조심스럽게 도서관에서 벌어졌던 상황에 접근하지만 패트릭은 대수롭지 않게 마치 영화 장면을 설명하듯 무감정하게 직접적으로 묘사했다. 〈오프라 쇼〉에 출연했을 때 그가 도서관 창문 밖으로 탈출하는 자료화면이 나왔다.

"와! 화면을 보고 있기가 괴롭지 않나요?" 오프라가 물었다.

"전혀요."

"괜찮다고요?"

사실 그는 그 장면을 보며 기분이 좋았다. 뭔가 성취감을 느꼈던 것이다.

패트릭은 2005년 봄, 어느 아침에 당혹스러운 음성메시지를 들었다. 한동안 소식을 듣지 못했던 옛 친구였는데, "오늘" 무사히 하루를 잘 보내기 바란다고 했다. 허, 대체 이게 무슨 말이지?

그날 오후, 패트릭은 일을 하다가 서류에 날짜를 기록했다. 4월 20일. 또 그날이 찾아왔군.

—

린다 샌더스는 매년 4월만 되면 기분이 우울해졌다. 신경이 곤두서면서 추모일이 오고 있구나 하고 느꼈다.

그녀는 남자를 만나보려고 시도했지만 불가능했다. 다들 데이브의 존재를 계속 의식했다. 그는 국가적인 영웅이었다. 그러니 누가 감히 그와 경쟁한단 말인가?

"데이브 샌더스를 능가해야 한다고 느끼겠죠. 그들로서는 부당할 겁니다. 내가 높이 받들어 모셔서 지금 천국에 있는 남자와 비교당해야 하니까요."

그녀는 자기가 누군가를 만나는 것을 데이브도 원하리라 생각했다. 그가 저 위에서 이렇게 말하는 모습을 상상하곤 했다. "린다, 이제 당신을 안아주는 누군가가 있었으면 좋겠어."

"불가능해요." 린다가 말했다. "아무도 오려 하지 않아요. 그가 그렇게 나를 떠났으니 나는 혼자 살 팔자인가 봐요."

린다는 자꾸만 위축되었다. 누가 문을 두드려도 전화가 와도 받지 않았다. 2년 동안 거의 말을 하지 않았다. 신경안정제 발륨과 술에 의지해 살았다. "살아도 사는 거 같지 않아요. 마지못해 사는 거죠. 가게에도 가고 여기저기 다니지만 모든 게 공허할 따름입니다."

그녀의 아버지는 걱정이 이만저만이 아니었다. 그렇다고 무엇을 할 수 있을까?

"린다를 다시 예전처럼 돌려놓고 싶습니다." 그가 말했다.

린다는 직장에 돌아가지 않았다. 매일 여기저기 걸어다녔고 부모를 돌봤다. 콜럼바인 라운지에는 근처에도 가지 않았다. 추억이 너무 많았고 술도 있는 곳이니까. 총이 나오는 영화를 보거나 스릴러를 읽지도 못했다.

몇 년이 지나자 그녀도 마음이 가라앉았고, 그러던 4월의 어느 날 갑자기 누군가의 도움이 절실히 필요했다. "문밖으로 달려나가 이웃이 집에 있나 찾아봤어요. 나를 안아줄 사람이 필요했습니다. 그래서 옆집 문을 두드렸는데 집에 사람이 없더군요. 그 옆집으로 갔어요. 그녀는 집에 있었습니다. 내가 안으로 들어갔는데 책을 읽고 있었습니다. 마침 있었네요, 내가 그렇게 말했어요. 이름이 기억나지 않는데 아무튼 나는 안아달라고 했습니다. 그녀는 나를 쳐다보았습니다. 내가 울고 있는 것을 보더니 알았다고 하더군요. 그러고는 나를 안아주었습니다."

린다는 지금도 데이브와 자신의 사연을 듣고 모르는 사람이 보낸 편지를 가끔 받는다. 사건이 린다에게 어떤 영향을 미쳤는지 걱정한 것이다. 대부분의 경우는 그렇지 않다. 아이들이나 그 부모에게 미친 영향을 걱정한다. 그런데 가끔 부인을 생각하는 사람이 있다. 한 여자가 린다에게 편지를 보내 자기는 다 이해한다고 했다. "정말 힘든 날에 그 편지가 왔어요. 얼마나 큰 힘이 되었는지 모릅니다. 매일 밤 그 편지를 들고 읽었어요. 그 여자는 자기가 내게 얼마나 큰 힘을 주었는지 아마 모를 겁니다."

—

여러 생존자들이 앞다투어 회고록을 출판했다. 브룩스 브라운도 살인자들과 어떤 사이였고 어떤 시련을 겪었는지 책으로 냈다. 하지만 어떤 책도 미스티 버넬의 회고록이 불러일으킨 관심에는 따를 수 없었다.

—

2003년 9월, 은폐 시도의 마지막 베일이 마침내 벗겨졌다. 꼬박 1년 동안 하나하나 드러난 과정에 마침표를 찍은 것이다. 보안관서에 있는 누군가가 콜럼바인 사태와 무관한 서류철을 발견하면서 일이 시작되었다. 에릭 해리스에 대한 짧은 경찰 보고서였다. 그의 웹사이트에서 복사한 페이지에는 "나는 증오한다"라는 폭언과 사명에 대한 자랑, 첫번째 파이프폭탄에 대한 설명이 들어 있었다. 에릭은 폭탄을 하나 터뜨렸다며 자랑했다. 보고서 날짜는 1997년 8월 7일로 이제까지 밝혀진 보고서보다 최소 6개월 이상 빨랐다.

보고서는 제퍼슨 카운티의 신임 보안관 테드 밍크에게 넘어갔다. 그는 기자회견을 열었다. "이 보고서의 발견은 당혹스러운 일입니다. 이로써…… 콜럼바인 총기사건이 벌어지기 몇 년 전에 보안관서에서 이미 에릭 해리스와 딜런 클레볼드의 행위를 알고 있었음이 드러났습니다." 그는 보도 자료를 배포했고 콜로라도 검찰총장 켄 살라자에게 외부조사를 의뢰했다.

살라자는 팀을 꾸려 조사를 시작했고 더 많은 중요 자료들이 사라졌다는 것을 알아냈다. 마이크 게라가 학살 전에 조사한 것과 관련된 서류들이 대부분 사라졌다. 물리적 서류뿐만 아니라 컴퓨터 파일도 모두. 2004년 2월, 검찰총장은 보고서를 통해 제퍼슨 카운티가 직무 태만을 범한 것은 아니지만 콜럼바인 총격이 일어나기 1년도 더 전에 영장을 발부받아 에릭의 집을 수색했어야 했다고 말했다. 그러면서 아직 관련 서류를 찾지 못했다고 했다.

그의 팀은 조사를 계속했다. 협조를 거부하는 사람들이 있었다.

선임 보안관 존 스톤에 관한 보고서를 보면, 그가 인터뷰중에 화를 벌컥 내며 조사의 정치적 동기를 의심했다고 했다. "그가 격양된 상태를 보였으므로 우리는 조사와 관련하여 그에게 어떤 질문을 하거나 의미 있는 대화를 나누지 못했다." 보고서는 그렇게 끝났다.

돌파구는 한 달 뒤에 생겼다. 조사관들이 게라와 세번째 인터뷰를 시도했을 때였다. 이번에는 그도 기꺼이 협조적으로 나왔다. 게라는 카운티 경관들이 이제까지 잘 감추고 있던 비밀을 하나 털어놓았다. 공공용지 관리본부 모임에 대해 밝힌 것이다. 조사관들은 회의에 참석했던 다른 경관들을 조용히 불러 신문하기 시작했다. 각양각색의 반응이 나왔다. 전직 보안관보 존 더너웨이는 게라가 "자신을 바보처럼 본 것"에 당황했을 거라고 말했다. "그런데 그야말로 이 모든 것을 감추고 있던 장본인입니다."

2004년 8월, 콜로라도의 검찰총장은 대배심을 소집해서 자료를 검토하고 기소를 결정하게 했다. 배심원들은 11명의 증인을 불러들였다. 조사관들이 사건을 대부분 재구성할 수 있었음에도 기소는 이뤄지지 못했다.

그 대신 재조사로 경악할 만한 다른 사실들이 드러났다. 대배심 보고서에 따르면 존 키크부시 부서장의 조수 주디 설이 1999년 9월에 부서장의 요구에 따라 게라 파일을 찾았다고 증언했다. 컴퓨터 네트워크를 뒤지고 서류를 찾되 아무도 모르게 하라고 했다는 것이다. 특히 관련 경관들에게 절대 알리지 말라고 지시했다. 설은 뭔가 수상해 보였다고 증언했다. 보통 때라면 그 경관들에게 통보하는 것으로 조사를 시작했기 때문이다. 설은 자료를 뒤졌지만 아무것도 찾아내지 못했다. 그래서 키크부시에게 어디에도 기록이 존재하지 않는 것 같고, 파일이 존재했다는 흔적도 보이지 않는다고 보고했다. 그녀는 부서장의 반응을 유심히 살폈는데 "왠지 안도하는" 듯했다고 증언했다.

같은 보고서에는 2000년에 키크부시가 설에게 콜럼바인 보고서를 잔뜩 주며 찢어버리라고 지시했다는 말도 나왔다. 그녀는 당시에는 이를 이상하게 여기지 않았다고 했다. 키크부시가 사무실을 떠날 준비를 하던 때라서 사본을 처분한다고 생각하고 시키는 대로 했다.

대배심은 2004년 9월 16일에 보고서를 내놓았다. 게라의 파일은 물리적 서류와 컴퓨터 파일 모두 서로 다른 세 곳에 보관했음이 분명하며, 모두 파기된 것으로 결론을 내렸다. 아마도 1999년 여름인 듯했다. 이 사건으로 "골치가 아프다고" 했다.

정보를 감추려는 시도들도 상황을 어렵게 했다. 특히 스톤, 더너웨이, 키크부시, 토머스, 게라, 카운티 변호사 등이 참석한 공공용지 관리본부 모임에 대해 쉬쉬하는 분위기가 있었다. "공공용지 관리본부 모임 문제, 기자회견 생략, 키크부시 부서장의 행동을 볼 때 파일이 고의적으로 파기되었을지도 모른다는 의심이 든다." 보고서는 그렇게 말했다.

하지만 증인들은 파기에 가담했음을 다들 부인했다. 따라서 대배심은 수상한 행동이 "특정한 사람의 습성인지 아니면 특정한 범죄의 결과인지"를 판단하지 못했다. 그래서 증거불충분으로 기소하지 못했다.

키크부시는 공식적으로 반론을 제기했다. 자기가 찢으라고 한 것은 초고나 사본뿐이었다고 했다. 그리고 조수가 그가 안도했다고 말했는데 자기로서는 무슨 뜻인지 모르겠다고 했다.

그는 대배심이 마치 자기가 자료를 은폐하거나 파기하려 했다는 식으로 말을 했다며 불편한 기색을 드러냈다. 그는 단연코 이 모든 혐의를 부인했다.

—

브라이언 로버는 자신이 찾던 자료를 대부분 손에 넣었다. 거의 모든 증거가 밝혀졌고 국가적인 대처방안도 바뀌었다. 그런데도 자신이 이겼다는 생각이 결코 들지 않았다. 그는 정의를 단념했다. 아무도 책임지지 않았고 아무것도 바뀔 기미가 보이지 않았다.

수석경관들 대부분이 제퍼슨 카운티 보안관서를 떠났다. 스톤은 주민소환을 용케 피했지만 재선거에 출마하지 않았다. 콜럼바인을 좋게 떠난 유일한 카운티 경관은 지방검사 데이브 토머스였다. 많은 희생자들이 그가 자신들을 위해 애써주었다고 생각했다. 2004년 그는 의회 진출을 위해 자신의 직에서 물러났다. 여론조사에서는 당선 가능성이 반반이었지만 선거에 돌입하면서 전국적인 관심과 지원금이 들어왔다. 선거일이 두 달도 남지 않았을 때 공공용지 관리본부 모임 스캔들이 터졌다. 토머스의 지지율은 곤두박질쳤고 선거자금도 말랐다. 결국 참패했다. 2007년 그는 교육위원에 출마했다. 현재 150개의 제퍼슨 카운티 학교들을 감독하고 있는데 여기에는 콜럼바인 고등학교도 포함된다.

브라이언 로버는 다른 일에 열정적으로 매달렸다. 그는 낙태시술소 앞에서 항의시위를 벌였고 '생명의 권리' 콜로라도 지부의 회장이 되었다. 거기서 보수적인 부모단체와 충돌했다. 이들은 그를 너무 개방적이라고 여겼다. 급기야 로버는 기독교 보수단체를 이끌고 있는 제임스 돕슨이 낙태 문제에 단호하지 못하다며 몰아붙이는 공개편지를 신문에 전면광고로 내보냈다. '생명의 권리' 본부는 콜로라도 지부를 축출했다. 돕슨이 운영하고 있는 단체 '포커스 온 더 패밀리'는 보도 자료를 통해 로버의 조직을 "분열을 일삼는 깡패조직"이라며 일축했다.

훗날 브라이언은 공직에도 출마했다. 세 개의 주에서 선출직 공무원을 배출한 별로 유명하지 않은 한 정당에 가입했다. 거기서 브라이언은 미국 부통령 후보로 지명되었다.

그가 항상 화만 냈던 건 아니었다. 브라이언은 재혼을 했고 두 아이를 입양해서 마음의 평화를 얻었다. 일할 때는 놀라우리만치 차분했다. 맞춤형 오디오 사업을 계속하면서 수작업을 거의 대부분 직접 다 했다. 그는 정밀한 작업을 사랑했다. 음향판을 미세하게 조정해서 앞쪽 스피커에서 들리는 소리와 뒤쪽 스피커에서 오는 음파가 운전자의 고막까지 정확히 동시에 도달하도록 시간차를 발생시켰다. 그러면 절묘한 화음이 만들어졌다. 브라이언은 작업실에서 몇 시간이고 일에 몰두했다. 그러다가도 고객이 의논을 하러 방문하면 제대로 차려입고 카디건의 단추를 말끔히 채운 신사처럼 친절하게 응했다.

가끔 대니 생각이 불쑥불쑥 났다. 그러다보면 어느덧 그는 콜럼바인으로 돌아와 있었다. 그의 얼굴이 다시 찌푸려졌다.

—

브래드와 미스터 버넬은 콜로라도 주를 떠나 노스캐롤라이나 산악지대 한복판에 있는 블루리지 파크웨이 바로 옆 작은 마을에 자리를 잡았다. 그들은 그곳이 싫었다. 생각했던 것보다 훨씬 적적했다. 결혼생활도 종종 흔들렸는데 그래도 참고 버텼다. 희생자 13인의 부모들은 대부분 시련이 있어도 서로 떨어지지 않았다.

브래드는 초기에 많이 힘들어했지만 시간이 흐르면서 캐시의 죽음을 받아들이게 되었다. 미스티는 여전히 격양된 상태였다. 거의 10년이 지난 뒤에도 친구들은 순교 이야기만 하면 그녀가 화를 내고 시무룩했다고 했다. 미스티는 약탈당한 기분이었다. 그것도 두 번씩이나. 에릭과 딜런이 딸을 데려갔고 기자들과 형사들이 기적을 빼앗아간 것이다.

—

프랭크 교장은 학생들을 기쁘게 해줄 새로운 방법을 찾았다. 동창회 때마다 유명인사 흉내를 냈다. 한 해는 동창회 주제가 코파카바나였는데 교장은 배리 매닐로(감미롭고 고급스러운 발라드로 1970년대에 많은 사랑을 받았던 팝 가수—옮긴이)처럼 솜털로 된 금발 가발에 흰색 레저슈트와 형광색 하와이언셔츠를 차려입고 왔다.

"교장 선생님, 신발 멋져요!" 한 여자애가 소리쳤다. 그는 다리를 높이 들어 4인치 통굽 힐을 자랑했다. 아이들이 깔깔거리며 웃었다. 행사는 응원, 시상, 손대지 않고 케이크 먹기, 눈 가리고 장애물 넘기 등 전형적인 고등학교 스타일로 진행되었다. 복도 여기저기가 떠들썩했다.

가끔 날씨가 좋을 때면 교장은 평온함을 느끼기 위해 교정을 거닐곤 했다. 무거운 문이 뒤로 닫히고 빗장이 걸리면 시끌벅적한 에너지가 멈췄다. 사방이 조용했다. 걸음을 옮길 때마다 잔디가 신발에 밟히는 소리가 났다. 저쪽에서 한 교사가 자신의 차로 가고 있었다. 쩔렁거리는 열쇠 소리가 여기까지 들렸다. 그는 레벨 힐에 올라갔다. 십자가는 사라졌고 구멍도 메워졌지만 아직 잔디가 채 다시 자라지 않아 흔적이 남아 있었다.

암석대지 위에서 본 레벨 힐의 뒤쪽은 황량했다. 거기서 발걸음을 멈추고 한동안 있으면 프레리도그의 모습을 볼 수 있다. 처음에는 어떤 흔적도 보이지 않고, 웃자란 풀들이 미풍에 이리저리 흔들리는 것을 제외하면 어떤 움직임도 보이지 않는다. 그러다가 15분 정도 침묵이 흐르면 녀석들이 쑥부쟁이 수풀을 뒤져 먹을 것을 찾고, 서로 어울려 털을 고르고, 겨울을 대비해 몸을 살찌우기 시작한다. 비극이 일어나고 6개월이 지났을 때, 교장은 그곳에서 매력적인 설치류에 흠뻑 매료된 일본인들을 우연히 만났다. 대학살에 관한 다큐멘터리를 찍으려고 그곳에 왔다고 했다. 그들은 10대의 분노와 미국 사회의 적자생존 분위기를 예상했는데, 학교에서 불과 100여 미터 떨어진 곳에서 평온한 모습을 보고 반해 20센티미터쯤 되는 프레리도그의 모습을 몇 시간이고 카메라에 담았다.

일본 영화인들은 이곳을 미국인과는 다소 다른 시각으로 보았다. 그들의 설명에 따르면 소란스럽고 잔혹하고 폭발적이었다가 이내 평온해지는 곳이라고 했다.

—

미국 전역을 두려움에 떨게 했던 학교 총기사건은 한동안 잠잠해졌다. 하지만 유럽에서는 나날이 기승을 부렸다. 그러다가 2006년 가을에 총기사건이 더 추악해진 모습으로 다시 일어났다. 성년 살인자들은 학교에서 총격을 벌일 때 사람들이 주목한다는 것을 깨달았다. 2006년 8월 말을 시작으로 3주 동안 네 건의 총기사건이 잇달아 터졌다. 총격자들은 트렌치코트를 입거나 웹사이트에서 그들을 언급하는 등 콜럼바인 살인자들과 비슷한 전략을 썼다. 에릭과 딜런의 유산을 마케팅 기회로 본 것이다. 전국적인 관심은 펜실베이니아 아만파 공동체의 학교에서 다섯 명의 여학생이 살해된 사건에 쏠렸다. 하지만 덴버에서는 플래트캐니언 고등학교 총기사건으로 떠들썩했다.

플래트캐니언 고등학교는 바로 한 카운티 건너였고 경찰력이 부족했으므로 제퍼슨 보안관이 대책반을 지휘했다. 이 사건은 몇 시간 동안 전국에 방송되다가 곧 시들해졌다. 하지만 제퍼슨 카운티에서는 충격이 훨씬 컸다. 덴버 텔레비전 방송국들은 오후 내내 생방송으로 중계했다. 모두가 화면에서 눈을 떼지 못했다. 이번에는 인질극이었고 특수기동대가 곧장 건물로 진격했다. 진격 당시 인질로 잡혀 있던 여자애는 두 명이었는데, 총격자는 경찰이 들이닥치자 인질 중 한 명의 머리를 쏘고 자기도 목숨을 끊었다. 그는 즉사했고 희생자는 헬기로 이송되었다. 그녀를 실은 헬기가 이륙해서 세인트앤서니 병원 옥상에 내리는 모습을 온 도시가 지켜보았다. 다들 두 시간 동안 희망을 갖고 초조하게 기다렸다. 의사들이 초저녁에 기자회견을 열었다. 전혀 가망이 없었다고 했다.

다음날 아침 로키마운틴뉴스는 흐느껴 울고 서로 손잡고 기도하는 생존자들의 사진으로 가득했다. 4월 20일의 광경과 소름끼치도록 똑같았다.

폭탄 위협이 또다시 콜럼바인을 덮쳤다. 며칠 뒤 학교가 폐쇄되었다. 학부모들은 온몸이 움츠러드는 것을 느끼며 마음을 굳게 먹었다. 콜럼바인을 거의 잊은 사람도 있었지만, 그들의 몸은 기억하고 있었던 것이다. 또다시 4월 20일로 돌아갔다. 폭탄 위협은 결국 장난으로 밝혀져서 몇 시간 만에 위험이 사라졌지만 사람들은 불안을 떨치지 못했다.

콜럼바인 이후 10년 동안 미국에서 벌어진 학교 총기사건은 80건이 넘었다. 살아남은 교장들 ─ 대부분이 목표대상이었다 ─ 은 대체 왜 이런 일이 일어났는지 이해하지 못했다. 그러자 프랭크가 이들에게 도움의 손길을 내밀었고 많은 이들이 그의 제안을 받아들였다. 그는 매 학기마다 자신이 배운 교훈을 사람들에게 알려주었다.

힘겨운 일이었다. 특히 그해 가을에 프랭크 교장이 받았던 한 통의 이메일은 그에게 큰 충격을 주었다. 다음과 같은 내용이었다. "교장에게. 몇 시간 뒤면 노스캐롤라이나에서 학교 총기사건이 벌어졌다는 소식을 듣게 될 겁니다. 제가 주동자입니다. 콜럼바인을 기억하고 있어요. 세상이 이를 기억할 때입니다. 죄송합니다. 그럼 이만."

이메일은 아침에 도착했는데, 교장은 몇 시간 뒤에야 이를 확인했다. 즉시 경찰에 연락했고 그 아이가 다니는 고등학교에도 소식을 전했다. 너무 늦었다. 열아홉 살 남자아이는 이미 학교로 차를 몰고 가서 여덟 발을 발사했고 두 명에게 경상을 입혔다. 경찰이 그의 집을 습격했을 때는 그의 아버지가 죽어 있었다.

총격자는 체포되어 재판을 받았다. 그에게 왜 그렇게 콜럼바인에 집착하느냐고 물었다. 그는 모르겠다고 대답했다.

학교 총기사건이 또다시 전국을 위협할 기세였다. 정말 충격적인 사건은 이듬해 봄 버지니아 공대에서 일어났다. 조승희는 32명을 죽이고 17명을 다치게 한 뒤 스스로 목숨을 끊었다. 언론들은 미국의 새 기록이라고 했다. 학교 총격사건이 경쟁적으로 불붙는 것에 대해 우려하면서도 그에게 챔피언의 타이틀을 부여했다.

조승희는 자신의 공격을 설명하려고 성명서를 남겼다. 자신에게 영감을 준 사람으로 에릭과 딜런을 최소한 두 차례 언급했다. 그는 그들을 우러러봤다. 하지만 그들을 닮지는 않았다. 자신의 난폭한 학살을 즐긴 것 같지 않았다. 그럴 생각도 없어 보였다. 그는 멍한 표정으로 자신의 총을 비웠다. 에릭이나 딜런처럼 피에 굶주린 학살자가 아니었다. 조승희는 그가 남긴 비디오에서 자신이 박해받고 십자가에 결박당하고 말뚝에 박히고 채찍으로 귀가 베인 사람이라고 했다. 심각한 정신질환에 시달렸던 것으로 보이는데, 아마도 조현병으로 짐작된다. 콜럼바인 살인자들과 달리 그는 현실감을 잃고 자신이 무슨 짓을 하는지 이해하지 못했던 것 같다. 그가 이해한 것은 에릭과 딜런이 깊은 인상을 남겼다는 사실뿐이었다.

52

조용한 시기

공격 당일 아침, 에릭과 딜런은 에릭의 지하실에서 잠깐 시간을 내서 마지막 비디오를 찍었다. 에릭이 감독했다. "이제 얘기해." 그가 말했다.

"안녕, 엄마." 딜런이 말했다. "가야 할 시간이야. '심판의 날'까지 30분 정도 남았어. 먼저 미안하다는 말부터 할게. 혹시라도 이 일 때문에 어이없는 일을 겪게 될지도 모르니까. 하지만 내가 더 좋은 곳에 간다는 것만은 알아줘. 사는 게 별로 재밌지 않았거든. 내가 가는 곳이 어디든 여기보단 행복할 거야. 그러니까 떠날 거야. 안녕. 렙⋯⋯"

에릭은 딜런에게 카메라를 넘겼다. "음⋯⋯ 내가 사랑하는 모든 사람들, 정말 미안해. 엄마와 아빠도 대체 뭐가⋯⋯ 그러니까 어떻게 된 일인지 몰라서 충격에 빠지겠지. 뭐, 미안해. 하지만 나도 어쩔 수 없어."

카메라 뒤에 있던 딜런이 슬쩍 끼어들었다. "우리가 해야 하는 일이야."

에릭은 댄스파티에서 만났던 여자애에게 할 말이 있었다. "수전, 미안해. 이런 상황만 아니었다면 많은 것이 달랐을 텐데. 그 멋진 CD는 네가 가져." 딜런은 안절부절못하며 손가락을 꺾어 소리를 냈다. 에릭은 순간적으로 화난 표정을 했다. 그러자 딜런은 그만뒀다. 에릭은 뭔가 심오한 말을 하려 했었는데 딜런은 조금도 신경쓰지 않는 눈치였다. 에릭은 결국 중요한 순간을 놓쳤다. "됐다. 아무튼 미안해. 안녕."

딜런은 카메라를 자신의 얼굴 쪽으로 돌리고 마지막 인사를 했다. "안녕."

—

에릭과 딜런이 바깥에서 총격을 가한 것은 고작 5분밖에 되지 않았다. 두 명을 죽이고 학교 건물 안으로 들어간 그들은 5분 동안 보안관보들의 공격을 피하며 데이브 샌더스를 쐈고 목표대상을 찾아 복도를 돌아다녔다. 이어 난간 위에서 식당 쪽으로 파이프폭탄을 던졌다. 아무도 없어 보였지만 그렇지 않았다. 테이블 밑에 숨어 있던 몇몇 아이들이 달아나기 시작했다. 학생식당 문 밖으로 모두들 무사히 빠져나갔다. 나머지 아이들은 그대로 숨어 있었다.

두 아이는 도서관 창문을 지나는가 싶더니 그 안에 몰려 있는 아이들을 보고는 방향을 틀어 도서관으로 들어갔다. 먹잇감이 잔뜩 보였다. 무려 56명이나 그 안에 있었다. 에릭과 딜런은 열 명을 죽였고 12명을 다치게 했다. 나머지 34명도 마음만 먹었다면 쉽게 해치울 수 있을 터였다. 하지만 그들은 지겨워졌다. 7분 30초 만에 도서관을 나왔다. 이때가 11시 36분으로 공격을 시작한 지 17분 뒤였다. 이때부터 그들은 경찰과 스스로에게 총을 쏜 것을 제외하면 더이상 사람을 향해 발포하지 않았다.

두 아이는 과학실이 있는 날개건물로 갔다. 3번 과학실을 지났는데 그곳에서는 이글스카우트 두 명이 데이브 샌더스에게 응급처치를 막 시작하고 있었다. 창유리를 통해 여러 교실을 보았다. 거의 모든 교실에 아이들이 있었다. 최소한 200~300명의 아이들이 아직도 학교 건물 안에 있었다. 살인자들은 아이들이 거기 있다는 것을 알았다. 많은 목격자들과 눈이 마주쳤다. 에릭과 딜런은 복도를 계속 걸어다녔다. 그러다 빈 교실을 골라 총을 쏘기 시작했다.

그들은 목적 없이 위층을 돌아다녔다. 일반인들에게는 그들이 총격을 멈추고 "조용한 시기"에 접어든 것이 이상하게 보였을지도 모른다. 그런데 사이코패스에게는 꽤 흔한 일이다. 이들은 자신들의 위업을 즐기지만 살인마저도 금방 지루해한다. 연쇄살인범들도 살인에 흥미를 잃고 며칠 동안 잠잠할 때가 많다. 에릭은 아마도 우쭐거리며 뻐겼겠지만 이미 흥미를 잃었을 것이다. 딜런은 모르긴 해도 양극성 기분장애를 겪는 사람처럼 복잡한 기분이었을 것이다. 자신의 행동에 무심하고 무자비하면서 가학적이지는 않았다. 이미 죽을 준비가 된 그는 에릭이 이끄는 대로 따라갔다.

에릭에게는 아직 짜릿하게 즐길 거리가 몇 가지 더 남았다. 살인은 싫증났지만 폭발이 기다리고 있었다. 그의 생애에서 가장 큰 폭발이.

이제 그가 최고로 공을 들인, 학교 전체를 날리고 잔해를 불태울 차례였다.

그는 11시 44분에 학생식당으로 이어지는 계단을 내려갔다. 딜런이 그의 뒤를 바짝 따라갔다. 에릭은 중간의 층계참에서 멈췄다. 무릎을 꿇고 정확도를 높이려고 계단 난간에 라이플 총신을 기대놓았다. 수많은 배낭이 여기저기 흩어져 있었지만 그는 어떤 더플백이 자신의 것인지 알았다. 총을 쏘았다. 두 아이는 자신들이 폭탄의 충격 지대 안에 있다는 것을 알았다. 대학살이 시작된 지 25분, 에릭은 메인이벤트를 위한 두번째 시도이자 첫번째 자살시도를 했다. 이번에도 실패로 끝났다.

에릭은 포기하고 폭탄을 향해 곧장 걸어갔다. 딜런이 그의 뒤를 따랐다. 딜런은 폭탄을 어떻게 해보려고 했지만 역시 실패였다. 테이블 밑에 숨어 있는 아이들이 보였는데, 살인자들은 그들을 무시했다. 테이블 위에 널려 있는 음료수 캔 가운데 하나를 집어들고 마셨다. "오늘은 세상이 끝나는 날이야." 둘 중 한 명이 말했다. "오늘은 우리가 죽는 날."

감시카메라가 그들의 움직임을 포착했다. 그들이 식당에서 보인 몸짓은 도서관의 목격자들이 증언했던 것과 완전히 달랐다. 어깨를 축 늘어뜨리고 천천히 걸었다. 흥분이 다 빠져나간 듯했고 허세도 보이지 않았다. 게다가 에릭은 코까지 부러져서 무척 고통스러워했다.

두 아이는 2~3분 뒤에 학생식당에서 나갔다. 나가는 길에 딜런이 대형 폭탄에 화염병을 던졌다. 폭탄을 터뜨리려는 마지막 시도였다. 이번에도 실패였다. 몇몇 아이들이 폭음을 듣고 도망쳤다.

두 아이는 정처 없이 돌아다녔다. 계단을 다시 올라갔다 내려와서는 식당의 피해 상황을 둘러보았다. 한심했다. 화염병으로 작은 불이 일어나 더플백이 타면서 폭탄 하나에 묶여 있던 연료에 불이 붙었지만 프로판탱크까지 옮겨붙지는 못했다. 게다가 화재로 스프링클러가 가동되면서 바닥이 흥건했다. 화염 가득한 지옥을 기대했건만 이건 그냥 물난리였다.

살인자들은 이제 어떻게 해야 좋을지 난감한 기색이 역력했다. 지금쯤이면 죽었어야 했다. 경찰이 이들을 처리했어야 했다. 에릭은 머리에 총을 맞을 거라고 생각했었다. 아무도 그렇게 하지 않았다.

이제 두 가지 선택이 있었다. 자살하거나 항복하는 방법뿐이었다. 에릭은 항복하느니 차라리 죽을 터였다. 메데이아처럼 화염 속에서 쓰러져가고 싶었는데 폭탄이 터지지 않으니 난감했다.

코너에 몰린 사이코패스는 "경찰에 의한 자살"을 시도할 때가 종종 있다. 경찰을 일부러 자극해서 총을 쏘도록 유도하는 것이다. 에릭과 딜런은 경계선을 침범함으로써 그렇게 극적으로 죽을 수 있었다. 아마 영광스러운 죽음이었을 것이다. 하지만 그러려면 엄청난 용기가 필요했다.

에릭은 자기 운명은 자기가 결정하고 싶었다. 딜런은 아무래도 좋으니 빨리 이 상황에서 벗어나고 싶었다. 만약 혼자였다면 그는 설득을 당해 밖으로 나왔을지도 모른다. 2년 동안 자살을 생각해왔지만 실행 근처에도 못 갔다. 옆에서 그를 이끌어줄 파트너가 없었기 때문이다.

정오 무렵에 그들은 도서관으로 돌아갔다. 왜 거기서 끝내려 했을까? 3부가 시작될 시간이었다. 자동차에 설치해놓은 폭탄이 터질 때가 되었다. 예상했던 대로 구급차들이 딜런의 BMW 옆에 모여 있었다. 근처에서는 부상자 치료센터가 분주하게 돌아갔다. 그러니 폭탄이 터지면 에릭의 스케치에서처럼 팔다리가 사방으로 날아갈 것이다. 도서관 창문은 마치 경기장의 특별관람석 같았다. 에릭과 딜런은 아마도 앞서 그곳에서 벌어진 살육 때문이 아니라 폭탄이 터지는 광경을 더 잘 보려고 그곳을 골랐을 것이다.

도서관은 24분 전에 그들이 그곳을 떠났을 때와는 상당히 달라져 있었다. 시체가 급속도로 부패하기 시작했다. 살인자들을 가장 먼저 습격한 것은 냄새였을 것이다. 피에 다량 함유된 철분 때문에 독한 금속 냄새가 코를 찔렀다. 평균적으로 한 사람의 몸에는 5.5리터의 피가 들어 있는데, 수십 리터는 족히 되어 보이는 피가 작고 검은 반점들이 있는 적갈색 젤라틴으로 응고되어 카펫에 웅덩이를 이뤘다. 여기저기 튄 작은 방울들은 금세 말라붙어 검은색으로 딱딱하게 굳었다. 튀어나간 뇌 파편들은 이내 콘크리트처럼 단단하게 굳을 터였다. 작은 파편은 퍼티나이프로 긁어내고 완고하게 버티는 큰 덩어리는 증기분사기를 쐬어 녹여야 할 터였다.

살인자들이 아까 도서관을 떠났을 때만 해도 총소리, 비명소리, 폭발음에 42명의 아이들이 흐느끼고 헐떡대고 기도하는 소리로 정신이 없었다. 이제 모든 소리가 다 그쳤고 날카로운 화재경보기 소리밖에 들리지 않았다. 따사로운 미풍이 깨진 창문을 통해 안으로 흘러들어왔다. 12명이 바닥에 쓰러져 있었다. 두 명은 아직도 숨을 쉬었다. 패트릭 아일랜드와 리사 크로이츠는 의식이 가물가물했고 움직이지 못했다. 네 명의 교직원이 그 뒤쪽의 방에 숨어 있었다. 10구의 시체는 사후경직이 시작되었다. 피부가 이미 하얗게 변했고 적혈구가 가라앉으면서 자줏빛 반점이 보이기 시작했다.

살인자들은 어쩌면 이를 의식하지 못했을 수도 있다. 대학살범들은 종종 의식이 전환되어 공포를 보고도 자신과 분리해서 생각하거나 무감각해질 때가 있다. 공포를 아예 알아차리지 못하는 경우도 있고, 아니면 눈알이 튀어나오거나 쑥 들어가거나 흰자위가 흐려지거나 붉은 반점을 드러내는 등 다양한 방식으로 임상적 호기심을 보인다. 에릭과 딜런이 희생자들의 몸을 만졌다면 체온이 이미 상당히 식었다는 것을 알아차렸을 것이다. 그래도 아직 차갑고 뻣뻣한 상태는 아니었다.

그들은 걸었다. 에릭은 중앙 쪽 창문으로 걸음을 옮겼는데, 그러려면 시체들로 뒤엉킨 구역을 지나야 했다. 딜런은 창틀 여섯 개쯤 떨어진 더 가까운 곳에 자리를 잡았다. 그가 일부러 그쪽으로 갔다면, 가장 시체가 없는 곳을 택했을 것이었다.

두 아이는 군인들이 밖에서 자기들을 둘러싸고 있는 것을 조심스레 확인했다. 의료대원들이 숀, 랜스, 앤 마리를 구하려고 경계선을 막 넘고 있었다. 에릭이 총을 쐈다. 딜런도 쐈다. 두 명의 보안관보가 응사했는데 대개는 제압사격이었다. 의료진이 구출을 포기하자 아이들도 사격을 그쳤다. 32분간의 조용한 시기에 이들이 사람들을 향해 총을 쏜 것은 이때가 유일했다. 경찰에 의한 자살의 전형적인 예다. 교전중에 장렬하게 죽는데 시간과 장소와 방법은 자신들이 선택하는 것이다. 물론 이번에도 실패로 끝났다.

1~2분 뒤인 12시 6분에 첫번째 특수기동대가 콜럼바인 고등학교에 진입했다. 건물 반대쪽 끝으로 들어갔는데 에릭과 딜런은 아마 몰랐을 것이다. 이들은 자신들의 차가 폭발하기를 기다렸다. 마지막으로 기대했던 것마저 불발로 끝나자 실망한 이들은 이쯤에서 끝내기

로 했다.

에릭은 혼란스러운 난장판을 등지고 돌아섰다. 거기에서 그나마 말끔한 구역인 남서쪽 모퉁이로 갔다. 딜런도 그리로 갔다. 벽과 책장으로 세 면이 둘러싸이고 창문 바깥으로 산이 내다보이는 아늑한 곳이었다. 한 명이 근처에 쓰러져 있었다. 의식을 잃은 채 겨우 숨만 붙어 있는 패트릭 아일랜드였다. 두 아이는 창문 쪽을 향한 채 바닥에 앉았다. 경찰의 총격을 피하려고 몸을 숙이고 있는 것처럼 보였다. 이들의 의도를 생각한다면 이상해 보일 만도 했지만, 그들은 모든 상황을 스스로 통제하고자 했다. 에릭이 책장에 몸을 기댔고, 오른쪽으로 어깨너비만큼 떨어진 곳 몇 발짝 뒤에서 딜런이 그의 등을 쳐다보았다.

한 명이 화염병의 도화선으로 쓰던 천 조각에 불을 붙여 패트릭 바로 위의 테이블에 올려놓았다. 에릭은 이제 산탄총을 들고 나인 인치 네일스의 〈내리막 소용돌이〉에 나오는 반영웅처럼 총구를 입에 갖다 댔다. 딜런은 TEC-9을 왼쪽 관자놀이에 댔다. 천 조각에 붙은 불은 꺼졌다.

에릭은 방아쇠를 당겨 입천장을 날림으로써 "뇌를 깨끗이 비웠다". 책들을 등지고 쓰러지며 옆으로 풀썩 주저앉았다. 앞으로 뻗은 팔이 굽어지면서 마치 보이지 않는 베개를 끌어안고 있는 모양새를 했다. 딜런은 총격으로 등이 바닥을 향한 채로 털썩 내려앉았고 뇌에서 떨어져나간 조각들이 에릭의 왼쪽 무릎을 뒤덮었다. 바로 그 옆에 딜런의 머리가 놓였다.

피가 철철 흘렀지만 희생자들의 피에는 미치지 못했다. 비자율신경계를 조절하는 골수가 터졌다. 심장이 거의 즉시 멈췄다. 의학적으로 "출혈"이 멎었다. 다만 중력 때문에 피가 밖으로 계속 새어나왔다. 딜런의 피가 퍼덕거리는 에릭의 다리를 축축이 적셨다.

화염병이 터지면서 작은 화재가 일었다. 피는 흘러서 테이블 상판 너머 에릭의 조잡한 네이팜 쪽으로 번졌고, 그 아래 있던 에릭의 뇌 조각이 점점 굳어졌다. 세부 조사에 따르면 아이들은 폭발 직전에 죽었다. 경보체계가 화재를 감지했고 그 시간을 12시 8분으로 기록했다.

스프링클러가 작동해서 아이들이 흠뻑 젖었다. 피가 두개골에서 다 빠져나가 산화되면서 어둑어둑한 후광을 그렸다.

세 시간 뒤에 경찰이 구겨진 에릭과 편안하게 뻗어 있는 딜런을 발견했다. 딜런의 다리는 한쪽으로 쏠렸고 무릎 하나가 다른 무릎 위에 포개져서 발목이 열십자 모양을 했다. 배 위에 걸쳐진 팔 하나가 검은색 티셔츠에 적힌 단어를 강조했다. 뒤로 젖힌 머리와 벌어진 입과 늘어진 턱이 보였다. 턱 가장자리에서 귀까지 피가 조금씩 흘러나왔다. 딜런의 표정은 차분해 보였다. 가슴에 쓰인 붉은색 글자는 '분노'라고 소리쳤다.

53

무너진 곳에서

추모비를 세우는 데 8년 6개월이 걸렸다. 2006년까지 모금된 기금이 줄여 잡은 예산의 70퍼센트를 넘어서자 건설 허가가 났다. 그해 6월에 첫 삽을 뜰 때 대대적인 행사가 열렸다. 희생자들을 기리고 부족한 30만 달러를 모금하기 위해서였다. 빌 클린턴이 참석했고 2000명의 조문객들이 행사장에 왔다.

돈 애나가 희생자 13명의 이름을 하나하나 불렀다. "우리가 여기에 모인 것은 그들을 사랑하기 때문입니다. 우리는 한 가족이자 이웃으로서 어두운 시기를 함께 헤쳐왔고 이제 새로운 시기를 맞이하려고 합니다."

소나기구름이 몰려와 빗방울을 떨어뜨렸다. 여기저기 우산이 펼쳐졌지만 대부분의 사람들은 비가 오는 줄도 몰랐다. 움직이는 사람이 아무도 없었다. 다들 개의치 않았다.

이곳은 공화당 지역이었지만 클린턴이 소개되자 열렬한 박수가 터져나왔다. 지역 사람들은 미국 대통령이 행사장에 와서 자랑스러웠다.

"오늘 제가 이 자리에 서게 된 것은 수백만 명의 미국인들이 콜럼바인으로 인해 달라졌기 때문입니다. 힐러리와 제가 백악관에서 보낸 가장 힘든 시기였습니다. 우리는 함께 울고 기도했습니다."

그는 단상에 오르기 직전에 힐러리가 의회에서 전화를 걸어왔다고 말했다. "그날 우리가 무엇을 했는지 상기시키기 위해서였습니다. 미국의 역사에서 중대한 사건이었습니다. 모든 학부모들이 무기력함을 느꼈고 대통령인 저 또한 마찬가지였습니다."

그는 생존자들이 어떻게 지내는지 지켜보고 있었다고 했다. 그러면서 베트남전에서 두 다리와 팔 하나를 잃은 자신의 동료 맥스 클리랜드를 언급했다. 맥스에게는 매일 아침 옷 입는 것이 고역이었다. 클린턴은 그가 전쟁터에서 무사히 돌아오거나 자기처럼 징병을 피한 사람들을 원망할 수도 있었다고 말했다. 하지만 이 얼마나 소모적인 일인가. 클리랜드는 상원의원에 출마해서 6년간 조지아 주 대표로 일했다. 클린턴은 그가 헤밍웨이를 인용하기를 좋아했다고 말하면서 자신이 가장 좋아하는 구절을 암송했다. "세상이 모든 이를 무너뜨리면 무너진 그곳에서 많은 이들이 강해진다."

"지금부터 매일 세상은 누군가를 무너뜨릴 겁니다." 클린턴이 이렇게 덧붙였다. "멋진 가족과 교사들이 옆에서 도와준다면 아이들은 강한 존재로 성장할 수 있을 겁니다."

패트릭 아일랜드는 콜로라도 주립대학에서 첫날 만난 케이시에게 청혼했다. 그는 만약 자기가 총에 맞지 않았다면 그녀를 만나지 못했을 거라고 했다.

두 사람은 8월에 결혼했다. 빨간 가운을 차려입은 여섯 명의 신부 들러리가 화려한 성당 통로를 걸어갔다.

프랭크 교장도 결혼식에 참석했다. 그는 패트릭이 어떤 장비나 다른 이의 도움도 없이 강단에 서 있는 것을 보고 깜짝 놀랐다. 결혼식에 참석한 급우들의 숫자에도 마찬가지로 놀랐다. 교장은 20년간 졸업생들이 고등학교 친구들과 멀어지는 것을 흔히 보아왔지만, 사고를 겪은 2000명의 생존자들은 항상 가깝게 지냈다.

패트릭은 우아하고 침착하게 걸었다. 교장은 눈물을 훔쳤다. 크레이그 병원에서 패트릭을 치료했던 의사도 왔는데 그 역시 믿기지 않는다는 표정이었다. 로라도 놀라움을 감추지 못했다. 패트릭이 수줍어서 댄스파티에 같이 가자고 하지 못했던 바로 그 여자애였다.

결혼식 피로연을 위해 패트릭은 한 달 동안 사교춤 수업을 받았다. 그는 플로어를 누비며 케이시를 멋지게 돌렸다. 왈츠, 투스텝, 폭스트롯을 능숙하게 췄고 여자가 어깨를 뒤로 젖히는 딥 동작으로 첫번째 춤을 마무리했다. 패트릭이 어머니 캐시와 함께 셀린 디옹의 〈당신이 나를 사랑하니까(Because You Loved Me)〉에 맞춰 춤을 추었다. 다이앤 워런이 아무도 자신을 믿지 않을 때 자신을 격려해준 아버지를 생각하며 작곡한 노래였다. 캐시는 아들의 팔에 안겨 조용히 눈물을 흘렸다.

FBI 전직 부서장 드웨인 퓨질리어는 아직까지도 경찰들의 모임과 교사들의 모임에 참석해달라는 요청을 받는다. 그들은 왜 그런 일이 벌어졌는지 여전히 알고 싶었다. 그럴 때마다 퓨질리어는 이번이 마지막이라면서도 기꺼이 응했다.

그는 제3세계에서 인질협상가들을 가르치는 일을 지금도 계속하고 있다. 골프를 치며 많은 시간을 보내는데, 가끔 에릭과 딜런이 생각날 때가 있다고 했다. 그래봐야 바뀌는 일도 없으므로 개운하지는 않지만 말이다.

그의 두 아들은 대학을 졸업하고 성공적인 사회생활을 시작했다.

그는 지금도 에릭과 딜런의 부모를 만나보고 싶어한다.

—

브래드와 미스티 버넬은 뉴멕시코 근처로 집을 옮겼다. 거기서는 훨씬 행복하게 지냈다.

『그녀는 그렇다고 말했다: 캐시 버넬의 기적의 순교』는 페이퍼백으로 두 차례 재간되었고 도서관 판본과 오디오북으로도 나왔다. 총 100만 권 이상이 팔렸다. 노골적으로 그녀의 신화를 계속 우려먹는 웹사이트들이 범람했다. 캐시의 청년부 목사의 말이 옳았다. 교회는 그 이야기에 집착했다.

지역교회들은 콜럼바인 이후 한차례 부흥을 맞았다. 신도들이 급증했고 전례 없는 열기가 돌았다. 하지만 유행은 시들해졌다. 담임목사들은 사건의 영향이 아주 오래가진 않았다고 했다.

—

해리스 부부와 클레볼드 부부는 여전히 사람들 눈을 피해다녔다. 해리스 부부는 집을 팔았지만 그 지역에 계속해서 머물렀다. 클레볼드 부부는 이사하지 않고 같은 집에서 지냈다. 2006년 7월, 딜런의 형 바이런이 결혼했다.

—

콜럼바인의 학생들은 자신들의 학교 이름을 더이상 대학살이라는 뜻으로 사용하지 않았다. 콜럼바인은 다시 고등학교 이름이 되었다. 담배를 피우는 아이들은 클레멘트 공원을 돌아다니다 흡연장소 근처로 온 못 보던 어른들과 다시 잡담을 나누었다. 이런 행동이 더이상 두려운 일이 아니었다.

한 언론인이 정상으로 돌아간 학교 모습을 취재하려고 들렀을 때 아이들은 당혹해했다. 따분한 학교에 왜 관심을 갖는 거지? 그들은 정말 몰랐다. 그가 도시에서 왔다고 하자 아이들 표정이 밝아졌다. 거기 클럽은 어때요? 콜팩스 거리에 가봤어요? 정말 스트립 클럽이랑 술꾼이랑 창녀들이 있나요?

아이들은 물론 비극을 기억했다. 그 끔찍한 날을 어떻게 잊겠는가. 초등학교가 전부 폐쇄되고 다들 두려움에 떤 그날을. 당시 형 누나가 고등학교에 갇혀 있었던 아이들도 있었다. 부모들은 몇 달 동안 안절부절못했다. 그래서 덴버는 어때요?

———

프랭크 교장에겐 두 명의 손자, 손녀가 생겼다. 아들은 안정된 직장을 얻었고 딸은 약혼했다. 프랭크는 다이앤 마이어를 이번에는 놓치지 않았다. 그가 이혼한 뒤 두 사람이 다시 만났다. 그녀는 고등학교 때와 마찬가지로 발랄했다. 똑같은 푸른 눈에 통찰력과 배려심도 여전했다. "의지할 수 있는 사람"이라고 그가 말했다. 두 사람은 데이트를 시작했고 2003년 크리스마스이브에 프랭크가 청혼했다. 그녀는 좋다고 했다. 그들은 아직 약혼자 사이로 지내고 있다.

교장은 학생들에게 은퇴 계획을 밝혔다. 2012년이나 2013년 졸업식까지 일할 생각이라고 했는데 그때가 되면 쉰일곱이나 쉰여덟 살이다. 이후 무엇을 할지는 아직 정하지 않았다. 골프를 치거나 여행을 다니며 즐길 것이다.

———

린다 샌더스는 우울증을 털고 일어났다. 힘든 날들이 여전히 있지만 이제 견딜 만했다. 2008년에 그녀는 남자를 다시 만났다.

———

추모비 사업은 이제 막바지에 달했다. 마지막 한 고비가 완공을 방해했다. 2007년 봄에 불도저들이 레벨 힐 뒤쪽 경사지에서 부지 공사를 하고 있을 때 브라이언 로버가 추모비 사업위원회에 싸움을 건 것이다. 위원회는 13인을 특별하게 추억하는 의미로 안쪽에 '추억의 고리'를 만들고, 바깥에는 부상 여부와 상관없이 학생, 교사, 친구, 이웃 등 비극으로 상처받은 모든 이들의 말을 새긴 '치유의 고리'를 만들어 추억의 고리를 둘러싸게 했다. 그리고 13인의 가족마다 안쪽의 고리에 자신들의 아이, 아버지, 배우자를 추억하는 문장을 새길 수 있도록 갈색 대리석에 널찍한 공간을 마련했다. 위원회는 가족들에게 멋스러우면서도 예의를 갖춘 문장을 준비해달라고 부탁했다.

열두 가족은 합의했지만 한 가족이 문제였다. 수 페트론과 브라이언 로버는 서로 의견이 맞지 않아 대니를 위해 나란히 새겨질 비문을 각자 제출했다. 수는 아이의 푸른 눈과 매력적인 미소, 듣는 이도 웃음짓게 했던 웃음소리를 추억했다. 브라이언은 신을 공경하지 않는 학교 시스템을 문제시하며 콜럼바인을 성토하는 글을 제출했다. 국가는 낙태를 합법화하고 경찰 당국은 거짓말하며 범죄를 은폐하기에 급급하다고 몰아붙였다. 그는 **사악한 자에게는 평화도 없다**는 성경 구절로 글을 마무리했다.

위원회는 브라이언에게 어조를 완화해달라고 요청했다. 그는 거절했다. 양측 모두 오고간 말을 비밀에 부치기로 했는데 핵심적인 사항이 밖으로 새어나갔다. 그러자 콜로라도에 또 한차례 후폭풍이 일었다. 여론이 양분되고 팽팽한 교착 상태가 벌어졌다. 추억의 고리에 분노의 성토가 새겨지기를 원하는 사람은 아무도 없었다. 위원회는 이를 제지할 힘이 있었다. 브라이언은 얼마든지 한번 해보라고 했다.

하지만 이것은 겨룰 만한 일이 아니었다. 8년이 지났지만 슬픔에 젖은 아버지를 이길 수 있는 자는 아무도 없었다.

—

   콜럼바인 추모비의 제막식은 2007년 9월의 화창한 오후에 열렸다. 수천 명이 이곳을 찾아 안쪽 벽을 말없이 지나며 추억의 고리를 둘러보았다. 분노의 비문을 둘러싼 소동은 벌어지지 않았다. 호기심 때문에라도 그럴 법했지만, 이것을 더 눈여겨보는 구경꾼도 없었다. 별다른 반응이 없었다. 아무도 신경쓰지 않는 듯했다.

   부상자를 대표해서 패트릭 아일랜드가 몇 마디 했다. "총기사건은 이미 벌어진 일입니다. 하지만 그 사건이 저의 모습을 결정하지는 않았습니다. 총격자들 때문에 남은 제 인생이 정해지지 않았습니다."

   비둘기 13마리가 공중에 날아갔다. 몇 초 뒤에 200마리가 더 자유를 찾아 날아갔다. 나머지 모든 사람들을 위한 것이었다. 비둘기들은 사방으로 흩어졌다. 한동안 하늘 전체를 뒤덮는가 싶더니 이어 거대한 무리를 지어 왼쪽으로 오른쪽으로 다시 왼쪽으로 날아올라 청명한 푸른 하늘에 하얀 구름이 되었다.

사건 시간표

—2학년

1997년	1월	사명 시작.
1997년	2월 28일	웨인 해리스가 일지 작성 시작.
1997년	3월 31일	딜런이 일지 작성 시작.
1997년	여름	에릭과 딜런이 블랙잭에서 아르바이트 시작, 첫번째 파이프폭탄 제작.
1997년	7월 23일	딜런이 일지에서 살인을 처음으로(아마도 은유적으로) 언급.
1997년	8월 7일	"나는 증오한다"라는 폭언이 수록된 에릭의 웹사이트가 경찰에 신고됨.

—3학년

1997년	10월 2일	에릭, 딜런, 잭이 사물함을 털다가 정학당함.
1997년	11월 3일	딜런이 일지에서 살상극을 처음으로 언급.
날짜 미확인		에릭과 딜런이 학교 컴퓨터실에서 장비를 훔침.
1998년	1월 30일	에릭과 딜런이 밴 무단침입으로 체포.
1998년	2월 15일	보안관보가 에릭의 집 근처에서 파이프폭탄 발견.
1998년	2월 16일	에릭이 정신과 의사를 만나고, 곧 졸로프트를 복용하기 시작.
1998년	봄*	에릭이 파이프폭탄을 아버지에게 들킴. (* 날짜가 확인되지 않았는데 대략 이 무렵으로 추정된다.)
1998년	3월 18일	딜런이 브룩스 브라운에게 에릭이 죽이겠다는 위협을 했다고 경고.
1998년	3월 19일	에릭과 딜런이 교화 프로그램 면접.
1998년	3월 25일	에릭과 딜런이 법정에서 판결받음.
1998년	4월	조사관 게라가 에릭의 집 수색영장 신청서 작성.

1998년	4월	8일	에릭이 교화 프로그램 등록.
1998년	4월	10일	에릭이 일지 작성 시작.
1998년	5월	9일	에릭과 딜런이 공격에 대한 개요를 상대방의 기념 앨범에 적음.
1998년	5월	14일	에릭이 졸로프트에서 루복스로 처방을 바꿈.

―4학년

1998년	10월 22일	에릭이 공격에 쓸 파이프폭탄 제작 시작, 다음날 일지 작성 재개.
1998년	11월 13일	에릭이 나치에 관한 리포트 제출.
1998년	11월 17일	에릭이 일지에 가학적인 강간의 공상 묘사.
1998년	11월 22일	에릭과 딜런이 태너 총기전시회에서 산탄총 두 자루와 라이플 구입.
1998년	12월 2일	에릭이 처음으로 무기를 시험.
1999년	1월 20일	에릭과 딜런이 교화 프로그램 수료, 딜런이 일지 작성 재개.
1999년	1월 23일	에릭과 딜런이 마크 메인스로부터 TEC-9 구입.
1999년	2월 7일	딜런이 "부잣집 애들"을 살해하는 내용의 소설 제출.
1999년	3월 6일	에릭과 딜런이 램파트 레인지에서 사격 연습.
1999년	3월 15일	에릭과 딜런이 지하실의 테이프를 촬영하기 시작.
1999년	3월 20일	에릭이 크리스 모리스를 영입하려고 시도.
1999년	4월 5, 8, 15일	에릭이 해병대 신병 모집원과 대화.
1999년	4월 17일	학교 댄스파티.
1999년	4월 20일	대학살.

•부록 1

콜럼바인 고등학교와 주변

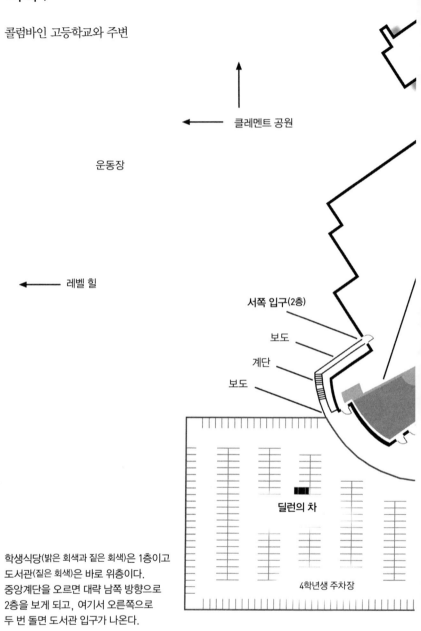

클레멘트 공원

운동장

레벨 힐

서쪽 입구(2층)

보도

계단

보도

딜런의 차

4학년생 주차장

학생식당(밝은 회색과 짙은 회색)은 1층이고
도서관(짙은 회색)은 바로 위층이다.
중앙계단을 오르면 대략 남쪽 방향으로
2층을 보게 되고, 여기서 오른쪽으로
두 번 돌면 도서관 입구가 나온다.

N

교직원 주차장과
흡연구역

피어스 거리

교장 집무실(2층)

동쪽 입구(2층)

공동마당(학생식당)/도서관

중앙계단(계단 맨 위)

3번 과학실(2층)

학생들이 드나드는 출입구(1층)

에릭의 차

3학년생 주차장

to fuck you? no, I didn't think so. women you will always be under men. its been seen throughout natures, males are almost always doing the dangerous shit while the women stay back. its your animal instincts, deal with it or commit suicide, just do it quick. thats all for now. - 5/20/98.

If you recall your history the Nazi's came up with a "final solution" to the Jewish problem... kill them all. well incase you havent figured it out yet, I say,

"KILL MANKIND" no one

should survive. we all live in tiers. people are always saying they want to live in a perfect society, well utopia doesn't exist. It is human to have flaws... X you know what, Fuck it, why should I have to explain myself to you survivors, when half off this shit I say you shitheads wont understand and if you can then woopie fucking do. that just means you have something to say as my reason for killing. and the majority of the audience wont even understand my emotives either! they'll say "ah, hes crazy, hes insane, oh well, I wonder if the bulls won." you see! its fucking worthless! all you fuckers shoult die! DIE what the fuck is the point if only some people see what I am saying, there will always be ones who dont, ones that are to dumb or naive or ignorant or just plain retarded. If I cant pound it into every single persons head then it is pointless. X fuck mercy fuck justice fuck morals fuck civilized fuck rules fuck laws... DIE manmade words... people think they apply to everything when they dont/cant. theres no such thing as True Good or True evil, its all relative to the observer. its just all nature, chemistry, and math. deal with it. but since dealing with it seems impossible for mankind, since we have to slap warning labels on nature, then ...you die. burn, melt, evaporate, decay, just go the fuck away !!!!! YAAAAA!!!

~ 6/12/98 ~

"when in doubt, confuse the hell out of the enemy" - Fly 9/2/98

wait, mercy doesn't exist....

JC-001-026010

에릭의 일지. 인간에 대한 혐오감이 드러난다. 1998년 5~6월.

602

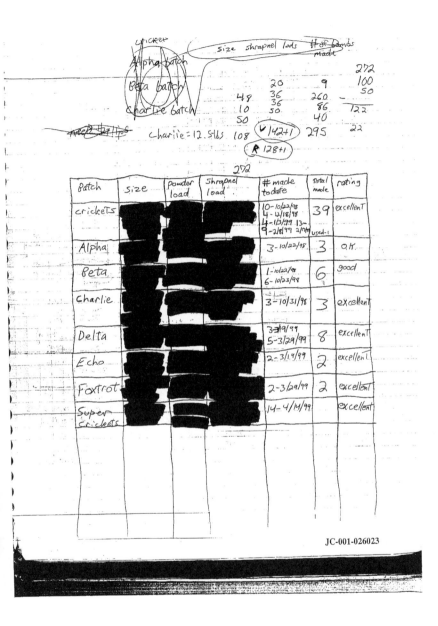

cricket

Alpha batch

size | shrapnel loads | # of bombs made

272

Beta batch   20   9   100
                                   50
Charlie batch 48   36   260   —
               10   36   86   122
               50   50   40
                                 22

Charlie = 12.5 lbs 108 V 142+1   295
                         R 128+1

272

Batch	Size	Powder load	Shrapnel load	# made to date	Total made	rating
crickets				10-10/22/98 4-12/18/98 4-1/5/99 13- 9-2/8/99 2/7/99 used-1	39	excellent
Alpha				3-10/22/98	3	O.K.
Beta				1-10/22/98 6-10/23/98	6	good
Charlie				3-10/31/98	3	excellent
Delta				3-3/9/99 5-3/29/99	8	excellent
Echo				2-3/19/99	2	excellent
Foxtrot				2-3/29/99	2	excellent
Super Crickets				14-4/14/99		excellent

에릭이 정리한 폭탄 차트. 1998년 10월~1999년 4월.

Dear Mr. Ricky Becker,

Hello, my name is Eric Harris. On a Friday night in late-January my friend and I broke into your utility van and stole several items while it was parked at Deer Creek Canyon Road and Wadsworth. I am writing this letter partly because I have been ordered to from my diversion officer, but mostly because I strongly feel I owe you an apology and explanation.

I believe that you felt a great deal of anger and disappointment when you learned of our act. Anger because someone you did not know was in your car and rummaging through your personal belongings. Disappointment because you thought your car would have been safe at the parking lot where it was and it wasn't. If it was my car that was broken into, I would have felt extreme anger, frustration, and a sense of invasion. I would have felt uneasy driving in my car again knowing that someone else was in it without my permission. I am truly sorry for that.

The reason why I chose to do such a stupid thing is that I did not think. I did not realize the consequences of such a crime, and I let the stupid side of me take over. Maybe I thought I wouldn't be caught, or that I could get away. I realized very soon afterwards what I had done and how utterly stupid it was. At home, my parents and everyone else that knew me was shocked that I did something like that. My parents lost almost all their trust in me and I was grounded for two months. Besides that I have lost many of my privileges and freedom that I enjoyed before this happened. I am now enrolled in the diversion program for one full year. I have 45 hours of community service to complete and several courses and classes to attend over the course of my enrollment.

Once again I would like to say that I am truly sorry for what I have done and for any inconvenience I have caused you, your family, or your company.

Respectfully,

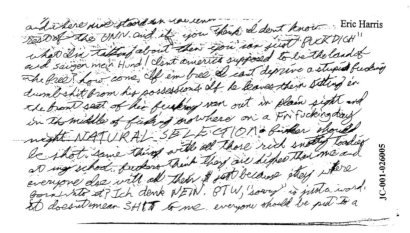

위: 에릭의 반성문. 아래: 비슷한 시기에 작성한 일지. 1998년 4월.

604

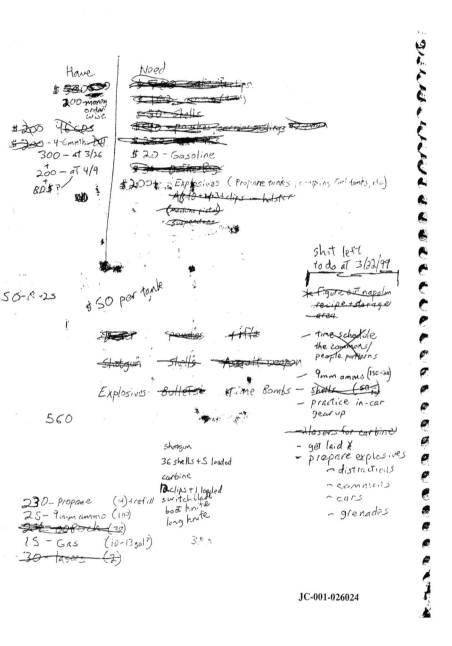

Have   Need

$~~380~~

~~200~~ money
order wise

#~~200~~ ~~4 clips~~

$~~200~~ – 4-6 mnths ~~9mm~~
    300 – at 3/26
    200 – at 4/9
    +
  BD$?

~~$50 shells~~

$ 20 – Gasoline

$ ~~200~~ + Explosives (Propane tanks, camping fuel tanks, etc)

~~AB-10 + 4 33 clips – holster~~

~~(machine pistol)~~

~~suspenders~~

shit left
to do at 3/22/99

★ figure out napalm
  recipe + storage
  area

50 - R + 25

$ 50 per tank

~~Rifle~~ ~~powder~~ ~~rifle~~

~~Shotgun~~ ~~shells~~ ~~Assault weapon~~

Explosives ~~Bullets~~ ~~Time Bombs~~

560

– time schedule
  the commons/
  people patterns

– 9mm ammo (150-)

– shells   (50-)

– practice in-car
  gear up

~~lasers for carbine~~

– get laid ✗

– prepare explosives
  ↳ distractions
  ↳ commons
  ↳ cars
  ↳ grenades

shotgun
36 shells + 5 loaded
carbine
2 clips + 1 loaded
switchblade
boot knife
long knife

3.8 ?

230 – propane (4) + refill
25 – 9mm ammo (100)
~~24 – 00 buck~~ (30)
15 – Gas (10-13 gal?)
~~30 – lasers~~ ~~(2)~~

에릭이 해야 할 일을 스스로 정리한 리스트. 1999년 3월.

i just want to be surrounded by the flesh of a woman, someone like ███████ who I wanted to just fuck like hell, she made me practically drool, when she wore those shorts to work... instant hard on. ... I couldn't stop staring. and others like ███████ in my gym class, ███████ or whatever in my gym class, and others who I just want to overpower and engulf myself in them. mmmm. I can taste the sweet flesh now... the salty sweat, the animalistic movement. ... Eeechhh... lieaebe. ... ... fleisecchhhh... who can I trick into my room first? I can sweep someone off their feet, tell them what they want to hear, be all nice and sweet, and then "fuck em like an animal, feel them form the inside" as Reznor said. oh — thats something else... that one NIN video I saw, broken or closer or something, the one where the guy is kidnapped and tortured like hell... actual hell. I want to do that too. I want to tear a throat out with my own teeth like a pop can. I want to gut someone with my hand, to tear a head off and rip out the heart and lungs from the neck, to stab someone in the gut, shove it up to the heart, and yank the fucking blade out of their rib cage! I want to grab some weak little freshman and just tear them apart like a fucking wolf. show them who is god. strangle them, squish their head, bite their temples into the skull, rip off their jaw. rip off their color bones, break their arms in half and twist them around, the lovely sounds of bones cracking and flesh ripping, ahh... so much to do and so little chances. — 11/17/98

Well folks, today was a very important day in the history of R. Today, along with Vodka and someone else who I wont name, we went downtown and purchased the following; a double barrel 12 ga. shotgun, a pump action 12 ga. shotgun, a 9mm carbine, 250 9mm rounds, 15 12 ga slugs, and 40 shotgun shells, 2 switch blade knives, and a total of 4 - 10 round clips for the carbine. we....... have. ... GUNS! we fucking got em, you sons of bitches! HA!! HAHAHA! neener! booga booga, heh. its all over now, this capped it off, the point

of no return, I have my carbine, shotgun, ammo and knife all in my trunk tonight and they'll stay there till tomorrow... after school you know, its really a shame. I had a lot of fun at that gun show, I would have loved it if you were there dad. we would have done some major ████ bonding. would have been great. oh well. but, alas, I fucked up and told ███ about my flask, that really disappointed me ███ I know you thought it was good for me in the long run and all that shit. smart of you to give me such a big raise and then me out, you figure it was supposed to cancel ██ each other, god damn flask. that just fucked me over big time. now you all will be on my ass even more than before about being on track. I'll get around it though, if I have to cheat and lie to everyone then thats fine, THIS is what I am motivated for, THIS is my goal. THIS is what I want "to do with my life". you know whats weird, I don't feel like punching through a door because of the flask deal, prob'ly caus

에릭의 일지. 강간에 대한 환상과 총기 습득과 관련된 글. 1998년 11월.

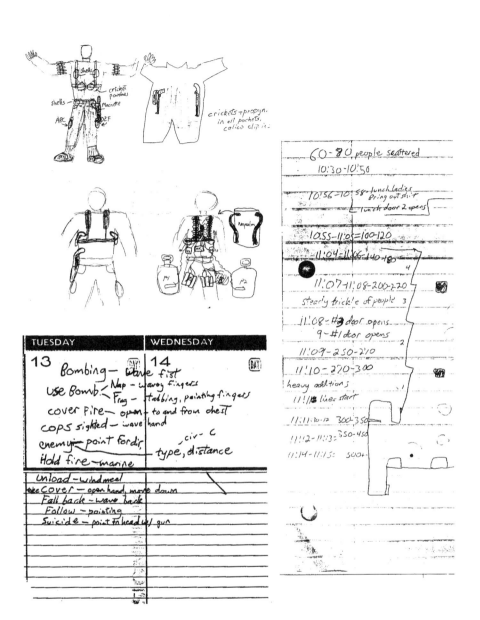

에릭이 장비와 관련해 그린 그림과
공동마당을 이용하는 사람의 수를 시간대별로 계산한 메모.

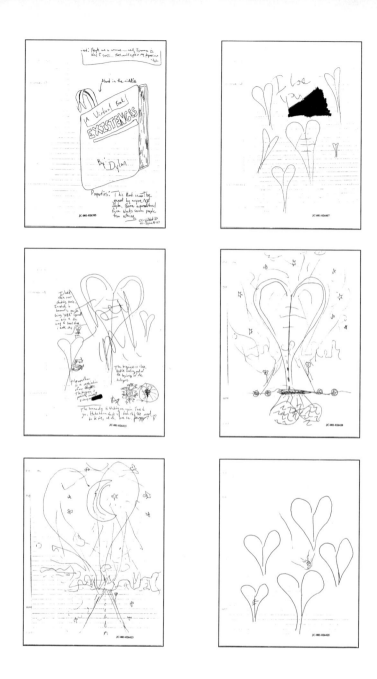

딜런의 일지. 커버와 하트를 그린 부분들. 1997~1999년.

<<-WODKA->>
9-5-97
Life, sux

my thngs?

oooh god i want to die soooo bad.... such a sad, desolate lonely unsalvageable i feel ~~like~~ i am... not fair, NOT FAIR!!! ~~fuuuu I wanted happiness!!~~ I never got it....

let's sum up my life... the most miserable existence in the history of time.... My best friend has ditched me forever, locked in bettering himself & having/enjoying/taking for granted his love.... I've NEVER been this... not ½oo times near this... they look at me ▮▮▮▮▮ like im a stranger,.... I helped them both out thru their life, & they left me in the abyss of suffering when i gave them the boot out. The one who I thought was my true love, ▮▮▮▮▮▮ is not. Just a shell of what i want the most... The meanest trick was played on me - a fake love... She in reality doesn't give a good shit about me... doesn't even know me..... I have no happiness, no ambitions, no friends, & no LOVE !!! ▮▮▮▮ can get me that gun I hope, i wanna use it on a poor SOB. I know... his name is vodka, dylan is his name too. What else can I do/give.... i stopped the pornography, I try not to pick on people. Obviously, at least one power is against me. ▮▮▮▮▮▮▮▮▮..... funny how I've been thinking about her one the last few days... giving myself ½ like possibilities that she, others MIGHT have liked me just a bit... my bad... I have always been hated, by everyone & everything, just now aware..... Goodbye all the crushes I've ever had, just shells, images, no ~~the~~ truths.... BUT

WHY? Yes (I) can read this, why did no one know

A dark time,
infinite sadness,
I want to find
love.

딜런의 일지. 그의 가장 친한 친구를 잃었다고 적은 부분. 1997년 9월.

[Handwritten at top:] D/&m- To make this more readable, double space, use @king, and consider a larger font. This is difficult to edit!

[Handwritten top right:] Dylan Klebold
2-?-99

[Handwritten margin notes:] great opening / on ? / rework / Mad Max / through / ¶ / plea / detail / it / c / Please make this #1 / No / Stay com'd

The town, even at 1:00 AM, was still bustling with activity as the man dressed in black walked down the empty streets. The moon was barely visible, hiding under a shield of clouds, adding a chill to the atmosphere. What was most recognized about the man was the sound of his footsteps. Behind the conversations & noises of the town, not a sound was to be heard from him, except the dark, monotonous footsteps, combined with the jingling of his belt chains striking not only the two visible guns, in their holsters, but the large bowie knife, slung in anticipation of use. The wide-brimmed hat cast a pitch-black shadow of his already dimly lit face. He wore black gloves, with a type of metal spiked-band across the knuckles. A black overcoat covered most of his body, small lines of metal & half-inch spikes layering upper portions of the shoulders, arms, and back. His boots were newly polished, and didn't look like they had been used much. He carried a black duffel bag in his right hand. He apparently had parked a car nearby, & looked ready for a small war with whoever came across his way. I have never seen anyone take this mad-max approach in the city, especially since the piggies had been called to this part of town for a series of crimes lately. Yet, in the midst of the nightlife in the center of the average-sized town, this man walked, fueled by some untold purpose, what Christians would call evil. The guns slung on his belt & belly appeared to be automatic hand guns, which were draped above rows of magazines & clips. He smoked a thin cigar, and a sweet clovesque scent eminated from his aura. He stood about six feet and four inches, and was strongly built. His face was entirely in shadow, yet even though I was unable to see his expressions, I could feel his anger, cutting thru the air like a razor. He seemed to know where he was walking, and he noticed my presence, but paid no attention, as he kept walking toward a popular bar, The Watering Hole. He stopped about 30 feet from the door, and waited. "For whom?" I wondered, as I saw them step out. He must have known their habits well, as they appeared less than a minute after he stopped walking. A group of college-preps, about nine of them, stopped in their tracks. A couple of them were mildly drunk, the rest sober. They stopped, and stared. The streetlights illuminating the bar & the sidewalk showed me a clear view of their stare, full of paralysis & fear. They knew who he was, & why he was there. The second-largest spoke up "What're you doin man..... why are you here...?" The man in black said nothing, but even at my distance, I could feel his anger growing. "You still wanted a fight huh? I meant not with weapons, I just meant a fist fight....cmon put the guns away, fuckin pussy!!" said the largest prep, his voice quavering as he spoke these works of attempted courage. Other preps could be heard muttering in the backround; "Nice trench coat dude, thats pretty cool there....".... "Dude we were jus messin around the other day chill out man... " ... "I didn't do anything, it was all them!!" ... "cmon man you wouldn't shoot us, were in the middle of a public place..." Yet, the comment I remember the most was uttered from the smallest of the group, obviously a cocky, power hungry prick. "Go ahead man! Shoot me!!! I want you to shoot me!! Heheh you wont! Goddam pussy...." It was faint at first, but grew in intensity and power as I heard the man laugh. This laugh would have made Satan cringe in Hell. For almost half a minute this laugh, spawned from the most powerful place conceiveable, filled the air, and thru the entire town, the entire world. The town activity came to a stop, and all attention was now drawn to this man. One of the preps began to slowly move back. Before I could see a reaction from the preps, the man had dropped his duffel bag, and pulled out one of the pistols with his left hand. Three shots were fired. Three shots hit the largest prep in the head. The shining of the streetlights caused a visible reflection off of the droplets of blood as they flew away from the skull. The blood splatters showered the preps buddies, as they were to paralyzed to run. The next four preps were not executed so systematically, but with more rage from the man's hand cannon than a controlled duty for a soldier. The man unloaded one of the pistols across the fronts of these four innocents, their instantly lifeless bodies dropping with remarkable speed. The shots from that gun were felt just as much as they were heard. He pulled out his other pistol, and without changing a glance, without moving his death-stare from the four other victims to go, aimed the weapon out to the side, and shot about 8 rounds. These bullets mowed down what, after he was dead, I made out to be an undercover cop with his gun slung. He then emptied the clip into two more of the preps. Then, instead of reloading & finishing the task, he set down the guns, and pulled out the knife. The blade loomed huge, even in his large grip. I now noticed that one of two still alive was the smallest of the band, who had now wet his pants, and was hyperventilating in fear. The other one tried to lunge at the man, hoping that his football tackling skills would save his life. The man sidestepped, and made two lunging slashes at him. I saw a small trickle of blood cascade out of his belly and splashing onto the concrete. His head wound was almost as bad, as the shadow formed by the bar's lighting showed blood dripping off his face. The last one, the smallest one, tried to run. The man quickly reloaded, and shot him thru the lower leg. He instantly fell, and cried in pain. The man then pulled out of the duffel bag what looked to be some type of electronic device. I saw him tweak the dials, and press a button. I heard a faint, yet powerful

딜런의 "신의 감정" 이야기와 교사의 메모. 1999년 2월.

explosion, I would have to guess about 6 miles away. Then another one occurred closer. After recalling the night many times, I finally understood that these were diversions, to attract the cops. The last prep was bawling & trying to crawl away. The man walked up behind him. I remember the sound of the impact well. The man came down with his left hand, right on the prep's head. The metal piece did its work, as I saw his hand get buried about 2 inches into the guy's skull. The man pulled his arm out, and stood, unmoving, for about a minute. The town was utterly still, except for the faint wail of police sirens. The man picked up the bag and his clips, and proceeded to walk back the way he came. I was still, as he came my way again. He stopped, and gave me a look I will never forget. If I could face an emotion of god, it would have looked like the man. I not only saw in his face, but also felt eminating from him power, complacence, closure, and godliness. The man smiled, and in that instant, thru no endeavor of my own, I understood his actions.

Quite compelling

Dylan —
I'm offended by your use of profanity. In class we had discussed the approach of using # !#

Also, I'd like to talk to you about your story before I give you a grade. You are an excellent writer/storyteller, but I have some problems with this one.

같은 글 두번째 쪽.

everything is as least expected. the weak are trampled on, the assholes prevail, the ~~scams~~ gods are deceiving, lost in my little insane asylum w. the outhouse redneck music playing... wanna die & be free w. my love... if she ever exists. She probably hates me... Sinatra weirdee or a jock who treats her like shit. I remember details... nothing worth remembering i remember. I don't know my love; could be ███ or ███ or or ███ or anyone. I don't know & i'm sick of not knowing!! to se/keep in the dark is a punishment))

I have lost my emotions... like in heart the song. N/U. People eventually find happiness i never will. Does that make me a non-human? YES the god of sadness... ███ church was so funny the rec thing w. ~~meraiii~~

JC-001-026401

딜런의 일지. "신의 슬픔"에 관한 부분. 1997년 11월.

감사의 말

이 책은 자신이 겪은 사연을 너그럽게 털어놓은 생존자들이 없었다면 세상에 나오지 못했다. 모두에게 고맙다. 특히 존, 캐시, 패트릭 아일랜드, 브라이언 로버, 린다 샌더스, 프랭크 디앤젤리스, 드웨인 퓨질리어, 프랭크 오크버그 박사, 로버트 헤어 박사, 케이트 배틴이 협조를 아끼지 않았다. 친절하게 도와준 돈 마르크스하우젠 목사와 루실 짐머먼에게도 감사하다는 말을 전한다.

초창기에 내가 쓴 기사를 『살롱』에 실어준 조앤 월시 덕분에 이 프로젝트가 시작되었다. 그녀는 내게 자신감을 불어넣고 내 목소리를 찾을 수 있게 도와주었다. 그녀를 만난 것은 작가로서 더할 수 없는 행운이었다. 데이비드 플로츠, 데이비드 탈보트, 댄 브로건, 밈 우도 비치, 토비 하쇼는 내가 다른 매체에 글을 계속 기고할 수 있도록 도와주었다.

초창기에 내가 도움이 필요할 때마다 이메일로 격려해준 베테랑 세 명이 있다. 리처드 골드스타인, 프랭크 리치, 조너선 카프. 당시 얼마나 큰 힘이 되었는지 당신들은 결코 모를 겁니다.

조너선은 책의 출간을 처음 제안한 인물이다. 미치 호프먼은 책 소식을 듣고 적극 격려했고 어떤 식으로 방향을 잡을지 알려주었다. 조너선은 편집에도 결정적인 도움을 주었다. 덕분에 책의 구성이 명료해졌다. 그는 트웰브/아셰트에서 멋진 팀을 꾸려주었다. 원고에 통찰력을 더해준 조수 콜린 셰퍼드, 법적 문제를 검토해준 캐런 앤드루스, 원고 정리의 새로운 경지를 보여준 보니 톰슨, 내가 원고를 고치는 것을 끈기 있게 기다려준 편집국장 하비-제인 코월, 책을 멋지게 디자인해준 헨리 세네 이, 앤 트워미, 플래그 토누츠. 그리고 이 책이 당신의 손에 닿을 수 있도록 홍보해준 캐리 골드스타인과 로라 리 팀코.

이 책은 현재 모습을 갖추기까지 몇 차례 단계를 거쳤다. 첫 취재에서 출간까지 10년이 걸렸는데, 그동안 한 번도 나와 책에 대해 믿음을 잃지 않았던 사람이 한 명 있다. 나의 에이전트 벳시 러너로 내가 가장 고마워하는 사람이다. 그녀는 또한 멋진 편집자이자 조언자이자 상담자이자 든든한 친구였다.

다른 위대한 언론인들의 작업에서도 많은 도움을 받았다. 특히 댄 루자더, 앨런 프렌더개스트, 린 바텔스에게는 큰 빚을 졌다. 마이클 패터니티는 『GQ』에 실린 멋진 기사로 내게 영감을 주었다. 웬디 머레이는 너그럽게도 자신의 현장노트를 보여주었다. 마크 위르겐스마이어의 책은 테러리스트를 이해하는 데 많은 도움이 되었다. 미셸 로페즈와 마이크 디토는 정력적으로 자료를 수집하고 사실관계를 확인해주었다. 프랭크 오크버그 박사, 브루스 샤피로, 바브 몬서, 다트 센터의 모든 사람들은 내게 희생자들과 나 자신을 위한 연민을 가르쳐주었다.

자발적으로 시간을 내서 이 책에 크나큰 도움을 준 친구들이 너무도 많다. 데이비드 유, 아이러 길버트, 조 블리트먼, 데이비드 복스웰, 제프 반스, 앨런 베커는 초기에 원고를 읽고 많은 조언을 해주었다. 특히 앨런은 언젠가 일요일 밤에 마감시간을 코앞에 두고 내 하드드라이브가 망가지자 자신의 컴퓨터를 빌려주고 나 대신 전자상가에서 몇 시간을 보냈다. 어머니는 참고문헌의 틀을 잡고 직접 타이핑까지 했으며 내게 격려를 아끼지 않았다. 가끔 내게 일거리를 줘서 경제적인 도움을 주고 이 책에 시간을 할애하도록 편의를 봐준 앨릭시언 앤 헬스 퓨처스의 친구들도 있다. 리디아 웰스 슬레지는 특별히 언급하고 싶다. 1년의 삶을 꼬박 바쳐 원고를 읽고 실수를 바로잡고 사실을 체크하고 자료를 보강하고 책의 구성을 잡고 자잘한 도움을 주는 등 수고로운 일을 마다하지 않았다. 돈도 받지 않고 이 모든 일을 다 하면서도 즐거웠다고 한다.

제프 무어스, 메릴린 살츠만, 릭 코프먼, 키스 애벗, 보비 루이스 호킨스는 여러 방면으로 내게 도움을 주었다. 웹사이트에 자발적으로 도움을 준 사람도 많다. 특히 멜리산데, 그레그 스미스를 비롯하여 여러 사람이 기술적으로 예술적으로 지원해주었다. 내 글을 소개하고 실어준 작가들과 블로거들에게도 감사의 말을 전한다. 특히 데이비드 브룩스, 해나 로진, 제럴린 메리트, 던컨 블랙, 스티븐 그린, 스콧 로젠버그, 윌 레이치, 롤프 포츠, 미켈란젤로 시뇨릴레, 신 셰퍼드, 그리고 브로크백 포럼과 오픈 살롱의 모든 식구들에게 고맙다.

대학살에 10년간 매달리는 일은 여간 감당하기 힘든 일이 아니다. 나는 멋진 친구들 덕분에 이를 견뎌낼 수 있었다. 특히 티토 니그론, 그레그 트로스텔, 엘리자베스 지오게건, 스타치 아멘드, 톰 코치네스, 조너선 올덤, 패트릭 브라운, 제시카 유, 마일스 하비, 케빈 데이비스, 빌 켈리, 모린 해링턴, 앤디 머루삭, 팀 버질, 캐런 오비넨, 톰 윌리슨, 팻 패튼, 스콧 컨스, 그레그 도빈, 아이러 클레인버그, 저스틴 그리핀, 척 로에젤, 빌 리책, 알렉스 모렐로스, 캐빈 그룹, 뉴올리언스의 내털리와 머크레이커 가족, 여덟 명의 내 형제자매, 일곱 조카, 부모님 매트와 조앤 컬런에게 감사의 말을 전한다. 초기에 내 글을 읽고 도움을 준 모든 사람들도 여기 언급해야겠지만 나를 계속해서 즐겁게 해준 데이비드 유를 언급하는 것으로 대신하겠다.

나는 운 좋게도 30년 동안 멋진 선생들과 통찰력 있는 편집자들을 만났다. 레그 세이너, 피터 미켈슨, 루치아 벌린을 비롯한 캘리포니아 대학의 여러 교수들, 데일리 일리니의 린다 투파노, 고등학교 때 저널리즘을 지도해주신 배로스 부인. 새커 부인이 1979년 졸업식날 내게 해준 말은 결코 잊을 수가 없다. 고마워요, 부인.

나를 도와준 모든 사람들, 다 고맙다. 그리고 4월 20일 사고로 고통받은 아이들과 미망인, 희생자들의 가족을 도와준 의료진, 소방관, 경찰, 피해자 변호인, 교사, 관리인, 정신과 의사, 적십자 자원봉사자, 형사, 의사, 간호사, 부모, 형제자매, 친구, 그 밖에 아이들을 돕기 위해 익명으로 활동했던 모든 사람들도.

주

이 책은 조사관들이 증거로 수집한 비디오와 사진과 2만 5000쪽이 넘는 서류 자료를 바탕으로 했다. 주석에서 언급하는 증거는 별도의 표시가 없으면 일차적인 출처이다. 제퍼슨 카운티는 서류의 페이지마다 독특한 번호를 매긴다. 예컨대 JC-001-000009에서 JC-001은 사건을 가리키는 고정번호이고 9는 아홉번째 페이지라는 뜻이다. 나는 홈페이지(www.davecullen.com/columbine)에서 대부분의 자료의 JC 번호와 온라인 주소를 밝혀놓았다. 다른 많은 자료들의 주소도 여기서 확인할 수 있다.

나는 내가 직접 취재한 기사와 다른 언론인들의 작업도 참고했다. 특별히 언급해야 할 세 명이 있다. 댄 루자더는 로키마운틴뉴스에서 멋진 조사팀을 이끌고 4월 20일에 벌어진 사건을 재구성했다. 웨스트워드의 앨런 프렌더개스트는 사건이 일어나기 전에 경찰이 무엇을 알았고 사건 후에 무엇을 은폐했는지 정력적으로 예리하게 파헤친 인물이다. 로키마운틴뉴스의 린 바텔스는 누구보다 철저하고 신중하게, 그러면서도 따뜻한 시선으로 사건의 거의 모든 면을 취재했다. 이들의 작업 덕분에 이 책이 가능했다. 진심으로 고맙게 생각한다. 워싱턴포스트의 톰 켄워시도 완벽한 취재로 나의 초기 작업에 많은 영감을 주었다.

목격자들과 생존자들의 말은 내가 직접 취재한 것도 있고 믿을 만한 자료에서 가져온 것도 있다. 모두 홈페이지에서 출처를 밝혔다. 중요한 외부 출처도 여기서 확인할 수 있다.

수와 톰 클레볼드는 변호사를 통해 자기 가족에 대한 많은 정보와 사건 이후 자신들의 활동을 기꺼이 확인해주었고 몇 가지 정보를 추가로 알려주었다.

1. 프랭크 교장

그는 그들에게 사랑한다고 말했다.

프랭크 교장이 연설하는 장면에 관한 정보는 주로 그와 인터뷰하면서 얻었고, 동석한 다른 이들이 대부분 확인했다. 사건 이후 그가 연설하는 장소에 많이 찾아가기도 했다. 나는 프랭크 디앤젤리스와 심도 있는 인터뷰를 한 최초의 언론인으로 1999년 7월 4일, 그의 집무실에서 거의 두 시간 동안 이야기를 나눴다. 이후 9년 동안 스무 차례 이상 그와 만나 인터뷰했다.

학생과 교직원 24명이 구급차에 실려……

24명이라는 숫자는 제퍼슨 카운티 보안관서의 최종 보고서 앞부분에 적힌 숫자와 조금 다르고 몇몇 다른 사람들의 설명과도 차이가 있다. 경상을 입은 사람을 집계에 포함시키느냐에 따라 숫자가 달라진다. JC-001-011869와 JC-001-011870에 보면 각 병원에 후송되어 치료를 받은 24명의 학생 이름이 나와 있다. 주지사가 주재한 위원회에서도 24명이라고 확인했다. 21명은 총에 맞았고 3명은 달아나는 과정에서 다쳤다.

2. "레벨스"

오목가슴
에릭의 의료 기록은 제퍼슨 카운티가 공개했다. 에릭도 여러 글에서 자신의 증상에 대해 어떻게 생각하는지 밝힌 바 있다.

딜런은 '보드카'로 통했는데……
이니셜의 대문자 표기에 차이가 있다. 에릭은 자신의 웹사이트에 VoDKa라고 표기했고, 딜런은 가끔 VoDkA라고 쓰거나 그냥 Vodka 혹은 V라고 쓰기도 했다.

추위도 담배를 피우고 싶은 욕구를 말리지는 못했다.
사건이 일어난 후 9년 동안 나는 수차례 흡연구역에 가보았는데, 학생들의 태도는 한 가지 점만 빼고는 거의 똑같았다. 총격이 일어나고 몇 년 동안 아이들은 처음 보는 사람을 수상하게 여겼고 언론매체에 대해서는 극도의 적대감을 보였다. 이는 시간이 지나면서 차차 나아졌다.

한 친구가…… 에릭의 모습을 비디오로 촬영했다.
살인자의 한 친구가 찍은 비디오에 나오는 장면이며 경찰이 공개했다. 여기에는 일상적인 모습이 꽤 담겨 있다.

3. 봄

워싱턴포스트에서 이렇게 말했다.
빈센트 쉬랄디, "Hyping School Violence."

뉴욕타임스의 사설도……
티머시 이건, "Where Rampages Begin."

질병통제예방센터의 통계에 따르면……
2008년에 질병통제예방센터가 펴낸 "School-Associated Student Homicides: United States, 1992~2006"은 최근의 자료를 추가해서 쉬랄디가 언급한 연구를 확증해주었다.

4. 록 앤 볼

두 소년은 봉급을 미리 달라고 했다.
새 가게 주인 크리스 로가 경찰과의 인터뷰에서 두 아이가 요구해서 돈을 미리 받아간 사실과 에릭의 승진에 대해 밝혔다.

에릭이 해야 할 전화가 있었던 것이다.
수전은 경찰과의 인터뷰에서 에릭과 있었던 일을 상세하게 설명했다.

5. 콜럼바인의 두 모습

콜럼바인 라운지에 가면……
라운지와 손님에 대한 묘사는 사건 이후 내가 금요일과 토요일 밤에 몇 차례 그곳에 들러 관찰한 것을 바탕으로 했다. 각 인물들과 그들의 일화, 흐르던 음악은 모두 사실이며 그곳을 대표하는 것이다. 린다 샌더스와 데이브의 친구들이 추가적인 사실을 채워주었다. 비극이 벌어지기 전과 후의 데이브와 린다에 대한 설명은 데이브와 함께 라운지에 자주 드나들던 친구들과의 인터뷰를 주로 참고했다.

데이브 샌더스는 타이핑과 경영, 경제 과목을 가르쳤다.
나는 메릴린 솔츠먼과 린다 루 샌더스가 펴낸 *Dave Sanders: Columbine Teacher, Coach, Hero*에서 많은 것을 참고했다. 그리고 린다와 데이브의 친구들의 자료를 더해 내가 살을 붙였다.

"그이는 집에 거의 없었어요."
린다 샌더스가 데이브의 전부인의 대답을 회상한 것을 토대로 했다.

캐시 버넬은 댄스파티에 초대받지 못했다.
미스티 버넬의 회고록은 캐시가 어떻게 살았고 브래드와 미스티가 비극적인 사건에 어떻게 반응했는지 많은 것을 알려준 귀중한 자료였다. 나는 캐시의 급우들과 그녀가 다니던 교회의 목사, 신도들과 인터뷰를 하며 추가적인 정보를 얻었고, 버넬 부부의 텔레비전 인터뷰에서도 도움을 받았다. 언론인 웬디 머레이는 버넬 부부와의 인터뷰를 포함하여 현장일지를 너그럽게 보여주었다.

6. 그의 미래

딜런은 파티를 준비하는 내내 들뜬 모습이었다.
그날 오후 딜런이 집에서 보인 모습은 톰 클레볼드가 촬영한 비디오를 본 사람들을 통해 재구성한 것이다. 이들 몇 명과 인터뷰한 노트를 내게 보여준 웬디 머레이에게 감사한다.

7. 복음의 열기

교회의 열기가 뜨겁다.
여기 소개된 교회와 예배에 관한 묘사는 모두 내가 직접 관찰한 것을 토대로 했다. 나는 십여 개의 지역교회들을 찾아다니며 예배에 참석했는데, 집중적으로 살펴본 곳은 트리니티 크리스천 교회, 웨스트볼스 커뮤니티 교회, 풋힐스 성경교회, 이렇게 세 곳이다. 사건 이후 각 교회의 예배에 열 차례 이상 참석했다.

8. 사람이 가장 많이 몰리는 시각과 장소

최소한 일곱 개의 대형 폭탄
여덟번째 폭탄이 있을지도 모른다. 제퍼슨 카운티 당국은 모방범죄를 우려해서 폭탄에 대한 자세한 설명을 피했다. 우리는 에릭이 학생식당용 둘, 차량용 둘, 그리고 두 개의 프로판탱크를 사용하여 최소한 하나를 더 미끼용으로 만들었음을 알고 있다. 보고서에는 그것이 하나의 장치인지 별도의 두 장치인지 밝히지 않았다. 케이트 배틴도 말하기를 거부했다.

본격적인 공격은 마치 영화처럼 3부로 계획했다.
살인자들의 공격 계획은 그들이 글과 말로 남긴 설명과 도표, (최초의 사격 위치로 삼았다고 하는) 차량의 위치 같은 물리적 증거를 토대로 재구성한 것이다. 이 모든 것은 충분히 확인된 사실이다.

그는 네 자루의 총에 쓸 총알을 700발가량 확보했지만……
에릭의 일지에서 폭탄 제조에 관한 도표를 보면 탄약에 관한 부분도 나온다. 그는 각 총기의 탄약을 얼마나 확보했고 훈련 때 쓰고 남은 탄약이 얼마나 되는지 표로 그렸다. 한 칸에 R(레벨), 옆 칸에 V(보드카)라고 표기한 것 외에 제목은 달지 않았다. 공격을 일주일 반 앞두고 찍은 지하실의 테이프가 일지의 사실을 확인해주며 도표의 의미를 밝히고 있다. 표에 보면 딜런의 TEC-9 143발, 에릭의 라이플 129발, 딜런의 산탄총 295발, 에릭의 산탄총 122발(원래 272발인데 150발을 썼다), 이렇게 총 689발이라고 되어 있다. 메인스가 막판에 9밀리미터 탄약 100발을 더 구해주었는데 이는 딜런의 TEC-9과 에릭의 라이플에 사용되었다.

9. 두 친구

갑자기 후회에 대한 얘기가 나왔다.
데이브와 프랭크 교장이 외야석에서 나눈 대화는 프랭크와 인터뷰한 자료를 토대로 재구성한 것이다.

새로 주장이 된 리즈 칼스턴이 나타나지 않았다.
리즈 칼스턴에 관한 대목은 그녀가 쓴 회고록을 참고했다.

린다 루는 잠들어 있었다.
여기서 설명한 린다의 월요일과 화요일 모습은 그녀가 솔츠먼과 작업한 책에 설명된 것과 약간 다르다. 나와의 인터뷰에서 린다는 몇 가지를 다르게 회상했고, 더 자세히 묘사했다.

10. 심판

두 아이는 평소처럼 일찍 일어났다.
화요일 아침 살인자들의 행동은 몇 가지 출처를 참고했다. (1) 이들이 오고 가는 모습을 본 부모와 이웃의 증언. (2) 시간이 찍힌 영수증. (3) 에릭이 가스를 구입한 두 가게와 콜럼바인 학생식당에 설치된 감시카메라. (4) 살인자들이 작성한 그날 아침의 일정표와 계획을 설명한 비디오테이프. 이들의 노트와 이런저런 쪽지에도 일정이 나오는데 약간의 차이가 있다. 외부 정황으로 볼 때 이들이 계획을 실행하기 위해 전념했던 것은 틀림없는 사실이다.

두 아이는 요기를 했다.
검시 보고서에 따르면 딜런의 배에서 "포테이토스킨으로 보이는 부스러기"를 포함하여 160cc의 소화물이 나왔다. 그가 평소 패스트푸드를 좋아했던 것을 볼 때 감자튀김일 가능성도 있다. 에릭의 배에서는 250cc의 소화물이 발견되었는데 특정한 내용물이 확인된 바 없다.

11. 여자 부상자 발생

11시 19분, 이들은 계단 맨 위에서 더플백을 열고……
총격 장면의 묘사를 위해 나는 경찰이 진행한 목격자 인터뷰와 제퍼슨 카운티 보안관서의 최종 보고서, 주지사 보고서, 엘파소 카운티 보안관의 보고서를 주로 참고했다. 서로 차이가 있는 사항들은 조사관들을 만나 확인했는데, 특히 수석

조사관 케이트 배틴이 많은 도움을 주었다. 제퍼슨 카운티가 자신들의 과실과 경찰의 대응과 관련하여 최종 보고서에 진술한 내용은 회의적으로 다루었다. 하지만 4월 20일 살인자들의 행동을 기록한 자료는 대체로 철저하고 꼼꼼했다. 뚜렷한 예외인 대니 로버의 살인자에 관한 정보는 바로잡았다. 엘파소 카운티의 보안관서는 130명의 목격자를 다시 인터뷰하고 인터뷰를 거부했던 65명을 만나 대니에 대한 총격을 철저하게 다시 조사했다. 이렇게 해서 발표한 450쪽짜리 엘파소 보고서는 바깥에서 벌어진 총격에 관한 한 제퍼슨 카운티의 보고서보다 뛰어나다.

시간은 제퍼슨 카운티의 최종 보고서를 따랐는데 이는 목격자 증언과 911 신고전화, 무선 급보, 학생식당의 감시카메라에 찍힌 시간을 다양하게 참고한 것이다. 특히 패티 닐슨의 911 신고전화가 큰 도움이 되었다. 그녀는 전화기를 떨어뜨렸지만 통화는 끊어지지 않아서 10분 48초 동안 소리가 그대로 녹음되었다. FBI 범죄연구소가 음성 기록을 보강해서 목격자들이 진술한 총성과 충돌음, 비명, 커다란 대화 소리를 시간 순서로 재구성할 수 있었다.

숀은 웃음을 터뜨렸다.
당시 상황에 대한 숀의 인식은 제퍼슨 카운티와 엘파소 카운티의 경찰 보고서를 통해 재구성한 것이다.

12. 경계선

사건 발생 28분 만에……
나는 텔레비전과 라디오의 실시간 보도에 관한 모든 설명과 분석을 위해 ABC, CBS, NBC, CNN, NPR의 방송분을 참고했다. CNN은 최소한 네 시간 동안 생방송으로 상황을 중계했는데 네 개의 지역 방송국—세 개의 네트워크 방송과 또다른 하나—에서 자료를 받아 적절히 돌려가며 이 소식을 상세히 전했다.

13. "1명 과다출혈로 사망 위기"

항상 똑같은 질문이었다.
콜럼바인 도서관의 상황 설명과 인용문은 대부분 내가 이른 오후에 그곳에 가서 한 시간을 보내며 관찰한 것이다. 미스티 버넬에 관한 서술은 예외로 그녀가 쓴 회고록을 참고했다.
리우드 초등학교의 장면은 나중에 그곳에 있었던 아이들과 부모들을 만나 인터뷰하거나 텔레비전 방송을 보면서 재구성했다.

불평의 목소리는 더욱 커졌다.
그날 오후 경찰의 반응에 대한 설명은 현장에 있었거나 이에 대해 들을 수 있는 위치에 있었던 몇몇 사람들로부터 얻은 것이다.

특수기동대가 학교 진입을 시도했다.
특수기동대의 활동은 제퍼슨 카운티 보안관서의 최종 보고서와 카운티가 내놓은 수많은 다른 자료들을 따른 것이다. 바깥에서 벌어진 상황은 뉴스 헬기에 찍힌 영상으로 확인했다. 데이브 샌더스가 구조되지 못한 상황에 대한 출처는 26장의 주석에서 밝혔다.

레이철 스콧
몇몇 목격자들에 따르면 레이철이 몇 분 동안 소리쳐 울었다고 했고 이 소식이 널리 퍼졌다. 하지만 케이트 배틴 조사관은 레이철이 관자놀이에 총을 맞고 즉사했다고 확실히 밝혀주었다.

로빈 앤더슨은 주차장에서 이 모든 것을 지켜보았다.
살인자들의 친구들의 반응은 대부분 경찰 인터뷰에 기록된 것이다. 그리고 이들이 출연한 텔레비전 인터뷰를 보고 세세한 내용을 추가했다.

[네이트는] 그의 집으로 전화했다.
여기에 나오는 클레볼드 가족에 관한 모든 행동은 경찰 보고서와 네이트의 텔레비전 인터뷰를 보고 재구성한 것이다. 바이런과 직장 동료들의 반응에 관한 것은 뉴스 기사를 참고했다. 네이트와 톰의 통화 장면은 두 사람이 설명해준 것인데 거의 대부분 일치했다.

마약 때문에 집에서 내쫓은 아들이었지만……

딜런의 교화 프로그램에 관한 서류를 보면 바이런이 집 밖으로 쫓겨난 사실을 몇 차례 언급하고 있다. "약물/알코올 이력"에서 바이런이 "계속되는 마약 복용 때문에 집에서 쫓겨났다"고 했다.

14. 인질극

적어도 200~300명의 아이들이……

케이트 배턴의 추산이다.

경찰은 화가 많이 났다.

뉴스 보도에 대한 경찰의 반응은 그날 현장에 있었던 경관들과 교직원들을 만나 인터뷰해서 얻은 것이다. 뉴스 기사에 보도된 이들의 반응도 2차 자료로 활용했다.

15. 공모론

형사들이 1시 15분에 에릭의 집에 도착했다.

몇몇 경관들이 에릭과 딜런의 집에 가서 그들의 가족을 만난 상황을 상세하게 보고서에 남겼다.

퓨질리어는…… 아내의 전화를 받았다.

퓨질리어 부서장에 관한 대부분의 장면은 그와 아내 미미, 두 아들을 만나 인터뷰해서 얻은 것이다. 경찰 보고서와 그가 출판한 책, 다른 언론인들의 글에서 대부분의 사실관계를 확인했다. 나는 2000년에서 2008년까지 50차례 이상 퓨질리어를 만나 여러 질문을 했다.

16. 창문가의 소년

같은 시각에 교장이 복도에 도착했다.
교장이 체육수업중이던 여학생들을 구한 사연은 그와 당시 수업에 참여했던 몇 몇 학생들과의 인터뷰를 통해 얻은 것이다.

존과 캐시 아일랜드는…… 알았다.
아일랜드 가족에 관한 대부분의 장면은 그들을 만나 인터뷰해서 얻은 것이다. 추가적인 출처는 뒤에서 더 밝혔다.

17. 보안관

특수기동대는 3시 15분경에야……
로키마운틴뉴스에 실린 멋진 기사 "Help Is on the Way"가 내가 여기에 설명한 내용의 바탕이 되었다. 케이트 배틴이 추가적인 사실을 알려주고 몇 가지 세부사항을 바로잡았다.

수석조사관 케이트 배틴
케이트 배틴에 대한 설명은 그녀를 만나 인터뷰한 자료를 바탕으로 경찰 보고서와 1999년 12월 로키마운틴뉴스에 실린 취재기자 댄 루자더의 멋진 연속기획물 "Inside the Columbine Investigation"을 참고했다. 또한 루자더는 자신이 발견한 사실을 나와 의논해주었다. 그의 관대함에 감사한다.

오후 4시, 제퍼슨 카운티는 사망자 소식을 공식 발표했다.
재앙으로 끝난 기자회견의 상황 설명과 인용문은 내가 관찰한 것과 현장을 녹음한 자료를 바탕으로 했다. 나는 그날 오후 대부분을 클레멘트 공원에 마련된 작전본부 근처에서 보냈다. 스톤과 데이비스가 돌아가며 이야기했다. 학생들도 변하는 상황을 계속 알리기 위해 발 벗고 나서주었다.

"우리는 살려고 달아났어요."
톰과 수 클레볼드의 인용문과 이어지는 변호사들에 관한 장면은 이들이 2004년에 데이비드 브룩스를 만나 털어놓은 것이다. 이는 뉴욕타임스 칼럼에 실렸다.

18. 마지막 버스

브라이언 로버는 그보다 일찍 희망을 접었다.
브라이언 로버와 수 페트론에 대한 설명은 주로 그들과 수차례 만나 인터뷰하면서 얻은 것이다. 나는 그들의 텔레비전 인터뷰와 여러 뉴스 기사들도 참고했다. 존과 도린 톰린에 관한 대목은 웬디 조바가 이들을 인터뷰해서 쓴 책 *Days of Reckoning*을 참고했다. 적십자 자원봉사자 린 더프는 내가 직접 인터뷰했다. 지방검사 데이브 토머스와 검시관에 대한 설명은 경찰 보고서와 뉴스 기사를 참고했는데, 이 역시 루자더의 연속기획물 "Inside the Columbine Investigation"이 많은 도움이 되었다.

19. 청소하기

마조리 린드홀름은 그날 오후 내내……
마조리 린드홀름의 회상은 그녀가 쓴 회고록을 참고했다.

20. 넋 나간 표정

여기 사진 한 장이 있다.
로키마운틴뉴스가 콜럼바인 비극이 안겨준 고통을 생생하게 포착했고 이 사진으로 퓰리처상을 받았다. 대표적인 사진 14장은 퓰리처 웹사이트에서 볼 수 있다.

생존자들의 모습은 이미 달라졌다.
당시 학생들의 반응에 대한 설명은 거의 모두가 직접 학생들을 관찰하고 대화하면서 얻은 것이다. 나는 그주의 대부분을 클레멘트 공원과 지역교회와 학생들이 자주 가는 곳을 돌아다니며 보냈다. 당시 내가 만나본 아이들은 200명 정도이며 관찰한 아이들은 그보다 몇백 명 더 많았다. 나는 당시 언론매체에 보도된 자료들도 훑어보았고 후에 본 내용도 포함시켰다.

세상의 빛 성당은 850명을 수용할 수 있는데……
이 장면은 내가 관찰하고 녹음한 것을 바탕으로 재구성했다. 행사는 언론에 알려지지 않았고 주요 뉴스 취재진들은 출입 자제를 요청받았다. 나는 클레멘트 공원에 모인 학생들에게서 행사가 있다는 소식을 들었다. 그래서 취재할 수 있었다. 밖에 방송사 취재진들이 보여서 나는 카메라 출입은 금지되고 기자들 출입만 허락된 줄 알았다. 그런데 내가 알기로 언론에서는 이 장면을 보도한 적이 없고, 몇 달 뒤에 덴버 시에서 펴내는 잡지 『5280』에 내가 쓴 프랭크 디앤젤리스의 소개글에서 이 행사가 처음으로 알려졌다.

"누구에게나 충격이었죠."
로키마운틴뉴스에 실린 인용문이다.

콜로라도 당국은 주 역사상 세기의 사건인……
경찰 조사 광경을 묘사하기 위해 나는 수천 쪽의 서류를 살펴보고 퓨질리어, 케이트 배틴, 존 키크부시 등을 만나 인터뷰했다. 루자더의 연속기획물 "Inside the Columbine Investigation"이 증거 확인에 큰 도움이 되었다. 그는 몇 달 동안 기사에 매달렸으면서도 너그럽고 솔직하게 자신이 보고 생각한 것을 나와 의논했다.

3만 쪽이 넘는 증거 자료
이 수치는 새롭게 손본 4000쪽을 합산한 것이다.

21. 초창기 기억

처음부터 살해 계획을 세운 것은 아니었다.
에릭과 딜런의 어린 시절 모습과 마지막 시간의 활동에 관한 정보는 다양한 출처에서 얻었다. 그들이 남긴 수백 쪽의 글과 플래너에 적힌 약속, 비디오, 그리고 그들의 친구들의 경찰 인터뷰와 텔레비전 인터뷰를 참고했다. 나는 모든 증거를 검토한 조사관들도 만나 인터뷰했고, 조 스테어, 브룩스 브라운, 살인자들과 알고 지냈던 친구들도 만났으며, 린 바텔스 같은 믿을 수 있는 언론인들의 기사도 참고했다. 나한테 협조하지 않지만 형사들에게 상세한 상황을 진술한 친구들도 몇 명 있다. 톰과 수 클레볼드는 경찰 인터뷰에서 딜런의 어린 시절에 관해 많은 것을 털어놓았다. 바텔스와 크로더가 로키마운틴뉴스에 쓴 소개글 "Fatal Friendship"은 특히 많은 도움이 되었다. 그 밖에 중요하게 참고한 소개글은 심슨, 캘러한, 로의 "Life and Death of a Follower", 브릭스와 블레빈의 "A Boy with Many Sides", 존슨과 윌고렌의 "The Gunman: A Portrait of Two Killers at War with Themselves"이다.

"그들은 아이들을…… 평범하게 키우고 싶어했어요."
플래츠버그와 오스코다에서 살았던 에릭의 어린 시절 친구들과 이웃의 말은 제퍼슨 카운티의 최종 보고서와 위에서 언급한 소개글들에서 가져왔다. 이들의 회상은 놀랄 정도로 서로 비슷하고 꽤나 폐쇄적이다. 에릭은 고등학교를 다니기 전까지는 평범한 아이였던 것으로 보인다. 에릭 자신이 회상한 어린 시절과 친구들이 경찰에 설명한 것도 이와 일치한다.

해리스 소령은 집에서 엄격했다.
웨인 해리스의 훈육 방식에 대한 설명은 몇 가지 출처를 참고했다. 그가 남긴 "에릭"이라는 제목의 스프링노트에 적은 25쪽의 메모, 에릭이 일지에 자주 쓴 아버지의 처벌에 대한 불만, 교화 프로그램 등록을 위해 에릭이 작성한 여덟 쪽과 부모가 작성한 열 쪽짜리 설문지, 에릭이 교화 프로그램 상담사에게 제출한 서류, 에릭의 친구들이 경찰에게 한 진술과 나와 가진 인터뷰, 텔레비전 인터뷰 내용 등이다.

"발사!" 에릭이 숲을 뛰어놀며……
내가 이 장에서 설명한 대부분의 광경은 에릭이 학교 과제물에서 자신의 어린 시절을 회상한 대목에서 가져왔다. 나는 그가 되풀이해서 묘사한 자료를 골랐다.

22. 섣부른 짐작

목사, 정신과 의사, 심리상담사가 바쁘게 움직였다.
덴버포스트의 머리기사는 치유를 서둘러 선언한 가장 형편없는 예일 뿐 다른 신문들도 마찬가지였다. 나는 사건 발생 후 첫째 주는 물론 이후 9년 동안 수많은 목사, 정신과 의사, 상담사 들을 만났다. 애초에 이런 때이른 평가는 지독한 실수였다.

서로 몸을 부딪치며 들썩였다.
나는 현장에서 이런 광경이 몇 분간 계속되는 것을 지켜보았다. 로키마운틴뉴스가 대형 사진을 실어 상황을 보도했다. 이 책에서 나는 내가 관찰한 것을 사진 자료, 텔레비전 영상, 다른 언론인의 뉴스 보도를 통해 확인했다.

"나는 사탄이 여기 있다는 걸 알 수 있습니다."
이 인용문들은 내가 오드몰런 목사와 커스틴 목사의 예배에 참석해서 들은 것이다. 그 외에도 나는 이들을 인터뷰하고, 몇 달간 정기적으로 예배에 참석하고, 오드몰런 목사의 다른 설교 자료를 찾아 듣고, 커스틴 목사의 동의하에 웨스트볼스 커뮤니티 교회의 성경모임에도 등록해서 추가적인 정보를 얻었다.

대부분의 주류 개신교 신도들
비극이 일어나고 처음 몇 주 동안 나는 수십 명의 지역목사들과 일요일 예배에 참석한 수많은 교인들을 만나 인터뷰했다. 대부분의 신도들과 목사들 사이에서 무차별적인 신도 모집을 자제하자는 합의가 일었다. 바브 로체가 묘사한 광경은 그녀와의 인터뷰를 통해 알게 된 것으로 그 자리에 참석한 많은 아이들이 확인해주었다.

아이들이 계속해서 교회로 몰려들었다.
엄청난 수의 학생들이 그주에 교회에서 만남을 가졌다고 이야기했다.

모퉁이를 돌자……
프랭크 교장과 퓨질리어는 나와 가진 별도의 인터뷰에서 각자 이 광경을 묘사했다.

그들은 딜런의 TEC-9이……
TEC-9의 소유에 대한 정보는 메인스의 계좌 수색영장을 통해 밝혀졌다. 관련된 정황은 JC-001-025739에 나온다.

형사들이 로빈을 인터뷰했고 엄마가 옆에서 지켜보았다.
로빈의 신문 과정은 경찰 보고서에 상세하게 기록되어 있다. 20쪽에 걸쳐 앞뒤에
빼곡하게 질의응답이 적혀 있다. 고딕으로 처리한 부분은 진술을 의역한 대목이
다. 보고서에는 그녀가 전날 한 행동과 자기가 알고 있었다고 밝힌 사항, 에릭과
딜런의 개입을 의심했을 당시의 상황이 나온다. 그녀는 총격이 일어나자 곧바로
이들을 의심했으므로 그녀를 용의자로 의심할 이유는 없었다.

23. 영재 소년

3학년 때
딜런이 2학년 과정으로 시작했다고 말하는 자료가 많지만 그가, 거버너스 랜치
초등학교로 전학을 간 것은 3학년 때였다. 톰과 수 클레볼드는 보고서에서 딜런
의 어린 시절에 대해 많은 정보를 제공했다.

주디는 딜런이 화를 벌컥 내는 장면을…… 처음 보았다.
얕은 하천으로 소풍 간 장면은 주디 브라운과 그녀의 남편이 나와 인터뷰하면서
털어놓은 것이다. 딜런의 말은 그녀의 회상을 바탕으로 재구성했다. 이 일화는 딜
런을 어릴 때부터 알았던 믿을 만한 사람들이 설명한 것과 일치했다. 나는 이 일
화가 딜런의 초창기 경험과 불안한 정신 상태를 잘 보여주는 것이라 생각한다.

부활절과 유월절을 지켰고……
톰과 수는 경찰 보고서에서 자신들의 종교생활과 가족 배경을 밝혔다. 내가 마르
크스하우젠 목사와 가진 인터뷰와 딜런이 남긴 글과 영상도 많은 정보가 되었다.

톰은 딜런이 이제 "요람에서 나와 현실에" 발을 들여놓았다고 표현했다.
톰의 말은 경찰 보고서에서 가져왔다. 그는 딜런이 칩스 프로그램에서 보호를 받
았다는 말도 했다.

24. 도움이 필요할 때

첫날 저녁 세인트필립에서 철야기도를 가졌다.
철야기도와 장례식 장면은 내가 마르크스하우젠 목사와 인터뷰하면서 얻은 자료를 바탕으로 했다. 아울러 뉴스 기사에 실린 그의 말에서 추가적인 정보를 얻었다.

26. 사람들이 도와주러 오고 있어요

데이브 샌더스는 첫번째 총알을 맞았을 때······
데이브 샌더스의 네 시간에 걸친 시련은 내가 사건의 전모를 알기 전에 이미 꼼꼼하게 기록되어 있었으므로 나는 이후 소송에서 양 당사자가 제출한 자료와 제퍼슨 카운티가 공개한 911 테이프를 통해 사실관계를 확인했다. 거의 대부분의 점에서 일치했다. 경찰이 부서의 조치를 기록한 두툼한 보고서를 내놓았고, 내가 샌더스 가족의 입장에서 주로 참고한 것은 몇 달 동안 사건을 조사한 앤절라 샌더스의 법률팀 자료이다. 그들은 결국 승소했다. 여기에는 수석변호사 피터 그레니어의 인터뷰와 사건이 끝난 후 그가 내놓은 13쪽의 요약서, 2000년 4월에 제출한 42쪽짜리 고소장이 포함된다. 주지사 검토위원회가 내놓은 보고서와 로키마운틴뉴스와 덴버포스트의 기사, 특히 로키의 "Help Is on the Way"는 세세한 사항을 보강하는 데 많은 도움이 되었다. 린다 샌더스와 데이브의 몇몇 친구들이 인터뷰를 통해 사건 정황에 대해 자신이 생각하는 바를 털어놓았다.

의자를 창문 밖으로 던지고······
이 사건은 샌더스 가족의 소송에서 변호사 피터 그레니어가 제출한 것으로 다른 설명들과 일치한다.

27. 트렌치코트 마피아

(그는) 옷가게와 군용품가게를 들락거리기 시작했다.
살인자들의 친구들이 경찰 인터뷰와 언론매체 인터뷰에서 그들의 복장에 대해 일관된 설명을 했다. 이는 살인자들이 남긴 비디오와 일지를 통해 사실로 확인되었다. 예컨대 에릭은 "핫토픽"과 군용품가게에 쇼핑을 하러 갔었다고 언급했다.

그해 할로윈 축제 때……

경찰은 더스터코트를 처음으로 입은 게 듀트로라고 믿지만 당시 누구도 실제로 그것을 따져보지 않았기 때문에 확실하지는 않다. 또다른 설명에 따르면 태디어스 볼스가 가장 먼저 코트를 유행시켰다고 한다. 볼스는 살인자들과 잘 아는 사이였다.

28. 무책임한 언론

보통 콜럼바인 사태를 떠올릴 때면……

나는 전국의 신문 보도 양상을 파악하기 위해 처음 두 주 동안 덴버포스트, 로키마운틴뉴스, 뉴욕타임스, 워싱턴포스트, USA투데이에 실린 모든 뉴스 기사를 다 분석했고, 이후에도 수백 개의 기사들을 검토했다. 그 밖에 AP와 로이터 등에 보도된 수많은 자료들도 훑어보았다. 두 지역신문은 콜럼바인 기사들만을 따로 정리한 특별한 웹사이트를 개설해서, 이들이 몇 년 동안 콜럼바인 기사를 얼마나 자주 다뤘는지 파악하고 내가 아무것도 놓치지 않았다는 것을 확인하는 데 큰 도움이 되었다.

아이들은 살인자들을 부적응자, "호모"라고 단정했다.

클레멘트 공원의 장면과 인용문들은 내가 관찰하고 녹음한 것을 바탕으로 재구성한 것이다. 대부분의 내용이 그주에 『살롱』에 기고한 기사에 실렸다. "사라지지 않는 소문"에 관한 기사들은 내가 쓴 것이다.

『살롱』은…… 매혹적인 기사를 실었다.

"Misfits Who Don't Kill"은 소수민족 권익 보도단체 YO!(Youth Outlook)가 쓴 기사다.

교내 괴롭힘이 살인으로 이어졌다는 증거는 없었지만……

교장의 말은 1999년 7월 4일에 나와 가진 인터뷰에서 한 말이며 덴버 시의 잡지 『5280』의 8/9월호에 발표되었다. 피어싱을 한 여자애는 내가 6월에 인터뷰한 4학년생 조-리 가예고스로 같은 글에서 더 길게 인용했다. 비극이 일어나고 몇 달 동안 나는 수백 명의 학생들과 이야기를 나눴는데, 가예고스는 교장에 대해 부정적인 생각을 갖고 있던 몇 안 되는 학생 가운데 한 명이었다. 물론 살인자들의 친구들이 가급적 조용히 지냈던 탓도 있었겠지만 말이다. 그런 그녀도 4월 20일 이후에는 교장의 행동을 칭찬했다. "교장 선생님은 그날 이후 우리 모두에게 손을 내밀었습니다."

29. 사명

삼총사가 하나로 뭉쳐 못된 짓을 시작했다.
사명에 관한 대부분의 사항과 인용문은 에릭이 자신의 웹사이트에 올려놓은 글에서 가져왔다. 당시 이와 관련되었던 많은 이들이 확인해주었다. 경찰에 여러 차례 신고해서 보고서를 작성하게 한 랜디, 주디, 브룩스 브라운, 사건에 관해 학부모들과 이야기를 나눈 콜럼바인 고등학교 학생주임, 이들과 나누었던 대화를 일지에 기록한 웨인 해리스.

에릭은 브룩스 브라운에게 화가 나서……
에릭과 브라운 가족 사이에서 벌어진 실랑이는 몇 가지 출처를 참고했다. 웨인의 일지, 브룩스의 회고록, 내가 몇 년간 브라운 가족을 만나 한 인터뷰, 이에 대해 에릭이 남긴 수많은 글, 퓨질리어 부서장이 형사팀이 제출한 증거를 바탕으로 평가한 자료. 브라운 부부와 해리스 부부는 갈등을 바라보는 입장이 대단히 달랐지만 여기서 설명한 사건의 세세한 상황에 대해서는 대체로 동의했다.

웨인이 저녁에 집에 돌아와서……
웨인은 자신의 반응과 반목에 대한 입장을 노트에 남겼고, 제퍼슨 카운티가 이를 입수해서 몇 년 뒤에 공개했다. 웨인의 행동에 대해 에릭이 일지에서 설명한 것도 이와 거의 비슷하다.

사실 딜런은 비참했다.
딜런은 상당히 훗날까지도 사명에 대해 언급조차 하지 않았다. 지나가는 말로 에릭이 아니라 잭과 모험을 즐겼다고 했다.

30. 우리에게 이유를 말하고 있어

게라가… 털어놓으면서 비로소 세상에 알려졌다.
게라는 그 성명서를 검찰총장의 조사관에게 전했다.

크리스는 도청에 협조하기로 했다.
FBI는 전체 대화를 원고로 옮겨 적었는데 22쪽에 달한다.

일요일에 ATF 요원 한 명이 듀런의 집으로 찾아갔다.
ATF가 듀런, 메인스와 가진 인터뷰 내용과 총기 구입의 전모는 메인스의 은행 계좌 수색영장에서 얻었다.

31. 영혼의 탐색

딜런의 마음은 밤낮으로……
이 장의 사실상 모든 내용은 딜런이 자신의 생각들을 생생히 표현한 일지에서 가져왔다. 그는 몇 가지 생각들을 줄기차게 반복했는데, 나는 여기에 초점을 맞추었다. 딜런의 어휘와 표현을 많이 가져와서 문단을 구성했다. 예컨대 "체육시간의 멍청한 녀석"과 "무한히 펼쳐진 현실에서 사방팔방으로 영원한 고통을 겪고 있다"는 그가 쓴 표현이다.

32. 예수 예수 예수

예배가 끝나자 사람들은……
장례식 설명은 내가 그곳에 가서 관찰하고, 녹화해둔 텔레비전 생방송 중계 영상을 보며 작성한 것이다.

커스틴 목사가 자신의 신도들에게 말했다.
커스틴 목사가 한 말과 설명은 내가 그의 설교를 듣고, 그가 주재하는 성경모임에 참석하고, 그를 만나 인터뷰하면서 얻은 것이다. 오드몰런 목사의 말은 내가 그의 예배에 직접 참석하고, 설교를 녹음한 것을 바탕으로 했다.

덴버의 대다수 목사들은 경악했다.
나는 그주에 많은 지역목사들을 만나 이 문제에 대해 인터뷰했다. 마르크스하우젠 목사의 발언은 덴버포스트에 실린 것으로, 나는 나중에 그를 만나 이 문제를 논의했다.

한 목사가 진정 하느님을 위해 행해지기만 한다면……
그는 사우스서버번 크리스천 교회의 데릴 슈롬 목사로, 동료들을 위해 이 가혹한 딜레마에 대한 입장을 솔직하고 지혜롭게 밝혔다. 고맙게 생각한다.

2학년생 크레이그 스콧은……
순교 이야기는 스콧이 처음 퍼뜨린 것임을 보여주는 증거가 압도적으로 많다.

도서관 테이블 밑에 숨어 있었다.
도서관에서 벌어진 총격 상황에 대한 설명은 모든 목격자들의 진술을 검토하고 911 테이프를 비롯한 수많은 물리적 증거를 접한 조사관들의 자문을 받아 재구성한 것이다. 특히 케이트 배턴이 많이 도와주었다. 본문에서 언급한 몇몇 사항을 제외하면 결정적인 정황들에 대해서는 대부분 일치한다.

캐시의 어머니는…… 당황했다.
브래드와 미스티는 여러 텔레비전 인터뷰와 미스티의 회고록에서 자신들의 반응이 어떻게 달라졌는지 설명했다. 언론인 웬디 머레이가 고맙게도 가족들과 가진 인터뷰 자료를 내게 보여주었다.

33. 해리엇

운전면허증을 손에 넣게 되어 흥분했다.
그는 플래너에 면허증을 받은 날을 표시했다. 이를 비롯한 몇몇 글을 통해 딜런의 심리적 상태를 추가로 짐작해볼 수 있었다.

34. 유대목 동물을 제대로 그려봐

패트릭 아일랜드는 말하는 법을 다시 배우려고 노력했다.
패트릭의 이야기는 내가 그와 그의 부모를 수차례 만나 인터뷰하면서 알게 된 것이다. 이후 영상 자료와 텔레비전 인터뷰, 뉴스 기사와 사진을 보고, 그의 연설과 행사에 참여하는 모습을 참고하고, 그의 어머니가 너그럽게 보여준 패트릭의 어린 시절 사진들을 보면서 내용을 보강하고 확인했다.

뭔가 빠진 게 있었다.
십자가 이야기는 내가 클레멘트 공원에 가서 보고 듣고, 사람들을 만나서 인터뷰하고, 뉴스 보도와 사진을 보고, 이 일과 목수의 예전 작업을 다룬 신문 기사를 찾아보면서 얻은 것이다. 언론인 웬디 머레이는 목수가 자기한테 준 몇 시간 분량의 비디오를 너그럽게도 내게 빌려주었다. 목수의 친구가 찍은 영상에는 그가 새 십자가를 갖고 돌아가는 모습과 이에 대해 직접 설명하는 모습, 그의 가정에서의 모습, 수많은 텔레비전 출연 영상이 담겨 있었다. 그의 이름은 의도적으로 밝히지 않았다.

'아버지가 십자가를 파괴하다.'
'Dad destroy crosses,' 로키마운틴뉴스는 이날 타블로이드 신문처럼 1면에 헤드라인과 사진 하나만 실었다. 기사는 'Dad cuts down killers' cosses'라는 다른 제목으로 5면에 실렸다. 온라인에서 검색해보면 긴 제목으로 나온다.

35. 체포

부모들은 항상 그래왔던 방식으로 대응했다.
아이들이 사물함을 턴 사건에 대한 정보는 경찰의 서류에서 주로 얻었다. 여기에는 학생주임의 인터뷰와 웨인 해리스가 일지에 남긴 기록도 들어 있다. 살인자들과 그 부모들이 작성한 교화 프로그램 설문지에서도 몇 가지 사항을 얻었다.

가끔 그녀가 소리내어 웃었다.
이런 묘사는 딜런의 일지에 기록된 것이다.

범죄의 기회가 저절로 찾아왔다.
밴 무단침입과 이 사건의 여파에 관한 설명은 40쪽에 달하는 경찰 보고서에 전적으로 의존했다. 여기에는 두 아이의 자백과 여러 경관들의 설명이 담겨 있는데 한 경관은 아이들과 나눈 대화를 인용했다. 그 밖에 아이들이 남긴 글과 법정에서의 진술, 웨인 해리스의 일지, 교화 프로그램 설문지, 교화 상담원의 상담 회기 보고서도 참고했다. 나는 이 사건에 대해 조사관들과 오랫동안 충분히 논의했다.

36. 공모자

형사들은 그녀를 다시 신문했다.
형사들은 신문 과정을 상세하게 서류로 남겼는데, 여기에 독일어수업 때 주고받은 쪽지에 대한 훨씬 많은 정보가 있다. 퓨질리어는 독일어 쪽지 전문에 대한 새로운 시각을 제시했다.

에릭은 이 사실을 전혀 모르고 있었다.
마크 곤잘레스 하사가 살인이 일어난 다음날 오전 10시에 조사관들에게 연락해서 에릭을 만났던 사실을 알리고 날짜도 다 밝혔다. 4월 28일, 경찰이 그를 인터뷰하여 진술을 기록했고 다음날 뉴스에 보도되었다. 나는 그의 증언과 직접 조사관들을 만나 나눈 논의를 바탕으로 50장에서 전체 상황을 밝혔다. 곤잘레스는 에릭이 자신이 거부되었다는 사실을 전혀 몰랐다고 확신했다.

경관들은 클레볼드 부부와 변호사를 만나……
사실상 이 장면의 모든 내용은 케이트 배틴 조사관의 아홉 쪽짜리 경찰 보고서에서 가져왔다.

미국총기협회(NRA) 모임이 덴버에서 열렸다.
이 장면은 뉴스 보도와 내가 나중에 총기 규제 논쟁에 관해 쓴 기사를 바탕으로 했다. 『살롱』의 제이크 태퍼와 그가 쓴 멋진 기사 "Coming Out Shooting"에서 특히 많은 도움을 받았다.

"우리는 사실을 다룹니다."
키크부시는 1999년에 나와 전화로 인터뷰하면서 이 말을 했다. 이는 『살롱』에 실렸는데, 그는 다른 매체에도 이와 비슷한 말을 했다.

다만 키크부시 부서장의 말은……
나는 키크부시를 비롯한 여러 조사관들뿐만 아니라 사건과 무관한 다른 경관들과 전문가들과도 형사들의 입장에 대해 논의했다.

그 때문에 그의 팀은 돌아버릴 지경이었다.
나는 이들과 가까운 많은 조사관들을 만나 이야기를 나누었고 경관들과도 만나보았다.

콜럼바인에 대한 기사 역시 갑작스럽게 중단되었다.
5월 3일에서 6일까지 66개의 토네이도가 오클라호마 지역을 휩쓸었다. 그 가운데는 36명의 사망자를 내고 1만여 채의 건물을 파괴하고 11억 달러의 피해를 입힌 강도 5급의 트위스터도 있었다. 나와 함께 콜럼바인에 있던 많은 전국지 기자들이 소식을 듣고 급히 현장으로 달려갔다. 몇몇 대형 신문들은 덴버에 한두 명의 기자를 남겨놓아 상황실을 유지했다. 폭풍이 지나고 돌아온 기자들도 있었지만 그렇지 않은 기자들도 많았다. 아무튼 이렇게 보도가 잠시 중단되면서 콜럼바인이 전국지에 일상적으로 오르내리는 일은 뚝 끊어졌다.

37. 배신

상담료는 시간당 100달러 내지 150달러 정도였다.
웨인은 섭외 가능한 변호사와 정신과 의사 명단을 뽑아 꼼꼼하게 확인했다.

에릭은 앨버트 박사에게 분노를 조절하지 못한다고 말했다.
앨버트 박사는 어떤 다른 기자들에게도 에릭에 대해 이야기하기를 거부했다. 내게 말하기를, 너무 많은 사람들이 상처받을 수 있다고 했다. 하지만 에릭은 박사와의 면담에 대해 부모와 교화 상담원들과 논의했고, 상담원들은 당시 (그러니까 살인을 저지르기 오래전) 에릭의 생각을 기록으로 남겼다. 이 기록들이 앨버트 박사의 상담에 대해 내가 가지고 있는 정보의 밑바탕이 되었다.

딜런이 브룩스에게 웹사이트 주소를 몰래 알려준 것은……
브룩스는 살인이 일어난 지 얼마 지나지 않아 기자들에게 이런 사실을 알렸다. 그날 저녁 브라운 부부가 제퍼슨 카운티 형사들에게 연락해서 에릭의 웹사이트에서 몇몇 페이지를 알려준 사실을 경찰 기록을 통해 확인했다. 나는 브룩스와 그의 부모와 가진 인터뷰, 그의 회고록, 경찰 보고서, 웹페이지, 조사관들과의 논의를 통해 정보를 얻었다.

교화 프로그램 등록에는 부모 한 명만 참석하면 되었다.
아이들과 부모가 참석한 모임은 안드레아 산체스가 서류로 잘 기록해놓았다. 이들이 작성한 설문지 전체가 공개되었다.

산체스는…… 태도가 걱정스러웠다.
그녀는 당시 서류에 자신이 우려했던 바를 기록했다.

그는 아이들의 태도가 인상적이었다.
드비타는 그로부터 1년 뒤 살인이 벌어지고 나서 언론과 가진 인터뷰에서 아이들의 모습을 회상하며 자신의 생각을 밝혔다. 법원은 사건과 관련된 자료들을 공개했다.

신청서는 설득력이 있었다.
신청서는 2001년 4월 10일에 공개되었다. 나는 사건과 관련되거나 관련되지 않은 경관, 전문가들을 모두 만나 신청서의 장점에 대한 이야기를 들었다.

영장이 나오지 않은 이유는 알려지지 않았다.
경관은 보안관보 존 더너웨이로 2004년 덴버포스트에 이렇게 말했다. "그(게라)가 다른 사건으로 불려가고 몇 주가 지나자 이미 때를 놓쳐 법원에 지금 꼭 필요하다고 주장할 만한 게 없었습니다. 수색영장을 받아내기 위해서는 기입한 정보가 때가 맞아야 하고 정확해야 하니까요." 더너웨이는 신청서가 작성되었을 때 공직에 있지 않았다.

38. 순교

"그녀는 순교자 명예의 전당에 올랐습니다."

나는 캐시의 장례식에 참석하지 못했고 나중에 커스틴 목사를 인터뷰하면서 이 말을 들었다. 현장에 있었던 많은 사람들이 이를 확인해주었다.

딸이 적에게 홀린 것이다.

캐시의 홀림과 '거듭 태어남'에 대한 설명은 사건 이후 그녀의 부모와 깊은 관계를 가지며 많은 조언을 해준 청년부 목사 데이브 맥퍼슨과 여러 차례 인터뷰하면서 얻은 자료를 바탕으로 했다. 물론 미스티의 회고록에서도 많은 자료를 얻었고, 커스틴 목사, 브래드와 미스티의 텔레비전 인터뷰, 버넬 가족이 다니는 교회에서 사건 이후 여러 행사를 하며 만났던 일에서도 자료를 얻었다. 캐시가 한 말과 그녀의 친구가 쓴 편지들은 미스티의 회고록에서 가져왔다.

발린은 무릎이 꺾였고 양손이 축 처졌다.

발린의 사연은 경찰 보고서를 보고 1999년 9월에 그녀와 어머니 샤리를 만나 인터뷰하면서 얻은 것이다.

이런 이야기가 마구잡이로 퍼져가는 것을……

4월 20일에 대한 에밀리의 설명은 4월 29일 그녀가 경찰과 가진 인터뷰에서 주로 가져왔다. 이후 몇 달 동안 그녀가 힘들어했던 부분은 1999년 9월에 그녀의 어머니를 만나 두 차례 인터뷰하고 로키마운틴뉴스의 수석 취재기자 댄 루자더와 이야기하면서 알게 된 내용이다. 나는 에밀리와 직접 만나지 말라는 그녀의 어머니의 요청을 존중했다.

브리 파스콸레가 몇 발짝 떨어진 테이블 옆에 앉아 있었다.

브리는 도서관에서 벌어졌던 정황을 놀라울 정도로 정확하게 기억해 경찰 인터뷰에서 에릭의 사소한 움직임 하나하나까지 다 설명했다. 그녀의 증언은 거의 모든 목격자들과 물리적 증거, 911 테이프로 확인되었다. 브리와 에릭이 나눈 대화는 수많은 목격자들이 비슷하게 보고했으므로 나는 브리가 진술한 정확한 대화 내용을 여기에 직접 인용했다.

예상을 깨고 경찰이 도서관 피해자들의 가족을······

도서관에서 크레이그가 겪은 경험은 JC-001-000587부터 시작하는 경찰 보고서에 상세하게 기록되어 있다. 여기서 나는 그가 형사들과 나눈 대화를 짧게 요약했다.

39. 신의 책

퓨질리어는 거기서 해답을 찾았다.

퓨질리어의 이런 결론은 내가 그와 가진 수많은 인터뷰를 근거로 내린 것이다.

40. 사이코패스

사이코패스 평가표

이 책에서 설명한 사이코패스의 모든 특징들은 허비 클레클리 박사의 연구를 기반으로 해서 로버트 헤어 박사가 체계적으로 가다듬은 최신 연구에 바탕을 두고 있다. 헤어가 마련한 사이코패스 평가표는 20가지 항목으로 구성되며 이는 감정적 동기와 반사회적 행동이라는 두 가지 범주로 나뉜다. 20가지 항목은 다음과 같다. 1) 달변이고 외관상 매력적으로 보인다, 2) 자신을 지나치게 높이 평가한다, 3) 자극을 계속 추구한다, 4) 병적으로 거짓말을 한다, 5) 교활하고 남을 조정하려 한다, 6) 후회나 죄의식이 없다, 7) 감정이 피상적이다, 8) 무정하고 공감할 줄 모른다, 9) 남에게 빌붙어 산다, 10) 행동 제어가 서투르다, 11) 성적으로 난잡하다, 12) 어린 시절 행동에 문제가 있다, 13) 현실적인 장기 목표가 없다, 14) 충동적이다, 15) 책임감이 없다, 16) 자기 행동에 책임지지 않으려 한다, 17) 결혼생활이 오래가지 않는다, 18) 청소년기에 비행을 저질렀다, 19) 가석방이 취소된 적이 있다, 20) 다방면에 범죄 소질이 있다.

각각의 항목은 사이코패스 평가표 매뉴얼에 적힌 공식 기준에 따라 점수가 매겨진다. 자격을 갖춘 전문가만이 인터뷰와 사례와 자료를 바탕으로 이 기준에 따라 평가를 내린다. 하지만 콜럼바인에서처럼 인터뷰할 여건이 안 되는 경우가 많다. 광범위하고 믿을 만한 자료가 충분한 상황이라면, 인터뷰 없이도 위의 평가표가 믿을 만하다는 것이 검증되었다. 에릭의 경우 차고 넘칠 정도로 많은 자료를 남겼기에 평가하기에 무리가 없었다.

평가자들은 각각의 항목에 대해 0점에서 2점까지 점수를 매긴다. 기준에 잘 들어 맞으면 2점, 부분적으로 혹은 가끔 맞으면 1점, 전혀 맞지 않으면 0점을 준다. 최고 점수는 40점이며 30점 이상이면 "사이코패스"로 진단을 내린다. 사이코패스에도 등급이 있는데 대개는 아주 높거나 전혀 높지 않은 양극단의 경향을 보인다. 일반적인 범죄자들은 평균 점수가 20점으로 일부 행동은 사이코패스와 유사하지만 배후의 동기는 다르다.

1885년에 사이코패스라는 용어가 도입되었다.

『옥스퍼드 영어사전』(1989년 판)에 따르면 1885년부터 사이코패스라는 용어가 현재의 의미로 사용되기 시작했다고 한다. 독일의 연구자들은 조금 다른 목적으로 이 말을 그전부터 사용했다.

소시오패스의 다양한 정의를 확인했지만……

사이코패스 평가표에 해당하는 평가표가 소시오패스에는 없다. 일부 치료사들은 같은 평가표를 사용해서 피험자에게 "소시오패스"라는 진단을 내린다.

사이코패스와 불안정한 가정환경 사이에 상관관계가 존재한다.

"사람들이 왜 사이코패스가 되는지 우리는 모르지만, 현재까지의 증거를 보면 부모의 행동에 유일하거나 일차적인 책임이 있다는 일반인들의 생각과는 거리가 멀다." 헤어의 말이다. 하지만 아이가 위험한 성격을 타고났을 때 잘못된 훈육 방법은 상황을 훨씬 악화시킬 수 있다.

사이코패스의 가정환경은 교도소 수감자들의 가정환경과 놀랄 정도로 비슷하다. 두 경우 모두 가정에 심각한 문제가 있는 경우가 상당히 많다. 사이코패스가 아닌 범죄자는 어렵게 보낸 성장기가 초범 당시의 나이와 범죄의 정도에 밀접한 영향을 미친다. 가정에 문제가 있는 범죄자는 평균적으로 열다섯 살 때 처음 법정에 선다. 그렇지 않은 범죄자가 법정에 서는 나이는 이보다 거의 10년 늦은 스물네 살이다. 사이코패스는 이보다 훨씬 빨리, 평균적으로 열네 살 때 범죄를 시작하며 가정환경이 여기에 별 영향을 미치지 않는다. 하지만 이들이 저지르는 범죄 유형에는 큰 영향을 미친다. 불안정한 가정환경에서 자란 사이코패스는 훨씬 폭력적으로 될 가능성이 높다. 나머지 일반 범죄자의 경우, 성장기의 가정 문제가 더 이른 나이에 더 심각한 범죄를 저지르도록 내모는 경향이 있지만 폭력과는 무관하다.

청소년을 대상으로 사이코패스 판별장치를 마련하고……
사이코패스 평가표: "청소년 버전"이라고 불린다.

해병대에서 복무하고 싶다고 했지만……
1998년 3월, 에릭은 교화 프로그램 설문지의 "인생 목표" 항목에 "해병이나 컴퓨터과학"이라고 적었다.

키엘 박사는…… 같은 실험을 반복했다.
키엘 박사의 연구는 그가 쓴 저술을 읽고 통화와 이메일을 주고받으며 정리했다.

오히려 치료가 상황을 악화시킬 때가 많다.
이것은 널리 알려진 결론이며 많은 연구를 통해 확인된 사실이다. 한 연구에 따르면 치료 프로그램에 참가했던 사이코패스들이 그렇지 않은 사이코패스들보다 폭력적인 범죄를 저지를 가능성이 네 배 높은 것으로 나타났다.

41. 희생자 부모단체

FBI는…… 수뇌부 회의를 열었다.
리스버그 수뇌부 회의 장면은 여러 참가자들이 묘사한 바를 따랐다. 여기 인용문은 그들의 회상을 바탕으로 했다.

여러 명의 전문가들이…… 계속해서 연구했다.
여러 전문가들이 콜럼바인을 계속해서 연구했다. 퓨질리어, 오크버그, 헤어는 이 책을 위해 여러 차례 기꺼이 인터뷰를 해주었고 많은 도움을 주었다. 그 외에도 익명을 요청한 여러 전문가들이 혼자였다면 할 수 없었을 귀중한 도움을 주었다.

FBI는 요원들이 언론매체와 사건에 대해 논의하지 못하도록 엄격히 금지했다.
요원들은 사건에 대해 일체 말하지 못했다. 리스버그 수뇌부 회의를 조직했던 메리 엘렌 오툴 같은 본부의 요원들도 마찬가지였다. 나를 포함한 모든 기자들은 계속해서 거절당했다. 〈60분〉 같은 시사 프로그램은 정보를 달라고 소송까지 제기했지만 패소했다. 예외적인 경우가 로키마운틴뉴스의 연재물 "Inside the Columbine Investigation"이었는데, 퓨질리어 부서장이 제퍼슨 카운티 경관들과 함께 인터뷰에 응해 조사 과정에서 자신이 맡은 역할을 설명했지만 결론은 말하지 않았다.

제퍼슨 카운티 지휘관은…… 아니라고 잡아뗐고
제퍼슨 카운티가 몇 년 동안 보류하고 있다가 공개한 서류를 통해 지휘관들이 여러 차례 거짓말을 해왔음이 밝혀졌다. 서류 분실에 대한 거짓말도 당연히 여기에 포함된다.

마이크 게라 조사관은…… 사라진 것을 알아차렸다.
게라, 키크부시, 설의 행동은 대배심 보고서에서 얻은 것이다. 여기서 게라는 자신의 행동을 설명했고 설은 자신과 키크부시의 행동을 설명했다.

앤 마리 호크할터
그녀의 회복 과정은 뉴스 기사에서 얻었는데, 특히 바텔스가 쓴 "A Story of Healing and Hope"가 많은 도움이 되었다.

학생들의 생각은 달랐다.
그해 봄과 여름 학생들과 학부모들의 태도 차이는 당시, 그리고 몇 년 뒤에 내가 그곳을 찾아가서 보고 듣고 수없이 인터뷰하면서 알게 된 것이다. 그 기간에 보도된 다른 뉴스 기사들도 많이 참고했다.

브라이언 퓨질리어는 조금만 있으면 2학년에 올라가는 학생이었다.
그해 여름 브라이언의 반응은 그의 부모와 인터뷰하면서 알게 된 것이다. 몇 년 뒤에 그를 만나 이 사실을 직접 확인했다.

온갖 감정이 교차하는 하루였다.
나는 그날 거의 하루종일 학교 밖에서 오가는 아이들을 인터뷰하고 관찰하면서 보냈다.

"돈 때문이 아닙니다!"
아이제이어 가족의 기자회견 장면은 내가 직접 관찰한 것이다.

42. 교화 프로그램

3학년생 기념앨범을 받았다.
제퍼슨 카운티는 두 아이의 기념앨범을 스캔해서 공개했다.

에릭은 고분고분하게 말을 들었다.
교화 프로그램 상담원들은 대략 한 달에 두 번 있는 상담을 모두 기록했다. 이것이 마지막 해에 두 아이가 보인 행동을 상세하게 기록한 자료가 되었다. 이 무렵 아이들은 플래너에도 기록을 남겼는데 딜런이 더 활발하게 사용했다.

체포 뒤에 성적이 잠깐 떨어지기도 했지만……
학교에서 공개한 성적표를 보면 학기마다 에릭의 성적이 계속해서 상승했다. 아이들은 교사들이 매달 아이의 성적과 평가를 기록한 보고서를 교화 프로그램에 제출해야 했다.

사죄의 편지를 써야 했다.
제퍼슨 카운티는 에릭의 편지를 공개했다.

목적을 이룬 에릭은……
몇 달 뒤에 에릭은 플래너를 다시 사용했는데, 주로 일상적인 생활을 기록했다. 딜런도 플래너를 기록했다. 제퍼슨 카운티는 두 아이의 플래너를 모두 스캔해서 공개했다.

앨버트 박사는 대신 루복스를 처방했다.
에릭에게 내려진 처방과 그의 반응은 교화 프로그램 서류에 기록되어 있다. 그는 1998년 5월 14일에는 졸로프트에서 루복스로 처방을 완전히 바꾸었다.

그들은 영화를 만들었다.
제퍼슨 카운티는 지하실의 테이프를 제외한 그들이 만든 비디오를 상당수 공개했다. 본문에 묘사된 내용은 내가 직접 보고 쓴 것이다.

에릭은 문학작품을 탐독했다.
에릭은 이 장에서 인용한 문서를 포함하여 상당수의 학교 과제물을 그대로 보관했다. 나는 이 모든 것을 다 검토했다.

43. 비극의 주인

그곳 외곽에 집이 한 채 있다.
린다는 나와 가진 인터뷰에서 집을 비롯하여 자신들의 은퇴 계획을 설명했다.

학교가 다시 문을 열 채비를 했다.
나는 언론보도지침 대표자 회의와 '학교를 되찾자' 행사에 참석했다. 인간장벽 안에는 공동취재진만 들어갈 수 있었으므로 나는 관계자들의 브리핑을 듣고 안에 들어갔던 사람들을 나중에 만나 인터뷰하면서 정보를 얻었다. 행사를 기획한 몇몇 담당자들과도 만나 행사의 취지와 아이디어에 대해 들었다.

어느 날 아침, 아이들은……
나는 그날 아침 콜럼바인 학생식당에 가서 타일을 색칠하는 아이들과 이야기를 나누었다.

44. 폭탄 제작

4학년 시절 할로윈 축제 직전부터
이때부터 에릭은 중대한 사건과 사소한 일들까지 모두 날짜를 기록했고 물품 거래 영수증도 남겼다.

무기를 모으기 시작했다.

에릭은 자신이 무기를 만드는 모습을 네이트에게 조금 보여주었다. 네이트는 이 과정을 경찰에게 설명했고 나는 경찰의 기록을 바탕으로 시각적인 묘사를 했다.

45. 충격의 여파

중대한 순간은 늘 어려운 법이다.

내가 이 장에서 설명한 대부분의 사건은 『살롱』에 기사로 쓴 것으로 상당수의 자료가 당시 취재하면서 얻은 것이다. (예외는 미식축구 결승전으로 나는 콜럼바인 팀의 행보를 따라갔지만 경기를 보지는 못했다.) 몇 년 뒤에 이 사건들에 대한 뉴스 기사 수백 쪽을 모아 살폈고 그레이브스 가족과 호크할터 가족의 이야기 등 인용문을 추가로 확보했다. 내가 인용한 모든 뉴스 기사의 출처는 홈페이지에서 확인할 수 있다.

몇 주 뒤에 또다른 뉴스 때문에……

내가 『살롱』에 쓴 기사였다.

폭로기사를 커버스토리로 실었다.

『타임』은 이 비극을 완전히 재조사해서 커버스토리로 실으려고 취재팀을 현지에 다시 파견했다. 이 과정에서 중요한 오해들을 효과적으로 바로잡는 멋진 성과를 거두었다. 하지만 자신들의 실수를 바로잡았다는 사실은 인정하지 않았다. 이것은 "역주행(rowback)"의 쓰라린 예가 된다. 이 말은 2004년 뉴욕타임스의 공익편집인 대니얼 오크렌트가 이라크전 보도를 비판하기 위해 사용하면서 다시 화제에 올랐다. 추악한 죄를 나타내는 말이었으므로 업계 내부에서는 이런 비판이 거의 돌지 않았다. 오크렌트가 인용한 저널리즘 교육자 멜빈 멘처의 말에 따르면 역주행은 "이전의 보도를 바로잡으려고 하면서 오류가 있었다는 사실을 밝히지 않거나 오류에 대해 책임을 지지 않으려는 태도"를 말한다. 오크렌트는 이보다 더 솔직한 정의로 "신문이 엉덩이가 노출되었음을 인정하지 않으면서 이를 가리려고 애쓰는 꼴"을 제안했다.

46. 총

에릭은 자신의 산탄총에 '알린'이라는 이름을 붙였다.
알린은 에릭이 즐겼던 둠에 나오는 여주인공 이름이다. 그는 총신에 이 단어를 새겼고 그가 남긴 글과 비디오에서 자신의 총을 이 이름으로 불렀다.

에릭은 바로 이 범주들에 속했다.
밀런, 사이먼센, 데이비스, 버켓-스미스는 완전히 다른 유형의 사이코패스들을 구별하려고 열 가지 하위범주를 정했지만, 이는 서로 배제되지 않으며 꼭 행동을 유발하는 동인도 아니다. 에릭은 악의적인 성향과 독재적인 성향에 들어맞는 징후들을 보였고 퓨질리어는 에릭이 둘 사이의 교차점에 해당하는 것 같다고 진술했다.

"이빨로 목구멍을 물어뜯으면 어떨까?"
나는 이 구절을 편집했다. 실제 구절은 이보다 훨씬 더 길고 사악하다.

1월 20일에……
교화 프로그램 서류에는 2월 3일이 끝나는 날로 되어 있는데, 이는 소년들의 입장에서는 조금 다른 날짜다. 크리스하우저는 두 소년의 기록 모두에서 프로그램 마감을 논의하려고 1월 20일에 아이들을 만났다고 적었다.

에릭은 여자에게도 열심히 매달리는 중이었다.
에릭은 마지막 몇 달 동안 여자와 자려고 노력했다고 여러 차례 일지에 썼다.

47. 소송

교장이 4월에 한 잡지에 말했다.
그와 인터뷰한 사람은 나다. 이 장에서 설명한 사건들은 내가 『살롱』에 기사로 실으려고 취재한 것이 밑바탕이 되었다.

로버 부부

간결히 전달하기 위해 대니의 두 가족인 친아버지 로버와 페트론 부부를 모두 가리키는 말로 편의상 '로버 부부'라고 했다.

총기규제 법안

2000년 4월, 콜로라도 주에 제한적인 총기 소지를 허락하는 몇 가지 법안이 계류중이었는데 비극의 여파로 모조리 기각되었다.

48. 신의 감정

거대한 폭탄을 북적이는 학생식당까지 몰래 운반하는 것도 큰 문제였다.

에릭은 폭탄을 안에 가져가는 것이 중요한 문제라고 했다.

돈만 더 있었다면……

에릭은 자금이 많지 않아서 좌절했고 무기를 살 비용을 계산했다.

딜런은 단편소설을 하나 썼다.

제퍼슨 카운티는 딜런의 이 소설을 주디 켈리의 노트와 함께 공개했다.

세 명의 친구가 동행했다.

아이들은 사격 연습 과정을 비디오로 담았고 제퍼슨 카운티는 테이프를 공개했다.

세 차례 사격 연습을 더 나갔다.

메인스가 수석조사관 케이트 배틴에게 세 차례 연습을 나갔다고 말했는데, 그녀는 그것이 비디오테이프에 담긴 연습 전인지 후인지 확인하지 못했다.

딜런은 비밀을 또다시 슬쩍 털어놓았다.

잭은 딜런과 대화를 나눈 게 2월이었다고 경찰에 말했다. 그의 기억이 약간 잘못되었을 수도 있고, 아니면 딜런이 그보다 전에 어쩌면 메인스 없이 사격 연습을 먼저 시작했는지도 모른다.

〈데스페라도〉
로버트 로드리게즈가 이 영화를 감독했다. 쿠엔틴 타란티노는 로드리게즈 감독과 각별한 관계이며 이 영화에 배우로 출연했다.

49. 퇴임 준비

희생자 부모단체의 거의 모든 사람들이 개관식에 참석했다.
아트리움 개관식 장면은 내가 직접 관찰한 것이다.

카운티는 내키지 않았지만
나는 몇 년에 걸쳐 정보가 조금씩 공개되는 과정을 따라가며 대부분의 사항을 확인했지만 당시에 이에 대해 글을 쓰지 않았다. 대신 웨스트워드와 로키마운틴 뉴스가 정보 공개의 느린 진행에 대해 멋진 기사를 써서 이를 주로 참고했다. 나는 콜로라도 검찰총장과 대배심의 보고서를 결정적인 자료로 삼았다.

에릭의 집을 수색하기 위해 작성한 영장 신청서
몇 달 동안 침묵하던 지방검사 데이브 토머스는 브라운 부부의 서면요청서에 답장을 보냈다. 여기서 게라의 영장 신청서를 언급했는데, 그의 기관은 2년 동안 그런 것은 없다고 강력하게 부인해온 터였다. 브라운 부부는 이를 도저히 믿을 수 없었다. 그들은 검사의 편지를 CBS에 가져갔고 〈60분〉이 방송에 내보내 토머스를 코너로 몰았다. 잭슨 판사는 결국 그가 숨기고 있던 신청서를 공개할 것을 요구했다.

신청서는 예상했던 것보다 더 참혹한 논란을 불러일으켰다.
신청서에서 게라는 설득력 있게 동기, 수단, 기회를 들어 영장의 필요성을 설명했다. 위협의 수준으로 볼 때 에릭의 공격이 구체적인 것은 아주 위험하다는 뜻이었다. 무기 구입과 관련된 정황은 위험을 더욱 부채질했다. 결정적인 것은 에릭의 계획을 뒷받침하는 물리적 증거가 발견되었다는 사실이었다. 신청서는 에릭의 집 근처에서 발견된 파이프폭탄을 설명하면서 에릭이 묘사한 '애틀랜타' '폴루스'와 일치한다는 것을 두 번이나 강조했다.
"법원은 앞서 설명한 정보를 보고 잘 판단해서 수색영장을 발부해주기를 부탁드

립니다." 게라의 신청서는 이렇게 끝났다. 일이 제대로 진행되었다면 경찰은 많은 것을 파악했을 것이다. 이 무렵 에릭은 이미 꽤 많은 폭탄을 만들었다. 주지사가 제안한 콜럼바인 조사위원회 의장을 맡았던 전직 콜로라도 대법원장이 마침내 여기에 개입했다. 그는 제퍼슨 카운티가 "막대한" 실마리를 놓쳤다고 질책했다. 영장이 제때 나왔더라면 대학살은 막을 수 있었다고 결론을 내렸다. 경계선 대응에도 유감을 표했다. 특수기동대가 건물에 신속하게 진입했더라면 여러 목숨을 살릴 수 있었을 것이라고 말했다.

신청서가 공개되면서 키크부시 부서장이 콜럼바인 사건 열흘 뒤에 열린 기자회견에서 최소한 세 가지 터무니없는 거짓말을 했다는 사실도 밝혀졌다. 그는 브라운 부부가 힉스 조사관을 만난 적이 없고, 에릭이 설명한 것과 같은 파이프폭탄을 부서가 찾지 못했고, 에릭의 웹사이트도 찾지 못했다고 했다. 신청서는 이 모든 것을 다 뒤집었다. 그리고 키크부시야말로 이 모든 것을 누구보다 잘 알고 있었다. 그는 이런 정보를 숨기려는 한 가지 목적으로 공공용지 관리본부 모임에 참석했던 인물이기 때문이다.

제퍼슨 카운티는 새로운 거짓말로 이에 맞섰다. 콜럼바인 사건이 일어나고 며칠 뒤에 신청서의 존재를 밝혔다며 보도 자료를 내보낸 것이다. 지휘관들이 공공용지 관리본부 건물에 모여 정보를 어떻게 숨길지 고민하던 바로 그 무렵이었다. 지역의 모든 언론매체가 이를 문의하려고 보안관서에 전화를 걸었다.

"내가 모임 때 자리에서 일어나……"
수 클레볼드는 2004년에 데이비드 브룩스와 만난 자리에서 이렇게 말했다. 이는 뉴욕타임스 칼럼에 실렸다.

FBI와 비밀경호국은…… 보고서를 발표했다.
FBI는 2000년에 「학교 총격자: 위협 평가 방법」이라는 보고서를 내놓았다. 2년 뒤 비밀경호국과 교육부는 더 포괄적인 분석을 위해 서로 손잡고 「최종 보고서와 안전한 학교 조치 연구 결과」를 발표했다. 두 보고서 모두 훌륭하며 내가 적극적으로 참고했다. 나는 또한 다른 도시들에서 비슷한 공격을 시도했다가 실패한 사례들을 다룬 뉴스 기사들도 찾아보았다. 그리고 학교 행정가, 학생, 정신건강 전문가들을 만나 무관용정책에 대해 인터뷰했다.

가장 잘못된 두 가지 오해는……

비밀경호국은 1974년 12월부터 2000년 5월까지 학교를 겨냥했던 모든 공격을 조사했다. 41명이 37건의 공격을 벌였는데, 징계 기록과 학업 성적 모두 천차만별이었다. 외톨이라는 소문은 여러 오해 가운데 가장 만연한 것이었다. 외톨이가 없는 건 아니지만, 공격자의 3분의 2는 그렇지 않았다.

순간적으로 폭발했다는 소문이다.

"비폭력적인 사람은 순간적인 충동에 따라 폭력을 사용해서 문제를 해결하려고 시도하지 않는다." FBI 보고서에 나오는 말이다. 폭력적인 사람은 하루나 이틀, 심지어 1년 전부터 미리 계획을 세우기도 한다.

비디오게임에 관심을 보였는데

8분의 1만이 폭력적인 비디오게임을 좋아했다. 학교 과제물이나 일지에서 폭력적인 성향을 드러낸 아이들은 이보다 많은 3분의 1이었다.

대부분의 범죄자들이 공통적으로 겪는 결정적인 경험이 하나 있다.

많은 경우 교내 괴롭힘이 하나의 동기가 되었을 수도 있다. 공격자의 71퍼센트가 따돌림이나 학대, 위협, 부상을 경험했다고 했다. 심각하게 들릴지도 모르겠지만, 고등학생이라면 사실 이런 경험은 꽤 흔하다. 연구에서는 이런 경험으로 고통받은 평범한 학생이 얼마나 되는지 밝히지 않았다. 일부 공격자들은 심각하거나 장기적인 괴롭힘을 당했는데, 그 경우에는 공격을 결심하게 된 하나의 요인이었을 수도 있다.

심각한 상실이나 실패를 경험했다고 했다.

상실은 여러 가지 형태로 다가왔다. 66퍼센트는 자신의 상황이 더 나빠졌다고 했고, 51퍼센트는 사랑하는 사람이 죽거나 더 흔하게는 이성친구로부터 버림받았다고 했다. 중요한 것은 공격자가 이런 상실을 중요하게 인식했고 자신의 상황이 나빠졌다고 느꼈다는 점이다.

절반 이상의 총격자들이 적어도 두 명 이상에게 말했다.

최소한 두 명 이상의 외부인이 공격을 알고 있었던 경우는 59퍼센트였으며 공격이 있을지도 모르겠다고 의심한 사람이 있었던 경우는 93퍼센트였다.

대단히 위험한 경우다.

FBI는 이렇게 대단히 위험한 위협의 예를 들었다. "내일 아침 8시에 교장을 쏘겠어. 아마 집무실에 혼자 있겠지. 나한테는 9밀리미터 총이 있어. 장난 아니야, 난 내가 무엇을 하려는지 잘 아니까. 그가 이딴 식으로 학교를 운영하는 것을 더는 두고 볼 수 없어."

감상적으로 토로하는 아이는 그렇게 염려하지 않아도 된다.

감상적으로 토로하거나 구두점을 남발하는 것은 흔한 일이다. 예컨대 "너를 증오해!!!…… 너 때문에 내 인생이 망가졌어!!!" 같은 식이다. 대부분의 일반인들은 이런 신호가 더 위험하다고 생각한다. 흔히 저지르는 오류다. 범죄자들은 그냥 침착하게 가만히 있을 가능성이 높다. 격양된 감정과 그것이 예고하는 실제의 위험은 아무런 상관관계가 없다.

이보다 좀더 미묘한 징후로……

FBI는 한 아이가 추악한 생각에 사로잡혀 "아무 주제나 대화, 과제, 심지어 농담에서까지" 집착했던 사실을 털어놓은 적이 있다고 말했다.

구체적인 경고 신호의 목록을 작성했는데……

FBI는 행동, 가정환경, 학교생활, 사회적 압력, 이렇게 네 분야로 나눠 기준을 열거했다. 행동 목록에만도 28가지 항목이 포함되어 있다. 순진한 많은 아이들도 이런 경고 신호를 한두 가지는 드러내는데, 문제는 네 분야에 두루 걸친 특징들을 많이 보이는 아이라고 했다. 위험 요인은 약물 남용과도 밀접한 관계가 있었다.

국가 차원의 대책반이 꾸려져서……

콜럼바인 수사에 관여한 경관들은 물론 로스앤젤레스 경찰국의 특수기동대에서 국가전략관협회에 이르기까지 해당 분야의 리더들이 다 포함되었다.

50. 지하실의 테이프

1회차 촬영은 기본적으로 토크쇼처럼 꾸몄다.

제퍼슨 카운티는 『타임』과 로키마운틴뉴스에, 이어 기자들을 모아둔 시사회에서 지하실의 테이프를 공개했다. 나는 그 자리에 초대받지 못해서 보지 못했다. 대신 경찰 서류에 설명된 내용과 시사회에 참석했던 기자들이 쓴 뉴스 기사를 보고, 여섯 달 동안 테이프를 검토했던 퓨질리어와 케이트 배틴의 설명을 참고했다. 열쪽에 이르는 경찰 보고서는 매 장면을 방대한 인용문과 함께 상세히 기록했다.

첫 시사회가 끝나고 제퍼슨 카운티는 추가로 시사회를 가질 것이라고 약속했지만 열리지 못했다. 클레볼드 부부가 테이프는 살인자들의 소유물이라고 주장하는 요청서를 제출했던 것이다. 그러자 다른 소송들이 잇따랐다. 대부분의 희생자 가족들은 테이프 공개를 위해 싸웠다. 제퍼슨 카운티는 살인자 가족 편에 서서 테이프 공개를 막으려고 했고, 이 때문에 희생자들이 격노했다. 2002년 12월, 미국 지방법원 판사 리처드 마치는 저작권 요청을 가차없이 일축했다. 그는 "공익에 관련된 사항을 숨기려는 노골적인 시도"라고 나무랐다. 하지만 스톤의 부서는 살인자들의 말이 너무 충격적이어서 대중에게 공개하기가 어렵다는 입장을 굽히지 않았다.

덴버포스트의 소송은 콜로라도 대법원으로 올라갔다. 제퍼슨 카운티가 패소했다. 법원은 만장일치로 이를 공공 기록이라고 선언했다. 하지만 콜로라도 법에는 허점이 하나 있었다. "공익"을 위해서라면 기록공개를 보류할 수 있다고 했다. 테이프와 일지가 지역사회에 위험한지 판단하는 일은 새 보안관에게 일임되었다. 그는 살인자들의 일지는 괜찮지만 지하실의 테이프는 그렇지 않다고 결정했다. 덴버포스트는 항소하지 않았다. 다음에 보안관이 되는 사람이 마음만 먹으면 언제든지 테이프를 공개할 수 있다.

콜로라도 검찰총장의 웹사이트에 다음과 같은 글이 올랐다. "'공익' 예외조항은 기록공개법에 나오는 특별한 예외조항이다. 이에 따르면 관리자가 기록을 대중에게 공개했을 때 공익에 심각한 위해가 발생할 수 있다고 판단하면, 관계부서가 공공기록을 비밀로 둘 수 있다. 기록공개법에 따라 대중에게 공개되어야 하는 기록도 예외가 아니다. 이 조항이 존재하는 이유는 설령 비공개라고 명시하는 법이 없더라도 정보가 비공개로 유지되어야 하는 상황이 존재한다고 입법부가 판단하기 때문이다."

에릭은 크리스 모리스를 영입하려는 시도를 적어도 세 차례 했지만⋯⋯

크리스는 나중에 형사들에게 세 차례 시도가 있었다고 밝혔다.

잭은…… 조사관들에게 이 이야기를 털어놓았는데

하지만 FBI 서류에 기록된 잭의 설명은 혼란스러워서, 나는 그의 이야기의 핵심만 전달했다.

마크 곤잘레스 하사가 에릭에게 전화를 걸어

곤잘레스는 고등학교 4학년생의 명단을 입수해서 에릭의 연락처를 알아냈다.

에릭은 마크 메인스를 졸라 탄약을 더 구해달라고 했다.

메인스는 자신의 공판에서 탄약에 대한 사실을 증언했다.

에릭은 그날 밤을 딜런의 집에서 보냈다.

딜런의 부모는 경찰 인터뷰에서 에릭이 자고 간 사실을 밝혔다.

에릭은 부엌 조리대에 마이크로카세트를 두고 나왔다.

제퍼슨 카운티는 대법원 판결에 대응하는 과정에서 "닉슨" 마이크로카세트의 존재를 무시했다. 수수께끼 같은 라벨과 증거일지에 기록된 두 문장을 제외하면 테이프에 대해 아무것도 알려진 것이 없다. 심지어 퓨질리어도 이 테이프를 알지 못했다. 제퍼슨 카운티 보안관은 마음만 먹으면 언제든지 이를 공개할 수 있다.

51. 두 가지 장애물

자신의 분석을 공개하게 해달라고 요청했다.

나는 오크버그 박사를 여러 차례 만나 인터뷰했고, 마침내 FBI의 허락을 받아 퓨질리어와 이야기할 수 있었다. 몇 차례 인터뷰를 했을 때 그가 나에게 사이코패스에 관한 고전들과 FBI에서 섭외한 전문가들을 소개해주었다. 나는 몇 년간—물론 다른 프로젝트도 하면서—연구한 결과를 "The Depressive and the Psychopath"라는 제목의 기사로 『슬레이트』에 실었다.

이번이 처음이자 마지막이었다.

데이비드 브룩스는 톰과 수 클레볼드와 인터뷰한 내용을 따뜻한 시선으로 통찰력 있게 글로 남겼다. 그는 너그럽게도 나와 전화통화를 하면서 더 많은 이야기들을 들려주었다.

키크부시는 공식적으로 반론을 제기했다.
로키마운틴뉴스가 전직 보안관 존 스톤에게 전화를 걸어 그의 의견을 물었다. 그는 조사가 "엉망진창"이라고 했다. 그는 기자에게 그가 "멍청이"였다며 전화를 끊었다. 신문은 이 사실을 그대로 보도했다.
보안관보 더너웨이는 덴버포스트에 자신은 아무것도 잘못한 게 없다면서 브룩스 브라운에게 또다시 화살을 돌렸다. 살해가 일어나리라는 것을 브룩스가 미리 알고 있었다며 예전에 했던 말을 반복했다. 그의 이런 주장을 밝혀주는 증거는 아무것도 나오지 않았다.

결국 참패했다.
토머스는 현직 공화당 위원 밥 보프레즈와 맞붙어 55:42로 패했다.

교장은 배리 매닐로처럼…… 차려입고 왔다.
나는 동창회에 참석해서 외야석에서 그 광경을 보았고 사진도 찍었다.

플래트캐니언 고등학교 총기사건으로 떠들썩했다.
여기서 내가 설명한 장면은 당시 텔레비전 생중계로 본 두 방송과 다른 언론매체들의 후속 보도 녹화분, 그리고 당국의 보고서에서 얻은 것이다.

52. 조용한 시기

혹시라도 이 일 때문에 어이없는 일을 겪게 될지도 모르니까.
딜런이 한 말은 이보다 조금 더 긴데 제대로 들리지 않는 단어가 있다.

그 멋진 CD는 네가 가져.
여기에 나오는 "멋진(fly)"이라는 단어가 형용사인지 곡 제목인지 확실하지 않다. 2008년 아이튠스에 등록된 제목에 "fly"가 들어간 노래는 총 88곡이었다.

두 아이는 과학실이 있는 날개건물로 갔다.

수많은 아이들이 이 장면을 목격했고 학생식당의 감시카메라에도 정확한 시간 정보와 함께 이들의 행동이 담겼다. 제퍼슨 카운티는 중요한 장면들을 편집해서 공개했고, 퓨질리어는 전체 테이프를 본 소감을 내게 말해주었다.

그곳을 떠났을 때와는 상당히 달라져 있었다.

살인자들이 자살하려고 도서관에 돌아온 후 벌어진 장면의 묘사는 몇 가지 출처를 참고했다. 검시 보고서, 도서관을 둘러본 조사관들의 인터뷰, 시신을 치우고 난 뒤 도서관 모습을 촬영한 경찰 비디오, 시체가 처음 30분간 부패하는 상황에 대한 의학적 소견, 이를 실제 상황에 적용 가능한지 함께 검토한 조사관들의 증언. 살인자들의 자살 장면은 목격자들의 증언과 검시 보고서, 경찰의 도표와 보고서, 시신을 찍은 사진을 보고 재구성한 것이다.

겨우 숨만 붙어 있는 패트릭 아일랜드였다.

패트릭은 의식이 오락가락했다. 그가 그 자세로 기어가기 시작했을 가능성은 거의 없다. 그들이 자살할 당시 그가 의식이 있었을 가능성은 조금 있다. 하지만 그는 기억하지 못했다.

53. 무너진 곳에서

2000명의 조문객들이 행사장에 왔다.

나는 2006년과 2007년에 열린 추모비 행사에 모두 참석했다.

두 사람은 8월에 결혼했다.

결혼식 장면은 참석한 사람들한테서 들은 것이다.

지역교회들은 콜럼바인 이후 한차례 부흥을 맞았다.

나는 몇 년의 간격을 두고 수많은 목사들을 만나 신도들의 상황에 대해 인터뷰했다. 패턴이 놀랍도록 비슷했고, 이후에도 계속 나타났다. 여론조사를 전문으로 하는 '바나 그룹'이 9/11 무역센터 테러가 종교에 미친 영향을 조사했는데, 이때에도 이와 비슷한 종교 부흥이 전국적으로 있었다. 미국인들의 절반이 종교가 도움이 되었다고 했고 교회 신도가 급증했다. 첫 일요일 예배에 사람들이 두 배로 몰려든 교회도 있었고, 꽤 많은 소수인종들이 통념을 뒤집고 과감하게 신앙을 바꾸었다. 이보다는 적지만 전지전능한 하나님을 믿거나 사탄을 실제로 믿는 사람들도 생겨났다. 이 모든 변화는 넉 달이 지나자 사라졌다. 5년이 지났을 때는 모든 통계가 9/11 이전과 똑같았다.

한 언론인이 정상으로 돌아간 학교 모습을 취재하려고 들렀을 때
그 언론인은 나였다.

참고문헌

이 책은 아래에 언급한 자료 말고도 내가 여러 정기간행물에 약간 다른 형식으로 발표했던 글들을 참고했다. 이는 1999년부터 2007년까지 『살롱』 『슬레이트』 『5280』, 뉴욕타임스에 실렸다. 내 홈페이지(www.davecullen.com/columbine)에 가면 이런 글들의 주소와 아래에 소개한 여러 글들의 온라인 버전 주소를 볼 수 있다. 제퍼슨 카운티와 기타 기관들이 공개한 증거를 얻는 방법도 소개했다.

콜럼바인과 학교 총격자에 관한 정부 보고서

Centers for Disease Control and Prevention. "School-Associated Student Homicide: United States, 1992-2006." *Morbidity and Mortality Weekly Report 57*, no. 2(January 18, 2008): 33–36.

EI Paso County Sheriff's Office. *Reinvestigation into the Death of Daniel Rohrbough at Columbine High School on April 20*, 1990. April 10, 2002.

Federal Bureau of Investigation. U.S. Department of Justice. Critical Incidence Response Group. National Center for the Analysis of Violent Crime. *The School Shooter: A Threat Assessment Perspective*, by Mary Ellen O'Toole. 2000.

Jefferson County Sheriff's Office. *Sheriff's Office Final Report on the Columbine High School Shootings*. CD. May 15, 2000.

Lindsey, Daryl. "A Reader's Guide to the Columbine Report." *Salon*, May 17, 2000. http://archive.salon.com/news/feature/2000/05/17/guide/index.html.

The Report of Governor Bill Owens' Columbine Review Commission. Hon. William H. Erickson, chairman. May 2001.

U.S. Secret Service and U.S. Department of Education. *The Final Report and Findings of the Safe School Initiative: Implications for the Prevention of School Attacks in the United States*. May 2002.

살인자: 공개된 증거

Colorado Bureau of Investigation. *Laboratory Report*. Released by Jefferson County on May 31, 2000.

Colorado Bureau of Investigation. *Laboratory Report.* CD. Released by Jefferson County on February 6, 2002.

Colorado Department of Law, Office of the Attorney General. *Columbine-Related Grand Jury Report: Supplemental Attorney General Investigative Report.* Released on September 16, 2004.

Colorado Department of Law, Office of the Attorney General. *Grand Jury Report: Investigation of Missing Guerra Files.* September 16, 2004.

Colorado Department of Law, Office of the Attorney General. *Report of the Investigation into Missing Daily Field Activity and Daily Supervisor Reports Related to Columbine High School Shootings.* September 16, 2004.

Columbine High School. *Cafeteria Surveillance Tapes.* DVD. Released by Jefferson County on June 7, 2000.

Denver Police Dispatch. *Denver Dispatch Cassette Tapes.* CD containing seven and a half hours of communication. Released by Jefferson County on March 6, 2003.

Federal Bureau of Investigation. Denver Division. *FBI Crime Scene Processing Team Reports and Sketches.* CD. Released by Jefferson County on September 5, 2001.

Federal Bureau of Investigation. Denver Division. *FBI Report of Interview with Randy, Judy and Brooks Brown.* CD. Released by Jefferson County on May 22, 2001.

Harris, Eric. *Harris Web Site: 1997 Police Report and Web Pages.* CD. Released by Jefferson County on October 30, 2003.

Harris, Eric. Journal, school essays, yearbook inscription, IMs, schedules, and hundreds of other pages of accumulated writing. Included in *936 Pages of Documents Seized from Harris and Klebold Residences/Vehicles.* CD. Released by Jefferson County on July 6, 2006.

Harris, Eric, and Dylan Klebold. *Klebold/Harris Footage.* Contains miscellaneous footage retrieved from Columbine High School or provided by citizens. VHS tape. Released by Jefferson County on February 26, 2004.

———. *"Rampart Range" Video.* VHS tape. Released by Jefferson County on October 21, 2003.

Harris, Wayne. Journal. Included in *936 Pages of Documents Seized from Harris and Klebold Residences/Vehicles*. CD. Released by Jefferson County on July 6, 2006.

Jefferson County Coroner's Office. Autopsy Summaries. Released on February 6, 2001.

Jefferson County Coroner's Office, Klebold Autopsy Reports. Released on February 23, 2001.

Jefferson County District Attorney's Office. Juvenile Diversion Program Documents(Harris). Released on November 4, 2002.

Jefferson County District Attorney's Office. Juvenile Diversion Program Documents(Klebold). Released on November 22, 2002.

Jefferson County Juvenile Court. Magistrate John A. DeVita. Hearing Resulting in Assignment to a Diversion Program for Eric Harris and Dylan Klebold. March 25, 1998.

Jefferson County Sheriff's Department, Case No. 98-2218, February 24, 1998.

Westover Mechanical Services by Ricky Lynn Becker v. Eric Harris and Dylan Klebold. Arrest report, case synopsis, and supplemental reports about the January 30, 1998, van break-in.

Jefferson County Sheriff's Office. *11,000 Pages of Investigative Files*. DVD. November 21, 2000.(The largest single release of police reports.)

————. *Additional Investigative Files*. Contains CD of additional ancillary reports(tips, Internet pages, threats, and related reports, plus audiocassette of Jefferson County 911 dispatch tape and missed side of tape from previous release) and two large crime scene diagrams. August 8, 2001.

————. *Crime Scene Processing Team Reports and Sketches*. CD. Released on June 19, 2001.

————. *"Crowd" Video*. VHS tape. Approximately 38 minutes of crowd footage filmed by the Jefferson County Sheriff's Office Crime Lab outside Columbine High School after 1.00 p.m. on the day of the shooting. Released on February 26, 2004.

————. *Evidence Books*. CD. Released on May 11, 2001.

————. *Jefferson County 911 and Dispatch Audio*. Two CDs. Released on August

7, 2000.

————. *Miscellaneous Items.* CD. Contains the draft search affidavit, audio of the shoot team interviews, written transcript of an interview with Columbine High School community resource officer Neil Gardner, and the executive summary of the library investigative team. Released on April 10, 2001.

————. *Miscellaneous Missing Documents.* CD. Released in 2003.

————. *Tracking Sheets, Investigative Index and Other Columbine Documents.* CD. Released on January 8, 2003.

————. *Warrants Book.* CD. Released on June 9, 2003.

Klebold, Dylan. Journal, school essays, yearbook inscription, schedules, and other pages of accumulated writing. Included in *936 Pages of Documents Seized from Harris and Klebold Residences/Vehicles.* CD. Released by Jefferson County on July 6, 2006.

Littleton Fire Department and KCNC-TV. *Littleton Fire Department "Training" Video and Raw Helicopter Footage.* VHS tape. Released by Jefferson County on April 26, 2000.

살인자: 프로파일과 어린 시절 기록

Achenbach, Joel, and Dale Russakoff. "Teen Shooter's Life Paints Antisocial Portrait." *Washington Post*, April 29, 1999.

Anton, Mike, and Lisa Ryckman. "In Hindsight, Signs to Killings Obvious." *Rocky Mountain News*, May 2, 1999.

Bartels, Lynn, and Carla Crowder. "Fatal Friendship: How Two Suburban Boys Traded Baseball and Bowling for Murder and Madness." *Rocky Mountain News*, August 22, 1999.

Briggs, Bill, and Jason Blevins. "A Boy with Many Sides." *Denver Post*, May 2, 1999.

Brooks, David. "Columbine: Parents of a Killer." *New York Times*, May 15, 2004.

Dykeman, Nate. "More Insight on Dylan Klebold." Interview of Nate Dykeman by Charles Gibson. *Good Morning America*, ABC, April 30, 1999.

Emery, Erin, Steve Lipsher, and Ricky Young. "Video, Poems Foreshadowed Day of Disaster." *Denver Post*, April 22, 1999.

Gibbs, Nancy, and Timothy Roche. "The Columbine Tapes." *Time*, December 12, 1999.

Johnson, Dirk, and Jodi Wilgoren. "The Gunman: A Portrait of Two Killers at War with Themselves." *New York Times*, April 26, 1999.

Johnson, Kevin, and Larry Copeland. " Long- Simmering Feud May Have Triggered Massacre." *USA Today*, April 22, 1999.

Kurtz, Holly. "Klebold Paper Foretold Deadly Rampage." *Rocky Mountain News*, November 22, 2000.

Lowe, Peggy. "Facts Clarify but Can't Justify Killers' Acts." *Denver Post*, March 12, 2000.

Prendergast, Alan. "Doom Rules: Much of What We Know About Columbine Is Wrong." *Westword*, August 5, 1999.

————. "I'm Full of Hate and I Love It." *Westword*, December 6, 2001.

Russakoff, Dale, Amy Goldstein, and Joel Achenbach. "Shooters' Neighbors Had Little Hint." *Washington Post*, May 2, 1999.

Simpson, Kevin, and Jason Blevins. "Mystery How Team Players Became Loners." *Denver Post*, April 23, 1999.

Simpson, Kevin, Patricia Callahan, and Peggy Lowe. "Life and Death of a Follower." *Denver Post*, May 2, 1999.

Wilgoren, Jodi, and Dirk Johnson. "The Suspects: Sketch of Killers; Contradictions and Confusion." *New York Times*, Friday April 23, 1999.

사이코패스

Babiak, Paul, and Robert D. Hare. *Snakes in Suits: When Psychopaths Go to Work*. New York: HarperCollins, 2006.

Barry, Tammy D.. Christopher T. Barry, Annie M. Deming, and John E. Lochman.

"Stability of Psychopathic Characteristics in Childhood: The Influence of Social Relationships." SAGE Publications, Thousand Oaks, CA. *Criminal Justice and Behavior* 35, no. 2(February 2008): 244–62.

Cleckley, Hervey. The Mask of Sanity. 1st ed. St. Louis: C. V. Mosby Co., 1941.

———. *The Mask of Sanity: An Attempt to Clarify Some Issues About the So-Called Psychopathic Personality.* 5th ed. 1988.

D'Haenen, Hugo, Johan A. Den Boer, and Paul Willner, eds. *Biological Psychiatry.* 2 vols. New York: Wiley, 2002.

Greely, Henry T. "The Social Effects of Advances in Neuroscience: Legal Problems, Legal Perspectives." In *Neuroethics: Defining the Issues in Theory, Practice and Policy,* edited by Judy Illes, 245–63. New York: Oxford University Press, 2005.

Hare, Robert D. *Hare Psychopathy Checklist Revised(PCL-R).* 2nd ed. Toronto: Multi- Health Systems, 2003.

———. *Psychopathy(Theory and Research).* New York: Wiley, 1970.

———. *Without Conscience: The Disturbing World of the Psychopaths Among Us.* New York: Guilford Press, 1999.

———. "Without Conscience." Robert Hare's Web page devoted to the study of psychopathy. http://www.hare.org/.

Hart, Stephen, David N. Cox, and Robert D. Hare. *Psychopathy Checklist: Screening Version(PCL:SV).* Toronto: Multi- Health Systems, 2003.

Kiehl, K. "Limbic Abnormalities in Affective Processing by Criminal Psychopaths as Revealed by Functional Magnetic Resonance Imaging." *Biological Psychiatry* 50, no. 9(November 2001): 677–84.

Kiehl, Kent A., Alan T. Bates, Kristin R. Laurens, Robert D. Hare, and Peter F. Liddle. "Brain Potentials Implicate Temporal Lobe Abnormalities in Criminal Psychopaths." *Journal of Abnormal Psychology* 115, no. 3(2006): 443–53.

Kiehl, Kent A., Andra M. Smith, Adrianna Mendrek, Bruce B. Forster, Robert D. Hare, and Peter F. Liddle. "Temporal Lobe Abnormalities in Semantic Processing by Criminal Psychopaths as Revealed by Functional Magnetic Resonance Imaging." *Psychiatry Research: Neuroimaging* 130(2004): 297–312.

Kosson, David S. "Psychopathy Is Related to Negative Affectivity but Not to Anxiety Sensitivity." *Behaviour Research and Therapy* 42, no. 6(June 2004) 697–710.

Larsson, Henrik, Essi Viding, and Robert Plomin. "Callous-Unemotional Traits and Antisocial Behavior: Genetic, Environmental, and Early Parenting Characteristics." *Criminal Justice and Behavior* 35, no. 2(February 2008): 197–211.

Millon, Theodore, and Roger D. Davis. *Psychopathy: Antisocial, Criminal, and Violent Behavior.* New York: Guilford Press, 1998.

Millon, Theodore, Erik Simonsen, Roger D. Davis, and Morten Birket-Smith. "Ten Subtypes of Psychopathy." In Millon and Davis, *Psychopathy: Antisocial, Criminal, and Violent Behavior*, pp. 161–70.

Moran, Marianne J., Michael G. Sweda, M. Richard Fragala, and Julie Sasscer-Burgos. "The Clinical Application of Risk Assessment in the Treatment-Planning Process." *International Journal of Offender Therapy and Comparative Criminology* 45, no. 4(2001): 421–35.

Newman, Joseph P. "The Reliability and Validity of the Psychopathy Checklist —Rvised in a Sample of Female Offenders." *Criminal Justice and Behavior* 29, no. 2(2002): 202–31.

Oxford English Dictionary, s.v. "psychopath." 1989. (Indication of first use.) Patrick, Christopher J., ed. Handbook of Psychopathy. New York: Guilford Press, 2007.

Ramsland, Katherine. "Dr. Robert Hare: Expert on the Psychopath." Crime Library. http://www.trutv.com/library/crime/criminal_mind/psychology/robert_hare/index.html.

Stone, Michael H. "Sadistic Personality in Murderers." In Millon and Davis, *Psychopathy: Antisocial, Criminal, and Violent Behavior*, pp. 346–55.

청소년 사이코패스

Forth, Adelle, David Kosson, and Robert D. Hare. *Psychopathy Checklist: Youth Version(PCL:YV).* Toronto: Multi- Health Systems, 2003.

Glenn, Andrea L., Adrian Raine, Peter H. Venables, and Sarnoff A. Mednick. "Early Temperamental and Psychophysiological Precursors of Adult Psychopathic Personality." *Journal of Abnormal Psychology* 116, no. 3(2007):

508–18.

Loeber, Rolf, David P. Farrington, Magda Stouthamer-Loeber, Terrie E. Moffitt, Avshalom Caspi, and Don Lynam. "Male Mental Health Problems, Psychopathy, and Personality Traits: Key Findings from the First 14 Years of the Pittsburgh Youth Study." Clinical Child and Family Psychology Review 4, no. 4(December 2001): 273–97.

Lynam, Donald R., Rolf Loeber, and Magda Stouthamer-Loeber. "The Stability of Psychopathy from Adolescence into Adulthood: The Search for Moderators." Criminal Justice and Behavior 35, no. 2(February 2008): 228–43.

Munoz, Luna C., Margaret Kerr, and Nejra Besic. "The Peer Relationships of Youths with Psychopathic Personality Traits: A Matter of Perspective." Criminal Justice and Behavior 35, no. 2(February 2008): 212–27.

Murrie, D., D. Cornell, S. Kaplan, S. McConville, and A. Levy Elkon. "Psychopathy Scores and Violence Among Juvenile Offenders: A Multi-measure Study." Behavioral Sciences and the Law 22(2004): 49–67.

Pardini, Dustin A., and Rolf Loeber. "Interpersonal Callousness Theories Across Adolescence Early Social Influences and Adult Outcomes." Criminal Justice and Behavior 35, no. 2(February 2008): 173–96.

Salekin, Randall T., and John E. Lochman. "Child and Adolescent Psychopathy: The Search for Protective Factors." Criminal Justice and Behavior 35, no. 2(February 2008): 159–72.

Vitacco, Michael J., Craig S. Neumann, Michael F. Caldwell, Anne-Marie Leistico, and Gregory J. Van Rybroek. "Testing Factor Models of the Psychopathy Checklist: Youth Version and Their Association with Instrumental Aggression."
Journal of Personality Assessment 87, no. 1(2006): 74–83.

Vitacco, Michael J., and Gina M. Vincent. "Understanding the Downward Extension of Psychopathy to Youth: Implications for Risk Assessment and Juvenile Justice." International Journal of Forensic Mental Health 5, no. 1 (2006): 29–38.

사이코패스 치료

Caldwell, Michael F., David J. McCormick, Deborah Umstead, and Gregory J. Van Rybroek. "Evidence of Treatment Progress and Therapeutic Outcomes Among Adolescents with Psychopathic Features." Criminal Justice and Behavior 34, no. 5(2007): 573–87.

Caldwell, Michael, Jennifer Skeem, Randy Salekin, and Gregory Van Rybroek. "Treatment Response of Adolescent Offenders with Psychopathy Features: A 2-Year Follow-Up." *Criminal Justice and Behavior* 33, no. 5(October 2006): 573–87.

Caldwell, Michael F., and Gregory J. Van Rybroek. "Efficacy of a Decompression Treatment Model in the Clinical Management of Violent Juvenile Offenders." *International Journal of Offender Therapy and Comparative Criminology* 45, no. 4(2001): 469–77.

Caldwell, Michael F., Michael Vitacco, and Gregory J. Van Rybroek. "Are Violent Delinquents Worth Treating? A Cost-Benefi t Analysis." *Journal of Research in Crime and Delinquency* 43, no. 2(May 2006): 148–68.

Cohen, Mark A., Roland T. Rust, and Sara Steen. "Prevention, Crime Control or Cash? Public Preferences Towards Criminal Justice Spending Priorities." *Justice Quarterly* 23, no. 3 (September 2006): 317–35.

Skeem, Jennifer L., John Monahan, and Edward P. Mulvey. "Psychopathy, Treatment Involvement, and Subsequent Violence Among Civil Psychiatric Patients." *Law and Behavior* 26, no. 6(December 2002): 577–603.

Wong, Stephen C. P., and Robert D. Hare. *Guidelines for a Psychopathy Treatment Program*. Toronto: Multi- Health Systems, 2006.

다른 정신질환

American Psychiatric Association. *Desk Reference to the Diagnostic Criteria from DSM-IV-TR*. Arlington, VA: American Psychiatric Publishing, 2000.

Anderson, Scott. "The Urge to End It." *New York Times Magazine*, July 6, 2008.

Ekman, Paul. *Telling Lies: Clues to Deceit in the Marketplace, Politics, and Marriage*. 2nd rev. ed. New York: Norton, 2001.

Millon, Theodore, and Roger D. Davis. *Disorders of Personality: DSM-IV and Beyond.* New York: Wiley, 1996.

Ochberg, Frank. "PTSD 101." DART Center for Journalism and Trauma. http://www.dartcenter.org/articles/special_features/ptsd101/00.php.

생존자: 회고록과 인터뷰 원고

Bernall, Brad, and Misty Bernall. "Columbine Victim Cassie Bernall's Story." Interview by Peter Jennings. *World News Tonight*, ABC, April 26, 1999.

Bernall, Misty. *She Said Yes: The Unlikely Martyrdom of Cassie Bernall.* Farmington, PA: Plough Publishing, 1999.

Brown, Brooks, and Rob Merritt. *No Easy Answers: The Truth Behind Death at Columbine.* Herndon, VA: Lantern Books, 2002.

Carlston, Liz. *Surviving Columbine: How Faith Helps Us Find Peace When Tragedy Strikes.* Salt Lake City: Shadow Mountain, 2004.

Ireland, Patrick. "The Boy in the Window." Interview by Diane Sawyer. 20/20, ABC, September 29, 1999.

——. "Headline Follow-ups: What's Happened in the Aftermath of Explosive News Stories." *Oprah Winfrey Show*, May 22, 2002.

Kirklin, Lance, and Sean Graves. Interview by Barbara Walters. 20/20, ABC, October 1, 1999.

Lindholm, Marjorie. *A Columbine Survivor's Story.* Littleton, CO: Regenold Publishing, 2005.

Nimmo, Beth. *The Journals of Rachel Scott: A Journey of Faith at Columbine High.* Adapted by Debra K. Klingsporn. Nashville: Thomas Nelson, 2001.

Saltzman, Marilyn, and Linda Lou Sanders. *Dave Sanders: Columbine Teacher, Coach, Hero.* Philadelphia: Xlibris Corporation, 2004.

Sanders, Angela. "Angie Sanders Talks About Her Father, Only Teacher to Die in Colorado School Shooting, Who Is Now Being Remembered for His Bravery." *Today Show*, NBC News, April 22, 1999.

Scott, Darrell, Beth Nimmo, with Steve Rabey. *Rachel's Tears: The Spiritual Journey of Columbine Martyr Rachel Scott.* Nashville: Thomas Nelson, 2000.

Taylor, Mark. *I Asked, God Answered: A Columbine Miracle.* Mustang, OK: Tate Publishing, 2006.

생존자: 뉴스 기사

Bartels, Lynn. "Mom Had Been Hospitalized for Depression: Carol[sic] Hochhalter Had Struggled with Depression for Three Years." *Rocky Mountain News*, October 26, 1999.

————. "Some Families Arguing over Money: Accountability, Means of Distribution Lead List." *Rocky Mountain News*, May 26, 1999.

————. "A Story of Healing and Hope: Faith and Friends Helped Paralyzed Student Overcome a ''Very Dark Place.''" *Rocky Mountain News*, April 20, 2004.

Callahan, Patricia. "Dream Turns to Nightmare." *Denver Post*, April 22, 1999.

Michalik, Connie, and Jo Anne Doherty. "Connie Michalik and Jo Anne Doherty Discuss Death of Carla Hochhalter, Mother of Paralyzed Columbine Shooting Victim." Interview by Charles Gibson. *Good Morning America*, ABC News, October 25, 1999.

Curtin, Dave. "Suicide, Arrest Spur Columbine Calls." *Denver Post*, October 24, 1999.

"Distribution Plan." *Rocky Mountain News*, July 3, 1999.

Edwards, Bob, anchor, and Andrea Dukakis, reporter. "Controversy over How to Spend the Millions of Dollars Donated Since the Columbine High School Shooting." *Morning Edition*, NPR, June 22, 1999.

Fox, Ben. "School Shooting Suspects Appear in Court." Associated Press, March 26, 2001.

"Grace Under Fire: Columbine High School Teacher Dave Sanders Dies a Hero, Saving the Lives of Others." *48 Hours*, CBS News, April 22, 1999.

Green, Chuck. "Columbine Receives, Asks More." Denver Post, March 31, 2000.

————. "Enough Milking of Tragedy." *Denver Post*, April 3, 2000.

Johnson, Dirk. "The Teacher: As They Mourn, They Are Left to Wonder." *New York Times*, April 28, 1999.

Kurtz, Holly. "Columbine-Area Groups Reap Funds: Nine Agencies, Charities to Use Money for Victim Counseling, Anti-violence Teen Programs." *Rocky Mountain News*, August 14, 1999.

————. "Healing Fund Gives to Families: Columbine Victims Satisfi ed with Plan; Half of Distribution Goes to Students, Staff." *Rocky Mountain News*, July 3, 1999.

Lowe, Peggy. "Aired Video Irks Sheriff." *Denver Post*, October 14, 1999.

————. "Columbine: They Are 5A Champions; Team Triumphs After Tragedy." *Denver Post*, December 5, 1999.

Lowe, Peggy, and Kieran Nicholson. "CBS Airs Cafeteria Tape." *Denver Post*, October 13, 1999.

Obmascik, Mark. "Healing Begins: Colorado, World Mourn Deaths at Columbine High." *Denver Post*, April 22, 1999.

Olinger, David, Marilyn Robinson, and Kevin Simpson. "Columbine victim's mom kills herself: Community grief continues with pawnshop suicide." *Denver Post*, October 23, 1999.

Paterniti, Michael. "Columbine Never Sleeps." *GQ*, April 2004, pp. 206–20.

Paulson, Steven K. "Aftershocks Assail Columbine Community: Will It Ever End?" Associated Press, October 23, 1999.

"Phenomenon of the Goth Movement." Interview by Brian Ross. *20/20*, ABC, April 21, 1999.

Prendergast, Alan. "Deeper into Columbine." *Westword*, October 31, 2002.

Scanlon, Bill. "'Nothing but Cheers, Yells and Tears': First Day Back Starts with Music, Parents Forming Human Chain." *Rocky Mountain News*, August 17, 1999.

Slevin, Colleen. "Mother of Columbine Victim Kills Self in Pawn Shop." Associated Press, October 22, 1999.

Sullivan, Bartholomew. "In Memory of Daniel Rohrbough." *Rocky Mountain News*, April 27, 1999.

"Video from Inside Columbine: Students, Teachers Seen Fleeing Cafeteria." CBS News, October 12, 1999.

소송: 법원 기록과 사건 개요

Grenier, Peter C. "Civil Litigation Arising Out of the Columbine High School Massacre." National Crime Victim Bar Association. Continuing Legal Education. http://www.ncvc.org/vb/main.aspx?dbID=DB_Biography170.

Rohrbough, Brian E., and Susan A. Petrone, individually and as personal representatives of the estate of Daniel Rohrbough, deceased, et al. v. John P. Stone, the Sheriff of Jefferson County, Colorado, et al. Civil Action No. 00 - B-808, April 19, 2000.

Ruegsegger, Gregory A., and Darcey L. Ruegsegger, et al. v. The Jefferson County Board of County Commissioners, et al. Civil Action No. 00-B-806, April 19, 2000.

Sanders, Angela, personal representative of William David Sanders, deceased v. The Board of County Commissioners of the County of Jefferson, Colorado, et al. U.S. District Court for the District of Colorado. Civil Action No. 00-791, April 19, 2000.

Schnurr, Mark A., and Sharilyn K. Schnurr, et al. v. The Board of County Commissioners of Jefferson County, et al. Civil Action No. 00-790, April 19, 2000.

기독교도

기독교 지향적인 자료에 대한 정보는 '생존자: 회고록과 인터뷰 원고' 항목도 참고 하라.

The Barna Group. "Five Years Later: 9/11 Attacks Show No Lasting Influence on Americans' Faith." The Barna Update, August 28, 2006. http://www. barna.org/FlexPage.aspx?Page=BarnaUpdateNarrowPreview&BarnaUpdate ID=244.

Bartels, Lynn, and Dina Bunn. "Dad Cuts Down Killers' Crosses." *Rocky Mountain News*, May 1, 1999.

Bottum, J. "Awakening at Littleton." *First Things*, August–September 1999, pp. 28-32.

————. "A Martyr Is Born." *Weekly Standard*, May 10, 1999.

"Burying a Killer: Dylan Klebold's Funeral Service." *Christian Century*, May 12, 1999.

Crowder, Carla. "Martyr for Her Faith." *Rocky Mountain News*, April 23, 1999.

"Dad's Inscription Ties Columbine Deaths to Abortion, Immorality." Associated Press, September 22, 2007.

Dejevsky, Mary. "Saint Cassie of Columbine High: The Making of a Modern Martyr." *Independent*(London, U.K.), August 21, 1999.

Fong, Tillie. "Crosses for Harris, Klebold Join 13 Others: Killers Remembered in Memorials on Hillside Near Columbine High School." *Rocky Mountain News*, April 28, 1999.

————. "Fifteen Crosses Traced to Mystery Builder." *Rocky Mountain News*, April 30, 1999.

Go, Kristen. "Pastor Criticizes Security." *Denver Post*, May 6, 1999.

Haley, Dan. "Protesters Fell Church's Trees." *Denver Post*, September 27, 1999.

Kass, Jeff. "Angry Parents Cut Down 2 Trees: Church Planted 15 for Those Who Died at School, Including Harris and Klebold." *Rocky Mountain News*, September 27, 1999.

Kirsten, Reverend George. "When God Speaks." Sermon. West Bowles Community Church, Littleton, CO, May 9, 1999.

Littwin, Mike. "Hill of Crosses a Proper Place to Confront Ourselves." *Rocky Mountain News*, April 30, 1999.

Luzadder, Dan, and Katie Kerwin McCrimmon. "Accounts Differ on Question to Bernall: Columbine Shooting Victim May Not Have Been Asked Whether She Believed in God." *Rocky Mountain News*, September 24, 1999.

Miller, Lisa. "Marketing a Columbine Martyr: Tragedy Leads Victim's Mother to Media Stage." *Wall Street Journal*, eastern ed., July 16, 1999.

Oudemolen, Reverend Bill. "Responding to 'Every Parent's Worst Nightmare.'" Sermon. Foothills Bible Church, Littleton, CO, May 9, 1999.

Richardson, Valerie. "Columbine Trees Splinter Church, Victims' Parents: Killers' Inclusion Sparks Protests." *Washington Times*, September 28, 1999.

Rosin, Hanna. "Columbine Miracle: A Matter of Belief; The Last Words of

Littleton Victim Cassie Bernall Test a Survivor's Faith — and Charity."
Washington Post, October 14, 1999.

Scanlon, Bill. "She Said Yes to Tell Cassie Bernall's Story." *Rocky Mountain News*,
June 4, 1999.

Sullivan, Bartholomew. "Hallowed Hill." *Rocky Mountain News*, April 29, 1999.

Vaughan, Kevin. "Divided by the Crosses." *Rocky Mountain News*, May 2, 1999.

Zoba, Wendy Murray. *Day of Reckoning: Columbine and the Search for America's
Soul.* Grand Rapids, MI: Brazos Press, 2001.

공격에 대한 언론매체 보도

Bai, Matt. "Anatomy of a Massacre." *Newsweek*, May 3, 1999.

Brokaw, Tom. "Shooting at Colorado High School Leaves at Least 14 Persons
Shot, Gunmen Still Not Apprehended." NBC, 3:48 p.m. ET, April 20, 1999.

Crowder, Carla. "For Friends, Long Wait Is Painfully Tense." *Rocky Mountain
News*, April 22, 1999.

Crowder, Carla, and Scott Stocker. "Teen-agers Battle to Help Wounded Science
Teacher; Students Try to Stem Blood from Gravely Injured Man." *Rocky
Mountain News*, April 21, 1999.

Eddy, Mark. "Shooter Told Friend: 'Get Out of Here.'" *Denver Post*, April 21,
1999.

Johnson, Kevin. "Teacher with Critical Wound Saved Teens." *USA Today*, April
22, 1999.

LeDuc, Daniel, and David Von Drehle. "Heroism Amid the Terror: Many Rushed
to the Aid of Others During School Siege." *Washington Post*, April 22, 1999.

Roberts, John. "Shooting at High School in Littleton, Colorado." CBS News, 2:07
p.m. ET, April 20, 1999.

Ryckman, Lisa Levitt, and Mike Anton. "'Help Is on the Way': Mundane Gave
Way to Madness with Reports of Gunfi re at Columbine." *Rocky Mountain
News*, April 25, 1999.

Savidge, Martin, et al. "Gunmen Rampage Through Colorado High School."
CNN, 1:54 p.m. ET, April 20, 1999.

인질과 테러리스트

Fuselier, G. Dwayne. "A Practical Overview of Hostage Negotiations (Part 1)." *FBI Law Enforcement Bulletin* 50, no. 6(June 1981): 2–6.

—————. "A Practical Overview of Hostage Negotiations (Part 2)." *FBI Law Enforcement Bulletin* 50, no 7 (July 1981): 10–15.

Fuselier, G. Dwayne, and John T. Dolan. "A Guide for First Responders to Hostage Situations." *FBI Law Enforcement Bulletin* 58, no. 4(April 1989): 9–13.

Fuselier, G. Dwayne, and Gary W. Noesner. "Confronting the Terrorist Hostage Taker." *FBI Law Enforcement Bulletin* 59, no. 7(July 1990).

Gilmartin, Kevin M. "The Lethal Triad: Understanding the Nature of Isolated Extremist Groups." *FBI Law Enforcement Bulletin* 65, no. 9 (September 1996): 1–5.

Juergensmeyer, Mark. *Terror in the Mind of God: The Global Rise of Religious Violence.* Comparative Studies in Religion and Society, vol. 13. University of California Press, 2001.

Noesner, Gary W. "Negotiation Concepts for Commanders." *FBI Law Enforcement Bulletin* 68, no 1(January 1999): 6–14.

Reich, Walter, and Walter Laqueur. *Origins of Terrorism; Psychologies, Ideologies, Theologies, States of Mind.* Washington, D.C.: Woodrow Wilson Center Press, 1998.

경찰의 윤리와 대처방안

Brown, Jennifer, and Kevin Simpson. "Momentum for School Safety at Standstill." *Denver Post*, September 28, 2006.

Delattre, Edwin J. *Character and Cops: Ethics in Policing.* 5th ed. Washington, D.C.: AEI Press, 2006.

Fuselier, G. Dwayne, Clinton R. Van Zandt, and Frederick J. Lanceley. "Hostage/ Barricade Incidents: High-Risk Factors and the Action Criteria." *FBI Law Enforcement Bulletin* 60, no. 1(January 1991): 7–12.

Garrett, Ronnie. "Marching to the Sound of Gunshots." *Law Enforcement*

Technology, June 2007.

Khadaroo, Stacy Teicher. "A Year After Virginia Tech, Sharper Focus on Troubled Students: Many Campuses Have New Practices." *Christian Science Monitor,* April 16, 2008.

Lloyd, Jillian. "Change in Tactics: Police Trade Talk for Rapid Response." *Christian Science Monitor,* May 31, 2000.

콜럼바인 경찰 보고서, 조사, 은폐

Able, Charley. "Police Want Columbine Video Copier Found and Prosecuted." *Rocky Mountain News,* October 14, 1999.

"America's Police Suppress Columbine Killers' Videos." *Special Report: Denver School Killings.* BBC, November 12, 1999.

"Cop Cleared in Columbine Death." CBS News, April 19, 2002.

Kenworthy, Tom, and Roberto Suro. "Nine Days After Rampage, Police Still Under Fire." *Washington Post,* April 30, 1999.

Lusetich, Robert. "Anger Grows at Two-Hour Police Delay." *Weekend Australian,* April 24, 1999.

Luzadder, Dan, and Kevin Vaughan. "Inside the Columbine Investigation Series, Part 1." *Rocky Mountain News,* December 12, 1999.

————. "Inside the Columbine Investigation Series, Part 2: Amassing the Facts." *Rocky Mountain News,* December 13, 1999.

————. "Inside the Columbine Investigation Series, Part 3: Biggest Question of All." *Rocky Mountain News,* December 14, 1999.

McPhee, Mike. "Sheriff's Former No. 2 Man Denies Coverup." *Denver Post,* September 17, 2004.

McPhee, Mike, and Kieran Nicholson. "Deputy in Columbine Case Fired Sheriff: Taylor Admits Lying to Families; Rohrbough Kin Calls Confession a Ruse." *Denver Post,* January 10, 2002.

Prendergast, Alan. "Chronology of a Big Fat Lie." *Westword,* April 19, 2001.

————. "In Search of Lost Time." *Westword,* May 2, 2002.

————. "The Plot Sickens." *Westword,* November 6, 2003.

————. "Stonewalled: The Story They Don't Want to Tell." *Westword*, April 13, 2000.

————. "There Ought to Be a Law." *Westword*, March 7, 2002.

Vaughan, Kevin. "Police Dispute Charges They Were Too Slow." *Rocky Mountain News*, April 22, 1999.

다른 학교 총기사건

The Brady Campaign. "Major U.S. School Shootings." http://www.bradycampaign.org/xshare/pdf/ school-shootings.pdf.

Egan, Timothy. "Where Rampages Begin: A Special Report; From Adolescent Angst to Shooting Up Schools." *New York Times*, June 14, 1998.

Glaberson, William. "Word for Word: A Killer's Schoolmates; Guns, Mayhem and Grief Can Flourish When Good Friends Do Nothing." *New York Times*, August 6, 2000.

"Gunman Kills 2, Wounds at Least 13 at School near San Diego." Associated Press, March 5, 2001.

"Mass Shootings at Virginia Tech, April 16, 2007: Report of the Review Panel." Presented to Governor Tim Kaine, Commonwealth of Virginia, August 2007.

Morse, Russell, Charles Jones, and Hazel Tesoro. "Misfits Who Don't Kill: Outcasts Who Grew Up Without Resorting to Violence Talk about What Kept Them from a Littleton-style Massacre." Salon, April 22, 1999. http://www.salon.com/news/feature/1999/04/22/misfits/.

Paulson, Amanda, and Ron Scherer. "How Safe Are College Campuses?" *Christian Science Monitor*, April 18, 2007.

Schiraldi, Vincent. "Hyping School Violence." *Washington Post*, August 25, 1998.

총기규제

Abrams, Jim. "House Tempers Background Checks for Guns." Associated Press, Washington, June 14, 2007.

Bortnick, Barry. "Passed/Amendment 22: Background Checks — Gun Shows."(Colorado Springs) *Gazette*, November 8, 2000.

"Colorado Kills Gun Laws." Report by Vince Gonzales. CBS News, February 17, 2000.

Ferullo, Michael. "Clinton Implores Colorado Voters to Take Action on Gun Show Loophole." CNN.com, April 12, 2000.

Hahn, Robert A., Oleg O. Bilukha, Alex Crosby, Mindy Thompson Fullilove, Akiva Liberman, Eve K. Moscicki, Susan Snyder, Farris Tuma, and Peter Briss. "First Reports Evaluating the Effectiveness of Strategies for Preventing Violence: Firearms Laws: Findings from the Task Force on Community Preventive Services." Centers for Disease Control and Prevention. http://www.cdc.gov/mmwr/preview/mmwrhtml/rr5214a2.htm, October 3, 2003.

Havemann, Joel. "Gun Bill Passes with Aid of NRA." *Los Angeles Times*, June 14, 2007.

Holman, Kwame. "A Quick Draw." Report by Kwame Holman. *NewsHour with Jim Lehrer*, May 14, 1999.

————. "Gun Control." Report by Kwame Holman. *NewsHour with Jim Lehrer*, June 18, 1999.

O'Driscoll, Patrick, and Tom Kenworthy. "Grieving Father Turns Gun-control Activist." *USA Today*, April 19, 2000.

Paulson, Steven K. "Governor Signs Four Gun Bills, Says Compromises Necessary." Associated Press, *Denver*, CO, May 19, 2000.

Schwartz, Emma. "Gun Control Laws." *U.S. News & World Report*, March 6, 2008.

Soraghan, Mike. "Colorado After Columbine: The Gun Debate." *State Legislatures Magazine*, June 2000.

Tapper, Jake, "Coming Out Shooting: In the Wake of the Littleton Massacre, the NRA Holds Its Convention in Denver, Less than 20 Miles Away from Columbine High School." *Salon*, May 2, 1999. http://www.salon.com/news/feature/1999/05/02/nra/index.html.

Weller, Robert. "Colorado Supreme Court Clears Way for Vote on Closing Gun Show Loophole." Associated Press, Denver, CO, July 3, 2000.

기타

Garbarino, James, and Claire Bedard. *Parents Under Siege: Why You Are the Solution, Not the Problem in Your Child's Life.* New York: Free Press, 2002.

Hemingway, Ernest. *A Farewell to Arms.* New York: Scribner's, 1929.

Jefferson County School District Profi le of Columbine High School. http://www.jeffcopublicschools.org/schools/profiles/high/columbine.html.

Okrent, Daniel. The Public Editor. "Setting the Record Straight(but Who Can Find the Record?)" *New York Times*, March 14, 2004.

Shepard, Cyn. A Columbine Site. http://www.acolumbinesite.com.

Staff and News Services. "Inevitably, School Shootings Cause Ratings Spike." *Atlanta Constitution*, April 23, 1999.

Steinbeck, John. *Pastures of Heaven.* New York: Braver, Warren & Putnam, 1932.

옮긴이 **장호연**

서울대학교 미학과와 음악학과 대학원을 졸업하고, 영국 뉴캐슬 대학교에서 대중음악을
공부했다. 현재 음악과 과학, 문학 분야를 넘나드는 번역가로 활동중이다. 『라스베이거스
의 공포와 혐오』 『럼 다이어리』 『낯선 땅 이방인』 『시모어 번스타인의 말』 『슈베르트의 겨
울 나그네』 『음악에 관한 몇 가지 생각』 『뮤지코필리아』 『말년의 양식에 관하여』 등을 번역
했다.

콜럼바인
비극에 대한 가장 완벽한 보고서

1판 1쇄 2017년 8월 29일
1판 3쇄 2019년 11월 11일

지은이 데이브 컬런
옮긴이 장호연
펴낸이 염현숙

책임편집 이경록 | 편집 임혜원 장영선
디자인 신선아 | 마케팅 정민호 이숙재 양서연 안남영
홍보 김희숙 김상만 오혜림 지문희 우상희
제작 강신은 김동욱 임현식 | 제작처 한영문화사

펴낸곳 (주)문학동네
출판등록 1993년 10월 22일 제406-2003-000045호
주소 10881 경기도 파주시 회동길 210
전자우편 editor@munhak.com | 대표전화 031)955-8888 | 팩스 031)955-8855
문의전화 031)955-3576(마케팅), 031)955-3572(편집)
카페 http://cafe.naver.com/mhdn
트위터 @munhakdongne

ISBN 978-89-546-4691-8 03300

www.munhak.com